Related Party Transactions auf dem Prüfstand

Schriften zum Gesellschaftsrecht
und Unternehmensinsolvenzrecht

Herausgegeben von Hans-Friedrich Müller und Peter Reiff

Band 6

Tobias Roth

Related Party Transactions auf dem Prüfstand

Eine kritische Auseinandersetzung mit Art. 9c der Aktionärsrechterichtlinie 2017 und dessen Umsetzung in deutsches Recht

PETER LANG

Bibliografische Information der Deutschen Nationalbibliothek
Die Deutsche Nationalbibliothek verzeichnet diese Publikation in der Deutschen Nationalbibliografie; detaillierte bibliografische Daten sind im Internet über http://dnb.d-nb.de abrufbar.

Zugl.: Trier, Univ., Diss., 2018

D 385
ISSN 2366-729X
ISBN 978-3-631-76975-1 (Print)
E-ISBN 978-3-631-76976-8 (E-Book)
E-ISBN 978-3-631-76977-5 (EPUB)
E-ISBN 978-3-631-76978-2 (MOBI)
DOI 10.3726/b14742

Peter Lang – Berlin · Bern · Bruxelles · New York · Oxford · Warszawa · Wien

Diese Publikation wurde begutachtet.

www.peterlang.com

Meinen Eltern und meiner Frau

Vorwort

Die vorliegende Arbeit wurde im Sommersemester 2018 vom Fachbereich Rechtswissenschaft der Universität Trier als Dissertation angenommen. Das Manuskript befindet sich im Wesentlichen auf dem Stand von März 2018. Bis Juli 2018 erschienene einschlägige Literatur fand noch vereinzelt Berücksichtigung in den Fußnoten der Drucklegung.

Ich danke an dieser Stelle ganz besonders meinem verehrten Doktorvater Herrn Prof. Dr. Hans-Friedrich Müller, LL.M., der die Arbeit nicht nur anregte und betreute, sondern jederzeit zur Diskussion bereitstand. Die Arbeit an seinem Lehrstuhl, sei es als Hilfskraft oder als Mitarbeiter, war mir stets eine Freude. Hierfür, für die mir gewährten Freiräume und das mir entgegengebrachte Vertrauen bin ich ihm sehr dankbar. Bei ihm und Herrn Prof. Dr. Peter Reiff möchte ich mich zudem für die Aufnahme dieses Werks in der Schriftenreihe „Schriften zum Gesellschaftsrecht und Unternehmensinsolvenzrecht“, die mich sehr geehrt hat, bedanken. Für die sehr zügige Erstellung des Zweitgutachtens danke ich Herrn Prof. Dr. Arnd Arnold.

Meinem ehemaligen Lehrstuhlkollegen Herrn Dr. Sven Sodemann danke ich für die zahlreichen Fachgespräche, die vielen wertvollen Anregungen und die seitdem bestehende freundschaftliche Verbundenheit. Großer Dank gebührt ferner all meinen engen Freunden für ihre Rücksichtnahme und ihre kontinuierliche Hilfs- und Gesprächsbereitschaft vor allem während dieser Zeit.

Ein besonderer Dank gilt meiner gesamten Familie, insbesondere meiner Schwester Anika, meinen Eltern Harald und Michaela und meiner Frau Johanna. Durch den Glauben an meinen Erfolg haben sie mich immer wieder angetrieben, motiviert und waren mir stets ein starker Rückhalt und moralischer Beistand. Von Herzen möchte ich insbesondere meinen Eltern danken, dass sie mich auf meinem bisherigen Lebensweg uneingeschränkt unterstützt, gefördert und gefordert haben. Dadurch haben sie den Grundstein für meinen persönlichen und beruflichen Werdegang gelegt.

Abschließend gilt mein innigster Dank meiner Johanna. Seit vielen Jahren unterstützt sie mich auf jede nur erdenkliche Art und Weise. Ohne ihre schier nie enden wollende Geduld, ihr Verständnis und ihre aufmunternden Worte wäre nicht nur diese Arbeit undenkbar gewesen. Ihr und meinen Eltern ist als Zeichen meiner tiefen Dankbarkeit und Verbundenheit dieses Buch gewidmet.

Trier, im Oktober 2018 *Tobias Roth*

Inhaltsübersicht

Inhaltsverzeichnis

Kapitel 1: Einführung

A) Problemstellung

Im Jahr 2018 feiert das deutsche Aktiengesetz bereits seinen 53. Geburtstag. Seit seiner Geburtsstunde im Jahre 1965 wurde es permanent überarbeitet, aktualisiert und an veränderte Gegebenheiten rechtlicher oder tatsächlicher Art angepasst. Den terminus technicus „Related Party Transactions“ sucht man im Aktiengesetz – bis dato zumindest – vergebens. Lediglich die deutschsprachige Übersetzung der *„related party“* hat vereinzelt gesetzlichen Niederschlag gefunden (vgl. §§ 89 Abs. 3, 115 Abs. 2 AktG). Diese Erweiterung des Anwendungsbereichs auf nahestehende Personen erscheint aber geboten, um eine Umgehung der besonders gefahrträchtigen Vorschriften durch Zwischenschalten eines Dritten zu verhindern. Außerhalb des Aktiengesetzes werden Geschäfte mit nahestehenden Unternehmen und Personen etwas extensiver nur im Rahmen der Rechnungslegung behandelt. So sind im Anhang des Jahresabschlusses wesentliche Geschäfte aufzunehmen, die nicht zu marktüblichen Bedingungen zustande gekommen sind (§ 285 Nr. 21 HGB).[1] Dass die Kodifizierung eines gesonderten aktienrechtlichen Related Party Schutzsystems lange Zeit nicht auf der Agenda des deutschen Gesetzgebers stand, ist bei Lichte betrachtet nicht verwunderlich, waren doch keine schwerwiegenden Mängel bei Geschäften mit nahestehenden Personen und Unternehmen im deutschen System de lege lata erkennbar. Ein Systemversagen deutschen Rechts, das eine umfassende Umstrukturierung rechtfertigen würde, liegt nicht vor.[2]

Diese Sichtweise, sicherlich begründet auf eine isolierte Bewertung nationalen Rechts, wird vom europäischen Gesetzgeber nicht geteilt. Seit geraumer Zeit

---

1 Zu berücksichtigen ist, dass der Begriff der nahestehenden Person genauso auszulegen ist, wie ihn die internationalen Rechnungslegungsstandards in IAS 24 in der jeweils gültigen Fassung verstehen. Die Rechnungslegungsstandards IAS 24 wurden ihrerseits durch die Verordnung Nr. 632/2010 veröffentlicht im Amtsblatt am 20.07.2010, abrufbar unter: http://eur-lex.europa.eu/legal-content/DE/TXT/PDF/?uri=CELEX:32010R0632&from=DE [zuletzt geprüft: 15.07.2018] erlassen.

2 Ähnlich: *DAV-Handelsrechtsausschuss*, NZG 2015, 54 Rn. 75 – „die vorgeschlagenen Regelungen nicht erforderlich“; *Bungert/de Raet*, Der Konzern 2015, 289 (289) – „das bewährte Schutzsystem“; *J. Vetter*, ZHR 179 (2015), 273 (325) – „das der Deutschland zumutbare Regelungsbedarf für eine stärkere Kontrolle von *Related Party Transactions* gering ist“.

greift dieser – fortwährender und ausbauender Europäisierung sei Dank – in die Rechtsordnungen der Mitgliedsstaaten durch den Erlass von Rechtsakten (Verordnungen/ Richtlinien) ein.[3] Ziel dessen ist es, eine übernationale Harmonisierung voranzutreiben und damit ein einheitliches rechtliches Konstrukt, unabhängig von territorialen Grenzen, zu etablieren. Dabei trifft den europäischen Gesetzgeber die nicht ganz einfache Aufgabe, während des Gesetzgebungsprozesses möglichst alle Rechtssysteme der Mitgliedsstaaten im Blick zu behalten, um ein Aushöhlen nationalen Rechts durch europäische Einflüsse zu verhindern. Im Unterschied zu Verordnungen entfalten Richtlinien keine unmittelbare Wirkung im jeweiligen Mitgliedsstaat. Erst durch deren Umsetzung werden die Richtlinieninhalte zu nationalem Recht. Zum Zwecke der Umsetzung erhalten die nationalen Gesetzgeber nach Beendigung des Gesetzgebungsverfahrens eine angemessene Umsetzungsfrist. Die Mitgliedsstaaten ihrerseits sind, wie sich aus Art. 288 Abs. 3 AEUV i.V.m. Art. 4 Abs. 3 EUV ergibt, zur Umsetzung verpflichtet. Die Umsetzungspflicht wird dadurch konkretisiert, dass die Gesetzgeber im Rahmen des Umsetzungsgesetzes bekannte und bewährte Rechtssetzungs- und Rechtsspruchpraxis im Blick behalten müssen und dafür zu sorgen haben, dass europäische Einflüsse möglichst harmonisch in das jeweilige nationale Recht umgesetzt werden. Diese Pflicht besteht solange, bis der Europäische Gerichtshof die Richtlinie für nichtig erklärt.

Vor mittlerweile rund acht Jahren, im März 2010, verabschiedete der europäische Gesetzgeber die Strategie „Europa 2020“, ein zukunftsorientiertes Wirtschaftsprogramm, durch das bis zum Jahre 2020 eine Verbesserung des Unternehmensumfelds erreicht und die soziale Marktwirtschaft insgesamt gestärkt werden sollte.[4] Infolgedessen veröffentlichte die Kommission im Dezember 2012 einen Aktionsplan zum europäischen Gesellschaftsrecht und zur Corporate Governance. Intention war es, die Transparenz zwischen Unternehmen und Aktionären genauso zu erhöhen, wie das langfristige Engagement der Aktionäre und das Wachstum bzw. die Wettbewerbsfähigkeit von Unternehmen zu fördern. Weite Teile dieser Ziele sollten durch die Änderung der seit 2007 bestehenden Aktionärsrechterichtlinie erreicht werden.[5] Neben der in dieser

---

3 Das hat zur Folge, dass weite Teile des Kapitalmarktrechts heute mehr denn je von europäischen Einflüssen geprägt sind.

4 Vgl. dazu: https://ec.europa.eu/info/business-economy-euro/economic-and-fiscal-policy-coordination/eu-economic-governance-monitoring-prevention-correction/european-semester/framework/europe-2020-strategy_de [zuletzt geprüft: 15.07.2018].

5 Gemeint ist damit die Richtlinie (EU) 2017/828 des Europäischen Parlaments und des Rates vom 17. Mai 2017 zur Änderung der Richtlinie 2007/36/EG im Hinblick auf die

Arbeit zu besprechenden Verbesserung der Transparenz und Überwachung von Transaktionen mit nahestehenden Unternehmen und Personen (Art. 9c RL), adressiert die Richtlinie unter anderem die angemessene Verteilung der Vorstandsvergütung (Art. 9a RL) als auch Transparenzregeln für institutionelle Investoren (Art. 3g RL). Am 20.05.2017 wurde das förmliche Gesetzgebungsverfahren mit Veröffentlichung im Amtsblatt der Europäischen Union beendet. Die Umsetzung in nationales Recht hat durch den deutschen Gesetzgeber bis zum 10.06.2019 zu erfolgen (Art. 2 Abs. 1 RL). Zu diesem Zweck hat das Bundesministerium für Justiz und Verbraucherschutz am 18.09.2017 eine Expertenkommission zur Umsetzung der Aktionärsrechterichtlinie unter dem Vorsitz von Ulrich Seibert einberufen.[6] Zu erwarten ist, dass im Jahre 2018 erste Umsetzungsvorschläge unterbreitet werden.

Rechtspolitisch wurde die Richtlinie – insbesondere der Richtlinienvorschlag der Kommission – von der deutschen Literatur aufs Schärfste kritisiert. So berge, nach Meinung *Schneiders,* die Umsetzung der Richtlinie ein großes Potential an „rechtspolitische[m] Leid".[7] Ganz ähnlich ist die Einschätzung *Simons,* der das Einschreiten des europäischen Gesetzgebers gar als eine „sinnlose Regulierung des deutschen Gesellschaftsrechts durch die EU"[8] illustriert. Diese Haltung änderte sich selbst nach Abschluss des Gesetzgebungsverfahrens, wenn überhaupt, nur geringfügig. So stellte *Koch* in einer kürzlich veröffentlichten Stellungnahme fest, dass die Aktionärsrechterichtlinie 2017 „trotz Abwendung schlimmster systematischer Verwerfungen weiterhin tiefe Eingriffe in das deutsche Aktienrecht mit sich"[9] bringt. Gerade vor dem Hintergrund des geltenden Subsidiaritätsgedankens (Art. 5 Abs. 3 EUV), wird man sich zwangsläufig mit der Frage auseinandersetzen müssen, ob eine unionsweite Regulierung zielführend ist.

Förderung der langfristigen Mitwirkung der Aktionäre, abrufbar unter: http://eur-lex.europa.eu/legal-content/DE/TXT/PDF/?uri=CELEX:32017L0828&from=EN [zuletzt geprüft: 15.07.2018].

6 Mitteilung des Bundesministeriums der Justiz und für Verbraucherschutz vom 27.09.2017, Online unter: https://www.bmjv.de/SharedDocs/Artikel/DE/2017/092717_Aktionaersrechterichtlinie.html [zuletzt geprüft: 15.07.2018]. Als Mitglieder der Expertenkommission wurden Ulrich Noack, Dirk Andreas Zetsche, Jessica Schmidt, Tim Florstedt und Jochen Vetter ernannt.

7 *Schneider*, EuZW 2014, 641 (642).

8 *Simon*, DB 2015, Heft 04, S. M5.

9 *Koch*, BB, Die erste Seite 2017, Nr. 15–16.

Bezugnehmend auf das gerade Festgestellte ist zu konstatieren, dass der deutsche Gesetzgeber im Rahmen der Umsetzung einer Herkulesaufgabe gegenübersteht.[10] Denn auch wenn deutsches Recht den Begriff der nahestehenden Person nur sehr restriktiv handhabt, kann daraus nicht der Umkehrschluss gezogen werden, dass keinerlei Schutzvorkehrungen bestehen. Telos eines Related Party Schutzsystems ist es, die Korporation sowie Anteilseigner vor solchen schädigenden Geschäften zu schützen, die ihre Grundlage im Missbrauch einer faktischen Machtposition haben. Davon umfasst sind Geschäfte zwischen der Korporation und dem Vorstand, Aufsichtsrat oder dem beherrschenden Aktionär. Im Hinblick auf diese Konstellationen ist die Gefahr groß, dass das Geschäft für die Korporation nachteilig ist und damit letzten Endes zulasten der Anteilseigner geht. Dieses abstrakte Gefährdungspotential, das bei Kapitalgesellschaften Konsequenz des Prinzipal-Agent-Konflikts ist, hat der deutsche Gesetzgeber aber keineswegs übersehen. Deutsches Aktiengesetz begegnet diesem Konflikt – im Unterschied zur Idee des europäischen Gesetzgebers – vielmehr mit einem „Bündel von Einzelinstrumenten."[11] Damit ist der Ansatzpunkt, den das Gesetzesvorhaben aus Brüssel verfolgte, nämlich ein in sich geschlossenes System zu errichten, konträr zu bestehendem deutschen Recht de lege lata. Es wird zu untersuchen sein, wie und ob diese gegensätzlichen Standpunkte vereinbar sind.

B) Ziel und Gang der Untersuchung

Ziel der vorliegenden Arbeit ist es, dem deutschen Gesetzgeber eine Möglichkeit aufzuzeigen, wie Art. 9c der Aktionärsrechterichtlinie möglichst harmonisch in nationales Recht eingebettet werden kann. Es wird zu zeigen sein, dass der europäische Gesetzgeber in der veröffentlichten Richtlinie ausreichend Spielraum lässt, um nicht nur deutsches Konzernrecht, sondern große Teile des Aktienrechts unberührt zu lassen. Zu diesem Zweck wird die Arbeit in insgesamt sechs Teile untergliedert.

Die Untersuchung beginnt mit einer ausführlichen Grundlagenarbeit. Hierzu befasst sich das zweite Kapitel mit dem Status quo des deutschen Rechts hinsichtlich des Schutzes bei Geschäften mit nahestehenden Personen und Unternehmen. Um etwaige Schutzdefizite aufzudecken, wird der Schutz bei Geschäften mit Organmitgliedern getrennt vom Schutz bei Geschäften mit dem herrschenden Aktionär, unter Berücksichtigung deutschen Konzernrechts, dargestellt und bewertet. Sodann

---

10 Diese Aufgabe wird freilich dadurch erschwert, dass sich die Bundesrepublik Deutschland seit der Bundestagswahl Ende 2017 in einer Regierungskrise befindet.

11 *Selzner*, ZIP 2015, 753 (755).

wird im dritten Kapitel die Genese der Richtlinie veranschaulicht. Besonderer Fokus liegt auf dem Vorschlag der Kommission, der eingehend dargelegt und im Hinblick auf die Vereinbarkeit mit deutschem Recht kritisch beurteilt wird. Das dritte Kapitel schließt mit der Darstellung und Bewertung von Art. 9c der Aktionärsrechterichtlinie. Der internationale Aspekt, der dem gesetzgeberischen Tätigwerden auf Gemeinschaftsebene ohnehin inhärent ist, wird im vierten Kapitel aufgegriffen und ausgedehnt. Da der Richtlinienvorschlag der Kommission weite Teile des englischen Rechts adaptierte, wird der Frage nachgegangen, wie der anglo-amerikanische (USA, England) und deutschsprachige (Schweiz, Österreich) Rechtskreis, die Gesellschaft und Anteilseigner im Falle von Related Party Transactions schützt. Der Fokus liegt im vierten Kapitel bewusst auf einer schematischen Darstellung des gesamten Schutzsystems, denn auf Einzelproblemen innerhalb des Rechtskreises.[12] Auf Grundlage dieser Vorarbeiten wird im fünften Kapitel ein konsistentes Schutzsystem entwickelt, an das ein Vorschlag für eine gesetzliche Regelung anschließt. Die Arbeit schließt im sechsten und letzten Kapitel mit einer Schlussbetrachtung, in welchem die Ergebnisse in Thesen zusammengefasst werden.

12 In jüngerer Vergangenheit wurden einige Arbeiten mit rechtsvergleichendem Schwerpunkt veröffentlicht, vgl.: *Riehl*, Related-Party Transactions, S. 1 ff., der einen Vergleich zwischen deutschem und US-amerikanischem Recht im Rahmen der faktischen Konzernierung darstellt; *Klene*, Related Party Transactions, S. 9 ff. und *Tarde*, Related Party Transactions, S. 47 ff. die sich in ihren Abhandlungen mit dem englischen Recht auseinandersetzen. Darüber hinaus stellt *Klene* Überlegungen zum australischen Recht an.

Kapitel 2: Status quo – Bestandsaufnahme der Related Party Transactions im deutschen Recht

Bevor die Änderungsrichtlinie und die Umsetzung dergleichen diskutiert wird, soll der Status quo hinsichtlich der „Related Party Transactions" im deutschen Recht aufgezeigt werden. In diesem Kapitel werden zunächst die vom Gesetzgeber zur Verfügung gestellten Schutzinstrumente näher dargestellt und damit zur Grundlage vorliegender Ausarbeitung. Aufgrund eines unterschiedlichen Schutzniveaus bietet sich eine Zweiteilung an: Zunächst werden diejenigen Schutzinstrumente herausgearbeitet, die das deutsche Aktiengesetz bei Transaktionen mit den eigenen Organmitgliedern zur Verfügung stellt. Im Anschluss daran wird darauf einzugehen sein, wie die Gesellschaft vor Transaktionen mit den eigenen Aktionären geschützt wird. Dafür wird auf sekundärer Ebene zwischen dem Schutz bei Geschäften mit einem Aktionär in der autonomen Gesellschaft und im Konzern differenziert.

A) Schutz bei Geschäften mit Organmitgliedern

Bei Geschäften der Aktiengesellschaft mit ihren Organmitgliedern besteht die Gefahr, dass die Gesellschaft, vertreten durch den Vorstand, zu äußerst günstigen Konditionen kontrahiert und dadurch Nachteile zulasten der Anteilseigner entstehen.[13] Ausgangspunkt der folgenden Überlegungen stellt das durch den Gesetzgeber aufoktroyierte Leitungssystem der Aktiengesellschaft dar. Grundsätzlich ist zwischen dem international vorherrschenden monistischen[14] und dem gerade im deutschsprachigen Raum üblichen dualistischen Leitungssystem zu unterscheiden. Charakteristisch für das dualistische System (*two-tier System*) ist die Aufteilung der Organe in einen Vorstand, der die Geschäftsführung und Vertretung nach außen übernimmt, und einen Aufsichtsrat, der als Kontrollorgan der Gesellschaft den Vorstand überwacht. Dadurch erwachsen dem dualistischen System drei Eigenarten: 1) die Unvereinbarkeit eines Aufsichtsrats- mit einem

13 Zu denken ist hier beispielsweise an ein zinsloses Darlehen oder an den Abschluss eines Kaufvertrags zu unüblichen Konditionen.

14 Das gilt insbesondere für den anglo-amerikanischen Rechtskreis, siehe ausführlich zum US-amerikanischen Gesellschaftsrecht und zum Gesellschaftsrecht des Vereinigten Königreichs unten, S. 156 ff. bzw. S. 179 ff.

Vorstandsposten, 2) die Weisungsfreiheit des Vorstands und 3) die erschwerte Abrufbarkeit des Vorstands.[15] Demgegenüber zeichnet sich das monistische Leitungssystem dadurch aus, dass neben der Hauptversammlung nur ein weiteres Organ besteht, in der Regel der Verwaltungsrat. Gleichwohl setzt sich der Verwaltungsrat Mittlerweile aus zwei Arten von Mitgliedern, den „*Executives*" und „*Non-Executives*" zusammen, weshalb eine Annäherung an das dualistische System zu verzeichnen ist.[16]

I. Verträge mit Vorstandsmitgliedern, § 112 AktG

Das dualistische System wird in der zwingenden Norm des § 112 AktG zum Ausdruck gebracht. Dieser bildet die Ausnahmeregelung zu § 78 AktG, wonach der Vorstand die Befugnis zur Vertretung der Korporation hat. In sachlicher Hinsicht erstreckt sich die Vertretungsmacht auf alle Angelegenheit der Gesellschaft. Davon macht § 112 AktG eine Ausnahme, indem dem Vorstand die Vertretungsmacht bei Geschäften mit der Korporation gänzlich entzogen und auf den Aufsichtsrat übertragen wird.[17] Telos der Norm ist die Vermeidung potentieller Interessenkonflikte und damit zumindest mittelbar die angemessene Wahrung des Gesellschaftsinteresses.[18] Ansatzpunkt des § 112 AktG ist die abstrakte Gefährdungslage, sodass eine typisierende Betrachtungsweise anzustellen ist.[19] Konkrete Anhaltspunkte für die Annahme eines Interessenkonfliktes müssen aus Gründen der Rechtssicherheit und -klarheit zu Recht nicht existieren.[20]

Dass man keine Geschäfte mit sich als Vertreter schließen darf, ist dem deutschen Recht nicht neu. So erkannte man schon früh das Schutzbedürfnis des Vertretenen im Falle einer Interessenkollision durch den Vertreter.[21] Die schon im römischen Privatrecht geltenden Grundsätze „tutor rem pupilli emere

---

15 *Eberspächer*, in: Spindler/Stilz, AktG, Art. 38 SE-VO Rn. 3.

16 *Arnold*, Steuerung des Vorstandshandelns, S. 77.

17 *Drygala*, in: Karsten Schmidt/Lutter, AktG, § 112 Rn. 1.

18 *Breuer/Fraune*, in: Heidel, AktG, § 112 Rn. 1; *Drygala*, in: Karsten Schmidt/Lutter, AktG, § 112 Rn. 1; *Habersack*, in: Müko AktG, § 112 Rn. 1; *Fleischer*, BB 2014, 2691 (2696).

19 BGHZ 130, 108 (112); BGH NZG 2007, 31; BGH NJW 2013, 1742 (1742); *Drygala*, in: Karsten Schmidt/Lutter, AktG, § 112 Rn. 1; *Hopt/Roth*, in: Großkomm AktG, § 112 Rn. 12.

20 Siehe dazu schon BGHZ 130, 108 (112).

21 *Schubert*, in: Müko BGB, § 181 Rn. 2; *Ekkenga*, AG 1985, 40 (41); *Suttmann*, MittBayNot 2011, 1 (1).

non potest"[22] und „tutor in rem suam fieri non potest"[23] wurden durch die Gründungsväter des BGB aufgegriffen, generalisiert und in § 181 BGB niedergeschrieben. Aus der systematischen Stellung des § 181 BGB im Allgemeinen Teil des BGB ergibt sich, dass dieser nicht nur auf die Vorschriften des BGB Anwendung findet.[24] Das führt zu der Frage nach dem Konkurrenzverhältnis zwischen § 112 AktG und § 181 BGB.[25] Inhaltlich muss bei § 181 BGB zwischen zwei Alternativen unterschieden werden: § 181 Alt. 1 BGB erfasst den Fall des Selbstkontrahierens, wonach der Vertreter mit sich selbst ein Geschäft vornimmt. Davon zu unterscheiden ist der Fall der Mehrfachvertretung, § 181 Alt. 2 BGB. Namentlich handelt es sich dabei um Fälle, bei denen der Vertreter auf beiden Seiten als solcher auftritt.[26] Ausgehend vom Wortlaut der Norm ist eine Gestattung des Rechtsgeschäfts durch den Vertretenen möglich.

§ 112 AktG ist spezialgesetzlich geregelt und damit grundsätzlich lex specialis zu § 181 BGB, sofern dessen Anwendungsbereich eröffnet ist.[27] Von diesem Konkurrenzverhältnis sind die Fälle des Selbstkontrahierens erfasst (§ 181 Alt. 1 BGB), da eine Vertretung durch den Vorstand in diesem Fall durch § 112 AktG unmöglich ist und § 181 Alt. 1 BGB keine Anwendung finden kann.[28] Eine Gestattung des Insichgeschäfts durch die Satzung ist aufgrund des Grundsatzes der Satzungsstrenge (§ 23 V AktG) nicht möglich. § 112 AktG ist zwingend.[29]

Von § 112 AktG nicht erfasst ist der Fall der Mehrfachvertretung, sodass § 181 Alt. 2 BGB nicht von § 112 AktG verdrängt wird.[30] Für solche Fälle kann entweder die Satzung der AG ein Einverständnis vorsehen oder es kann vom Aufsichtsrat

---

22 Der Vormund kann Sachen des Mündels nicht kaufen, Ulp. D. 26, 8, 5,2; *Kaser/Knütel*, Römisches Privatrecht, § 11 Rn. 14.

23 Der Vormund kann in eigenen Angelegenheiten dem Mündel keine förmliche Zustimmung erteilen, Ulp. D. 26, 8, 1; Inst. 1, 21, 3; *Kaser/Knütel*, Römisches Privatrecht, § 11 Rn. 14.

24 *Suttmann*, MittBayNot 2011, 1 (1).

25 Beachtet werden muss allerdings, dass der Anwendungsbereich des § 112 AktG weiter reicht, als der des § 181 BGB. Denn Vorstandsmitglieder sind von der Vertretung auch dann ausgeschlossen, wenn sich die Ansprüche nicht gegen sie richten.

26 *Schubert*, in: Müko BGB, § 181 Rn. 1; *Fischer*, in: GS Gruson, S. 151 (156); *Robles y Zepf*, BB 2012, 1876 (1876 f.).

27 *Baetzgen*, RNotZ 2005, 193 (214); *Suttmann*, MittBayNot 2011, 1 (9).

28 *Fischer*, in: GS Gruson, S. 151 (156); *Ekkenga*, AG 1985, 40 (41).

29 *Drygala*, in: Karsten Schmidt/Lutter, AktG, § 112 Rn. 3; *Spindler*, in: Spindler/Stilz, AktG, § 112 Rn. 2; *Ekkenga*, AG 1985, 40 (41); *Suttmann*, MittBayNot 2011, 1 (9).

30 *Koch*, in: Hüffer/Koch, AktG, § 78 Rn. 6; *Baetzgen*, RNotZ 2005, 193 (214); *Ekkenga*, AG 1985, 40 (42); *Suttmann*, MittBayNot 2011, 1 (9 f.).

erteilt werden.[31] Festzuhalten bleibt, dass § 112 AktG der Anwendung des § 181 Alt. 1 BGB als lex specialis Regelung vorgeht.

1) Anwendungsbereich des § 112 AktG

Ausgehend vom Wortlaut scheint der Anwendungsbereich in personeller Hinsicht klar umrissen. Danach sind die amtierenden Vorstandsmitglieder und deren Vertreter vom Schutzzweck der Norm erfasst.[32] Andernfalls könnte man diese Norm durch einen vorgelagerten Vertreter mit Leichtigkeit aus den Angeln heben. Dabei spielt es keine Rolle, ob das Vorstandsmitglied rechtswirksam bestellt wurde. Denn auch bei einem faktischen Vorstandsmitglied liegt die Möglichkeit eines Interessenkonflikts auf der Hand.[33]

Darüber hinaus wird § 112 AktG extensiv auf zukünftige sowie ausgeschiedene Vorstandsmitglieder erweitert. Zukünftige Vorstandsmitglieder sind solche die schon in Aussicht genommen wurden. Für diese ergibt sich schon aus der gesetzlichen Kompetenzverteilung nach § 84 AktG, dass der Aufsichtsrat für die Einstellung der Vorstandsmitglieder vertretungsbefugt ist.[34] Einzige Voraussetzung dafür sind Rechtshandlungen, die im Rahmen des Abschlusses des Anstellungsvertrages stattfinden (zum Beispiel: Spesenersatz). Im Hinblick auf die Gewährleistung der Handlungsfreiheit des Aufsichtsrats darf es allerdings nicht darauf ankommen, ob der Bewerber tatsächlich eingestellt wird.[35]

Im Ergebnis zutreffend, wird von der h.M. vertreten, dass die Norm auch für ein ausgeschiedenes Vorstandsmitglied gelten müsse.[36] Voraussetzung dafür ist, dass die zu behandelnde Angelegenheit in Zusammenhang mit der ursprünglichen

---

31 *Suttmann*, MittBayNot 2011, 1 (10).

32 *Breuer/Fraune*, in: Heidel, AktG, § 112 Rn. 2; *Drygala*, in: Karsten Schmidt/Lutter, AktG, § 112 Rn. 5; *Hopt/Roth*, in: Großkomm AktG, § 112 Rn. 18; *Mertens/Cahn*, in: Köln Komm AktG, § 112 Rn. 19.

33 OLG Frankfurt a.M. ZIP 2011, 2008 (2009); *Breuer/Fraune*, in: Heidel, AktG, § 112 Rn. 2; *Habersack*, in: Müko AktG, § 112 Rn. 10; *Hopt/Roth*, in: Großkomm AktG, § 112 Rn. 40; *Mertens/Cahn*, in: Köln Komm AktG, § 112 Rn. 20.

34 *Hopt/Roth*, in: Großkomm AktG, § 112 Rn. 19; *Mertens/Cahn*, in: Köln Komm AktG, § 112 Rn. 15.

35 *Drygala*, in: Karsten Schmidt/Lutter, AktG, § 112 Rn. 7; *Habersack*, in: Müko AktG, § 112 Rn. 11; *Hopt/Roth*, in: Großkomm AktG, § 112 Rn. 19; *Spindler*, in: Spindler/Stilz, AktG, § 112 Rn. 7.

36 BGH NZG 2009, 466 Rn. 7; *Breuer/Fraune*, in: Heidel, AktG, § 112 Rn. 2; *Drygala*, in: Karsten Schmidt/Lutter, AktG, § 112 Rn. 8; *Habersack*, in: Müko AktG, § 112 Rn. 12; *Hambloch-Gesinn/Gesinn*, in: Hölters, AktG, § 112 Rn. 7; *Hopt/Roth*, in: Großkomm AktG, § 112 Rn. 25; *Koch*, in: Hüffer/Koch, AktG, § 112 Rn. 2; *Spindler*, in: Spindler/

Vorstandstätigkeit steht.[37] Es wird damit argumentiert, dass nur so der Gesetzeszweck des § 112 AktG erreicht und zur Rechtssicherheit beigetragen wird, um damit eine unvoreingenommene Vertretung der Gesellschaft zu gewährleisten.[38] Festzuhalten bleibt, dass die Rechtsprechung und große Teile der Literatur den Anwendungsbereich des § 112 AktG über den Wortlaut hinaus auf künftige und ausgeschiedene Vorstandsmitglieder erweitert.

In sachlicher Hinsicht erstreckt sich der Anwendungsbereich auf die Prozessführung und alle Geschäfte gegenüber Vorstandsmitgliedern. Das umfasst auch Geschäfte des täglichen Lebens, wobei eine teleologische Reduktion aufgrund eines marginalen Gefahrenpotentials nicht in Betracht kommt.[39]

2) Erweiterung des Anwendungsbereichs auf nahestehende Personen?

Vor dem Hintergrund dieser extensiven Auslegung stellt sich die Frage, ob § 112 AktG anwendbar ist, wenn die Gesellschaft, vertreten durch den Vorstand, mit nahestehenden Personen (zum Beispiel: Ehefrau/-mann oder Kind) eines Vorstandsmitglieds kontrahiert. Denn auch hier liegt die Vermutung einer abstrakten Gefährdungslage nahe. Einschränkend beachtet werden muss aber, dass es sich bei § 112 AktG um eine Ausnahmevorschrift handelt, welche nicht ohne Weiteres extensiv erweitert bzw. analog ausgelegt werden darf.[40]

Zu dieser Frage hat sich der für das Gesellschaftsrecht zuständige 2. Senat des BGH in einer Entscheidung aus dem Jahr 2006 geäußert.[41] Danach seien auch nahe Angehörige vom Anwendungsbereich umfasst, soweit es sich um Fragen handele, die ihre Grundlage im Vorstandsverhältnis haben.[42] Diese Einschränkung

---

Stilz, AktG, § 112 Rn. 14; *E. Vetter*, in: FS Roth, S. 855 (858); a.A.: *Behr/Kindl*, DStR 1999, 119 (125 f.).

37 *Drygala*, in: Karsten Schmidt/Lutter, AktG, § 112 Rn. 8; *Habersack*, in: Müko AktG, § 112 Rn. 13; *Mertens/Cahn*, in: Köln Komm AktG, § 112 Rn. 16.

38 BGH NZG 2009, 466 Rn. 7.

39 So wohl: *Breuer/Fraune*, in: Heidel, AktG, § 112 Rn. 3; *Koch*, in: Hüffer/Koch, AktG, § 112 Rn. 5; *Drygala*, in: Karsten Schmidt/Lutter, AktG, § 112 Rn. 6; a. A.: *Hambloch-Gesinn/Gesinn*, in: Hölters, AktG, § 112 Rn. 11; *Mertens/Cahn*, in: Köln Komm AktG, § 112 Rn. 18.

40 OLG München NZG 2012, 706 (707).

41 BGH NZG 2007, 31 Rn. 6.

42 BGH NZG 2007, 31 Rn. 6; dem zustimmend: *Drygala*, in: Karsten Schmidt/Lutter, AktG, § 112 Rn. 10; *Habersack*, in: Müko AktG, § 112 Rn. 16; *Hopt/Roth*, in: Großkomm AktG, § 112 Rn. 38; *Mertens/Cahn*, in: Köln Komm AktG, § 112 Rn. 17; *Spindler*, in: Spindler/Stilz, AktG, § 112 Rn. 21; ablehnend noch: OLG München AG 1996, 184; zudem: *Grigoleit/Tomasic*, in: Grigoleit, AktG, § 112 Rn. 5.

sei durch den Ausnahmecharakter der Vorschrift geboten.[43] Zudem fehle es für eine Auslegung bezogen auf weitere nahestehende Personen an der gesetzlichen Grundlage. So hatte sich der Senat in dem gerade erwähnten Judiz mit Rentenansprüchen einer Witwe zu beschäftigen, die aus der früheren Vorstandstätigkeit des verstorbenen Ehemanns erwachsen sind. Für solche Fälle, so der BGH, sei der Aufsichtsrat ausschließlich zuständig.[44] Diese Rechtsprechung ist aus zweierlei Hinsicht zu begrüßen. Zum einen steht der Aspekt der Rechtssicherheit im Fokus, da dadurch immer gleiche Entscheidungen gewährleistet werden. Zum anderen ist bei diesen Geschäften eine abstrakte Gefahr naheliegend, welche die Anwendung des § 112 AktG rechtfertigt.

3) *Erweiterung des Anwendungsbereichs auf Gesellschaften, an denen das Vorstandsmitglied beteiligt ist?*

a) *Grundsätzliches*

Ob § 112 AktG im Rahmen einer mittelbaren Betroffenheit anwendbar ist, also dann, wenn die Aktiengesellschaft nicht mit dem Vorstandsmitglied in persona kontrahiert, sondern mit einer Gesellschaft an der das Vorstandsmitglied seinerseits beteiligt ist, wird in Literatur und Rechtsprechung kontrovers diskutiert. Dabei darf nicht missachtet werden, dass schon das Bürgerliche Gesetzbuch dem Rechtsanwender allgemeine Regelungsmechanismen an die Hand gibt, die die Gesellschaft und auch Außenstehende in diesem Fall schützen können. Dafür sei nochmal auf § 181 Alt. 2 BGB verwiesen, der bei der Mehrfachvertretung regelmäßig Anwendung findet.[45] Allerdings unterliegen die Gesellschaften in diesem Fall nicht der Satzungsstrenge (§ 23 Abs. 5 AktG), weshalb die Satzung den Abschluss eines Insichgeschäfts im Sinne von § 181 Alt. 2 BGB gestatten kann.[46] Ferner muss an die aus dem Stellvertretungsrecht bekannten Ausschlusstatbestände der Evidenz und Kollusion gedacht werden. Insbesondere bei Letzterem bedarf es eines Schutzes des § 112 AktG nicht. Nachteil dabei ist allerdings, dass die Annahme der Ausschlusstatbestände erst durch eine genaue Prüfung des Einzelfalls vorgenommen werden kann, während § 112 AktG wie gesehen schon an die abstrakte Gefährdungslage und damit zeitlich früher ansetzt. Die

---

43 *Drygala*, in: Karsten Schmidt/Lutter, AktG, § 112 Rn. 10, der die Einschränkung aufgrund der abstrakten Gefahr für geboten erachtet; *Habersack*, in: Müko AktG, § 112 Rn. 16.

44 BGH NZG 2007, 31 Leits.

45 Siehe bereits oben, Fn. 30.

46 *Werner*, Der Konzern 2008, 639 (639).

Frage nach der Anwendbarkeit auch auf mittelbare Vertretungskonstellationen ist, trotz des Bestehens allgemeiner Regelungsmechanismen, durchaus gerechtfertigt und von praktischem Interesse.

Für die Frage, ob § 112 AktG auf die Fälle der mittelbaren Betroffenheit Anwendung findet, gebietet sich eine Differenzierung anhand der Höhe der Beteiligung an der Drittgesellschaft. Recht einig ist man sich vor dem Hintergrund (absoluter) wirtschaftlicher Identität. Wenn Vorstandsmitglied und Gesellschaft wirtschaftlich identisch sind, besteht kein ersichtlicher Grund, das Vorstandsmitglied anders zu behandeln. Namentlich ist das der Fall bei einer Einmann-Gesellschaft.[47] Einig und zudem höchstrichterlich bestätigt, ist man sich auch im Falle einer marginalen Beteiligung an der Drittgesellschaft. Eine solche marginale Beteiligung, bei der das Vorstandsmitglied als Außenstehender agiert, kann die Anwendbarkeit des § 112 AktG nicht begründen. In diesem Fall besteht keine die Anwendbarkeit rechtfertigende abstrakte Gefährdungslage.[48]

Letzteres hat der BGH in einem aus dem Jahre 2013 zu entscheidenden Fall festgestellt. Dabei hielt das Vorstandsmitglied Anteile an der Drittgesellschaft in Höhe von rund 25 %. Diese sollen nicht ausreichen, um von einer maßgeblichen Beteiligung oder gar einer wirtschaftlichen Identität zu sprechen.[49] Was aber unter einer maßgeblichen Beteiligung zu verstehen ist, hat der zuständige zweite Senat mangels Entscheidungserheblichkeit ausdrücklich offengelassen. Ausgeschlossen wurde aber eine Zurechnung der Anteile von Familienmitgliedern mit der Folge einer über 50 %igen Beteiligung.[50] Die lediglich soziale und emotionale Verbundenheit, wie sie bei Familienmitgliedern anzunehmen ist, sei für eine Zurechnung solcher Vermögenswerte nicht ausreichend. Vielmehr müsse eine rechtlich bindende Vereinbarung, wie bspw. eine Treuhandvereinbarung, auch zwischen den Familienmitgliedern erkennbar sein.[51] Als Vorinstanz hat das OLG München festgehalten, aus Gründen der Rechtssicherheit

---

47 OLG Saarbrücken AG 2012, 922 (922 f.); *Breuer/Fraune*, in: Heidel, AktG, § 112 Rn. 1c; *Drygala*, in: Karsten Schmidt/Lutter, AktG, § 112 Rn. 11; *Grigoleit/Tomasic*, in: Grigoleit, AktG, § 112 Rn. 6 (analoge Anwendung); *Habersack*, in: Müko AktG, § 112 Rn. 9; *Mertens/Cahn*, in: Köln Komm AktG, § 112 Rn. 18; *Theusinger/Guntermann*, AG 2017, 798 (804); a.A.: OLG München v. 09.02.2009 – 21 U 4853/08 Rn. 12; *Hopt/Roth*, in: Großkomm AktG, § 112 Rn. 43.

48 *Drygala*, in: Karsten Schmidt/Lutter, AktG, § 112 Rn. 12; *Koch*, in: Hüffer/Koch, AktG, § 112 Rn. 4 m.w.N.

49 BGH NJW 2013, 1742 Rn. 9; OLG Saarbrücken NZG 2001, 414 (414).

50 BGH NJW 2013, 1742 Rn. 10.

51 BGH NJW 2013, 1742 Rn. 10.

gänzlich auf den Maßstab der wirtschaftlichen Identität zu verzichten.[52] Dieser Ansicht ist der BGH zu Recht nicht gefolgt.

Zusammenfassend lässt sich festhalten, dass § 112 AktG bei 100 %iger Beteiligung an der Drittgesellschaft anwendbar ist, bei einer Minderheitenbeteiligung hingegen nicht. Zudem werden Anteile von Familienmitgliedern nur zugerechnet, wenn eine rechtlich verbindliche Vereinbarung vorliegt.

b) Anwendung bei Mehrheitsbeteiligung?

Fraglich ist, was zwischen diesen beiden Extremen gilt, also ob § 112 AktG auf Gesellschaften Anwendung findet, welche von dem Vorstandsmitglied gesellschaftsrechtlich beherrscht werden. Wenn dies zu bejahen ist, wird weiter zu untersuchen sein, wie stark die Einflussnahmemöglichkeit des Vorstandsmitglieds an der Drittgesellschaft sein muss, um von einer maßgeblichen Beteiligung zu sprechen.

aa) Keine analoge Anwendung des § 112 AktG

Die wohl herrschende Lehre steht dieser extensiven Auslegung kritisch gegenüber und lehnt eine analoge Anwendung auf Fälle des maßgeblichen Einflusses an der Drittgesellschaft ab.[53] Wenn ein Vorstandsmitglied an der Drittgesellschaft maßgeblich beteiligt sei, dann genüge zur Vermeidung von Interessenskonflikten bereits die aus der Loyalitätspflicht erwachsende Informationspflicht, den Aufsichtsrat über einen etwaigen Interessenkonflikt zu informieren.[54]

Ausgangspunkt dieser Überlegung ist der Wortlaut, der gegen eine solche Anwendbarkeit spreche („Vorstandsmitgliedern gegenüber […]").[55] Danach werden nur Vorstandsmitglieder und keine Gesellschaften, an denen diese beteiligt sind, erfasst. Des Weiteren müsse beachtet werden, dass es sich bei § 112 AktG lediglich um eine Ausnahmevorschrift zu § 78 AktG handele. Der Gesetzgeber habe aber die Ausnahmen von § 78 AktG abschließend im Gesetz geregelt

---

52 OLG München NZG 2012, 706 (707); kritisch zu dieser Feststellung: *Drygala*, in: Karsten Schmidt/Lutter, AktG, § 112 Rn. 12.

53 *Breuer/Fraune*, in: Heidel, AktG, § 112 Rn. 1c; *Drygala*, in: Karsten Schmidt/Lutter, AktG, § 112 Rn. 12; *Grigoleit/Tomasic*, in: Grigoleit, AktG, § 112 Rn. 6; *Habersack*, in: Müko AktG, § 112 Rn. 9; *Mertens/Cahn*, in: Köln Komm AktG, § 112 Rn. 18; *Werner*, ZGR 1989, 369 (372); *Witt*, ZGR 2013, 668 (682); wohl auch: *Klene*, Related Party Transactions, S. 187.

54 *Drygala*, in: Karsten Schmidt/Lutter, AktG, § 112 Rn. 12; *Hopt/Roth*, in: Großkomm AktG, § 112 Rn. 43.

55 *Werner*, Der Konzern 2008, 639 (640).

(zum Beispiel: § 111 Abs. 2 S. 2 AktG, § 147 Abs. 3 AktG). Aufgrund dieser abschließenden Regelung fehle es schon an der für die Annahme einer Analogie notwendigen planwidrigen Regelungslücke.

Ferner wird die gesetzgeberische Regelungstechnik als Argument herangezogen. Verwiesen wird auf §§ 89, 115 AktG, bei welchen der Gesetzgeber Umgehungssachverhalte ausdrücklich einbezogen habe. Gem. § 89 AktG ist für eine Kreditgewährung gegenüber Vorstandsmitgliedern ein Beschluss des Aufsichtsrats notwendig. Dieser Beschluss wird aber unter den Voraussetzungen des § 89 Abs. 1 S. 5 AktG entbehrlich. Daraus könne für § 112 AktG der Schluss gezogen werden, dass der Gesetzgeber eine Umgehung durch eine analoge Anwendung gerade nicht erreichen wollte (argumentum e contrario).[56]

Zudem spiele auch die mit einer analogen Anwendung einhergehende Rechtsunsicherheit eine Rolle. Es bliebe unklar wann eine den Anwendungsbereich des § 112 AktG eröffnende maßgebliche Beteiligung vorliege.[57] Der Zustand der Rechtsunsicherheit werde dadurch verstärkt, dass die Rechtsfolge eines Verstoßes gegen § 112 AktG nach umstrittener aber wohl überwiegender Ansicht die Nichtigkeit des Rechtsgeschäfts zur Folge hat.[58]

Hopt/Roth geben zu bedenken, dass im Falle der Erweiterung auf maßgebliche Beteiligungen das vom Gesetzgeber deklinierte dualistische System durchbrochen würde. Danach sei die Kontrolle der Geschäftsführung originäre Aufgabe des Aufsichtsrats. Eine analoge Anwendung hätte zur Folge, dass der Aufsichtsrat in erheblichem Maße in Geschäftsführungsbelange involviert wäre.[59] Auch dies spreche gegen eine analoge Anwendung.

bb) Analoge Anwendung des § 112 AktG

Die Gegenansicht befürwortet eine analoge Anwendung des § 112 AktG indem sie vornehmlich mit der Ratio der Vorschrift, also dem Schutz der Gesellschaft, argumentiert.[60] Richtigerweise sei auch hier eine typisierende Betrachtungsweise

---

56 LG Bonn v. 29.05.2001 – 11 O 163/00 Rn. 34.

57 *Breuer/Fraune*, in: Heidel, AktG, § 112 Rn. 1c; *Habersack*, in: Müko AktG, § 112 Rn. 9; *Mertens/Cahn*, in: Köln Komm AktG, § 112 Rn. 18; dieses Argument unter dem Hinweis auf §§ 16, 17 AktG relativierend: *Drygala*, in: Karsten Schmidt/Lutter, AktG, § 112 Rn. 12.

58 *Habersack*, in: Müko AktG, § 112 Rn. 31; *Hambloch-Gesinn/Gesinn*, in: Hölters, AktG, § 112 Rn. 21.

59 *Hopt/Roth*, in: Großkomm AktG, § 112 Rn. 43.

60 *Spindler*, in: Spindler/Stilz, AktG, § 112 Rn. 9, nach dem § 112 AktG nur bei einer "ganz maßgeblichen, unternehmerischen [...] Beteiligung" in Betracht kommt; *E. Vetter*,

anzustellen. Deshalb müsse man zu dem Ergebnis gelangen, dass in dem Fall in dem ein Vorstandsmitglied an der Gesellschaft maßgeblich beteiligt ist und diese damit zumindest faktisch beherrscht, einer möglichen Interessenkollision vorzubeugen ist.[61] Wenn der Fall maßgeblicher Beteiligung davon ausgenommen wäre, wäre Sinn und Zweck des § 112 AktG untergraben.

Gegen das vorgebrachte Wortlautargument wird zudem § 114 AktG ins Feld geführt.[62] Inhaltlich erfasst § 114 AktG Verträge mit Aufsichtsratsmitgliedern. Vom Wortlaut nicht umfasst, darin ist auch die Nähe zu § 112 AktG zu sehen, sind solche Verträge, die mit einer Gesellschaft abgeschlossen wurden, an der das Aufsichtsratsmitglied beteiligt ist. In zwei Entscheidungen aus dem Jahre 2006 stellt der BGH unter zugrunde legen des Normzwecks klar, dass „es keinen Unterschied machen [kann], ob das Aufsichtsratsmitglied den Vertrag im eigenen Namen oder im Namen einer von ihm als alleinigem Gesellschafter geführten GmbH abschließt."[63] Diese Aussage wurde wenig später dahingehend konkretisiert, dass eine Heranziehung der Vorschrift geboten sei, „wenn die Aktiengesellschaft mit dem dritten Unternehmen, an welchem das Mitglied des Aufsichtsrates – nicht notwendig beherrschend – beteiligt ist, einen (Beratungs-) Vertrag schließt […]."[64] Festzuhalten bleibt, so die Argumentation, dass höchstrichterlich eine vergleichbare Vorschrift über den Wortlaut hinaus auf Grundlage des Normzwecks ausgedehnt wurde.[65] Da eine zum Teil extensive Auslegung des § 112 AktG anerkannt ist, stünden einer Auslegung auf die Drittgesellschaft keine Bedenken gegenüber.

cc) Stellungnahme

Die Argumente der h. M. wissen bei näherem Hinsehen nicht vollends zu überzeugen. Das von der h.M. vorgebrachte Wortlautargument wird nicht erst durch den Blick auf § 114 AktG wiederlegt. Aus dem bereits Gesagten wird

---

in: FS Roth, S. 855 (860 ff.), nach dem eine analoge Anwendung selbst bei einer Minderheitenbeteiligung i.H.v. 20 % in Betracht kommen solle; *Rupietta*, NZG 2007, 801 (803); *Theusinger/Wolf*, NZG 2012, 901 (903), die die mehrheitliche Beteiligung als eine Sonderkonstellation ansehen; *Werner*, Der Konzern 2008, 639 (641).

61 *Rupietta*, NZG 2007, 801 (803); *Werner*, Der Konzern 2008, 639 (640).

62 *E. Vetter*, in: FS Roth, S. 855 (860).

63 BGHZ 168, 188 Rn. 10.

64 BGHZ 170, 60 Rn. 8.

65 *E. Vetter*, in: FS Roth, S. 855 (860); *Rupietta*, NZG 2007, 801 (803); i. E. auch: *Werner*, Der Konzern 2008, 639 (641).

ersichtlich, dass der Anwendungsbereich immer weiter extensiviert wurde.[66] Richtig ist zwar, dass eine Ausnahmevorschrift nicht beliebig erweitert werden darf. Diese einschränkende Auslegung blieb jedoch bei der Erweiterung auf ausgeschiedene Vorstandsmitglieder, nahestehende Personen sowie bei Vorliegen wirtschaftlicher Identität ebenfalls unbeachtet. Insofern scheint es unbillig, die Anwendung bei maßgeblicher Beteiligung wegen Verstoßes gegen den Wortlaut ausscheiden zu lassen. Vielmehr wird § 112 AktG extensiv ausgelegt, weshalb auch hier kein Grund ersichtlich ist, in dieser Konstellation am Wortlaut der Norm stehen zu bleiben.

Selbst wenn man mit der h.M. annimmt, dass der Gesetzgeber die Ausnahmen zu § 78 AktG abschließend gesetzlich fixiert hat, muss beachtet werden, dass auch solche Ausnahmevorschriften in geringerem Umfang auslegungsfähig sind.[67] Das solle aber nur dann gelten, wenn dem „Ausnahmesatz ein engeres Prinzip zugrunde liegt".[68] Als engeres Prinzip kann der Gesetzeszweck angeführt werden, dessen Erreichung nur durch eine analoge Anwendung sichergestellt werden kann.[69] Die gleiche Argumentation kann auch gegen das Argument der geregelten Umgehungssachverhalte angenommen werden.

Zuzugestehen ist der herrschenden Meinung, und das ist auf den ersten Blick in der Tat ein Schwachpunkt, dass der Begriff der „maßgeblichen Beteiligung" ein unbestimmter Rechtsbegriff ist und damit zur Rechtsunsicherheit beiträgt. Indes muss berücksichtigt werden, dass ein Gesetz und richterrechtlich hergeleitete Dogmen, in großem Umfang unbestimmte Rechtsbegriffe enthalten, um auf den Einzelfall Anwendung zu finden. Bei erstmaliger Implementierung besteht auch in diesem Fall ein gewisses Maß an Rechtsunsicherheit. Es ist gerade Aufgabe von Literatur und Rechtsprechung, diese unbestimmten Rechtsbegriffe hinreichend zu konkretisieren.[70] Beachtet werden muss aber, dass für den Rechtsbegriff der maßgeblichen Beteiligung zumindest mittelbar auf die §§ 16, 17 AktG rekurriert werden kann, und damit das Argument mangelnder Rechtssicherheit in dem Moment hinfällig wird, indem man die maßgebliche Beteiligung an eine bestimmte

66 So werden entgegen dem Wortlaut auch nahestehende Personen des Vorstandsmitglieds, Gesellschaften, sofern wirtschaftliche Identität besteht, und zudem auch zukünftige und ausgeschiedene Vorstandsmitglieder vom Anwendungsbereich erfasst.

67 Das hat der BGH schon in einer Entscheidung aus dem Jahre 1957 festgestellt, siehe dazu: BGHZ 26, 78 (83).

68 BGHZ 26, 78.

69 *Werner*, Der Konzern 2008, 639 (641).

70 *Werner*, Der Konzern 2008, 639 (641).

materielle Grenze bindet.[71] Das Argument mangelnder Rechtssicherheit wird folglich nur evident, wenn der auslegungsbedürftige Begriff der maßgeblichen Beteiligung nur eine leere Worthülle bleibt.

Endlich wissen die Bedenken von *Hopt/Roth* ebenfalls nicht zu überzeugen. Das Risiko einer Verlagerung der Geschäftsführung auf den Aufsichtsrat ist nach der hier vertretenen Auffassung recht gering. Auch wenn es durchaus üblich ist, dass Vorstandsmitglieder an anderen Gesellschaften partizipieren, ist eine maßgebliche Beteiligung, also eine solche höherer Intensität, unüblich.[72] Für diese Aussage spielt eine genau zu beziffernde Grenze keine entscheidende Rolle. Zudem erhält der Aufsichtsrat qua Gesetz weitgehende Kompetenzen im Falle etwaiger Interessenkollisionen des Vorstands. Eine Ausweitung des Anwendungsbereichs auf die hier besprochenen Fälle wird aber nicht dazu führen, dass Grundgefüge des dualistischen Systems aus den Angeln zu heben.

Zusammenfassend lässt sich festhalten, dass eine analoge Anwendung nach hier vertretener Ansicht aufgrund der gesetzgeberischen Intention und dem vergleichenden Blick zu § 114 AktG möglich und geboten ist.

c) Maßgebliche Beteiligung im Einzelfall

Mit dem Streitentscheid zugunsten einer analogen Anwendung geht die Frage einher, wann die Beteiligung an der anderen Gesellschaft maßgeblich ist. Zunächst ist denkbar von dem Erfordernis eines Mindestbesitzanteils abzurücken und jeweils für den Einzelfall zu entscheiden, ob eine Beteiligungsquote den Anforderungen entspricht. An dieser Stelle kann das Argument der Rechtsunsicherheit aufgegriffen werden. Mit fehlender materieller Grenze wäre es den betreffenden Personen ohne richterliche Klärung im Einzelfall unmöglich, festzustellen ob eine maßgebliche Beteiligung vorliegt. Das würde nicht nur zu zahlreichen unter Umständen sogar widersprüchlichen Entscheidungen führen, sondern die Belastbarkeitsgrenze der ordentlichen Gerichte sprengen.

In eine ähnliche Richtung argumentiert *Rupietta*.[73] Nach diesem sei eine konkrete Grenze zwar wünschenswert, allerdings würden damit nicht alle möglichen Fallkonstellationen erfasst. Maßgeblich sei deshalb im Einzelfall die Frage, ob eine abstrakte Gefährdungslage vorliegt. Diese liege sicherlich bei einer Beteiligung ab 75 % vor. Darüber hinaus komme eine abstrakte Gefahr aber auch

---

71 So bereits: *Drygala*, in: Karsten Schmidt/Lutter, AktG, § 112 Rn. 12.

72 Wie sogleich zu zeigen sein wird, reicht eine reine Organmitgliedschaft gerade noch nicht aus.

73 *Rupietta*, NZG 2007, 801 (804).

bei einer Minderheitenbeteiligung in Betracht, sofern die restlichen Anteile den Familienangehörigen zugeordnet werden können.[74] Auch wenn die materielle Grenze der qualifizierten Mehrheit als taugliches Abgrenzungskriterium in Betracht kommt, spricht gegen diese Ansicht, dass nach zutreffender höchstrichterlicher Meinung für eine Zurechnung der Anteile zwischen den Familienangehörigen eine rechtlich bindende Vereinbarung getroffen werden muss.[75] Eine familiäre Verbundenheit allein reicht gerade nicht für die Anwendung aus. Zudem soll eine Minderheitenbeteiligung gerade noch nicht ausreichen, um von einer maßgeblichen Beteiligung zu sprechen.

Die Gretchenfrage ist und bleibt, ab wann eine abstrakte Gefahr angenommen werden kann, um von einer maßgeblichen Beteiligung zu sprechen. Im Interesse der Rechtssicherheit darf es dabei nur auf eine materielle Grenze ankommen. *Bormann,*[76] und dem folgend *Werner*[77] und *Baetzgen,*[78] gehen von einer qualifizierten Mehrheit von 75 % aus. Begründet wird dies mit der Rechtsprechung zur Haftung für Sachmängel bei Unternehmenskaufverträgen.[79] *Vetter* stellt hingegen nicht auf die Machtposition in der Gesellschaft ab, sondern darauf, dass dem Vorstandsmitglied auch bei einer Minderheitenbeteiligung eine unbefangene Interessenwahrnehmung nicht mehr möglich ist. Aus diesem Grund reiche schon eine Beteiligung von 20 % aus, um eine maßgebliche Beteiligung anzunehmen.[80] Wenngleich die Überlegung *Vetters* beachtenswert ist, ist eine Beteiligung von nur 20 % als Abgrenzungskriterium untauglich. Das ergibt sich zum einen aus der schon erwähnten BGH Entscheidung.[81] Zum anderen aus der wortlautgetreuen Auslegung des Begriffs. Das Adjektiv „maßgeblich" impliziert eine derartige Beteiligungsquote, dass das Vorstandsmitglied als Aktionär an der Drittgesellschaft in der Lage ist, diese zu steuern. Folglich ist entgegen der Ansicht *Vetters* auf die Machtposition innerhalb des Verbands abzustellen. Zudem muss beachtet werden, dass das Vorstandsmitglied in den Konstellationen in denen es an der Drittgesellschaft beteiligt ist, den Interessenkonflikt gegenüber dem Aufsichtsrat anzeigen muss.

---

74 *Rupietta*, NZG 2007, 801 (804 f.).
75 Siehe dazu bereits oben, S. 35 mit Fn. 51.
76 *Bormann*, OLG Report 2003, K 21 (K22).
77 *Werner*, Der Konzern 2008, 639 (641 f.).
78 *Baetzgen*, RNotZ 2005, 193 (216).
79 *Bormann*, OLG Report 2003, K 21 (K 22).
80 *E. Vetter*, in: FS Roth, S. 855 (860 ff.).
81 Siehe dazu schon Fn. 49, wonach eine 25 %ige Beteiligung nicht ausreicht, um von einer maßgeblichen Beteiligung zu sprechen.

Ausgehend von der Begrifflichkeit kommt eine maßgebliche Beteiligung erst ab einer Quote von mindestens 51 % in Betracht.[82] Dann hat das Vorstandsmitglied als Aktionär zumindest theoretisch die Möglichkeit, die Geschicke der Korporation zu lenken. Diese Möglichkeit der Einflussnahme wird naturgemäß größer, umso stärker die Beteiligungsquote ist. Aufgrund dessen kann sicherlich ab einer Beteiligungsquote von 75 % eine abstrakte Gefahr angenommen werden. Vertretbar, und konsequent zu Art. 9c der Aktionärsrechterichtlinie, erscheint es aber, schon bei einfacher Mehrheitsbeteiligung die abstrakte Gefahr als ausreichend anzusehen.[83]

4) Zwischenergebnis

Festzuhalten bleibt, dass § 112 AktG von Rechtsprechung und Literatur extensiv ausgelegt wird. Dies gilt in eingeschränktem Umfang auch für nahestehende Personen und für den Fall der wirtschaftlichen Identität zwischen Gesellschaft und Vorstandsmitglied. Darüber hinaus muss § 112 AktG in analoger Anwendung auch dann in Betracht kommen, wenn das Vorstandsmitglied mit qualifizierter Mehrheit an der Drittgesellschaft beteiligt ist. Eine qualifizierte Mehrheit ist bei einer Beteiligungsquote von mindestens 51 % anzunehmen. In diesen Situationen liegt eine abstrakte Gefahrenlage vor, weshalb es geboten ist, die Aktiengesellschaft vor dem Interessenkonflikt des Vorstands durch Einschaltung des Aufsichtsrats zu schützen.

II. Verträge mit Aufsichtsratsmitgliedern, § 114 AktG

Auch Verträge zwischen der Gesellschaft, vertreten durch den Vorstand, und dem Aufsichtsrat bergen Konfliktpotential. Anders als bei § 112 AktG besteht in diesem Fall kein Bedürfnis, die Vertretungszuständigkeit des Vorstandes zu durchbrechen. Nach § 114 Abs. 1 AktG bedarf der Vertrag zur Wirksamkeit der Zustimmung des Aufsichtsrats. In dem Zeitraum von Vertragsschluss bis zum Beschluss des Aufsichtsrats ist der Vertrag schwebend unwirksam.[84] Sinn und Zweck der Norm ist damit darin zu sehen, dass die Beeinflussung der Aufsichtsratsmitglieder durch den Vorstand verhindert werden soll.[85] Darüber hinaus wird vor allem von der Rechtsprechung vertreten, dass Ratio der Norm auch darin

---

82 Diese Werthürde unter Bezugnahme des IAS 24.9 i.V.m. IFRS 10. 5 ff. vertretend: *Theusinger/Guntermann*, AG 2017, 798 (804).

83 Siehe dazu unten, S. 343 f.

84 *Kropff*, RegE. Begr., S. 158.

85 *Drygala*, in: Karsten Schmidt/Lutter, AktG, § 114 Rn. 2.

zu sehen ist, einen umfassenden Schutz der Unabhängigkeit von Aufsichtsratsmitgliedern durch die Erweiterung auf Beraterbeziehungen zu gewährleisten.[86] Anerkannt ist zudem, dass die Vorschrift analog auf die Auftragserteilung durch den Aufsichtsrat anzuwenden ist.[87] Wenngleich die amtliche Überschrift etwas Gegenteiliges vermuten lässt, sind vom Anwendungsbereich der Norm lediglich Dienst- oder Werkverträge höherer Art erfasst. Für den Begriff der höheren Art kann auf § 627 BGB rekurriert werden. Danach zeichnen sich vor allem Angehörige freier Berufe durch die Erbringung von Diensten höherer Art aus.[88] Freie Berufe zeichnen sich durch ein besonderes Maß an Fachkenntnis, Kunstfertigkeit oder wissenschaftlicher Bildung aus.[89] Maßgeblich ist, dass Kenntnisse aufgrund eines besonderen Vertrauensverhältnisses übertragen werden.[90]

Das Aufsichtsratsmitglied muss außerhalb seiner Tätigkeit im Aufsichtsrat verpflichtet werden, § 114 Abs. 1 AktG. Damit wird eine Abgrenzung zu dem dem Aufsichtsrat obliegenden Aufgabenkreis erforderlich.[91] In diesem Zusammenhang erlangt § 113 AktG große Bedeutung. Denn eine Vergütung erhält das Aufsichtsratsmitglied bereits für seine der Gesellschaft geschuldete Tätigkeit im Aufsichtsrat. Deshalb ist der Vertrag zwischen Korporation und Aufsichtsratsmitglied, selbst wenn die Zustimmung des Aufsichtsrats vorliegt, unwirksam, wenn der Vertragsinhalt bereits mit der Organpflicht identisch ist.[92] Durch eine zusätzliche Vergütung würde der als Verbotsnorm zu verstehende § 113 AktG umgangen, was zur Nichtigkeit des Vertrages gem. § 134 BGB führen muss.[93] Ist der Vertrag hingegen zustimmungsfähig, die erforderliche Zustimmung unterbleibt aber, greift die Rechtsfolge des § 114 Abs. 2 AktG ein. Danach hat das

86 So aber: BGHZ 126, 340 (347 f.); 168, 188 (193); *Lorenz/Pospiech*, NZG 2011, 81 (81 f.).

87 *Drygala*, in: Karsten Schmidt/Lutter, AktG, § 114 Rn. 7.

88 *Henssler*, in: Müko BGB, § 627 Rn. 20; *Weidenkaff*, in: Palandt, BGB, § 627 Rn. 2.

89 BGH NJW-RR 2015, 686 Rn. 12.

90 BGH NJW-RR 2015, 686 Rn. 13; darüber hinaus hat die Rechtsprechung konkretisiert, welche Berufe unter den Begriff „Dienste höherer Art" fallen: BGH NJW 2002, 2774 (2775) – Rechtsanwalt; BGH NJW-RR 2004, 989 Leits. 2 – Inkassodienste; BGH NJW 2011, 1674 Rn. 7 – Zahnarzt; BGH NJW 2011, 2955 Rn. 17 – ambulanter Pflegedienst; BGH NJW 2011, 3575 Rn. 8 – Wirtschaftsprüfer.

91 *Spindler*, in: Spindler/Stilz, AktG, § 114 Rn. 17.

92 *Drygala*, in: Karsten Schmidt/Lutter, AktG, § 114 Rn. 8; *Spindler*, in: Spindler/Stilz, AktG, § 114 Rn. 16.

93 BGHZ 114, 127 (129); 126, 340 (345 f.); 168, 188 Rn. 16; *Habersack*, in: Müko AktG, § 114 Rn. 22; *Spindler*, in: Spindler/Stilz, AktG, § 114 Rn. 30; *Hopt/Roth*, in: Großkomm AktG, § 114 Rn. 13; *Mertens/Cahn*, in: Köln Komm AktG, § 114 Rn. 5.

Aufsichtsratsmitglied eine empfangene Vergütung nach § 114 Abs. 2 S. 1 AktG zurückzugewähren. Publizitätserfordernisse kennt das Gesetz im Bezug zu § 114 AktG nicht. § 285 S. 1 Nr. 9a HGB gilt nach dessen Wortlaut nur für Bezüge, welche sich aus der Organtätigkeit ergeben. Lediglich Ziff. 5.4.6. Abs. 3 DCGK hält eine Empfehlung bereit, die gezahlten Vergütungen und persönlich erbrachten Leistungen individualisiert anzugeben.

Darüber hinaus ist fraglich, ob nahestehende Personen in den Anwendungsbereich der Norm einbezogen werden sollen. Dagegen spricht vor allem im direkten Vergleich zu § 115 Abs. 2 AktG, dass Umgehungsgeschäfte nicht ausdrücklich von § 114 AktG erfasst werden.[94] Grundsätzlich soll § 114 AktG aber auf nahestehende Personen Anwendung finden, wenn „der Zweck der Vorschrift eine Erstreckung“[95] erfordert. Entscheidend ist demnach das Verständnis des Sinn und Zwecks des § 114 AktG. Um einer einfachen Umgehung entgegenzuwirken scheint es gerechtfertigt, Verträge zwischen der Gesellschaft und Personen, die dem Aufsichtsratsmitglied nahestehen, unter den Anwendungsbereich fallen zu lassen. Denn bei diesen Geschäften ist ein potentieller Interessenkonflikt unvermeidbar, der darin besteht, dass das Aufsichtsratsmitglied bestrebt ist, die Vergütung seiner nahestehenden Person aufrecht zu erhalten und damit eine Entscheidung nicht orientiert am Unternehmensinteresse trifft.[96] Es bietet sich also in jedem Fall an, zumindest Ehegatten und Lebenspartner unter den Anwendungsbereich der Norm zu subsumieren.

Als besonders umstritten erweist sich in diesem Zusammenhang die Fallkonstellation, in dem ein Beratervertrag mit einer Gesellschaft abgeschlossen wird, an dem das Aufsichtsratsmitglied beteiligt ist. Die überwiegende Ansicht beurteilt die Wirksamkeit dieser Verträge grundsätzlich nach § 114 AktG. Die sich aufdrängende Frage bei Bewertung der unterschiedlichen Konstellationen ist

94 Dagegen wird indes eingewandt, dass es sich lediglich um ein Versehen des Gesetzgebers von 1965 handele. Denn die Vorschrift des § 115 AktG sei im Regierungsentwurf zum Aktiengesetz von 1965 noch gar nicht aufgeführt gewesen, sondern erst im Laufe des Gesetzgebungsverfahrens auf Anraten einiger Ausschüsse doch noch implementiert worden. Aufgrund dessen sei ein in Bezug zu §§ 89 und 115 AktG befriedigendes Abstimmungsergebnis nicht mehr zu erwarten gewesen. Vgl. dazu die Ausführungen bei: *Habersack*, in: Müko AktG, § 114 Rn. 12. Selbst wenn man mit dieser Ansicht übereinstimmen würde, bliebe die Frage unbeantwortet, warum der Gesetzgeber nicht in der Zwischenzeit eingegriffen hat und eine systematisch befriedigende Lösung gerade im Bezug zu § 115 AktG angeboten hat.

95 *Mertens/Cahn*, in: Köln Komm AktG, § 114 Rn. 10.

96 *Habersack*, in: Müko AktG, § 114 Rn. 13.

stets die Gleiche: Fallen dem Aufsichtsratsmitglied durch das Beratungshonorar Leistungen durch die Korporation zu, die geeignet sind, eine unabhängige Überwachung nicht mehr zu gewährleisten?[97] Wenn das Aufsichtsratsmitglied Alleingesellschafter der Korporation ist, besteht zwischen ihm und der Gesellschaft wirtschaftliche Identität, weshalb die unabhängige Beratung mit Sicherheit gefährdet und damit eine Beurteilung nach § 114 AktG geboten ist.[98] Ähnliches gilt auch für den Fall, in dem das Aufsichtsratsmitglied mehrheitlich an der Gesellschaft beteiligt ist.[99] Dadurch kann das Aufsichtsratsmitglied herrschenden Einfluss auf das Unternehmen ausüben, womit eine neutrale Bearbeitung des Aufsichtsratsmandats im Zusammenhang mit dem Beratungsvertrag nicht mehr gewährleistet ist.

Darüber hinaus hat der zweite Zivilsenat in einer Entscheidung aus dem Jahre 2006 ausgeführt, dass es nicht ausschließlich auf die Beteiligungsquote an der Vertragspartnerin ankommt, da es „allein um die Sicherstellung der im Interesse der Gesellschaft unerlässlichen Wahrnehmung der von – auch mittelbaren – Einflussnahmen des Vorstandes unabhängigen Überwachungsaufgabe des Aufsichtsrats geht."[100] Dadurch ist selbst dann die Wirksamkeit nach § 114 AktG zu beurteilen, wenn das Aufsichtsratsmitglied an sich eine geringe Beteiligungsquote an der Vertragspartnerin hält, aber ihm „eine nach oben genannten Maßstäben nicht nur vernachlässigungswerte Vergütung mittelbar zufließt."[101] Konsequenz dessen ist, dass in der Praxis stets eine Einzelfallbetrachtung über die Anwendung des § 114 AktG entscheiden wird. In der gerade zitierten Entscheidung bejahte der BGH die Anwendbarkeit der §§ 113 ff. AktG bei einer 50 %igen Beteiligungsquote und Beratungshonoraren in Höhe von mehr als

---

97 BGHZ 170, 60 (63); zudem: *Habersack*, in: Müko AktG, § 114 Rn. 14; *Mertens/Cahn*, in: Köln Komm AktG, § 114 Rn. 14.

98 Insoweit übereinstimmend mit der h.M.: BGHZ 168, 188 (193); *Hopt/Roth*, in: Großkomm AktG, § 114 Rn. 42; *Spindler*, in: Spindler/Stilz, AktG, § 114 Rn. 114; *Hambloch-Gesinn/Gesinn*, in: Hölters, AktG, § 114 Rn. 11; *Koch*, in: Hüffer/Koch, AktG, § 114 Rn. 3; *Mertens/Cahn*, in: Köln Komm AktG, § 114 Rn. 14; *Israel*, in: Bürgers/Körber, AktG, § 114 Rn. 5; *Drygala*, in: Karsten Schmidt/Lutter, AktG, § 114 Rn. 15.

99 Siehe dazu bereits die Nachweise in der vorherigen Fußnote.

100 BGHZ 170, 60 (64).

101 BGHZ 170, 60 (64); sich diesem Judiz anschließend: *Habersack*, in: Müko AktG, § 114 Rn. 14; *Spindler*, in: Spindler/Stilz, AktG, § 114 Rn. 9; *Koch*, in: Hüffer/Koch, AktG, § 114 Rn. 3; *Hambloch-Gesinn/Gesinn*, in: Hölters, AktG, § 114 Rn. 11; a.A.: *Mertens/Cahn*, in: Köln Komm AktG, § 114 Rn. 14 ff. – überdehnen des Anwendungsbereichs.

125.000 €. Man darf gespannt sein, wie der zweite Senat den Anwendungsbereich in Zukunft ausgestalten wird.

III. Kreditgewährung an Organmitglieder

1) Kreditgewährung an Vorstandsmitglieder, § 89 AktG

Als Schutzinstrument bei Krediten an das Vorstandsmitglied kommt § 89 AktG in Betracht. Nach dem bisher Gesagten scheint diese Regelung eigentlich überflüssig. § 112 AktG würde auch dann eingreifen, wenn das Vorstandsmitglied ein nicht marktwertgerechtes Darlehen der Aktiengesellschaft erhalten hat. Nach § 112 AktG ist der Aufsichtsrat bei diesen Geschäften vertretungsbefugt. Zusätzlich ordnet § 89 AktG an, dass der Aufsichtsrat über die Kreditgewährung durch Beschluss zu entscheiden hat. Gesetzgeberische Intention des Beschlusserfordernisses ist die damit einhergehende Diskussion und Transparenz von Kreditgeschäften an Vorstandsmitglieder.[102] § 89 AktG bildet eine ergänzende Vorschrift zum § 112 AktG und trägt zu einem wirkungsvolleren Schutzsystem bei.

Durch § 89 AktG sollen Kredite der Gesellschaft an Vorstandsmitglieder, deren nahestehende Personen oder leitende Angestellte nicht vollständig untersagt, sondern es sollen potentielle Missbräuche vermieden werden.[103] Wenn die Gesellschaft ihrem Vorstandsmitglied ein marktwertgerechtes Darlehen erteilt, ist gegen dieses nichts einzuwenden.[104] Bei Zugrundelegen der Gesetzessystematik ist diese Regelung konsequent, da das deutsche Aktiengesetz im Gegensatz zu fremden Rechtsordnungen kein Verbot für spezielle Rechtsgeschäfte bereithält.[105] Zur Durchsetzung und Überprüfbarkeit etwaiger Kreditgeschäfte sieht § 285 S. 1 Nr. 9 c HGB ein Publizitätserfordernis vor. Danach sind in der Bilanz Kreditbeziehung zu dem Geschäftsführungsorgan unter Nennung der wesentlichen Bedingungen und Angabe der Zinssätze anzugeben.

Ausweislich dem Gesetzeswortlaut wird nicht nur die Kreditgewährung an die Vorstandsmitglieder, sondern auch an deren nahestehende Personen erfasst (§ 89 Abs. 3 AktG). Bei diesen Geschäften ist einerseits die Missbrauchsgefahr

---

102 *Oltmanns*, in: Heidel, AktG, § 89 Rn. 1; *Seibt*, in: Karsten Schmidt/Lutter, AktG, § 89 Rn. 1; *Spindler*, in: Müko AktG, § 89 Rn. 1; *Weber*, in: Hölters, AktG, § 89 Rn. 1; *Fleischer*, BB 2014, 2691 (2696); *Temming*, RdA 2015, 280 (281).

103 *Fleischer*, in: Spindler/Stilz, AktG, § 89 Rn. 1; *Spindler*, in: Müko AktG, § 89 Rn. 1.

104 *Spindler*, in: Müko AktG, § 89 Rn. 1; *Weber*, in: Hölters, AktG, § 89 Rn. 1.

105 Siehe dazu: *Seibt*, in: Karsten Schmidt/Lutter, AktG, § 89 Rn. 1; *Fleischer*, WM 2004, 1057 (1058 ff.), mit ausführlichem rechtsvergleichendem Überblick.

deutlich erhöht, weshalb folgerichtig ein Aufsichtsratsbeschluss notwendig ist, andererseits sollen etwaige Umgehungsgeschäfte verhindert werden.[106] Obwohl § 89 AktG keine Kapitalerhaltungsfunktion zukommt, so ist die Norm aufgrund ihres Schutzzwecks, dem Schutz der Gesellschaft, zwingend.[107] Daher stellt sich die Frage, welche Rechtsfolgen bei Verstößen gegen § 89 AktG eintreten. Gem. § 89 Abs. 5 AktG hat die Gesellschaft in diesem Fall einen Rückgewähranspruch. Der Kreditvertrag ist aber nicht nichtig. Eine ipso iure Nichtigkeit gem. § 134 BGB kommt, basierend auf dem klaren Gesetzeswortlaut sowie dem Sinn und Zweck der Norm, nicht in Betracht.[108]

2) Kreditgewährung an Aufsichtsratsmitglieder, § 115 AktG

Nicht nur bei der Kreditgewährung an Vorstandsmitglieder, sondern ebenfalls bei der an Aufsichtsratsmitglieder kann es zu Interessenkonflikten kommen. Erneut ist die Gefahr recht hoch, dass das Aufsichtsratsmitglied ein Darlehen ohne geeignete Sicherheiten erhält, weshalb der Gesetzgeber potentiellen Missbräuchen durch § 115 AktG entgegenwirkt.[109] Die Wirksamkeit bei Kreditgeschäften an Aufsichtsratsmitglieder wird deshalb an den Beschluss des Aufsichtsrats gekoppelt. Vom Gesetzgeber intendiert ist der fast identische Wortlaut des § 115 AktG im Verhältnis zu § 89 AktG. Insofern wundert es nicht, dass hinsichtlich der nahestehenden Personen und der Rechtsfolgen das Gleiche gilt wie bei § 89 Abs. 3, 5 AktG. Ferner gilt das Publizitätserfordernis des § 285 S. 1 Nr. 9 c HGB ebenfalls für die Kreditgewährungen an das Aufsichtsratsmitglied.

IV. Organschaftliche Treuepflicht

Hinsichtlich eines Schutzes der Gesellschaft und Aktionäre bei Geschäften mit Organmitgliedern spielt die organschaftliche Treuepflicht eine prägende Rolle. Für das Vorstandsmitglied gehört diese, neben der ausdrücklich in § 93 Abs. 1 S. 1 AktG kodifizierten Sorgfaltspflicht, zu seinem Pflichtenkanon und ist gleichrangig mit dieser. Obwohl die Treuepflicht nicht gesetzlich geregelt ist, ist sie

106 *Spindler*, in: Müko AktG, § 89 Rn. 29.

107 *Fleischer*, in: Spindler/Stilz, AktG, § 89 Rn. 2; *Weber*, in: Hölters, AktG, § 89 Rn. 3.

108 So die ganz h.M.: *Fleischer*, in: Spindler/Stilz, AktG, § 89 Rn. 23; *Koch*, in: Hüffer/Koch, AktG, § 89 Rn. 8; *Oltmanns*, in: Heidel, AktG, § 89 Rn. 10; *Seibt*, in: Karsten Schmidt/Lutter, AktG, § 89 Rn. 15; *Spindler*, in: Müko AktG, § 89 Rn. 51 jeweils m.w.N.

109 Siehe dazu nur: *Kropff*, RegE. Begr., S. 160.

allgemein anerkannt.[110] Das wird nicht zuletzt dadurch ersichtlich, dass sich im Gesetz, wenngleich wenige aber dennoch vorhandene, tatbestandliche Konkretisierungen der Treuepflicht finden. Als Beispiel dafür sei an dieser Stelle das Wettbewerbsverbot des § 88 AktG angeführt.[111]

Sinn und Zweck der Treuepflicht ist die Gewährleistung eines „harmonischen Zusammenwirkens" aller Beteiligten in der Gesellschaft, um den Gesellschaftszweck zu erreichen.[112] Bei der Treuepflicht handelt es sich folglich um eine Generalklausel, die zur Anwendung auf den Einzelfall einer gewissen Konkretisierung bedarf.[113] Ausdruck dieser Konkretisierung ist die Dreiteilung in eine organschaftliche Treuepflicht, eine Treuepflicht zwischen den Aktionären und der Treuepflicht der Aktiengesellschaft.[114] Hinter der Fallgruppe der organschaftlichen Treuepflicht[115] verbirgt sich die Frage, in welchem Umfang die Vorstands- und Aufsichtsratsmitglieder einer Treubindung unterstehen.[116] Diese, nach Einschätzung *Wiedemanns*[117] am genauesten erforschte Treuepflicht, soll Gegenstand vorliegender Untersuchung sein.

1) Bedürfnis nach organschaftlicher Treubindung

Fraglich ist, warum die Vorstands- und Aufsichtsratsmitglieder einer Treuepflicht unterstehen. Früher wurde die Ansicht vertreten, dass diese einen Vertrauensvorschuss seitens der Gesellschafter erhalten haben. Für diesen Vertrauensvorschuss wurde die Treuepflicht als notwendiges Pendant angesehen.[118] Diese Ansicht ist allerdings wenig geeignet und zu unspezifisch, weshalb sie

---

110 BGHZ 20, 239 (246); 49, 30 (31); *Fleischer*, in: Spindler/Stilz, AktG, § 93 Rn. 113 ff.; *Hölters*, in: Hölters, AktG, § 93 Rn. 114 ff.; *Hopt/Roth*, in: Großkomm AktG, § 93 Rn. 224 ff.; *Koch*, in: Hüffer/Koch, AktG, § 84 Rn. 10 ff.; *Krieger/Sailer-Coceani*, in: Karsten Schmidt/Lutter, AktG, § 93 Rn. 21; *Schmidt*, in: Heidel, AktG, § 93 Rn. 30 ff.; *Spindler*, in: Müko AktG, § 93 Rn. 108 ff.

111 OLG Frankfurt a.M. NZG 2000, 738 (739); *Schmidt*, in: Heidel, AktG, § 93 Rn. 30.

112 *Wiedemann*, in: FS Heinsius, S. 949 (949 f.); *Hüffer*, in: FS Steindorff, S. 59 (59 f.).

113 *Hüffer*, in: FS Steindorff, S. 59 (68).

114 *Hopt/Roth*, in: Großkomm AktG, § 93 Rn. 225 f.; *Wiedemann*, in: FS Heinsius, S. 949 (950); zustimmend auch: *Haseborg*, Wettbewerbsverbot S. 117.

115 Verschiedene Stimmen in der Literatur sprechen in diesem Kontext auch von der Pflicht zur „Amtstreue", vgl.: *Wiedemann*, in: FS Heinsius, S. 949 (951); *Fleischer*, in: Spindler/Stilz, AktG, § 93 Rn. 117; *ders.*, WM 2003, 1045 (1046).

116 *Wiedemann*, in: FS Heinsius, S. 949 (950).

117 *Wiedemann*, in: FS Heinsius, S. 949 (957).

118 *Kühlewein*, NJW 1954, 621 (621); wohl auch: *Hölters*, in: Hölters, AktG, § 93 Rn. 114.

heute nicht mehr vertreten wird.[119] Die heute herrschende Meinung sieht die Rechtfertigung einer Treuepflicht in der besonderen Verfügungsmacht über fremde Vermögenswerte.[120] Dabei ist indes nicht ganz klar, ob das Organmitglied als Treuhänder tätig wird,[121] eine treuhandähnliche[122] oder eine Treuhandstellung im weiteren Sinne einnimmt.[123] Der Begriff der Treuhand wird im Bürgerlichen Gesetzbuch nicht näher ausgeführt bzw. definiert, was zu differierender Begriffsauslegung führt.[124] Dabei ist aber eine genaue Subsumtion unter gerade erwähnte Begriffe nicht notwendig. Aufgrund ihrer Position haben die Organmitglieder jedenfalls eigene Belange zurückzustellen und das Gesellschaftsinteresse zu wahren. Wichtigste Ausprägung der Treuepflicht ist damit die Vermeidung und Offenlegung von Interessenkonflikten.[125]

2) Dogmatische Begründung

Auch wenn die Treuepflicht gemeinhin anerkannt ist, so muss sich dafür doch eine gesetzliche Grundlage finden. Wenngleich Ziffer 4.3.1. des Deutschen Corporate Governance Kodexes (DCGK) verschiedene Fälle der Treuepflicht exemplarisch darlegt, haben die Regelungen des DCGK keinen verpflichtenden Charakter, sondern sind als Standards guter Unternehmensführung zu verstehen.[126] Damit kann der DCGK nicht als dogmatische Grundlage für die Treuepflicht herangezogen werden. Vielmehr ist eine Ableitung einer Treuepflicht nur denkbar, wenn man

---

119 Zustimmend mit: *Hopt/Roth*, in: Großkomm AktG, § 93 Rn. 224.

120 *Fleischer*, in: Spindler/Stilz, AktG, § 93 Rn. 116; *Hopt/Roth*, in: Großkomm AktG, § 93 Rn. 224; *Spindler*, in: Müko AktG, § 93 Rn. 108; *Möllers*, in: Handbuch Corporate Governance, S. 427; *Fleischer*, WM 2003, 1045 (1045 f.).

121 So die ganz h.M.: BGHZ 129, 30 (34); *Bürgers*, in: Bürgers/Körber, AktG, § 93 Rn. 3; *Fleischer*, in: Spindler/Stilz, AktG, § 93 Rn. 108; *Hopt/Roth*, in: Großkomm AktG, § 93 Rn. 224; *Mertens/Cahn*, in: Köln Komm AktG, § 93 Rn. 95; *Wiesner*, in: MHdB AG, § 25 Rn. 41.

122 OLG Hamm AG 1995, 512 (514); wohl auch: *Spindler*, in: Müko AktG, § 93 Rn. 108.

123 *Siebert*, Treuhandverhältnis, S. 320 f.

124 So auch: *Fleischer*, in: Spindler/Stilz, AktG, § 93 Rn. 114.

125 *Krieger/Sailer-Coceani*, in: Karsten Schmidt/Lutter, AktG, § 93 Rn. 21; *Spindler*, in: Müko AktG, § 93 Rn. 108; *Fleischer*, BB 2014, 2691 (2696); *Temming*, RdA 2015, 280 (281).

126 Zu diesem Ergebnis ist das LG München in einer Entscheidung aus dem Jahre 2008 auch gelangt. In dem streitigen Fall hatte das Gericht zu entscheiden, was Rechtsgrundlage für eine Legalitätspflicht des Vorstandsmitglieds ist. Dabei ist es zum Ergebnis gelangt, dass dem DCGK nichtmal eine satzungsgleiche Wirkung zugesprochen werden kann, LG München I BB 2008, 10 f.

auf die organschaftliche Stellung[127] oder auf das notwendige Anstellungsverhältnis zwischen der Gesellschaft und dem Geschäftsleiter abstellt.[128] Überzeugend ist es, die Treuepflicht in der Organstellung zu erblicken. Durch seine Stellung in der Gesellschaft erhält der Vorstand die Möglichkeit, auf alle Belange die Gesellschaft betreffend Einfluss zu nehmen. Deshalb erscheint es geboten, dieses Rechtsverhältnis als dogmatische Begründung der Treuepflicht heranzuziehen. Freilich muss eine trennscharfe Unterscheidung gar nicht vorgenommen werden, da eine Treuepflicht folgernd aus dem Anstellungsvertrag parallele Pflichten begründet.[129] Das ergibt sich daraus, dass der Anstellungsvertrag in der Lage ist, die Treuepflichten zu konkretisieren und zu modifizieren.[130]

Festzuhalten bleibt, dass das Vorstandsmitglied eine Treuepflicht trifft. Dies ist zwar nicht ausdrücklich gesetzlich geregelt aber allgemein anerkannt. Rechtsgrundlage ist die treuhänderische Stellung als Organ der Gesellschaft, als auch die Verpflichtung des Vorstandsmitglieds aus dem Anstellungsvertrag.

3) Einzelne Ausprägungen

Die Bezeichnung Treuepflicht ist begrifflich sehr weit.[131] Für das Vorstands- und gleichermaßen das Aufsichtsratsmitglied ergeben sich daraus unmittelbar keine Verhaltenspflichten. Dadurch kann das Organmitglied nicht abwägen, ob es eine Treuepflicht durch sein Verhalten verletzt, was wiederum im Hinblick auf eine etwaige Schadensersatzhaftung aus §§ 116, 93 Abs. 2 S. 1 AktG besonders ungünstig ist. Lediglich das Wettbewerbsverbot (§ 88 AktG), die Verschwiegenheitspflicht (§§ 116 S. 2, 93 Abs. 1 S. 3 AktG) sowie Ziff. 4.3 und Ziff. 5.5 DCGK halten schriftliche Ausprägungen der organschaftlichen Treuepflicht fest. Trotz dieser rudimentären Regelung, ist man sich einig, dass der materielle Anwendungsbereich weiter

---

127 BGHZ 15, 71 (78); *Fleischer*, in: Spindler/Stilz, AktG, § 93 Rn. 117; *Hölters*, in: Hölters, AktG, § 93 Rn. 114; *Krieger/Sailer-Coceani*, in: Karsten Schmidt/Lutter, AktG, § 93 Rn. 21; *Wiedemann*, in: FS Heinsius, S. 949 (951).

128 *Koch*, in: Hüffer/Koch, AktG, § 84 Rn. 10; *Schmidt*, in: Heidel, AktG, § 93 Rn. 30; wohl auch: *Wiesner*, in: MHdB AG, § 25 Rn. 41.

129 *Spindler*, in: Müko AktG, § 93 Rn. 108, der eine Unterscheidung gerade nicht vornimmt, sondern die Treuepflicht kumulativ auf Organstellung und Anstellungsvertrag begründet.

130 *Fleischer*, in: Spindler/Stilz, AktG, § 93 Rn. 117; *Fleischer*, WM 2003, 1045 (1046); a.A.: *Hölters*, in: Hölters, AktG, § 93 Rn. 114.

131 *Wiedemann* spricht in diesem Kontext von der Subsumtionsunfähigkeit des Rechtsinstituts Treuepflicht, vgl.: *Wiedemann*, in: FS Heinsius, S. 949 (949 f.).

reichen muss als ein etwaiges Handeln nach Treu und Glauben (§ 242 BGB).[132] Ähnliches gilt auch für den zeitlichen Anwendungsbereich. Unter dem Stichwort der nachwirkenden Treuepflicht erlischt diese nicht schon mit Beendigung der Organstellung.

Für Vorstandsmitglieder, die tagtäglich mit richtungsweisenden Entscheidungen im Rahmen der Führung der Gesellschaft in Kontakt kommen, ist diese Rechtsunsicherheit überaus problematisch. Um diesen Zustand zu minimieren, haben Rechtsprechung und Literatur zur Konkretisierung der Treuepflicht ein Bündel von Fallgruppen entwickelt.[133] Eine dieser Fallgruppen bildet die Loyalitätspflicht. Damit soll zum Ausdruck gebracht werden, dass das Vorstandsmitglied seine Tätigkeit bedingungslos dem Dienst und den Interessen der Gesellschaft zu unterstellen hat.[134] Daraus wird ersichtlich, dass die Treuepflicht auch nur gegenüber der Gesellschaft, nicht jedoch gegenüber den Eigentümern besteht.[135] Diese Verpflichtung ist sehr weitreichend. Sie beginnt schon damit, dass Ansehen der Gesellschaft nicht durch diffamierende Äußerungen zu schädigen und endet mit der Verpflichtung eines vorzeitigen Abbruchs oder gar mit einem vollständigen Verschieben seines Urlaubs.[136]

Als weitere wichtige Ausprägung der organschaftlichen Treuepflicht, die die Aufsichtsrats- und Vorstandsmitglieder gleichermaßen trifft, ist der Offenlegung von Interessenkonflikten entscheidende Bedeutung beizumessen. Interessenkonflikte zeichnen sich dadurch aus, dass eine Person einander entgegengesetzte Interessen in sich vereint, wenn also die wahrzunehmenden Fremdinteressen mit

132 So spricht *Fleischer* von einer Treubindung, die „um einige Pegelstriche strenger aus[fällt] als die Üblicherweise aus Treu und Glauben abgeleiteten Nebenpflichten […].“, vgl.: *Fleischer*, WM 2003, 1045 (1045); ferner: *Hopt/Roth*, in: Großkomm AktG, § 93 Rn. 227; *Koch*, in: Hüffer/Koch, AktG, § 84 Rn. 10; *Mertens/Cahn*, in: Köln Komm AktG, § 93 Rn. 95; kritisch, i. E. aber wohl auch bejahend: *Möllers*, in: Handbuch Corporate Governance, S. 428.

133 Eine ausführliche Aufzählung der aus der Treuepflicht erwachsenen Pflichten findet sich bei: *Hopt/Roth*, in: Großkomm AktG, § 93 Rn. 237 ff.; ferner bei: *Schmidt*, in: Heidel, AktG, § 93 Rn. 34 ff.

134 *Hopt/Roth*, in: Großkomm AktG, § 93 Rn. 238; *Mertens/Cahn*, in: Köln Komm AktG, § 93 Rn. 96; *Schmidt*, in: Heidel, AktG, § 93 Rn. 31.

135 So zu Recht die ganz h.M.: BGHZ 83, 122 (134); 110, 323 (334); *Hölters*, in: Hölters, AktG, § 93 Rn. 114; *Fleischer*, in: Spindler/Stilz, AktG, § 93 Rn. 118; *Spindler*, in: Müko AktG, § 93 Rn. 112.

136 *Fleischer*, in: Spindler/Stilz, AktG, § 93 Rn. 128 f.; *Hopt/Roth*, in: Großkomm AktG, § 93 Rn. 239; *Spindler*, in: Müko AktG, § 93 Rn. 108.

den Eigeninteressen kollidieren.[137] Gerade für die Berufe in denen eine Person als Treuhänder tätig wird, besteht aufgrund der fremden Interessenwahrnehmung kraft ihres Amtes eine außerordentlich große Gefahr einer Interessenkollision.[138] Expressis verbis äußert sich das Aktiengesetz zu den Interessenkonflikten nicht. Beredeten Ausdruck der Offenlegungspflicht findet sich aber im DCGK. Für das Vorstandsmitglied ist Ziff. 4.3.3 DCGK einschlägig, wonach dieses dem Aufsichtsrat gegenüber die Interessenkonflikte unverzüglich offenzulegen und seine Vorstandskollegen zu informieren hat.[139] Für Aufsichtsratsmitglieder ergibt sich die Offenlegung gegenüber seinen Aufsichtsratskollegen aus Ziff. 5.5.2 DCGK. In der Literatur ist man sich einig, dass diese Normen des DCGK lediglich klarstellende Funktion haben.

Problematisch sind in diesem Zusammenhang die sog. *self-dealing* Fälle. Dabei handelt es sich um Geschäfte des Organmitglieds mit der Gesellschaft. Das deutsche Aktienrecht verbietet diese Geschäfte nicht von vorneherein, sondern legt Maßstäbe fest, unter welchen Bedingungen diese Geschäfte erlaubt sind. Solche Maßstäbe können in den schon besprochenen §§ 112, 89 AktG und §§ 114, 115 AktG gesehen werden. Davon zu unterscheiden sind die inhaltlichen Vorgaben der *self-dealing* Fälle, welche durch das Aktiengesetz nicht aufgestellt werden. Eine Konkretisierung wird durch Ziff. 4.3.3 DCGK vorgenommen, wodurch alle Geschäfte mit Vorstandsmitgliedern, ihnen nahestehenden Personen oder Unternehmen branchenüblichen Standards zu entsprechen haben. Daraus ergibt sich, dass diese Geschäfte einem Drittvergleich standhalten müssen (*dealing at arm's length*).[140]

---

137 *Kumpan,* Related Party Transactions, S. 7; *Hopt*, ZGR 2004, 1 (4).

138 Im Jahre 2013 hatte ein Engagement von Peer Steinbrück als Aufsichtsratsmitglied bei der ThyssenKrupp AG für große mediale Aufmerksamkeit gesorgt, vgl.: *Schwarze/Zacharakis*, Die zweifelhafte Rolle von Politikern in Aufsichtsräten, in: Zeit Online vom 10. Januar 2013, Online unter: http://www.zeit.de/wirtschaft/2013-01/aufsichtsrat-politiker-interessenkonflikt [zuletzt geprüft: 15.07.2018]. Ein weiteres Beispiel für potentielle Interessenkonflikte kann in dem bayrischen Staatsminister der Finanzen, Markus Söder gesehen werden. Dieser begleitet neben seinem politischen Amt zusätzlich noch mehrere Aufsichtsratsposten. So ist er – von Amts wegen – Aufsichtsratsvorsitzender des Flughafens München und des Flughafens Nürnberg. Darüber hinaus ist er noch in weiteren Gremien (Beiräte, Aufsichtsräte) als Vorsitzender oder einfaches Mitglied vertreten.

139 *Selzner*, ZIP 2015, 753 (756); *J. Vetter*, ZHR 179 (2015), 273 (293).

140 OLG Frankfurt a.M. AG 2011, 462 (463); *Fleischer*, WM 2003, 1045 (1052), *ders.*, BB 2014, 2691 (2696); *Hopt*, ZGR 2004, 1 (10); *Temming*, RdA 2015, 280 (281); *J. Vetter*, ZHR 179 (2015), 273 (293 f.); *Wiersch*, NZG 2014, 1131 (1134).

Fraglich ist indes, ob der DCGK überhaupt in der Lage ist, die Treue- bzw. Sorgfaltspflicht zu konkretisieren. Dagegen spricht schon die Rechtsnatur des Kodexes. Er ist weder Gesetz, noch Handelsbrauch, noch eine Erklärung an die Öffentlichkeit, weshalb den Normen des Kodexes keine unmittelbare Wirkung zukommt.[141] Die Kodex-Empfehlungen können die Treuepflicht nur auf zwei Arten konkretisieren. Zum einen dann, wenn die Empfehlungen des Kodexes in Satzung, Geschäftsordnung oder Anstellungsvertrag verankert wurden.[142] Dafür genügt aber noch nicht die auf die Zukunft gerichtete Entsprechenserklärung gemäß § 161 AktG. Zum anderen kommt der Kodex-Empfehlung Bedeutung zu, wenn Sie von einem „Unternehmen vergleichbarer Art und Größe in vergleichbaren Situationen befolgt werden."[143] Um diese Probleme hinsichtlich des Zusammenspiels zwischen den Regelungen des Aktienrechts und den Normen des DCGK aus dem Weg zu gehen, ist heute von Rechtsprechung und Literatur anerkannt, dass solche Eigengeschäfte marktgerecht sein müssen.[144]

V. Sonstige Instrumente

Neben diesen wichtigen Stützen hält das Gesetz weitere Schutzinstrumente bereit, die abschließend kurz erläutert werden sollen. Zum einen muss die Einschränkung der Geschäftsführungskompetenz beachtet werden. Diese Einschränkung führt auch zu einem Schutz der Gesellschaft, der Aktionäre und den Gläubigern, wobei die Einschränkungsmöglichkeiten vielfältig sein können. So kommt eine Einschränkung entweder durch eine Strukturänderung, eine Vermögensveräußerung oder nach Maßgabe der Holzmüller/Gelatine-Rechtsprechung in Betracht.[145] Ferner sind auch die Vorschriften über die bilanzrechtliche Publizität von Belang. So muss die Vorschrift des § 285 Nr. 21 HGB beachtet werden. Danach müssen in die Bilanz wesentliche Geschäfte mit nahestehenden Personen, die nicht zu marktüblichen Bedingungen zustande gekommen sind aufgenommen werden. Ähnliches gilt auch für den Konzernabschluss gem. § 314 Abs. 1 Nr. 13 HGB. Für börsennotierte Unternehmen ist

---

141 *Bayer/Scholz*, in: Spindler/Stilz, AktG, § 161 Rn. 16 f.; *Goette*, in: Müko AktG, § 161 Rn. 24; *Lutter*, in: Handbuch Corporate Governance, S. 132.

142 *Bayer/Scholz*, in: Spindler/Stilz, AktG, § 161 Rn. 24.

143 *Bayer/Scholz*, in: Spindler/Stilz, AktG, § 161 Rn. 24.

144 OLG Frankfurt a.M. AG 2011, 462 (463); *Fleischer*, in: Spindler/Stilz, AktG, § 93 Rn. 135; *Krieger/Sailer-Coceani*, in: Karsten Schmidt/Lutter, AktG, § 93 Rn. 16; *Fleischer*, WM 2003, 1045 (1052); *Möllers*, in: Handbuch Corporate Governance, S. 432; *Hopt*, ZGR 2004, 1 (10); *J. Vetter*, ZHR 179 (2015), 273 (293 f.).

145 *Bayer/Selentin*, NZG 2015, 7 (10); *Wiersch*, NZG 2014, 1131 (1134).

indes der IAS/IFRS Konzernabschluss maßgebend (§ 315a HGB). Auch nach dem International Accounting Standard 24 (IAS 24) ist ein Konzernabschluss aufzustellen, der alle notwendigen Angaben zu Geschäften mit nahestehenden Personen enthalten muss. Darunter fällt insbesondere die Beurteilung, ob ein Geschäft zu marktüblichen Bedingungen zustande gekommen ist.[146]

VI. Zwischenergebnis

Die vorstehenden Ausführungen haben gezeigt, dass der deutsche Gesetzgeber von einem Verbot bestimmter Geschäfte mit den Organmitgliedern Abstand nimmt.[147] Vielmehr geht das deutsche Recht davon aus, dass Geschäfte zwischen der Gesellschaft und dem Organmitglied grundsätzlich zulässig sind. Der Gesetzgeber erkennt aber die mit dieser Aussage einhergehenden Interessenkonflikte und versucht diese durch Verlagerung der Zuständigkeit einerseits und inhaltliche Einschränkung durch Offenlegung von Interessenkonflikten und marktwertgerechten Geschäften andererseits zu lösen. In diesem Zusammenhang spielt auch die Bilanzrechtspublizität eine wichtige Rolle, da dadurch eben jene Geschäfte offengelegt werden müssen. Für die Praxis bedeutet dieses Regelungsmodell eine größere Flexibilität, bei in der Regel ausreichend großem Schutz der Gesellschaft, Aktionäre und Gläubiger.[148]

B) Schutz bei Geschäften mit Aktionären

Neben den Geschäften mit den Organmitgliedern spielen die Geschäfte mit Aktionären in der Praxis eine deutlich größere Rolle. Dabei geraten vor allem Geschäfte der Aktiengesellschaft mit ihrem Mehrheitsaktionär in den Fokus. Es liegt auf der Hand, dass dieser seine Position innerhalb der Gesellschaft zur Durchführung nachteiliger Rechtsgeschäfte ausnutzen kann. Dieses Problem stellt sich schon bei Geschäften in der autonomen Aktiengesellschaft, wird jedoch erst im Rahmen des Konzernrechts besonders virulent.

---

146 *J. Vetter*, ZHR 179 (2015), 273 (294 f.).

147 Feststellend bereits: *Arnold*, Steuerung des Vorstandshandelns, S. 181; dass dieser Ausgangspunkt nicht selbstverständlich ist, zeigt ein rechtsvergleichender Blick, vgl. dazu nur die Ausführungen bei: *Fleischer*, BB 2014, 2691 (2692 ff.).

148 *J. Vetter* spricht in diesem Zusammenhang von einem „engmaschigen System von Checks und Balances", vgl.: *J. Vetter*, ZHR 179 (2015), 273 (295).

I. Schutz in der autonomen Aktiengesellschaft

1) Kapitalerhaltungsvorschriften, §§ 57, 62 AktG

a) Grundsätzliches

Im Zusammenspiel mit § 62 AktG, der die zivilrechtliche Sanktion im Falle einer Verletzung von § 57 AktG festlegt, soll das Grundkapital der Aktiengesellschaft aufrechterhalten werden, um damit vornehmlich die Gläubigerinteressen zu schützen.[149] Von dieser Norm kann nicht qua Satzung abgewichen werden, sie ist zwingend, § 23 Abs. 5 AktG. Während dieser Normzweck einheitlich befürwortet wird, besteht über darüber hinausgehende Schutzzwecke Uneinigkeit. Manche stellen auf die Gleichbehandlung nicht partizipierender Aktionäre ab und rücken die Einhaltung der gesetzlichen Kompetenzordnung der Hauptversammlung in den Vordergrund.[150] Andere sehen die Gewährleistung eines zutreffenden Gewinnausweises als weitere Ratio der Norm.[151] In letztgenanntem kann indes kein eigener Schutzzweck gesehen werden. Schutzzweck ist allein der durch Erhaltung der Haftsumme bezweckte Gläubigerschutz. Alle weiteren Schutzzwecke sind nur mittelbare Folgen des Gläubigerschutzes.[152]

Nach § 57 Abs. 1 AktG dürfen den Aktionären geleistete Einlagen nicht zurückgewährt werden. Dabei ist man sich einig, dass die Norm über den Wortlaut hinaus teleologisch erweitert werden muss. Eine Zuwendung an einen Aktionär soll schon dann tatbestandlich erfasst werden, wenn sie außerhalb der Verteilung des Bilanzgewinns erfolgt und nicht durch eine gesetzliche Ausnahme gedeckt ist.[153] Mit anderen Worten ist Regelungsziel der Norm, dass

---

149 BGHZ 190, 7 Rn. 22; *Bayer*, in: Müko AktG, § 57 Rn. 1; *Cahn/v. Spannenberg*, in: Spindler/Stilz, AktG, § 57 Rn. 6; *Fleischer*, in: Karsten Schmidt/Lutter, AktG, § 57 Rn. 3; *Koch*, in: Hüffer/Koch, AktG, § 57 Rn. 1; *Laubert*, in: Hölters, AktG, § 57 Rn. 2; *Temming*, RdA 2015, 280 (281).

150 *Koch*, in: Hüffer/Koch, AktG, § 57 Rn. 1.

151 *Laubert*, in: Hölters, AktG, § 57 Rn. 2.

152 So auch: *Cahn/v. Spannenberg*, in: Spindler/Stilz, AktG, § 57 Rn. 6 – "Reflex des Gläubigerschutzes"; *Fleischer*, in: Karsten Schmidt/Lutter, AktG, § 57 Rn. 3 – "eine nicht unerwünschte Nebenfolge"; *Laubert*, in: Hölters, AktG, § 57 Rn. 2 – "willkommenen Folge".

153 *Bayer*, in: Müko AktG, § 57 Rn. 10; *Cahn/v. Spannenberg*, in: Spindler/Stilz, AktG, § 57 Rn. 14; *Laubert*, in: Hölters, AktG, § 57 Rn. 5; *Fleischer*, WM 2007, 909 (910); ausführlich zu den einzelnen Ausnahmen: *Drinhausen*, in: Heidel, AktG, § 57 Rn. 30 ff.; *Drygala*, in: Köln Komm AktG, § 57 Rn. 16; wichtigste Ausnahme dürfte § 57 Abs. 1 S. 3 AktG darstellen, der den praktisch wichtigen Fall des Cash-Pooling von der Vorschrift ausnimmt, siehe dazu unten, Fn. 1257.

die Gewährung finanzieller Vorteile jeglicher Art an die Aktionäre vermieden werden soll.[154] Hinsichtlich des Wortlauts des Gesetzes scheint die persönliche Reichweite der Norm recht klar umrissen. Erfasst werden danach nur die Leistungen der Aktiengesellschaft an ihre Aktionäre.[155] Bei Vorliegen bestimmter Voraussetzungen werden auch Leistungen an einen früheren und auch künftigen Aktionär berücksichtigt. Notwendig dafür ist, dass die Leistungszusage mit dem Zeitpunkt der Aktionärseigenschaft übereinstimmt oder, wenn dies nicht der Fall ist, ein innerer enger sachlicher und zeitlicher Zusammenhang besteht.[156] Gleiches gilt im Übrigen auch für den faktischen Aktionär.[157]

Nach dem Sinn und Zweck der Vorschrift, muss diese auch für Leistungen an Dritte gelten. Wäre das nicht der Fall, würde § 57 AktG durch das Vorschalten eines Dritten in der Praxis nur eine untergeordnete Rolle einnehmen. Das gilt freilich nur für solche Leistungen, die dem Aktionär der Gesellschaft zuzurechnen sind. Ob eine Leistung zuzurechnen ist, ergibt sich aus einer wirtschaftlichen Betrachtungsweise und ist immer dann der Fall, wenn die Leistung an einen Dritten im Grunde dem Aktionär zufließen sollte.[158] Für solche sog. Umgehungssachverhalte haben sich in der Literatur und Rechtsprechung eine Vielzahl von Fallgruppen herausgebildet. Die wichtigsten Fallgruppen sind: 1) Der Dritte wird als Strohmann für den Aktionär tätig. Wirtschaftlich betrachtet handelt es sich dann um eine Zuwendung an den Aktionär, da der Dritte zumindest im Innenverhältnis zur Herausgabe verpflichtet ist.[159] 2) Die Gesellschaft leistet auf Veranlassung des Aktionärs an einen Dritten, erhält im Gegenzug von dem Dritten keine äquivalente Gegenleistung.[160] 3) Zwischen dem Aktionär und einem Dritten besteht eine Verbindlichkeit, welche die Gesellschaft im Rahmen von § 267 Abs. 1 S. 1 BGB tilgt.[161]

---

154 BGHZ 190, 7 Rn. 15; *Drygala*, in: Köln Komm AktG, § 57 Rn. 16.

155 *Drinhausen*, in: Heidel, AktG, § 57 Rn. 39; *Fleischer*, in: Karsten Schmidt/Lutter, AktG, § 57 Rn. 29.

156 BGH NZG 2008, 106 (106); OLG Frankfurt a.M. AG 1996, 324 (325); *Bayer*, in: Müko AktG, § 57 Rn. 111; *Drygala*, in: Köln Komm AktG, § 57 Rn. 119; *Laubert*, in: Hölters, AktG, § 57 Rn. 13.

157 BGH NZG 2008, 106 (106); *Laubert*, in: Hölters, AktG, § 57 Rn. 13.

158 *Drinhausen*, in: Heidel, AktG, § 57 Rn. 40; *Fleischer*, in: Karsten Schmidt/Lutter, AktG, § 57 Rn. 31; *Selzner*, ZIP 2015, 753 (756).

159 *Bayer*, in: Müko AktG, § 57 Rn. 119; *Cahn/v. Spannenberg*, in: Spindler/Stilz, AktG, § 57 Rn. 75; *Drinhausen*, in: Heidel, AktG, § 57 Rn. 41; *Henze*, in: Großkomm AktG, § 57 Rn. 86; *Koch*, in: Hüffer/Koch, AktG, § 57 Rn. 19.

160 *Bayer*, in: Müko AktG, § 57 Rn. 122.

161 *Bayer*, in: Müko AktG, § 57 Rn. 120.

b) *Zurechnung bei Leistungen an nahestehende Personen*

Auch Leistungen an nahestehende Personen des Aktionärs, müssen einer rechtlichen Würdigung unterzogen werden. Dabei muss schon eine Differenzierung auf rein tatsächlicher Ebene vorgenommen werden und somit zwischen Ehegatten, minderjährigen Kindern und sonstigen Verwandten unterschieden werden. Bedeutung erlangt diese Unterscheidung allerdings nur, soweit die Beziehung zwischen Angehörigem und Aktionär nicht schon unter eine Fallgruppe der gerade skizzierten Umgehungssachverhalte fallen. Für den Fall, in dem die Korporation an bspw. den Ehegatten zahlt, ist fraglich, ob diese Leistungen dem Aktionär automatisch zugerechnet werden können. Bei entfernten Verwandten ist die Rechtslage weitestgehend eindeutig. Eine pauschale Zurechnung der Leistung auf Grundlage des Verwandtschaftsgrades darf es nicht geben.[162] Vielmehr bedarf es bei Leistungen an Verwandte einer genauen Einzelfallprüfung, ob der Aktionär zumindest mittelbar einen wirtschaftlichen Vorteil erlangt hat, wobei das Verwandtschaftsverhältnis lediglich als Indiz für eine Zurechnung anzusehen, als Tatbestandsmerkmal isoliert betrachtet jedoch untauglich ist.[163]

Dieser Überlegung folgend fragt sich, ob eine pauschale Zurechnung bei Leistungen an den Ehegatten und/oder minderjährige Kinder in Betracht kommt. Eine Ansicht vertritt, soweit ersichtlich zurückgehend auf eine Überlegung *Canaris'*,[164] eine entsprechende Anwendung der §§ 89 Abs. 3, 115 Abs. 2 AktG, welche eine Zurechnung an Ehegatten, Lebenspartner oder minderjährige Kinder im Falle einer Kreditgewährung statuiert.[165] § 89 Abs. 3 AktG und § 115 Abs. 2 AktG befassen sich zwar mit dem Verbot von Kreditgewährungen an den dort näher bezeichneten Personenkreis, dieser Gedanke sei aber verallgemeinerungsfähig und damit auf das Verbot der Einlagenrückgewähr übertragbar.[166] Nach dieser Ansicht kommt eine pauschale Zurechnung in Betracht.

162 *Westermann*, in: Bürgers/Körber, AktG, § 57 Rn. 10.

163 *Grigoleit/Rachlitz*, in: Grigoleit, AktG, § 57 Rn. 32; *Henze*, in: Großkomm AktG, § 57 Rn. 91; *Canaris*, in: FS Fischer, S. 31 (39).

164 *Canaris*, in: FS Fischer, S. 31 (38).

165 *Fleischer*, in: Karsten Schmidt/Lutter, AktG, § 57 Rn. 31; *Grigoleit/Rachlitz*, in: Grigoleit, AktG, § 57 Rn. 32; *Henze*, in: Großkomm AktG, § 57 Rn. 90; *Koch*, in: Hüffer/Koch, AktG, § 57 Rn. 19; einschränkend: *Drinhausen*, in: Heidel, AktG, § 57 Rn. 41, der lediglich den Rechtsgedanken übertragen möchte.

166 *Canaris*, in: FS Fischer, S. 31 (38).

Die entsprechende Anwendung der genannten Normen wird von Literatur und Rechtsprechung kritisch gesehen. So hat der BGH in einer Entscheidung aus dem Jahre 2011 ein zwischen den Eheleuten bestehendes Näheverhältnis für eine Zurechnung nicht ausreichen lassen.[167] *Drygala* lehnt eine Anwendung der §§ 89 Abs. 3, 115 Abs. 2 AktG mit dem Argument ab, dass diese Vorschriften lediglich eine Herausgabepflicht des Empfängers normieren und keine Zurechnungsvorschriften darstellen.[168] Aufgrund dessen müsse eine Zurechnung unter Heranziehung tatsächlicher Umstände erfolgen. Dort, wo die Familienangehörigen in einem Haushalt leben und eine Wirtschaftsgemeinschaft gründen, sei eine Zurechnung gerechtfertigt, da die Zuwendungen eines Mitglieds den Lebensstandard aller erhöhen.[169] Auch *Cahn/v. Spannenberg* lehnen eine entsprechende Anwendung ab und sprechen sich für eine widerlegliche Vermutung aus. Danach sei bei dem Personenkreis zu vermuten, dass der Aktionär die Zuwendung veranlasst hat, womit ihm die Leistung zuzurechnen sei.[170] Gänzlich anders sieht es *Westermann*, der sich gegen eine Vermutung und damit gegen eine pauschale Zurechnung ausspricht.[171] Danach müsse das Gleiche gelten wie bei entfernten Verwandten. Es bedürfe daher einer Einzelfallprüfung, wobei dem Grad der Nähebeziehung lediglich indiziellen Charakter beizumessen sei.[172]

Festzuhalten bleibt, dass das Gros der Ansichten zu einer Zurechnung bei Leistungen an den Ehegatten oder minderjährige Kinder gelangt. Im Ergebnis ist dies sicherlich auch vorzugswürdig. Würde man mit dem Vorschlag *Westermanns* auf eine Einzelfallprüfung abstellen, so wäre dies aus praktischer Sicht mit großem administrativem Aufwand und zudem mit enormen Beweisschwierigkeiten verbunden. Dadurch wäre die Aktiengesellschaft in der Beweislast und müsste darlegen, dass die Leistung wirtschaftlich den Aktionär trifft. Mit ein wenig Geschick seitens des Aktionärs und seinen Angehörigen könnten diese Beweisschwierigkeiten zu einem Leerlaufen des § 57 AktG führen. Deshalb bietet es sich an, eine Zurechnungsvermutung bei nahen Angehörigen anzunehmen, die diese dann im Einzelfall zu widerlegen haben. In der Folge

167 BGH GmbHR 2011, 705 (707).
168 *Drygala*, in: Köln Komm AktG, § 57 Rn. 126.
169 *Drygala*, in: Köln Komm AktG, § 57 Rn. 126.
170 *Cahn/v. Spannenberg*, in: Spindler/Stilz, AktG, § 57 Rn. 76.
171 *Westermann*, in: Bürgers/Körber, AktG, § 57 Rn. 10.
172 *Westermann*, in: Bürgers/Körber, AktG, § 57 Rn. 10.

wäre der Haftungsfonds besonders geschützt, weshalb der Schutzzweck des § 57 AktG gewahrt wäre.

2) *Nachgründungsrecht, § 52 AktG*

Neben den Kapitalerhaltungsvorschriften schützt auch das Nachgründungsrecht Gläubiger, Aktionäre und die Gesellschaft vor Geschäften mit den Aktionären. Normiert in § 52 AktG, werden gewisse schuldrechtliche Geschäfte, die im Zusammenhang mit der Gründung stehen (sog. Nachgründungsgeschäfte), zusätzlichen Voraussetzungen unterstellt. Ausgehend vom Gesetzeswortlaut handelt es sich bei solchen Nachgründungsgeschäften um Verträge zwischen der Gesellschaft und Gründern oder um Verträge der Gesellschaft mit einem Aktionär, der mit mind. 10 % an der Gesellschaft beteiligt ist. In zeitlicher bzw. sachlicher Hinsicht umfasst der Tatbestand die Einschränkung, dass der Vertrag innerhalb der ersten zwei Jahre nach Handelsregistereintragung über Vermögensgegenstände geschlossen wurde, deren Wert 10 % des Grundkapitals übersteigt. Bei Vorliegen der Tatbestandsvoraussetzungen ist dieser Vertrag aber keineswegs direkt wirksam. Vielmehr müssen noch Publizitätserfordernisse eingehalten werden. Neben der Zustimmung der Hauptversammlung zum Vertrag muss kumulativ die Eintragung in das Handelsregister hinzutreten.

Telos der Norm ist primär die Gewährleistung der korrekten Kapitalaufbringung.[173] Ähnlich wie bei § 57 AktG steht damit der Gläubigerschutz im Vordergrund.[174] Darüber hinaus soll die Korporation vor Großaktionären und Gründern geschützt werden.[175] Das ergibt sich insbesondere aus der näheren Betrachtung der § 52 Abs. 2 – Abs. 5 AktG. So bedarf der schuldrechtliche Vertrag gem. § 52 Abs. 2 AktG der Schriftform, wobei nach § 52 Abs. 2 AktG weitere Pflichten auf Verlangen der Aktionäre hinzutreten können. Zudem konkretisiert § 52 Abs. 5 AktG den Zustimmungsvorbehalt der Hauptversammlung aus § 52 Abs. 1 a. E. AktG, wonach der Vertrag mit qualifizierter Mehrheit angenommen werden muss. Darüber hinaus sieht § 52 Abs. 4 AktG die Prüfung durch einen Sachverständigen, den sog. Gründungsprüfer (§ 33 Abs. 2 AktG), vor, womit das Werturteil eines objektiven Dritten herangezogen wird.

173 *Fleischer*, BB 2014, 2691 (2692).

174 *Bayer*, in: Karsten Schmidt/Lutter, AktG, § 52 Rn. 2; *Körber*, in: Bürgers/Körber, AktG, § 52 Rn. 1.

175 *Vedder*, in: Grigoleit, AktG, § 52 Rn. 1.

3) *Gleichbehandlungsgebot, § 53a AktG*

Ferner schützt der Gleichbehandlungsgrundsatz vor Geschäften der Aktiengesellschaft mit dem Aktionär. Ähnlich wie bei der organschaftlichen Treuepflicht herrscht über dessen Geltungsgrund regen Streit.[176] Inhaltlich sind Aktionäre unter gleichen Voraussetzungen gleich zu behandeln. Dieses Gebot der relativen Gleichbehandlung schützt die Minderheits- und Mehrheitsgesellschafter gleichermaßen vor willkürlicher Benachteiligungen durch Organe der Gesellschaft.[177] Praktische Relevanz erfährt die Norm jedoch dadurch, dass sie die Minderheit vor Eingriffen durch den Mehrheitsgesellschafter schützt, weshalb sie auch als „Eckpfeiler des Minderheitenschutzes“[178] bezeichnet wird. Hinsichtlich der Reichweite des Gebots bleibt festzuhalten, dass dieser lediglich die Gemeinschaftsbeziehung zwischen der Gesellschaft und den Aktionären betrifft (sog. mitgliedschaftlicher Bereich).[179] Hinsichtlich der Rechtsfolge kann zwischen gleichbehandlungswidrigen Verwaltungsmaßnahmen und Hauptversammlungsbeschlüssen unterschieden werden. Bei einem Verstoß gegen § 53a AktG im Rahmen von Hauptversammlungsbeschlüssen sind diese über § 243 Abs. 1 AktG anfechtbar.[180] Eine pauschale Rechtsfolge angelegt an die Ungleichbehandlung durch Verwaltungsmaßnahmen gibt es nicht. Vielmehr ist die konkrete Rechtsfolge an den jeweiligen Verstoß geknüpft. Die Unwirksamkeit der Maßnahmen oder eine Einschränkung der Durchsetzbarkeit gegenüber den Aktionären ist genauso vorstellbar wie ein Leistungsverweigerungsrecht benachteiligter Aktionäre.[181] Die Anzahl potentieller Rechtsfolgen ist schon Indiz dafür, dass § 53a AktG aktiv die Minderheiten vor Eingriffen von Mehrheitsgesellschaftern schützt.

---

176 Da die Gleichbehandlung der Aktionäre gesetzlich kodifiziert ist, ist diese Frage rein theoretischer Natur. Die einzelnen Begründungsansätze sind nachzuvollziehen bei: *Fleischer*, in: Karsten Schmidt/Lutter, AktG, § 53a Rn. 13 m.w.N.

177 *Cahn/v. Spannenberg*, in: Spindler/Stilz, AktG, § 53a Rn. 1; *Fleischer*, in: Karsten Schmidt/Lutter, AktG, § 53a Rn. 3; *Janssen*, in: Heidel, AktG, § 53a Rn. 1.

178 *Fleischer*, in: Karsten Schmidt/Lutter, AktG, § 53a Rn. 5.

179 *Cahn/v. Spannenberg*, in: Spindler/Stilz, AktG, § 53a Rn. 6; *Janssen*, in: Heidel, AktG, § 53a Rn. 2.

180 *Bungeroth*, in: Müko AktG, § 53a Rn. 29; *Fleischer*, in: Karsten Schmidt/Lutter, AktG, § 53a Rn. 39.

181 Siehe zu den einzelnen Rechtsfolgen: *Janssen*, in: Heidel, AktG, § 53a Rn. 19 ff. m.w.N.

4) *Mitgliedschaftliche Treuepflicht*

a) *Grundsätzliches*

Weiteres Instrument des Minderheitenschutzes stellt die in einem Atemzug mit der Gläubigergleichbehandlung genannte mitgliedschaftliche Treuepflicht dar.[182] Anders als die organschaftliche Treuepflicht ist deren Gegenstand die Treubindung der Aktionäre. Dabei muss zwischen einer Treubindung der Aktionäre gegenüber der Gesellschaft und gegenüber den Mitaktionären differenziert werden.[183] Eine Treuepflicht des Aktionärs gegenüber der Gesellschaft (sog. vertikale Treuepflicht) wurde schon durch Entscheidungen des Reichsgerichts anerkannt und steht heute noch außer Streit.[184] Der 2. Senat des BGH hat in seiner berühmten Girmes-Entscheidung von 1995 festgehalten, dass diese Treuepflicht auch spiegelbildlich gelten müsse, dass folglich auch die Gesellschaft gegenüber ihren Gesellschaftern eine Treuepflicht treffe.[185]

Allgemein anerkannt ist heute zudem eine horizontale Treuepflicht, also eine Treubindung, die zwischen den Gesellschaftern besteht. Die Idee der Treubindung zwischen den Gesellschaftern entspringt ursprünglich dem Personengesellschaftsrecht, da dort das enge persönliche Zusammenwirken und -arbeiten spezielle Rücksichtnahmepflichten erfordern.[186] Dieser Gedanke wurde durch mehrere BGH Entscheidungen auf die Kapitalgesellschaften adaptiert und erweitert. So wurde die mitgliedschaftliche Treuepflicht für die Gesellschaftsform der GmbH in einer Entscheidung aus dem Jahre 1975[187] festgestellt, ehe dreizehn Jahre später eine Treubindung der Mehrheitsgesellschafter gegenüber den Minderheitsaktionären innerhalb der Aktiengesellschaft anerkannt wurde.[188] Weitere Konkretisierung erfuhr die Treuepflicht dann durch das gerade schon erwähnte Girmes-Judiz. In diesem erkannte der BGH erstmals an, dass auch den Minderheitsgesellschafter eine Treuepflicht gegenüber den Mehrheitsgesellschafter trifft. Damit ist die Entscheidung des 2. Senats richtungsweisend für

---

182 Die mitgliedschaftliche Treuepflicht ist streng von der organschaftlichen Treuepflicht des Vorstandsmitglieds zu trennen. Siehe zur organschaftlichen Treuepflicht bereits oben, S. 47 ff.

183 *Drygala*, in: Köln Komm AktG, § 53a Rn. 81; *Fleischer*, in: Karsten Schmidt/Lutter, AktG, § 53a Rn. 42; *Janssen*, in: Heidel, AktG, § 53a Rn. 26.

184 RGZ 146, 385 (395 f.); RGZ 158, 248 (254); BGHZ 14, 25 (38 f.).

185 BGHZ 129, 136 (142) – Girmes: „Beziehungen zwischen den Aktionären und der Aktiengesellschaft".

186 So auch: *Drygala*, in: Köln Komm AktG, § 53a Rn. 81.

187 BGH NJW 1976, 191 (191 ff.).

188 BGHZ 103, 184 (184 ff.) – Lynotype.

die Annahme einer horizontalen Treuepflicht.[189] Dieser Erweiterung des Treuegedankens bedarf es, da durch die Gesellschafterstellung eine Sonderverbindung zwischen den Aktionären entsteht. Um einer Beeinträchtigung dieser Sonderverbindung entgegenzuwirken, ist die Treuepflicht, da das Aktienrecht keine lex specialis Regelung bereithält, notwendiges Korrelat.[190]

Während man sich über die Annahme der Treuepflicht durchaus einig ist, besteht über die dogmatische Grundlage Streit. Manche sehen die mitgliedschaftliche Treuepflicht als allgemeinen Grundsatz des Verbandsrechts, andere als richterrechtliche Rechtsfortbildung oder allgemeine Generalklausel.[191]

b) Inhalt

Die Annahme mitgliedschaftlicher Treuepflicht führt zu der Frage, was Inhalt und Reichweite dergleichen ist. Aus der Treuepflicht entspringt der Gedanke, dass die Gesellschafter auf gesellschaftsbezogene Interessen von Mitgesellschaftern angemessen Rücksicht zu nehmen haben.[192] Daneben wird eine Förderungspflicht eines jeden Aktionärs angenommen, wonach dieser zur Erreichung des Gesellschaftszwecks beitragen muss.[193] Hinsichtlich der Intensität dieser Pflichten ist auf die Struktur der in Frage stehenden Korporation abzustellen. So ist die Treuepflicht in einer börsennotierten Gesellschaft geringer ausgestaltet als in einer personalistisch organisierten Aktiengesellschaft.[194] Zwar trifft die Treubindung alle Aktionäre unabhängig vom Umfang ihrer Beteiligung. Für

---

189 BGHZ 129, 136 (142 ff.) – Girmes.

190 BGHZ 129, 136 (144): "Allerdings stehen auch dem Kleinaktionär Rechte zu, deren Wahrnehmung im Einzelfall in einer Art und Weise möglich ist, die den gesellschaftsbezogenen Belangen der übrigen Aktionäre nachteilig sein kann und deren Ausübung daher unter das Gebot der Rücksichtnahme auf diese Interessen zu stellen ist"; siehe darüber hinaus nur: *Bungeroth*, in: Müko AktG, Vor § 53a Rn. 19 m.w.N.

191 Siehe zum Ganzen: BGH NJW 1992, 3167 (3171); *Cahn/v. Spannenberg*, in: Spindler/Stilz, AktG, § 53a Rn. 37; *Drygala*, in: Köln Komm AktG, § 53a Rn. 82; *Fleischer*, in: Karsten Schmidt/Lutter, AktG, § 53a Rn. 46; *Janssen*, in: Heidel, AktG, § 53a Rn. 27; *Koch*, in: Hüffer/Koch, AktG, § 53a Rn. 13; *Hüffer*, in: FS Steindorff, S. 59 (59 ff.); *Hennrichs*, AcP 195 (1995), 221 (221 ff.).

192 *Bungeroth*, in: Müko AktG, Vor § 53a Rn. 25.

193 *Bungeroth*, in: Müko AktG, Vor § 53a Rn. 28; *Fleischer*, in: Karsten Schmidt/Lutter, AktG, § 53a Rn. 54.

194 BGHZ 103, 184 (195); *Fleischer*, in: Karsten Schmidt/Lutter, AktG, § 53a Rn. 54; *Servatius*, in: Wachter, AktG, § 53a Rn. 35; *Kumpan*, Related Party Transactions, S. 9; *Lutter*, AcP 180 (1980), 84 (105 f.); a.A.: *Cahn/v. Spannenberg*, in: Spindler/Stilz, AktG, § 53a Rn. 45.

den Minderheitsaktionär bietet die Treuepflicht allerdings besonderen Schutz, da der Mehrheitsgesellschafter in besonderem Maße gebunden wird. Dies ergibt sich aus den Beteiligungsverhältnissen, wonach der Mehrheitsaktionär entscheidenden Einfluss auf die Gesellschaft und damit auch auf Interessen der Minderheitsgesellschafter nehmen kann.[195] Dieser Einflussnahmemöglichkeit steht die Treuepflicht als notwendiges Korrelat gegenüber. Damit ist der Mehrheitsgesellschafter im Rahmen seiner Handlungen gebunden. Der Aktionär kann zwar mit der Gesellschaft Verträge schließen, man spricht in diesem Kontext von sog. *sweetheart deals*, diese Verträge müssen, wie auch schon im Rahmen organschaftlicher Treuepflicht, einem Drittvergleich standhalten. Tun sie dies nicht, liegt ein Verstoß gegen die mitgliedschaftliche Treuepflicht vor.[196]

c) Rechtsfolge bei treuwidrigem Verhalten

Die Möglichkeiten einer Verletzung der mitgliedschaftlichen Treuepflicht sind vielfältig. So ist eine Treuepflichtverletzung durch eine treuwidrige Stimmabgabe genauso möglich, wie treuwidrige Hauptversammlungsbeschlüsse oder treuwidriges Verwaltungshandeln. Dadurch ist die Anzahl potentieller Rechtsfolgen entsprechend weitreichend. Eine treuwidrig abgegebene Stimme oder treuwidriges Verwaltungshandeln sind nichtig, treuwidrige Hauptversammlungsbeschlüsse sind gem. § 243 Abs. 1 AktG anfechtbar. Häufigstes Anspruchsziel im Rahmen einer Treuepflichtverletzung wird die Frage nach einem Schadensersatzanspruch sein. Ein solcher wird auf § 280 Abs. 1 BGB gestützt.[197] Im Falle einer treuwidrigen Stimmabgabe hat der Aktionär nur vorsätzliches Verhalten zu vertreten.[198] Früher wurde diese Ansicht auf § 117 Abs. 7 Nr. 1 AktG a.F. gestützt.[199] Nach dessen Streichung aus dem Gesetz im Rahmen des UMAG darf nichts anderes gelten. Aufgrund dessen wird darauf

195 *Bungeroth*, in: Müko AktG, Vor § 53a Rn. 26; *Drygala*, in: Köln Komm AktG, § 53a Rn. 92; zahlreiche Beispiele bei: *Fleischer*, in: Karsten Schmidt/Lutter, AktG, § 53a Rn. 56.

196 *Fleischer*, BB 2014, 2691 (2697).

197 So schon: BGHZ 129, 136 (158) – Girmes; *Cahn/v. Spannenberg*, in: Spindler/Stilz, AktG, § 53a Rn. 57; *Fleischer*, in: Karsten Schmidt/Lutter, AktG, § 53a Rn. 70.

198 So die ganz h.M.: BGHZ 129, 136 (162); *Cahn/v. Spannenberg*, in: Spindler/Stilz, AktG, § 53a Rn. 58; *Drygala*, in: Köln Komm AktG, § 53a Rn. 131; *Fleischer*, in: Karsten Schmidt/Lutter, AktG, § 53a Rn. 70.

199 BGHZ 129, 136 (162) – Girmes.

abgestellt, dass die Ausübung des Stimmrechts risikobehaftet ist, wodurch Aktionäre unter Umständen von der Beschlussfassung fernbleiben würden.[200]

II. Schutz im Konzern

Schon in der autonomen Gesellschaft sieht das Aktiengesetz durch einzelne Regelungen ein geeignetes Schutzsystem bei Geschäften mit Aktionären vor. Im Folgenden soll dargestellt werden, wie sich dieses Schutzniveau im Hinblick auf konzernrechtliche Sachverhalte verändert. Dazu soll zunächst auf die wichtigsten Grundlagen des Konzernrechts eingegangen werden (a), ehe der Fokus auf den Vertragskonzern (b) und auf den faktischen Konzern (c) gelegt wird.

1) Grundlegende Überlegungen zur Konzernierung

a) Überblick zur historischen Entwicklung

Die Überlegungen zum Konzernrecht haben ihren Ursprung in einem Gesetz New Jerseys aus dem Jahre 1888. Sinn und Zweck dieses Gesetzes bestand darin, dass die gegenseitige Beteiligung von und an Gesellschaften für zulässig erklärt werden sollte.[201] Dass die zuständige Institution dabei gar nicht die Bildung eines Konzernrechts im Blick hatte, spielte für den Funken der von dieser Idee ausging keine Rolle. In Deutschland rückte das Konzernrecht erstmalig 1895 in den Fokus der Öffentlichkeit, wobei ihm lediglich ökonomisches und kein juristisches Interesse attestiert wurde.[202] Erst rund 25 Jahre später, ab den 1920er Jahren, wurde das Konzernrecht doch Gegenstand kontroverser juristischer Diskussionen.[203] In deren Folge wurde im deutschen Aktiengesetz 1937 das Konzernrecht partiell in das Gesetz aufgenommen, wenngleich eine vollumfängliche Kodifikation fehlte.[204] Erstmalig waren eine Konzerndefinition (§ 15 AktG 1937) als auch die Hauptversammlungszuständigkeit bei Abschluss eines Unternehmensvertrags (§ 256 AktG 1937) im Gesetz kodifiziert.[205] Zudem ergab sich aus der amtlichen Begründung zu § 101 AktG 1937, dass ein Verstoß gegen das allg. Schädigungsverbot bei Vorliegen schutzwürdiger Belange

---

200 *Bungeroth*, in: Müko AktG, Vor § 53a Rn. 42; *Cahn/v. Spannenberg*, in: Spindler/Stilz, AktG, § 53a Rn. 58.

201 *Druey*, in: FS Hommelhoff, S. 135 (137).

202 *Altmeppen*, ZHR 171 (2007), 320 (321).

203 *Altmeppen*, ZHR 171 (2007), 320 (321 f.).

204 *Habersack*, in: Emmerich/Habersack, Konzernrecht, Einleitung Rn. 17.

205 *Habersack*, in: Emmerich/Habersack, Konzernrecht, Einleitung Rn. 17; *J. Vetter*, in: ZGR Sonderheft 19, S. 231 (235).

gerechtfertigt war.[206] Wann ein solches schutzwürdiges Belang vorlag, war vor dem Hintergrund des Vorrangs des Konzerninteresses als herrschendes Schutzprinzip zu bewerten.[207] Mit anderen Worten konnte das Schädigungsverbot mit dem Hinweis auf das Konzerninteresse umgangen werden. Außerhalb dieser Einzelnormen äußerte sich das Gesetz zu den praktisch wichtigen Fragen des Konzernrechts, wie bspw. dem faktischen Konzern, noch nicht. Aufgrund dessen, und sicherlich auch im Zuge einer gewissen Aufbruchs- bzw. Umbruchsstimmung durch die Nachkriegswehen, folgte 1958 ein Referentenentwurf und 1960 ein Regierungsentwurf betreffend einer umfassenden gesetzlichen Kodifikation des Konzernrechts. Diese Entwürfe wurden leicht verändert durch das AktG 1965 in Gesetzesform gegossen. Entgegen dem Vorschlag des Referentenentwurfs, der noch eine Erfolgshaftung des herrschenden Unternehmens und entgegen dem Regierungsentwurf, der einen sachlich und zeitlich engen Nachteilsausgleich vorsah, entschloss sich der Gesetzgeber zur heute noch geltenden Kompromisslösung des Nachteilsausgleichs.[208] Zudem wurden im ersten Teil des ersten Buches, genauer §§ 15–22 AktG 1965, die maßgeblichen Begriffe des Konzernrechts als vor die Klammer gezogen erläutert. Im dritten Buch, ab §§ 291 ff. AktG 1965, wurde das Recht der verbundenen Unternehmen, mit Unterscheidung des Vertragskonzerns und des vertragslosen Konzerns, dargestellt und behandelt. Hervorgehoben werden muss, dass die Bundesrepublik Deutschland absoluter Vorreiter hinsichtlich einer komplexen Kodifikation des Konzernrechts war und diese Vorreiterstellung auch heute noch, trotz einiger Kritik daran, innehat.[209] Diese Regelungen wurden durch das Gesetz zur Bereinigung des Umwandlungsrechts im Jahre 1994 geändert, wodurch insbesondere die Normen betreffend die Konzernbildungskontrolle verändert wurden.[210] Auf europäischer Ebene erwuchs in den Jahren 1974/75 und 1984 aus dem vollumfänglichen Charakter des deutschen Konzernrechts die Idee der Kodifizierung eines europäischen Konzernrechts. Diese Pläne der Europäischen Kommission scheiterten vor allem durch das Entgegenwirken der Regierung

206 *Altmeppen*, ZHR 171 (2007), 320 (322).

207 So zumindest die ganz h.M. zu dieser Zeit. Siehe zu den verschiedenen Ansichten: *Altmeppen*, ZHR 171 (2007), 320 (322) m.w.N.

208 *Altmeppen*, ZHR 171 (2007), 320 (323 f.).

209 *Druey* spricht gar von einer „elektrisierenden Wirkung“ für ganz Europa, vgl.: *Druey*, in: FS Hommelhoff, S. 135 (141). Neben Deutschland verfügen Portugal, Italien, Slowenien, Ungarn, Brasilien, Taiwan und neuerdings auch die Türkei über ein kodifiziertes Aktienkonzernrecht.

210 *Habersack*, in: Emmerich/Habersack, Konzernrecht, Einleitung Rn. 19.

aus Frankreich.[211] Eine umfassende Harmonisierung des Konzernrechts auf Gemeinschaftsrechtsebene sucht man bis heute vergebens.

b) *Bestandsaufnahme*

aa) Begriff und Telos des Konzernrechts

Konzerne sind aus dem heutigen Wirtschaftsleben nicht mehr wegzudenken. Häufig sind sie in der Tagespresse Gegenstand von kritischen Diskussionen und Skandalen.[212] Umso erstaunlicher ist der darauf folgende Blick ins Gesetz, der zeigt, dass der Konzern als Rechtform im deutschen Aktiengesetz nicht zu finden ist. Rechtsbegriff des Gesetzes ist das verbundene Unternehmen. Mit diesem befasst sich das Aktiengesetz an zwei Stellen. Zum einen im ersten Teil des ersten Buches (§§ 15–22 AktG), der allgemeine Regeln niederlegt und zum anderen im dritten Buch des Aktiengesetzes (§§ 291 ff. AktG). Unter verbundenen Unternehmen versteht man rechtlich selbstständige Gesellschaften, die durch „gesellschaftsrechtliche Instrumentarien […] miteinander verbunden sind."[213] Daraus, und aus der Konzerndefinition des § 18 AktG ergibt sich, dass der Konzern bzw. das Konzernunternehmen nur ein Unterbegriff der verbundenen Unternehmen ist.[214] Dennoch hat sich eingebürgert, dass Konzernrecht als Synonym für das Recht der verbundenen Unternehmen zu begreifen.[215]

Abgesehen vom Gleichordnungskonzern, der für die Praxis von geringer Bedeutung ist, ist der hierarchische Aufbau kennzeichnend für ein Konzerngefüge. Ein Konzern liegt demnach dann vor, wenn mehrere juristisch selbstständige Gesellschaften unter eine leitende Gesellschaft zum Zweck der Bildung einer unternehmerisch tätigen wirtschaftlichen Einheit fallen.[216] Ein Konzern kann durch einen Unternehmensvertrag gegründet werden (sog. Vertragskonzern).

---

211 *Druey*, in: FS Hommelhoff, S. 135 (141 f.).

212 *Dpa*, E.on bekommt keine Entschädigung für Atomausstieg, in: Zeit Online vom 04.07.2016, Online unter: http://www.zeit.de/wirtschaft/2016-07/atomausstieg-e-on-atomkraft-schadenersatz-klage [zuletzt geprüft: 15.07.2018]; *o. V.*, Neue Vorwürfe gegen Volkswagen, in: Handelsblatt Online vom 05.09.2016, abrufbar unter: http://www.handelsblatt.com/unternehmen/industrie/abgasskandal-neue-vorwuerfe-gegen-volkswagen/14499354.html [zuletzt geprüft: 15.07.2018].

213 *Habersack*, in: Emmerich/Habersack, Konzernrecht, Einleitung Rn. 1.

214 Zur grafischen Darstellung siehe: *Theisen*, Der Konzern, S. 68.

215 Siehe dazu nur: *Habersack*, in: Emmerich/Habersack, Konzernrecht, Einleitung Rn. 1; *J. Vetter*, in: ZGR Sonderheft 19, S. 231 (237 f.).

216 *Kalss*, ZHR 171 (2007), 146 (148).

Rechtlich gesehen handelt es sich bei dabei um einen Organisationsvertrag.[217] Darüber hinaus kann ein Konzern aber auch vorliegen, wenn ein Unternehmen von einem anderen kraft Einwirkungsmöglichkeit abhängig ist. In diesem Fall spricht man von einem faktischen Konzern, der in §§ 311 ff. AktG geregelt ist. Weiterhin besteht noch die Möglichkeit der Eingliederung (§§ 319 ff. AktG) bzw. der Verschmelzung. Letztlich kann aber auch in der Abstimmung der Verhaltensweisen ein konzernähnliches Rechtsgebilde entstehen. Die Grenzen dieser Abstimmung werden durch das Gesetz gegen Wettbewerbsbeschränkungen (GWB) gezogen.

Damit ist freilich noch nicht geklärt, was der Sinn und Zweck eines kodifizierten Konzernrechts ist. Ausgangspunkt der Überlegung stellt der aus dem anglo-amerikanischen Rechtskreis stammende, hauptsächlich in der Wirtschaftswissenschaft verwendete Begriff der Prinzipal-Agent-Theorie dar. Dabei handelt es sich lediglich um einen Oberbegriff, welcher seinerseits verschieden ausgeprägt ist.[218] In ihrer Grundstruktur ist das Prinzipal-Agent-Verhältnis recht klar umrissen. Danach schließt der Auftraggeber (Prinzipal) mit dem Beauftragten (Agent), der in der Regel einen Wissensvorsprung hat, einen Vertrag, damit dieser zu seinen Gunsten eingesetzt werden kann. Übertragen auf das deutsche Unternehmensrecht bedeutet das, dass der Geschäftsleiter als Agent für den Eigentümer, also den Aktionär, die Geschäftsleitung übernimmt.[219]

Der historische deutsche Gesetzgeber geht im allg. Aktiengesetz von einer wirtschaftlich selbstständigen Gesellschaft aus. Kennzeichen dieser ist ein Interessengleichlauf der Aktionäre, womit ein Prinzipal-Agent Konflikt nur im Rahmen der Beziehung von Aktionär zu Vorstand auftreten kann. Dieser Interessengleichlauf der Aktionäre wird durch das Konzernrecht durchbrochen, das Prinzipal-Agent Verhältnis verschiebt sich.[220] Das herrschende Unternehmen kann aufgrund seiner starken Position Einfluss auf den Vorstand nehmen und damit nachteilig für die Gesellschaft, Gläubiger und die anderen Aktionäre handeln. Der primäre Sinn und Zweck des Konzernrechts besteht darin, genau dieses Spannungsverhältnis interessengerecht zu lösen. Darunter fällt vor allem der Schutz der Kapitalgeber der abhängigen Gesellschaft, seien es die Eigen- (Aktionäre) oder

---

217 *Altmeppen*, in: Müko AktG, Vor § 291 Rn. 4; *Langenbucher*, in: Karsten Schmidt/Lutter, AktG, § 291 Rn. 18.

218 *Alparslan*, Strukturalistische Prinzipal-Agent-Theorie, S. 11; ausführlich zur Agency-Problematik: *Arnold*, Steuerung des Vorstandshandelns, S. 13 ff.; *Tarde*, Related Party Transactions, S. 25 ff.

219 *Haseborg*, Wettbewerbsverbot, S. 122.

220 Eingehend dazu: *Riehl*, Related-Party Transactions, S. 1 ff.

die Fremdkapitalgeber (Gläubiger). Unter diesen Schutzzweckgesichtspunkt sind ferner auch alle Fragen hinsichtlich der Zulässigkeit und Wirksamkeit von Unternehmensverträgen oder der faktischen Konzernherrschaft zu fassen.[221] Als sekundäres Funktionselement wird zudem die organisationsrechtliche Funktion des Konzernrechts ins Feld geführt. Durch diese wird das allgemeine Gesellschaftsrecht in teilweise erheblichem Maße modifiziert bzw. eingeschränkt, da es die Organisation mehrerer wirtschaftlicher Unternehmen im Konzern im Blick haben muss.[222]

bb) Motive der Konzernierung

Wie eben schon festgehalten ging der historische Gesetzgeber von einer wirtschaftlich autonomen Aktiengesellschaft aus. Warum also ist der Konzern in der Praxis von außergewöhnlicher Bedeutung? Was veranlasst ein Unternehmen dazu, sich einem Konzerngefüge ein- bzw. unterzuordnen? Dafür spielt zunächst sicherlich die Haftungssegmentierung eine entscheidende Rolle. In einem Konzern bleiben die Gesellschaften, sei es eine Aktiengesellschaft, eine GmbH oder gar eine Personengesellschaft, wirtschaftlich selbstständig. Sie bilden nur nach außen hin im Rahmen des Konzerngefüges eine Einheit. Wirtschaftlich bedeutet dies, dass den Gläubigern, wenn sie mit einer konzernierten Gesellschaft kontrahieren, nur dieses Gesellschaftsvermögen zur Verfügung steht. Eine „Konzernhaftung" in dem Sinne, dass der Gläubiger seine Forderung gegenüber dem Konzern geltend machen kann, gibt es nicht. Im Umkehrschluss zu dieser Überlegung bedeutet dies, dass die Gesellschaft vor allem riskante Unternehmenszweige auf andere Gesellschaften (zum Beispiel Tochtergesellschaften) auslagern kann, um damit im Falle einer Haftung die Muttergesellschaft zu schützen. Während die Haftungssegmentierung sicherlich ein gewichtiges Argument darstellt, kommt man, möchte man die oben aufgeworfenen Fragen umfänglich beantworten, um einen Rückgriff auf ökonomische Gesichtspunkte nicht umher. Dort werden die Motive zur Konzernierung als Synergieeffekte bezeichnet. Aus wirtschaftlichen Gesichtspunkten ist ein Zusammenschluss im Sinne eines Konzernrechtsverhältnisses aus folgenden Gründen wünschenswert: 1) die Marktmacht gegenüber Wettbewerbern wird gestärkt, 2) die Rentabilität des Kapitals wird gesteigert, 3) die Unabhängigkeit von fremden Zulieferunternehmen, 4) in Krisenzeiten hat man Spielraum durch einen internen Beschäftigungsausgleich, 5) Gemeinschaftseinrichtungen können ohne

221 *Veil*, in: Spindler/Stilz, AktG, Vor § 291 Rn. 5.

222 *Altmeppen*, in: Müko AktG, Einleitung Konzernrecht Rn. 20; *Habersack*, in: Emmerich/Habersack, Konzernrecht, Einleitung Rn. 1.

großen administrativen Aufwand genutzt werden, 6) das Unternehmen produziert rationeller und ist weniger Marktschwankungen ausgesetzt.[223] Aus rechtlicher und ökonomischer Perspektive ist die Verbindung wirtschaftlich selbstständiger Unternehmen durchaus sinnvoll und angebracht.

2) Der Vertragskonzern

Zur Bildung eines Vertragskonzerns ist der Vertragsschluss zwischen zwei Unternehmen erforderlich.[224] Die für die Praxis wichtigsten Unternehmensverträge sind in § 291 AktG legaldefiniert: der Beherrschungs- und Gewinnabführungsvertrag. Durch den Beherrschungsvertrag unterstellt eine Aktiengesellschaft (oder KGaA) die Leitung ihrer Gesellschaft einem anderen Unternehmen (§ 291 Abs. 1 S. 1 Alt. 1 AktG). Demgegenüber beinhaltet der Gewinnabführungsvertrag die Verpflichtung der Aktiengesellschaft (oder KGaA) ihren ganzen Gewinn an ein anderes Unternehmen abzuführen (§ 291 Abs. 1 S. 1 Alt. 2 AktG). Darüber hinaus wird diese Norm durch § 292 AktG ergänzt, der weitere Unternehmensverträge statuiert. Schon aus dieser systematischen Stellung und dem Wortlaut („andere Unternehmensverträge") wird die geringere Bedeutung ersichtlich, die der Gesetzgeber diesen Unternehmensverträgen beimisst. In ihrer empirischen Erhebung aus dem Jahre 2006 kommen *Bayer/Hoffmann* zu ebendiesem Ergebnis und stellen weiter fest, dass eine Kombination aus Gewinnabführungs- und Beherrschungsvertrag die Regel ist.[225] Dafür besteht seit der Novellierung des KStG durch das Steuersenkungsgesetz aus dem Jahr 2000 bei Lichte betrachtet kein Anlass mehr.[226] Da der Beherrschungsvertrag im Mittelpunkt der gesetzlichen Regelung (§§ 291–310 AktG) steht und zudem als „Rechtsgrundlage der Konzernleitungsmacht"[227] begriffen wird, bleibt die folgende Betrachtung auf diesen beschränkt.

223 Siehe zum Ganzen: *Altmeppen*, in: Müko AktG, Einleitung Konzernrecht Rn. 21.

224 Siehe dazu bereits oben, S. 67 mit Fn. 217.

225 *Bayer/Hoffmann*, AG 2006, R 488 (R 488 f.).

226 Fraglich dürfte sein, ob die Einschätzung, dass eine Kombination aus Beherrschungs- und Gewinnabführungsvertrag die gängige Praxis ist, auch noch zwölf Jahre nach Veröffentlichung fortgilt. Denn die Praxisrelevanz vom Vertragskonzern ist in den vergangenen Jahren gesunken. Jedenfalls zeigt sie eindrucksvoll, dass sonstige Verträge im Sinne von § 292 AktG für die Praxis eine ganz untergeordnete Rolle spielen. In dieser Hinsicht besteht an einer anderen Beurteilung keinen Zweifel.

227 *Emmerich*, in: Emmerich/Habersack, Konzernrecht, § 291 Rn. 2.

a) *Parteien des Vertrages*

Die Parteien eines Beherrschungsvertrages ergeben sich aus § 291 Abs. 1 S. 1 AktG. Aus der rechtsformneutralen Formulierung („anderes Unternehmen“) kann geschlossen werden, dass die Obergesellschaft jedes Unternehmen im konzernrechtlichen Sinne (Einzelperson, Personengesellschaft, Kapitalgesellschaft und sogar auch die öffentliche Hand) sein kann. Argumentiert wird, dass jeder potentielle Interessenkonflikt erfasst werden müsse, der durch die Beherrschung entsteht.[228] Zur unmittelbaren Anwendung des § 291 AktG, muss die Untergesellschaft als andere Vertragspartei eine Aktiengesellschaft oder KGaA darstellen. Gleichwohl kann der Rechtsgedanke des § 291 AktG auch auf eine Personenhandelsgesellschaft, Genossenschaft oder GmbH erweitert werden.[229]

b) *Inhalt des Beherrschungsvertrages*

Kernaussage des Beherrschungsvertrages ist, dass die Obergesellschaft dem Vorstand der Untergesellschaft Weisungen erteilen kann (§ 308 Abs. 1 AktG). Diese Weisungen können für die Untergesellschaft sogar rechtlich nachteilig sein, man spricht vom Schädigungsprivileg des Konzernrechts.[230] Solche Weisungen können, gerade im Falle ihrer Nachteiligkeit, zu einer Minimierung des Vermögens der Untergesellschaft führen. Würde man der Weisungsbefugnis keine anderweitigen (Schutz-)Instrumente gegenüberstellen, wäre das Konzept des Vertragskonzernrechts für die Untergesellschaft recht unattraktiv. Aufgrund dessen ist notwendiges Korrelat, dass die Obergesellschaft das Vermögen der abhängigen Gesellschaft erhalten muss (§ 300 Nr. 3 AktG, § 302 Abs. 1 AktG).

aa) Weisungsrecht

(1) Begriff und Rechtsnatur der Weisung

Der Begriff der Weisung wird qua Gesetz nicht legaldefiniert, ist aber notwendig, um dem herrschenden Unternehmen ein Instrument zur Durchsetzung der Leitungsmacht an die Hand zu geben. Deshalb ist eine Weisung nach einhelliger Ansicht extensiv zu begreifen. Man versteht darunter jede Äußerung des herrschenden Unternehmens, durch die es Einfluss auf die Leitung der abhängigen

---

228 *Langenbucher*, in: Karsten Schmidt/Lutter, AktG, § 291 Rn. 22.

229 *Langenbucher*, in: Karsten Schmidt/Lutter, AktG, § 291 Rn. 21; *Veil*, in: Spindler/Stilz, AktG, § 291 Rn. 4.

230 *Altmeppen*, ZHR 171 (2007), 320 (325 f.); *Selzner*, ZIP 2015, 753 (757).

Gesellschaft nehmen will.[231] Fraglich ist die Rechtsnatur der Weisung.[232] In Betracht kommt dafür die Rechtsnatur einer geschäftsähnlichen Handlung oder einer Willenserklärung. Wenngleich dieser Streit rein akademischer Natur ist, da die Vorschriften über Willenserklärungen jedenfalls entsprechende Anwendung finden, sprechen die besseren Argumente für die Annahme einer geschäftsähnlichen Handlung. Eigenschaft dieser ist, dass die Rechtsfolge auf Herbeiführung eines tatsächlichen Erfolges gerichtet ist, sie aber ipso iure eintritt. Gem. § 308 AktG ist die abhängige Gesellschaft verpflichtet, die Weisungen der herrschenden Gesellschaft zu befolgen. Zudem ist die Erteilung der Weisung auf die Ausführung derselben und damit auf die Herbeiführung eines tatsächlichen Erfolges gerichtet. Die Einordnung der Weisung als geschäftsähnliche Handlung, führt zu einer entsprechenden Anwendung der Vorschriften über die Willenserklärung. Geschäftsähnliche Handlungen, die einem Dritten gegenüber abgegeben werden, werden durch Abgabe und Zugang wirksam (§ 130 f. BGB analog).[233] Maßgeblich ist der Zugang beim Vorstand.

(2) Formen der Weisungserteilung

Aufgrund des weiten Weisungsbegriffs sind zahlreiche Möglichkeiten der Weisungserteilung an den Vorstand der abhängigen Gesellschaft denkbar. Eine Weisung kann sich auf einzelne Maßnahmen beschränken oder aber Grundsätze betreffen.[234] Sie kann mündlich oder schriftlich erfolgen, wobei es auf die sprachliche Form oder bestimmte Formulierungen nicht ankommt.[235] Somit können nicht nur Befehle, Anordnungen oder Instruktionen, sondern auch Anregungen und Tipps als Weisungen aufgefasst werden. Mit anderen Worten muss die Weisung für den Vorstand der abhängigen Gesellschaft verbindlich sein.[236]

---

231 *Altmeppen*, in: Müko AktG, § 308 Rn. 9; *Hirte*, in: Großkomm AktG, § 308 Rn. 18; *Veil*, in: Spindler/Stilz, AktG, § 308 Rn. 5; *Sina*, AG 1991, 1 (1).

232 Weisung als Willenserklärung: *Koppensteiner*, in: Köln Komm AktG, § 308 Rn. 20; Weisung als rechtsgeschäftsähnliche Handlung: *Hirte*, in: Großkomm AktG, § 308 Rn. 17; *Koch*, in: Hüffer/Koch, AktG, § 308 Rn. 11; *Veil*, in: Spindler/Stilz, AktG, § 308 Rn. 5 offenlassend: *Altmeppen*, in: Müko AktG, § 308 Rn. 9; *Emmerich*, in: Emmerich/Habersack, Konzernrecht, § 308 Rn. 26; *Leuering/Goertz*, in: Hölters, AktG, § 308 Rn. 12.

233 *Emmerich*, in: Emmerich/Habersack, Konzernrecht, § 308 Rn. 26.

234 *Altmeppen*, in: Müko AktG, § 308 Rn. 14.

235 *Koppensteiner*, in: Köln Komm AktG, § 308 Rn. 22; *Leuering/Goertz*, in: Hölters, AktG, § 308 Rn. 11; *Sina*, AG 1991, 1 (1).

236 *Emmerich*, in: Emmerich/Habersack, Konzernrecht, § 308 Rn. 23.

Ob das der Fall ist, muss durch Auslegung ermittelt werden. Da die Normen zur Willenserklärung nach der hier vertretenen Auffassung entsprechende Anwendung finden und zudem ein schützenswerter Dritter vorhanden ist, ist Auslegungsmaßstab der objektive Empfängerhorizont (§§ 133, 157 BGB analog). Maßgeblich ist, ob der Empfänger die Aussage des herrschenden Unternehmens als Weisung auffassen konnte oder nicht.[237]

(3) Umfang des Weisungsrechts

Besteht ein Beherrschungsvertrag, aber eine Weisung des herrschenden Unternehmens liegt noch nicht vor, bleibt § 76 AktG anwendbar. Dem Vorstand des abhängigen Unternehmens unterliegt die eigenverantwortliche Leitung. Gleiches gilt im Übrigen auch für die damit korrespondierende Pflicht im Außenverhältnis aus § 93 Abs. 1 AktG. Das heißt, die abhängige Gesellschaft führt in diesem Fall ihre Geschäfte unter eigener Verantwortung weiter. Es muss sich dabei nicht dem Wohl des herrschenden Unternehmens unterordnen, sondern lediglich das Wohl der eigenen Gesellschaft im Blick haben.[238] Erteilt das herrschende Unternehmen nun eine Weisung an den Vorstand der abhängigen Gesellschaft, wird § 76 AktG von § 308 AktG überlagert.[239] Damit wird diese Weisung Bestandteil seiner allg. Geschäftsführungspflicht gegenüber der eigenen Gesellschaft. Verweigern darf der Vorstand eine Weisung nur, wenn offensichtlich ist, dass die Weisung nicht den Konzernbelangen untergeordnet ist, § 308 Abs. 2 S. 2 AktG. Aus der Formulierung des § 308 Abs. 2 S. 2 AktG („es sei denn") kann eine Beweislastumkehr gefolgert werden, sodass der Vorstand der abhängigen Gesellschaft dafür den Beweis erbringen muss.

Die Weisung aus § 308 Abs. 1 AktG stellt eine notwendige Konkretisierung des Leitungsbegriffs aus § 291 Abs. 1 AktG dar.[240] Damit wird das Weisungsrecht auf die Leitung der Gesellschaft, das heißt auf diejenigen Maßnahmen, die in die Zuständigkeit des Vorstands fallen, beschränkt.[241] Darunter fallen zunächst die Bereiche der eigentlichen Betriebsführung wie bspw. Einstellung und Entlassung von Personal, der Abschluss von Verträgen oder tägliche Geschäfte in dem

---

237 *Emmerich*, in: Emmerich/Habersack, Konzernrecht, § 308 Rn. 24; *Hirte*, in: Großkomm AktG, § 308 Rn. 18.

238 *Hirte*, in: Großkomm AktG, § 308 Rn. 21.

239 *Hirte*, in: Großkomm AktG, § 308 Rn. 20; *Immenga*, ZHR 140 (1976), 301 (303).

240 *Altmeppen*, in: Müko AktG, § 308 Rn. 84.

241 *Altmeppen*, in: Müko AktG, § 308 Rn. 85 f.; *Emmerich*, in: Emmerich/Habersack, Konzernrecht, § 308 Rn. 38; *Koch*, in: Hüffer/Koch, AktG, § 308 Rn. 12; *Veil*, in: Spindler/Stilz, AktG, § 308 Rn. 20.

Bereich der Produktion etc.[242] Auch Maßnahmen im sog. innerkorporativen Bereich unterfallen dem Weisungsrecht. Als Beispiel dafür kann die Ansetzung einer bestimmten Tagesordnung angeführt werden.[243] Einschränkung bedarf dieser Grundsatz aber dort, wo der gesetzgeberische Wille untergraben wird. Zudem unterfallen Weisungen an den Aufsichtsrat oder die Hauptversammlung nicht dem § 308 AktG und sind folglich unzulässig.[244]

Spiegelbildlich zum Weisungsrecht statuiert § 308 Abs. 2 S. 1 AktG eine Befolgungspflicht des Vorstands der abhängigen Gesellschaft.[245] Diese Folgepflicht gilt allerdings nicht absolut. Vielmehr unterstehen auch Weisungen, wie alle Willenserklärungen, Rechtsgeschäfte bzw. rechtsgeschäftsähnlichen Handlungen, gewissen Schranken. Diese können sich zunächst aus dem Beherrschungsvertrag selbst ergeben. Dabei bleibt aber zu beachten, dass der Beherrschungsvertrag das Weisungsrecht lediglich einschränken kann. Ein Beispiel dafür kann darin gesehen werden, die Weisung an eine bestimmte Form zu binden.[246] Eine weitere Schranke ergibt sich aus der Satzung. Hier kann es im Besonderen dazu kommen, dass durch eine Weisung der Unternehmensgegenstand überschritten wird, was gegen die Satzung verstoßen und somit zur Unzulässigkeit der Weisung führen würde. Ferner sind Weisungen unzulässig, die gegen gesetzliche Vorschriften verstoßen. Zu denken ist dabei sicherlich an zwingende Vorschriften des Aktien- oder Bilanzrechts. Von außerordentlicher Wichtigkeit sind aber gerade die allg. Vorschriften. So sind Weisungen, die ihrem Inhalt nach als sitten- oder gar rechtswidrig klassifiziert werden, nicht zulässig (§§ 134, 138 BGB). Dabei darf nicht verkannt werden, dass in der Praxis eine Grenzziehung zwischen gerade noch rechtmäßigem Verhalten und rechts- oder sittenwidrigen Weisung schwierig sein wird.

---

242 *Emmerich*, in: Emmerich/Habersack, Konzernrecht, § 308 Rn. 39; *Fett*, in: Bürgers/Körber, AktG, § 308 Rn. 16.

243 Darunter fällt indes nicht die Einberufung der Hauptversammlung gem. §§ 111 Abs. 4, 119 Abs. 2 AktG. Dazu näher: *Emmerich*, in: Emmerich/Habersack, Konzernrecht, § 308 Rn. 41.

244 So die ganz h.M.: *Hirte*, in: Großkomm AktG, § 308 Rn. 15; *Koch*, in: Hüffer/Koch, AktG, § 308 Rn. 7; *Leuering/Goertz*, in: Hölters, AktG, § 308 Rn. 44; a.A.: *Falkenhausen*, ZIP 2014, 1205 (1207), der eine Analogie zu § 311 AktG aufgrund des klaren Wortlauts des § 311 AktG ablehnt, aber eine erweiternde Auslegung, gestützt auf den Sinn und Zweck der Norm, annimmt.

245 *Altmeppen*, in: Müko AktG, § 308 Rn. 143.

246 *Koch*, in: Hüffer/Koch, AktG, § 308 Rn. 13.

Eine trennscharfe Grenzziehung wird dadurch erschwert, dass qua Gesetz gem. § 308 Abs. 1 S. 2 AktG sogar nachteilige Weisungen erteilt werden dürfen. Zur Beurteilung der Nachteiligkeit ist die Frage maßgeblich, ob ein ordentlicher und gewissenhafter Geschäftsleiter einer unabhängigen Gesellschaft, der sich nur am Interesse seiner Gesellschaft orientiert, die Maßnahme vorgenommen hätte oder nicht (§ 93 Abs. 1 AktG).[247] Gelangt man dadurch zu dem Schluss, es handele sich um eine nachteilige Weisung, bedarf sie einer besonderen Rechtfertigung, die sich expressis verbis aus dem Gesetz ergibt. Das ist der Fall, wenn die nachteilige Weisung den Belangen des herrschenden Unternehmens (§ 308 Abs. 1 S. 2 Alt. 1 AktG) oder den Belangen der Unternehmen dient, die mit ihm und der Untergesellschaft konzernverbunden sind (§ 308 Abs. 1 S. 2 Alt. 2 AktG).[248] Ob eine Weisung diesen Maßstäben genügt, muss der gesetzliche Vertreter der herrschenden Gesellschaft nach pflichtgemäßem Ermessen unter Berücksichtigung von § 309 AktG entscheiden.[249] Wichtig dafür ist, dass die Weisung einen positiven Effekt auf die Ertrags- oder Vermögenslage des herrschenden oder konzernverbundenen Unternehmens hat.[250] Richtigerweise kann der Vorstand der herrschenden Gesellschaft hier nur eine Abwägung im Sinne der Verhältnismäßigkeit treffen, die nach ex-ante Maßstäben zu beurteilen

---

247 *Hirte*, in: Großkomm AktG, § 308 Rn. 50; *Veil*, in: Spindler/Stilz, AktG, § 308 Rn. 24.

248 In der Literatur wird in diesem Kontext vereinfacht von einer Rechtfertigung durch das Konzerninteresse gesprochen. Dem ist aber nur dann zuzustimmen, wenn der Begriff des Konzerninteresses mit den Interessen der Obergesellschaft gleichzusetzen ist. Ob das Konzerninteresse als Synonym für die Interessen des herrschenden Unternehmens verstanden werden kann, darf aber bezweifelt werden. Schon aus der Begrifflichkeit kann geschlossen werden, dass es sich um einen Interessengleichlauf aller beteiligten Unternehmen handeln muss. Dem Gesetzgeber ist das Konzerninteresse unbekannt, eine gesetzliche Bezugnahme oder gar eine Legaldefinition ist im Aktiengesetz nicht geregelt. Diese Erkenntnis führt zu der weitergehenden aber hier aus platzgründen nicht zu besprechende Frage, ob das Konzerninteresse anzuerkennen ist. Das Konzerninteresse ablehnend: *Koch*, in: Hüffer/Koch, AktG, § 308 Rn. 16; wohl auch: *Emmerich*, in: Emmerich/Habersack, Konzernrecht, § 308 Rn. 47; *Koppensteiner*, in: Köln Komm AktG, § 308 Rn. 38; *Veil*, in: Spindler/Stilz, AktG, § 308 Rn. 25; *Hoffmann-Becking*, in: FS Hommelhoff, S. 433 (441 f.); das Konzerninteresse anerkennend: *Altmeppen*, in: Müko AktG, § 308 Rn. 107 ff.; *Langenbucher*, in: Karsten Schmidt/Lutter, AktG, § 308 Rn. 27; *Leuering/Goertz*, in: Hölters, AktG, § 308 Rn. 31.

249 *Emmerich*, in: Emmerich/Habersack, Konzernrecht, § 308 Rn. 48.

250 *Koppensteiner*, in: Köln Komm AktG, § 308 Rn. 46; *Langenbucher*, in: Karsten Schmidt/Lutter, AktG, § 308 Rn. 27.

ist.[251] Dass dadurch gegebenenfalls Aktionäre der abhängigen Gesellschaft einen Vermögensschaden erleiden, spielt keine Rolle. Werden die Grenzen des Weisungsrechts überschritten, haften die gesetzlichen Vertreter des herrschenden Unternehmens auf Schadensersatz (§ 309 Abs. 2 Alt. 1 AktG).

In diesem Zusammenhang wird auch diskutiert, ob Weisungen rechtmäßig sind, durch die die abhängige Gesellschaft in ihrer Existenz bedroht wird, welche also eine ernstzunehmende Gefahr der Insolvenz begründen.[252] Diese Frage wird unter dem Schlagwort der existenzgefährdenden Weisung diskutiert. Dabei muss zwischen solchen Weisungen unterschieden werden, die die Gesellschaft noch zu Laufzeiten des Beherrschungsvertrags und Weisungen, die die Gesellschaft erst nach Ablauf des Beherrschungsvertrags gefährden.[253] Für die erste Fallgruppe lehnt die ganz herrschende Meinung die Zulässigkeit ab.[254] Grundlage dieser Ansicht bildet ein auf dem Sinn und Zweck der §§ 302–305 AktG basierendes Argument. All diese Normen gehen von einem Fortbestand der Gesellschaft aus, denn sonst wäre vor allem die Vorschrift des § 304 AktG gegenstandslos.[255] Für die zweite Fallgruppe, also für Weisungen die die Gesellschaft erst nach Ablauf des Beherrschungsvertrags gefährden, gilt das genaue Gegenteil. Der herrschenden Gesellschaft kann richtigerweise keine Pflicht zukommen, die Überlebensfähigkeit der abhängigen Gesellschaft auch für den Zeitpunkt zu sichern, in dem kein Beherrschungsvertrag mehr vorliegt.[256] Argument dafür stellt die hohe

---

251 So schon: *Emmerich*, in: Emmerich/Habersack, Konzernrecht, § 308 Rn. 49; *Langenbucher*, in: Karsten Schmidt/Lutter, AktG, § 308 Rn. 29 m.w.N.

252 *Langenbucher*, in: Karsten Schmidt/Lutter, AktG, § 308 Rn. 32.

253 Siehe zur Unterscheidung: *Altmeppen*, in: Müko AktG, § 308 Rn. 119.

254 *Altmeppen*, in: Müko AktG, § 308 Rn. 123 ff.; *Emmerich*, in: Emmerich/Habersack, Konzernrecht, § 308 Rn. 61; *Fett*, in: Bürgers/Körber, AktG, § 308 Rn. 24; *Hirte*, in: Großkomm AktG, § 308 Rn. 42; *Koch*, in: Hüffer/Koch, AktG, § 308 Rn. 19; *Leuering/Goertz*, in: Hölters, AktG, § 308 Rn. 36; *Immenga*, ZHR 140 (1976), 301 (305); a.A.: *Koppensteiner*, in: Köln Komm AktG, § 308 Rn. 50; *Veil*, in: Spindler/Stilz, AktG, § 308 Rn. 31; letztere Ansicht argumentiert mit dem Wortlaut des § 308 AktG, woraus keine zusätzlichen Anforderungen an die eigentlichen Weisungen abgeleitet werden können. Zudem bestehe überhaupt keine Notwendigkeit, die existenzvernichtenden Weisungen zu verbieten. Die Gesellschaft werde doch ausreichend durch die Verlustausgleichspflicht geschützt. Zudem wird zu Bedenken gegeben, dass der Begriff zu abstrakt sei, um subsumtionsfähig zu sein.

255 *Emmerich*, in: Emmerich/Habersack, Konzernrecht, § 308 Rn. 61; *Koch*, in: Hüffer/Koch, AktG, § 308 Rn. 19.

256 So die ganz h.M.: *Altmeppen*, in: Müko AktG, § 308 Rn. 129 f.; *Hirte*, in: Großkomm AktG, § 308 Rn. 45; *Koch*, in: Hüffer/Koch, AktG, § 308 Rn. 19; *Leuering/Goertz*, in:

Risikoverteilung zulasten der herrschenden Gesellschaft dar. Diese kann in der Regel nicht abwägen, wann und unter welchen Grenzen eine Weisung für die kommenden Jahre so nachteilig ist, dass sie in der Lage ist, die Gesellschaft zu gefährden.[257]

bb) Erhalt des Gesellschaftsvermögens

Gerade vor dem Hintergrund der Zulässigkeit nachteiliger Weisungen ist die Vermögenserhaltung der abhängigen Gesellschaft zentrale Aufgabe des herrschenden Unternehmens. Dies ist auch konsequent: eine Weisung kann dazu führen, dass das Gesellschaftsvermögen bei der abhängigen Gesellschaft gemindert wird. Ohne ein geeignetes Gegeninstrument wäre die Anreizfunktion zum Abschluss eines Beherrschungsvertrags zumindest für die abhängige Gesellschaft recht gering. Aus diesem Grund sieht das Gesetz mehrere Instrumente vor, um das Gesellschaftsvermögen der abhängigen Gesellschaft zu schützen. So statuiert § 300 Nr. 3 AktG, dass ein bestimmter Betrag in die gesetzliche Rücklage (§ 150 Abs. 2 AktG) einzustellen ist. Zudem hat das herrschende Unternehmen den Jahresfehlbetrag auszugleichen (§ 302 Abs. 1 AktG).

c) Vertragsschluss

Ein Vertrag erfordert das Vorhandensein zweier mit Bezug aufeinander abgegebener Willenserklärungen. Aufgrund der besonderen Struktur der Unternehmensverträge, eine autonome Gesellschaft unterstellt ihr Schicksal immerhin einem Dritten, kann ein Vertragsschluss zwischen den Gesellschaften, vertreten durch ihre Vorstände, nicht ausreichen.[258] Dieses Bedürfnis erkennt das Aktiengesetz und hält in § 293 AktG besondere Vertragsschlusserfordernisse bereit. Gem. § 293 Abs. 1 AktG muss die Hauptversammlung der abhängigen Gesellschaft mit einer qualifizierten ¾ Mehrheit des anwesenden Grundkapitals für die Annahme des Beherrschungsvertrags stimmen. Der herrschende Aktionär unterliegt bei der Abstimmung indes keinem Stimmverbot (argumentum e

---

Hölters, AktG, § 308 Rn. 37; einschränkend: *Emmerich*, in: Emmerich/Habersack, Konzernrecht, § 308 Rn. 65; *Langenbucher*, in: Karsten Schmidt/Lutter, AktG, § 308 Rn. 35, die eine andere Beurteilung für geboten erachten, wenn schon ersichtlich war, dass das herrschende Unternehmen nicht in der Lage oder gewillt war, nach Vertragsende seiner Verpflichtung gem. § 303 AktG nachzukommen.

257 Siehe nur: *Hirte*, in: Großkomm AktG, § 308 Rn. 45.

258 Das ergibt sich auch schon aus der Prinzipal-Agent Überlegung. Danach ist es stringent, bei einer tiefgreifenden Entscheidung die Hauptversammlung in die Entscheidung mit einzubeziehen.

contrario aus § 136 AktG), womit diese Grenze in der Praxis wenig einschneidenden Charakter hat.[259] Ist die herrschende Gesellschaft in der Rechtsform einer Aktiengesellschaft organisiert, tritt kumulativ die Hauptversammlungszuständigkeit der herrschenden Gesellschaft hinzu, womit diese dem Geschäft zustimmen muss (§ 293 Abs. 2 AktG). Das ergibt sich aus der Überlegung, dass eine Konzernierung auch für die Eigentümer der herrschenden Gesellschaft mit Risiken verbunden ist.[260] Zuletzt wird der Unternehmensvertrag erst mit Eintragung ins Handelsregister wirksam (§ 294 Abs. 2 AktG), die Eintragung ist folglich konstitutiv.

Das Gesetz stellt zu Recht hohe Anforderungen an den Abschluss eines Unternehmensvertrags. Beachtet werden muss, dass die Hauptversammlungszuständigkeit im deutschen Aktienrecht an die strukturändernde Maßnahme anknüpft. Mit anderen Worten muss die Hauptversammlung nur zum Wirksamwerden des Organisationsvertrages ihre Zustimmung erteilen. Eine Hauptversammlungszuständigkeit angeknüpft an die jeweilige Weisung ist schon aus organisationstechnischen Erwägungen undenkbar.[261] Nur ausnahmsweise und

---

259 So auch: *J. Vetter*, in: ZGR Sonderheft 19, S. 231 (245); *Fleischer*, BB 2014, 2691 (2696); *Temming*, RdA 2015, 280 (281).

260 Nichtsdestotrotz ist diese Regelung nicht zu Ende gedacht. So muss die Obergesellschaft der Hauptversammlung den Unternehmensvertrag mit einer 100 %igen Tochter zur Abstimmung vorlegen. In diesem Fall besteht gar kein schützenswerter Aktionär, sodass die Hauptversammlungszuständigkeit unnötig ist. Das Beispiel verwendend: *J. Vetter*, in: ZGR Sonderheft 19, S. 231 (246).

261 Dazu folgendes fiktives Gedankenspiel: Zwischen der MAN SE und der Truck und Bus GmbH, einer Tochter der Volkswagen AG, besteht seit 2013 ein Beherrschungs- und Gewinnabführungsvertrag. Man stelle sich nun vor, die GmbH erteilt der MAN SE aufgrund von Nachhaltigkeitserwägungen die Weisung, ab dem Jahre 2020 mindestens die Hälfte der zu produzierenden Busse mit Elektromotoren auszustatten. Zwei Monate später erhält die MAN SE eine weitere Weisung anderen Inhalts. Wenn die Hauptversammlungszuständigkeit an die einzelne Maßnahme angeknüpft wäre, müsste die MAN SE sämtliche Aktionäre zur Hauptversammlung einberufen, und das zwei Mal binnen zwei Monaten. Neben dem massiven organisatorischen Aufwand den die MAN SE betreiben müsste (Anmieten einer Halle, Einladung der Gesellschafter etc.) müssen auch wirtschaftliche Erwägungen in die Betrachtung einbezogen werden. Diese variieren nach der Größe der Korporation, je nachdem wie viele Anteilseigner beteiligt sind. Zudem hat jeder Anteilseigner nach deutschem Recht die Möglichkeit der Anfechtung eines Hauptversammlungsbeschlusses (§§ 243 ff. AktG). Im Ergebnis würde dies die Gefahren einer sittenwidrigen Ausnutzung des Klageverfahrens erhöhen. Damit würde das Problem der räuberischen Aktionäre, welches sich in den letzten Jahren auf dem Rückzug befand, wieder virulent.

auch nur auf Verlangen des Vorstands kann die Hauptversammlung auf Fragen der Geschäftsführung Einfluss nehmen, § 119 Abs. 2 AktG.

d) *Sicherung außenstehender Aktionäre*

Durch den Beherrschungsvertrag ist es Aufgabe der herrschenden Gesellschaft das Vermögen der abhängigen Gesellschaft zu schützen.[262] Dennoch besteht immer ein Risiko für die außenstehenden Aktionäre, dass durch nachteilige Weisungen ihre Aktien an Wert verlieren und sie damit einen Vermögensschaden erleiden. Diesem Gedanken wird das Aktiengesetz im vierten Abschnitt des dritten Buches gerecht, wobei dem Außenstehenden ein Wahlrecht zwischen einem Ausgleich und einer Abfindung zugebilligt wird. § 304 AktG sieht einen angemessenen Ausgleich im Sinne eines bestimmten jährlichen Gewinnanteils vor. Diese Regelung greift ein, wenn sich die Aktionäre für einen Verbleib in der Aktiengesellschaft entscheiden. Entscheiden sie sich gegen einen Verbleib in der Gesellschaft, dann gewährt ihnen § 305 AktG einen finanziellen Ausgleich in Form einer Abfindung. Diese Abfindung besteht in der Regel in einer Barzahlung oder in dem Erhalt von Aktien. Welche Abfindungsform im konkreten Fall in Betracht kommt, ist abhängig von der Rechtsform (vgl. § 305 Abs. 2 Nr. 1–3 AktG). Der Aktionär hat also das Wahlrecht, ob er in der Gesellschaft bleibt und einen Ausgleich in Anspruch nimmt, oder ob er aus der Gesellschaft ausscheidet und eine Abfindung erhält.

Beherrschungsverträge müssen eine angemessene Entschädigung vorsehen (§ 304 Abs. 1, § 305 Abs. 1, 2 AktG). Das Gesetz verwendet hier bewusst einen unbestimmten Rechtsbegriff, um die Entschädigungsleistung an die jeweilige Vermögenslage der Korporation anzupassen. Die Höhe der Kompensationszahlung bemisst sich nach der Ertragswertmethode.[263] Dennoch ist in der Praxis das Konfliktpotential über deren Angemessenheit enorm.[264] Grund dafür sind die konfligierenden Interessen zwischen Gesellschaft auf der einen und Anteilseigner auf der anderen Seite. Der Aktionär, der aus der Gesellschaft ausscheidet, möchte natürlich eine möglichst hohe Abfindung erhalten. Das Interesse der Gesellschaft wird aber darin liegen, nicht mehr als notwendig zu zahlen. Zudem

---

262 Siehe dazu bereits oben, S. 76.

263 Die Ertragswertmethode ausführlich erläuternd: *Emmerich*, in: Emmerich/Habersack, Konzernrecht, § 305 Rn. 51 ff.; *Stephan*, in: Karsten Schmidt/Lutter, AktG, § 305 Rn. 47 ff. jeweils m.w.N.

264 *Riegger/Gayk* vermuten dabei, dass rund 90 % der Fälle, in denen die Angemessenheit einer Kompensation in Rede steht, von dem Spruchgericht überprüft werden müssen. Siehe dazu: *Riegger/Gayk*, in: Köln Komm AktG, Einl. SpruchG Rn. 62 m.w.N.

wird dem Aktionär qua Gesetz die Möglichkeit entzogen, den Beschluss der Hauptversammlung mit dem Argument anzufechten, dass der Beherrschungs- und Gewinnabführungsvertrag keine angemessene Kompensation vorsieht, § 304 Abs. 3 S. 2, § 305 Abs. 5 S. 1 AktG. Dennoch muss dem Aktionär die Möglichkeit der gerichtlichen Überprüfung der Angemessenheit gegeben werden. In praxi wird das durch den Verweis auf das Spruchstellenverfahren (§ 304 Abs. 3 S. 3, § 305 Abs. 5 S. 2 AktG) geregelt. Die angemessene Geldzahlung wird dann seitens des Spruchgerichts ermittelt.

3) Der faktische Konzern

Neben dem gerade erläuterten Vertragskonzern spielt der faktische Konzern für die Praxis eine noch größere Rolle.[265] Das hängt nicht zuletzt damit zusammen, dass der Vertragskonzern stark reglementiert ist, aber eine Mehrheitsbeteiligung in der Regel ausreicht um die Gesellschaft zu steuern. Aus diesem Grund soll im Folgenden auf die grundsätzliche Konzeption des faktischen Konzernrechts eingegangen werden (a), ehe dessen Schutzmechanismen zugunsten der außenstehenden Aktionäre und Gläubiger dargestellt werden (b). Bevor abschließend auf den Sonderfall des qualifiziert faktischen Konzerns eingegangen wird (d), wird die rechtspolitische Bewertung des faktischen Konzernrechts dargestellt (c).

a) Grundsätzliche Konzeption

Obwohl der Gesetzgeber im Falle einer Konzernierung den Regelfall des Vertragskonzerns im Blick hatte, ist eine Konzernierung ohne Beherrschungsvertrag nicht unwirksam. Das kann schon aus der Existenz der Regelungen zum faktischen Konzern geschlossen werden, §§ 311–318 AktG.[266] Eine faktische Konzernierung liegt vor, wenn mehrere Unternehmen unter einheitlicher Leitung zusammengefasst

265 Empirische Untersuchungen und damit verlässliche Zahlen zu dieser These fehlen bislang. Seit 1973 werden über die Unternehmensverträge zwar keine amtlichen Statistiken erhoben, dennoch geht man davon aus, dass die faktischen Konzerne, entgegen der Intention des Gesetzgebers aus dem Jahre 1965, der den Vertragskonzern als Standard vorsah, heute in der Praxis häufiger anzutreffen sind. Siehe dazu: *Altmeppen*, in: Müko AktG, Einleitung Konzernrecht Rn. 19; *Emmerich*, in: Emmerich/Habersack, Konzernrecht, § 291 Rn. 5; *Veil*, in: Spindler/Stilz, AktG, Vor § 291 Rn. 57; *Kalss*, ZHR 171 (2007), 146 (150).

266 Sicherlich handelt es sich bei der Formulierung "faktischer Konzern" um eine Vereinfachung, denn für die Anwendung der §§ 311 ff. AktG ist schon die einfache Abhängigkeit i.S.v. § 17 AktG ausreichend. Von einem faktischen Konzern i.e.S. spricht man dann, wenn eine Abhängigkeit besteht und die Unternehmen unter einheitlicher

sind, ohne dass ein Unternehmensvertrag geschlossen wurde. Das folgt aus der systematischen Stellung im zweiten Abschnitt des dritten Buches. Unterschieden werden kann auch hier zwischen einem faktischen Unterordnungs- und Gleichordnungskonzern, wobei Ersterer von größerer Bedeutung ist.[267]

Im faktischen Konzern kommt es, wie auch beim Vertragskonzern, zu einem Konzernkonflikt, das heißt, Gesellschafter- und Gesellschaftsinteressen befinden sich nicht mehr im Einklang. Durch die potentielle Einwirkungsmöglichkeit des Mehrheitsaktionärs muss die (abhängige) Gesellschaft gegenläufige Interessen ausführen, weshalb die Gefahr einer Vermögensminderung aufseiten der abhängigen Gesellschaft wächst.[268] Genau an diesem Punkt setzen die Vorschriften der §§ 311–318 AktG an. Sinn und Zweck dieser Normen ist primär der Schutz Außenstehender.[269] Das faktische Konzernrecht setzt, im Unterschied zum Vertragskonzernrecht, bei der bereits abhängigen oder konzernierten Gesellschaft an, weshalb es vom Grundsatz des Schädigungsverbots ausgeht.[270] Dieser Grundsatz gilt allerdings nicht absolut, sondern wird in zeitlicher Hinsicht durch den Schluss des Geschäftsjahres relativiert. § 311 Abs. 1 AktG statuiert, dass eine Nachteilszufügung auch im faktischen Konzern zulässig ist, wenn dieser Nachteil zum Ende des Geschäftsjahres ausgeglichen werden kann.[271] In diesem Kontext spricht man auch von der Möglichkeit des zeitlich gestreckten Ausgleichs.[272] Dabei muss aber beachtet werden, dass im faktischen Konzern die Leitungsmacht beim Vorstand der abhängigen Gesellschaft verbleibt, § 76 AktG.[273] Der Vorstand muss also weiterhin nach pflichtgemäßem Ermessen entscheiden, ob er einer Veranlassung der herrschenden

---

Leitung gem. § 18 AktG stehen, vgl.: *Habersack*, in: Emmerich/Habersack, Konzernrecht, § 311 Rn. 13; *H. F. Müller*, in: Spindler/Stilz, AktG, Vor §§ 311–318 Rn. 1.

267 *Bayer*, in: Müko AktG, § 18 Rn. 8 ff.

268 *Habersack*, in: Emmerich/Habersack, Konzernrecht, § 311 Rn. 1.

269 Siehe dazu: *Altmeppen*, in: Müko AktG, Vorb. § 311 Rn. 1; *Koppensteiner*, in: Köln Komm AktG, Vorb. § 311 Rn. 19; *H. F. Müller*, in: Spindler/Stilz, AktG, Vor §§ 311–318 Rn. 2; darüber hinaus ist weitere Ratio der Norm, dass die faktische Konzernleitung erleichtert werden soll. Diese beiden Schutzziele des Konzernrechts stehen in einem Spannungsverhältnis. Ausführlich: *Altmeppen*, in: Müko AktG, § 311 Rn. 22 ff.

270 *Habersack*, in: Emmerich/Habersack, Konzernrecht, Vor § 311 Rn. 1; *Altmeppen*, ZHR 171 (2007), 320 (329 f.).

271 *H. F. Müller*, in: Spindler/Stilz, AktG, Vor §§ 311–318 Rn. 3; *Bayer/Selentin*, NZG 2015, 7 (11); *Selzner*, ZIP 2015, 753 (757).

272 *H. F. Müller*, in: Spindler/Stilz, AktG, § 311 Rn. 1.

273 *E. Vetter*, ZHR 171 (2007), 342 (347).

Gesellschaft folgt. Das kann im ungünstigsten Falle zu einer Haftung des Vorstandsmitglieds bei falscher Einschätzung der Sach- und Rechtslage führen.[274]

Ein weiterer Schutzzweck der §§ 311–318 AktG erwächst aus deren Organisationsfunktion. Grundsätzlich regelt § 311 Abs. 1 AktG, dass eine Nachteilszufügung ausgeschlossen ist. Dieser Grundsatz bedürfte keiner besonderen Klarstellung, da zumindest aus der mitgliedschaftlichen Treuepflicht und aus § 117 AktG ein Verbot der Nachteilszufügung gefolgert werden kann.[275] Ausgehend von dieser Erkenntnis erwächst insbesondere aus § 311 Abs. 1 letzter Hs., Abs. 2 AktG die sog. Privilegierungsfunktion. Sind die Voraussetzungen des (gestreckten) Nachteilsausgleichs gegeben, dann sind die Verstöße gegen die mitgliedschaftliche Treuepflicht, die Kapitalerhaltungsregelungen und die Haftungstatbestände unbeachtlich. Nach vorzugswürdiger Ansicht verfolgen die Vorschriften der §§ 311 ff. AktG somit auch die Privilegierung des herrschenden Unternehmens.[276]

Die Methode zur Sicherung Außenstehender und damit zur Schutzzweckerreichung könnte im Vergleich zum Vertragskonzern nicht unterschiedlicher sein. Während im Vertragskonzern der Schutz Außenstehender durch die strukturverändernde Maßnahme erreicht wird, rückt beim faktischen Konzern das Prinzip des Einzelausgleichs in den Vordergrund.[277] Dabei haben die Außenstehenden dieses tatsächliche Verhältnis, also die Einwirkungsmöglichkeit durch Mehrheitsbeteiligung, und den damit einhergehenden Einzelausgleich hinzunehmen. Den §§ 304, 305 AktG vergleichbare Instrumente hält das Aktienrecht im Bereich der faktischen Konzernierung nicht bereit.

---

274 Eingehend dazu: *E. Vetter*, ZHR 171 (2007), 342 (347).

275 *Habersack*, in: Emmerich/Habersack, Konzernrecht, § 311 Rn. 5; *H. F. Müller*, in: Spindler/Stilz, AktG, Vor §§ 311–318 Rn. 2; *Habersack/Schürnbrand*, NZG 2004, 689 (692).

276 Ob der Regelungsgegenstand der §§ 311 ff. AktG auch die Privilegierung des herrschenden Unternehmens im Sinn hat, wird nicht einheitlich beurteilt, jedoch von der herrschenden Meinung zu Recht angenommen. Vgl.: BGHZ 179, 71 (78); BGH NZG 2012, 1030 Rn. 19; *Habersack*, in: Emmerich/Habersack, Konzernrecht, § 311 (2, 5); *Koch*, in: Hüffer/Koch, AktG, § 311 Rn. 4; *H. F. Müller*, in: Spindler/Stilz, AktG, Vor §§ 311–318 Rn. 2.

277 *Habersack*, in: Emmerich/Habersack, Konzernrecht, Vor § 311 Rn. 1; *H. F. Müller*, in: Spindler/Stilz, AktG, Vor §§ 311–318 Rn. 3.

b) Schutzmechanismen im faktischen Konzern

aa) Nachteilsausgleich, § 311 AktG

Zentrale Norm des Einzelausgleichs ist § 311 AktG, welcher als tatbestandliche Voraussetzung das Vorliegen eines Abhängigkeitsverhältnisses ohne einen Beherrschungsvertrag (oder Eingliederung) erfordert. Zudem muss das herrschende Unternehmen die abhängige Aktiengesellschaft oder KGaA zu einem Nachteil veranlasst haben.

(1) Abhängigkeitsverhältnis

Zwischen dem herrschenden Unternehmen und der abhängigen Aktiengesellschaft muss zunächst ein Abhängigkeitsverhältnis vorliegen. Als abhängige Gesellschaft kommt dabei nur die Aktiengesellschaft, die KGaA und, über den Wortlaut der Norm hinaus, die Societas Europaea (SE) in Betracht. Eine analoge Anwendung auf die GmbH kommt im Rahmen der abhängigen Gesellschaft nicht in Betracht, da die Vorschriften des GmbH- Rechts ausreichenden Schutz bieten.[278] Hinsichtlich des herrschenden Unternehmens wählt der Gesetzgeber erneut eine rechtsformneutrale Formulierung.[279] Inhaltlich kann auf den allgemeinen Teil des Konzernrechts rekurriert werden. § 17 AktG statuiert eine Abhängigkeit für den Fall, dass ein rechtlich selbstständiges Unternehmen unmittelbaren oder mittelbaren Einfluss auf ein anderes Unternehmen ausüben kann. Dabei wird die Abhängigkeit bei einem in Mehrheitsbesitz stehenden Unternehmen vermutet, § 17 Abs. 2 AktG.[280]

(2) Veranlassung

Die Veranlassung unterscheidet sich von der Weisung in dem Punkt, dass weder ein Leitungsrecht der herrschenden Gesellschaft noch eine Folgepflicht der abhängigen statuiert wird.[281] Unter einer Veranlassung ist die Einflussnahme des herrschenden Unternehmens auf das abhängige Unternehmen zu verstehen, welche zu einer nachteiligen Maßnahme seitens der abhängigen Gesellschaft

---

278 Überwiegende Ansicht in Rspr. und Literatur: BGHZ 95, 330 (339 f.); 149, 10 (15 f.); *Leuering/Goertz*, in: Hölters, AktG, § 311 Rn. 20; *J. Vetter*, in: Karsten Schmidt/Lutter, AktG, § 311 Rn. 11 m.w.N.

279 Siehe dazu bereits oben, S. 70.

280 Ausführlich: *Habersack*, in: Emmerich/Habersack, Konzernrecht, § 311 Rn. 13 f.

281 *Koppensteiner*, in: Köln Komm AktG, § 311 Rn. 4; *H. F. Müller*, in: Spindler/Stilz, AktG, § 311 Rn. 13.

führt.[282] Der Veranlasser muss nicht der Geschäftsleiter des herrschenden Unternehmens sein, sondern kann Dritter sein. Voraussetzung ist, dass das Verhalten des Dritten dem herrschenden Unternehmen zuzurechnen ist.[283] Hinsichtlich des Veranlassungsempfängers gilt ähnliches. Adressat ist die abhängige Gesellschaft, wobei eine Veranlassung nicht notwendigerweise an den Vorstand gerichtet sein muss. Denkbar ist auch eine Veranlassung an einen Angestellten oder den Aufsichtsrat.[284]

Umstritten ist, wann begrifflich eine Veranlassung vorliegt. Eine Ansicht geht davon aus, dass der Geschäftsleiter der abhängigen Gesellschaft das Verhalten als Aufforderung verstanden haben muss. Dafür sei erforderlich, dass der Einfluss mit einem gewissen Nachdruck ausgeübt werden muss.[285] Der überwiegende Teil der Literatur geht indes davon aus, dass eine Veranlassung schon dann vorliegt, wenn der Geschäftsleiter der abhängigen Gesellschaft die Äußerung so aufgefasst hat, dass ein darauf beruhendes Verhalten zumindest wünschenswert war.[286] Maßgeblich dafür ist die Perspektive des abhängigen Unternehmens. Daraus folgt, dass der Veranlassungsbegriff weit zu verstehen ist, weshalb Stimmen in der Literatur die Einschränkung durch ein sog. Veranlassungsbewusstsein für geboten erachten.[287] Darunter sei das Bewusstsein zu verstehen, die abhängige Gesellschaft zu einem bestimmten Handeln zu bewegen.[288] Eine solche

282 *Altmeppen*, in: Müko AktG, § 311 Rn. 76; *Leuering/Goertz*, in: Hölters, AktG, § 311 Rn. 40; *H. F. Müller*, in: Spindler/Stilz, AktG, § 311 Rn. 12.

283 Für eine Zurechnung spielen die §§ 164 ff. BGB mangels Vorhandensein einer Willenserklärung keine Rolle. Vielmehr kommt es darauf an, ob die abhängige Gesellschaft von einem Einverständnis des herrschenden Unternehmens ausgehen durfte. Ob das Einverständnis auch tatsächlich vorgelegen hat, ist nicht von Bedeutung. Siehe dazu: *Fett*, in: Bürgers/Körber, AktG, § 311 Rn. 12; *Habersack*, in: Emmerich/Habersack, Konzernrecht, § 311 Rn. 25; *H. F. Müller*, in: Spindler/Stilz, AktG, § 311 Rn. 15; wohl auch: *Koch*, in: Hüffer/Koch, AktG, § 311 Rn. 14.

284 *Altmeppen*, in: Müko AktG, § 311 Rn. 83; *Fett*, in: Bürgers/Körber, AktG, § 311 Rn. 14; *Koppensteiner*, in: Köln Komm AktG, § 311 Rn. 21; *Leuering/Goertz*, in: Hölters, AktG, § 311 Rn. 42; *Schatz/Schödel*, in: Heidel, AktG, § 311 Rn. 46; anders noch: *Reiner*, Gesellschaftsinteresse und Fremdsteuerung, S. 181.

285 *Brüggemeier*, AG 1988, 93 (100 f.).

286 *Fett*, in: Bürgers/Körber, AktG, § 311 Rn. 12; *Koch*, in: Hüffer/Koch, AktG, § 311 Rn. 13; *Koppensteiner*, in: Köln Komm AktG, § 311 Rn. 2 f.; *Krieger*, in: MHdB AG, § 70 Rn. 77; *H. F. Müller*, in: Spindler/Stilz, AktG, § 311 Rn. 14.

287 *Leo*, AG 1965, 352 (355); *Neuhaus*, DB 1970, 1913 (1915); wohl auch: *J. Vetter*, in: Karsten Schmidt/Lutter, AktG, § 311 Rn. 27.

288 *Altmeppen*, in: Müko AktG, § 311 Rn. 77.

Einschränkung gebiete sich deshalb, da das herrschende Unternehmen auch berechtigt sein müsse, Ratschläge zu erteilen. Ohne das Rechtsinstrument des Veranlassungsbewusstseins sei eine Abgrenzung zwischen einem Ratschlag und einer Veranlassung unmöglich.

Dieser Ansicht ist nicht zu folgen. Da es maßgeblich auf die Perspektive der abhängigen Gesellschaft ankommt, ist ein Veranlassungsbewusstsein als subjektives Element beim Veranlasser entbehrlich und damit überflüssig. Ausgehend vom Schutzzweck der Vorschriften muss es schon ausreichen, wenn das herrschende Unternehmen aus Sicht des abhängigen Unternehmens den objektiven Tatbestand einer Veranlassung verwirklicht.[289]

Unter Zugrundelegen allgemeiner Beweisgrundsätze scheint dieses Ergebnis für die abhängige Gesellschaft unbillig zu sein, denn sie müsste im Falle einer klageweisen Geltendmachung eines Anspruchs beweisen, dass sie auf Veranlassung gehandelt hat.[290] Dieser Beweis wird aber in aller Regel nicht gelingen, da die Einflussnahme häufig auf informellem und damit schwer zu dokumentierendem Wege erfolgt. Aufgrund dessen muss zugunsten der abhängigen Gesellschaft eine Beweiserleichterung greifen.[291] Uneinig ist man sich über deren Erreichung. Eine Ansicht fordert eine Beweiserleichterung durch eine Veranlassungsvermutung.[292] Diese zeichnet sich dadurch aus, dass eine vollständige Beweislastumkehr vollzogen wird. Andererseits bedarf eine solche Beweislastumkehr immer einer normativen Rechtfertigung, welche das Gesetz in vorliegendem Fall nicht vorsieht. Auch eine Vermutung aus § 18 Abs. 1 S. 3 AktG herzuleiten ist überflüssig, denn daraus kann nicht gefolgert werden, dass jede Maßnahme auf eine Veranlassung des herrschenden Unternehmens zurückgeht.[293] Somit kommt allenfalls eine tatsächliche Vermutung in Betracht, die zwar einerseits

---

289 *Habersack*, in: Emmerich/Habersack, Konzernrecht, § 311 Rn. 24; *Koppensteiner*, in: Köln Komm AktG, § 311 Rn. 5; *Krieger*, in: MHdB AG, § 70 Rn. 77; *Leuering/Goertz*, in: Hölters, AktG, § 311 Rn. 40; *H. F. Müller*, in: Spindler/Stilz, AktG, § 311 Rn. 14; gänzlich anders argumentierend: *Altmeppen*, in: Müko AktG, § 311 Rn. 80.

290 Das Darlegen von Gründen muss immer von dem bewiesen werden, der sich darauf beruft: *Koppensteiner*, in: Köln Komm AktG, § 311 Rn. 9; *H. F. Müller*, in: Spindler/Stilz, AktG, § 311 Rn. 24.

291 Eine Beweiserleichterung stellt der BGH in seiner „Telekom III"- Entscheidung ebenfalls fest, wobei er den Rechtsgrund für diese Beweiserleichterung ausdrücklich offen lässt, vgl.: BGHZ 190, 7 Rn. 40.

292 So wohl: *Altmeppen*, in: Müko AktG, § 311 Rn. 90; *Fett*, in: Bürgers/Körber, AktG, § 311 Rn. 15; *Krieger*, in: MHdB AG, § 70 Rn. 79.

293 *J. Vetter*, in: Karsten Schmidt/Lutter, AktG, § 311 Rn. 29.

keiner gesetzlichen Grundlage bedarf, andererseits zu einer Beweiserleichterung geringen Umfangs führt.[294]

Vorzugswürdig ist somit von einem Beweis des ersten Anscheins, dem sog. prima facie Beweis, auszugehen.[295] Wenn eine abhängige Gesellschaft ein Rechtsgeschäft oder eine Handlung zu ihrem eigenen Nachteil vornimmt, dann wird angenommen, dass das Rechtsgeschäft oder die Handlung auf einer Veranlassung des herrschenden Unternehmens beruht. Gleichwohl muss aber bedacht werden, dass der Geschäftsleiter der abhängigen Gesellschaft auch seine Pflichten verletzen könnte, das heißt, eine nachteilige Handlung muss nicht zwangsläufig mit einer Veranlassung seitens des herrschenden Unternehmens einhergehen. Pro forma von einem prima facie Beweis auszugehen wäre für das herrschende Unternehmen unbillig. Aufgrund dessen wird einschränkend hinzugefügt, dass die herrschende Gesellschaft Vorteile aus der Maßnahme gezogen haben muss.[296] Die Annahme eines prima facie Beweises führt aufseiten der abhängigen Gesellschaft, der Gläubiger und der Minderheitsaktionäre zu einer in der Praxis wichtigen Beweiserleichterung. Zugleich wird es dem herrschenden Unternehmen durch einfachen Gegenbeweis ermöglicht, den Beweis des ersten Anscheins zu erschüttern.[297] Dazu muss es darlegen, dass der Nachteil nicht auf einer Veranlassung, sondern auf einer Pflichtverletzung des Vorstands der abhängigen Gesellschaft beruht.

(3) Nachteil

Endlich setzt § 311 Abs. 1 AktG die Vornahme eines nachteiligen Rechtsgeschäfts voraus.[298] Ein Nachteil liegt vor, wenn unter Beachtung aller Chancen und Risiken der Wert des Vermögens vermindert ist.[299] Dabei muss die Abhängigkeit

---

294 Eine tatsächliche Vermutung ist auch unter dem Begriff des Beweisanzeichens bekannt. Diese wurzelt in Erfahrungssätzen und liegt vor, wenn Indizien und Erfahrungssätze zu einer richterlichen Überzeugung und damit zu einer bewiesenen Tatsache führen. Vergleiche dazu: *Foerste*, in: Musielak/Voigt, ZPO, § 286 Rn. 25.

295 OLG Jena NZG 2008, 275 (278); *Habersack*, in: Emmerich/Habersack, Konzernrecht, § 311 Rn. 33; *Leuering/Goertz*, in: Hölters, AktG, § 311 Rn. 77; *H. F. Müller*, in: Spindler/Stilz, AktG, § 311 Rn. 25; *J. Vetter*, in: Karsten Schmidt/Lutter, AktG, § 311 Rn. 30; wohl auch: *Koch*, in: Hüffer/Koch, AktG, § 311 Rn. 20.

296 *H. F. Müller*, in: Spindler/Stilz, AktG, § 311 Rn. 25.

297 *Habersack*, in: Emmerich/Habersack, Konzernrecht, § 311 Rn. 33.

298 Der Begriff des Nachteils wurde schon im Rahmen des Vertragskonzernrechts kurz angesprochen, soll aber in diesem Kontext en détail besprochen werden.

299 Sinngleich: BGHZ 141, 79 (84), „Der Nachteilsbegriff erfasst jede Minderung oder konkrete Gefährdung der Vermögens- und Ertragslage der Gesellschaft ohne

in ursächlichem Zusammenhang zur negativen Auswirkung stehen.[300] Aufgrund dessen kommt es, obwohl ausdrücklich nur in § 317 Abs. 2 AktG erwähnt, schon in § 311 Abs. 1 AktG auf die Handlung eines (hypothetischen) ordentlichen und gewissenhaften Geschäftsleiters einer autonomen Gesellschaft an. Hätte dieser die gleiche Maßnahme vorgenommen, dann soll kein Nachteil vorliegen. Nur wenn sich der Geschäftsleiter einer autonomen Gesellschaft anders verhalten, also das Rechtsgeschäft oder die Maßnahme nicht vorgenommen hätte, soll ein Nachteil im Sinne der Vorschrift vorliegen.[301] Somit wird der objektive Verhaltensstandard des § 93 Abs.1 S. 1 AktG virulent, wobei auch die *Business Judgement Rule* i.S.v. § 93 Abs. 1 S. 2 AktG in die Überlegung einbezogen werden muss. Daraus ergibt sich die Maßgeblichkeit einer ex-ante-Betrachtung. Ausgehend vom Wortlaut kann man diese Erweiterung des § 311 Abs. 1 AktG durchaus kritisch sehen. Berücksichtigt man hingegen das Telos der Norm, so muss beachtet werden, dass durch eine fehlende Beeinträchtigung die Rechtsfolgen des § 311 ff. AktG nicht sachgerecht wären.[302]

Da der objektive Verhaltensmaßstab und damit eine ex-ante-Betrachtung nach § 93 Abs. 1 S. 1 AktG maßgeblich ist, kommt es für die Bewertung des Nachteils auf den Zeitpunkt der Vornahme des Rechtsgeschäfts an.[303] Daraus ergibt sich auch die Divergenz zum Schadensbegriff. Kennzeichen des Schadens ist stets eine ex-post Betrachtung, also die Betrachtung am Ende des Kausalverlaufs.[304] Hierdurch besteht die Möglichkeit ex-ante zu dem Ergebnis zu gelangen, dass kein Nachteil vorliegt, ex-post aber ein Schaden entstanden ist. Gesetzt diesem Fall haben die Außenstehenden und die abhängige Gesellschaft keinen Schadensersatzanspruch. Denkbar ist aber auch die umgekehrte Abfolge, wonach ein Nachteil vorliegen kann, ein Schaden aber ex-post nicht entstanden ist.

Rücksicht auf Quantifizierbarkeit […]“; weiterhin: *Altmeppen*, in: Müko AktG, § 311 Rn. 156; *Habersack*, in: Emmerich/Habersack, Konzernrecht, § 311 Rn. 39; *Koch*, in: Hüffer/Koch, AktG, § 311 Rn. 24; *Krieger*, in: MHdB AG, § 70 Rn. 82; *H. F. Müller*, in: Spindler/Stilz, AktG, § 311 Rn. 27.

300 *Habersack*, in: Emmerich/Habersack, Konzernrecht, § 311 Rn. 40; *Koch*, in: Hüffer/Koch, AktG, § 311 Rn. 25 m.w.N.

301 So zumindest die ganz h.M.: BGHZ 175, 365 Rn. 11; BGH NJW 2009, 850 Rn. 9; *Habersack*, in: Emmerich/Habersack, Konzernrecht, § 311 Rn. 40; *Koch*, in: Hüffer/Koch, AktG, § 311 Rn. 25; *Leuering/Goertz*, in: Hölters, AktG, § 311 Rn. 55; *H. F. Müller*, in: Spindler/Stilz, AktG, § 311 Rn. 28; a.A.: *Altmeppen*, in: Müko AktG, § 311 Rn. 162 ff.; *Krieger*, in: MHdB AG, § 70 Rn. 82.

302 *Koch*, in: Hüffer/Koch, AktG, § 311 Rn. 25.

303 *Leuering/Goertz*, in: Hölters, AktG, § 311 Rn. 57.

304 *H. F. Müller*, in: Spindler/Stilz, AktG, § 311 Rn. 28 m.w.N.

In diesem Fall scheitert ein Schadensersatzanspruch zumindest nicht an dem Tatbestandsmerkmal des Nachteils.

(4) Ausgleich

§ 311 Abs. 1 AktG statuiert den Grundsatz, dass das herrschende Unternehmen keine Veranlassung zum Nachteil der abhängigen Gesellschaft vornehmen darf. Eine Ausnahme macht das Gesetz in § 311 Abs. 1 AktG a.E., wonach eine Nachteilszufügung zulässig ist, wenn das herrschende Unternehmen diese ausgleicht. Dabei ist das herrschende Unternehmen in der Beweislast. Konkretisierung erfährt die Ausgleichsfunktion durch § 311 Abs. 2 AktG. Das herrschende Unternehmen muss den Nachteil bis zum Ende des Geschäftsjahres entweder tatsächlich ausgleichen oder aber einen Rechtsanspruch darauf einräumen.[305]

Das führt zu der Frage, welche Rechtsnatur dem Ausgleich zukommt. Während die früher h.M. von einer Form des Schadensersatzes[306] ausging, wird dies heute zu Recht abgelehnt. Nach vorzugswürdiger Ansicht handelt es sich um eine Kompensationspflicht sui generis.[307] Das ergibt sich aus der bereits dargestellten Überlegung, dass Nachteils- und Schadensbegriff nicht deckungsgleich sind, was dazu führen kann, dass die Höhe des Nachteils und des Schadens nicht identisch sind. Allein vor diesem Hintergrund ist es nicht gerechtfertigt, die Ausgleichsforderung als Schadensersatz zu bezeichnen.[308] Das folgt auch unter Einbeziehung einer zeitlichen Komponente. Eine Schadensersatzpflicht wird erst durch § 317 AktG statuiert, also wenn das herrschende Unternehmen den Nachteil nicht binnen des Geschäftsjahres ausgleicht. Gleicht es den Nachteil nach § 311 Abs. 2 AktG vorher aus, dann ist aus der Systematik des Gesetzes zu folgern, dass es sich bei dem Ausgleich nicht um einen Schadensersatz handeln kann.[309] Letztlich spricht auch ein

---

305 *Habersack*, in: Emmerich/Habersack, Konzernrecht, § 311 Rn. 59.

306 Innerhalb dieser Meinung gibt es einige Unteransichten. Manche sehen darin einen Fall der Vorteilsanrechnung, andere eine „Art Leistung an Erfüllung statt", siehe: *Müller*, ZGR 1977, 1 (16); in der heute vertretenen Literatur geht *Altmeppen* von einer Schadensersatzhaftung aus. Bei anderen Deutungen handele es sich um juristische „Verrenkungen", *Altmeppen*, in: Müko AktG, § 311 Rn. 314.

307 So die heute ganz h.M.: *Habersack*, in: Emmerich/Habersack, Konzernrecht, § 311 Rn. 61; *Koch*, in: Hüffer/Koch, AktG, § 311 Rn. 37; *Koppensteiner*, in: Köln Komm AktG, § 311 Rn. 119; *Leuering/Goertz*, in: Hölters, AktG, § 311 Rn. 80; *H. F. Müller*, in: Spindler/Stilz, AktG, § 311 Rn. 48; *J. Vetter*, in: Karsten Schmidt/Lutter, AktG, § 311 Rn. 105.

308 *Habersack*, in: Emmerich/Habersack, Konzernrecht, § 311 Rn. 61; *Koch*, in: Hüffer/Koch, AktG, § 311 Rn. 37.

309 *H. F. Müller*, in: Spindler/Stilz, AktG, § 311 Rn. 48.

Blick auf die Rechtsfolgenseite für eine Kompensationspflicht sui generis. Nach dem Schadensrecht des BGB ist primär Naturalrestitution zu leisten. Hinsichtlich der Leistung des ausgleichsfähigen Vorteils kommt jeder Vermögenswert in Betracht.

Diese Ausgleichspflicht hat nicht zur Folge, dass die abhängige Gesellschaft einen Anspruch auf Ausgleich innerhalb des Geschäftsjahres hat. Es handelt sich um eine „Rechtspflicht minderer Zwangsintensität".[310] Das folgt aus der oben dargestellten Privilegierungsfunktion. Wenn das herrschende Unternehmen den Nachteil gem. § 311 Abs. 2 AktG ausgleicht, dann entfallen die allgemeinen Haftungsregelungen. Dann ist aber auch klar, dass ein Dritter, hier die abhängige Gesellschaft, kein Anspruch darauf haben kann, dass das herrschende Unternehmen von dieser Privilegierung Gebrauch macht. Lässt es diese Möglichkeit verstreichen, führt das letztlich zu Nachteilen beim herrschenden Unternehmen.[311] Ferner muss auch hier wieder die zeitliche Komponente berücksichtigt werden. Gemäß § 311 Abs. 2 AktG muss der Ausgleich erst zum Ende des Geschäftsjahres erfolgen. Erst wenn dieser bis zum Ende des Geschäftsjahres nicht erfolgt ist, ist ein Anspruch der abhängigen Gesellschaft denkbar.[312] Der Anspruch ergibt sich dann aus § 317 AktG.

Inhaltlich muss das herrschende Unternehmen den Nachteil durch einen konkreten Vermögensvorteil ausgleichen, wobei kein innerer Zusammenhang zwischen Nach- und Vorteil notwendig ist.[313] In der Praxis werden damit die Fälle erfasst, in denen das herrschende Unternehmen im Laufe des Jahres durch mehrere Veranlassungen Nachteile hervorgerufen hat, die Summe der Nachteile jedoch durch die Zahlung eines Vorteils ausgeglichen wird. Dabei muss der Vermögensvorteil bewertbar sein, wenn es sich um einen bilanziellen Nachteil handelt, muss der Vorteil die Bilanz neutralisieren.[314] Maßgeblich für die Frage der Kompensation des Nachteils durch Zahlung des Vorteils ist der Zeitpunkt

---

310 *Koch*, in: Hüffer/Koch, AktG, § 311 Rn. 38.

311 Siehe vor allem: *Habersack*, in: Emmerich/Habersack, Konzernrecht, § 311 Rn. 75; *H. F. Müller*, in: Spindler/Stilz, AktG, § 311 Rn. 49; i. E. zustimmend: *Koch*, in: Hüffer/Koch, AktG, § 311 Rn. 38; *Leuering/Goertz*, in: Hölters, AktG, § 311 Rn. 81.

312 *H. F. Müller*, in: Spindler/Stilz, AktG, § 311 Rn. 49.

313 *Leuering/Goertz*, in: Hölters, AktG, § 311 Rn. 82; *J. Vetter*, in: Karsten Schmidt/Lutter, AktG, § 311 Rn. 89 m.w.N.

314 BGH NZG 2012, 1030 Rn. 23; *Habersack*, in: Emmerich/Habersack, Konzernrecht, § 311 Rn. 63; *Koch*, in: Hüffer/Koch, AktG, § 311 Rn. 39; *H. F. Müller*, in: Spindler/Stilz, AktG, § 311 Rn. 50.

der Vorteilsgewährung.[315] Liegen die Voraussetzungen vor und das herrschende Unternehmen kann den Nachteil ausgleichen, dann rechtfertigt dies die Nachteilszufügung.

bb) Folge bei fehlendem Nachteilsausgleich

Kompensiert das herrschende Unternehmen den Nachteil nicht oder nicht vollständig, wandelt sich die Ausgleichspflicht nach § 311 AktG in eine Schadensersatzpflicht gem. § 317 AktG. Damit ist der Schutzzweck des § 317 AktG ausgesprochen: Wenn die abhängige Gesellschaft durch eine Veranlassung des herrschenden Unternehmens eine Vermögensminderung erleidet und das herrschende Unternehmen diese Minderung nicht ausgleicht, wäre die abhängige Gesellschaft sowie Außenstehende schutzlos gestellt. Sinn und Zweck ist somit der Schutz der abhängigen Gesellschaft und ihrer Außenstehenden.[316] Dass es sich bei § 317 AktG um eine einschneidende Regelung handelt, zeigt § 317 Abs. 3 AktG. Danach haftet nicht nur das herrschende Unternehmen, sondern auch deren gesetzlichen Vertreter, wobei mehrere Personen gesamtschuldnerisch haften (§§ 421, 426 BGB).[317] Durch diese „Paschastellung" verbessert sich die Rechtsstellung der abhängigen Gesellschaft und Außenstehenden signifikant.

cc) Berichtspflicht und Prüfung des Abhängigkeitsberichts

(1) Der Abhängigkeitsbericht

Das Zusammenspiel zwischen §§ 311, 317 AktG mag zwar in der Theorie funktionieren, stößt jedoch in der Praxis an seine Grenzen, wenn die faktische Einwirkungsmöglichkeit nicht dargelegt wird. Diesem praktischen Bedürfnis werden die §§ 312 ff. AktG gerecht. Nach § 312 AktG soll der Vorstand der abhängigen Gesellschaft innerhalb der ersten drei Monate des Geschäftsjahres einen sog. Abhängigkeitsbericht erstellen. Sinn und Zweck dieser Norm besteht in einer Verbesserung der Informationsbasis der Außenstehenden, wodurch diese Informationen über das Konzerngefüge erhalten um etwaige Ansprüche geltend zu machen und durchsetzen zu können.[318] Sekundär soll der Abhängigkeitsbericht

---

315 *Koch*, in: Hüffer/Koch, AktG, § 311 Rn. 40; *Leuering/Goertz*, in: Hölters, AktG, § 311 Rn. 88.

316 *H. F. Müller*, in: Spindler/Stilz, AktG, § 317 Rn. 2.

317 Auch wenn diese Folgerung aus dem Wortlaut nicht ohne Weiteres zu entnehmen ist, kann dies doch aus der Regierungsbegründung gefolgert werden.

318 *Habersack*, in: Emmerich/Habersack, Konzernrecht, § 312 Rn. 2; *Koch*, in: Hüffer/Koch, AktG, § 312 Rn. 1; der Abhängigkeitsbericht wird zwar nicht veröffentlicht,

als Informationsgrundlage dafür dienen, ob der Gesellschaft Nachteile zugefügt wurden.[319] Ferner kommt dem Abhängigkeitsbericht Präventionswirkung zu. Das erwächst aus der Überlegung, dass der Vorstand aufgrund des Abhängigkeitsberichts schon im Vorfeld auf die Einhaltung der Regelung des § 311 AktG achtet und dadurch Maßnahmen unterlässt oder ausgleicht.[320] Der Inhalt des Abhängigkeitsberichts wird durch § 312 Abs. 1 S. 3 AktG konkretisiert, wonach bei Rechtsgeschäften Leistung und Gegenleistung, bei Maßnahmen die Vor- und Nachteile anzugeben sind.

Der Abhängigkeitsbericht wird mit der Schlusserklärung des Vorstands beschlossen (§ 312 Abs. 3 AktG). Dabei steht der Wortlaut dieser Norm („der Vorstand [hat] zu erklären, ob die Gesellschaft nach den Umständen, die ihm im Zeitpunkt bekannt waren, in dem das Rechtsgeschäft vorgenommen oder die Maßnahme getroffen oder unterlassen wurde [...]“) augenscheinlich in Widerspruch zu der Konzeption des § 311 Abs. 1 AktG, der schon dann eingreift, wenn ein Geschäftsleiter einer autonomen Gesellschaft anders entschieden hätte.[321] Dieser Widerspruch wird vor allem in den Fällen evident, in denen der Vorstand gewisse Umstände nicht kannte, diese aber bei ordnungsgemäßer Sorgfalt hätte erkennen können. Fraglich ist, wie dieser Gegensatz zu bewerten ist und vor allem, ob der Vorstand Umstände, die er nachträglich entdeckte, offenbaren muss.

Altmeppen vertritt die Ansicht, dass der Wortlaut des § 312 Abs. 3 AktG teleologisch erweitert werden müsse, weshalb es hier nur auf die Umstände ankommen könne, die dem Vorstand bei pflichtgemäßer Sorgfalt hätten bekannt sein müssen.[322] Ähnlich sieht es auch *Koppensteiner*, der aufgrund des augenscheinlichen Widerspruchs zu § 311 AktG von einem Redaktionsversehen ausgeht.[323] Beide Ansichten vermögen nicht zu überzeugen. Obwohl eine einheitliche Handhabung de lege ferenda sicherlich wünschenswert wäre, bleibt

---

allerdings erhält der Aktionär die wichtigsten Informationen durch eine Publikation „übers Eck“, vgl. dazu unten, S. 95 ff.

319 *Koch*, in: Hüffer/Koch, AktG, § 312 Rn. 1; *Döllerer*, in: FS Semler, S. 441 (443).

320 Gerade der Präventivschutz führt dazu, dass der Abhängigkeitsbericht in seiner rechtspolitischen Bewertung im Vergleich zur Vergangenheit deutlich positiver angesehen wird. Siehe dazu: *Habersack*, in: Emmerich/Habersack, Konzernrecht, § 312 Rn. 3; *Koppensteiner*, in: Köln Komm AktG, § 312 Rn. 5; *H. F. Müller*, in: Spindler/Stilz, AktG, § 312 Rn. 3; *Schatz/Schödel*, in: Heidel, AktG, § 312 Rn. 6; *J. Vetter*, in: Karsten Schmidt/Lutter, AktG, § 312 Rn. 2; *Fleischer*, BB 2014, 835 (835).

321 *Döllerer*, in: FS Semler, S. 441 (444).

322 *Altmeppen*, in: Müko AktG, § 312 Rn. 145 ff.

323 *Koppensteiner*, in: Köln Komm AktG, § 312 Rn. 80.

dafür aufgrund des klaren Wortlauts zumindest de lege lata kein Spielraum.[324] Mit § 312 Abs. 3 AktG wollte der Gesetzgeber erreichen, dass sich der Vorstand nicht selbst eines pflichtwidrigen Verhaltens bezichtigen muss.[325] Dieses Argument spricht gegen das von *Koppensteiner* behauptete Redaktionsversehen. Der herrschenden Ansicht folgend bedeutet dies, dass der Vorstand, wenn er später von den Umständen Kenntnis erlangt hat, diese nicht offenlegen muss.

(2) Prüfung durch den Abschlussprüfer

Nachdem der Bericht erstellt wurde, musste dieser bis zum Inkrafttreten des Bilanzrichtlinien-Gesetzes zum 01.01.1986 bei jeder Aktiengesellschaft, unabhängig von deren Größe, vom Abschlussprüfer geprüft werden, § 313 Abs. 1 AktG a.F. Dabei ist die Überprüfung durch einen unabhängigen Dritten für den Schutz Außenstehender genauso unumgänglich, wie die Tatsache, dass der Vorstand einen Abhängigkeitsbericht überhaupt erst erstellen muss.[326] Diese außerordentliche Relevanz bestätigt sich ebenfalls durch einen Blick in die Begründung des Regierungsentwurfs zum Aktiengesetz von 1965. Danach soll die lediglich durch den Aufsichtsrat vorgenommene Überprüfung noch nicht ausreichen, um den Schutzzweck des Abhängigkeitsberichts zu verwirklichen. Vielmehr erkannte man schon früh, dass eine Überprüfung des Berichts durch „sachkundige Dritte" unumgänglich sei und nur so der Schutz durch den Abhängigkeitsbericht gewährleistet wäre.[327]

Umso erstaunlicher ist es, dass der Gesetzgeber durch das Bilanzrichtlinien-Gesetz 1985 in dieses System der §§ 312 ff. AktG eingriff. Dadurch wurden nicht nur die entsprechenden Vorschriften des HGB zum Konzernabschluss und der Rechnungslegung verändert. Zugleich wurde § 313 AktG zu den Regelungen des Handelsgesetzbuches in Bezug gesetzt. Seitdem soll die Überprüfung des

---

324 So zu Recht die ganz h.M.: *Habersack*, in: Emmerich/Habersack, Konzernrecht, § 312 Rn. 46; *Koch*, in: Hüffer/Koch, AktG, § 312 Rn. 36; *Krieger*, in: MHdB AG, § 70 Rn. 112; *Leuering/Goertz*, in: Hölters, AktG, § 312 Rn. 55; *H. F. Müller*, in: Spindler/Stilz, AktG, § 312 Rn. 50; *J. Vetter*, in: Karsten Schmidt/Lutter, AktG, § 312 Rn. 67; *Döllerer*, in: FS Semler, S. 441 (444 f.).

325 *Habersack*, in: Emmerich/Habersack, Konzernrecht, § 312 Rn. 46; *Döllerer*, in: FS Semler, S. 441 (444).

326 *Kropff*, ZGR 1988, 558 (560); in der Literatur wird die Prüfung durch den Abschlussprüfer als unentbehrlicher Eckpfeiler des faktischen Konzerns gesehen, vgl. dazu: *Habersack*, in: Emmerich/Habersack, Konzernrecht, § 313 Rn. 6; *H. F. Müller*, in: Spindler/Stilz, AktG, § 313 Rn. 3.

327 *Kropff*, RegE. Begr., S. 413.

Abhängigkeitsberichts qua Gesetz nur dann erfolgen, wenn auch zugleich ein Jahresabschluss durch den Abschlussprüfer vorzunehmen ist. Wann das der Fall ist, folgt aus dem dritten Buch des HGB, genauer § 316 HGB, der die Pflicht des Abschlussprüfers zur Kontrolle des Jahresabschlusses statuiert. Eine Ausnahme macht das Gesetz für die „kleine Aktiengesellschaft", § 316 Abs. 1 S. 1 HGB. Was unter einer kleinen Aktiengesellschaft zu verstehen ist, ergibt sich aus dem Verweis zu § 267 Abs. 1 HGB. Liegen mind. 2/3 der dort genannten Voraussetzungen vor, ist weder ein Jahresabschluss zu erstellen, noch hat eine Prüfung des Abhängigkeitsberichtes zu erfolgen.

Diese nun schon einige Zeit zurückliegende Änderung des Gesetzes hat für die Außenstehenden erhebliche Folgen. Gesetzt dem Fall die personalistische Aktiengesellschaft befindet sich in einem faktischen Konzernrechtsverhältnis, ist der Vorstand in der Tat verpflichtet einen Abhängigkeitsbericht zu erstellen. Gleichwohl besteht keine Pflicht diesen durch einen unabhängigen Abschlussprüfer kontrollieren zu lassen. Ohne diese Kontrolle ist das Schutzniveau deutlich geringer einzuschätzen.[328] Dabei steht einer Verpflichtung der Aktiengesellschaft hinsichtlich des Einschaltens eines Abschlussprüfers durch eine Satzungsklausel keine Bedenken gegenüber.[329] Zudem sieht das Gesetz in § 314 AktG die sekundäre Überprüfung des Abhängigkeitsberichts durch den Aufsichtsrat vor. Allerdings verfügt dieser in der Regel nicht über das notwendige *Know-how*, noch ist er in vergleichbarem Maße neutral wie ein Abschlussprüfer. Erwägungsgründe, die für einen verminderten Schutz der Außenstehenden bei einer kleinen Aktiengesellschaft sprächen, gibt es nicht. Dementsprechend hält die Kritik aus der Literatur heute noch ungebrochen an.[330]

---

328 *Kropff*, RegE. Begr., S. 413.

329 Eine Ansicht fordert dafür, dass die Satzung die Prüfung des Abhängigkeitsberichts anordnet: *Krieger*, in: MHdB AG, § 70 Rn. 114; die überwiegende Zahl der Autoren hält es hingegen für ausreichend, wenn die Satzung die Prüfung des Jahresabschlusses vorsieht: *Altmeppen*, in: Müko AktG, § 313 Rn. 22; *Habersack*, in: Emmerich/Habersack, Konzernrecht, § 313 Rn. 7; *H. F. Müller*, in: Spindler/Stilz, AktG, § 313 Rn. 4; *Kropff*, ZGR 1988, 558 (561 f.). Ausgehend vom Wortlaut ist letztere Ansicht vorzugswürdig. Bei Prüfung des Jahresabschlusses hat der Abschlussprüfer auch den Abhängigkeitsbericht zu prüfen. Woraus eine Verpflichtung zur Prüfung des Jahresabschlusses folgt, ist danach nicht von Interesse. Wenn die Satzung die Prüfung des Jahresabschlusses anordnet, dann ist über § 313 Abs. 1 AktG auch die Überprüfung des Abhängigkeitsberichts geschuldet.

330 *Altmeppen*, in: Müko AktG, § 313 Rn. 9 – "wesentlich geschwächt"; *Habersack*, in: Emmerich/Habersack, Konzernrecht, § 313 Rn. 6 – "sachlich einleuchtender Grund ist nicht ersichtlich"; *H. F. Müller*, in: Spindler/Stilz, AktG, § 313

Vor diesem Hintergrund ist man sich einig, dass es sich bei der Rechtslage, wie sie sich nach dem Bilanzrichtlinien-Gesetz darstellt, lediglich um ein gesetzgeberisches Versehen handelt. Uneinig ist man sich darüber, wie mit diesem mangelnden Schutzniveau umzugehen ist. Die ganz überwiegende Ansicht orientiert sich an dem klaren Wortlaut. Dieser sei für den Rechtsanwender die Grenze der Auslegung, weshalb de lege lata dieses unterschiedliche, unbefriedigende und ungerechtfertigte Schutzniveau hinzunehmen sei.[331]

Demgegenüber gibt es vereinzelt Stimmen in der Literatur die diesen Widerspruch zu lösen versuchen. Wenngleich sich die differierenden Ansichten in Einzelheiten unterscheiden, so ist der Begründungsansatz mit Vorliegen einer Analogie stets der gleiche. Voraussetzung ist eine planwidrige Regelungslücke und eine Vergleichbarkeit der Interessenlagen. Innerhalb sämtlicher Ansichten ist man sich einig, dass in dem gesetzgeberischen Versehen eine planwidrige Regelungslücke zu sehen ist.[332] Fraglich ist, welche Normen eine vergleichbare Interessenlage begründen.

Kropff[333] und dem folgend *Altmeppen*[334] sehen in § 51a GmbHG die Voraussetzungen einer vergleichbaren Interessenlage erfüllt und plädieren für dessen analoge Anwendung auf den Abhängigkeitsbericht.[335] Dabei schließt diese Ansicht eine analoge Anwendung aktienrechtlicher Vorschriften aus. Ernsthaft in Betracht komme danach nur die analoge Anwendung des § 315 AktG, welche aber aufgrund fehlender Rechtsähnlichkeit nicht heranzuziehen sei.[336] Folglich scheide eine eigenständige Verpflichtung der kleinen Aktiengesellschaft zur Überprüfung durch den Abschlussprüfer aus. In Frage komme deshalb nur eine erweiterte Kontrollmöglichkeit durch die Außenstehenden, welche durch ein Recht auf Einsichtnahme gewährleistet werden soll. Diese Kontrollmöglichkeit vermag zwar die Regelungslücke nicht vollends zu schließen, führe aber zu einer Besserung der Situation. Dadurch erhalten die Aktionäre Einsicht in

Rn. 4 – "Fehlleistung des Gesetzgebers"; *Kropff*, ZGR 1988, 558 (562) – "Einbruch in das System des Außenseiterschutzes".

331 *Altmeppen*, in: Müko AktG, § 313 Rn. 20; *Koch*, in: Hüffer/Koch, AktG, § 313 Rn. 2; *Koppensteiner*, in: Köln Komm AktG, § 313 Rn. 9; *Krieger*, in: MHdB AG, § 70 Rn. 114; *Leuering/Goertz*, in: Hölters, AktG, § 313 Rn. 6; *H. F. Müller*, in: Spindler/Stilz, AktG, § 313 Rn. 4; *J. Vetter*, in: Karsten Schmidt/Lutter, AktG, § 313 Rn. 4.

332 *Habersack*, in: FS Peltzer, S. 139 (143); *Kropff*, ZGR 1988, 558 (565).

333 Ausführlich bereits: *Kropff*, ZGR 1988, 558 (565 ff.).

334 *Altmeppen*, in: Müko AktG, § 313 Rn. 21.

335 *Kropff*, ZGR 1988, 558 (570).

336 *Kropff*, ZGR 1988, 558 (567).

den Abhängigkeitsbericht und können sich ein Bild der Nach- oder Vorteile machen. Gleichwohl scheide auch eine entsprechende Anwendung des § 131 Abs. 1 S. 3 AktG aus, da der Abhängigkeitsbericht vertraulich sei und dem Aktionär darauf kein Einsichtsrecht gewährt werden könne.[337] § 131 Abs. 1 S. 3 AktG gelte nämlich nur für solche Unterlagen die nicht der Geheimhaltung unterliegen. Zudem käme es zu einer Ungleichbehandlung, wenn nur die Aktionäre einer kleinen Aktiengesellschaft, nicht aber die einer mittleren oder großen Aktiengesellschaft ein Einsichtsrecht hätten.[338] Erfolgsversprechend sei aber die analoge Anwendung des § 51a GmbHG. Die vergleichbare Interessenlage ergibt sich daraus, dass die Gesellschaft ein Einsichtsrecht zugebilligt bekomme, um eine schädigende Einflussnahme aufzudecken.[339]

Die Annahme einer Vergleichbarkeit mit der Interessenlage des § 51a GmbHG ist nur sehr schwer begründbar. § 51a GmbHG gewährt dem Gesellschafter ein Auskunfts- und Einsichtsrecht. Dieses wird dem Aktionär allerdings schon in § 131 AktG zugebilligt. Dabei muss aber die räumlich/zeitliche Einschränkung der Norm bzw. des Aktiengesetzes beachtet werden, wonach Aktionäre ihre Rechte in der Hauptversammlung geltend machen müssen (§ 118 Abs. 1 AktG).[340] Wäre die analoge Anwendung des § 51a GmbHG einschlägig, würde somit die Autorität des Aktiengesetzes untergraben. Zudem widerspricht eine analoge Anwendung der Konzeption des Abhängigkeitsberichts. Wie sich aus der Begründung des Regierungsentwurfs ergibt, sollte der Abhängigkeitsbericht nicht zugänglich gemacht werden. Er sollte vertraulich bleiben, „weil sonst nicht mit der erforderlichen Offenheit berichtet würde, deren Bekanntwerden geeignet ist, der Gesellschaft einen Nachteil zuzufügen."[341] Diese gesetzgeberische Intention würde durch die entsprechende Anwendung des § 51a GmbHG unterlaufen.

Aufgrund der Unhaltbarkeit des Zustandes de lege lata fordert *Habersack*, dass es auch für kleine Aktiengesellschaften eine Verpflichtung zur Prüfung des Abhängigkeitsberichts geben müsse. Eine solche Pflicht solle eigenständig und unabhängig von der Prüfung des Jahresabschlusses erfolgen.[342] Das folge aus einer Abwägung: Auf der einen Seite stehe der Wortlaut der Norm und damit die

337 *Kropff*, ZGR 1988, 558 (569).
338 *Kropff*, ZGR 1988, 558 (570).
339 *Kropff*, ZGR 1988, 558 (572 ff.).
340 Zustimmend mit: *Habersack*, in: FS Peltzer, S. 139 (144).
341 *Kropff*, RegE. Begr., S. 411.
342 *Habersack*, in: Emmerich/Habersack, Konzernrecht, § 313 Rn. 6; *Habersack*, in: FS Peltzer, S. 139 (145).

Konsequenz, dass der Abhängigkeitsbericht Teil des Jahresabschlusses ist und nicht isoliert betrachtet werden kann. Auf der anderen, der deutlich schwerwiegenderen Seite, stehe die Notwendigkeit, die Außenstehenden einer kleinen Aktiengesellschaft mit dem gleichen Schutzniveau auszustatten wie die mittlerer und großer Aktiengesellschaften.[343] Aufgrund dessen muss der Abhängigkeitsbericht und der Jahresabschluss für die kleine Aktiengesellschaft unabhängig betrachtet werden. Hinsichtlich des Umfangs und Inhalts sollen die §§ 313, 314 AktG entsprechend herangezogen werden, haftungsrechtliche Probleme sollten unter entsprechender Heranziehung der § 111 Abs. 2 AktG, § 323 HGB gelöst werden.[344]

Dieser rechtsfolgenorientierte Lösungsansatz *Habersacks* ist sicherlich wünschenswert. Dennoch spricht der klare Wortlaut gegen diese Ansicht. Zudem ist eine Trennung des Abhängigkeitsberichts vom Jahresabschluss erneut gegen den gesetzgeberischen Willen. Folglich weiß auch die analoge Anwendung der §§ 313, 314 AktG nicht zu überzeugen.

(3) Publikation des Abhängigkeitsberichts

Der Abhängigkeitsbericht wird nicht veröffentlicht. Auf den ersten Blick scheint dieses fehlende Publizitätserfordernis zu einer gewissen Aushöhlung des Sinn und Zwecks zu führen, da Informationen an die Aktionäre nicht unmittelbar dem Abhängigkeitsbericht entspringen. Bei Lichte betrachtet muss aber gesehen werden, dass der Abhängigkeitsbericht für den Abschlussprüfer, Aufsichtsrat und gegebenenfalls den Sonderprüfer der abhängigen Gesellschaft bestimmt ist. Das System de lege lata verfolgt eine Publizität „übers Eck". Der Vorstand hat eine Schlusserklärung gem. § 312 Abs. 3 AktG abzugeben, welche in den Lagebericht aufzunehmen ist, § 312 Abs. 3 S. 3 AktG. Der Lagebericht ist gem. § 175 Abs. 2 S. 1 AktG ab der Einberufung der Hauptversammlung in den Geschäftsräumen der Aktiengesellschaft zur Einsicht auszulegen. Ferner hat der Aufsichtsrat über das Ergebnis der Prüfung des Abhängigkeitsberichts zu berichten. Auch obliegt ihm die Pflicht, zu dem Prüfungsergebnis des Abschlussprüfers Stellung zu nehmen, § 314 Abs. 2 S. 2 AktG. Dieser Bericht des Aufsichtsrats ist wie der Lagebericht offenzulegen, § 175 Abs. 2 S. 1 AktG.[345] Ergeben sich für den Aktionär ferner Zweifel, hat er die Möglichkeit eine Sonderprüfung zu beantragen. Der

---

343 *Habersack*, in: FS Peltzer, S. 139 (145).

344 *Habersack*, in: Emmerich/Habersack, Konzernrecht, § 313 Rn. 7.

345 Vgl.: *Fleischer*, BB 2014, 835 (836).

darauf folgende Sonderprüfungsbericht ist dann offenzulegen, § 145 IV AktG.[346] Die Gläubiger der abhängigen Gesellschaft erhalten über § 325 HGB Kenntnis von den Prüfungsergebnissen.

Dieses auf den ersten Blick recht umständliche System führt zu der Frage, ob die Rechte der Aktionäre, insbesondere der Außenstehenden, nicht effektiver durch die Publikation des Abhängigkeitsberichts gewahrt werden. Diese Frage wird im Hinblick auf eine Regelung de lege ferenda umstritten diskutiert.[347] Zur Beantwortung soll der Blick auf die Anfänge des deutschen Aktiengesetzes gerichtet werden. Aus prominenter Feder stammte dabei, entgegen den Überlegungen des damaligen Bundesjustizministers, der Vorschlag, den Abhängigkeitsbericht vertraulich zu behandeln.[348] Dies sei intendiert, da Grundlage eines jeden Abhängigkeitsberichts die ausführliche Dokumentation hinsichtlich der Beziehung zu anderen Konzernunternehmen sei. Zwangsläufig sind in einem Abhängigkeitsbericht vertrauliche Informationen der Geschäftsführung und weitere Unternehmensinterna aufgeführt, sodass eine Offenlegung zum Nachteil der Gesellschaft führen wird.[349]

Die Gegenansicht stellt einen rechtsvergleichenden Blick an und kommt zu dem Schluss, dass in ausländischen Rechtsordnungen die Offenlegung etwaiger Transaktionsberichte gängige Rechtspraxis sei.[350] Zudem sei das Argument

---

346 *Koch*, in: Hüffer/Koch, AktG, § 312 Rn. 38.

347 Für eine Publikation des Abhängigkeitsberichts: *Habersack*, in: Emmerich/Habersack, Konzernrecht, § 312 Rn. 3; wohl auch: *Koch*, in: Hüffer/Koch, AktG, § 312 Rn. 38; *J. Vetter*, in: Karsten Schmidt/Lutter, AktG, § 311 Rn. 9; *Koppensteiner*, in: FS Steindorff, S. 79 (109); *J. Vetter*, in: ZGR Sonderheft 19, S. 231 (253 ff.); *Bayer/Selentin*, NZG 2015, 7 (11); *Drygala*, AG 2013, 198 (207); *Fleischer*, BB 2014, 835 (839); *E. Vetter*, ZHR 171 (2007), 342 (365); *Wiersch*, NZG 2014, 1131 (1135); *Klene*, Related Party Transactions, S. 192; gegen eine Publikation des Abhängigkeitsberichts: OLG Frankfurt a.M. NZG 2003, 224 (225 f.); *H. F. Müller*, in: Spindler/Stilz, AktG, § 312 Rn. 4; *Decher*, ZHR 171 (2007), 126 (138); *Flume*, DB 1959, 190 (191); *Hommelhoff*, Gutachten G zum 59. DJT, S. 59; *Kropff*, RegE. Begr., S. 411; offenlassend: *Schmidt*, JZ 1992, 856 (862).

348 *Flume*, DB 1959, 190 (191).

349 So: *Flume*, DB 1959, 190 (191), "dann ist er aber mit solchen Einzelheiten der Geschäftsführung erfüllt, daß man ihn nicht der Öffentlichkeit unterbreiten kann"; dem folgend *Kropff*, RegE. Begr., S. 411, "Er muss vertraulich bleiben können, weil sonst nicht mit der erforderlichen Offenheit über Geschäfte berichtet würde, deren Bekanntwerden geeignet ist, der Gesellschaft einen Nachteil zuzufügen".

350 Ausführlich: *Fleischer*, BB 2014, 835 (838 f.), der darlegt, dass eine Geheimhaltung für die USA, Frankreich und Italien nicht vorgesehen ist; ebenso: *E. Vetter*, ZHR 171 (2007), 342 (366 f.).

mangelnder Geheimhaltung durch ein geringeres Diskretionsbedürfnis spätestens mit Implementierung des IAS 24, § 285 Nr. 21 HGB, § 314 Abs. 1 Nr. 13 HGB und § 321a HGB nicht mehr haltbar.[351] Kernaussage dieser Vorschriften sei, dass bestimmte Transaktionen einer Veröffentlichung unterliegen. Wenn diese Transaktionen in der Bilanz aufgeführt werden müssen, dann bestehe kein Grund den Abhängigkeitsbericht als solchen nicht in allen Einzelheiten den Aktionären zugängig zu machen. Für eine Publikation des Abhängigkeitsberichts spreche zudem eine Ausweitung der Präventionswirkung, denn das Vorstandsmitglied werde im Falle der Publikation bei Rechtsgeschäften eine noch größere Sorgfalt walten lassen.[352] Zudem würde es maßgeblich zu einem besseren Außenseiterschutz beitragen, da ein Schadensersatzanspruch leichter ausgemacht und durchgesetzt werden könne.[353]

Eine vermittelnde Ansicht vertritt die These, dass der Abhängigkeitsbericht zwar veröffentlicht wird, dem Unternehmen jedoch die Möglichkeit gegeben werden muss, einzelne Aspekte von der Veröffentlichung auszunehmen, da ein drohender Nachteil für zu Gesellschaft zu wahrscheinlich wäre. Vorbild für diese Überlegung stelle § 131 Abs. 3 Nr. 1 AktG dar.[354]

Während die erstgenannte Ansicht auf das Geheimhaltungsinteresse der Gesellschaft abstellt und zweitgenannte den Außenseiterschutz in den Vordergrund stellt, versucht letztgenannte diesen gegenläufigen Interessen durch eine Abwägung gerecht zu werden. Die Frage, die sich aufdrängt ist folglich, welchen Interessen den Vorrang einzuräumen ist. Dabei sprechen die besseren Argumente dafür, dass eine Veröffentlichung des Abhängigkeitsberichts zu weit gehen würde. Das erwächst vor allem aus der Überlegung, dass der Außenseiter im System de lege lata alles andere als schutzlos gestellt ist. Der Aktionär erhält immerhin Informationen über das Ergebnis der Prüfung und hat darüber hinaus die Möglichkeit eine Sonderprüfung zu beantragen, § 315 AktG. Da die praktische Bedeutung der Norm aufgrund des recht beschränkten Anwendungsbereichs des § 315 S. 1 AktG gering war, hat der Gesetzgeber im Rahmen des KonTraG mit § 315 S. 2 AktG eine Generalklausel implementiert.[355] Dadurch erhalten die Aktionäre die Möglichkeit, vorausgesetzt sie halten 1 % des Grundkapitals bzw. erreichen einen anteiligen Betrag von 100.000 € und der Verdacht

351 *Fleischer*, BB 2014, 835 (839 f.).

352 *Fleischer*, BB 2014, 835 (839).

353 *Fleischer*, BB 2014, 835 (839).

354 *Schürnbrand*, ZHR 171 (2007), 241 (243); dem folgend: *Fleischer*, BB 2014, 2691 (2698).

355 Vgl.: *H. F. Müller*, in: Spindler/Stilz, AktG, § 315 Rn. 1 m.w.N.

einer Nachteilszufügung steht im Raum, die Sonderprüfung zu beantragen. Materiellrechtlich ist der Begriff des Verdachts ernst zu nehmen, das heißt, der Antragssteller muss Tatsachen, die eine Nachteilszufügung rechtfertigen würden, behaupten. Eine Glaubhaftmachung und die Erbringung eines Beweises ist nicht erforderlich.[356] Vielmehr entscheidet das Gericht dann nach freier Überzeugung über die Einsetzung eines Sonderprüfers.[357]

Ferner treten neben diese eingeschränkte Publizität des § 312 AktG weitere Normen. So bleibt das allg. Auskunftsrecht des Aktionärs gem. 131 AktG in dessen tatbestandlichen Grenzen anwendbar.[358] Zudem sind auch die schon erwähnten bilanzrechtlichen Publizitätsvorschriften (z.B. § 285 S. 1 Nr. 21 HGB, IAS 24) zu beachten, sodass jedenfalls die Geschäfte mit nahestehenden Personen, die nicht zu marktüblichen Konditionen zustande gekommen sind, offengelegt werden müssen.[359]

Das Argument, die Geheimhaltung sei durch die Vorschriften des HGB und IAS 24 obsolet, kann nicht überzeugen. Dadurch dass bestimmte Transaktionen in der Bilanz bzw. im Konzernabschluss offengelegt werden müssen, wird die Intention des Gesetzgebers deutlich. Dieser entscheidet sich bewusst dafür, wesentliche, nicht zu marktüblichen Konditionen zustande gekommene Geschäfte offenzulegen. Schon der unbestimmte Rechtsbegriff der „Wesentlichkeit" zeigt, dass nicht alle Geschäfte offengelegt werden sollen. Der Abhängigkeitsbericht hingegen umfasst eine bei weitem umfangreichere Dokumentation, weshalb es unbillig wäre, diesen den Aktionären zur Verfügung zu stellen.

Eine Veröffentlichung des Abhängigkeitsberichts hätte zur Folge, dass sich das Gefahrenpotential auf der Hauptversammlung vergrößern würde. Die Aktionäre könnten sich den Abhängigkeitsbericht en détail anschauen und diesen dann im Rahmen der Hauptversammlung in aller Ausführlichkeit diskutieren. Das wiederum würde die zeitlichen Grenzen der Hauptversammlung sprengen. Damit einher geht die Gefahr, dass die Anzahl der missbräuchlich erhobenen

---

356 *Altmeppen*, in: Müko AktG, § 315 Rn. 18; *H. F. Müller*, in: Spindler/Stilz, AktG, § 315 Rn. 7

357 Aufgrund dessen ist davon auszugehen, dass es aber im Interesse des Antragsstellers ist, das Gericht von etwaigen Verdachtsmomenten zu überzeugen, *Altmeppen*, in: Müko AktG, § 315 Rn. 18.

358 So die ganz h.M.: *Altmeppen*, in: Müko AktG, § 312 Rn. 16; *Habersack*, in: Emmerich/Habersack, Konzernrecht, § 312 Rn. 5; *H. F. Müller*, in: Spindler/Stilz, AktG, § 312 Rn. 4; *J. Vetter*, in: Karsten Schmidt/Lutter, AktG, § 312 Rn. 8 jeweils m.w.N.; a.A.: KG NJW 1972, 2307 (2309); OLG Frankfurt a.M. NZG 2003, 224 (226).

359 *H. F. Müller*, in: Spindler/Stilz, AktG, § 312 Rn. 4.

Anfechtungsklagen wieder zunehmen könnte.[360] Das wäre vor dem Hintergrund bedauerlich, da man dieses Problem weitestgehend durch das Gesetz zur Umsetzung der Aktionärsrechterichtlinie (ARUG) in den Griff bekommen hat.[361]

Zudem muss schon im System de lege lata davon ausgegangen werden, dass der Vorstand die größtmögliche Sorgfalt an den Tag legt. Er weiß, dass er einen Abhängigkeitsbericht erstellen muss, welcher in zweifacher und gegebenenfalls dreifacher Hinsicht einer Prüfung unterzogen wird. Eine Veröffentlichung an alle Aktionäre kann folglich nicht dazu führen, dass eine nochmals gesteigerte Sorgfalt an den Tag gelegt wird. Hinsichtlich der Schadensersatzansprüche hat sich das jetzige System bewährt. Eine Änderung des Systems de lege lata ist somit nicht angebracht.

Ähnlich ist auch die vermittelnde Ansicht zu bewerten. Hier wird sich zunächst die Frage stellen, wer zu entscheiden hat, ob eine Information geeignet ist einen Nachteil für die Gesellschaft herbeizuführen. Außerdem wäre man zwangsläufig mit der Frage konfrontiert, wann ein Nachteil so maßgeblich ist, dass dieser eine Streichung einer Passage aus dem Abhängigkeitsbericht rechtfertigt. Das wird zu Rechtsunsicherheit führen, die im derzeitigen System nicht vorhanden ist. Zudem wäre das Problem der räuberischen Aktionäre damit weiterhin virulent.

c) Rechtspolitische Bewertung

Mit Einführung des faktischen Konzernrechts wurde gerade zu Beginn Kritik laut, dass die Instrumente des faktischen Konzerns, namentlich der Nachteilsausgleich in Verbindung mit dem Abhängigkeitsbericht, nicht in der Lage seien, den Außenseiterschutz in ausreichendem Maße zu gewährleisten.[362] Aufgrund dessen hat sich der 59. Deutsche Juristentag 1992 auf Grundlage des Gutachtens von *Hommelhoff* der Frage angenommen, ob es sich empfiehlt das Recht faktischer Unternehmensverbindungen neu zu regeln. Das Gutachten gelangt zu dem eindeutigen Ergebnis, dass aus praktischer Sicht keineswegs von einem

360 *Schürnbrand*, ZHR 171 (2007), 241 (243).

361 Siehe dazu die im Auftrag des BMJ erstellte empirische Studie von *Bayer/Hoffmann/Sawada*, die feststellten, dass sich die Anzahl der missbräuchlich erhobenen Klagen schon ein Jahr nach Inkrafttreten des ARUG halbiert hat. Auch für die Folgejahre konnte eine signifikante Abnahme missbräuchlich erhobener Anfechtungsklagen beobachtet werden, vgl.: *Bayer/Hoffmann/Sawada*, ZIP 2012, 897 (899).

362 *BMJ,* Bericht, Rn. 1391 ff.; *Decher*, ZHR 171 (2007), 126 (127 f.); *Müller*, ZGR 1977, 1 (12 ff.).

grundlegenden Versagen der §§ 311 ff. AktG ausgegangen werden kann.[363] Vielmehr soll das Recht des faktischen Konzerns ausgebaut und gestärkt werden.[364] Die positive Einschätzung des faktischen Konzernrechts beruht darauf, dem dezentral organisierten Konzern geeignete Schutzinstrumente entgegenzustellen.[365] Demzufolge kam der 59. Juristentag zu dem Ergebnis, dass eine grundlegende Neugestaltung des Rechts des faktischen Konzerns nicht notwendig ist. Zu dem allergleichen Ergebnis kam die Regierungskommission „Corporate Governance" unter der Leitung *Baums* aus dem Jahre 2001. Auch diese sieht keine Notwendigkeit, die Regelungen der §§ 311 ff. AktG generell in Frage zu stellen. Auch danach seien höchstens einzelne Detailempfehlungen zu berücksichtigen.[366] Nicht zuletzt aufgrund dieser Ergebnisse, hat sich die rechtspolitische Bewertung des faktischen Konzernrechts in den letzten Jahrzenten zum positiven entwickelt.[367] Ein Abrücken des Gesetzgebers vom faktischen Konzernrecht ist weder zu erwarten noch zu befürchten.

d) Sonderfall: qualifizierte Nachteilszufügung

Besonderheiten ergeben sich hinsichtlich einer qualifizierten Nachteilszufügung.[368] Im Unterschied zur schon besprochenen einfachen Nachteilszufügung zeichnet sich die Qualifikation dadurch aus, dass sich die einzelne Nachteilszufügung und der dadurch entstandene Nachteil nicht mehr isoliert betrachten lassen.[369] Eine solche qualifizierte Nachteilszufügung ist im System des

---

363 *Hommelhoff*, Gutachten G zum 59. DJT, S. 26 f.

364 „Ziel aller rechtspolitischen Bemühungen um das Recht des faktischen AG-Konzerns sollte es sein, die Konzeption einer betont lockeren Konzernverbindung zu stützen und auszubauen", *Hommelhoff*, Gutachten G zum 59. DJT, S. 82.

365 *Decher*, ZHR 171 (2007), 126 (128).

366 BT-Drucksache 14/7515, Rn. 177.

367 *Altmeppen*, in: Müko AktG, Vorb. § 311 Rn. 28 f.; *H. F. Müller*, in: Spindler/Stilz, AktG, Vor §§ 311–318 Rn. 16 f.; *J. Vetter*, in: ZGR Sonderheft 19, S. 231 (252 f.) jeweils m.w.N.

368 Begrifflich sprach man lange Zeit vom qualifiziert faktischen Konzern. Diese Terminologie ist auf Kritik gestoßen, weshalb heute überwiegend von einer qualifizierten Nachteilszufügung gesprochen wird.

369 BGHZ 95, 330 (339 f.); OLG Düsseldorf NJW-RR 2000, 1132 (1132 f.); besondere Bedeutung kommt dabei der richterlichen Schadensschätzung gem. § 287 ZPO zu. Danach ist es dem Richter vorbehalten, den verursachten Nachteil und die Höhe des Schadens zu beziffern. Das führt in der Praxis dazu, dass die Situation der qualifizierten Nachteilszufügung im faktischen Konzern die absolute Ausnahme darstellt, siehe dazu: *H. F. Müller*, in: Spindler/Stilz, AktG, Vor §§ 311–318 Rn. 28.

Vertragskonzerns angelegt, im Falle des faktischen Konzerns stößt das System der §§ 311 ff. AktG an seine Grenzen.[370] Aufgrund dessen sind qualifizierte Nachteilszufügungen im faktischen Konzern rechtswidrig.[371]

Problematisch ist aber der Schutz der Gesellschaft, Gläubiger und Außenstehender in dem Fall, in dem es trotzdem zu einer qualifizierten Nachteilszufügung im Rahmen der faktischen Konzernierung kommt. Zum GmbH-Konzern hat der BGH in seiner Autokran-Entscheidung festgehalten, dass die Vorschriften des Vertragskonzerns, insbesondere §§ 302 ff. AktG, auf die qualifizierte Nachteilszufügung analoge Anwendung finden sollen.[372] Diese Grundsätze wurden schließlich auf den Aktienkonzern erweitert.[373] Durch die unter dem Stichwort „Bremer Vulkan" bekannte Entscheidung, rückte der BGH von seiner bisherigen Rechtsprechung, zumindest im GmbH-Konzern, ab.[374] Von nun an tritt an die Stelle des qualifiziert faktischen Konzerns die Existenzvernichtungshaftung. Diese ist seit der Trihotel-Entscheidung des 2. Senats vom 16. Juli 2007 als reine Innenhaftung anerkannt, die dogmatisch auf § 826 BGB fußt.[375] Seitdem ist umstritten, was für den Aktienkonzern gilt. Manche vertreten die These, dass diese für den GmbH-Konzern entwickelten Grundsätze auch auf den Aktienkonzern Anwendung finden müssen.[376] Dieser Ansicht ist nicht zu folgen. Dafür besteht im Aktienrecht kein Bedürfnis. Vielmehr muss es bei der analogen Anwendung der §§ 302 ff. AktG bleiben. Andernfalls würde man das Unternehmen, welches sich an die gesetzgeberische Intention hält und für den Fall einer qualifizierten Nachteilszufügung einen Beherrschungsvertrag abschließt, benachteiligen. Zudem spricht ein systematisches Argument für die analoge Anwendung. Das Gesetz unterscheidet zwischen dem Vertrags- und dem faktischen Konzern. Kommt es zu Regelungslücken, wie das bei der qualifizierten Nachteilszufügung der Fall ist, ist es systemkonform diese Lücke innerhalb des Systems zu schließen.[377]

---

370 *Habersack*, in: Emmerich/Habersack, Konzernrecht, Anh. § 317 Rn. 1.

371 OLG Hamm NJW 1987, 1030 (1030 f.).

372 BGHZ 95, 330 – Autokran; grundsätzlich kann man festhalten, dass sich das Problem des qualifiziert faktischen Konzerns hauptsächlich im GmbH-Recht abgespielt und damit für das Aktienkonzernrecht von nur untergeordneter Bedeutung ist, vgl.: *J. Vetter*, in: ZGR Sonderheft 19, S. 231 (256 f.).

373 *Habersack*, in: Emmerich/Habersack, Konzernrecht, Anh. § 317 Rn. 5; *H. F. Müller*, in: Spindler/Stilz, AktG, Vor §§ 311–318 Rn. 25.

374 BGHZ 149, 10 – Bremer Vulkan.

375 BGHZ 173, 246 –Trihotel.

376 *Bicker*, DZWiR 2007, 284 (284 ff.); *Decher*, ZHR 171 (2007), 126 (137); *Plückelmann*, GWR 2009, 92 (92).

377 *H. F. Müller*, in: Spindler/Stilz, AktG, Vor §§ 311–318 Rn. 25.

Ausgehend von diesem Ergebnis ist nun klar, wie die Außenseiter, die Gesellschaft und die Gläubiger bei der qualifizierten Nachteilszufügung geschützt werden. Gegen das herrschende Unternehmen hat die abhängige Gesellschaft einen Anspruch auf Verlustausgleich gem. § 302 AktG analog. Daneben tritt der Anspruch gegen den eigenen Vorstand bzw. Aufsichtsrat der auf allg. aktienrechtlichen Grundlagen, namentlich §§ 93, 116 AktG, basiert. Die Gläubiger werden analog § 303 AktG geschützt. Den außenstehenden Aktionären steht zunächst ein Anspruch auf Unterlassung oder Beseitigung der qualifizierten Nachteilszufügung zu. Darüber hinaus haben sie einen Anspruch auf Abfindung (§ 305 AktG analog) oder auf Ausgleich (§ 304 AktG analog). Damit wird das Schutzniveau der Außenstehenden genauso aufrechterhalten wie beim Vertragskonzern.

III. Normenverhältnis zwischen dem Konzernrecht und den Regelungen zum Aktionärsschutz in der autonomen Gesellschaft

Es bleibt zu klären, in welchem Verhältnis die Regelungen des Konzernrechts zu den Schutzregelungen, die das Gesetz für die autonome Gesellschaft vorsieht, stehen. Problematisch ist in diesem Zusammenhang besonders die Einlagenrückgewähr, § 57 AktG. Für den Vertragskonzern ergibt sich schon aus dem Wortlaut der Norm, dass § 57 AktG suspendiert wird. Durch das MoMiG wurde das Konzernprivileg des früheren § 291 Abs. 3 AktG erweitert, weshalb heute, vorausgesetzt es besteht ein Vertragskonzern, eine Leistung nicht als Verstoß gegen §§ 57 ff. AktG angesehen wird.[378] Für den faktischen Konzern gilt ähnliches. Obwohl ausdrücklich nicht in § 57 AktG statuiert, wird von der h.M. zu Recht vertreten, dass §§ 311, 317 AktG spezieller ist und § 57 AktG zeitweilig verdrängt.[379] Das erwächst aus dem Zusammenspiel der § 311 Abs. 1, 2 AktG und § 317 AktG. § 311 Abs. 1 AktG verbietet die negative Einflussnahme auf das abhängige Unternehmen. Darunter fällt auch eine Zahlung an das herrschende Unternehmen. Durch § 311 Abs. 2 AktG wird dieses Verbot zeitlich eingeschränkt.

378 *Bayer*, in: Müko AktG, § 57 Rn. 132 ff.; *Cahn/v. Spannenberg*, in: Spindler/Stilz, AktG, § 57 Rn. 136 jew. m.w.N.

379 BGH NJW 2009, 850 Rn. 11; BGHZ 190, 7 Rn. 48; BGH NZG 2012, 1030 Rn. 16; *Altmeppen*, in: Müko AktG, § 311 Rn. 450; *Bayer*, in: Müko AktG, § 57 Rn. 144; *Drygala*, in: Köln Komm AktG, § 57 Rn. 105; *Habersack*, in: Emmerich/Habersack, Konzernrecht, § 311 Rn. 82; *Koch*, in: Hüffer/Koch, AktG, § 311 Rn. 49; *Krieger*, in: MHdB AG, § 70 Rn. 52; *Leuering/Goertz*, in: Hölters, AktG, § 311 Rn. 9; *H. F. Müller*, in: Spindler/Stilz, AktG, § 311 Rn. 63; *J. Vetter*, in: Karsten Schmidt/Lutter, AktG, § 311 Rn. 117; *Tröger*, ZGR 2009, 447 (464); a.A.: *Cahn/v. Spannenberg*, in: Spindler/Stilz, AktG, § 57 Rn. 137.

Gleicht das herrschende Unternehmen den Nachteil aus, entfällt der Anspruch. Gleicht das herrschende Unternehmen den Nachteil nicht fristgerecht aus oder aber verweigert es den Ausgleich, haften es und seine gesetzlichen Vertreter nach § 317 Abs. 1 AktG. Daneben lebt der Anspruch aus §§ 57, 62 AktG wieder auf.[380]

C) Zusammenfassung

Der deutsche Gesetzgeber erkennt die Gefahr von Interessenkollisionen bei Geschäften mit Organmitgliedern und Aktionären. Dabei werden Geschäfte mit eigenen Organmitgliedern vom Gesetzgeber nicht per se verboten. Bei diesen Geschäften müssen insbesondere zwei Schutzinstrumente hervorgehoben werden: 1) das Organmitglied muss etwaige Interessenkonflikte offenlegen. 2) Geschäfte müssen einem Drittvergleich standhalten. Die Besonderheit erwähnter Schutzinstrumente ergibt sich daraus, dass sie nicht expressis verbis im Gesetz geregelt sind, sondern aus der obliegenden organschaftlichen Treuepflicht erwachsen. Darüber hinaus entfaltet insbesondere die Beschränkung der Vertretungsmacht des Vorstands (§ 112 AktG) als auch die Kreditgewährung nach (§ 89 AktG) praktische Bedeutung. Gleiches gilt im Übrigen auch für den Aufsichtsrat (vgl. §§ 114, 115 AktG).

Im Hinblick auf Geschäfte mit Aktionären sind in der autonomen Gesellschaft zunächst die Kapitalerhaltungsregelungen hervorzuheben. Dabei verbietet § 57 AktG nicht sämtliche Geschäfte mit Aktionären, sondern gewährt die Möglichkeit einen Vertrag zu marktüblichen Bedingungen abzuschließen. Aufgrund seines extensiven Anwendungsbereichs, wird das Gesellschaftsvermögen vor ausufernder Reduzierung geschützt, womit § 57 AktG ein scharfes Schwert für den Aktionärs- und Gläubigerschutz darstellt. Ähnlich austariert ist auch das Schutzniveau im Konzernrecht. Erstaunlich sind die verschiedenen Ansatzpunkte, die der Gesetzgeber für einen Schutz bereitstellt. Im Vertragskonzern wird der Schutz an die strukturändernde Maßnahme angeknüpft. Wenn ein Unternehmensvertrag geschlossen wurde, besteht für das herrschende Unternehmen die Möglichkeit zur Erteilung einer nachteiligen Weisung. Im Gegenzug ist es Aufgabe des herrschenden Unternehmens das Gesellschaftsvermögen der abhängigen Gesellschaft (§ 302 AktG) zu sichern. Zugleich werden die Minderheitsaktionäre durch §§ 304, 305 AktG geschützt.

Anders sieht es die faktische Konzernierung vor. Das faktische Konzernrecht kann nicht an die strukturändernde Maßnahme anknüpfen. Hierfür hat

380 Ausführlichst: *Bayer*, in: Müko AktG, § 57 Rn. 143 ff.

der Gesetzgeber ein System des Einzelausgleichs entwickelt. Im Falle einer auf einer Veranlassung begründeten Nachteilszufügung hat das herrschende Unternehmen diesen Nachteil auszugleichen. Wenngleich sich die beiden Schutzmechanismen unterscheiden, so erstreben sie doch in gleichem Maße das Ziel der Kapitalerhaltung in der abhängigen Gesellschaft.

Das deutsche Recht verwendet den Begriff der Related Party Transactions nicht als einheitlichen Rechtsbegriff für sämtliche Geschäfte mit nahestehenden Personen. Vielmehr erkennt es, dass von zahlreichen Geschäften, sei es bei Geschäften mit Organmitgliedern oder mit Aktionären, ein potentielles Risiko ausgeht. Diesem Risiko begegnet der Gesetzgeber mit einer Vielzahl von Einzelnormen welche ein engmaschiges Schutzsystem knüpfen. Wenn behauptet wird, Deutschland habe kein adäquates Schutzsystem gegen Related Party Transactions, werden die zahlreichen Einzelnormen übersehen, die zu einem wirkungsvollen, effektiven und austarierten Schutzsystem beitragen.

Kapitel 3: Related Party Transactions im Lichte europäischer Rechtsvereinheitlichung

Wenngleich das deutsche Recht grundsätzlich ein geeignetes, wenn auch nicht in sich geschlossenes Schutzsystem für Transaktionen mit Organmitgliedern und Großaktionären bereitstellt, hat der europäische Gesetzgeber eine unionsweite Harmonisierung der Related Party Transactions im Blick. Dieses Ziel soll durch die Neufassung der Aktionärsrechterichtlinie erreicht werden. Durch einen Vorschlag der europäischen Kommission wurde bereits im Frühjahr 2014 ein ordentliches Gesetzgebungsverfahren auf unionsweiter Ebene in Gang gesetzt, das drei Jahre später, Mitte 2017, mit Veröffentlichung im Amtsblatt abgeschlossen wurde. Übergeordnetes Ziel der Richtlinie ist es, die richtungsweisenden Entscheidungen innerhalb einer Aktiengesellschaft weniger an den kurzfristigen Auswirkungen auf den Börsenkurs als mehr an einer langfristigen Entwicklung der Gesellschaft auszurichten. Die überwältigende Anzahl ablehnender und kritischer Stimmen vor allem in Bezug zum Kommissionsvorschlag, vorrangig aus der deutschen Wissenschaft[381] und Wirtschaft[382], soll zum Anlass genommen werden, die Entstehung der Richtlinie und deren materiellen Inhalt in gebotener Sorgfalt nachzuvollziehen und kritisch zu hinterfragen.

A) Der Begriff „Related Party Transactions" als Anknüpfungspunkt europäischer Rechtsvereinheitlichung

Bevor auf den Gesetzgebungsprozess im Einzelnen einzugehen sein wird, soll vor die Klammer gezogen dargestellt werden, wie der europäische Gesetzgeber Related Party Transactions definiert. Diese Darstellung folgt aus zwei Überlegungen. Zum einen spiegelt die Reichweite der Definition den praktischen Anwendungsbereich

381 *Bayer/Selentin*, NZG 2015, 7 (8, 13); *Bremer*, NZG 2014, 415 (415); *Drygala*, AG 2013, 198 (207); *Hommelhoff*, KSzW 2014, 63 (66); *Lanfermann/Maul*, BB 2014, 1283 (1286); *Renner*, AG 2015, 513 (514, 522); *Schneider*, EuZW 2014, 641 (641); *Seibt*, DB 2014, 1910 (1910 ff.); *Selzner*, ZIP 2015, 753 (753); *Tröger*, AG 2015, 53 (66); *J. Vetter*, ZHR 179 (2015), 273 (275 f.); *Wiersch*, NZG 2014, 1131 (1136); *Zetzsche*, NZG 2014, 1121 (1126); zum österreichischen Recht: *Zollner/Dollenz*, Aufsichtsrat aktuell 2/2016, 6 (6 f.); *Wachter*, ZFR 2015, 309 (312).

382 Stellungnahme DAI, S. 26; Stellungnahme Regierungskommission DCGK zum Richtlinienvorschlag, S. 14; *BDI*, Erforderliche Harmonisierung oder unnötiger Systembruch, S. 25.

wider, zum anderen, und deshalb kann die Frage losgelöst von der Entwicklung der Richtlinie behandelt werden, blieb der persönliche und sachliche Anwendungsbereich während des gesamten Gesetzgebungsprozesses unverändert. In diesem Kontext soll deshalb zunächst untersucht werden, wie die Begriffe der *related party* und der *transaction* vom europäischen Gesetzgeber qualifiziert werden.

I. *Related Party*

Expressis verbis wird die *related party* durch die Richtlinie nicht definiert. Wie aus Art. 1 Abs. 2 Buchst. h der Richtlinienvorschläge (= Art. 2 Buchst. h der Richtlinie) folgt, ergibt sich eine Begriffsbestimmung erst unter Heranziehung der Verordnung Nr. 1606/2002 und dem damit zusammenhängenden IAS 24 Standard. In Ziff. 9 IAS 24 wird der Begriff ausführlich definiert. Eine Nähebeziehung zwischen einer Person und einem Unternehmen besteht: Wenn eine Person das Unternehmen beherrscht oder an dessen gemeinschaftlicher Führung beteiligt ist (Ziff. 9 Buchst. a) lit. i) IAS 24), maßgeblichen Einfluss auf das Unternehmen hat (Ziff. 9 Buchst. a) lit. ii) IAS 24) oder im Management des berichtenden Unternehmens oder des Mutterunternehmens eine Schlüsselposition bekleidet (Ziff. 9 Buchst. a) lit. iii) IAS 24). Dieser Anwendungsbereich wird weiter extensiviert, indem nicht nur die Person selbst, sondern auch ein naher Familienangehöriger als nahestehende Person qualifiziert wird. Gemäß Ziff. 9 Abs. 4 IAS 24 fallen darunter im weitesten Sinne Kinder, Ehegatten, Lebenspartner der Kinder und abhängige Angehörige. Gerade diese letzte Fallgruppe ist aufgrund ihrer Unbestimmtheit für eine adäquate Anwendung auf den Einzelfall wohl kaum hilfreich.[383] Ferner muss berücksichtigt werden, dass ein maßgeblicher Einfluss schon ab einer Stimmrechtsbeteiligung von 20 % zu vermuten ist (IAS 28.5).[384] Weniger problematisch ist die Nähebeziehung zwischen zwei Unternehmen, die in Ziff. 9 Buchst. b) lit. i – vi IAS 24 geregelt ist. Hauptanwendungsfall dürfte sein, dass die Unternehmen derselben Unternehmensgruppe angehören

---

383 *Lutter*, EuZW 2014, 687 (687), dieser gibt zu bedenken, dass der extensive Anwendungsbereich für die Anwendung im Rahmen der Rechnungslegung zielführend sein kann, aber im Rahmen einer Beurteilung der materiellen Rechtslage fehlschlägt. In der Praxis werde diese Anwendung vermutlich dazu führen, dass ein „Related Party Beauftragter" eingestellt werden muss, dessen alleinige Aufgabe in der Überprüfung bestehe, ob an der Transaktion eine nahestehende Person beteiligt ist; ferner: *Kumpan*, Related Party Transactions, S. 14; *Zollner*, in: FS Nowotny, S. 499 (508); *Bayer/Selentin*, NZG 2015, 7 (10); *Selzner*, ZIP 2015, 753 (760); *J. Vetter*, ZHR 179 (2015), 273 (284).

384 *Kumpan*, Related Party Transactions, S. 15.

(Ziff. 9 Buchst. b) lit. i IAS 24). Summa Summarum bleibt festzuhalten, dass der Anwendungsbereich vor allem im Hinblick auf die erfassten natürlichen Personen überaus weitreichend ist, was in der praktischen Durchsetzung zu einigen Schwierigkeiten führen wird.[385] Dieser extensive Anwendungsbereich muss in den folgenden Überlegungen und gerade auch bei Umsetzung der Richtlinie durch die nationalen Gesetzgeber berücksichtigt werden.

II. *Transaction*

Da der Begriff der Transaktion - zumindest auf den ersten Blick - in IAS 24 nicht definiert wird, ist fraglich, welche Definition der europäische Gesetzgeber im Rahmen der erarbeiteten Änderungsrichtlinie im Blick hatte. Richtigerweise ist auf den in IAS 24 definierten Begriff des Geschäftsvorfalls abzustellen.[386] Dafür spricht ein systematisches Argument. Wenn schon zur Bestimmung des Begriffs der *related party* auf die Rechnungslegungsvorschriften abgestellt wird, dann ist es nur stringent, den Begriff der *transaction* in diesem Sinne auszulegen. Ferner sprechen auch vergleichende Erwägungen für diese Auslegung. Die Rechnungslegungsstandards wurden auf Grundlage einer europäischen Verordnung erlassen. Für die Veröffentlichung der einzelnen Standards ist der International Accounting Standards Board (IASB) verantwortlich, der die Rechnungslegungsstandards IAS 1-41 sowohl in deutscher als auch in englischer Sprache veröffentlichte. Die englischsprachige Übersetzung des Begriffs des Geschäftsvorfalls lautet „Related Party Transaction".[387] Hier darf eine mitunter abweichende sprachliche Übersetzung nicht dazu führen, dass der Anwendungsbereich in den Mitgliedsstaaten verschieden ausgelegt wird. Für eine andere Beurteilung ist kein Raum![388] Ausgehend davon, handelt es sich bei einer Transaktion um eine

385 Kritisch zum weiten Anwendungsbereich: Stellungnahme DAI, S. 42; *Bayer/Selentin*, NZG 2015, 7 (10); *Bungert/Wansleben*, DB 2017, 1190 (1194); *Lutter*, EuZW 2014, 687 (687 f.); *Selzner*, ZIP 2015, 753 (758); *J. Vetter*, ZHR 179 (2015), 273 (284); *Wiersch*, NZG 2014, 1131 (1135).

386 *Amstutz*, Unternehmensgruppen, S. 119; *BDI*, Erforderliche Harmonisierung oder unnötiger Systembruch, S. 8; *Bungert/Wansleben*, DB 2017, 1190 (1194); *Fleischer*, ZGR 2017, 1 (26); *Lanfermann/Maul*, BB 2014, 1283 (1287); *Tarde*, Related Party Transactions, S. 212; *ders.*, ZGR 2017, 360 (373); *Veil*, NZG 2017, 521 (522); *J. Vetter*, ZHR 179 (2015), 273 (284); *Wiersch*, NZG 2014, 1131 (1133); *Zetzsche*, NZG 2014, 1121 (1128).

387 *J. Vetter*, ZHR 179 (2015), 273 (284); *Wiersch*, NZG 2014, 1131 (1133).

388 Anders aber der *Berliner Kreis*, zusammengefasst bei: *Inci*, NZG 2017, 579 (579 f.), die zur Begriffsbestimmung auf § 311 AktG rekurrieren. Dafür spreche das praxisnahe

Übertragung von Ressourcen, Dienstleistungen oder Verpflichtungen zwischen einem berichtenden Unternehmen und einem nahestehenden Unternehmen oder einer nahestehenden Person, unabhängig davon, ob ein Entgelt in Rechnung gestellt wird.

Dadurch ergibt sich die Frage, ob auch (konzernrechtliche) Organisationsverträge und generell Strukturmaßnahmen unter den Begriff der Transaktion zu fassen sind.[389] Eine ausdrückliche Ausnahme für Organisationsverträge ist nicht vorgesehen. Für eine Subsumtion der Organisationsverträge unter den Begriff der Transaktion spricht sicherlich die generelle Bezugnahme zu den internationalen Rechnungslegungsstandards. Wie soeben schon erwähnt, ist der persönliche Anwendungsbereich (*related party*) sehr weit. Es scheint dann nicht ganz fernliegend, den sachlichen Anwendungsbereich (*transaction*) ähnlich extensiv auszulegen. Für diese Auslegung spricht ferner – an dieser Stelle ist ein wenig vorzugreifen – ein Blick in die Vorbildnorm für die hier zu besprechende Regelung.[390] Englische *Listing Rules* fassen Strukturmaßnahmen unter den Begriff der *transaction*, es sei denn, diese sind ausdrücklich ausgenommen.[391] Eine beredete Ausnahme für solche Organisationsverträge ist weder in IAS 24, noch in der Richtlinie vorgesehen, weshalb der Schluss nahe liegt, dass Organisationsverträge unter den Begriff der Transaktion fallen sollen.[392]

Dieser Argumentation ist nicht beizupflichten. Wie *Vetter*[393] bereits richtig feststellte, betont die Kommission im Rahmen der Begründung des Richtlinienvorschlags, dass eine *Fairness Opinion* innerhalb von fünf bis zehn Stunden erarbeitet werden soll.[394] Damit impliziert die Kommission doch, dass Organisationsverträge gerade nicht Gegenstand der Prüfung sein können. Denn es kann von niemandem, auch nicht von einem gut geschulten Gutachter, erwartet werden, komplexe Organisationsverträge binnen einer derart kurzen Zeitspanne

---

Argument, dass die Unternehmen in diesem Fall auf schon vorhandene SAP-Systeme zurückgreifen und damit Kosten sparen könnten.

389 Schon während des Gesetzgebungsprozesses wurden Stimmen laut, die einen ausdrücklichen Ausschluss von Organisationsverträgen forderten, vgl.: *Bungert/de Raet*, Der Konzern 2015, 289 (292); *J. Vetter*, ZHR 179 (2015), 273 (285 f.); *Wiersch*, NZG 2014, 1131 (1133).

390 Siehe zur Behandlung der Related Party Transactions im englischen Recht unten, S. 184 ff.; vgl. zudem auch die Ausführungen bei: *Klene*, Related Party Transactions, S. 9 ff.

391 *Bayer/Selentin*, NZG 2015, 7 (12).

392 So wohl: *Bayer/Selentin*, NZG 2015, 7 (12).

393 Vgl.: *J. Vetter*, ZHR 179 (2015), 273 (286).

394 Vorschlag der Europäischen Kommission, S. 10.

einer eindringlichen Prüfung zu unterziehen. Gleiches gilt auch für die Höhe der Kosten, die im Falle der Prüfung eines Organisationsvertrags bei weitem über die von der Kommission geschätzten 2.500 – 5.000 € hinausgehen würden.[395]

Zudem wäre es verfehlt, die *transaction* vergleichbar extensiv auszulegen wie den Begriff der *related party*. Denn bei den von der Richtlinie berücksichtigenden Geschäften handelt es sich um Rechtsgeschäfte, die einen Leistungsaustausch zum Gegenstand haben und nicht um korporative Akte.[396] Das folgt aus den Prämissen, dass Transaktionen einem Drittvergleich (*at arm's length*) standhalten und zu marktüblichen Konditionen abgeschlossen werden sollen. Die Beurteilung der Marktüblichkeit und des Drittvergleichs ist aber bei solchen Geschäften sinnlos, die sich nicht in einem Leistungsaustausch befinden. Darunter fallen sicherlich auch die Organisationverträge, die typischerweise keinen Markt aufweisen können.[397] Außerdem überrascht es nicht, dass Organisationsverträge nicht ausdrücklich ausgenommen werden, da das deutsche Recht mit dem Vertragskonzernrecht ein Alleinstellungsmerkmal besitzt und der europäische Gesetzgeber nicht jede Eigenart der Rechtsordnungen seiner Mitgliedsstaaten erfassen kann.[398] Materiellrechtlich stringent, und nicht bloß rechtsfolgenorientiert argumentiert, ist es, Organisationsverträge schon von Beginn an nicht unter den Begriff der Transaktion zu subsumieren, anstatt diese über den Umweg einer teleologischen Reduktion vom Anwendungsbereich der Norm wieder herauszunehmen.[399] Da diese Frage wegen des Vertragskonzerns in Deutschland besondere Diskussion hervorrufen wird, wird sich mutmaßlich auch nur der deutsche Gesetzgeber damit auseinanderzusetzen haben.

---

395 Vorschlag der Europäischen Kommission, S. 10.

396 *BDI*, Erforderliche Harmonisierung oder unnötiger Systembruch, S. 9; *Bungert/de Raet*, Der Konzern 2015, 289 (292); *Bungert/Wansleben*, DB 2017, 1190 (1194); *J. Vetter*, ZHR 179 (2015), 273 (285); ähnlich: *Veil*, NZG 2017, 521 (522), wonach die Mitgliedsstaaten in der Definition des Begriffes der Transaktion frei seien, da sich die Richtlinie dazu nicht äußert. Allerdings liege für die Umsetzung eine Orientierung an IAS 24 nahe.

397 *J. Vetter*, ZHR 179 (2015), 273 (285).

398 *J. Vetter*, ZHR 179 (2015), 273 (287).

399 Eine teleologische Reduktion annehmend: *BDI*, Erforderliche Harmonisierung oder unnötiger Systembruch, S. 8.

B) Ein Harmonisierungsgedanke in Entwicklung – Vorarbeiten zur Änderung der Aktionärsrechterichtlinie

Ausgangspunkt der Harmonisierungsgedanken stellen Überlegungen des Europäischen Corporate Governance-Forums (ECGF) dar. Zentrale Aufgabe des 2004 eingerichteten und unter dem Vorsitz der Kommission stehenden Forums ist die Errichtung einer einheitlichen Corporate Governance in den Mitgliedsstaaten. Diese Vereinheitlichung soll durch Erklärungen und Empfehlungen an die Kommission gefördert werden. Im Hinblick auf die einheitliche Anwendung von Related Party Transactions unterbreitete das ECGF am 10.03.2011 eine solche Empfehlung. Darin gab die Organisation zu bedenken, dass das angemessene Verhältnis zwischen der Führung durch das Leitungsorgan und die Weitergabe spezifischer Informationen an die Aktionäre wichtiges Anliegen guter Corporate Governance darstellen müsse. Die Einhaltung dieser Balance werde im Besonderen bei den Related Party Transactions virulent.

Im Interesse aller Aktionäre sei es deshalb geboten, diese durch europaweit harmonisierte Instrumente zu schützen. Hinsichtlich des anzulegenden Schutzniveaus zog das ECGF, in Anlehnung an die englischen *Listing Rules,* bereits ausreichend bestimmte oder zumindest bestimmbare Schwellenwerte heran. An Transaktionen, die weniger als 1 % des Vermögens betreffen, sollten keine besonderen Voraussetzungen angelegt werden, insbesondere sollten sie keiner Offenlegungspflicht unterliegen. Dem Vorstand sollte es in diesem Fall obliegen, die Transaktion im besten Interesse der Korporation zu vollziehen. Betrifft das Geschäft 1 – 5 % des Vermögens, sollte die Transaktion veröffentlicht werden. Zusätzlich zu diesem Publizitätserfordernis wurde die Beurteilung durch einen unabhängigen Dritten vorgeschlagen, der die Transaktionen als *fair and reasonable* (sog. *Fairness Opinion*) bewerten sollte. Bei Transaktionen die mehr als 5 % des Vermögens betreffen, und solchen, die wesentlichen Einfluss auf Umsatz und Gewinn haben, wurde eine Hauptversammlungszuständigkeit zwingend vorgeschrieben. Im Falle dieser Werthürdenüberschreitung sollte die überschreitende sowie jede weitere Transaktion zwischen denselben Parteien von der Hauptversammlung genehmigt werden. Um eine Umgehung zu verhindern, sollten Transaktionen zwischen denselben Parteien, unabhängig von der Größe, über einen Zeitraum von 12 Monaten aggregiert werden. Ergibt die Aggregation, dass mehr als 5 % des Vermögens der Gesellschaft betroffen sind, sollte diese und jede weitere Transaktion von der Hauptversammlung bestätigt werden.

Mit dem Anliegen der Stärkung des Binnenmarkts und der damit eng verwobenen Frage nach guter Corporate Governance, sozialer Verantwortung und Vertrauensaufbau, veröffentlichte die Europäische Kommission kurz darauf, am 05.04.2011, das Grünbuch „Europäischer Corporate Governance-Rahmen". Dieses 25 Fragen umfassende Dokument verfolgt das Ziel, einen politischen, wissenschaftlichen und praktischen Diskurs anzuregen. Im Rahmen des Minderheitenschutzes (S. 19–20) wurde die Frage aufgeworfen, ob Minderheitsaktionäre vor Transaktionen mit Mehrheitsaktionären besser geschützt werden müssen.[400] Einige Verbände, Gewerkschaften und Organisationen kamen der Aufforderung nach und äußerten sich zum Grünbuch. Die Einschätzung hinsichtlich der Sinnhaftigkeit einer europaweiten Related Party Transactions-Regulation kann in zwei Lager aufgeteilt werden. Das erste Lager steht einer Verbesserung dieser Geschäfte positiv gegenüber. Vor allem sollen Transaktionen nur zulässig sein, wenn sie zu marktüblichen Bedingungen zustande gekommen sind. Wenn sich die Kommission dafür ausspreche, auch marktunübliche Transaktionen zuzulassen, dann sei die Minderheit jedenfalls in besonderem Maße schützenswert.[401] Das zweite Lager sieht den Minderheitenschutz nach deutschem Recht als ausreichend an und bewertet dementsprechend ein Eingreifen des europäischen Gesetzgebers als vollkommen überflüssig.[402]

Rund ein Jahr später, am 14.06.2012, forderte das Europäische Parlament die Wiederaufnahme der Arbeiten an einer gesellschaftsrechtlichen Richtlinie. Auf diesen Grundlagen, dem Vorschlag des ECGF, dem Grünbuch mit den Stellungnahmen und der Forderung des Parlaments, veröffentlichte die Kommission am 12.12.2012 den Aktionsplan „Europäisches Gesellschaftsrecht".[403] Sinn und Zweck des Aktionsplans besteht in der Bereitstellung eines „Fahrplans", wie europäische Unternehmen langfristig wettbewerbsfähig bleiben und damit im Hinblick auf internationalen Konkurrenzdruck besser überleben können.[404] In Ziffer 3.2. greift der Aktionsplan die Transaktionen mit nahestehenden Personen und Unternehmen auf. Danach seien die Unternehmen zwar durchweg angehalten, in ihrem Jahresabschluss verschiedene Publizitätserfordernisse zu erfüllen. Diese werden aber dem Schutzbedürfnis außenstehender Aktionäre nicht vollends gerecht, weshalb eine Verbesserung der Kontrolle von Related Party Transactions vorzunehmen sei.[405]

400 KOM (2011) 164 endgültig, S. 20.
401 Stellungnahme Gewerkschaftsbund, S. 11; Stellungnahme Hans-Böckler-Stiftung, S. 16.
402 Stellungnahme DAV, S. 15; Stellungnahme Regierungskommission DCGK zum Grünbuch, S. 9.
403 Aktionsplan Europäisches Gesellschaftsrecht und Corporate Governance, S. 11.
404 Vorschlag der Europäischen Kommission, S. 2.
405 Aktionsplan Europäisches Gesellschaftsrecht und Corporate Governance, S. 11.

C) Beginn des ordentlichen Gesetzgebungsverfahrens – der Kommissionsvorschlag vom 09.04.2014

I. Ziel des Kommissionsvorschlags

Basierend auf diesen Grundlagen und zahlreichen in Auftrag gegeben empirischen Erhebungen gelangte die Kommission zu dem Ergebnis, dass die Corporate Governance börsennotierter Gesellschaften unionsweit Mängeln unterliegen. Aufgabe der Europäischen Union sei es, durch Vereinheitlichung zur Tragfähigkeit der EU-Unternehmen beizutragen, um so ein attraktives Umfeld für alle Beteiligten zu schaffen.[406] Zur Gewährleistung optimaler Bedingungen sei im Rahmen der Corporate Governance Debatte das Drehen mehrerer Stellschrauben notwendig. Transaktionen mit nahestehenden Personen und Unternehmen stellen eine dieser Stellschrauben dar. So haben befragte Interessenträger zu erkennen gegeben, dass ein Schutzdefizit in der mangelnden Überwachung von Transaktionen mit nahestehenden Personen festzustellen sei und in gleichem Atemzug die Verschärfung eines Überwachungssystems gefordert.[407] Diesem Schutzdefizit soll mit gesteigerter Transparenz, unabhängigen Gutachten sowie der Einbeziehung von Aktionären begegnet werden, womit die Kernaspekte des Vorschlags der Kommission hinsichtlich der hier zu besprechenden Thematik angesprochen sind.[408]

II. Inhalt des Kommissionsvorschlags

Obwohl im Aktionsplan bereits eine Initiative für 2013 angekündigt war, wurde der Kommissionsvorschlag erst im darauffolgenden Jahr veröffentlicht. Der europäische Gesetzgeber entschied sich bewusst dafür, die schon bestehende Aktionärsrechterichtlinie zu überarbeiten, da dort die Verhältnismäßigkeit und das Regulierungsziel als rechtmäßige Grenze bereits feststehen.[409] Der Vorschlag der Kommission orientierte sich stark an dem des ECGF, verschärfte ihn aber nochmals in einigen Detailfragen. Auffällig war vor allem, dass die konzipierten

---

406 Vorschlag der Europäischen Kommission, S. 2.

407 Vgl.: Vorschlag der Europäischen Kommission, S. 4; wer die Interessenvertreter sind, wird aus dem Vorschlag indes nicht ersichtlich. Denkbar wäre, dass man sich auf die Stellungnahmen als Reaktion auf das Grünbuch bezieht. Allerdings wurde an dieser Stelle schon deutlich, dass nicht alle befragten Interessenvertreter von einer unionsweiten Regulierung überzeugt sind, vgl. oben, S. 112.

408 Vorschlag der Europäischen Kommission, S. 6.

409 Vorschlag der Europäischen Kommission, S. 8.

Schwellenwerte übernommen wurden. Transaktionen, die 1-5 % des Vermögens betreffen (sog. kleine Related Party Transactions), sollten zum Zeitpunkt des Abschlusses veröffentlicht werden (Art. 9c Abs. 1 UAbs. 1 S. 1 AR-RLE-KOM). Inhaltlich sollten alle notwendigen Informationen publiziert werden, um eine Bewertung der *transaction* vornehmen zu können (Art. 9c Abs. 1 UAbs. 1 S. 2 AR-RLE-KOM). Daneben trat die *Fairness Opinion* eines unabhängigen Dritten, die aus der Perspektive der Minderheitsgesellschafter erstellt werden und darlegen sollte, dass die Transaktion zu marktüblichen Bedingungen zustande gekommen ist (Art. 9c Abs. 1 S. 1 AR-RLE-KOM). Nach dem Vorschlag war es den Mitgliedsstaaten vorbehalten, bei wiederkehrenden Transaktionen zwischen denselben Parteien, von der Berichtspflicht, Abstand zu nehmen, nicht jedoch von der Publikation der Transaktion. Eine solche Bewilligung sollte aber alle 12 Monate erneuert werden (Art. 9c Abs. 1 UAbs. 2 AR-RLE-KOM).

Transaktionen, die die Werthürde von 5 % des Vermögens überstiegen (sog. große Related Party Transactions), oder solche, die erhebliche Auswirkungen auf Gewinn oder Umsatz haben konnten, waren zwingend der Hauptversammlung zur Abstimmung vorzulegen (Art. 9c Abs. 2 UAbs. 1 S. 1 AR-RLE-KOM). Dabei unterlag der kontrahierende Aktionär einem Stimmverbot (Art. 9c Abs. 1 UAbs. 2 S.2, Abs. 2 UAbs. 1 S. 2, Abs. 2 UAbs. 2 S. 2 AR-RLE-KOM). Die Zustimmung der Hauptversammlung hatte grundsätzlich vor Abschluss der Transaktion vorzuliegen. Ausnahmsweise sollte es dem Unternehmen aber möglich sein, die Transaktion ohne Hauptversammlungsmandat wirksam werden zu lassen, vorausgesetzt die Wirksamkeit der Transaktion war an die Bedingung der Zustimmung durch die Aktionäre geknüpft (Art. 9c Abs. 2 UAbs. 1 S. 4 AR-RLE-KOM). Ähnlich wie bei der Erstellung der *Fairness Opinion* statuierte Art. 9c Abs. 2 UAbs. 2 AR-RLE-KOM, dass es bei bereits festgelegten Arten wiederkehrender Transaktionen möglich sein sollte, die Hauptversammlungsentscheidung vorab für die folgenden 12 Monate einzuholen. Eine Aggregation der Transaktionswerte wurde durch Art. 9c Abs. 3 AR-RLE-KOM angeordnet. Die Aggregationsklausel galt allerdings nur für Transaktionen zwischen denselben Parteien, die in einem Zeitraum von 12 Monaten getätigt wurden. Stellte die Summe der aggregierten Transaktionen wertmäßig eine große Related Party Transaction dar, sollte nicht nur die überschreitende, sondern jede weitere Transaktion zwischen den Parteien, den Aktionären in der Hauptversammlung zur Entscheidung vorgelegt werden. Letztlich hat Art. 9c Abs. 4 AR-RLE-KOM eine Ausnahmeregelung für 100 %ige Tochterunternehmen bereitgehalten.

Konkrete Rechtsfolgen ergaben sich weder aus Art. 9c AR-RLE-KOM noch aus den übrigen Richtlinienbestimmungen. Recht untypisch für harmonisierende

Überlegungen ging die Kommission den Weg über die Mitgliedsstaaten und fordert von ihnen, dass sie wirksame, angemessene und abschreckende Sanktionen im Falle eines Verstoßes festlegen sollten (Art. 14b AR-RLE-KOM).

III. Kritische Würdigung

Anlass für das überwiegend negative Echo[410] war vor allem, aber keineswegs ausschließlich die zwingend einzuführende Hauptversammlungszuständigkeit.[411] Aufgrund dieser, dem deutschen Recht systemfremden Ermächtigung, sahen sich die unterschiedlichsten Verbände in der Pflicht, Stellung zu beziehen.[412] Die Probleme, die der Vorschlag aufwirft, sollen im Folgenden angesprochen und entsprechend mit Blick auf das deutsche Recht gewürdigt werden.

1) Bezugsobjekt „Vermögen"

Die Kommission verfolgte in ihrem Vorschlag ein Stufenmodell. Als Bezugspunkt legte sie, abgesehen von Transaktionen, die erheblichen Einfluss auf Umsatz und Gewinn haben[413], de facto Schwellenwerte fest. Positiv daran ist ohne Zweifel die mit den Schwellenwerten einhergehende Rechtssicherheit. Vollkommen unberücksichtigt blieb bedauerlicherweise die praktisch wichtige Frage, welche Vermögensposition als Grundlage für die Bestimmung der Werthürden herangezogen werden soll.[414] In Betracht kommt dafür das Abstellen auf den Unternehmenswert oder auf eine Bilanzposition. Eine objektive Ermittlung des Unternehmenswertes ist oft nicht nur sehr komplex und teuer, sondern es fließen, je nach zugrunde liegender Bewertungsmethode, häufig prognostische Aspekte in die Evaluation hinein. Deshalb handelt es sich bei dem Unternehmenswert eher um einen in der Betriebswirtschaft verwendeten Begriff als um juristischen Terminus, an den etwaige Handlungsmaxime anzulegen sind. Vor

---

410 Vgl. dazu schon oben, Fn. 381, 382.

411 Siehe dazu sogleich, S. 124 ff.

412 Stellungnahmen gaben u.a. ab: Die Regierungskommission Deutscher Corporate Governance Kodex; Der DAV Handelsrechtsausschuss, NZG 2015, 54; Der Rechtsausschuss des Europäischen Parlaments; Das Institut für Wirtschaftsprüfer.

413 *Zetsche* fordert vor dem Hintergrund einer gleichlaufenden Umsetzung in den jeweiligen Mitgliedsstaaten, dass der Gesetzgeber an diesen unbestimmten Rechtsbegriff eine klar definierte Werthürde anlegt. Nach dieser Ansicht soll ein erheblicher Einfluss auf Gewinn und Umsatz bei einem Schwellenwert von 10 % anzunehmen sein, *Zetzsche*, NZG 2014, 1121 (1128).

414 Zu Recht bemängelnd: *DAV-Handelsrechtsausschuss*, NZG 2015, 54 Rn. 82; *Lanfermann/Maul*, BB 2014, 1283 (1287).

diesem Hintergrund verbietet sich ein Abstellen auf den Unternehmenswert. Vorteil des Abstellens auf eine Bilanz oder eine Bilanzposition ist, dass sie qua Gesetz am Ende des Geschäftsjahres unabhängig von der Größe der jeweiligen Korporation erstellt werden muss.

Mit Blick auf die Bilanz kann entweder auf das Rein- oder das Bruttovermögen (bilanzielles Aktivvermögen) oder die Bilanzsumme abgestellt werden.[415] Während man unter dem Reinvermögen das verbleibende Vermögen nach Abzug aller Passiva versteht,[416] wird vom Bruttovermögen nur das Vermögen erfasst, welches auf der Aktivseite der Bilanz aufgeführt wird. Im Unterschied zum bilanziellen Aktivvermögen wird die Bilanzsumme bei Bestehen eines ausgewiesenen Fehlbetrags auf der Aktivseite vermindert.[417] Da die Bilanz in der überwiegenden Anzahl der Fälle ausgeglichen ist und damit grundsätzlich null beträgt, ist ein Abstellen auf das Reinvermögen wenig sinnvoll.[418] Die Begriffe der Bilanzsumme und des bilanziellen Aktivvermögens weisen große Ähnlichkeit auf, weshalb eine Entscheidung für die Praxis von untergeordneter Bedeutung ist. Für das Abstellen auf das bilanzielle Aktivvermögen spricht, dass die *Listing Rules,* zumindest nach dem Maßstab des *Class-Tests*[419], auf das bilanzielle Aktivvermögen abstellen und deshalb angenommen werden kann, dass der europäische Gesetzgeber die gleiche Intention verfolgte.[420] Das Abstellen auf die Bilanzsumme hat indes zwei entscheidende Vorteile. Erstens dient die Bilanzsumme als Referenz zum Wert des Unternehmens. Zweitens ist es systemkonform zum deutschen Recht. So dient die Bilanzsumme als maßgebliches Bewertungskriterium zur Katalogisierung einer Kapitalgesellschaft in eine Kleinst-, kleine, mittelgroße und große Kapitalgesellschaft (§§ 267, 267a HGB). Ferner ist zu berücksichtigen, dass diese Einteilung für die Erstellung des konkreten Jahresabschlusses maßgeblich ist. Mit anderen Worten kann festgehalten

---

415 Auf die Aktivseite der Bilanz abstellend: *BDI,* Erforderliche Harmonisierung oder unnötiger Systembruch, S. 11; *Lanfermann/Maul*, BB 2014, 1283 (1287); *Seibt*, DB 2014, 1910 (1914) mit Fn. 44.

416 BVerwG v. 30.06.2011 – 5 C 23/10 Rn. 12= BeckRS 2011, 54250.

417 *Winkeljohann/Lawall*, in: Beck Bil-Komm., § 267 HGB Rn. 6; somit ist der Unterschied zwischen bilanziellem Aktivvermögen und der Bilanzsumme nur marginal.

418 Als Beispiel kann die Bilanz der E.ON AG angeführt werden. Auf der Aktivseite sind 55.950 Mio. € geführt. Da die Bilanz ausgeglichen ist, beträgt das Reinvermögen 0 €, das Bruttovermögen/Bilanzsumme 55.950 Mio. €. Der Geschäftsbericht aus 2017 ist abrufbar unter: https://www.eon.com/content/dam/eon/eon-com/investors/annual-report/EON_GB17_DE.pdf [zuletzt geprüft: 15.07.2018].

419 Siehe dazu unten, S. 194.

420 So schon: *BDI,* Erforderliche Harmonisierung oder unnötiger Systembruch, S. 11.

werden, dass de lege lata die Bilanzsumme zumindest mittelbar für die ex-post Publikation herangezogen wird. Somit bietet sich auch ein Abstellen im Rahmen der ad-hoc Publizität an.

2) *Anwendungsbereich der Regelung*

Aus Art. 1 Abs. 1 Aktionärsrechterichtlinie ergibt sich, dass die Richtlinie nur auf solche Gesellschaften Anwendung findet, die ihren Sitz in einem Mitgliedsstaat haben und deren Aktien an einem dort geregelten Markt zugelassen und gehandelt werden. Gerade vor dem Hintergrund, dass seit 2007 ein steter Rückgang börsennotierter Unternehmen zu verzeichnen ist, ist diese Begrenzung der Richtlinie bedauerlich,[421] vor allem da die hier aufgeworfene Problematik unabhängig von der Marktzugehörigkeit auftritt, sondern der Rechtsform inhärent ist. Andererseits ist die Reichweite aufgrund der beschränkten Gesetzgebungskompetenz des europäischen Gesetzgebers nachvollziehbar.[422] Zu Bedenken bleibt aber in diesem Kontext, dass ein *going public* für eine Gesellschaft bei den immer strenger werdenden Anforderungen abschreckenden Charakter haben wird.[423] Wenngleich seit 2004 auch bei den nicht am Markt gelisteten Aktiengesellschaften ein Rückgang zu verzeichnen ist, ist die Anzahl der Aktiengesellschaften mit rund 15.100 zum Stichtag 01. Januar 2017 deutlich größer.[424] Für diese Aktiengesellschaften würde die Richtlinie, zumindest wenn der nationale Gesetzgeber am Mindestharmonisierungsstandard stehen bleiben würde, nicht gelten.[425]

---

421 Während 2007 noch 761 börsennotierte Gesellschaften in Deutschland gelistet waren, ist diese Zahl um 30,2 % auf 531 Gesellschaften im Jahr 2016 geschrumpft. Die Statistik ist abrufbar unter: http://de.theglobaleconomy.com/Germany/Listed_companies/ [zuletzt geprüft: 15.07.2018]. Diese Zahlen decken sich nahezu mit empirischen Erhebungen von *Bayer/Hoffmann* aus dem Jahre 2015. Diese gehen, Stand Juli 2014, von 534 börsennotierten Gesellschaften aus. Darunter fallen die AG, die KGaA und die SE, siehe dazu: *Bayer/Hoffmann*, AG 2015, R 91 (R 93).

422 So schon: *Tröger*, AG 2015, 53 (61); *J. Vetter*, ZHR 179 (2015), 273 (324), die das im Hinblick auf das Subsidiaritätsprinzip (Art. 5 Abs. 1 S. 2 EUV) und die begrenzte Ermächtigung des Artt. 50 Abs. 2 lit. g, 114 AEUV bezweifeln; im Ergebnis identisch: *Zollner*, in: FS Nowotny, S. 499 (503).

423 *Drygala*, AG 2013, 198 (209), der herausstellt, dass das Regulierungsgefälle zwischen börsennotierten und nicht börsennotierten Gesellschaften steigen werde.

424 Vgl. dazu die empirische Erhebung bei: *Kornblum*, GmbHR 2017, 739 (740).

425 Dass das Risiko bei Kleinstgesellschaften geringer sein wird, liegt auf der Hand. Für diese Gesellschaften muss das Related Party Regime nicht zwingend Anwendung finden. Anders sieht es aber bei solchen Gesellschaften aus, die eine gewisse Größe

Tröger[426] bewertet den Anwendungsbereich ebenfalls als zu beschränkt, argumentiert jedoch damit, dass an einer börsennotierten Gesellschaft häufig kein herrschender Aktionär beteiligt sei. Im Hinblick auf die von *Bayer/Hoffmann* veröffentlichte Studie aus 2015 muss dieses Argument in gewisser Weise relativiert werden. Denn die Studie gelangt zu dem Ergebnis, dass immerhin rund 50 % der börsennotierten Gesellschaften einen herrschenden Aktionär aufweisen.[427] Doch selbst ohne dieses Argument sollte der Anwendungsbereich auf nicht börsennotierte Gesellschaften erweitert werden.[428] Denn eine Begrenzung des Anwendungsbereichs durch die Richtlinie bedeutet nicht, dass der deutsche Gesetzgeber an den von dem europäischen Gesetzgeber gesteckten Rahmen gebunden ist.[429] Richtlinien, im Unterscheid zu Verordnungen, beanspruchen keine unmittelbare Wirkung für das nationale Recht. Für deren Wirkung im nationalen Recht bedarf es eines Umsetzungsaktes des nationalen Gesetzgebers. Daraus lässt sich folgern, dass der nationale Gesetzgeber lediglich dafür sorgen muss, dass die Mindestanforderungen der Richtlinie umgesetzt werden (sog. Mindestharmonisierung). Ihm steht es aber selbstverständlich offen, den Rahmen der umzusetzenden Regelung zu erweitern. Der nationale Gesetzgeber kann und sollte die vorgeschlagene Regelung auf alle nicht am geregelten Markt tätigen Aktiengesellschaften erstrecken.[430]

3) Transaktionspublizität hinsichtlich „kleiner" Related Party Transactions

Im Rahmen von kleinen Related Party Transactions rückt die europäische Kommission die Transparenz der Transaktionen in den Vordergrund. Diese Publizität

---

aufweisen, aber aus anderen Gründen noch nicht an der Börse zugelassen sind (z.B. Vorbereitung auf einen Börsengang). Auch für diese Gesellschaften ist ein entsprechendes Schutzsystem sinnvoll.

426 *Tröger*, AG 2015, 53 (61), empirische Belege für diese Aussage fehlen leider. Es wird lediglich darauf verwiesen, dass "die Pflichtangebotsregelung und die mit dieser verbundenen Ausschluss- und Vorkaufsrechte den Rückzug von der Börse im Zuge des Kontrollerwerbs begünstigen".

427 *Bayer/Hoffmann*, AG 2015, R 91 (R 93).

428 *Hommelhoff*, KSzW 2014, 63 (66); *Tröger*, AG 2015, 53 (61); kritisch: *J. Vetter*, ZHR 179 (2015), 273 (324); anders: *Veil*, NZG 2017, 521 (524), der den Anwendungsbereich auf Gesellschaften erstreckt, "deren Aktien zum Handel in einem multilateralen Handelssystem einbezogen sind oder jedenfalls zum Handel auf einem KMU-Wachstumsmarkt zugelassen sind".

429 *J. Vetter*, ZHR 179 (2015), 273 (324).

430 Siehe dazu § 149e Abs. 3 AktG-E (S. 348) mit den Ausführungen auf S. 323 f.

in Verbindung mit der Erstellung der *Fairness Opinion* ist den nachgelagerten deutschen Publizitätsvorschriften des Gesellschaftsrechts grundsätzlich systemfremd.[431]

a) Ad-hoc Publikation bei Abschluss der Transaktion

Der Veröffentlichungsmodus wird von der Richtlinie nicht ausdrücklich klargestellt.[432] Da die Transaktion bei deren Abschluss publiziert werden soll, bleibt bei Lichte betrachtet nur eine Veröffentlichung im Internet nach dem Vorbild des § 161 AktG, eine Offenlegung als Teil der Einladung zur Hauptversammlung oder alternativ als Teil des Jahresabschlusses, eine Veröffentlichung in den Gesellschaftsblättern oder eine ad-hoc Mitteilung im kapitalmarktrechtlichen Sinne.[433] Wenn die Kommission nur auf den Zeitpunkt der Publizität abstellt, liegt es im Ermessen der Mitgliedsstaaten die Art und Weise festzulegen.[434] Es kann hier also (zunächst) dahinstehen, welche Art der Veröffentlichung die Mitgliedsstaaten wählen, solange sie zum Abschluss der Transaktion vorliegt.

Deutlich wichtiger ist die Frage der Bewertung dieser Vorabberichterstattung. Die vorgelagerte Publizität bei Abschluss der Transaktion wurde von der deutschen Rechtswissenschaft recht positiv aufgenommen.[435] Diese Haltung ist wenig überraschend, wurde doch schon im faktischen Konzernrecht zum Schutz der Minderheitsaktionäre eine Veränderung hinsichtlich der Publikation des Abhängigkeitsberichts gefordert.[436] Die Stimmen, die dort eine Veröffentlichung

---

431 *Schneider*, EuZW 2014, 641 (642); *Temming*, RdA 2015, 280 (282).

432 So schon: *BDI*, Erforderliche Harmonisierung oder unnötiger Systembruch, S. 11; *Zetzsche*, NZG 2014, 1121 (1127).

433 Eine Veröffentlichung im Rahmen des Jahresabschlusses würde den gesetzten zeitlichen Rahmen nicht einhalten und ist damit von vornerein auszuschließen, vgl.: *BDI*, Erforderliche Harmonisierung oder unnötiger Systembruch, S. 11; *Zetzsche*, NZG 2014, 1121 (1127); für eine kapitalmarktrechtliche Ausgestaltung auch: *Veil*, NZG 2017, 521 (526).

434 Anders: *Zetsche*, der eine Klarstellung für die Finalfassung als dringend geboten erachtet, vgl.: *Zetzsche*, NZG 2014, 1121 (1127). Vor dem Hintergrund unionsrechtlicher Vereinheitlichung ist die Forderung *Zetsches* sicherlich nachvollziehbar. Siehe zur Art und Weise der Veröffentlichung unten, S. 258 ff.

435 Die Transparenzüberlegungen generell befürwortend: *Klene*, Related Party Transactions, S. 208 ff.; *Kumpan*, Related Party Transactions, S. 32; *Drygala*, AG 2013, 198 (207); *Fleischer*, BB 2014, 2691 (2698); *Hommelhoff*, KSzW 2014, 63 (66); *Renner*, AG 2015, 513 (514); *Schneider*, EuZW 2014, 641 (642); *Wiersch*, NZG 2014, 1131 (1136); kritisch: *Zetzsche*, NZG 2014, 1121 (1127).

436 Siehe dazu bereits oben, S. 95 ff. insbesondere mit Fn. 347.

fordern, sehen sich durch den Kommissionsvorschlag in ihrer Ansicht bestätigt. Sicherlich muss man diesem vorgelagerten System zugutehalten, dass eine frühzeitige Publikation einen Zugewinn an Transparenz darstellt und somit das Schutzniveau für Minderheitsaktionäre weiter anheben wird, da diese ihre Schadensersatzansprüche aufgrund der veröffentlichten Informationen wirkungsvoller durchsetzen können.[437] Weiter wird argumentiert, dass diese einfachere Durchsetzung von Schadensersatzansprüchen in ursächlichem Zusammenhang zu einer gesteigerten Attraktivität für zukünftige Investition von Großanlegern stehe.[438] Zudem habe diese Form der Publizität auch für das Vorstandsmitglied einen entscheidenden Vorteil, da es sich bei Ansprüchen aus § 93 Abs. 2 AktG deutlich einfacher auf die entlastende *Business Judgement Rule* berufen und eine Pflichtverletzung wiederlegen könne.[439] Alle weiteren Argumente ähneln im Übrigen sehr stark denen, die im Rahmen des Abhängigkeitsberichts erwähnt wurden: So sei die ex-post Offenlegung de lege lata nicht mehr zeitgemäß, zudem stehe sie nicht in der Fließrichtung vieler ausländischer Aktienrechte und eine Offenlegung würde das sorgfältigere Arbeiten des Vorstandsmitglieds bewirken.[440]

Andere, hervorgehoben werden müssen an dieser Stelle die Wirtschaftsverbände, sehen in dieser Publizitätsvorschrift zu Recht einen Systembruch zum deutschen Recht.[441] Dies rührt daher, dass das deutsche Recht im Rahmen des Abhängigkeitsberichts lediglich eine eingeschränkte Publizität vorsieht, um dem Geheimhaltungsinteresse der Gesellschaft gerecht zu werden. Dieses Geheimhaltungsinteresse der Gesellschaft muss auch heute noch vorrangigen Schutz genießen, da es immer zeitgemäß ist! Zudem muss unter Heranziehung praktischer Gesichtspunkte berücksichtigt werden, dass ein Mitbewerber schon aus dem Zeitpunkt der Veröffentlichung Informationen über das Unternehmen

---

437 *Drygala*, AG 2013, 198 (207); *Renner*, AG 2015, 513 (514); *Wiersch*, NZG 2014, 1131 (1136); dieses Argument anerkennend: *BDI,* Erforderliche Harmonisierung oder unnötiger Systembruch, S. 20.

438 *Wiersch*, NZG 2014, 1131 (1136).

439 *Wiersch*, NZG 2014, 1131 (1136).

440 *Drygala*, AG 2013, 198 (207); *Fleischer*, BB 2014, 2691 (2698); zur Kritik an dieser Argumentation siehe bereits oben, S. 97 ff.

441 *BDI,* Erforderliche Harmonisierung oder unnötiger Systembruch, S. 20; Stellungnahme DAI, S. 44; *DAV-Handelsrechtsausschuss*, NZG 2015, 54 Rn. 81; Stellungnahme Regierungskommission DCGK zum Richtlinienvorschlag, S. 17; *Bungert/de Raet*, Der Konzern 2015, 289 (294); *Seibt*, DB 2014, 1910 (1915).

bzw. dessen wirtschaftliche Situation erhalten kann.[442] Eine Publizität, wie sie der Vorschlag vorschreibt, würde zu eklatanten Widersprüchen in der Anwendung des faktischen Konzerns führen. Das erwächst aus der Überlegung, dass es nach dem deutschen Konzernrecht möglich ist, die faktisch abhängige Gesellschaft zu nachteiligen Maßnahmen zu veranlassen. Durch die geforderte Publizitätsvorschrift und insbesondere die zu erstellende *Fairness Opinion* könnte die Transaktion nicht mehr nachteilig, sondern müsste schon zum Zeitpunkt der Veröffentlichung für beide Seiten fair und vernünftig sein. Wenn die Gegenansicht damit argumentiert, dass diese Einschränkung aufgrund der rechtspolitisch fragwürdigen Konstellation des faktischen Konzerns hinnehmbar sei, versperrt diese den Blick auf die Wirklichkeit, ist das deutsche Konzernrecht mittlerweile von der Praxis, Rechtsprechung und Lehre gemeinhin anerkannt. Folglich geht der Vorschlag deutlich über die vom deutschen und auch vom europäischen Gesetzgeber bisher geforderten Publizitätserfordernisse hinaus. Dafür besteht kein Anlass. Denn auch im deutschen Recht gibt es Publizitätserfordernisse, die dem Schutz des Minderheitsaktionärs in ausreichendem Maße Rechnung tragen. Zu denken ist hier in erster Linie an die einschlägigen Publizitätsvorschriften des HGB, der internationalen Rechnungsstandards und des WpHG.[443] Eine Ausnahme wird bis jetzt nur von der Marktmissbrauchsverordnung gemacht, nach denen Insiderinformationen aufgrund der besondere Missbrauchsanfälligkeit einer ad-hoc Publizität unterliegen.[444] Im Zusammenspiel bewirken diese Publizitätsvorschriften nicht nur das gleiche Schutzniveau, sondern es würde durch Umsetzung des Vorschlags gar zu einer doppelten Prüfung der Transaktion kommen, da sie vom Abschlussprüfer auf Grundlage nationaler deutscher Publizitätsvorschriften ebenfalls geprüft werden müsste.[445] Somit sprechen gewichtige Argumente dafür, den Schutzzweck de lege lata als ausreichend zu erachten und dem Geheimhaltungsinteresse der Gesellschaft den Vorzug zu gewähren.

---

442 Stellungnahme Regierungskommission DCGK zum Richtlinienvorschlag, S. 17.

443 So bereits: *BDI*, Erforderliche Harmonisierung oder unnötiger Systembruch, S. 20; *Seibt*, DB 2014, 1910 (1915); siehe dazu bereits oben, S. 97 f.

444 Vgl.: *DAV-Handelsrechtsausschuss*, NZG 2015, 54 Rn. 80.

445 *BDI*, Erforderliche Harmonisierung oder unnötiger Systembruch, S. 20; *DAV-Handelsrechtsausschuss*, NZG 2015, 54 Rn. 79; Stellungnahme Regierungskommission DCGK zum Richtlinienvorschlag, S. 17.

b) Beifügung der Fairness Opinion durch einen neutralen Beobachter

Durch die *Fairness Opinion* soll sichergestellt werden, dass die Transaktionen einer unabhängigen Überprüfung standhalten. So nachvollziehbar dieses Ziel ist, im deutschen Konzernrecht ist ja immerhin auch die Nachteiligkeit etwaiger Weisungen durch die Geschäftsleitung zu überprüfen,[446] so unklar ist dessen Formulierung. Aus dem Richtlinienvorschlag geht lediglich hervor, dass der Bericht von einem „unabhängigen Dritten" zu bewerten ist, Art. 9c Abs. 1 AR-RLE-KOM Art. 9c AR-RLE-KOM stellt aber keine Anforderungen an den Grad der Unabhängigkeit. Ausgehend vom Wortlaut ist denkbar, solche Personen als unabhängig zu bewerten, die mit der Transaktion selbst nicht in Berührung kommen. In diesem Fall könnte ein Aufsichtsratsmitglied als Teil des Kontrollorgans ein unabhängiger Dritter im Sinne der Vorschrift sein. Da die Überwachung der Geschäftsführung in seinem Kompetenzbereich liegt, wäre eine Extension seiner Aufgaben auf Related Party Transactions sinnig und nachvollziehbar. Aus der Verwendung des Begriffs „externer Berater" in der Einleitung des Richtlinienvorschlags ist aber eine andere Auslegung naheliegender. Die Unabhängigkeit soll sich nicht auf die Transaktion beziehen, sondern mit der Aktiengesellschaft bzw. dem Konzern in Bezug gesetzt werden. Wenn für eine solche Transaktion ein externer Berater eingeschaltet werden soll, ist das in vielerlei Hinsicht äußerst bedenklich. Zunächst vernachlässigt die Kommission vor allem die Organisationsverfassung dualistischer Systeme. Denn dieses verfügt qua Verfassung über ein Überwachungsorgan, welchem grundsätzlich die präventive Kontrolle des Vorstandshandelns obliegt.[447] Warum der Aufsichtsrat nicht mit der Erstellung der *Fairness Opinion* betraut wird, geht aus dem Richtlinienvorschlag nicht hervor. Vor allem wird eine solche Transaktion nicht derart komplex sein, dass sie nur von einem besonders versierten Gutachter geprüft werden kann.[448] Für das deutsche Recht bedeutet es jedenfalls, dass die Einführung eines unabhängigen Beraters faktisch zur Durchbrechung der Organisationsverfassung führt. Zudem wird das Erstellen des Gutachtens im Ergebnis sicherlich zu einer Verzögerung der Transaktionsgeschwindigkeit führen, wodurch zu berücksichtigen ist, dass

446 *Hommelhoff*, KSzW 2014, 63 (66).

447 In Deutschland ist dies eben der Aufsichtsrat, vgl.: Stellungnahme DAI, S. 44; *DAV-Handelsrechtsausschuss*, NZG 2015, 54 Rn. 84; Stellungnahme Regierungskommission DCGK zum Richtlinienvorschlag, S. 17.

448 Wohl auch in diese Richtung argumentierend: *BDI,* Erforderliche Harmonisierung oder unnötiger Systembruch, S. 12.

die Parteien den Abschluss solcher Transaktionen von vorneherein vermeiden könnten.[449]

Hinsichtlich der Person des unabhängigen Dritten äußert sich der Richtlinienvorschlag nicht. So bleibt unklar, welche Qualifikation der unabhängige Dritte vorweisen muss.[450] Ferner muss die Frage beantwortet werden, ob die Aufgabe dem Abschlussprüfer zugesprochen wird oder ein externer „Related Party Transaction"-Gutachter diese Aufgabe übernehmen muss. Wird die Aufgabe dem Abschlussprüfer übertragen, müsste man sich mit dem kritischen Punkt auseinandersetzen, ob ihm dadurch eine zu starke Machtposition eingeräumt würde. Die Kommission geht in ihrem Vorschlag davon aus, dass für das Gutachten des unabhängigen Dritten Kosten in Höhe von maximal 2.500 – 5.000 € fällig werden.[451] Es ist nicht ersichtlich, wie die Kommission zu einer solchen Kostenschätzung gelangt. Die Erarbeitung eines Gutachtens für bspw. ein DAX-30 Unternehmen zu dem gerade genannten Betrag scheint äußerst unwahrscheinlich.[452] Das *Deutsche Aktieninstitut* geht sogar davon aus, dass diese Summe allein zur Bestimmung des Unternehmenswerts fällig wird.[453] Somit ist davon auszugehen, dass die wirtschaftliche Belastung für das Unternehmen steigen wird, und dass obwohl mit dem Aufsichtsrat ein geeignetes Überwachungsorgan zur Erstellung der *Fairness Opinion* vorhanden ist.

Ein weiteres Problem dürfte darstellen, dass zur Erstellung der *Fairness Opinion* auf die Sichtweise „der Aktionäre" abzustellen ist. Das würde voraussetzen, dass die Aktionäre als Personenmehrheit zu begreifen sind, die ein gemeinsames Ziel verfolgen. Davon kann aber nicht ausgegangen werden.[454] Deshalb schlägt das *Deutsche Aktieninstitut* vor, auf das Unternehmensinteresse abzustellen. In diesem Zusammenhang erweist sich die von der Kommission verwendete Begrifflichkeit („fair und vernünftig") als leere Worthülse. Die Kommission lässt eine Konkretisierung der unbestimmten Rechtsbegriffe missen. Die Frage, die sich aufdrängt, ist nicht nur, wann eine Transaktion vernünftig ist oder eben

449 *DAV-Handelsrechtsausschuss*, NZG 2015, 54 Rn. 84.

450 *DAV-Handelsrechtsausschuss*, NZG 2015, 54 Rn. 88 f.; *Drygala*, AG 2013, 198 (208).

451 Vorschlag der Europäischen Kommission, S. 10.

452 So die einhellige Ansicht in der Literatur und Praxis: Stellungnahme DAI, S. 44; *DAV-Handelsrechtsausschuss*, NZG 2015, 54 Rn. 91; Stellungnahme Regierungskommission DCGK zum Richtlinienvorschlag, S. 17; *Fleischer*, BB 2014, 2691 (2698).

453 Stellungnahme DAI, S. 44.

454 Stellungnahme DAI, S. 44; *Bremer*, NZG 2014, 415 (415).

nicht, sondern wer diesen Maßstab festlegt. Unverständlicherweise äußert sich die Kommission dazu mit keinem Wort.[455]

c) *Feststellung der Marktüblichkeit*

Es soll dem unabhängigen Dritten darüber hinaus obliegen, die Marktüblichkeit der Transaktion festzustellen. Wenngleich der Kommissionsvorschlag die Marktüblichkeit nicht definiert, wird die Feststellung vor allem in zwei Fällen zu Problemen führen. Zum einen, wenn die Marktüblichkeit, die Gründe können hier dahinstehen, nicht bestimmt werden kann. Wie in diesem Fall mit der Transaktion zu verfahren ist, wird aus dem Vorschlag nicht ersichtlich. *Zetsche* geht aufgrund mangelnder Klarstellung sogar davon aus, dass die Transaktion in solchen Fällen zu unterbleiben hat, da die Marktüblichkeit nicht ermittelt und damit die *Fairness* der Transaktion gerade nicht überprüft werden kann.[456] Anders sieht es der *Bundesverband der deutschen Industrie*, der in diesem Fall eine eingeschränkte Angemessenheitsprüfung unter Verweis auf den fehlenden Marktvergleich für statthaft hält.[457] Das führt zu dem interessengerechten Ergebnis, dass die Transaktion unter Einschränkungen durchgeführt werden kann. Eine Klarstellung seitens des europäischen Gesetzgebers ist wünschenswert. Wenn diese nicht erfolgt, wird es den Mitgliedsstaaten obliegen, die Regelungslücken durch Umsetzung in nationales Recht zu schließen.

Zum anderen wird die Feststellung der Marktüblichkeit im Bereich des deutschen Konzernrechts wegen des gestreckten Nachteilsausgleichs zu Problemen führen. In diesem Fall wird es sich bei einer nachteiligen Transaktion gerade um eine nicht zu marktüblichen Bedingungen zustande gekommene handeln. Es wird zu einem Konflikt zwischen deutschem und europäischem Recht führen. Da die Minderheitsaktionäre durch den momentan bestehenden gestreckten Nachteilsausgleich gleichwohl geschützt werden, bedarf es der Feststellung der Marktüblichkeit in diesem Fall nicht.[458] Während der externe Berater neben dem schon vorhandenen Abschlussprüfer etabliert werden könnte, was ökonomisch betrachtet sicherlich wenig sinnvoll aber dennoch vertretbar wäre, würde ein

455 Aufgrund dieser unbeantworteten Fragen hat sich der Ausschuss für Wirtschaft und Währung des europäischen Parlaments in seiner Stellungnahme von der *Fairness Opinion* distanziert, indem er diese aus der von ihm vorgeschlagenen Richtlinienfassung strich. Siehe dazu: Stellungnahme ECON, S. 59.

456 *Zetzsche*, NZG 2014, 1121 (1126).

457 *BDI*, Erforderliche Harmonisierung oder unnötiger Systembruch, S. 12.

458 *DAV-Handelsrechtsausschuss*, NZG 2015, 54 Rn. 87.

Nebeneinanderstehen der Regelungen von gestrecktem Nachteilsausgleich und Marktüblichkeit fehlgehen.

4) Hauptversammlungszuständigkeit

Schärfste Kritik musste sich der Kommissionsvorschlag aufgrund der zwingend vorgeschriebenen Hauptversammlungszuständigkeit im Falle großer Related Party Transactions gefallen lassen.[459] Der Grundgedanke, den die Kommission verfolgt, ist nachvollziehbar. Die Anteilseigner persönlich erleiden bei nachteiligen Transaktionen den Vermögensschaden, deshalb sollen diese auch über die Wirksamkeit der Transaktion entscheiden.[460] Problematisch erscheint jedoch, dass eine Hauptversammlungszuständigkeit lediglich in Frankreich, England und Australien[461] als adäquates Mittel vorgesehen wird, es in den meisten anderen Rechtssystemen, unter anderem auch in dem deutschen, systemfremd ist. Somit benachteiligt dieses Konzept die auf dem dualistischen Modell fußenden Aktiengesetze deutlich. Charakteristisch dafür ist die Trennung von Geschäftsführung (Vorstand) und Kontrolle (Aufsichtsrat). Deshalb ist es nicht weiter verwunderlich, dass nach deutschem Recht die Hauptversammlung bei Fragen der Geschäftsführung grundsätzlich ausgeschlossen ist.[462] Ausnahmen gelten freilich für die wenig relevanten Fälle des § 179a Abs. 1 AktG und § 119 Abs. 2 AktG.[463] Nach letzterem darf die Hauptversammlung nur dann über Fragen der

---

459 *Tarde*, Relaetd Party Transactions, S. 191 f., 216; *BDI*, Erforderliche Harmonisierung oder unnötiger Systembruch, S. 24; *Bayer/Selentin*, NZG 2015, 7 (8); *Bremer*, NZG 2014, 415 (415); *Drygala*, AG 2013, 198 (208); *Fleischer*, BB 2014, 2691 (2698 f.); *Schneider*, EuZW 2014, 641 (642); *Seibt*, DB 2014, 1910 (1914); *Selzner*, ZIP 2015, 753 (758); *Temming*, RdA 2015, 280 (282); *Tröger*, AG 2015, 53 (61); *J. Vetter*, ZHR 179 (2015), 273 (304 ff.); *Wiersch*, NZG 2014, 1131 (1136); einschränkend: *Hommelhoff*, KSzW 2014, 63 (67), der zu bedenken gibt, dass es nicht börsennotierten Gesellschaften durch Satzungsregelung möglich sein soll, die Gesellschafterzustimmung einzuholen, um die Minderheit in qualifizierender Art und Weise zu schützen; eine Hauptversammlungszuständigkeit ebenfalls als nicht zielführend ansehend: *Klene*, Related Party Transactions, S. 220; anders: *Kumpan*, Related Party Transactions, S. 27 ff.

460 So schon: *Wiersch*, NZG 2014, 1131 (1136).

461 Eingehend zur Behandlung der Related Party Transactions im australischen Recht: *Klene*, Related Party Transactions, S. 57 ff.

462 Überlegungen allgemeiner Art, die Entscheidungsbefugnisse der Hauptversammlung auf den Manager-Eigentümer Konflikt auszuweiten, wurden von *Arnold* vollkommen zu Recht ad acta gelegt, vgl.: *Arnold*, Steuerung des Vorstandshandelns, S. 84 f.

463 *Seibt*, DB 2014, 1910 (1914).

Geschäftsführung entscheiden, wenn es der Vorstand verlangt. Diese lex lata wird durch eine ungeschriebene Hauptversammlungszuständigkeit erweitert. Maßgebend dafür war das berühmte Holzmüller-Judiz,[464] konkretisiert durch die Gelatine-Rechtsprechung[465] des BGH. Eine Holzmüller-Situation kommt nach der Rechtsprechung aber lediglich in den seltenen Ausnahmefällen in Betracht, wenn die Maßnahme mind. 75 % des Gesellschaftsvermögens betrifft. Angenommen, die Richtlinie schreibt eine zwingende Hauptversammlungszuständigkeit vor, müsste man sich hinsichtlich einer Vereinbarkeit mit deutschem Recht fragen, ob in der Transaktion mit nahestehenden Personen eine Holzmüller-Situation vorliegt. Doch selbst wenn man dies als mildestes Mittel in Betracht zieht, wären praktische Probleme die Folge. Mit der Argumentation *Temmings* muss gesehen werden, dass die Situation bei Related Party Transactions gänzlich verschieden ist. Bei diesen soll in erster Linie das Vermögen der Gesellschaft vor missbräuchlichen Absprachen geschützt werden.[466] Die vom Gesetzgeber vorgeschlagene Hauptversammlungszuständigkeit ist nicht ohne Weiteres ins deutsche Recht integrierbar. Zudem muss bedacht werden, dass die Einführung einer Hauptversammlungszuständigkeit das Kompetenzgefüge erheblich in Richtung Hauptversammlung verlagern würde, was zu einer weiteren Annäherung zwischen monistischem und dualistischem Organisationssystem führen würde.[467] Zwangsläufig wird man sich in der Folge mit den Kompetenzen und der Daseinsberechtigung des Aufsichtsrats auseinandersetzen müssen.[468]

Es empfiehlt sich, zeitlich früher anzusetzen und zu untersuchen, ob die Hauptversammlung das geeignete Organ zur Beurteilung der Transaktionen ist. Diese Frage wird in der Literatur unter dem Oberbegriff der Organadäquanz diskutiert. Dieser Terminus wurde ursprünglich vom Bundesverfassungsgericht für das Staatsorganisationsrecht entwickelt[469] und von *Fleischer* auf das Aktienrecht übertragen.[470] Damit soll der Gedanke aufgegriffen werden, dass Entscheidungen

464 BGHZ 83, 122.

465 BGHZ 159, 30.

466 *Temming*, RdA 2015, 280 (283); ferner: *Drygala*, AG 2013, 198 (206) der auch konstatiert, dass der Richtlinienvorschlag bei weitem über das hinausgeht, was der deutsche Gesetzgeber im Rahmen des Holzmüller-Judiz aufgestellt hat.

467 *Temming*, RdA 2015, 280 (283); wohl auch: *Fleischer*, der aber von einem „tiefen Einschnitt in das aktienrechtliche Kompetenzgefüge" ausgeht, *Fleischer*, BB 2014, 2691 (2698).

468 *Temming*, RdA 2015, 280 (283).

469 BVerfGE 68, 1 Rn. 137.

470 *Fleischer*, BB 2014, 2691 (2699).

dem Organ obliegen, welches dafür am besten geeignet ist. Einig ist man sich vor diesem Hintergrund, dass das sachgerechte Organ im deutschen Recht der Aufsichtsrat und nicht die Hauptversammlung ist.[471] Diese Erkenntnis erwächst aus gleich mehreren Überlegungen. Aktionäre als Mitglieder der Hauptversammlung müssen keine besonderen Kenntnisse oder gar Qualifikationen vorweisen, womit sie oftmals gar nicht in der Lage sind, die unternehmerische Tragweite und die Konsequenzen solcher Geschäfte richtig beurteilen zu können.[472] Das gilt in besonderem Maße für die Klein- und Kleinstaktionäre, die in der Regel natürliche Personen sind, ihre Beteiligung bloß als Kapitalanlage begreifen und damit eine richtungsweisende Entscheidung gar nicht treffen möchten.[473] Es liegt in ihrem Interesse, dass die Gesellschaft möglichst erfolgreich am Markt operiert, was am besten durch die Entscheidung eines dafür vorgesehenen Gremiums gewährleistet werden kann.

Zum anderen unterstehen die Aufsichtsratsmitglieder einer strengeren Treuepflicht, die aus ihrer Stellung im Aufsichtsrat folgt.[474] Verletzt ein Aufsichtsratsmitglied diese Treuepflicht, ist es gem. §§ 116, 93 Abs. 2 S. 1 AktG schadensersatzpflichtig. Der Aktionär hingegen untersteht, abgesehen von seiner nur schwer durchsetzbaren Treuepflicht gegenüber seinen Mitaktionären, keinen besonderen Sorgfalts- und Treuepflichten.[475] Vor diesem Hintergrund scheint die Hauptversammlung das falsch adressierte Organ zu sein.

---

471 *Klene,* Related Party Transactions, S. 223 ff.; *Tarde,* Related Party Transactions, S. 213; *BDI,* Erforderliche Harmonisierung oder unnötiger Systembruch, S. 24; Stellungnahme DAI, S. 38; *DAV-Handelsrechtsausschuss,* NZG 2015, 54 Rn. 97; *Bayer/Selentin,* NZG 2015, 7 (8 f.); *Bremer,* NZG 2014, 415 (415); *Drygala,* AG 2013, 198 (209); *Fleischer,* BB 2014, 2691 (2699); *Lanfermann/Maul,* BB 2014, 1283 (1287 f.); *Seibt,* DB 2014, 1910 (1915); *Temming,* RdA 2015, 280 (283 f.); *J. Vetter,* ZHR 179 (2015), 273 (305 f.); *Wiersch,* NZG 2014, 1131 (1137); kritisch: *Renner,* AG 2015, 513 (515)

472 *Langenbucher,* in: FS Müller-Graff, S. 312 (315); *Bayer/Selentin,* NZG 2015, 7 (8 f.); *Temming,* RdA 2015, 280 (283); *J. Vetter,* ZHR 179 (2015), 273 (306).

473 Dieses Phänomen wird als „rationale Apathie" bezeichnet. Damit wird das passive Verhalten von Aktionären auf Haupt- bzw. Generalversammlungen erklärt. Vor dem Hintergrund, dass die auf der Hauptversammlung beschlossenen Vorteile mit den anderen Aktionären geteilt werden müssen, ist es aus ökonomischer Sicht erfolgreicher, sich selbst passiv zu Verhalten und vom Aktivismus anderer zu profitieren. Siehe ferner: *BDI,* Erforderliche Harmonisierung oder unnötiger Systembruch, S. 16; *Langenbucher,* in: FS Müller-Graff, S. 312 (314 f.); *Fleischer,* BB 2014, 2691 (2699); *Seibt,* DB 2014, 1910 (1915); *Tröger,* AG 2015, 53 (68).

474 Ausführlich dazu bereits oben, S. 47 ff.

475 *J. Vetter,* ZHR 179 (2015), 273 (306).

Auch Fragen der Geheimhaltung dürfen nicht vernachlässigt werden. So ist die Hauptversammlung, wenn sie die Transaktion eingehend und richtig bewerten soll, über Einzelheiten des Geschäfts zu informieren. Ob sich diese Informationsweitergabe auf Eckpunkte der Transaktion bezieht oder aber die Transaktion in Gänze darzulegen ist, kann hier offenbleiben.[476] Denn wenn eine Transaktion die Werthürde von 5 % überschreitet, besteht eine nicht zu unterschätzende Wahrscheinlichkeit, dass die Geschäfte auch Interna berühren und nicht für die breite Öffentlichkeit bestimmt sind.[477] Es steht zu befürchten, dass bestimmte Geschäfte aufgrund einer verpflichtenden Informationsweitergabe an die Aktionäre gar nicht erst abgeschlossen würden.[478]

Die Ungeeignetheit der Hauptversammlungszuständigkeit zeigt sich, zumindest mit Blick auf das deutsche Recht, in besonderem Maße bei Betrachtung des Phänomens der missbräuchlich erhobenen Anfechtungsklagen seitens der Aktionäre auf Hauptversammlungen (sog. räuberische Aktionäre).[479] Intention einzelner Aktionäre war es, getroffene Beschlüsse mittels Anfechtungsklage anzugreifen, mit der Folge, dass die Eintragung des Beschlussergebnisses ausgesetzt und damit deren Wirksamkeit für unbestimmte Zeit aufgeschoben wurde. Bei Lichte betrachtet lag die Intention der Aktionäre nicht in der Überprüfung der Wirksamkeit des Beschlusses, sondern darin, sich den Lästigkeitswert der Klage durch Zahlung eines Geldbetrags abkaufen zu lassen. Die Zahlung war für die Aktiengesellschaft häufig ökonomischer als teils jahrelang, unter Aussetzung der Eintragung des Beschlussergebnisses, auf die gerichtliche Entscheidung zu warten.[480] Wenn die Hauptversammlung qua Beschluss über die Transaktion entscheiden müsste, wäre die Gefahr einer Etablierung der Berufsklägerschaft erneut vorhanden und damit nicht nur die Arbeiten des Gesetzgebers durch UMAG und ARUG zerstört. Auch für den (redlichen) Aktionär wäre diese

476 Denn auf jeden Fall sind die Aktionäre über Interna zu informieren.

477 *Drygala*, AG 2013, 198 (209).

478 *Drygala*, AG 2013, 198 (209).

479 In diese Richtung argumentierend: *Klene*, Related Party Transactions, S. 221 mit Fn. 1487; Stellungnahme DAI, S. 16; *Bayer/Selentin*, NZG 2015, 7 (9); *Fleischer*, BB 2014, 2691 (2699); *Hommelhoff*, KSzW 2014, 63 (67); *Temming*, RdA 2015, 280 (283).

480 Auf diesen Punkt bezugnehmend: *Langenbucher*, in: FS Müller-Graff, S. 312 (316); die Regierungskommission DCGK gibt zu bedenken, dass in diesem Fall besonders die Hedge Fonds versuchen werden, wichtige Transaktionen im Gegenzug für größere Einflussnahme auszunutzen, vgl.: Stellungnahme Regierungskommission DCGK zum Richtlinienvorschlag, S. 16. Ausführlich zu dem Problem der räuberischen Aktionäre: *Fiebelkorn*, Die Reform der aktienrechtlichen Beschlussmängelklagen.

Konsequenz nachteilig, da es dadurch zu einer Minderung des Gesellschaftskapitals kommen könnte, was letztlich zu seinen Lasten ginge.[481]

Auch praktische Erwägungen lassen an der Hauptversammlungszuständigkeit große Zweifel aufkommen. So wäre es kaum möglich, über alle Transaktionen eines Geschäftsjahres auf der jährlich stattfindenden Hauptversammlung zu entscheiden. Es kann zwar auf die Aggregationsklausel verwiesen werden oder darauf, dass die Transaktion auch vorbehaltlich der Genehmigung der Hauptversammlung durchgeführt werden kann. Aber auch das ist wenig befriedigend, ist doch eine Aggregation nur zwischen zwei identischen Parteien denkbar. Zudem führt eine Transaktion, die unter dem Vorbehalt einer Zustimmung steht, zu einem Schwebezustand, der bis zur nächsten Hauptversammlung, also im ungünstigsten Fall bis zu einem Jahr, anhalten kann. Gerade im Zusammenhang mit Konzernsachverhalten scheint es im heutigen Wirtschaftsleben undenkbar, wichtige Transaktionen einer derartigen Ungewissheit auszusetzen. Selbst durch gutes Timing der Transaktionen, was in der Praxis vermutlich nicht immer ganz einfach zu erreichen sein wird, scheint es nicht fernliegend, mehrmals im Jahr eine Hauptversammlung abhalten zu müssen.[482] Das gilt vielleicht nicht für die Genehmigung einzelner Transaktionen, gleichwohl wäre aber die Durchführung einer Hauptversammlung pro Quartal nicht abwegig. Das kann aber nicht im Interesse irgendeiner Partei sein. Vor allem aufgrund der hohen Kosten[483], dem administrativen Verwaltungsaufwand, aber sicherlich auch aufgrund der langsameren Transaktionsgeschwindigkeit[484] liegt eine mehrmals im Jahr durchzuführende Hauptversammlung nicht im Interesse der Gesellschaft. Zudem laufen Hauptversammlungen, selbst bei Nichtteilnahme räuberischer Aktionäre, selten reibungslos ab. Es muss in Betracht gezogen werden, dass gerichtliche Auseinandersetzungen auch noch Jahre nach Durchführung einer Hauptversammlung

---

481 In diesem Zusammenhang gibt *Wiersch* zu bedenken, dass mangels Eintragbarkeit im Handelsregister ein Freigabeverfahren wohl ausscheiden wird, womit das Anfechtungsrisiko nochmals deutlich höher zu bewerten wäre, vgl.: *Wiersch*, NZG 2014, 1131 (1136).

482 So auch: *Wiersch*, NZG 2014, 1131 (1136).

483 Schätzungsweise belaufen sich die Kosten bei größeren Unternehmen auf mindestens 1 Mio. Euro. Bei großen Gesellschaften seien Kosten von mehreren Mio. Euro keine Seltenheit, vgl.: Stellungnahme DAI, S. 37.

484 Das Deutsche Aktieninstitut spricht von „*Windows of Opportunity*“, die durch das neue Modell nicht mehr genutzt werden können, vgl.: Stellungnahme DAI, S. 37; auch andere gehen von einer Verzögerung bei dem Abschluss und der Durchführung der Transaktionen aus: *Bayer/Selentin*, NZG 2015, 7 (8); *Hommelhoff*, KSzW 2014, 63 (67); *Temming*, RdA 2015, 280 (283).

andauern können. Da durch die steigende Anzahl von Hauptversammlungen zwangsläufig die potentielle Möglichkeit von gerichtlichen Auseinandersetzungen steigt, wird sich auch der Hauptversammlungsleiter häufiger seiner haftungsrechtlichen Verantwortung stellen müssen. Vermutlich werden auch die Gerichte mit einer deutlich höheren Prozessanzahl belastet. Auf Kleinst- und Kleinaktionäre wurde schon Bezug genommen.[485] Ähnliches gilt für international agierende institutionelle Investoren. Diese zeichnen sich dadurch aus, dass sie häufig am Markt vertreten sind und hohe Summen in den Markt investieren.[486] Wenn diese europaweit täglich an mehreren Hauptversammlungen teilnehmen müssten, kann nicht davon ausgegangen werden, dass eine sorgfältige Entscheidung getroffen werden kann.[487] Vor dem Hintergrund, dass institutionelle Anleger Gelder von rund 50 Mio. Bürgern in Deutschland verwalten,[488] wird die Praxisrelevanz für die Wirtschaft ersichtlich. Zwar könnten sich die Anleger, wie das heute schon gängige Praxis ist, auf die Abstimmungsempfehlung der Stimmrechtsberater berufen, allerdings kämen auch diese bei der Masse der Abstimmungen recht schnell an ihre Grenzen.

Die aufgelisteten Bedenken haben gezeigt, dass die von der Kommission vorgeschlagene Hauptversammlungszuständigkeit hinsichtlich des deutschen Rechts systemwidrig ist und darüber hinaus allen Beteiligten mehr Schaden als Nutzen bringen würde. Demnach ist die vorgeschlagene Hauptversammlungszuständigkeit abzulehnen.

5) *Fairness Opinion bei "großen" Related Party Transactions?*

Ausgehend von dem Wortlaut des Art. 9c Abs. 1 und Abs. 2 AR-RLE-KOM wird nicht hinreichend deutlich, in welchem Verhältnis die *Fairness Opinion* zur Hauptversammlungszuständigkeit steht. Unbeantwortet bleibt die Frage,

---

485 Besitzt ein Aktionär nur eine Aktie von mehreren Gesellschaften, wird das zwangsläufig dazu führen, dass er binnen eines Jahres auf mehreren Hauptversammlungen zu erscheinen hat. Dieser gesteigerte Aufwand könnte die Beteiligung an der Gesellschaft als Kapitalanlage uninteressant für Anleger machen.

486 Die Regierungskommission DCGK gibt an dieser Stelle zu bedenken, dass international tätige institutionelle Anleger in der Hauptversammlungssaison auf bis zu 200 Hauptversammlungen in der Woche abstimmen müssen. Siehe dazu: Stellungnahme Regierungskommission DCGK zum Richtlinienvorschlag, S. 16.

487 Stellungnahme Regierungskommission DCGK zum Richtlinienvorschlag, S. 16.

488 Diese Zahlen veröffentlichte der Deutsche Fondsverband auf ihrer Internetseite, abrufbar unter: https://www.bvi.de/kapitalanlage/institutionelle-anleger/ [zuletzt geprüft: 15.07.2018].

ob im Falle einer großen Related Party Transaction eine *Fairness Opinion* erstellt werden muss. In der Literatur werden dazu zwei Ansätze vertreten. *Seibt*[489] und *Wiersch*[490] nehmen eine Alternativität der Schutzmechanismen an. *Vetter*[491] und *Tröger*[492] verneinen diese und sprechen sich für eine Stufenfolge aus. Für das Alternativitätsverhältnis spricht sicherlich zunächst die Systematik innerhalb von Art. 9c AR-RLE-KOM. Danach werden in Abs. 1 und Abs. 2 zwei vollkommen separate Schutzmechanismen vorgestellt, die in keinerlei Bezug gesetzt werden. Bei „kleinen" Related Party Transactions solle die *Fairness Opinion* erstellt werden, bei „großen" Related Party Transactions bestehe die Zuständigkeit der Hauptversammlung. Dagegen sprechen aber teleologische Erwägungen. Es scheint wenig einleuchtend, warum bei den unwichtigeren kleinen Transaktionen ein Gutachten eines unabhängigen Dritten erstellt werden soll, bei Transaktionen, die einen größeren Vermögenswert betreffen, hingegen nicht (argumentum a maiore ad minus).[493] Diese Erkenntnis gewinnt vor dem Hintergrund an Bedeutung, dass die Aktionäre in der Hauptversammlung für eine Entscheidung eine angemessene Informationsgrundlage benötigen, die mit der Erstellung einer *Fairness Opinion* erreicht werden könnte.[494] Auch eine Wortlautauslegung spricht gegen die Alternativität. Denn eine Transaktion die mindestens 5 % des Vermögens betrifft, betrifft zugleich auch immer 1 % des Vermögens.[495]

Der Alternativitätsgedanke würde ferner im Rahmen der Aggregationsklausel zu unbilligen Ergebnissen führen. Man stelle sich die Situation vor, dass mehrere kleine Geschäfte zwischen den identischen Parteien geschlossen werden. In diesem Fall muss für jede kleine Transaktion ein Gutachten erstellt werden. Wird aber die 5 % Werthürde überschritten, handelt es sich um eine große Transaktion und eine *Fairness Opinion* ist, zumindest wenn man dem Alternativitätsgedanken folgt, nicht zu erstellen. Damit gelänge man zu dem unbilligen Ergebnis, dass mehrere Transaktionen zwischen denselben Parteien, obwohl sie unter Umständen sogar den gleichen Wert haben, unterschiedlich behandelt

---

489 *BDI,* Erforderliche Harmonisierung oder unnötiger Systembruch, S. 16; *Seibt*, DB 2014, 1910 (1915).

490 *Wiersch*, NZG 2014, 1131 (1132).

491 *J. Vetter*, ZHR 179 (2015), 273 (288).

492 *Tröger*, AG 2015, 53 (60) mit Fn. 72, der insb. darauf abstellt, dass die Aktionäre auf Informationen von Externen angewiesen seien, um eine verantwortungsvolle Entscheidung treffen zu können.

493 So auch: *J. Vetter*, ZHR 179 (2015), 273 (288).

494 *Tröger*, AG 2015, 53 (60) mit Fn. 72; *J. Vetter*, ZHR 179 (2015), 273 (288).

495 *J. Vetter*, ZHR 179 (2015), 273 (288).

werden.[496] Somit sprechen die besseren Argumente gegen ein Alternativitätsverhältnis. Wird eine „große“ Related Party Transaction abgeschlossen, gebietet der Sinn und Zweck das kumulative Herantreten der *Fairness Opinion*.

6) Der Grundsatz der "majority of the minority"

Eng mit der Hauptversammlungszuständigkeit verbunden ist das Stimmverbot des Aktionärs in der Hauptversammlung, wenn er als *related party* zu qualifizieren ist. Der Kommissionsvorschlag sieht zwar mehrere Stimmverbote vor, praxisrelevant wird das Problem aber vor allem, wenn die Transaktion mit dem Mehrheitsgesellschafter in Rede steht. Denn in diesem Fall wird den Minderheitsgesellschaftern eine deutlich über ihrer Beteiligungsquote liegende Machtposition eingeräumt.[497] Im deutschen Aktienrecht sind diese Stimmverbote kaum vorhanden. Bekanntestes Beispiel für den Ausschluss des Stimmrechts dürfte § 136 AktG darstellen. Nach § 139 Abs. 1 S. 1 AktG kann niemand für sich oder für einen anderen das Stimmrecht ausüben, wenn darüber Beschluss gefasst wird, ob er zu entlasten oder von einer Verbindlichkeit zu befreien ist oder ob die Gesellschaft gegen ihn einen Anspruch geltend machen soll. Demensprechend zurückhaltend und kritisch argumentierten Teile der Literatur zu Recht gegen das von der Kommission vorgeschlagene Stimmverbot.[498] Mit dem Stimmverbot möchte der europäische Gesetzgeber erreichen, dass nur solche Aktionäre über die Transaktion entscheiden, die von der Transaktion unabhängig sind.[499] Zwar liegt eine Entscheidung über den Bestand der Transaktion in der Hand der Minderheitsgesellschafter, allerdings wäre die Hauptversammlungszuständigkeit

---

496 Zur Verdeutlichung sei folgendes Beispiel angeführt. Die A-AG erteilt dem Vorstandsmitglied B ein Darlehen in Höhe von 2 % des Gesellschaftsvermögens. In der Folgezeit erteilte die AG dem B drei weitere Darlehen in identischer Höhe. Während für die ersten beiden Darlehen lediglich eine *Fairness Opinion* erstellt werden müsste, wäre für das dritte die 5 % Schwelle überschreitende Darlehen die Zustimmung der Hauptversammlung einzuholen. Gleiches gilt auch für die vierte Transaktion. Obwohl es sich isoliert betrachtet um eine kleine Transaktion handelt, wird sie durch die Aggregation anders behandelt.

497 Stellungnahme DAI, S. 38; *Fleischer*, BB 2014, 2691 (2699 f.); *Schneider*, EuZW 2014, 641 (642); *Seibt*, DB 2014, 1910 (1915).

498 *Kalss*, ZHR 171 (2007), 146 (182); *Seibt*, DB 2014, 1910 (1915); *Wiersch*, NZG 2014, 1131 (1136).

499 Zurückgehend auf die Ur-Vorschrift des Rechts von Delaware spricht man vom Konzept der *majority of the minority*, vgl.: *BDI*, Erforderliche Harmonisierung oder unnötiger Systembruch, S. 15; *Zetzsche*, NZG 2014, 1121 (1126).

ohne ein Stimmverbot, zumindest wenn mit dem Mehrheitsgesellschafter kontrahiert wird, ein zahnloser Tiger.[500] Somit weist der von der Kommission veröffentliche Vorschlag zumindest eine gewisse Stringenz auf.

Dennoch sprechen aus deutscher Perspektive die besseren Argumente gegen ein solches Stimmverbot. Zum einen hat sich der deutsche Gesetzgeber durch die Reform des Aktiengesetzes bewusst vom Stimmverbot des Aktionärs distanziert, sodass die Forderung der Kommission deutsches Aktienrecht in die Vergangenheit zurückversetzen würde.[501] Wichtigste Überlegung gegen das Stimmverbot bleibt aber die enorme Missbrauchsgefahr.[502] Dadurch, dass die Minderheit über die Transaktion zu entscheiden hat, ist der Mehrheitsgesellschafter von dieser abhängig. Ginge man von einem idealen Aktionär aus, der das Wohl der Gesellschaft hinter das Eigene stellen würde, könnte dieses Regelungsmodell Anwendung finden. Doch wie *Thomas Hobbes* schon in seinem „Leviathan" feststellte, ist „der Mensch dem Menschen ein Wolf" (homo homini lupus). Es liegt in dessen Natur, Eigeninteressen über das Wohl der Gemeinschaft zu stellen. Erhält die Minderheit die Möglichkeit die Transaktion zu blockieren, ist die Wahrscheinlichkeit recht hoch, dass sie diese Machtposition zu ihren Gunsten ausnutzt und sich bspw. durch eine Geldzahlung diese Stimme abkaufen lässt. Eine solche Regelung öffnet dem Missbrauch Tür und Tor und ist

500 Man stelle sich nur mal den fiktiven Fall vor, dass die Y-AG (Vermögen: 1 Mio. €) ihrem Aktionär X ein Darlehen von 250.000 € gewährt. X ist mit 60 % an der Gesellschaft beteiligt. Die restliche Beteiligung verteilt sich auf Streubesitz. Man nehme nun weiter an, dass die Hauptversammlung zur Entscheidung zuständig ist, da die 5 % Werthürde überwunden wurde. Mit einem Stimmverbot würden also die verbleibenden 40 % darüber entscheiden ob das Darlehen gewährt werden soll oder nicht. Das Ergebnis über diese Abstimmung ist offen. Anders würde es sich freilich ohne Stimmverbot verhalten. Der Mehrheitsgesellschafter wird nicht gegen sein eigens gefordertes Darlehen stimmen. Im Ergebnis hätte man die Hauptversammlung somit überhaupt nicht einberufen müssen und damit der Gesellschaft als auch den Gesellschaftern Zeit und Geld sparen können. Ähnlich: *Fleischer*, BB 2014, 2691 (2699 f.), der ein solches Stimmverbot „für eine unbefangene Kontrolle vorderhand unerlässlich" hält, aber auch auf die Missbrauchsgefahr durch Minderheitsaktionäre hinweist.

501 *Wiersch*, NZG 2014, 1131 (1136).

502 *DAV-Handelsrechtsausschuss*, NZG 2015, 54 Rn. 100; Stellungnahme Regierungskommission DCGK zum Richtlinienvorschlag, S. 16; *Fleischer*, BB 2014, 2691 (2699 f.); *Wiersch*, NZG 2014, 1131 (1136).

aus diesem Grund abzulehnen.[503] Somit sprechen die besseren Argumente gegen den „*majority of the minority*"-Grundsatz. Weder die Hauptversammlungszuständigkeit noch das Stimmverbot können überzeugen. Beide Vorschläge sind auf Grundlage deutschen Rechts abzulehnen.

7) Aggregationsklausel

Die Aggregation mehrerer Transaktionen führt zu dem Problem, dass für eine die 5 % Hürde überschreitende Transaktion, sowie jede weitere Transaktion im Anschluss daran, eine Hauptversammlung einzuberufen ist. Dadurch wird der Aktiengesellschaft zwingend aufoktroyiert, dass sie für jede Transaktion, vorausgesetzt, die 5 % Hürde wurde überschritten, eine Hauptversammlung einzuberufen hat und das zeitlich gesehen bis zum Ende des Geschäftsjahres.[504] Vor allem für die Konzernsachverhalte, in denen mitunter große Vermögenspositionen verschoben werden, wird die Werthürde von 5 %, wenn nicht schon isoliert durch eine Transaktion, zumindest durch das Summieren mehrerer Transaktionen überschritten.[505] Das verkennt der Richtlinienvorschlag. Diese Aggregationsklausel führt im Ergebnis dazu, dass die Rechtsunsicherheit aufgrund der vom Gesetzgeber eingeräumten Möglichkeit zur Beschlussanfechtung mit jeder weiteren ausgeführten Hauptversammlung steigen wird.[506]

8) Rechtsfolgen bei richtlinienverletzendem Verhalten

Sanktionen für richtlinienverletzendes Verhalten werden in Art. 14b AR-RLE-KOM geregelt. In diesem Zusammenhang erweist sich Art. 9c Abs. 2 UAbs. 1 S. 3 AR-RLE-KOM als problematisch. Danach hat das Unternehmen die Transaktion erst dann durchzuführen, wenn diese von den Aktionären genehmigt wurde. Aus dieser Formulierung wird nicht ersichtlich, ob damit nur die Pflichten des Vorstand konkretisiert werden, also nur eine Wirkung im Innenverhältnis statuiert wird, oder aber ob eine Transaktion bei fehlendem Beschluss im Außenverhältnis

503 Auch an dieser Stelle kann nochmals an das dem deutschen Recht bekannte Problem der räuberischen Aktionäre erinnert werden. Die Situation ist zwar nicht identisch, doch ist das Missbrauchspotential vergleichbar.

504 Vgl.: Stellungnahme Regierungskommission DCGK zum Richtlinienvorschlag, S. 15; i. E. auch: *Wiersch*, NZG 2014, 1131 (1132).

505 So schon: *Bayer/Selentin*, NZG 2015, 7 (8); die Aggregationsregelung insgesamt als Beispiel für die Überregulierung ansehend: *J. Vetter*, ZHR 179 (2015), 273 (322).

506 *DAV-Handelsrechtsausschuss*, NZG 2015, 54 Rn. 103.

unwirksam sein soll.[507] Als Argument für die Unwirksamkeit könne der *effet utile* herangezogen werden.[508] Denn das Harmonisierungsziel werde am effektivsten durch eine Unwirksamkeit des Beschlusses im Außenverhältnis erreicht.[509] Zudem solle damit das Ziel verfolgt werden, dass sich die *related party* ungewollt zu viele Unternehmenswerte aneignet. Wenn eine Transaktion ohne Beschluss im Außenverhältnis wirksam wäre, dann bestünde gerade die Aneignungsmöglichkeit weiter mit der Folge, dass das Ziel von Art. 9c AR-RLE-KOM verfehlt wäre.[510] Diese Argumentation orientiert sich stark an der englischen *ultra vires* Doktrin, wonach Rechtshandlungen im Außenverhältnis unwirksam sind.[511]

Argumentiert man ausgehend von dem deutschen oder französischen Recht, wird man zu dem Ergebnis gelangen, dass mit Satz 3 lediglich die Pflichten des Vorstandes erweitert werden sollen.[512] Dafür kann Erwägungsgrund 19 AR-RLE-KOM

---

507 Gegen eine Unwirksamkeit im Außenverhältnis: wohl *J. Vetter*, ZHR 179 (2015), 273 (289), der maßgeblich auf den Verkehrsschutz abstellt und somit für den Pflichtenstandard argumentiert; unentschlossen: *Drygala*, AG 2013, 198 (209); *Fleischer*, BB 2014, 2691 (2700); *Seibt*, DB 2014, 1910 (1914), der feststellt, dass nicht ersichtlich werde, ob sich die Kommission an englischer ultra vires Doktrin oder französischem Recht orientiert; für eine Unwirksamkeit im Außenverhältnis: *Renner*, AG 2015, 513 (514); *Tröger*, AG 2015, 53 (67).

508 Übersetzt meint der Begriff die optimale Wirkungskraft. Darunter ist ein entwickelter Rechtsgrundsatz zu verstehen, der das Ziel verfolgt, eine Norm so auszulegen, dass die Vertragsziele am besten erreicht werden; so wohl: *Tröger*, AG 2015, 53 (67); vgl. auch die Ausführungen bei: *J. Vetter*, ZHR 179 (2015), 273 (289).

509 *Tröger*, AG 2015, 53 (67).

510 Auf den Erwägungsgrund 19 AR-RLE-KOM abstellend: *J. Vetter*, ZHR 179 (2015), 273 (289).

511 *Seibt*, DB 2014, 1910 (1914).

512 Für das deutsche Recht ergibt sich das z.B. aus § 179a AktG. Danach bedarf ein Vertrag, durch den sich die Aktiengesellschaft zur Übertragung des ganzen Gesellschaftsvermögens verpflichtet, eines Beschlusses der Hauptversammlung, wenn damit nicht eine Änderung des Unternehmensgegenstandes verbunden ist. Die Zustimmung der Hauptversammlung bezieht sich dabei aber lediglich auf das Kausalgeschäft und nicht auf das damit zusammenhängende Verfügungsgeschäft. Diese unterstehen gerade nicht dem Zustimmungsvorbehalt. Wenn ein Beschluss der Hauptversammlung hinsichtlich des Kausalgeschäfts fehlt, darf der Vorstand keine Verfügungen vornehmen. In diesem Fall verstößt er gegen seine Sorgfaltspflichten und macht sich schadensersatzpflichtig. Für schon durchgeführte Verfügungsgeschäfte bedeutet das eine Rückabwicklung über die Grundsätze der ungerechtfertigten Bereicherung, §§ 812 ff. BGB. Sinn und Zweck dieser Regelung ist vorrangig der Verkehrsschutz und die Rechtssicherheit. Siehe dazu nur: *Stein*, in: Müko AktG, § 179a Rn. 41.

herangezogen werden. Nach dem Wortlaut darf das Unternehmen die Transaktion erst dann tätigen, wenn sie von den Aktionären genehmigt wurde. Der Wortlaut geht also gerade nicht von einer gebundenen Entscheidung aus.[513] Wenngleich eine Argumentation auf Grundlage von Verkehrsschutzgesichtspunkten ins Leere laufen würde – ein schützenswerter Rechtsverkehr ist bei solchen innergesellschaftlichen Transaktionen gerade nicht vorhanden – wäre diese Auslegung für das deutsche Recht deutlich systemkonformer als eine Unwirksamkeit im Außenverhältnis. Der Vorstand macht sich in diesem Fall lediglich schadensersatzpflichtig, die Geschäfte müssen auf bereicherungsrechtlicher Grundlage rückabgewickelt werden.

9) Auswirkungen auf das deutsche Konzernrecht

Für das deutsche Konzernrecht hätte der Kommissionsvorschlag einige Gefahren geborgen. Das hängt nicht nur mit dem niedrigen Schwellenwert im Falle einer Aggregation der Transaktion zusammen,[514] sondern auch damit, dass für Konzernsachverhalte nur eine Ausnahme besteht, die lediglich für 100 %ige Tochterunternehmen gilt und damit zu eng ist und umgangen werden kann.[515] Ein gestreckter Nachteilsausgleich wäre im Rahmen des faktischen Konzernrechts aufgrund einer marktüblichen und einem Drittvergleich standhaltenden Transaktionen nicht mehr möglich gewesen. Gleiches hätte auch für den Vertragskonzern gegolten, der mit dem Kommissionsvorschlag nicht vereinbar ist.[516] Aufgrund dessen wurde seitens der Literatur die Forderung nach einer Ausnahme zumindest für den Vertragskonzern laut.[517]

Diese zu enge Ausnahmevorschrift birgt ferner eine Umgehungsmöglichkeit.[518] Dabei geht es nicht um den Schutz der Minderheitsaktionäre in der Tochtergesellschaft, da dort gar keine schützenswerten Außenstehenden vorhanden sind. Es geht vielmehr um den Schutz der Minderheitsaktionäre der Muttergesellschaft. Das ergibt sich aus der Überlegung, dass der herrschende Aktionär seine Machtstellung zur Einflussnahme auf die Leitung der Korporation ausnutzt, die dann ihrerseits die eigene Tochtergesellschaft zur Durchführung der

513 Dann müsste der Wortlaut derart gestaltet sein, dass von einem „kann“ oder „muss“ gesprochen wird.

514 Siehe dazu bereits oben, S. 133.

515 Insgesamt das Verhältnis von Richtlinienvorschlag und deutschem Konzernrecht sehr kritisch beurteilend: *Bayer/Selentin*, NZG 2015, 7 (8 f.); *Schneider*, EuZW 2014, 641 (642); *Seibt*, DB 2014, 1910 (1914); *Zetzsche*, NZG 2014, 1121 (1127).

516 *Bayer/Selentin*, NZG 2015, 7 (12); *Seibt*, DB 2014, 1910 (1914 f.).

517 *Bayer/Selentin*, NZG 2015, 7 (12); *Seibt*, DB 2014, 1910 (1915).

518 So schon: *Tröger*, AG 2015, 53 (62).

gewünschten Transaktion auffordert.[519] In diesem Fall sind die Außenstehenden der Muttergesellschaft vor *tunneling*-Geschäften mit dem herrschenden Gesellschafter gerade nicht geschützt.

10) „Erheblichkeit" der Transaktion

Die Kommission lässt offen, wann eine Transaktion erheblichen Einfluss auf Umsatz und Gewinn hat. Das ist bedenklich, führt es doch in der praktischen Anwendung zu einer Vielzahl divergierender Entscheidungen und damit nicht nur zu nationaler Rechtsunsicherheit, sondern zu einer Ungleichbehandlung gleicher Sachverhalte in anderen Mitgliedsstaaten. *Zetsche* fordert aus diesem Grund einen festen Wert, an dem die Schwelle zur Erheblichkeit überschritten wird. Dafür schlägt er eine Werthürde von 10 % bezogen auf den Ertrag und Umsatz vor.[520]

Richtig ist, dass die mit dem unbestimmten Rechtsbegriff einhergehende Rechtsunsicherheit beseitigt werden muss. Das kann am effektivsten durch einen festen Schwellenwert bezogen auf den Ertrag und Umsatz erreicht werden. Außerhalb einer bilanziellen Betrachtungsweise hat man damit einen einfach handhabbareren Wert. Allerdings scheint die in Betracht gezogene Werthürde zu niedrig angesetzt. Der persönliche Anwendungsbereich der Richtlinie ist durch den Verweis auf IAS 24 sehr weit. Zudem sollen nach der Konzeption des europäischen Gesetzgebers nur Ausnahmefälle unter den „erheblichen Einfluss" subsumiert werden. Aufgrund dessen muss die Grenze hier deutlich höher angesetzt sein, vor allem, da der Umsatz eines Unternehmens in der Regel deutlich höher ist als der Wert auf Aktivseite der Bilanz.[521] Schon ausgehend von dem Terminus „erheblich" kann ein marginaler Schwellenwert von 10 % nicht ausreichend sein. Das ergibt sich auch aus einer Untersuchung des englischsprachigen Textes, der von einem *significant impact* spricht. Da für die Begriffsbestimmung der *transaction* auf IAS 24 abgestellt wird, bietet sich auch hier eine Untersuchung an, ob sich aus dieser Regelungen eine feste Größe für einen *significant impact* ermitteln lässt. In Ziffer 9 Abs. 9 der englischsprachigen Fassung des IAS 24 wird der *significant influence* definiert. Darunter wird ein maßgeblicher Einfluss verstanden, an finanz- und

---

519 *Tröger*, AG 2015, 53 (63); ähnlich: *Zetzsche*, NZG 2014, 1121 (1127).

520 *Zetzsche*, NZG 2014, 1121 (1128).

521 Als Beispiel dafür soll der Umsatzerlös der Telekom AG herangezogen werden. Im Jahre 2015 hat die Telekom AG einen Umsatzerlös in Höhe von 3,3 Milliarden Euro verzeichnet.

geschäftspolitischen Entscheidungen eines Unternehmens mitzuwirken, ohne diesen Prozess beherrschen zu können. Nach deutschem Verständnis liegt eine Beherrschung ab 51 % vor. Entsprechend kann aus diesen Gedanken zumindest eine negative Abgrenzung vorgenommen werden. Im Rahmen des assoziierten Unternehmens wird ein erheblicher Einfluss aber bereits bei 20 % der Stimmrechte widerleglich vermutet. Entsprechend bietet es sich an, dass der erhebliche Einfluss auf den Umsatz bei Transaktionen vorliegt, wenn 20 % des Umsatzes betroffen sind.[522]

IV. Zwischenergebnis

Durch den Kommissionsvorschlag wird augenscheinlich ein auf dem englischen Recht basierendes Konzept unreflektiert adaptiert. Für das deutsche Recht würde eine Richtlinie solchen Inhalts zu deutlichen Wertungswidersprüchen führen. Dabei stellt die zwingende Hauptversammlungszuständigkeit lediglich die Spitze des Eisbergs dar. Abgesehen von den absoluten Schwellenwerten erhält der nationale Gesetzgeber durch einige Ungenauigkeiten in weiten Bereichen einen gewissen Handlungsspielraum, was wohl kaum mit dem Harmonisierungsgedanken des europäischen Gesetzgebers vereinbar ist.

D) Verlauf des Gesetzgebungsverfahrens - Einflüsse anderer Institutionen

Nachdem der Vorschlag der Kommission auf derart große Ablehnung stieß, veröffentlichte die italienische Ratspräsidentschaft bereits am 05.12.2014 einen überarbeiteten Kompromissvorschlag,[523] der dann Anfang 2015 von der lettischen Ratspräsidentschaft nochmals in Einzelheiten überarbeitet wurde. Ebenfalls im Jahr 2015, am 08.07.2015, veröffentlichte auch das Parlament seine Position zur Änderung der Aktionärsrechterichtlinie. Diese Vorschläge waren

522 Diese unbestimmte Möglichkeit wurde in der im Amtsblatt veröffentlichten Fassung nicht mehr berücksichtigt. Allerdings können die Mitgliedsstaaten selbst eine solche Regelung durch den Umsetzungsakt in nationales Recht implementieren. In diesem Fall sollte aber unbedingt darauf geachtet werden, die Erheblichkeit gesetzlich zu fixieren. Dabei sollte sich an der 20 % Hürde orientiert werden.

523 Dass dieser Kompromiss der italienischen Ratspräsidentschaft alles andere als ein Selbstläufer war, zeigt die Tatsache, dass diese Veröffentlichung das Ergebnis einer zweifachen Überarbeitung war. Die erste Überarbeitung wurde knapp einen Monat früher, am 12.11.2014 veröffentlicht, ehe eine zweite überarbeitete Version am 26.11.2014 publiziert wurde.

Grundlage eines vom Europäischen Rat am 20.03.2016 veröffentlichten Positionspapiers. Bei Lichte betrachtet weichen die Positionen von Parlament und Rat nur in Einzelheiten ab, die Unterschiede zum Kommissionvorschlag sind indes eklatant.

Im Rahmen des ordentlichen Gesetzgebungsverfahrens divergieren häufig die Ansichten von Kommission, Rat und Parlament. Um dennoch zu einer unbürokratischen Einigung zu gelangen, bestehen zur zügigen Konsensfindung zwei Möglichkeiten: der formelle und informelle Trilog. Der formelle Trilog, auch Vermittlungsausschuss genannt, wird einberufen, wenn die erste und zweite Lesung im Parlament gescheitert sind. In diesem Fall kommen Vertreter der drei Organe zur Kompromissfindung im paritätisch besetzten Vermittlungsausschuss zusammen. Rechtliche Grundlage für den Vermittlungsausschuss stellt Art. 294 AEUV dar. Finden die Parteien einen Konsens, müssen Parlament und Rat in einer weiteren Lesung dem ausgehandelten Vorschlag zustimmen.[524] Dieses durch den Vertrag von Maastricht eingeführte Verfahren ist sehr zeitaufwendig, was zu einer Entschleunigung des Gesetzgebungsapparates auf europäischer Ebene führt.

Aufgrund dessen wurden informelle Trilogverfahren entwickelt, die heute zwar von äußerster Wichtigkeit sind, im Primärrecht allerdings keinen gesetzlichen Niederschlag gefunden haben. Gesetzliche Grundlage stellt lediglich eine gemeinsame Erklärung von Europäischem Parlament, Rat und Kommission dar, die als Anlage XIX der Geschäftsordnung des Europäischen Parlaments angefügt ist.[525] Informelle Triloge sollen die Arbeit des Vermittlungsausschusses nicht verdrängen, sondern ergänzen. So sollen die Hauptcharakteristika des Trilog-Systems, also deren Leistungsfähigkeit und flexible Handhabung, schon im frühen Stadium des Gesetzgebungsprozesses ansetzen (Grundsatz 7 Anlage XIX). Zeitlich gesehen soll deshalb ein informeller Trilog nach Übermittlung des Legislaturvorschlags bis zum Beginn des Vermittlungsausschusses möglich sein. In den informellen Trilogverhandlungen soll der Grundsatz der loyalen Zusammenarbeit unter Leitung der Kommission dazu führen, schnellstmöglich ein abstimmungsreifes, konsensfähiges Ergebnis zu präsentieren. Für die Praxis nehmen damit die unter Ausschluss der Öffentlichkeit vollzogenen informellen Triloge eine herausragende Position ein, da schon vor der 1. Lesung eine Einigung erzielt werden soll (sog. *early*

524 *Dauner/Sohn,* Gesetzgebung im Trilog, S. 4 ff.; Secretariat European Parliament, 20 Years of Codecision, S. 4 f.

525 Gemeint ist die gemeinsame Erklärung des Europäischen Parlaments, des Rats und der Kommission vom 13.Juni 2007 zu den praktischen Modalitäten des neuen Mitentscheidungsverfahrens.

agreement).[526] Dies führt dazu, dass das Gesetzesvorhaben in der Regel gar nicht mehr in zweiter Lesung behandelt werden muss.[527] Im Ergebnis lässt sich festhalten, dass die informellen Triloge den primärrechtlich geregelten Vermittlungsausschuss in der Praxis nahezu überflüssig machen und zu einer Beschleunigung des Gesetzgebungsprozesses führen.[528]

Nachdem die Änderung der Aktionärsrechterichtlinie im Juli 2015 im Europäischen Parlament behandelt wurde und sich damit nochmals deutlich die divergierenden Ansichten gegenüberstanden, wurde im Herbst 2015 ein informeller Trilog zur Konsensfindung einberufen. Erst durch Pressemitteilung Mitte Dezember 2016[529] wurde eine Einigung der Organe während der Trilog-Verhandlungen postuliert.[530] Nach sprachlicher Überarbeitung wurde

---

526 *Dauner/Sohn*, Gesetzgebung im Trilog, S. 6 f.

527 Das belegen empirische Erhebungen, die vom Europäischen Parlament in ihrem *Activity Report on Codecision and Conciliation* veröffentlicht wurden. Danach ist ein Trend auszumachen, sich schon in erster Lesung zu einigen. So lag die Einigungsquote in erster Lesung in den Jahren 1999–2004 bei rund 29 %. In den folgenden fünf Jahren hat sich diese Quote mit 72 % mehr als verdoppelt. In den Jahren von 2009–2014 lag die Einigungsquote in erster Lesung sogar bei 85 %, in dritter Lesung fand eine Einigung nur noch zu 2 % statt. Legt man zugrunde, dass 488 Vorschläge im ordentlichen Gesetzgebungsverfahren behandelt wurden, wurden lediglich zehn Verfahren vor dem Vermittlungsausschuss geführt, hingegen 414 in erster Lesung, das heißt mithilfe eines informellen Trilogs. Siehe zum Ganzen: *Pittella/Vidal-Quadras/Papastamkos*, Activity Report, S. 8.

528 Wenngleich informelle Triloge aufgrund der verringerten Personenzahl und der damit verbundenen unbürokratischen und effizienteren Kompromissfindung für die Praxis sehr wichtig sind, stehen sie aufgrund fehlender Rechtsgrundlage und mangelnder Publizität der Sitzungen stark in der Kritik. Vgl. dazu: *Simantke*, Wie Brüssel im Hinterzimmer die Demokratie aushöhlt, in: Der Tagesspiegel vom 21.05.2015, Online unter: http://www.tagesspiegel.de/themen/agenda/eu-trilog-wie-bruessel-im-hinterzimmer-die-demokratie-aushoehlt/11793136.html [zuletzt geprüft: 15.07.2018].

529 Rat der Europäischen Union, Pressemitteilung Nr. 738/16, 16.12.2016, Online unter: http://www.consilium.europa.eu/de/press/press-releases/2016/12/16-shareholders-rights-eu-companies/ [zuletzt geprüft: 15.07.2018].

530 Die Trilogverhandlungen alleine betrugen damit etwas mehr als 1 Jahr. Bis die Änderung der Aktionärsrechterichtlinie förmlich gebilligt wurde gar 1 ½ Jahre. Ob die effizientere Arbeitsweise als ursprüngliche Intention des Gesetzgebers in diesem Fall gewährleistet werden konnte, soll hier nicht bewertet werden, allerdings sind gewisse Zweifel angebracht. Grund für diese außergewöhnlich große Zeitspanne lag zunächst in der äußert angespannten politischen Situation, in der sich die Europäische Union in den Jahren 2015 und 2016 befand. Die Prioritäten lagen schlicht auf anderen

der Kompromisstext im März 2017 in erster Lesung vom Parlament gebilligt und Anfang April verabschiedet.[531] Die Richtlinie wurde am 20.05.2017 im Amtsblatt veröffentlicht, die Mitgliedsstaaten haben bis zum 10.06.2019 Zeit, die Richtlinie umzusetzen.

E) Ergebnis des Gesetzgebungsverfahrens – die überarbeitete Richtlinie

I. Materiellrechtliche Anforderungen des Art. 9c

1) Begriff der wesentlichen Transaktion

Anders als noch der Kommissionvorschlag, übereinstimmend mit den Vorschlägen von Rat[532] und Parlament[533], rückt die Richtlinie von dem klar definierten Stufensystem und den dazugehörigen Schwellenwerten ab. Zurückgehend auf den Vorschlag der italienischen Ratspräsidentschaft soll es auf den unbestimmten Rechtsbegriff der Wesentlichkeit (*material transaction*) ankommen, der den Anwendungsbereich der Richtlinie eröffnen lässt (Art. 9c Abs. 1 RL). Dabei wird es den Mitgliedsstaaten selbst obliegen, den Begriff der Wesentlichkeit durch Implementierung geeigneter quantitativer Schwellenwerte zu konkretisieren (Art. 9c Abs. 1 UAbs. 2 RL). Bei Aufstellung der Werthürden sollen die nationalen Gesetzgeber lediglich den Einfluss, den Informationen über das Geschäft auf die wirtschaftlichen Entscheidungen der Aktionäre der Gesellschaft haben können (Art. 9c Abs. 1 lit. a RL), sowie das Risiko, das für die Gesellschaft und ihre Aktionäre, die weder ein nahestehendes Unternehmen noch eine nahestehende Person sind, einschließlich der Minderheitsaktionäre, mit dem Geschäft verbunden ist (Art. 9c Abs. 1 lit. b RL), berücksichtigt werden. In Annäherung an das zweistufige System des Kommissionsentwurfs ist es den Mitgliedsstaaten vorbehalten, bis zu zwei Definitionen für die Wesentlichkeit des Geschäfts aufzustellen, um

Gebieten. Ferner, und das war das eigentliche Problem, gab es auf politischer Ebene zwischen den Institutionen politische Spannungen. Das Parlament soll seine Mitwirkung an der Aktionärsrechterichtlinie an die Prämisse gebunden haben, dass die Kommission ein anderes Gesetzgebungsvorhaben durch einen eigenen Vorschlag vorantreiben sollte.

531 Rat der Europäischen Union, Pressemitteilung Nr. 173/17, 03.04.2017, Online unter: http://www.consilium.europa.eu/en/press/press-releases/2017/04/03-shareholder-rights-eu-companies/ [zuletzt geprüft: 15.07.2018].

532 Art. 9c Abs. 6 AR-RLE-ER.

533 Art. 9c Abs. 4a AR-RLE-EP.

auf Rechtsfolgenseite unterschiedliche Anforderungen anknüpfen zu können (Art. 9c Abs. 1 UAbs. 3 RL).[534]

2) Publizitätserfordernis und Fairness Opinion

Festgehalten wurde an der Publikationspflicht. Wesentliche Transaktionen sollen veröffentlicht werden, wobei mindestens Informationen zur Art des Verhältnisses zu nahestehenden Unternehmen oder Personen, die Namen der Parteien als auch der Wert und das Datum der Transaktion enthalten sein sollen (Art. 9c Abs. 2 RL). Die Veröffentlichung dient als erste primäre Schutzmaßnahme dazu, aus Sicht der Gesellschaft und der Aktionäre, die weder ein nahestehendes Unternehmen noch eine nahestehende Person sind, festzustellen, ob die Transaktion angemessen und vernünftig ist (Art. 9c Abs. 2 RL). Dem gesamten Gesetzgebungsprozess folgend, führt auch die publizierte Richtlinie die Idee einer ad-hoc Publizität fort, sodass eine Publikation spätestens zum Zeitpunkt des Abschlusses der Transaktion zu erfolgen hat.

Darüber hinaus kann eine *Fairness Opinion* erstellt werden. Anders als der Kommissionsvorschlag und der Vorschlag des Parlaments orientiert sich die Richtlinie am Vorschlag des Europäischen Rats und überlässt die Einführung einer *Fairness Opinion* dem Ermessen der nationalen Gesetzgeber (Art. 9c Abs. 3 RL).[535] Entscheidet sich der nationale Gesetzgeber für eine Implementierung, ist sie der Veröffentlichung beizufügen. Es soll auch in diesem Fall auf die Sicht der Gesellschaft, der Aktionäre, die nicht Partei der Transaktion sind, sowie der Minderheitsaktionäre ankommen. Telos des Berichts ist es, unter Darlegung der Bewertungsgrundlage und der angewandten Methoden zu bestätigen, dass die Transaktion fair und vernünftig ist.[536] Ferner muss die *Fairness Opinion* nicht mehr zwingend von einem neutralen Dritten erstellt werden. Die Richtlinie folgt der Konzeption von Rat und Parlament und gewährt den Mitgliedsstaaten ein Wahlrecht. Danach soll entweder ein neutraler Dritter (Art. 9c Abs. 3 lit. a RL), das Verwaltungs- oder Aufsichtsorgan der Gesellschaft (Art. 9c lit. b RL) oder ein Prüfungsausschuss bzw. ein Ausschuss, der mehrheitlich aus unabhängigen

---

534 Diese Idee geht auf einen Vorschlag des Europäischen Rats zurück (Art. 9c Abs. 6 UAbs. 3 AR-RLE-ER), fehlte aber gänzlich im Positionspapier des Parlaments.

535 Das Parlament sah die Erstellung einer *Fairness Opinion* noch als zwingendes Erfordernis an (Art. 9c Abs. 1 AR-RLE-EP).

536 Der Parlamentsvorschlag sah darüber hinaus vor, dass die *Fairness Opinion* zudem auch bewerten sollte, dass die Transaktion zu marktüblichen Bedingungen zustande gekommen ist (Art. 9c Abs. 1 UAbs. 1 AR-RLE-EP). Davon hat die Richtlinie Abstand genommen.

Mitgliedern besteht (Art. 9c Abs. 3 lit. c RL), den Bericht erstellen, wobei die *related party* nicht an der Erstellung des Berichts mitwirken darf.

Diese Publikationspflicht und das Aufstellen der *Fairness Opinion* werden durch Art. 9c Abs. 7 RL auf Fälle erweitert, in denen die *related party* mit der Tochtergesellschaft ein Geschäft tätigt. Die Mitgliedsstaaten müssen in diesem Fall sicherstellen, dass wesentliche Geschäfte veröffentlicht werden, die zwischen der nahestehenden Person und der Tochtergesellschaft der Gesellschaft abgeschlossen werden. Während die Publikationspflicht auch in diesem Fall obligatorisch ist, liegt das Erstellen einer *Fairness Opinion* erneut im Ermessen der Mitgliedsstaaten.

3) Zustimmungsvorbehalt im Falle wesentlicher Transaktionen

Wesentliche Transaktionen sollen durch die Hauptversammlung oder das Verwaltungs- oder Aufsichtsorgan bestätigt werden (Art. 9c Abs. 4 UAbs. 1 RL). Die Wahl der Zuständigkeit obliegt den Mitgliedsstaaten. Zeitlich gesehen soll die Zustimmung schon vor dem Abschluss der Transaktion vorliegen. Entscheidet sich ein Mitgliedsstaat für eine Zuständigkeit des aufsichtsführenden Organs, kann optional die Möglichkeit angeordnet werden, dass die Aktionäre in der Hauptversammlung über die Transaktion entscheiden (Art. 9c Abs. 4 UAbs. 2 RL). Ferner unterliegt die *related party* einem Stimmverbot. Das gilt gleichermaßen für den Aktionär in der Hauptversammlung und für ein Mitglied der Unternehmensführung bzw. des Aufsichtsorgans (Art. 9c Abs. 4 UAbs. 3 RL). Um der Kritik gerecht zu werden, dass im Falle einer Hauptversammlungszuständigkeit die Minderheit über eine Transaktion mit dem Mehrheitsgesellschafter faktisch entscheiden kann, gewährt Art. 9c Abs. 4 UAbs. 4 RL den Mitgliedsstaaten die Möglichkeit, eine Ausnahme vom Stimmverbot vorzusehen. Diese Ausnahme steht unter dem Vorbehalt, dass nationales Recht angemessene Schutzmechanismen gewährleistet. Da der Wortlaut des Art. 9c Abs. 4 UAbs. 4 RL eindeutig nur Aktionäre im Blick hat, haben Mitglieder des Aufsichts- oder Verwaltungsorgans in den Ausstand zu treten.

4) Ausnahmetatbestände

Die Richtlinie sieht einige Ausnahmen vom Anwendungsbereich des Related Party Regimes vor. Diese Ausnahmetatbestände orientieren sich an dem Diskussionspapier des Europäischen Rats, gehen aber deutlich über das hinaus, was Kommission und Parlament vorgeschlagen haben.[537] Art. 9c Abs. 5 UAbs. 1 RL nimmt die

537 Die Ausnahmetatbestände der Richtlinie stimmen beinahe wortgleich mit denen der Ratsposition überein (Art. 9c Abs. 4 AR-RLE-ER). Das Positionspapier des Parlaments ist hinsichtlich der Ausnahmetatbestände deutlich restriktiver und sieht

Geschäfte, die im ordentlichen Geschäftsgang und zu marktüblichen Bedingungen zustande gekommen sind, vom Anwendungsbereich der Richtlinie aus. Dafür soll das Verwaltungs- oder Aufsichtsorgan ein internes Bewertungsverfahren implementieren. Die Mitgliedsstaaten können aber gem. Art. 9c Abs. 5 UAbs. 2 RL vorsehen, dass selbst solche Geschäfte unter die Anwendung der Richtlinie fallen.

Fünf weitere Ausnahmen sind in Art. 9c Abs. 6 RL statuiert, wobei die Systematik im Vergleich zu der des Art. 9c Abs. 5 RL abweicht. Ausweislich des Wortlauts greifen die dort geregelten Ausnahmetatbestände nur dann ein, wenn der nationale Gesetzgeber ausdrücklich von ihnen Gebrauch gemacht hat. In folgenden Fällen können die Mitgliedsstaaten eine Ausnahme von der Publikation und dem Zustimmungsvorbehalt vorsehen:

1) wenn es sich um ein Geschäft zwischen der Gesellschaft ihrer 100 %igen Tochter handelt (Art. 9c Abs. 6 lit. a Alt. 1 RL);
2) wenn es sich um ein Geschäft zwischen Gesellschaft und Tochtergesellschaft handelt, sofern kein anderes der Gesellschaft nahestehendes Unternehmen oder nahestehende Person an der Tochtergesellschaft beteiligt ist (Art. 9c Abs. 6 lit. a Alt. 2 RL);
3) wenn es sich um ein Geschäft zwischen Gesellschaft und Tochtergesellschaft handelt und zudem nationales Recht angemessene Schutzmechanismen für die Gesellschaft, Tochtergesellschaft und (Minderheits-)Aktionäre vorsieht (Art. 9c Abs. 6 lit. a Alt. 3 RL);
4) bei genau festgelegten Arten von Geschäften, wenn nach nationalem Recht die Zustimmung der Hauptversammlung erforderlich ist, eine angemessene Behandlung aller Aktionäre gewährleistet ist und die Interessen der Gesellschaft und der Aktionäre geschützt werden (Art. 9c Abs. 6 lit. b RL);
5) Geschäfte die die Vergütung der Leitungsmitglieder betreffen (Art. 9c Abs. 6 lit. c RL);
6) Zahlungen von Kreditinstituten, die aufgrund von Stabilitätserwägungen vom europäischen Gesetzgeber angeordnet werden (Art. 9c Abs. 6 lit. d RL);
7) Geschäfte die allen Aktionären angeboten werden und bei denen deren Gleichbehandlung und Schutz sichergestellt ist (Art. 9c Abs. 6 lit. e RL).

Ausnahmen nur in zwei Fällen vor: 1) bei Transaktionen, die zu marktüblichen Bedingungen im ordentlichen Geschäftsgang zustande gekommen sind; 2) bei Transaktionen zwischen einem Unternehmen und einem oder mehreren Mitgliedern seiner Gruppe oder Gemeinschaftsunternehmen, sofern die betreffenden Mitglieder der Gruppe oder die Gemeinschaftsunternehmen sich vollständig im Besitz des Unternehmens befinden (Art. 9c Abs. 4 AR-RLE-EP).

5) *Aggregationsklausel*

Obwohl keine einheitlichen Schwellenwerte seitens des europäischen Gesetzgebers vorgeschrieben werden, statuiert Art. 9c Abs. 8 RL eine Aggregationsregelung. Innerhalb eines 12-Monats-Zeitraums sollen die „unwesentlichen" Transaktionen identischer Vertragsparteien zusammengefasst werden. Ergeben mehrere unwesentliche Transaktionen in der Summe eine wesentliche Transaktion, sollen die von der Richtlinie intendierten Schutzmechanismen eingreifen. Hinsichtlich der Benennung des Zeitraums wird den Mitgliedsstaaten freie Hand gelassen („beliebiger Zeitraum" oder „Geschäftsjahr"). Durch den Verzicht eines klar benannten Schwellenwerts, obliegt den Mitgliedsstaaten nicht nur, die Wesentlichkeit der Transaktion zu bestimmen, sondern auch die Aggregationsklausel in die Praxis umzusetzen.

II. Kritische Würdigung

Ziel der kritischen Würdigung wird an dieser Stelle nicht sein, die Richtlinienregelungen mit Blick auf deutsches Recht zu bewerten. Erst im 5. Kapitel soll die Umsetzung der Richtlinie in das deutsche Recht unter Berücksichtigung der vom europäischen Gesetzgeber zur Verfügung gestellten Wahlmöglichkeiten eruiert werden. Hier soll es vielmehr darum gehen, Systemschwächen des Art. 9c herauszuarbeiten und darzulegen.

Der Kommissionsvorschlag mit der zwingenden Hauptversammlungszuständigkeit wurde schon durch die Ratsvorschläge zu Recht sehr früh ad acta gelegt und glücklicherweise im Rahmen der informellen Trilogverhandlungen nicht erneut aufgegriffen.[538] Bei Lichte betrachtet stimmt die informelle Ratsposition mit der veröffentlichten Richtlinie en gros überein. Lediglich in Einzelheiten weichen Vorschlag und veröffentlichte Richtlinie voneinander ab.[539] Nicht partout negativ zu bewerten ist, dass die Richtlinie den Mitgliedsstaaten einen gewissen Ermessenspielraum gewährt. Denn damit nimmt der europäische Gesetzgeber Abstand von der Idee, ein offensichtlich auf den englischen *Listing Rules* basierendes Konzept auf die mitgliedschaftlichen Rechtsordnungen eins zu eins zu adaptieren.[540] Gesehen werden muss aber, dass dadurch der anfangs erläuterte Harmonisierungsgedanke

538 Eingehend zur Bewertung des Kommissionsvorschlags siehe bereits oben, S. 114 ff.

539 Vor diesem Hintergrund steht zu vermuten, dass die Zugeständnisse seitens des Parlaments politisch motiviert waren.

540 *Temming*, RdA 2015, 280 (282).

und damit das Ziel der Richtlinie in gewissem Maße ad absurdum geführt wird.[541] Allerdings scheint dies – zumindest in gewissem Umfang – notwendiges Übel, um ein funktionierendes System zur Bekämpfung dieser abträglichen Transaktionen in den Mitgliedsstaat in ähnlicher Weise sicherzustellen. Das Überstülpen eines Vorschlags auf Rechtssysteme, die unterschiedlicher nicht sein können, war von vorneherein zum Scheitern verurteilt.

1) Der Wesentlichkeitsbegriff als Grenze des Anwendungsbereichs

Dadurch, dass die Richtlinie qualitative Vorgaben enthält, um den Wesentlichkeitsbegriff zu konkretisieren, steht es dem nationalen Gesetzgeber offen, geeignete Schwellenwerte zu implementieren.[542] Denkbar, allerdings nicht förderlich, wäre, dass die Mitgliedsstaaten an den Begriff der Wesentlichkeit derart hohe Werthürden knüpften, dass die Anwendung der Richtlinie faktisch ausschiede. Da die Mitgliedsstaaten aber den Schutz der Minderheitsaktionäre im Auge haben und berücksichtigen müssen, welchen Einfluss Informationen über das Geschäft auf wirtschaftliche Entscheidungen haben können, steht zu vermuten, dass sich die Mitgliedsstaaten für eine Anwendung und damit für moderate Schwellenwerte entscheiden.[543] Jedenfalls steht fest, dass die Umsetzung quantitativer Schwellenwerte maßgeblichen Einfluss auf die Reichweite des Schutzsystems im jeweiligen Mitgliedsstaat haben wird. Da davon auszugehen ist, dass jeder Mitgliedsstaat unterschiedliche Schwellenwerte anlegt, kann ein Mindestmaß an Harmonisierung schon gar nicht gewährleistet werden. Deshalb ist die Entscheidung aus Brüssel, dem nationalen Gesetzgeber einen weiten Ermessensspielraum hinsichtlich der Umsetzung des Related Party Regimes zu gewähren, nicht nachvollziehbar. Denn für die Beurteilung der Frage, wann und unter welchen Voraussetzungen die Schutzmechanismen eingreifen, also das Related Party Regime zur Anwendung gelangen soll, sind die Organisationsverfassung einer Aktiengesellschaft und die bestehenden rechtlichen Regelungen nationalen

541 So schon: *Amstutz,* Unternehmensgruppen, S. 118; *Kumpan,* Related Party Transactions, S. 17; *J. Vetter*, ZHR 179 (2015), 273 (318).

542 *Jung*, WM 2014, 2351 (2351), die von einem obligatorischen Regelungsauftrag spricht. Zur Höhe der Schwellenwerte im Rahmen des deutschen Rechts, siehe unten §§ 149b, 149c AktG-E des Umsetzungsvorschlags, S. 346.

543 *Jung*, WM 2014, 2351 (2351); *Veil*, NZG 2017, 521 (522); einschränkend *Bungert/Wansleben*, DB 2017, 1190 (1195), die festhalten, dass die Schwellenwerte keinen "Grund- oder Rundherum-Schutz" gewährleisten müssen.

Rechts bestenfalls sekundär. An dieser Stelle den Mitgliedsstaaten das Erstellen quantitativer Schwellenwerte zu überlassen, macht schon unter diesem Gesichtspunkt wenig Sinn.[544] Der Schluss auf ein gesetzgeberisches Versagen liegt nahe!

Mitgliedsstaaten können nicht nur eine, sondern mehrere Wesentlichkeitsgrenzen festlegen. *Jung* gibt zu bedenken, dass nicht eindeutig hervorgehe, ob der nationale Gesetzgeber auch an das Erstellen der *Fairness Opinion* und an die Publikationspflicht unterschiedliche Werthürden anlegen kann.[545] Entscheidend gegen diese Überlegung spricht der eindeutige Wortlaut.[546] Der Gesetzgeber macht darin hinreichend deutlich, dass jeweils eine Wesentlichkeitsdefinition für die Anwendung der Absätze 2 und 3 sowie eine Wesentlichkeitsdefinition für die Anwendung von Absatz 4 erstellt werden kann. Zu diesem Argument treten systematische Überlegungen. Da die *Fairness Opinion* der Publikation beizufügen ist, spricht vieles dafür, dass sich Offenlegung und *Fairness Opinion* auf dieselbe Werthürde beziehen.[547]

Sollte ein Mitgliedsstaat zwei Werthürden – eine Werthürde für die Anwendung des Absatzes 4 und eine Werthürde für die Anwendung der Absätze 2 und 3 – implementieren, wäre damit zwangsläufig wieder die Frage virulent, in welchem Verhältnis die Veröffentlichung der Transaktion bzw. die Erstellung der *Fairness Opinion* zum Zustimmungsvorbehalt des Aufsichtsorgans oder der Hauptversammlung steht.[548] Da sich die Richtlinie zu dieser Konkurrenzsituation nicht äußert, sollte der Mitgliedsstaat – vorausgesetzt er entscheidet sich für die Erstellung der *Fairness Opinion* – für eine hinreichend klare Regelung im nationalen Recht sorgen.

---

544 Zustimmend mit: *J. Vetter*, ZHR 179 (2015), 273 (318); *Tarde*, ZGR 2017, 360 (374); ähnlich auch: *Zollner*, in: FS Nowotny, S. 499 (505).; a.A.: *Bayer/Selentin*, NZG 2015, 7 (9); *Bungert/de Raet*, Der Konzern 2015, 289 (293).

545 *Jung*, WM 2014, 2351 (2352), deren Überlegung bezog sich zwar auf die Veröffentlichung des Kompromisstextes der italienischen Ratspräsidentschaft. Da der Wortlaut identisch ist, kann die Überlegung auch hier angeführt werden.

546 „Die Mitgliedstaaten können für die Anwendung des Absatzes 4 eine andere Definition des wesentlichen Geschäfts als für die Anwendung der Absätze 2 und 3 festlegen […]".

547 Im Ergebnis auch: *Jung*, WM 2014, 2351 (2352).

548 Siehe dazu bereits oben, S. 129 f.

2) *Publizität und Fairness Opinion*

Im Ergebnis bleibt die veröffentlichte Richtlinie bei dem Grundsatz, dass eine wesentliche Transaktion spätestens zum Zeitpunkt des Abschlusses publiziert werden soll.[549] Fehlend sind die schon eingangs dieses Kapitels bemängelten Informationen hinsichtlich der Art der Veröffentlichung.[550] Somit wird den Mitgliedsstaaten eine Wahlmöglichkeit hinsichtlich der Veröffentlichungsmodalität gewährt. Das wurde vom europäischen Gesetzgeber nicht etwa übersehen, sondern bewusst den Mitgliedsstaaten zur Entscheidung überlassen.[551] Diese Wahlmöglichkeit wurde schon bei Zugrundelegen der Wesentlichkeitsschwelle aufs Schärfste kritisiert, ähnliches gilt auch hier. Dadurch kann und wird die Veröffentlichungsmethodik von Mitgliedsstaat zu Mitgliedsstaat unterschiedlich ausfallen. Gerade im Hinblick auf Aktionäre, die an mehreren ausländischen Gesellschaften beteiligt sind, führt diese Veröffentlichungssystematik zu einer unnötigen Verkomplizierung.

Im Rahmen der *Fairness Opinion* steht zudem die Art und Weise der Erstellung im Ermessen der Mitgliedsstaaten. Positiv hervorzuheben ist aber, dass der nationale Gesetzgeber selbst entscheiden kann, ob das jeweilige nationale Recht angepasst werden soll. Inhaltliche Vorgaben hinsichtlich deren Erstellung sieht die Richtlinie nicht vor, sodass den Mitgliedsstaaten die inhaltliche Konkretisierung der *Fairness Opinion* obliegen wird.[552] Aus ökonomischen und zeittechnischen Gründen ist zu begrüßen, dass nicht zwangsläufig an einem externen Berater festgehalten werden muss. Ob das nationale Recht auf einen Ausschuss, einen Berater oder das Überwachungsorgan abstellt, sollte für das Ergebnis nur von zweitrangiger Bedeutung sein.

3) *Zustimmungsvorbehalt*

Erfreulicherweise wurde der zwingende Zustimmungsvorbehalt der Hauptversammlung durch ein Wahlrecht der Mitgliedsstaaten abgelöst. Dadurch wird der Gesetzgeber vor allem den dualistischen Organisationsverfassungen gerecht.

---

549 Zu dieser dem deutschen Aktienrecht fremden ad-hoc Offenlegung wurde bereits ausführlich Stellung bezogen, siehe bereits oben, S. 118 ff.

550 Siehe dazu bereits oben, S. 118 mit Fn. 433.

551 Diese Sichtweise ergibt sich aus Erwägungsgrund 44 der Richtlinie. Als Beispiel für die Veröffentlichung nennt der Gesetzgeber die Publikation auf der unternehmenseigenen Internetseite. Ausdrücklich handelt es sich dabei aber nur um ein Beispiel, weshalb daraus kein zwingender Charakter geschlossen werden kann.

552 *Veil*, NZG 2017, 521 (527).

Problematisch erscheint das Zusammenspiel zwischen dem Beschluss des Aufsichtsrats und der Hauptversammlung, gesetzt den Fall, dass sich der Mitgliedsstaat für eine Zustimmung durch das Aufsichtsorgan entscheidet und zugleich vorsieht, dass die Aktionäre in der Hauptversammlung über die Transaktion erneut abstimmen dürfen (Art. 9c Abs. 4 UAbs. 2 RL). Das Problem liegt auf der Hand. Was geschieht in dem Fall, in dem die Hauptversammlung mit der Entscheidung des Aufsichtsrats nicht übereinstimmt? Expressis verbis äußert sich die Richtlinie dazu nicht. Denkbar ist, dass in diesem Fall die Entscheidung des Aufsichtsrats verdrängt wird, da die Hauptversammlung das oberste Organ innerhalb der Aktiengesellschaft darstellt. Andererseits könnte unter Heranziehung des Grundsatzes der Organadäquanz argumentiert werden, dass von der Hauptversammlung keine ordentlich abgewägte Entscheidung erwartet werden kann. Geht man aber von letzterem aus, wäre die Sinnhaftigkeit des Art. 9c Abs. 4 UAbs. 2 RL sehr beschränkt. Wenn die Hauptversammlung keine Kompetenz zum Verwerfen einer Aufsichtsratsentscheidung hätte, könnte auf diesen Absatz gänzlich verzichtet werden.

Durch die von der Richtlinie vorgesehenen Wahlmöglichkeiten kann die Situation eintreten, dass der Aufsichtsrat seine Zustimmung zum Geschäft erteilen und zugleich auch die *Fairness Opinion* erstellen muss. Dafür ist notwendig, dass der Mitgliedsstaat von den ihm zur Verfügung gestellten Wahlmöglichkeiten in zweifacher Hinsicht Gebrauch macht. Inwieweit dieses Problem für die Praxis relevant wird, kann zum jetzigen Zeitpunkt nicht geklärt werden. Jedenfalls kann sowohl die Erstellung der *Fairness Opinion* als auch die Zustimmung zum Geschäft in der Hand des Aufsichtsrats liegen, was das Missbrauchspotential evident anwachsen lässt.[553]

4) Ausnahmsweise kein Stimmverbot

Auch das Stimmverbot wurde vom europäischen Gesetzgeber im Rahmen der veröffentlichten Richtlinie deutlich gelockert. Freilich unterliegen die nahestehenden Personen grundsätzlich einem Stimmverbot. Von diesem Stimmverbot kann aber zumindest für den Aktionär eine Ausnahme gemacht werden, wenn nationales Recht angemessene Schutzmechanismen bereitstellt. Ob deutsches Recht angemessene Schutzmechanismen enthält, kann an dieser Stelle vernachlässigt werden. Generell ist eine Ausnahme von dem Stimmverbot zu begrüßen, da dadurch das Missbrauchspotential der Minderheit stark entwertet wird. Die Frage, ob nationales Recht geeignete Schutzmaßnahmen vorsieht ist stets eine

553 *Jung*, WM 2014, 2351 (2354).

Frage des Einzelfalls und wird auch nur dann virulent, wenn eine Hauptversammlungszuständigkeit angeordnet wird.

Die Ausnahme vom Stimmverbot ist aber nur auf den Fall eines Aktionärs in der Hauptversammlung beschränkt und nicht auf Organmitglieder übertragbar. Sie dürfen an der Abstimmung nicht teilnehmen. Fraglich ist, wie Fälle zu bewerten sind, in denen der Aufsichtsrat nicht nur mit Vertrauten des Aktionärs besetzt ist, sondern Arbeitnehmervertreter durch die gesetzlichen Vorschriften zur Arbeitnehmermitbestimmung zwingend Einzug in den Aufsichtsrat erhalten haben. Dann wird die Frage virulent, ob die Aufsichtsratsmitglieder, die den Aktionär im Aufsichtsrat vertreten, als Mitglied der Unternehmensleitung an der Gesellschaft beteiligt sind und damit einem Stimmverbot unterliegen.[554]

5) Aggregationsklausel

Aufgrund der Unbestimmtheit des Wesentlichkeitsbegriffs fällt die praktische Umsetzung dieser Regelung und damit die Relevanz für das nationale Recht gänzlich in den Pflichtenkreis der Mitgliedsstaaten.[555] Erwähnenswert ist vor allem der mitunter lang anhaltende Schwebezustand und die damit einhergehende Rechtsunsicherheit. Sie erwachsen daraus, dass schlimmstenfalls ein 12-monatiges Zuwarten notwendig ist, bis die endgültige Wirksamkeit der Transaktion feststeht.[556] Die Anwendung der Aggregationsklausel führt in aller Konsequenz dazu, dass kleinere Transaktionen erst dann der Offenlegungspflicht unterliegen, wenn die Hürde zur Wesentlichkeit überschritten wurde.[557] Fraglich ist in diesem Fall indes, wie mit den einzelnen als unwesentlich zu klassifizierenden Transaktionen im Nachhinein umzugehen ist.[558] Es käme keine ex-ante, sondern nur eine ex-post Publikation der Transaktion in Betracht. Das ist aber wohl hinzunehmen. Fernliegend ist die Forderung, dass die Mitgliedsstaaten jede Transaktion ad-hoc publizieren sollen, da dadurch die Festlegung einer Wesentlichkeitsschwelle faktisch unbrauchbar wäre.[559]

---

554 Siehe zu diesem Problemkreis ausführlich unten, S. 265 ff.

555 Sehr kritisch zur Aggregationsklausel: *Bungert/de Raet*, Der Konzern 2015, 289 (293) – „weder praktikabel noch sinnvoll"; *J. Vetter*, ZHR 179 (2015), 273 (322) – „Beispiel für Überregulierung".

556 So auch: *Bungert/de Raet*, Der Konzern 2015, 289 (293).

557 *Bungert/de Raet*, Der Konzern 2015, 289 (293); *Jung*, WM 2014, 2351 (2355).

558 *Bungert/de Raet*, Der Konzern 2015, 289 (293); *Bungert/Wansleben*, DB 2017, 1190 (1195).

559 *Bungert/de Raet*, Der Konzern 2015, 289 (293); *Bungert/Wansleben*, DB 2017, 1190 (1195).

Noch problematischer erscheint die Aggregationsklausel, wenn die Zusammenfassung mehrerer Transaktionen dazu führt, dass die Zustimmung von Hauptversammlung oder Aufsichtsorgan erforderlich wird. Aus der Richtlinie geht, anders als noch aus dem Kommissionsvorschlag, nicht eindeutig hervor, welcher Transaktion zugestimmt werden muss. Intention des europäischen Gesetzgebers kann es jedenfalls nicht sein, jede Transaktionen unter den Zustimmungsvorbehalt zu stellen. Im Ergebnis würde das dazu führen, dass – vorausgesetzt die vom nationalen Gesetzgeber aufzustellende Werthürde für eine Zustimmungspflicht wird durch Aggregation überschritten – jede Kleinsttransaktion als wesentliche Transaktion behandelt wird. *Tarde* geht von einem gesetzgeberischen Versehen aus, wobei die Klarheit der Norm „im Zuge von Umformulierungen und Anpassungen […] verloren" ging.[560] Vor diesem Hintergrund legt er die Aggregationsklausel derart aus, dass nur die die Werthürde überschreitende Transaktion zu veröffentlichen und ggf. zustimmungspflichtig ist. Darüber hinaus gelte die Publikations- und Zustimmungspflicht bis zum Ablauf des 12-Monats Zeitraums für jede einzelne Transaktion fort.[561] Diese Sichtweise ist keinesfalls zwingend. Denn es ist nur schwerlich vorstellbar, dass im Trilogverfahren, indem sich alle Ansichten gegenüberstanden, diese Ungenauigkeit übersehen wurde. Gut vorstellbar ist, dass der Gesetzgeber den Mitgliedsstaaten ebenda auch einen weiten Spielraum zur Ausgestaltung der Aggregationsregelung gewähren wollte. Der Wortlaut spricht jedenfalls dafür. So wäre bspw. denkbar, nicht an die die Werthürde überschreitende Transaktion, sondern an die größte Transaktion zum Zeitpunkt der Überschreitung anzuknüpfen. Damit wäre freilich sichergestellt, dass die Transaktion mit der größten Gefahr für das Vermögen der Gesellschaft durch die Hauptversammlung oder den Aufsichtsrat überprüft wird. Was zudem gegen ein gesetzgeberisches Versehen spricht ist, dass sich der Kommissionsvorschlag nur auf die Aggregation hinsichtlich des Zustimmungsvorbehalts bezog. Im Rahmen der Richtlinie soll eine Aggregation, ausweislich des Wortlauts des Art. 9c Abs. 8 RL, darüber hinaus für den Zweck der Publikation (Abs. 2) erfolgen. Damit geht die Richtlinie bewusst über den von der Kommission vorgeschlagenen Rahmen hinaus. Da eine eindeutige Auslegung fehlgeht, haben die nationalen Gesetzgeber weite Umsetzungsmöglichkeiten.

560 *Tarde*, ZGR 2017, 360 (376).
561 *Tarde*, ZGR 2017, 360 (376).

Jedenfalls bleibt zu konstatieren, dass die von *Bungert/de Raet* und von *Vetter* bereits vor Ende des Gesetzgebungsverfahrens geforderte Anpassung, der Umgehungsgefahr nicht mit der Aggregation, sondern vielmehr mit allgemeinen Grundsätzen (z.B. Institut des Rechtsmissbrauchs) zu begegnen, in der veröffentlichten Fassung nicht berücksichtigt wurde.[562] Da der europäische Gesetzgeber in der veröffentlichten Richtlinienfassung nicht von der Aggregationsklausel abgerückt ist, wird es Aufgabe des nationalen Gesetzgebers sein, diese möglichst harmonisch in nationales Recht zu integrieren.

6) *Ausnahmevorschriften*

Die Dogmatik des Art. 9c Abs. 5 RL ist im Vergleich zu den anderen Vorschriften überaus interessant, denn anders als bspw. Art. 9c Abs. 6 RL sieht Absatz 5 kein *opting-out*, sondern ein *opting-in* der Vorschrift vor. Das ergibt sich aus dem Zusammenspiel von Art. 9c Abs. 5 UAbs. 1 und UAbs. 2 RL. Grundsätzlich sind marktübliche und einem Drittvergleich standhaltende Geschäfte von der Anwendung des Schutzsystems ausgeschlossen, es sei denn, die Mitgliedsstaaten wollen die Schutzmechanismen auch in diesem Falle zur Anwendung gereichen lassen. Telos dieser Fallgruppe besteht darin, ständige Lieferungs- und Leistungsbeziehung vom Anwendungsbereich der Richtlinie auszunehmen.[563] Hier wird es ganz entscheidend darauf ankommen, wie die nationalen Gesetzgeber den Begriff der Wesentlichkeit definieren, und – wenn mehrere Werthürden erstellt werden – welcher Wesentlichkeitsbegriff zugrunde gelegt werden soll.[564] Ähnliches gilt auch für die „Marktüblichkeit" und den „ordentlichen Geschäftsgang", die als unbestimmte Rechtsbegriffe vom nationalen Gesetzgeber ausgelegt werden müssen. Beachtet werden muss aber, dass sie in der Auslegung der Begriffe frei sind.[565] Da es sich um unbestimmte Rechtbegriffe mit begrenztem Gestaltungsspielraum handelt, sollten die Begriffe unionsweit trotz der Auslegung durch die nationalen Gesetzgeber nur geringfügig voneinander abweichen.

Dennoch ist diese Ausnahmevorschrift nicht leicht zu erfassen. Manchen fordern entgegen dem Wortlaut, dass die Vorschrift nur Sinn ergebe, wenn es

562 *Bungert/de Raet*, Der Konzern 2015, 289 (293); *J. Vetter*, ZHR 179 (2015), 273 (322).

563 *Jung*, WM 2014, 2351 (2355 f.).

564 Denn wenn zwei Wesentlichkeitsschwellen existieren, stellt sich automatisch die Frage, welche Wesentlichkeitshürde dafür anzulegen ist. Hier spricht vieles dafür, die niedrigere Wesentlichkeitsschwelle, die zur Publikation und zur Erstellung der *Fairness Opinion* führt, anzulegen.

565 *Bungert/de Raet*, Der Konzern 2015, 289 (297); *Bungert/Wansleben*, DB 2017, 1190 (1197).

sich um wesentliche Geschäfte handele, die im ordentlichen Geschäftsgang zu marktüblichen Bedingungen getätigt werden.[566] Ferner stellt der europäische Gesetzgeber keinerlei Anforderungen an das „interne Verfahren“. Nach überwiegender Ansicht sollen damit wohl keine konkreten Geschäfte überprüft werden, sondern intendiert ist vielmehr die Implementierung eines Kontrollsystems, wonach Geschäfte nur stichpunktartig zu überprüfen sind.[567] Diese Bewertung mag zwar für die einzelne wesentliche Transaktion gerechtfertigt sein, stößt aber bei Anwendung der Aggregationsklausel an ihre Grenze: Wird die Grenze der Wesentlichkeit durch eine einzelne Transaktion überschritten, ist die Transaktion, sofern die unbestimmten Rechtsbegriffe der Marktüblichkeit und des ordentlichen Geschäftsgangs erfüllt sind, nicht zu veröffentlichen. Wird die Grenze der Wesentlichkeit durch mehrere Transaktionen zwischen denselben Parteien überschritten, ist sie laut Art. 9c Abs. 8 RL unabhängig davon, ob sie marktüblich und ihm Rahmen eines ordentlichen Geschäftsgangs zustande gekommen ist, zu aggregieren und im Falle der Überschreitung der Wesentlichkeitsschwelle zu veröffentlichen. Damit werden Transaktionen ungleich behandelt, obwohl sie den gleichen Wert aufweisen können. Aufgrund dessen erscheint es unumgänglich, dass jede Transaktion hinsichtlich der unbestimmten Rechtsbegriffe des Art. 9c Abs. 5 RL überprüft wird und nur solche Transaktion aggregiert werden, die entweder zu marktunüblichen Bedingungen oder außerhalb des ordentlichen Geschäftsgangs abgeschlossen wurden. Das gilt zumindest in dem Fall, in dem der nationale Gesetzgeber die Geschäfte, die zu marktüblichen Bedingungen und im ordentlichen Geschäftsgang abgeschlossen wurden, nicht unter das Schutzsystem fallen lässt. Da das zu einem enormen administrativen Aufwand führen wird, ist das durch Art. 9c Abs. 5 RL geforderte interne Verfahren unumgänglich.

Ungenau ist ferner Art. 9c Abs. 6 lit. a RL, nach dem Geschäfte zwischen der Gesellschaft und ihren zu 100 % im Besitz stehenden Tochterunternehmen von der Richtlinie ausgenommen werden können.[568] Da das Schutzniveau nicht davon abhängig gemacht werden kann, ob eine Transaktion von Mutter zu Tochter oder von Tochter zu Mutter ausgeht, muss der Wortlaut des Art. 9c Abs. 6 lit. a RL teleologisch erweitert werden.[569] Dafür spricht, dass sowohl *up*- als auch *downstream* Geschäfte vom Begriff der Transaktion erfasst werden.

566 *Jung*, WM 2014, 2351 (2355 f.); *Veil*, NZG 2017, 521 (528).
567 *Bungert/Wansleben*, DB 2017, 1190 (1197 f.); *Jung*, WM 2014, 2351 (2356).
568 *Bungert/Wansleben*, DB 2017, 1190 (1196).
569 *Bungert/Wansleben*, DB 2017, 1190 (1197).

F) Zusammenfassung

Nachdem gerade zu Beginn des Gesetzgebungsprozesses die Rezension als Reaktion auf den einseitig an den *Listing Rules* orientierten Vorschlag der Kommission überaus negativ war, wurden durch die folgenden Vorschläge und Trilogverhandlungen die Wogen etwas geglättet. Die Richtlinie rückt im Ergebnis ganz maßgeblich die Wahlmöglichkeiten des nationalen Gesetzgebers in den Vordergrund. Teilweise, bspw. bei Erstellung der *Fairness Opinion* oder bei Etablierung des Zustimmungsvorbehalts, sind diese Wahlmöglichkeiten durchaus nachvollziehbar. Dadurch erhalten die nationalen Gesetzgeber genügend Spielraum, die Impulse aus Brüssel harmonisierend mit nationalem Recht umzusetzen. Das gilt aber nicht für den weiten Ermessensspielraum bei Festlegung des Anwendungsbereichs. Dadurch verliert der europäische Gesetzgeber das Ziel unionsweiter Harmonisierung vollkommen aus den Augen. Er muss sich sogar die Frage gefallen lassen, worin der Mehrwert seines Vorschlags im Vergleich zu einem nationalen Recht liegt, das bereits ein an sich ordentliches Schutzsystem gewährleistet. Denn im Rahmen des Umsetzungsaktes muss auch immer die Möglichkeit berücksichtigt werden, dass nationale Schutzsysteme durch systemfremde europarechtliche Vorgaben durchstoßen werden. Folge dessen ist Rechtsunsicherheit im Anschluss an die Umsetzung der Richtlinie. Diese Bedenken könnten etwas aufgefangen werden, wäre mit der Umsetzung – zumindest bei der Frage des Eingreifens der Schutzmechanismen – ein unionsweites Maß an Einheitlichkeit gewährleistet. Da dieses Maß hier fehlt, überwiegen eindeutig die Nachteile gesetzgeberischen Tätigwerdens. Summa summarum können weite Teile der Reformbestrebungen des europäischen Gesetzgebers nur mit einem Kopfschütteln quittiert werden. Die Frage ist, ob und wie deutsches Aktienrecht, insbesondere das Konzernrecht, das ganz maßgeblich auf einem nachgelagerten Schutzsystem beruht, mit den Richtlinienregelungen in Einklang zu bringen sein wird.

Kapitel 4: Related Party Transactions Regime in ausländischen Jurisdiktionen – vergleichende Betrachtung zwischen deutschem und anglo-amerikanischem Rechtskreis

Die Missbrauchsanfälligkeit von Related Party Transactions folgt – wie bereits gesehen – aus der für die Kapitalgesellschaften üblichen Trennung zwischen Kapital und Management. Dieser klassische Prinzipal-Agent Konflikt wird im Rahmen der Related Party Transactions durch den Konflikt zwischen Mehrheitsaktionär und den Außenstehenden erweitert. Da diese Trennung und die zwangsläufig aufkeimende Konfliktsituation kein jurisdiktionenspezifisches, sondern grenzüberschreitendes Problem darstellt, wird untersucht, in welcher Art und Weise andere Rechtsordnungen auf diese Konfliktsituation reagieren. Dafür werden die Schutzmechanismen ausländischer Rechtsordnungen dargestellt. Denn, wie zu zeigen sein wird, unterliegen diese Geschäfte in der Regel wie in Deutschland keinem Nichtigkeitsverdikt, sondern verfügen über ein mehr oder minder starkes rechtliches Konstrukt zum Schutze Außenstehender. Bei der Auswahl der vergleichenden Rechtsordnungen wurde sich an den empirischen Erhebungen der Weltbank orientiert. Deutschland wird bei dem einschlägigen Minderheitenschutz nur auf Rang 53 gelistet. Ziel ist es, auf Grundlage der empirischen Erhebungen der Weltbank solche Systeme darzustellen, die im Rahmen des Minderheitenschutzes als besonders zufriedenstellend und als mangelhaft bewertet wurden. Aus diesem Grund wird sich der folgende Abschnitt auf die Schutzsysteme der Vereinigten Staaten (Platz 41), des Vereinigten Königreichs (Platz 6), von Österreich (Platz 32) und der Schweiz (Platz 106) beschränken.[570] Damit werden die Schutzsysteme angelsächsischer und deutschsprachiger Rechtsordnungen gegenübergestellt. Eine Darstellung des Rechts des Vereinigten Königreichs darf allein aus dem Grund nicht fehlen, da sich vor allem der Vorschlag der Europäischen Kommission nicht nur sehr stark an dessen Regelungsmechanismen orientierte, sondern die Regelungen zum Teil komplett adaptierte. Ohne en détail auf die Schutzvorkehrungen einzugehen,

570 Vgl. den Report der Weltbank aus dem Jahre 2017, abrufbar unter: http://www.doingbusiness.org/~/media/WBG/DoingBusiness/Documents/Annual-Reports/English/DB17-Report.pdf [zuletzt geprüft: 20.03.2018].

ist zunächst festzuhalten, dass sich die jeweiligen Rechtssysteme auf den ersten Blick darin unterscheiden, ob die Korporation qua Rechtsordnung monistisch oder dualistisch aufgebaut ist.[571] Aus diesem Grund wird zunächst auf die monistischen Systeme des US-amerikanischen Rechts, des Rechts des Vereinigten Königreichs und des schweizerischen Gesellschaftsrechts eingegangen. Im Anschluss wird dann ein Blick auf die dualistisch organisierte Aktiengesellschaft Österreichs geworfen. Um eine Vergleichbarkeit gewährleisten zu können, ist der Aufbau innerhalb der Darstellung identisch. Es wird zunächst ein Überblick über das Gesellschaftsrecht des jeweiligen Staates gegeben. Ziel dessen ist es, eine Kapitalgesellschaft zu benennen, die die Eigenarten der deutschen Aktiengesellschaft teilt. Auf diese Gesellschaftsform werden sich die dann folgenden Ausführungen beschränken. Bevor auf die Schutzvorkehrungen der jeweiligen Rechtsordnung bei Geschäften mit nahestehenden Personen eingegangen wird – wobei auch hier grundsätzlich zwischen Geschäften mit Organmitgliedern und solchen mit herrschenden Aktionären zu unterscheiden sein wird – werden die Grundzüge der Gesellschaftsform und die zur Anwendung gelangenden Rechtsquellen im Überblick zusammengetragen.

A) US-amerikanisches Gesellschaftsrecht

I. Gesellschaftsformen – insbesondere die *corporation*

Mit Blick auf das US-amerikanische Gesellschaftsrecht fällt auf, dass dem amerikanischen Rechtsanwender die Unterscheidung in ein Personen- und Kapitalgesellschaftsrecht nach deutschem Vorbild fremd ist. Dennoch besteht die Möglichkeit die US-amerikanischen Gesellschaftsformen in dieses Schema einzuordnen.[572] Die für die Wirtschaft bedeutendste Kapitalgesellschaft ist die *business corporation*.[573] Das belegen empirische Erhebungen, nach denen in den

571 Gleichwohl soll aber schon an diesem Punkt konstatiert werden, dass durch Etablierung eines Überwachungsorgans in der monistischen Organisationsverfassung eine deutliche Annäherung monistischer und dualistischer Systeme zu verzeichnen ist.

572 *Merkt*, US-amerikanisches Gesellschaftsrecht, Rn. 147; eine genaue Auflistung der Gesellschaftsformen mit Gründungs- und Haftungsmodalitäten findet sich bei: *Merkt*, US-amerikanisches Gesellschaftsrecht, S. 101 ff.

573 Die *corporation* erfüllt alle Voraussetzungen einer Kapitalgesellschaft: Sie ist juristische Person, haftet mit dem Gesellschaftsvermögen und wird von einem zentralen Organ geleitet. Eigentümer sind die Gesellschafter, die Aktien an der Gesellschaft halten, vgl.: *Armour/Hansmann/Kraakman*, Corporate Law, S. 5.

USA rund 27 von 33 Mrd. US-Dollar durch Gesellschaften, die in der Rechtsform der *business corporation* organisiert sind, umgesetzt wurden.[574] Die *business corporation*, auch *stock corporation* oder vereinfacht *corporation* genannt, ist die absolute Grundform amerikanischen Gesellschaftsrechts. Diese Erkenntnis reicht sogar so weit, dass das Recht der *corporation* mit dem US-amerikanischen Gesellschaftsrecht gleichgesetzt wird, weshalb nicht von *company law,* sondern *corporate law* gesprochen wird.[575] Die *corporation* lässt sich nochmals in eine *close* und *public corporation* unterteilen. Die *public corporation* zeichnet sich dadurch aus, dass deren Aktien an der Börse gehandelt werden, weshalb diese im deutschen Recht der börsennotierten Aktiengesellschaft gleichzusetzen ist.[576] Aufgrund dessen werden sich die folgenden Ausführungen auf die Rechtsform der *public corporation* (im Folgenden: *corporation*) beschränken.

II. Gesellschaftsorgane

Gesellschaftsrecht ist kein Bundesrecht! Aufgrund dessen bestehen im Rahmen von Detailfragen hinsichtlich der rechtlichen Regelungen und Verfassung der *corporation* innerhalb der Bundesstaaten Unterschiede. Trotzdem ist die Verwaltungsorganisation durch ein System von *Checks and Balances* heute größtenteils vereinheitlicht. Organe der *corporation* sind das *board of directors*, welches durch die Gesellschafter gewählt wird, und das *shareholder meeting.* Zu den obersten Aufgaben des *boards* gehören die Geschäftsführung und die Festlegung der Unternehmensstrategie.[577] Zudem vertritt das *board* die Gesellschaft im Außenverhältnis beim Abschluss von Verträgen.[578] Freilich hängen die speziellen Aufgaben des *boards* von dem Bestehen sogenannter *executive officers* ab. In Annäherung an die dualistische Lehre, also die Trennung von Leitung und Überwachung, ist es gängige Praxis, leitende Angestellte (sog. *statutory officers*) mit dem Führen des Tagesgeschäfts zu betrauen. Neben einem förmlichen Bestellungsakt werden

---

574 *Merkt,* US-amerikanisches Gesellschaftsrecht, Rn. 146.

575 *Merkt,* US-amerikanisches Gesellschaftsrecht, Rn. 194; *Pfeiffer/Timmerbeil,* ZJS 2008, 597 (597); dazu kritisch: *Ribstein*, Berkeley Business Law Journal 2004, 185 (231), der die dominante Rolle der *corporation* gerade für große Unternehmen aufgrund ihrer starren Struktur nicht nachzuvollziehen vermag und für eine stärkere Einbeziehung der *partnership* plädiert.

576 *Pfeiffer/Timmerbeil,* ZJS 2008, 597 (598); zur Abgrenzung von *public* und *close corporation* siehe: *Armour/Hansmann/Kraakman,* Corporate Law, S. 10 f.; zu den Charakteristika einer *corporation* siehe: *Bainbridge,* Corporate Law, S. 1 ff.

577 Charlestown Boot & Shoe Co. v. Dunsmore, 60 N.H.85.

578 *Merkt,* US-amerikanisches Gesellschaftsrecht, Rn. 637.

den leitenden Angestellten weitreichende Befugnisse, unter anderem zur Vertretung der Gesellschaft und zur Geschäftsführung, gewährt.[579] Die leitenden Angestellten unterstehen einem hierarchischen Aufbau, mit dem *chief executive officer* (CEO) an der Spitze, gefolgt von *vice president* und *treasurer*.[580] In diesem Fall liegt primäre Aufgabe des *boards* nicht mehr in der Leitung der Gesellschaft, sondern in der Überwachung der Leitung. Allerdings stellen die *statutory officers* kein eigenes Gesellschaftsorgan dar, sondern sind die Konsequenz einer Arbeitsteilung im Verwaltungsorgan.[581] Sowohl die Mitglieder des *boards* als auch die *executive officers* unterstehen einer weitreichenden Treue- und Loyalitätspflicht.[582] Im Gegenzug werden ihre Entscheidungen einer nur eingeschränkten gerichtlichen Kontrolle durch die mittlerweile vom deutschen Recht adaptierten *Business Judgement Rule* (§ 93 Abs. 1 S. 2 dAktG) unterworfen.[583] Diese stellt für das leitende Organ einen *safe harbor* dar, denn bei zugrunde liegen der Voraussetzungen scheidet eine vollumfängliche richterliche Überprüfung im Hinblick auf den Entscheidungsinhalt aus.[584] Erforderlich ist, dass die Entscheidung auf Grundlage angemessener Informationen getroffen wurde. Kumulativ hinzutreten muss das subjektive Element, dass die Entscheidung vernünftig oder nachvollziehbar ist.[585]

Die Gesellschafter üben ihre Rechte im jährlich stattfindenden *shareholder meeting* aus. Ihnen wird die wichtige Aufgabe zuteil, die Mitglieder des *boards* zu wählen, oder, wenn sie mit der Arbeit des *boards* nicht zufrieden sind, sie abzuberufen.[586] Ein Mitglied des *boards* wird in der Regel für ein Jahr gewählt,

---

579 *Merkt,* US-amerikanisches Gesellschaftsrecht, Rn. 662 ff.

580 *Merkt,* US-amerikanisches Gesellschaftsrecht, Rn. 661.

581 Allgemein auf die monistische Verfassung fokussierend: *Eberspächer*, in: Spindler/Stilz, AktG, Art. 38 SE-VO Rn. 4.

582 *Pfeiffer/Timmerbeil*, ZJS 2008, 597 (598).

583 Im amerikanischen Schrifttum ist durchaus umstritten, ob die *Business Judgement Rule* auch für *officers* gilt, vgl.: *Merkt,* US-amerikanisches Gesellschaftsrecht, Rn. 922. Wenn die *officers* jedoch Entscheidungen im Rahmen des Tagesgeschäftes treffen müssen, scheint es unbillig, ihnen nicht den sicheren Hafen der *Business Judgement Rule* zu gewähren. Aufgrund dessen spricht viel dafür, die *Business Judgement Rule* auch auf leitende Angestellte anzuwenden. So auch: *Pfeiffer/Timmerbeil*, ZJS 2008, 597 (598); Gantler v. Stephens, 965 A.2d 695 (709).

584 *Merkt,* US-amerikanisches Gesellschaftsrecht, Rn. 922.

585 *Merkt,* US-amerikanisches Gesellschaftsrecht, Rn. 932.

586 *Armour/Hansmann/Kraakman*, Corporate Law, S. 12; während die Abberufung lange Zeit nur in begründeten Ausnahmefällen möglich war, sind manche Mitgliedsstaaten dazu übergegangen, dass ein Mitglied des *boards* auch ohne besonderen Grund

kann aber beliebig oft wiedergewählt werden.[587] Darüber hinaus haben sie weitreichende Befugnisse, um auf die Gesellschaft und deren Struktur einzuwirken. So können sie, vergleichbar mit dem Holzmüller-Judiz in Deutschland, über grundlegende und für die Gesellschaft tiefgreifende Angelegenheiten entscheiden und auf die Gesellschaftsstruktur durch Änderung des Organisationsstatuts *(bylaws, articles of incorporation)* einwirken.[588]

III. Rechtsquellen

Die US-amerikanische Rechtsordnung zeichnet sich dadurch aus, dass Gerichtsentscheidungen gesetzesgleiche Wirkung haben (sog. *common law*). Große Teile des Rechtssystems beruhen somit auf Fallrecht und richterrechtlicher Rechtsfortbildung. Durch das *concept of stare decisis* und der damit einhergehenden Präjudizienbindung entfalten die Urteile höherrangiger Gerichte Rechtswirkung für rangniedrigere Gerichte.[589] Gleichwohl gibt es einige Bereiche, in denen das *statutory law* vorherrschend ist und *common law*-Grundsätze lediglich zum Schließen von Regelungslücken herangezogen werden.[590] Ein solcher Bereich stellt das Gesellschaftsrecht dar. Ein in sich geschlossenes US-amerikanisches Gesellschaftsrecht oder Aktienrecht nach deutschem oder in weiten Teilen nach europäischem Vorbild sucht man dennoch vergebens. Ausschlaggebend dafür ist der die Gesetzgebungszuständigkeit regelnde zehnte Zusatzartikel der Verfassung der Vereinigten Staaten. Danach steht die Gesetzgebungskompetenz grundsätzlich den Bundesstaaten zu, es sei denn, sie wird ausdrücklich dem Bund übertragen.[591] Eine solche ausdrückliche Zuweisung auf Bundesebene unterbleibt. Somit hat jeder der 50 Einzelstaaten sein eigenes *corporate statute,*

---

abberufen werden kann. In diesem Fall wird lediglich die Mehrheit der Gesellschafterstimmen benötigt und erleichtert damit einen Austausch des *boards* im Falle einer Änderung der Aktionärsbeteiligung. Siehe zu alledem: *Merkt,* US-amerikanisches Gesellschaftsrecht, Rn. 615.

587 *Merkt,* US-amerikanisches Gesellschaftsrecht, Rn. 614.

588 *Merkt,* US-amerikanisches Gesellschaftsrecht, Rn. 613.

589 Das *concept of stare decisis* wird heute allerdings nicht mehr als maßgebliches Abgrenzungskriterium zwischen *common law* und *civil law* Rechtskreis wahrgenommen. Vgl.: *von Hein,* Rezeption, S. 803 ff.; *Fisch,* U. Cin. L. Rev. 2000, 1061 (1072 ff.).

590 So zumindest die Theorie. In der Praxis wird aber dennoch das dem amerikanischen Juristen besser bekannte *case law* herangezogen.

591 Wortlaut des Tenth Amendment to the United States Constitution: *The powers not delegated to the United States by the Constitution, nor prohibited by it to the States, are reserved to the States respectively, or to the people.*

sein eigenes Gesellschaftsrecht. *State law* wird somit primäre Rechtsquelle für das Gesellschaftsrecht sein.

1) State Law

a) Gesetzesrecht

Das US-amerikanische Gesellschaftsrecht folgt der Gründungstheorie.[592] Dadurch richtet sich die Anwendbarkeit rechtlicher Regelungen nach dem Staat, in welchem die *corporation* gegründet wurde (lex icorporatioms).[593] Das Recht des Gründungsstaates gilt für fast alle gesellschaftsrechtlichen Belange, seien es die Entstehungs- bzw. Beendigungsvoraussetzungen oder Rechtsfragen, die das Innen- und Außenverhältnis der *corporation* betreffen.[594] Das führt dazu, dass ein Unternehmen selbst eine Rechtswahl, eine sog. *choice of law*, treffen und sich den Gründungsstaat und das damit anwendbare Recht selbst aussuchen kann.[595] Eine Ausnahme von diesem Grundsatz wird bei der *pseudo-foreign corporation* gemacht. Von einer *pseudo-foreign corporation* spricht man, wenn der Schwerpunkt der geschäftlichen Tätigkeit in einem anderen Staat liegt als in dem Gründungsstaat. In diesem Fall können die Staaten, in denen der Schwerpunkt der geschäftlichen Tätigkeit liegt, sog. *outreach statutes* erlassen, um dem Innenverhältnis der Gesellschaft staateneigene rechtliche Regelungen aufzuoktroyieren.[596] Indes ist seit einer Entscheidung des *Supreme Court* aus dem Jahre 1982 immer noch ungeklärt, ob diese *outreach statutes* die Geschäfte zwischen den Staaten unangemessen benachteiligen und damit verfassungswidrig sind.[597] Aufgrund dieser unsicheren Rechtslage sind börsennotierte *corporations* aus dem Anwendungsbereich der *outreach statutes* ausgenommen.[598]

Die Wahl des Gründungsstaates ist durch das anwendbare Recht und aufgrund des Facettenreichtums unterschiedlicher *corporate statutes* für die Zukunft der Korporation außerordentlich wichtig und bedarf daher eingehender Prüfung durch die Gründungsmitglieder. Auf der anderen Seite haben die Bundesstaaten

---

592 *Merkt,* US-amerikanisches Gesellschaftsrecht, Rn. 218.

593 *Kozyris*, Duke Law Journal 1985, 1 (3).

594 *Bainbridge,* Corporate Law, S. 9; *Merkt,* US-amerikanisches Gesellschaftsrecht, Rn. 218 ff.; eine Ausnahme ist lediglich in den Fällen angedacht, in denen spezielle Kollisionsnormen einem anderen Recht den Vorrang einräumen.

595 *Kozyris*, Duke Law Journal 1985, 1 (3); *Pfeiffer/Timmerbeil*, ZJS 2008, 597 (1).

596 *Merkt,* US-amerikanisches Gesellschaftsrecht, Rn. 227; *Kozyris*, Duke Law Journal 1985, 1 (66 f.).

597 Edgar v. Mite Corp., 457 U.S. 624 (1982).

598 Vgl. die Ausführungen bei: *Kozyris*, Duke Law Journal 1985, 1 (76).

natürlich ein enormes Interesse daran, möglichst viele Gesellschaften unter das eigene *corporate statute* zu fassen.[599] Diese Möglichkeit hat in der Vergangenheit zu einem Wettlauf der Staaten geführt, dem sog. *race of laxity*.[600]

Wenngleich fünfzig unterschiedliche *corporate statutes* existieren können, ist in der Praxis ein Trend zur Rechtsvereinheitlichung zu beobachten. Während erste aus dem *Uniform Business Corporation Act* entspringende Rechtsvereinheitlichungserwägungen fehlgeschlagen sind, wurde der von dem *American Bar Association* initiierte *Model Business Corporation Act* von einigen Staaten mit dem gewünschten Effekt adaptiert.[601] Bereits im Jahre 1984 wurde dieser vollumfänglich überarbeitet und durch den *Revised Model Business Corporation Act* abgelöst. Unter dem *Corporation Law Committee of the American Bar Association* wurde im Jahr 2016 dann ein erneuter *Model Business Corporation* Act mit dem Ziel der Harmonisierung und Modernisierung des US-amerikanischen Gesellschaftsrechts erlassen.[602] Diese Bemühung um Rechtsvereinheitlichung zeigt, dass, obwohl jeder einzelne Staat Gesetzgebungskompetenz innehat, die einzelnen *corporation statutes* zumindest angenähert sind.

Durch die Rechtsvereinheitlichung des *Revised Model Business Corporation Act* gibt es nur wenige Staaten, die ein eigenes Gesellschaftsrecht haben und deren Gesellschaftsrecht von praktischer Bedeutung ist. Bei diesen Staaten handelt es sich um New York, Kalifornien und Delaware.[603] Gerade die Vorreiterrolle Delawares ist erstaunlich, betrachtet man die geringe Anzahl der dort ansässigen

---

599 Je mehr Gesellschaften in dem Bundesstaat gegründet werden, desto mehr Steuern werden dort fällig, siehe dazu: *Lange*, in: Wegen/Spahlinger/Barth GesRdA USA, Rn. 21; *Merkt,* US-amerikanisches Gesellschaftsrecht, Rn. 240.

600 Über die Begrifflichkeit besteht in der amerikanischen Literatur Uneinigkeit. Andere sprechen martialisch von *corporate wars* oder einem *race to the bottom*. Gemeint ist damit aber immer das Gleiche, vgl.: *Merkt,* US-amerikanisches Gesellschaftsrecht, Rn. 241 (mit Fn. 111); *Kozyris*, Duke Law Journal 1985, 1 (1).

601 Ausführlich: *Merkt,* US-amerikanisches Gesellschaftsrecht, Rn. 250.

602 Dieser wurde von 35 Staaten adaptiert. Weitere sechs Staaten haben ihn zwar nicht übernommen, allerdings ist der Regelungsinhalt eng verwoben. Das führt zu dem Ergebnis, dass lediglich neun Staaten ein mehr oder weniger eigenes *corporate statute* anwenden.

603 Die praktische Relevanz des Gesellschaftsrechts für New York ist aufgrund der Wirtschaftsmetropole und für Kalifornien aufgrund des Silicon Valley, also einem bedeutenden Standort der IT- bzw. Computerindustrie, nachvollziehbar. Die Zahl der Neugründungen in den Staaten New York und Kalifornien sind sogar deutlich höher als die von Delaware. Siehe: *Merkt,* US-amerikanisches Gesellschaftsrecht, Rn. 244 (Abb. 15).

Unternehmen, die Größe des Staates sowie die Einwohnerzahl.[604] Dennoch sind über 65 % der Fortune 500 Unternehmen in Delaware inkorporiert.[605]

Diese hohe Anzahl an Inkorporationen ist nur mithilfe eines geschichtlichen Aufrisses erklärbar. So wurde in Delaware schon im Jahre 1792 mit dem *Court of Chancery* ein Gericht geschaffen, das ausschließlich für unternehmensrechtliche Sachverhalte zuständig ist.[606] Von dieser schon zeitlich sehr früh eingerichteten Jurisprudenz profitiert Delaware bis zur Gegenwart. Primär wurden damit schon früh zahlreiche Fälle vor dem *Court of Chancery* behandelt, was gerade im Rahmen des US-amerikanischen *case law* aufgrund der Präjudizienbindung von Vorteil war. Dadurch folgen auch viele anderen Staaten, obwohl eine Verpflichtung zur staatenübergreifenden Befolgung nicht besteht, der Rechtsprechung Delawares. Sekundär war damit eine Spezialisierung auf unternehmensrechtliche Sachverhalt verbunden.[607] Sowohl Richter als auch die Anwälte profitieren von einer großen Expertise und einem gewissen Erfahrungsvorsprung. Hinzu tritt eine außergewöhnlich hohe Prozessgeschwindigkeit, da die Fälle vor den Gerichten Delawares innerhalb einer Zeitspanne von nur 90 Tagen entschieden werden sollen (sog. *90-day-rule*). Zudem stellt die Handelskammer der Vereinigten Staaten seit rund 14 Jahren in einer staatenübergreifenden Rangliste die Richter des *Court of Chancery* als sehr unparteilich dar. Dadurch wird das Meinungsbild gestärkt, dass in Delaware weder die Direktoren noch die Aktionäre bevorzugt werden. Zudem sind die Gerichte verpflichtet, durch eine politische Zusammensetzung ihrer Kammern eine Balance zwischen konservativen und liberalen Überzeugungen zu finden. Im US-amerikanischen zwei-Parteien System haben die Gerichte dafür zu sorgen, dass die Anzahl der Richter, die der

---

604 Delaware ist das zweitkleinste Bundesland der Vereinigten Staaten. Darüber hinaus gilt es als *First State*, da es als erster Staat die Verfassung ratifizierte. Die Einwohnerzahl zum Stichtag des 1.7.2017 betrug gerade einmal 961 939 Einwohner. Siehe dazu: http://www.census.gov/quickfacts/table/PST045216/10 [zuletzt geprüft: 15.07.2018]. Dem gegenüber stehen rund 1,1 Millionen inkorporierte Unternehmen, die in Delaware ihren Sitz haben. Siehe dazu: *Bullock,* Annual Report 2015, S. 1.

605 *Bullock,* Annual Report 2015, S. 1.

606 Siehe dazu die Informationen auf der Internetseite des *Delaware Gouvernement*, abrufbar unter: https://corplaw.delaware.gov/why-businesses-choose-delaware/ [zuletzt geprüft: 15.07.2018].

607 Als ein Beispiel lässt sich der im Jahre 1967 eingeführte sog. *Delaware Pattern* anführen. Dabei handelt es sich um eine Art Prozesskostenerstattung für Mitglieder des *boards*. Diese Rechtsfigur wurde von mehreren Bundesstaaten mit mehr oder minder großen Veränderungen adaptiert, vgl.: *Merkt,* US-amerikanisches Gesellschaftsrecht, Rn. 242.

Republikanischen Partei angehören und damit in der Regel konservative Ansichten vertreten, mit denen, die der liberalen Demokratischen Partei zuzurechnen sind, im Gleichgewicht stehen.[608]

b) Fallrecht

Wie gerade schon angesprochen, spielt das Fallrecht trotz des Bestehens von Gesetzen auch im Rahmen des Gesellschaftsrechts eine wichtige Rolle. Aufgrund der Natur des Rechtskreises sind die Rechtsanwender mit der Bezugnahme und der Argumentation basierend auf dem *case law* vertraut, weshalb diese eher auf Fallrecht als auf Gesetzesrecht verweisen.[609] Anders als im *civil law* vieler kontinentaleuropäischer Länder verfolgt das *common law* den Grundsatz der vertikalen und horizontalen *stare decisis*. Damit wird zum Ausdruck gebracht, dass das rangniedrigere Gericht an die Entscheidungen des höheren Gerichts gebunden ist.[610] Allerdings wurde das System der Präjudizienbindung im Staate Delaware zum Teil extensiv erweitert, um so die Expertise des *Court of Chancery* auszunutzen.[611] Letztlich kann aber festgehalten werden, dass das *case law* legitime und, selbst in einem Bereich, in dem Gesetzesrecht existiert, primäre Rechtsquelle ist.

2) Federal Law

Neben dem klassischen Gesellschaftsrecht, dessen rechtliche Rahmenbedingungen durch den Staat vorgegeben werden, hat sich als „Zwillingsbruder“[612] dazu das vom Bundesgesetzgeber geregelte Kapitalmarktrecht entwickelt. Durch eine ganze Reihe gesetzgeberischer Eingriffe (Securities-Act 1933/34, den *Sarbanes-Oxley-Act* 2002, den *Dodd-Frank Act* 2007 und der *Code of Federal Regulations* (CFR)) wurde das Gesellschaftsrecht ganz entscheidend

608 Siehe zu alledem auch die Informationen auf der Internetseite des *Delaware Gouvernement*, abrufbar unter: https://corplaw.delaware.gov/why-businesses-choose-delaware/ [zuletzt geprüft: 15.07.2018].

609 Vgl.: *Merkt*, US-amerikanisches Gesellschaftsrecht, Rn. 255.

610 *Von Hein*, Rezeption, S. 803.

611 Vgl.: *von Hein*, Rezeption, S. 805; eigentlich ist der *Court of Chancery* an die Entscheidungen des *Supreme Court* des Staates Delaware gebunden. Da dem *Court of Chancery* aber der deutlich effektivere Umgang im Rahmen des Gesellschaftsrecht zugetraut wird, wird der Grundsatz der *stare decisis* nicht besonders effektiv und nicht mit besonderer Stringenz verfolgt.

612 *Hopt*, in: FS Canaris II, S. 105 (121).

von dem Bundeskapitalmarktrecht überlagert.[613] Dadurch kommt es immer wieder zu kaum trennbaren Überlagerungen von Kapitalmarktrecht und *corporate law*.

3) Sonstige Rechtsquellen

Neben diesen auf der Hand liegenden Rechtsquellen sind weitere Regelungen aus dem Bereich des Naturrechts oder des *soft law* zu berücksichtigen.

a) Corporate Governance Prinzipien

Bei den *Principles of Corporate Governance* handelt es sich um ein vom *American Law Institut* über 12 Jahre hinweg entwickeltes Projekt. Corporate Governance Regeln umfassen nicht das komplette *corporate law*, sondern beschränken sich auf ausgewählte Themenkreise.[614] Die Prinzipien wurden erstellt, um die Einfachheit sowie Klarheit des Rechts zu fördern, um es damit auf die sozialen Bedürfnisse anzupassen.[615] Mittelfristig sollte dadurch sicherlich auch eine Rechtsvereinheitlichung vorangetrieben werden. Da die *Principles of Corporate Governance* von dem *American Law Institut* und gerade nicht von einer öffentlichen Stelle erlassen wurden, stellen sie nur *soft law* dar.[616]

b) Listing Rules

Daneben spielen die Börsenzulassungsregeln, die sog. *Listing Rules*, eine prägende Rolle. Börsenzulassungsregeln sind zwingend für all jene Gesellschaften, die an der jeweiligen Börse gelistet werden sollen.[617] *Listing Rules* sind kein staatliches Recht; sie werden von einer privaten Institution aufgestellt.[618] Wenngleich

---

613 *Von Hein*, Rezeption, S. 468.

614 *The American Law Institute*, Principles of Corp. Governance, Chief Reporter's Foreword.

615 Vgl.: *Eisenberg*, Bus. Law 1993, 1271 (1271).

616 In der Literatur wird die Auswirkung der Corporate Governance im US-amerikanischen Raum durchaus kritisch gesehen, vgl.: *Merkt*, US-amerikanisches Gesellschaftsrecht, Rn. 253 (Fn. 150). Diese Kritik ist unverständlich. Wenn die Corporate Governance Regeln von einigen Bundesländern adaptiert werden, wird das in aller Konsequenz dazu führen, dass andere Bundesländer nachziehen. Aufgrund dessen werden die Corporate Governance Regeln zur Rechtsvereinheitlichung beitragen.

617 *Roe*, Harvard Law Review 2003, 591 (599).

618 *Merkt*, US-amerikanisches Gesellschaftsrecht, Rn. 279; entsprechend hat jede Börse seine eigenen Börsenzulassungsregeln. Die bekannteste US-amerikanische Börse ist die an der Wall Street gelegene *New York Stock Exchange*. Deren Börsenzulassungsregeln

bei einem Verstoß gegen die *Listing Rules* kein staatlicher Zwang angewendet werden kann, sind die Sanktionen bei Verstoß gegen die Zulassungsregeln empfindlich. Neben Strafzahlungen drohen als Ultima Ratio die Nichtzulassung oder, im Falle einer schon gewährten Zulassung, das *Delisting*.[619] Gerade für große, international ausgerichtete Unternehmen stellt der Börsenhandel eine wichtige Voraussetzung für deren (wirtschaftliches) Bestehen dar.[620] Auch wenn die *Listing Rules* kein zwingendes Recht und damit streng genommen kein Teil des *corporate law* sind, müssen sich Unternehmen, möchten sie Rechtsnachteile vermeiden, an deren Bestimmungen halten. Somit handelt es sich bei den *Listing Rules* um ein faktisches Gesellschaftsrecht, was von der Unternehmenspraxis unbedingt beachtet werden muss.[621]

c) Bilanzierungsgrundsätze

Ähnliches gilt auch für die Bilanzierungsgrundsätze, die sog. *generally accounting principles* (GAAP). Diese für den Einzelfall entwickelten Regelungen wurden im Jahre 2009 geordnet und in der *Accounting Standards Codification* (ASC) zusammengefasst. Die Regelungen gelten für börsennotierte Unternehmen und werden von dem *Financial Accounting Standards Board* (FASB) aufgestellt, die ihrerseits von der *Securities and Exchange Commission* (SEC) legitimiert sind.[622] Somit handelt es sich auch bei den Bilanzierungsgrundsätzen nicht um positives Recht, welches mit staatlichem Zwang durchgesetzt werden kann. Trotzdem sind die börsennotierten Gesellschaften verpflichtet, diese Rechnungslegungsstandards einzuhalten. Folglich handelt es sich auch bei den GAAP um faktisches Gesellschaftsrecht.

---

sind abrufbar unter: http://nysemanual.nyse.com/LCMTools/PlatformViewer.asp?selectednode=chp%5F1%5F5&manual=%2Flcm%2Fsections%2Flcm%2Dsections%2F [zuletzt geprüft: 15.07.2018]; kritisch dazu: *Roe*, Harvard Law Review 2003, 591 (599).

619 In den *Listing Rules* der *New York Stock Exchange* werden die Sanktionen in Section 8 behandelt.

620 Diese Aussage wird dadurch verstärkt, dass beinahe jedes der Fortune 500 Unternehmen an einer Börse gelistet ist.

621 *Von Hein* geht in seiner Monografie gar soweit, dass es sich bei diesen Zulassungsbedingungen um eine „Corporate Governance von nationaler Tragweite" handelt. Diese Aussage zeigt einmal mehr, wie wichtig die *Listing Rules* für die Praxis sind. Vgl.: *von Hein*, Rezeption, S. 468.

622 *Merkt*, US-amerikanisches Gesellschaftsrecht, Rn. 281.

d) *Articles of incorporation und bylaws*

Als eine wesentliche Gründungsobliegenheit hat die Gesellschaft *articles of incorporation* zu erstellen. Deren zwingender Inhalt ist abhängig vom jeweiligen Gründungsstaat. Rechtlich gesehen handelt es sich dabei um einen Vertrag, der größtmögliche Wirkung dadurch entfaltet, dass er zwischen Gründungsstaat und *corporation*, zwischen *corporation* und Gesellschaftern und zwischen den Gesellschaftern untereinander gilt.[623] Eng mit den *articles of incorporation* verbunden sind die nur im Innenverhältnis geltenden *bylaws*.[624] Sie werden von der Gesellschaft selbst aufgestellt und nicht von einer staatlichen Stelle ratifiziert. Normenhierachisch stehen sie unter den *articles of incorporation*, da sie etwaige Regelungenlücken, die durch die *articles of incorporation* aufgeworfen werden, konkretisieren.[625]

IV. Regelungsmodell bei Geschäften mit nahestehenden Personen

Die jährlich veröffentlichte Studie der Weltbank zeigt, dass der Schutz von Minderheitsaktionären im US-amerikanischen Recht höher zu bewerten ist als der in Deutschland.[626] Dieses Ergebnis gibt Anlass, das Schutzsystem des US-amerikanischen Rechts darzulegen und zu bewerten. Insbesondere muss im US-amerikanischen Recht zwischen dem gewährten Schutz auf Bundes- und Landesebene differenziert werden.

1) *Schutz durch Federal Law*

Wie eingangs des Kapitels gezeigt, spielt das Bundesrecht im Rahmen des Gesellschaftsrechts eine nur untergeordnete Rolle. Aufgrund dessen gibt es auf Bundesebene nur wenige Regeln hinsichtlich einer Regulierung der Related Party Transactions. Sofern sie existieren, haben sie kapitalmarktrechtlichen Bezug. So sieht sec. 402 *Sarbanes-Oxley Act* vor, dass Organmitglieder keine Darlehen von der Gesellschaft erhalten sollen, unabhängig davon ob die Darlehensauszahlung direkt oder über Umwege in das Vermögen des Organmitglieds geflossen ist.[627] Diese Regelung ist für die Mitgliedsstaaten bindend und

---

623 *Merkt,* US-amerikanisches Gesellschaftsrecht, Rn. 318.

624 *Merkt,* US-amerikanisches Gesellschaftsrecht, Rn. 367.

625 *Merkt,* US-amerikanisches Gesellschaftsrecht, Rn. 366 ff.

626 Siehe dazu bereits oben, S. 155 mit Fn. 570.

627 Zur rechtlichen Bewertung, siehe: *Backer*, St. John's Law Review 76 (2002), 897 (913); *von Hein* nennt dieses Verbot eine „Corporate-Governance-Regelung reinsten Wassers", siehe: *von Hein,* Rezeption, S. 515.

darf nicht durch divergierendes *state law* ausgehöhlt werden.[628] Ferner stellt der CFR einige Anforderungen an Related Party Transactions. Dabei handelt es sich um eine jährlich herausgegebene Kodifikation von Regeln oder Verordnungen, die in dem Nationalregister gesammelt und von der *„executive departments and agencies of the Federal Government"*[629], also von einer Bundesbehörde erlassen werden. Der 17. Titel des CFR genauer sec. 229.404 (Item 404) befasst sich mit Related Party Transactions. Inhaltlich ordnet diese Vorschrift eine ex-post Kontrolle durch Publikation der Transaktion an. Die Publikationspflicht gilt indes nur für solche Transaktionen, die den Betrag von 120.000 $ übersteigen und an denen der *director*, *executive officer* oder ein Großaktionär ein *material interest* hat.[630] Diese Publikationspflicht wird durch ASC 850 vervollständigt und konkretisiert. Ergänzt wird das durch das *Statement of Financial Accounting Standard 57*, wonach eine *material transaction* werthürdenunabhängig einer jährlichen Offenlegungspflicht unterfällt.[631]

Ferner sehen auch einige Börsenzulassungsregeln Vorschriften zu Related Party Transactions vor. Bei diesen handelt es sich nicht um zwingendes Recht und damit schon gar nicht um Bundesrecht.[632] Dennoch ist es systemkonform, die *Listing Rules* im Rahmen des Bundesrechts zu besprechen. Denn Börsenzulassungsregeln werden von der Börse herausgegeben und gelten für jede an der Börse gelistete *corporation*, ganz gleich, welches *corporate statute* zugrunde liegt. Beispielhaft sollen die *Listing Rules* der New York Stock Exchange auf den Regelungsinhalt und die Sanktionen hinsichtlich der Geschäfte mit nahestehenden Personen untersucht werden. In Section 3 unter Punkt 314.00 werden die Related Party Transactions behandelt. Vom Anwendungsbereich der Regelung werden sowohl Transaktionen zwischen der Leitung der *corporation*, also Transaktionen zwischen *officers/directors* und der Gesellschaft, als auch Geschäfte zwischen der Gesellschaft und dem Mehrheitsaktionär *(sog. principal shareholder)* erfasst. Hinsichtlich der Rechtsfolgen wird keine Unterscheidung bei Geschäften zwischen Aktionären und Organmitgliedern getroffen. Jede Transaktion soll überprüft und bewertet werden. Zuständig dafür ist ein Ausschuss *(sog. appropriate group)* innerhalb der an der Börse zugelassenen Gesellschaft, wobei den

628 *Von Hein,* Rezeption, S. 515.

629 Vgl. dazu: https://www.archives.gov/federal-register/cfr/about.html [zuletzt geprüft: 15.07.2018].

630 *Kraakman/Davies,* Anatomy, S. 148; *Tröger*, AG 2015, 53 (58); *Veil*, NZG 2017, 521 (524).

631 *Kraakman/Davies,* Anatomy, S. 148.

632 Siehe dazu bereits oben, S. 164 f.

Gesellschaften die Wahl eines geeigneten Ausschusses überlassen wird. Die Aufgabe dieses Ausschusses soll in der Überprüfung der Transaktionen bestehen. Das beinhaltet die Klärung der Frage, ob die Transaktion im besten Interesse der Gesellschaft und der Aktionäre getätigt wurde und ob die Transaktion Bestand haben oder aufgelöst werden soll. Zusätzlich wird die Institution prüfen, ob die gelistete Gesellschaft seiner Publizitätspflicht gerecht wird. Verstößt die Gesellschaft gegen diese Regeln, ordnet Section 8 der *Listing Rules* die Rechtsfolgen an: zeitliche Aussetzung oder Delisting.

2) *Schutz durch State law*

Deutlich facettenreicher ist der Schutz, den die Staaten bei Geschäften mit nahestehenden Personen gewährleisten. Da Delaware sich als das einflussreichste Land etabliert hat und häufig als Vorbild für Gesetzesvorhaben anderer Bundesstaaten diente, wird sich die folgende Darstellung auf das *corporate law* des Staates Delaware fokussieren, aber vergleichbare Novellierungen anderer Bundesstaaten an geeigneter Stelle in die Überlegung einbeziehen.

a) *Geschäfte mit Organmitgliedern*

aa) Geschichtliche Entwicklung

Die *directors* und *officers* einer Gesellschaft unterstehen wie im deutschen Recht einer Treuepflicht (*duty of loyality*), unter die die *self-dealing* Sachverhalte, also Sachverhalte, bei denen das Organmitglied auf beiden Seiten des Vertrages auftritt, zu fassen sind.[633] Blickt man auf die Historie des US-amerikanischen Gesellschaftsrechts, wurde lange Zeit der Standpunkt vertreten, dass diese Geschäfte derart schädlich für die Gesellschaft sein können, dass sie einem Verbot unterliegen müssen.[634] Aufgrund dessen hatte jeder Aktionär unabhängig seiner Beteiligungsquote an der Gesellschaft die Möglichkeit, das Geschäft anzufechten.[635] Die Erkenntnis, dass auch solche Geschäfte für beide Seiten des Vertrages durchaus vorteilhaft sein können, führte schon zu Beginn des 20. Jahrhunderts

---

633 Im deutschen Recht handelt es sich dabei um die gesetzlich geregelten Insichgeschäfte. Siehe dazu bereits oben, S. 32 f.

634 Cumberland Coal & Iron Co. v. Parish, 42 Md. 598, 600 (1875); Cuthbert v. McNeill, 142 A. 819, 8120 (N.J.Ch. 1928); vgl. zudem: *Merkt,* US-amerikanisches Gesellschaftsrecht, Rn. 960; *Hopt*, in: Corporate Governance, S. 285 (287); *Fleischer*, BB 2014, 2691 (2694); *Hill/McDonnell*, 36 Del. J. Corp. L. 2011, 903 (908 f.) jeweils m.w.N.

635 *Fleischer*, BB 2014, 2691 (2694).

dazu, dass dieser Grundsatz für den Fall einer Mehrfachvertretung aufgelockert wurde.[636] Kurze Zeit später wurde dieser Grundsatz auch auf *direct transactions*, also auf Geschäfte zwischen der Gesellschaft und dem Organmitglied, erweitert.

bb) Schutzsystem de lege lata

Während diese Grundsätze von dem Fallrecht entwickelt wurden, sind heute viele Staaten dazu übergegangen dem Problem des *self-dealing* mit Gesetzesrecht zu begegnen.[637] Bei den Staaten, die aufgrund von Rechtsvereinheitlichungserwägungen den RMBCA adaptiert haben, ergibt sich der *safe harbor* aus Subchapter F, genauer aus § 8.61 ff. RMBCA. Daraus folgt, dass im Falle einer Genehmigung durch eine Mehrheit von unabhängigen Direktoren *(disinterested directors)* (§ 8.62 RMBCA) oder einer Genehmigung durch die Aktionäre (§ 8.63 RMBCA), die Gerichte die Transaktion mit nahestehenden Personen nicht überprüfen können. Wenn keine Genehmigung vorliegt, ist die Transaktion hingegen dann wirksam, wenn die *Fairness* für Gesellschaft und Aktionäre gerichtlich festgestellt wurde (§ 8.61 (b) Nr. 3 RMBCA).

Anders verhält es sich bei den Staaten, die ihrem eigenen Gesellschaftsrecht vertrauen und die Regeln des RMBCA nicht adaptiert haben. Hier muss das *corporate* und das *common law* des jeweiligen Staates untersucht werden.[638] In Delaware handelt es sich dabei um § 144 *Delaware General Corporation Law*.[639] Das *corporate law* des Staates New York behandelt diese Transaktionen gleich an zwei Stellen, dem § 713 und § 714 *New York Business Corporation Law*. § 714 NY Bus. Corp. Law befasst sich als lex specialis mit der Darlehensgewährung an einen *director*.[640] Dieser statuiert zunächst den Grundsatz, dass die *corporation* ihrem *director* kein Darlehen gewähren soll *(may not lend)*, um dann sogleich von diesem Grundsatz Ausnahmen festzuhalten. Wenn die Aktionäre das Darlehen genehmigen (§ 714 (a) (1) NY Bus. Corp. Law) oder wenn das *board*

---

636 *Bainbridge,* Corporate Law, S. 159; *Merkt,* US-amerikanisches Gesellschaftsrecht, Rn. 960, der die geschichtliche Entwicklung bis hin zur Gegenwart skizziert.

637 *Bainbridge,* Corporate Law, S. 161; eine Ausnahme stellt in dieser Hinsicht, soweit ersichtlich nur South Dakota dar, welches kein *„conflict of interest statute"* erlassen hat.

638 Gleichwohl sei erwähnt, dass auch im Gesetzesrecht dieser Staaten ähnliche rechtliche Schutzvorkehrungen bestehen.

639 Zur ausführlichen Darstellung des § 144 Del. Gen. Corp. Law siehe: *Riehl,* Related-Party Transactions, S. 133 ff.; *Bainbridge,* Corporate Law, S. 162 ff.

640 Je nach Mitgliedsstaat können sich die Voraussetzung dafür aber marginal unterscheiden, vgl.: *Merkt,* US-amerikanisches Gesellschaftsrecht, Rn. 355.

feststellt, dass das Darlehen die *corporation* begünstigt steht einer Darlehensgewährung nichts entgegen. In letzterem Fall muss die Gründungsurkunde die Feststellungsmöglichkeit des *boards* vorsehen und zusätzlich muss das *board* das Darlehen billigen. In § 713 NY Bus. Corp. Law befasst sich das Gesetz generell mit den Related Party Transactions. Dabei ist auffällig, dass § 713 NY Bus. Corp. Law ähnliche Voraussetzungen bereithält wie die Schwestervorschrift in Delaware.[641]

Daraus kann für sämtliche Bundesstaaten folgende Rechtsvereinheitlichung gezogen werden.[642] Geschäfte mit Direktoren und leitenden Angestellten sind nicht ipso iure unwirksam. Vielmehr werden sie weitergehenden Kontrollen und Zustimmungsvorbehalten unterworfen. Auf die Genehmigung des *boards* oder der Aktionäre kommt es in zwei Fällen nicht an. Erstens, wenn das Geschäft von dem Gericht als fair beurteilt wurde, oder zweitens, wenn das Geschäft unfair war, ihm also betrügerischer oder verschwenderischer Charakter beigemessen wird. In erstem Fall ist das Geschäft wirksam, in letztem Fall unwirksam. Die Genehmigung der Aktionäre spielt hingegen dann eine Rolle, wenn das Gericht nicht in der Lage ist, die *Fairness* bzw. *Unfairness* für den konkreten Fall festzustellen. Wenn die Aktionäre oder das *board* in diesem Fall auf Grundlage angemessener Informationen die Transaktion genehmigt haben, dann soll dieser Genehmigung Rechtswirkung zukommen, sodass ein Gericht das Geschäft als wirksam ansehen muss. Wird die Genehmigung verweigert oder wurde die Genehmigung nicht auf Grundlage angemessener Informationen erteilt, ist das Geschäft unwirksam.[643]

So einleuchtend diese Grundregel ist, ergeben sich Bedenken hinsichtlich der doch weitreichenden Verwendung unbestimmter Rechtsbegriffe. Wann ist ein *director* unabhängig und nach welchen Maßstäben wird die *Fairness* einer Transaktion bestimmt? Wer trägt die Beweislast im Zivilprozess? US-amerikanische Gerichte bedienen sich dafür zweierlei Überprüfungsstandards (*sog. standard of reviews*). Der auch in Deutschland bekannten und adaptierten *Business Judgement*

641 Gleiches gilt auch für Kalifornien, das in § 310 Corp. Code die Related Party Transactions regelt.

642 Dabei bleibt zu beachten, dass in Einzelheiten abgewichen werden kann, vgl.: *Cox/Hazen*, Corporations, § 10:14; *Hill/McDonnell*, 36 Del. J. Corp. L. 2011, 903 (910 f.).

643 Bei der Genehmigung durch Aktionäre oder unabhängige Direktoren ist es unerlässliche Voraussetzung, dass alle zur Verfügung stehenden Informationen dem genehmigungserteilenden Organ mitgeteilt wurden. Siehe ausführlich zu alledem: *Merkt*, US-amerikanisches Gesellschaftsrecht, Rn. 963 f.; *Hill/McDonnell*, 36 Del. J. Corp. L. 2011, 903 (910).

Rule und der dem deutschen Recht unbekannten *Entire Fairness Doctrine.*[644] Fraglich ist welcher Überprüfungsstandard im Falle eines Insichgeschäfts anwendbar ist. Bei unternehmerischen Entscheidungen gilt grundsätzlich die *Business Judgement Rule* mit der Folge, dass der Kläger bei Vorliegen der Voraussetzungen einen Verstoß beweisen muss.[645] Aus deren Anwendung folgt, dass eine unternehmerische Entscheidung nicht vollumfänglich vom Gericht überprüft werden kann, da eine richterliche ex-post Kontrolle bei unternehmerischen Entscheidungen unbillig erscheint. Maßgeblich ist eine gerichtliche ex-ante Betrachtung, wodurch nur überprüft wird, ob der *director* die Entscheidung auf Grundlage angemessener Informationen getroffen hat.[646] Dafür erforderlich ist aber, dass der *director* mit Rücksicht auf Treu und Glauben *(good faith)* handelte und selbst keine persönlichen Interessen an der unternehmerischen Entscheidung hat.[647] Im Rahmen von *self-dealing* Sachverhalten hat der Geschäftsführer jedenfalls ein enormes Eigeninteresse an der Transaktion. Damit soll die *Business Judgement Rule* hier grundsätzlich keine Anwendung finden.[648]

Self-dealing Fälle werden unter Bezugnahme der *Entire Fairness Doctrine* beurteilt. Dieses Prinzip wurde für solche Fälle entwickelt und findet häufig in Zusammenhang mit Aktionärsklagen Anwendung *(shareholder derivative suit).*[649] Die Anwendung der *Entire Fairness Doctrine* hat die prozessualrechtliche Folge, dass den *director* die Beweislast für die Darlegung der *Fairness* der Transaktion trifft.[650] Es handelt sich also klassischerweise um einen Fall der Beweislastumkehr, bei der nicht der Kläger, zumeist der Aktionär, die *Unfairness* der Transaktion beweisen muss. Vielmehr obliegt es dem *director* zu beweisen, dass die Transaktion zu einem fairen Preis und in angemessener Art und Weise zustande gekommen ist *(fair price and fair dealing).*[651] Um dem Maßstab des *fair price* gerecht zu werden,

---

644 In Delaware gibt es mit dem *Enhanced Scrutiny Standard* noch einen weiteren Überprüfungsstandard. Die Gerichte wenden ihn aber nur in wenigen Ausnahmesituationen an, vgl. dazu: *Lazarus/McCartney*, 36 Del. J. Corp. L. 2011, 967 (973) m.w.N.

645 Diese stellt eine Vermutung dar, dass der *director* oder *officer „acted on an informed basis, in good faith, and in the honest belief that the action was in the best interests of the company"*, Warshaw v. Calhoun, 221 A.2d 487, 493 (Del. 1966); Aronson v. Lewis, 473 A.2d 805, 812 (Del. 1984); kritisch dazu: *Bainbridge,* Corporate Law, S. 122.

646 Cede & Co. v. Technicolor, Inc., 634 A.2d 345 (360) (1993).

647 Cede & Co. v. Technicolor, Inc., 634 A.2d 345 (360) (1993).

648 *Chalian/Bandura,* S. 1, 3; vgl. auch: *Fleischer,* BB 2014, 2691 (2694).

649 Vgl.: *Merkt,* US-amerikanisches Gesellschaftsrecht, Rn. 910.

650 Siehe dazu: Krasner v. Moffett, 826 A. 2d 277 (287) (2003).

651 Weinberger v. UOP, Inc., 457 A.2d 702 (1983); *Cox/Hazen,* Corporations, § 10:14; *Eisenberg,* 62 Fordham L. Rev. 1993, 437 (450).

muss die Transaktion einem Drittvergleich standhalten (*arm's length transaction*), wonach der *director* die Transaktion im Interesse der Gesellschaft auszuführen hat.[652] Dass lediglich der Preis angemessen ist, genügt für die *Fairness* der Transaktion noch nicht. Vielmehr muss die Transaktion *entirely fair* sein. Davon umfasst ist insbesondere „*how the transaction was timed, how it was initiated, structured, negotiated, disclosed to the directors and how the approvals of the directors and the stockholders were obtained.*"[653] In der Praxis versuchen die Aktionäre aufgrund der für sie deutlich besseren Beweislastverteilung darzulegen, dass der *director* durch die Transaktion einen persönlichen Vorteil erlangt hat. In diesem Fall bewerten die Gerichte die Transaktion nach dem *Entire Fairness Standard.*

Problematisch ist der anzuwendende *standard of review* im Falle der Genehmigung des Insichgeschäfts durch *disinterested directors* oder durch die Aktionäre. Fraglich ist dann, ob die *Entire Fairness Doctrin* mit einer Beweislastumkehr zugunsten der Direktoren Anwendung finden soll,[654] oder ob ausnahmsweise die *Business Judgement Rule* eingreifen muss.[655] Diese Frage wird in der Literatur uneinheitlich beantwortet. Auf der einen Seite lässt sich argumentieren, dass die *Business Judgement Rule* Anwendung finden muss, da der *director* auf die Genehmigung seiner Kollegen bzw. der Aktionäre vertrauen darf und nicht der für ihn strengere Überprüfungsmaßstab eingreifen soll. Diese Argumentation versperrt aber den Blick auf die Wirklichkeit. *Eisenberg* gibt völlig zu Recht zu bedenken, dass die *directors* zumindest eine kollegiale Verbundenheit eint.[656] Dadurch sollte es einem *director* in der Praxis alles andere als schwerfallen, die Kollegen zur Erteilung der Zustimmung zu bewegen. Damit wäre der Sinn und Zweck der

652 Weinberger v. UOP, Inc., 457 A.2d 701 (711) (1983); ferner: *Cox/Hazen,* Corporations, § 10:14.

653 Weinberger v. UOP, Inc., 457 A.2d 701 (711) (1983); ausführlich auch: Cinerama, Inc. V. Technicolor, Inc., 663 A.2d 1156 (1172 ff.) (1995).

654 Im Falle der dann vollzogenen Beweislastumkehr trägt der Kläger die Beweislast, dass die Transaktion unfair gewesen ist, vgl.: Cinerama, Inc. V. Technicolor, Inc., 663 A.2d 1156 (1174 f.) (1995); *Eisenberg,* 62 Fordham L. Rev. 1993, 437 (451 f.).

655 Auch in diesem Fall trifft die Kläger die Beweislast, dass die *directors* nicht im Rahmen der *Business Judgement Rule* handelten. Es wird also widerleglich vermutet, dass der *director* in gutem Glauben und nur im Interesse der *corporation* gehandelt hat, vgl.: Warshaw v. Calhoun, 221 A.2d 487 (493). Diese Ansicht vertretend: *Supreme Court of Delaware* in: Benihana of Tokyo, Inc. v. Benihana, Inc., 906 A.2d 114 (120) (2006); In re Wheelabrator Techs., Inc Shareholder Litigation, 663 A.2d 1194 (1205); *Hill/McDonnell,* 36 Del. J. Corp. L. 2011, 903 (912 f.); wohl auch: *Riehl,* Related-Party Transactions, S. 138.

656 *Eisenberg,* 62 Fordham L. Rev. 1993, 437 (452).

Bestätigung ad absurdum geführt. Problematisch ist darüber hinaus die Frage, wann ein Direktor *disinterested* ist. Das erfordert das Anlegen eines objektiven Maßstabs. Dieser objektive Maßstab wird nicht nur schwer aufzustellen, sondern auch schwer zu erfüllen sein.[657] Somit sprechen die besseren Argumente dafür, den *Entire Fairness Standard* anwendbar zu lassen. Eine Beweislastumkehr soll jedoch dazu führen, dass die Beweislast dem Kläger obliegen wird. Diese Beweislastumkehr zugunsten des *directors* macht dem Kläger den Beweis der *Unfairness* aber nicht faktisch unmöglich, wie das bei der *Business Judgement Rule* häufig der Fall ist.

cc) Zwischenergebnis

Während Transaktionen mit Organmitgliedern in entfernter Vergangenheit einem Nichtigkeitsverdikt unterlagen, wurde diese ad-hoc Nichtigkeit im Schutzsystem der *corporate statutes* abgelegt. Die meisten *corporate laws* stellen den Organmitgliedern einen sicheren Hafen für *self-dealing* Sachverhalte bereit. Dadurch können die Organmitglieder auf beiden Seiten des Vertrages auftreten. Dafür muss die Transaktion fair sein, was der *director* nach dem *Entire Fairness Standard* zu beweisen hat, oder *disinterested directors* bzw. Aktionäre müssen der Transaktion zugestimmt haben. Bei Vorliegen der Genehmigung bleibt anzuwendender *standard of review* der *Entire Fairness Standard*, die Beweislast der *Unfairness* wird allerdings auf den Kläger übertragen.

b) Geschäfte mit Aktionären

Neben den Geschäften mit Organmitgliedern bergen auch Geschäfte mit herrschenden Aktionären die Gefahr, dass diese ihre Machtstellung ausnutzen und das *board* beauftragen, Transaktionen zum Nachteil der Gesellschaft oder der Minderheitsaktionäre durchzuführen. Das *board* wird diesem Wunsch aufgrund eines faktischen Zwangs nachkommen. In diesem Zusammenhang spielt es keine Rolle, ob es sich bei dem herrschenden Aktionär um eine juristische oder natürliche Person handelt.[658] Anders als bei den *self-dealing* Fällen zwischen *director* und *corporation* greifen in dieser Rechtsbeziehung weit

---

657 *Eisenberg* schlägt vor, sich an dem Maßstab zu orientieren, der aufgestellt wurde, um zu beurteilen, ob ein Richter unabhängig und unbefangen ist, vgl.: *Eisenberg*, 62 Fordham L. Rev. 1993, 437 (452).

658 Diesen Grundsatz ebenfalls feststellend: *Hill/McDonnell*, 36 Del. J. Corp. L. 2011, 903 (904): „*Those who control a corporation can use many different methods to transfer value to themselves.*“

weniger Schutzmechanismen. Lediglich die schon dargestellten Publikationsvorschriften auf Bundesebene,[659] § 5.10 der *Corporate Governance Principles* und verschiedene Börsenzulassungsregeln enthalten Regelungen für Geschäfte zwischen Aktionären und Gesellschaft.

Wenngleich kodifizierte Gesetze keine Regelungsmechanismen bereithalten, ist die *corporation* nicht schutzlos gestellt. Schutzzweckerwägungen entspringen aus dem *case law* und der damit einhergehenden Präjudizienbindung. In diesem Zusammenhang spielt die Rechtsprechung des Staates Delaware, insbesondere des *Court of Chancery* und des *Supreme Court of Delaware*, eine entscheidende Rolle.[660] Hinsichtlich der Transaktionen mit Aktionären muss zunächst zwischen der Höhe der Beteiligung unterschieden werden. Bei Geschäften einer Konzerntochter und ihrer Mutter wird bei einer 100 %igen Beteiligung eine Kontrolle obsolet.[661] Die dahinterstehende Erwägung ist, dass schützenswerte Minderheitsaktionäre bei 100 %iger Beteiligung nicht vorhanden sind.

Differenzierter betrachtet werden muss die Rechtslage bei einer maßgeblichen Beteiligung des Aktionärs.[662] Hier ist zunächst fraglich, welcher *standard of review* anzuwenden ist. In Betracht kommt dafür entweder die *Business Judgement Rule* oder der *Entire Fairness Standard.* Ganz bedenkenlos ist eine Anwendung auf den herrschenden Aktionär indes nicht. Da sich beide Beurteilungsmaßstäbe aus der Loyalitätspflicht *(duty of loyality)* ableiten, müsste den Aktionär eine solche treffen. Die Loyalitätspflicht ihrerseits folgt aus treuhänderischen Stellung, also daraus, dass eine Person für andere Personen Vermögenswerte verwaltet.

---

659 Siehe dazu bereits oben, S. 166 ff.

660 Siehe dazu bereits oben, S. 162 f.

661 Das wurde schon vom *Supreme Court* von Delaware im Fall Anadarko Petroleum Corp. V. Panhandle Eastern Corp., 545 A. 2d 1171 (1174) aus dem Jahre 1988 festgehalten. Darin führt das Gericht aus: „*However, in a parent and wholly-owned subsidiary context, the directors of the subsidiary are obligated only to manage the affairs of the subsidiary in the best interests of the parent and its shareholders.*"

662 Auch hier kommt es erneut auf das Recht des Gründungsstaates an. Für Delaware gilt beispielsweise, dass eine maßgebliche Beteiligung bei der absoluten Schwelle von 50 % vorliegt. Zudem kommt eine herrschende Beteiligung auch in Betracht, wenn der Aktionär Anteile unterhalb der 50 % Hürde hält, sofern weitere Umstände hinzutreten, die ihn als herrschenden Aktionär klassifizieren. Dabei obliegt den Gerichten die Feststellung des beherrschenden Einflusses. Siehe dazu aber schon: *Riehl,* Related-Party Transactions, S. 139 f. (m.w.N.). Hingegen genügt nach den *federal securities laws* eine 10 %ige Beteiligung und nach den *ALI Principles of corporate governance* eine 25 %ige Beteiligung um eine maßgebliche Beteiligung anzunehmen, vgl.: *Bainbridge,* Corporate Law, S. 185.

Eine solche Stellung liegt bei einem *director* oder *officer* einer *corporation* vor, problematisch scheint die unreflektierte Annahme bei einem Mehrheitsaktionär. Dieser verwaltet schließlich nicht das Vermögen anderer Aktionäre treuhänderisch, sondern bringt durch seine Beteiligung lediglich eigene Vermögenswerte in die Gesellschaft ein. Dennoch hat der *Supreme Court of Delaware*, wohl sehr rechtsfolgenorientiert, schon in *Ivanhoe Partners v. Newmont Mining Corporation* angenommen, dass ein Aktionär als Treuhänder in Betracht kommt, wenn er ein überwiegendes Interesse an den geschäftlichen Angelegenheiten hat oder Kontrolle über die geschäftlichen Angelegenheiten ausübt.[663] In diesem Fall scheine es gerechtfertigt, dem Mehrheitsaktionär treuhänderische Pflichten aufzuerlegen.

Nutzt der herrschende Aktionär seine faktische Herrschaftsmacht dazu aus, die *directors* zu einer Handlung zu bewegen, die für die *company* und/oder die Minderheitsaktionäre schädlich ist, dann ist der *Entire Fairness Standard* anwendbar, bei dem die Angeklagten, also meist der beherrschende Aktionär und die *directors,* beweisbelastet sind.[664] Legt man zu Grunde, dass ein Minderheitsaktionär die Entscheidung durch eine *derivative suit* einer gerichtlichen Überprüfung unterzieht, muss der Mehrheitsaktionär bzw. das *board* auch hier darlegen, dass die in Rede stehende Transaktion gänzlich fair war, das heißt, zu einem angemessenen Preis *(fair price)* und in angemessener Art und Weise *(fair dealing)* zustande gekommen ist.[665] Die Wirksamkeit der Geschäfte zwischen Aktionär und Korporation stehen somit unter dem Vorbehalt der *Fairness.*

Allerdings können sich die Beklagten unter bestimmten Umständen durch eine Beweislastumkehr schützen. Eine Beweislastumkehr soll in Betracht kommen, wenn die Transaktion von einem *„well functioning committee of independent directors“*[666] *(special committee)* bestätigt wurde oder die Mehrheit der Minderheitsaktionäre die Transaktion *(majority of the minority)* genehmigt

---

663 Ivanhoe Partners v. Newmont Mining *Corporation*, 535 A.2d 1334 (1344) (1987): *"[…] a shareholder owes a fiduciary duty only if it owns a majority interest in or exercises control over the business affairs of the corporation.";* bestätigt in: Kahn v. Lynch Communication Systems, Inc., 638 A.2d 1110 (1113) (1994).

664 Americas Mining Corp. v. Theriault, 51 A. 3d 1213 (1239) (2013): *"When a transaction involving self-dealing by a controlling shareholder is challenged, the applicable standard of judicial review is entire fairness, with the defendants having the burden of persuasion."*

665 Americas Mining Corp. v. Theriault, 51 A. 3d 1213 (1239) (2013).

666 Kahn v. Lynch Communication Systems, Inc., 638 A.2d 1110 (1117) (1994).

hat.[667] Beurteilungsmaßstab bleibt in diesem Fall der *Entire Fairness Standard*. Wenn aber die Zustimmung des *special committee* oder der Mehrheit der Minderheit vorliegt, dann scheint es gerechtfertigt, durch eine Beweislastumkehr den klagenden (Minderheits-) Aktionären die Beweislast aufzubürden, womit sie die *Unfairness* der Transaktion beweisen müssen. Da die *Fairness* das kumulative Vorliegen von *fair price* und *fair dealing* voraussetzt, genügt aus Sicht des Minderheitsaktionärs die Beweiserbringung, dass die Transaktion einem Drittvergleich nicht standhält oder, was ihm deutlich einfacher fallen sollte, zu einem ungünstigen Zeitpunkt geschlossen wurde.

Diese Rechtslage wurde jüngst durch eine Rechtsprechung des *Supreme Court of Delaware* konkretisiert.[668] Liegen die Voraussetzungen bei der gerade skizzierten Rechtslage kumulativ mit weiteren vom Gericht aufgestellten Prämissen vor, soll nicht nur die Beweislast umgekehrt, sondern auch der Beurteilungsmaßstab verändert werden. Die Transaktion soll dann nach der *Business Judgement Rule* beurteilt werden. Die Voraussetzungen stellt der *Supreme Court of Delaware*, sich dem *Court of Chancery* als Vorinstanz anschließend, in der Entscheidung *Kahn v. M & F Worldwide Corp.* ausführlich dar: 1) Das *special committee* und eine Mehrheit der Minderheitsaktionäre müssen der Transaktion zugestimmt haben. 2) Das *special committee* ist unabhängig. 3) Das *special committee* erhält die Möglichkeit, seine eigenen Berater auszuwählen und es steht ihm frei, die Transaktion abzulehnen. 4) Das *special committee* wird seiner Sorgfaltspflicht gerecht, indem es einen gerechten Preis festsetzt. 5) Die Minderheitsaktionäre sind informiert. 6) Die Minderheitsaktionäre wurden nicht zur Stimmabgabe gezwungen.[669] Liegen diese Voraussetzungen vor, hat sich der Beklagte besonders redlich verhalten und alles in seiner Macht stehende getan, um eine Gerechtigkeit der Transaktion sicherzustellen. In diesem speziellen Fall findet die *Business Judgement Rule* mit der Maßgabe Anwendung, dass den Kläger die Beweislast

---

667 Rosenblatt v. Getty Oil Co., 493 A.2d 929 (937) (1985); Kahn v. Lynch Communication Systems, Inc., 638 A.2d 1110 (1117) (1994); Americas Mining Corp. v. Theriault, 51 A.3d 1213 (1240) (2012); In re MFW Shareholders Litigation, 67 A.3d 496 (502) (2013). Nähere Informationen zum *special committee* wurden schon von *Riehl*, Related-Party Transactions, S. 142 ff. zusammengetragen.

668 Siehe dazu: Kahn v. M & F Worldwide Corp., 88 A.3d 635 (2014); wenngleich durch diese Rechtsprechung Gerichte aus anderen Staaten nicht unmittelbar gebunden sind, ist davon auszugehen, dass andere Staaten den Rechtsgedanken der Entscheidung adaptieren werden.

669 Siehe zu diesen Voraussetzungen, Kahn v. M & F Worldwide Corp., 88 A.3d 635 (645) (2014).

trifft, er also die Vermutung der Redlichkeit, die von der *Business Judgement Rule* ausgeht, wiederlegen muss.[670]

3) *Schutz durch Eigenverpflichtung*

Neben dem Schutz auf Bundes- und Landesebene darf nicht vernachlässigt werden, dass die Korporation einen Schutz vor schädigenden Transaktionen im Wege der Eigenverpflichtung erreichen kann. Durch schnüren eines engeren Corporate Governance Korsetts möchte das Unternehmen auf diesem Wege erreichen, dass es für Anleger attraktiver wird, um somit neue Investoren zu akquirieren und die eigene Marktstellung zu stärken. Als Beispiel für den Schutz im Wege der Eigenverpflichtung soll nachfolgend die *Related Party Transactions Policy* von General Motors (GM) in der Fassung vom 08.12.2015 skizziert werden.[671] Auffällig ist der weite persönliche Anwendungsbereich. Erfasst werden nämlich Direktoren, Direktorkandidaten, leitende Angestellte und Mehrheitsaktionäre (S. 1), wobei alle unbestimmten Rechtsbegriffe einer Definition unterworfen werden (S. 1–2). Liegt eine Related Party Transaction vor, muss dieses Geschäft in einem ersten Schritt dem *General Counsel* oder dem *Corporate Secretary* übermittelt werden (S. 2), ehe diese, in einem zweiten Schritt, die Informationen an ein speziell eingerichtetes Komitee, das *Governance and Corporate Responsibility Committee*, weiterleiten (S. 3). Das eigens eingerichtete Komitee hat dann zu entscheiden, ob es sich um ein Geschäft handelt, das der *Related Party Transactions Policy* unterfällt. Fällt diese Entscheidung positiv aus, obliegt es dem Komitee die Transaktion auf Grundlage aller notwendigen Informationen und anhand mehrerer Maßstäbe zu untersuchen. Ziel dessen ist die Beurteilung, ob die Transaktion *fair* ist. Im Anschluss hat das Komitee über das Bestehen der

670 Im Rahmen der *Business Judgement Rule* muss also bewiesen werden, dass der Angeklagte nicht auf Grundlage angemessener Informationen gehandelt hat. Diese Beweiserbringung ist schwieriger als bei dem *Entire Fairness Standard*. Aufgrund dessen stellt der *Supreme Court* ausdrücklich heraus, dass nur unter diesen Voraussetzungen die *Business Judgement Rule* als Bewertungsmaßstab heranzuziehen ist. Die Anwendung der *Business Judgement Rule* stellt folglich die Ausnahme dar und bedarf einer restriktiven Anwendung, vgl.: Kahn v. M & F Worldwide Corp., 88 A.3d 635 (645) (2014): "*To summarize our holding, in controller byouts, the business judgment standard of review will be applied if and only if […].*" Siehe dazu: *Hicks*, Texas Journal of Business Law 2014, 115 (115).

671 Die General Motors Related Party Transactions Policy ist abrufbar unter: https://www.gm.com/content/dam/gm/en_us/english/Group4/InvestorsPDFDocuments/GMRelatedPartyTransactionsPolicy.pdf [zuletzt geprüft: 15.07.2018].

Transaktion zu entscheiden (S. 3). Sollte es seine Genehmigung zum Geschäft verweigert oder von der Transaktion keine Kenntnis erlangt haben, dann kann das Komitee zwischen mehreren Rechtsfolgen wählen. Ausdrücklich aufgezählt werden die sofortige Einstellung der Transaktion, der Rücktritt von der Transaktion oder aber die Modifikation der Transaktion seitens des Komitees (S. 4). Ferner wird vorgesehen, dass das Komitee dem *board* die Transaktion vorlegen kann. Denkbar ist aber auch der umgekehrte Fall, in dem das *board* die Transaktion beurteilen möchte. In diesem Fall überlagert die Entscheidung des *boards* die des Komitees.

V. Zwischenergebnis

Zusammenfassend lässt sich festhalten, dass das US-amerikanische Recht aufgrund der Gesetzgebungszuständigkeit der Staaten zwar nicht einheitlich, aber doch stark angeglichen ist. Der Bundesgesetzgeber hat lediglich im Rahmen des Kapitalmarktrechts Gesetzgebungszuständigkeit. Obwohl es einige *corporate statutes* gibt, sind die Geschäfte mit nahestehenden Personen geprägt vom *common law*. Im amerikanischen Rechtskreis werden die Geschäfte mit nahestehenden Personen generell unter dem Oberbegriff des *self-dealings* gefasst. Hinsichtlich des rechtlichen Beurteilungsmaßstabs muss zwischen Geschäften mit Organmitgliedern, die von den *corporate statutes* erfasst werden, und solchen mit Mehrheitsaktionären, die maßgeblich auf Fallrecht beruhen, unterschieden werden. Überragende Bedeutung in diesem Kontext kommt dem Maßstab der *Fairness* zu. Dementsprechend werden die Transaktionen vom jeweiligen Gericht grds. nach der *Entire Fairness Doctrine* bemessen, wobei den *director* grds. die Beweislast für das Vorliegen der *Fairness* trifft. Diese Beweislast kann der *director* aber durch Einhalten verschiedener Anforderungen auf den Kläger abwälzen. Wenn die Gerichte von der Ungerechtigkeit des Geschäfts überzeugt sind, dann erklären sie es für ungültig. Im Rahmen einer Eigenverpflichtung können Unternehmen strengere Anforderungen an die eigene Corporate Governance stellen. Soweit ersichtlich bildet die Eigenverpflichtung der Unternehmen im Rahmen von Related Party Transaction aber noch die absolute Ausnahme. Dennoch ist es ein konsequenter Weg, um eine strengere Corporate Governance zu bilden und das Vertrauen der Investoren nachhaltig zu fördern.

B) Gesellschaftsrecht des Vereinigten Königreichs

I. Gesellschaftsformen – insbesondere die *Public Company Limited by Shares*

Das englische Gesellschaftsrecht unterscheidet streng zwischen dem Kapitalgesellschaftsrecht (*company law*) und dem Personengesellschaftsrecht (*partnership law*).[672] Im Rahmen der Kapitalgesellschaften wird zwischen der *private company limited by shares* und der *public company limited by shares* unterschieden.[673] Die praktisch wichtigste Gesellschaftsform stellt die *private company limited by shares* (auch *limited* genannt) dar, die über die Grenzen des Vereinigten Königreichs hinaus erhebliche Bedeutung genießt.[674] Im Unterschied zur *public company limited by shares* werden die Anteile an der Gesellschaft nicht zum öffentlichen Handel angeboten. Somit ist die *public company limited by shares* die Parallelrechtsform zur Aktiengesellschaft, die *limited* die der GmbH. Entsprechend wird sich die folgende Darstellung auf die an der Börse zugelassene *public company limited by shares* beziehen (im Folgenden PLC). Die PLC besitzt eigene Rechtspersönlichkeit und bedarf zu ihrer Gründung ein Mindestkapital von 50 000£.[675]

II. Gesellschaftsorgane

Die Gesellschaftsorgane der monistisch aufgebauten PLC sind das *board of directors* und die Gesellschafterversammlung.[676] Die Macht innerhalb der Gesellschaft geht von der Gesellschafterversammlung aus. Die Aktionäre schließen mit den Boardmitgliedern ein Auftragsverhältnis ab, auf das die Gesellschafter rechtsgeschäftlich einwirken können. Die Boardmitglieder werden von den Gesellschaftern oder von

---

672 *Just*, Englisches Gesellschaftsrecht, S. 5 f.

673 Daneben existieren ferner die *private company limited by guarantee* und die *private unlimited company*. Erstere wird hauptsächlich für gemeinnützige Zwecke gegründet, bei letzterer haften die Mitglieder unbeschränkt. Somit ist die praktische Relevanz der Gesellschaftsformen recht gering. Siehe zu alledem: *Rothenburg/Walter/Platts*, in: Wegen/Spahlinger/Barth GesRdA Vereinigtes Königreich, Rn. 6 f.

674 Durch das bekannte Überseering-Judiz des EuGH (Rs. C 208/00 – Slg 2002, I 9919) wurde die bis dato von Deutschland vertretene Sitztheorie als Verstoß gegen die Niederlassungsfreiheit bewertet und für unzulässig erklärt. Die *limited* wurde durch die Anerkennungspflicht des nationalen Gesetzgebers auch hierzulande zu einer echten Alternative zur GmbH.

675 *Rothenburg/Walter/Platts*, in: Wegen/Spahlinger/Barth GesRdA Vereinigtes Königreich, Rn. 204 f.

676 *Doralt*, in: Companies Act, vor Part 10 Rn. 2.

den übrigen Direktoren bestellt.[677] In der PLC bilden mindestens zwei Direktoren den *board of directors* (sec. 154 subch. 2 CA).[678] Die Gesellschafter können mittels Beschluss der Gesellschafterversammlung auf die Geschäftsführung Einfluss nehmen.[679] Zu diesem Zweck wird das *one-tier System* des Vereinigten Königreichs, ähnlich dem US-amerikanischen Recht, in *executive* und *non-executive directors* aufgeteilt. Dabei können die *executive directors* Teil des *board of directors* sein, müssen es aber nicht.[680] Lediglich den *executive directors* steht die Geschäftsführung zu, die primäre Aufgabe der *non-executive directors* liegt in deren Überwachung und in der strategischen Grundausrichtung der Gesellschaft.[681] In diesem Zusammenhang kommt dem *chief executive officer* eine richtungsweisende Rolle zu.[682] Die *directors* treffen eine ganze Reihe von Treue- und Loyalitätspflichten, die in Part 10 Chapter 2 des *Companies Act* 2006 gesetzlichen Einzug erhalten haben.[683] Nach sec. 175 CA trifft den *director* auch die Pflicht, Interessenkonflikte zu vermeiden. Zudem ist er nach sec. 177 CA verpflichtet, ein eventuell bestehendes Eigeninteresse der Gesellschaft offenzulegen.

III. Rechtsquellen

Das Recht des vereinigten Königreichs nimmt hinsichtlich der Rechtsquellen im Bereich des Gesellschaftsrechts eine Zwitterstellung zwischen europäisch geprägtem *civil law* und historisch entwickelten *common law* und *equity* Grundsätzen ein.

---

677 Für die Bestellung der ersten Direktoren gilt die Sonderreglungen des sec. 12 CA.

678 Eine Deckelung der Direktorenanzahl gibt es nicht. So besteht das *board* der AVEVA PLC aus 8 Mitgliedern, http://www.aveva.com/Investors/Corporate_Governance/Board_Of_Directors/; das *board* der Burberry PLC aus 12 Mitgliedern, https://www.burberryplc.com/en/company/board-of-directors/board-of-directors.html; das *board* der GKN PLC aus 8 Mitgliedern, http://www.gkn.com/en/about-gkn/leadership/the-board/ [jeweils zuletzt geprüft: 13.03.2017]

679 *Doralt*, in: Companies Act, vor Part 10 Rn. 4.

680 Sie können auch lediglich als Manager angestellt sein und Geschäftsführungsbefugnis übertragen bekommen haben, ohne zugleich *director* zu sein. Siehe ferner: *Doralt*, in: Companies Act, vor Part 10 Rn. 13.

681 Die *non-executive directors* sind somit am ehesten mit dem deutschen Aufsichtsrat vergleichbar. Im Unterschied dazu werden sie nicht als eigenes Organ angesehen, vgl.: *Doralt*, in: Companies Act, vor Part 10 Rn. 13.

682 An dieser Stelle sei erwähnt, dass große PLC für jede Abteilung einen *executive officer* haben.

683 Bis zur Kodifizierung im Jahre 2006 wurden diese Pflichten lediglich auf Fallrecht begründet.

1) *Common law und equity*

Rechtshistorisch betrachtet hat das *common law* im angelsächsischen Rechtskreis seinen Ursprung. Schon ab dem 12. Jahrhundert sind Richter durch das Land gezogen und haben über ihnen vorgetragene Fälle geurteilt. Diese Rechtsprechung war der Beginn des bis heute geltenden *case law*.[684] Das Fallrecht zeichnet sich dadurch aus, dass die bindenden Urteilsgründe (*ratio decidendi*) nicht nur inter partes, sondern inter omnes Wirkung haben.[685] Durch das schon vorgestellte System der Präjudizienbindung (*stare decisis*) bindet die gerichtliche Entscheidung solange rangniedrigere Gerichte, bis ein *overruling* der Entscheidung stattgefunden hat.[686] Das *common law* wird folglich als „Recht der Praxis und nicht der Theorie"[687] verstanden. Da es aber durch ein System von Klageschriften (*writs*) stark formalisiert und damit sehr schwerfällig war, bedurfte es einer Korrektur auf Ebene des Billigkeitsrechts. Dieses Korrelat wurde Ende des 14. Jahrhunderts durch *equity*-Regelungen geschaffen. Die *equity*-Regelungen waren damit unproblematischer auf den Sachverhalt anwendbar und sollten im Kollisionsfall dem *common law* vorgehen.[688] Bei Betrachtung des *common law* muss folglich auch an die parallel entwickelten und variabler einzusetzenden *equity*-Regelungen gedacht werden. Festzuhalten bleibt indes, dass *common law* und *equity* auch heute noch große Bedeutung im englischen Recht genießen und als Rechtsquelle wahrgenommen und zitiert werden.

2) *Companies Act*

Diese Erkenntnis darf aber nicht darüber hinwegtäuschen, dass *common law* und *equity*-Grundsätze im Bereich des Gesellschaftsrechts durch *statutory law* nicht nur ergänzt, sondern auch verdrängt werden. Der Grund für dieses ungewöhnliche und rechtshistorisch betrachtet systemwidrige Zusammenspiel ist im Beitritt des Vereinigten Königreichs zur Europäischen Union im Jahre 1973 zu sehen.[689] Kontinentaleuropäische Rechtsordnungen folgen ganz überwiegend dem aus dem römischen Recht entwickelten *civil law*. Gleiches gilt auch für die Rechtsordnungen der Europäischen Union. Mit Beitritt des Vereinigten

---

684 *Just*, Englisches Gesellschaftsrecht, S. 4; *Heberer*, ZfRV 2002, 57 (57).

685 Darüber hinausgehende Entscheidungsgründe und weitergehende Argumente sind als obiter dictum nicht bindend.

686 *Schall*, in: Companies Act, Einl. LXXI; *Heberer*, ZfRV 2002, 57 (57 f.).

687 *Heberer*, ZfRV 2002, 57 (57).

688 *Heberer*, ZfRV 2002, 57 (58).

689 *Just*, Englisches Gesellschaftsrecht, S. 4.

Königreichs zur Europäischen Union war man verpflichtet, europäische Richtlinien umzusetzen und Verordnungen anzuwenden. Die Bedeutung des *case law* ist damit zurückgegangen. Im Bereich des Kapitalgesellschaftsrechts hat die Regierung des Vereinigten Königreichs den *Companies Act* 1985 geschaffen, der sich mehrmaligen Reformen unterzog und seit 2006 in seiner derzeitigen Form Bestand hat.[690] Damit ist der *Companies Act* 2006 für das Kapitalgesellschaftsrecht primäre Rechtsquelle.[691] Wenn der *Companies Act* einen identischen Sachverhalt anders behandelt als *common law* oder *equity*, ist der *Companies Act* anzuwenden. Berücksichtigt werden muss indes, dass der *Companies Act* auf Grundlage des bis dato geltenden Richter- und Billigkeitsrechts aufbaut, weshalb ein Konflikt nur selten auftreten wird.

3) Listing Rules der FCA

Ähnlich wie in den Vereinigten Staaten spielen die *Listing Rules* auch im Vereinigten Königreich eine entscheidende Rolle, allerdings erstellt nicht jede Börse eigene *Listing Rules*. Das Vereinigte Königreich hat dafür eine zuständige Stelle eingerichtet, die *Financial Conduct Authority*.[692] Bei den *Listing Rules* handelt es sich zwar nicht um eine primäre Rechtsquelle, allerdings zieht ein Verstoß gegen die *Listing Rules* zumindest eine Strafzahlung und als Ultima Ratio den Verlust der Börsenzulassung nach sich.[693] Dadurch werden die Gesellschaften an den Inhalt der *Listing Rules* gebunden und müssen die Regelungen als eine primäre Rechtsquelle befolgen.

---

690 Neben dem Companies Act war der englische Gesetzgeber in mehreren Bereichen gesetzgeberisch tätig. So hat er beispielweise den *Insolvency Act* 1986, den *Company Directors Disqualification Act* 1986 und den *Business Names Act* 1985 erlassen.

691 Der Companies Act 2006 verfolgt dabei das *think small first*-Prinzip. Während früher der Companies Act von der Grundform der *public corporation* ausging und für die *private corporation* Sonderreglungen vorsah, gilt seit dem Corporation Act 2006 das Gegenteil. Das Gesetz geht somit im Grundsatz von der *limited* aus, erweitert es aber an zahlreichen Stellen auf die PLC, vgl.: *Just,* Englisches Gesellschaftsrecht, S. 7.

692 Die *Listing Rules* sind einsehbar und abrufbar unter: https://www.handbook.fca.org.uk/handbook/LR.pdf [zuletzt geprüft: 15.07.2018].

693 Die Rechtsfolgen sind identisch zu denen, die das anglo-amerikanische Recht vorsehen, siehe dazu bereits oben, S. 164 f.

4) *UK Corporate Governance Code*

Ferner muss auch der Corporate Governance Kodex des Vereinigten Königreichs als Rechtsquelle verstanden werden.[694] Grundsätzlich handelt es sich bei Kodizes normenhierarchisch gesehen nicht um zwingendes Recht. Erlassen wird ein Kodex in der Regel von einer privaten Kommission, einer öffentlichen Institution oder von der Gesellschaft selbst.[695] Dadurch können nationale Rechtsordnungen mehrere Kodizes vorsehen. Innerhalb der Rechtsordnung ist damit zunächst zu untersuchen, welche Gesellschaften vom Anwendungsbereich des Kodex erfasst sind. Ziel dessen, ganz gleich ob es sich um einen solchen handelt, der im Wege der Selbstverpflichtung erstellt oder von einer übergeordneten Stelle erlassen wurde, ist es, Grundzüge guter Unternehmensführung festzulegen, um damit vor allem für Investoren attraktiver zu werden. Auch wenn in der Regel kein staatlicher Zwang hinter der Befolgung des Kodex steht, ist den Gesellschaften an deren Befolgung gelegen.[696]

Der *UK Corporate Governance Code* wurde 2010 durch den *Financial Reporting Council* (FRC) herausgegeben und jüngst mehrfach (2012, 2016) überarbeitet. Im Vereinigten Königreich ist der Kodex von überaus großer Bedeutung, da dieser aus dem *Combined Code on Principles of Good Governance and Code of Best Practice* hervorgeht, der auf eine lange Tradition zurückblickt und als „Mutter aller Kodizes" gilt.[697] Schwerpunkt des *UK Corporate Governance Code* liegt darin, die Unternehmensleitung effektiver zu gestalten und Leistungsfähigkeit des Unternehmens zu steigern.[698] Bei dem *UK Corporate Governance Code* handelt es sich um mehr als um bloßes *soft law*.[699] Um dem Kodex zu praktischer Wirksamkeit zu verhelfen verfolgt er, im Zusammenspiel mit den *Listing Rules*,

---

694 Der Kodex ist abrufbar unter: https://frc.org.uk/Our-Work/Publications/Corporate-Governance/UK-Corporate-Governance-Code-April-2016.pdf [zuletzt geprüft: 15.07.2018].

695 *Hopt*, ZHR 175 (2011), 444 (456); Intention der Aufstellung solcher Selbstverpflichtungen ist darin zu sehen, dass Investoren davon ausgehen, die Gesellschaft halte sich in noch strengerem Maße an die *good practice*.

696 Nach *Hopt* gilt das zumindest für Gesellschaften in Deutschland und England. Wenn der Kodex selbst auf Ablehnung innerhalb des Gesellschaftsrechts stößt, kann er auch nicht seine volle Wirkung entfalten, siehe dazu: *Hopt*, ZHR 175 (2011), 444 (457).

697 *Bachmann*, in: Kommentar zum DCGK, Rn. 63; ferner: *Boyle/Birds,* Company Law, S. 360; *Hannigan,* Company Law, Rn. 6–4; *Hopt*, ZHR 175 (2011), 444 (455).

698 *Boyle/Birds,* Company Law, S. 361.

699 *Davies* spricht davon, dass die Bezeichnung *soft law* in diesem Kontext missverständlich ist, *Davies,* Gower/Davies, Rn. 14–31.

ein *comply or explain* System.[700] Jede Gesellschaft, die einem *premium listing* an der Börse unterliegt, ist verpflichtet, nach sec. 9.8 LR einen Jahresbericht zu erstellen. In sec. 9.8.6 subch. 3, 5, 6 LR wird ausgeführt, dass in diesen Bericht auch aufgenommen wird, ob und in welchem Umfang das Unternehmen dem Kodex entsprochen hat. Dadurch soll sichergestellt werden, dass dem Kodex grundsätzlich entsprochen wird *(comply)*; wenn einige Punkte keine Anwendung finden, soll erläutert werden, warum diese Punkte keine Anwendung finden *(explain)*. Damit wird der Kodex für die Gesellschaften, die einem *premium listing* unterliegen, genauso zu faktisch zwingendem Recht wie das bei den *Listing Rules* der Fall ist.[701] Denn bei Nichtbeachtung treffen die Gesellschaften die Sanktionen, die bei Verstoß gegen die *Listing Rules* Anwendung finden.

IV. Regelungsmodell bei Geschäften mit nahestehenden Personen

Das Gesellschaftsrecht des Vereinigten Königreichs äußert sich an einigen Stellen zu den Geschäften mit nahestehenden Personen.[702] Dabei muss beachtet werden, dass dieses Schutzsystem, im Unterschied zu dem Deutschlands und dem der Vereinigten Staaten, von der Weltbank als deutlich stringenter eingestuft wurde.[703]

1) Geschäfte mit Organmitgliedern

a) Geschichtliche Entwicklung

Geschäfte zwischen der Gesellschaft und den *directors* unterlagen, ähnlich dem anglo-amerikanischen Recht, lange Zeit einem Nichtigkeitsverdikt. In *Aberdeen Railway Co v. Blaikie, Bros.* hat das *House of Lords* schon im Jahre 1854 folgende *no-conflict rule* festgehalten:

"Such agents have duties to discharge of a fiduciary nature towards their principle. And it is a rule of universal application, that no one, having such duties to discharge, shall be allowed to enter into engagements in which he has, or can have,

700 *UK Corporate Governance Code*, S. 4.

701 *Hopt* spricht nicht von einem faktisch zwingenden Recht, sondern er geht davon aus, dass es sich bei dieser Regelungstechnik um eine Regulierung zwischen Recht und Markt handelt, vgl. *Hopt*, ZHR 175 (2011), 444 (459).

702 Einen ausführlichen Rechtsvergleich hinsichtlich der Behandlung der Related Party Transactions im englischen Recht wurde jüngst von *Klene*, Related Party Transactions, S. 9–54 und *Tarde*, Related Party Transactions, S. 47–87, 153–182 vorgenommen.

703 Siehe dazu bereits oben, S. 155 mit Fn. 570.

a personal interesting conflicting, or which possibly may conflict with the interests of those whom he is bound to protect."[704]

Steht ein Vorstandsmitglied auf beiden Seiten des Vertrages, gleich ob indirekt oder direkt, wurde unwiderleglich vermutet, dass er einem Treuepflichtverstoß unterlag. Die Erkenntnis, dass Geschäfte mit den *directors* aber nicht schlechthin nachteilig sein müssen, sondern durchaus auch im Interesse der Korporation liegen können, führte in letzter Konsequenz dazu, dass die drakonische Rechtsfolge der Nichtigkeit recht schnell obsolet wurde.[705] Aufgrund dessen wurden die Wirksamkeitsvoraussetzungen solcher *self-dealing* Transaktionen angepasst. Im Gegensatz zum anglo-amerikanischen Recht sollte es im Vereinigten Königreich nicht auf den unbestimmten Rechtsbegriff der *Fairness* einer Transaktion ankommen. Nach *common law*-Grundsätzen wurde ein zweigliedriges Stufenmodell bestehend aus Offenlegung und Genehmigung eingeführt. Im Einzelnen war eine Transaktion wirksam, wenn der (hypothetische) Interessenkonflikt den Aktionären bereits im Vorfeld der Transaktion offengelegt wurde. Im Anschluss an die Offenlegung sollte kumulativ hinzutreten, dass die Aktionäre ausdrücklich durch Beschluss ihre Zustimmung zur Transaktion erteilen.[706] Lagen beide Voraussetzungen vor, implizierte das nicht die *Fairness* des Geschäfts, sondern führte dazu, dass die *directors* durch die Genehmigung der Aktionäre vor gerichtlicher Inanspruchnahme geschützt wurden (sog. *whitewash*).[707] Wenngleich das Schutzniveau im Falle einer Zustimmung der Aktionäre sehr hoch anzusiedeln war, war dieses System für die Leitung der Korporation doch unbefriedigend, da eine Zustimmung zur Transaktion nur äußerst selten erteilt wurde.[708]

Diese Erkenntnis hat dazu geführt, dass das *board* das skizzierte Stufenmodell durch abändernde Satzungsvorschriften (sog. *articles of incorporation*) ad absurdum führte. Denkbare und auch umgesetzte Gestaltungsmöglichkeiten waren, dass der Zustimmungsvorbehalt der Aktionäre ausgeschlossen, von vorneherein nur eine Offenlegung des Interessenkonflikts als ausreichend angesehen oder die *self-dealing* Transaktionen ohne jegliche Kontrollen als wirksam behandelt wurden.[709] Damit war der Gesetzgeber gefragt, der diese Problematik durch

---

704 Aberdeen Railway Company v. Blaikie Bros. (1884) 1 Macq 461 (471) (HL).

705 Vgl.: *Davies,* Gower/Davies, Rn. 16–41, der herausstellt, dass im Falle des Nichtigkeitsverdikts *executive directors* der Vergangenheit angehören würden.

706 *Davies,* Gower/Davies, Rn. 16–41.

707 *Davies,* Gower/Davies, Rn. 16–41.

708 *Davies,* Gower/Davies, Rn. 16–42.

709 Die Möglichkeit, durch Implementierung einer Satzungsbestimmung bestehendes Recht auszuhöhlen, ist zumindest für deutsche Juristen fremd. Für das deutsche

Schaffung von sec. 317 CA 1985 in den Fokus rückte.[710] Gemäß sec. 317 subch. 1 CA 1985 sollte ein *director*, der ein direktes oder indirektes Interesse an der vorgeschlagenen Transaktion hatte, die *„nature of his interest at a meeting of the directors of the company"* darlegen. Durch den *Companies Act* 1985 entzieht der Gesetzgeber damit den Aktionären die durch *common law* entwickelten Machtbefugnisse und überträgt sie auf das Direktorium. Einziges Kriterium das nach wie vor Bestand haben sollte, war die Publikation eines Interessenkonflikts, wobei Adressat der Offenlegung nicht mehr die Aktionäre, sondern das *board* selbst war. Aufgrund dessen stand es allein in deren Ermessen, wie mit der Information und mit dem Geschäft umzugehen war. Um eine einheitliche rechtliche Behandlung gewährleisten zu können, durften die Satzungen von diesem Dogma keine Ausnahmen mehr treffen.[711]

b) Uneingeschränkte Publikation gegenüber Direktoren

Das vorläufige Ende dieser Entwicklung zeichnete sich durch den *Companies Act* 2006 ab. In Chapter 2 befasst sich der *Companies Act* 2006 mit den generellen Pflichten eines *directors* (sog. *general duties*). Erwähnt werden soll zunächst sec. 175 CA 2006, der die Pflicht enthält, Interessenkonflikte zu vermeiden. Ausweislich dem Wortlaut des dritten Absatzes findet diese Norm nicht bei konfligierenden Interessen zwischen der Korporation und dem *director* Anwendung, da dafür die Regelungen der secc. 177 und 182 als lex specialis eingreifen.[712] Maßgeblich für die *self-dealing* Sachverhalt sind damit sec. 177 CA 2006 und sec. 182 CA 2006, wobei sich diese nur im Rahmen des zeitlichen Anknüpfungspunktes und der anzulegenden Rechtsfolgen bei ausbleibender Offenlegung unterscheiden.[713] Inhaltlich knüpft sec. 177 CA 2006 an die bereits dargestellten

---

Aktienrecht sei hier an den Grundsatz der Satzungsstrenge erinnert, wonach nur dann von den Vorschriften des AktG abgewichen werden darf, wenn das Aktiengesetz eine solche Abweichung zulässt, § 23 Abs. 5 S. 1 AktG. Anders liegt die Rechtslage indes im Recht des Vereinigten Königreichs: Bei den gerade dargestellten Grundzügen handelt es sich nicht um gesetzlich festgeschriebene Dogmen, sondern um *common law*-Grundsätze, vgl.: *Davies,* Gower/Davies, Rn. 16–41.

710 Der Volltext des Companies Act 1985 ist abrufbar unter: offshores.com.ua/assets/files_free/UK_Companies_Act_1985_complete_version.doc [zuletzt geprüft: 15.07.2018].

711 *Davies,* Gower/Davies, Rn. 16–42.

712 *Doralt,* in: Companies Act, sec 175 Rn. 2.

713 Ausweislich des Wortlauts befasst sich sec. 177 CA 2006 mit Geschäften, die in der Zukunft liegen (*proposed transaction*), während sich sec. 182 CA 2006 Geschäften widmet, die bereits bestehen (*existing transaction*), vgl. sec. 177 (4) CA 2006 und sec. 182 (4) CA 2006.

Regelungen an, indem er bestimmt, dass der *director*, der ein direktes oder indirektes Interesse an der Transaktion hat, dieses Interesse den anderen Direktoren offenlegen muss.[714] Für die Art der Offenlegung gilt, dass sie insbesondere nicht in einer Zusammenkunft *(meeting)* erfolgen muss, sondern auch anderweitig erfolgen kann (sec. 177 subch. 2 CA 2006). Inhaltlich muss der *director* insbesondere das Wesen und den Umfang des Interessenkonflikts darlegen (sec. 177 subch. 1 CA 2006) und etwaige Änderung seiner Interessen kundtun (sec. 177 subch. 3 CA 2006).

Hält sich der *director* an die Regelungen, hat er seiner treuhänderischen Pflicht genüge getan und das Insichgeschäft ist nicht deshalb nichtig.[715] Hält er sich nicht an die ihm obliegende Offenlegungspflicht, ist insbesondere sec. 178 CA 2006 anwendbar, ein Paradebeispiel für die gerade beschriebene Zwitterstellung zwischen *statutory* und *common law*. Im Unterschied zu bspw. sec. 183 CA 2006 ergibt sich aus sec. 178 subch. 1 CA 2006 keine konkret subsumtionsfähige Rechtsfolge, sondern sie verweist auf die Rechtsfolgen, die durch *common law* und *equity*-Grundsätze aufgestellt wurden. Durch diese Formulierung macht sich der Gesetzgeber die vielen differierenden Entscheidung zu eigen, die über teils Jahrhunderte hinweg entwickelt wurden. Damit umging der englische Gesetzgeber das Problem, die Entscheidungen verklausuliert in abstrakte Gesetzesform zu gießen, was im Übrigen nicht dienlich und vermutlich auch nicht möglich gewesen wäre.[716]

c) Zustimmung der Anteilseigner bei speziellen Geschäften

Neben den aus den *general duties* folgenden Publikationspflichten treffen die *directors* bei bestimmten Verträgen weitergehende Pflichten. Diese als *specific duties* bezeichneten Pflichten werden im *Companies Act* 2006 im vierten Kapitel des zehnten Teils behandelt. Die amtliche Überschrift des vierten Kapitels zeigt, dass Verträge, bei denen der *director* auf beiden Seiten des Vertrages steht und die unter die Vorschriften dieses Kapitels fallen, von den Aktionären genehmigt werden müssen. Eine Genehmigung der Transaction liegt bei einfacher Beschlussmehrheit vor (vgl. sec. 281 subch. 3 CA 2006). Allerdings kann die

714 Das Allergleiche gilt auch für schon bestehende Geschäfte, wobei dort strengere Anforderungen vorgesehen sind. Insbesondere unterliegt die mangelnde Offenlegung nach dieser Vorschrift einer strafrechtlichen Sanktion, vgl.: secc. 182–187 CA 2006.

715 *Doralt*, in: Companies Act, sec. 177 Rn. 6.

716 *Doralt*, in: Companies Act, sec. 178 Rn. 1.

Satzung strengere Beschlussanforderungen vorsehen.[717] Bei Lichte betrachtet stellen die secc. 188 bis 226 CA 2006 eine Rückkehr zu alten *common law* Prinzipien dar. Die strengeren Anforderungen bei diesen *specific duties* lassen sich anhand eines gesteigerten Interessenkonfliktes zwischen den Eigeninteressen des *directors* und der Verpflichtung gegenüber der Korporation begründen.[718] Von diesen Geschäften betroffen sind Leistungsverträge (*service contracts*, secc. 188, 189 CA 2006),[719] der Erwerb von nicht barwertem Gesellschaftsvermögen (*substantial property transactions*, secc. 190 – 196 CA 2006),[720] Kredite an Direktoren (*loans, quasi-loans and credit transactions*, secc. 197–214 CA 2006)[721] und Zahlungen wegen Beendigung der Organstellung (*payment for loss of office*,

717 Das gilt wiederum nicht, wenn das Gesetz ausdrücklich die einfache Beschlussmehrheit vorschreibt, vgl.: *Siems*, in: Companies Act, sec. 281 Rn. 1.

718 *Boyle/Birds*, Company Law, S. 635; *Davies*, Gower/Davies, Rn. 16–49; *Hannigan*, Company Law, Rn. 13–1 f.; *Farrar/Watson*, Journal of Corporate Law Studies 2011, 495 (514 f.).

719 Die *long-term service contracts* unterstehen dem Zustimmungsvorbehalt der Hauptversammlung, um dem außerordentlich hohen Konfliktpotential, das aus dem Prinzipal-Agent Verhältnis folgt, gerecht zu werden. Unter solche *service contracts* fallen alle Verträge, durch die der Direktor mindestens zwei Jahre an die Gesellschaft gebunden wird, wobei der Begriff *service contracts* nicht zu eng zu verstehen ist, um weitestgehende Interessenkonflikte abzudecken. Darunter fällt insbesondere die Direktorenvergütung. Bleibt die Zustimmung der Hauptversammlung aus, ordnet sec. 189 CA 2006 die Unwirksamkeit bzw. die jederzeitige Kündigungsmöglichkeit an. *Doralt*, in: Companies Act, secc. 188 f.

720 Secc. 190 f. CA 2006 gilt nur bei bedeutenden Eigentumsübertragungen. Wann diese vorliegen, wird durch sec. 191 CA 2006 definiert. Dafür muss die Transaktion mind. 10 % des Gesellschaftsvermögens betreffen und über 5.000 £ betragen oder die Transaktion den Betrag von 100.000 £ überschreiten, vgl. zu alledem: *Doralt*, in: Companies Act, secc. 190 ff.

721 Mit Zustimmung der Gesellschafter sind auch Kreditgeschäfte an Direktoren möglich. Das Gesetz unterscheidet in secc. 179 – 203 CA 2006 zwischen verschiedenen Kreditgeschäften, die hier nicht in allen Einzelheiten dargelegt werden können. Für alle Geschäfte gilt gleichermaßen, dass die Zustimmung der Hauptversammlung bereits vor der Eingehung des Geschäfts vorliegen muss. Für verschiedene Geschäftsarten sieht das Gesetz in secc. 204 – 210 Ausnahmen von der Hauptversammlungszuständigkeit vor. Wurden Kreditgeschäft ohne die erforderliche Zustimmung abgeschlossen, ist dieses Rechtsgeschäft durch Anfechtung ex-tunc unwirksam (sec. 213 subch. 2 CA 2006). Zum anderen haften die beteiligten Personen der Gesellschaft gesamtschuldnerisch auf Schadensersatz (sec. 213 subch. 3,4 CA 2006). Vor allem letztere Sanktion führt zu einem hoch anzusehenden Schutzniveau, da die Direktoren mit ihrem eigenen Vermögen haften.

secc. 215–222 CA 2006).[722] Dabei ist zu beachten, dass sich der persönliche Anwendungsbereich häufig nicht nur auf den *director* beschränkt. Um einer Umgehung der *self-dealing* Vorschriften vorzugreifen werden auch *connected persons*, also Personen, die in einer Nähebeziehung zum *director* stehen, vom Anwendungsbereich der Vorschriften erfasst (vgl. sec. 190 subch. 1 CA 2006; sec. 200 CA 2006; sec. 215 subch. 4 CA 2006). Wer nahestehende Person ist, ergibt sich aus secc. 252 – 255 CA 2006.[723]

d) Sonderregeln für Korporationen, die einem premium listing unterliegen

Da der *Companies Act* durch das sog. *„think small first"*[724] primär die Rechtsetzung für die im Vergleich zur PLC privater organisierte *limited* im Blick hatte, finden auf die PLC durch Börsenzulassungsregelungen meist strengere Regelungen Anwendung.[725] Related Party Transactions erfahren durch sec. 11 der *Listing Rules* eine Konkretisierung. Da der *director* als *related party* im Sinne von sec. 11.1.4 LR angesehen wird, finden die Regelungen der *Listing Rules* auch

722 Secc. 215 – 222 CA 2006 sollen vor allem dem *golden handshake*, also zusätzlichen Zahlungen bei Verlust der Direktorenstellung, Einhalt gebieten. Von dem Begriff der Zahlung sind, um einen möglichst weiten Anwendungsbereich sicherzustellen, auch etwaige Sachleistungen an den Direktor erfasst. Bei Verstoß gegen die Hauptversammlungszustimmung hält der Empfänger die Zahlung als Treuhänder (*trust*) für die Gesellschaft. Zusätzlich haften er und diejenigen Direktoren, die der Zahlung zugestimmt haben, gesamtschuldnerisch für einen etwaigen Verlust, vgl. sec. 222 subch. 1 lit. a, b CA 2006.

723 Insbesondere zu beachten ist, dass von dem Begriff nicht nur natürliche Personen umfasst werden. Auch Unternehmen werden vom Anwendungsbereich erfasst, wenn die Voraussetzungen der sec. 252 subch. 2 lit e) CA 2006 vorliegen. Vgl. zu alledem: *Boyle/Birds*, Company Law, S. 636; *Hannigan*, Company Law, Rn. 13–4 ff.

724 *Just*, Englisches Gesellschaftsrecht, S. 7.

725 Dass die *Listing Rules* strengere Anforderungen bereithalten, soll an dieser Stelle anhand folgenden Paradigmas verdeutlicht werden. Wenn der *director* einer Gesellschaft von dieser einen Kredit erhält, muss die Hauptversammlung diesem Kredit zustimmen. Der *director* selbst kann aber auch (mehrheitlich beteiligter) Aktionär der Korporation sein. In diesem Fall unterliegt der *director*, der in der Hauptversammlung als Aktionär auftritt, keinem Stimmrechtsverbot und kann je nach Höhe der Beteiligung maßgeblichen Einfluss auf die Entscheidung der Hauptversammlungsbestätigung nehmen. Finden die *Listing Rules* Anwendung, stellt sec. 11.1.7 subch. 4 LR heraus, dass weder die *related party* (lit. a) noch Personen, die der *related party* zuzurechnen sind (lit. b), an der Abstimmung teilnehmen dürfen.

auf Geschäfte zwischen der Korporation und dem Direktor Anwendung.[726] Aus systematischen Erwägungen sollen die mit deren Anwendung verbundenen Anforderungen en détail bei den Geschäften mit dem herrschenden Aktionär dargestellt und besprochen werden.

2) *Geschäfte mit Aktionären*

Hinsichtlich der Geschäfte mit Aktionären hält der *Companies Act* nur dann Regelungen bereit, wenn es sich bei den Aktionären um einen faktischen Geschäftsführer (sog. *shadow-director*) handelt. Liegt dieser Ausnahmefall nicht vor, sind einzig verbleibende Rechtsquelle die *Listing Rules*.

a) Der herrschende Aktionär als shadow-director

Zunächst soll der Fokus auf den Ausnahmefall des Aktionärs als *shadow-director* gelegt werden. Dass ein herrschender Aktionär nicht automatisch als *shadow-director* zu qualifizieren ist, zeigt der Umkehrschluss zu sec. 11.1.4 LR, der ausdrücklich zwischen einem *shadow-director*, einem *substantial shareholder* und einer Person, die maßgeblichen Einfluss auf die Gesellschaft ausübt, unterscheidet.[727] Der *shadow-director* wird gesetzlich in sec. 251 CA 2006 definiert.[728] Danach handelt es sich um *"a person in accordance with whose directions or instructions the directors of the company are accustomed to act"*. Mit anderen Worten handelt es sich um eine Person, die, ohne *director* zu sein, die Geschicke der Korporation lenkt. Vergleichbare Rechtsfigur im deutschen Recht ist der aus dem GmbH-Recht bekannte faktische Geschäftsführer. Ausweislich sec. 251 subch. 3 CA 2006 sind Mehrheitsaktionäre jedenfalls dann ausgenommen, wenn sie auch einer anderen Gesellschaft angehören. Damit soll ein Konzernrecht durch die Hintertür vermieden werden.[729] Virulent wird aber die Frage, ob ein Mehrheitsaktionär, der kein Unternehmen im konzernrechtlichen Sinne ist,

726 Vorausgesetzt, die *Listing Rules* finden auf die entsprechende Gesellschaft Anwendung.

727 Normenhierarchisch können die *Listing Rules* sicherlich nicht ohne Weiteres zur Begründung einer durch den Companies Act geregelten Situation herangezogen werden. Das Verständnis innerhalb der *Listung Rules* zeigt aber, dass zwischen einem Mehrheitsgesellschafter und einem faktischen Geschäftsführer ein Unterschied bestehen muss.

728 Englisches *case law* musste sich in Re a Company (No. 005009 of 1987) ex parte Copp erstmalig mit den *shadow-directors* auseinandersetzen. Den Fall in Einzelheiten darstellend: *Hobson*, Bond Law Review 10 (1998), 184 (193).

729 Vgl.: *Doralt*, in: Companies Act, sec. 251 Rn. 3 (mit Fn. 70).

als *shadow-director* auftreten kann. Von vornherein ausgeschlossen ist das nicht, allerdings bedarf es dazu einer gerichtlichen Überprüfung des Einzelfalls.[730] Ähnlich den Rechtsscheinvollmachten im deutschen bürgerlichen Recht genügt dafür eine einmalige Befolgung der Anweisung durch die Direktoren noch nicht. Maßgeblich ist eine gewohnte Befolgung einer Weisung durch eine Mehrheit der Direktoren.[731]

Den Mehrheitsgesellschafter als *shadow-director* zu qualifizieren hat ganz entscheidenden Einfluss auf den ihn treffenden Pflichtenkreis. Für die gerade eben dargestellten *specific duties* ergibt sich das aus sec. 223 subch. 1 CA 2006, wonach qua Gesetz ein *shadow-director* bei *service contracts*, *property trancations*, *loans* und *payments for loss of office* wie ein ordentlich bestellter *director* zu behandeln ist. Das kann dazu führen, dass eine Transaktion zwischen Korporation und dem Mehrheitsgesellschafter von den Mitgesellschaftern genehmigt werden muss.[732]

Ähnliches gilt auch für die den *director* treffenden *general duties*. Aussagekraft hat in dieser Hinsicht sec. 170 subch. 5 CA 2006, wonach die *general duties* den *shadow-director* treffen, sofern die *common law* und *equity* Prinzipien Anwendung finden würden. Dazu hat jüngst der High Court in der Sache *Vivendi SA v. Richards* festgehalten, dass auch den *shadow-director* diese *general duties* treffen.[733] Es bleibt damit festzuhalten, dass ein *shadow-director* dem *board of directors* etwaige Transaktionen offenlegen muss.

Zusammenfassend muss festgehalten werden, dass den herrschenden Aktionär bei Annahme als *shadow-director* weitgehende Pflichten treffen. Es ist stets eine Frage des Einzelfalls, ob ein herrschender Gesellschafter als solcher qualifiziert werden kann. Im Hinblick darauf, dass die Pflichten ursprünglich aus dem

---

730 Die englischen Gerichte sind allerdings zurückhaltend, darin einen Mehrheits aktionär als *shadow-director* zu qualifizieren: vgl. Re Mea *Corporation*, Secretary of State for Trade and Industry v. Aviss [2006] EWHC 1846 (CH) at 106; Vivendi SA v. Richards [2013] EWHC 3006 (Ch) at 131.

731 Siehe dazu schon Vivendi SA v. Richards EWHC 3006 (Ch) at. 125; zu alledem: *Doralt*, in: Companies Act, sec. 251 Rn. 1. In der englischen Literatur kontrovers diskutiert wird die Beziehung zwischen einem *shadow-director* und einem *de facto director*. Da der Streitstand für die vorliegende Arbeit keine Rolle spielt, wird dieser hier nicht dargestellt.

732 Beachtet werden muss auch hier, dass ein *shadow-director* als *related party* im Sinne der *Listing Rules* anzusehen ist, sec. 11.1.4 subch. 2 LR.

733 Vivendi SA v. Richards [2013] EWHC 3006 (Ch) at 143; ferner auch: *Doralt*, in: Companies Act, sec. 170 Rn. 1; *Boyle/Birds*, Company Law, S. 553 f.; *Hannigan*, Company Law, Rn. 7–33 ff.; anders noch: Ultraframe (UK) Ltd. v. Fielding [2005] EWHC 1638 (Ch) at 1279.

Prinzipal-Agent Konflikt entspringen, ist der Rechtsprechung entsprechend eine restriktive Auslegung geboten.

b) *Anwendung der Listing Rules*

Abgesehen von dieser Sonderkonstellation sieht der *Companies Act* keine Schutzvorkehrungen bei Geschäften zwischen der Gesellschaft und dem herrschenden Aktionär vor. Einzige Rechtsquelle stellen die *Listing Rules* dar, die, wie oben bereits angeklungen, nur für börsennotierte Gesellschaften gelten, faktisch für diese aber zwingendes Recht darstellen.[734] Durch meist sehr strenge Regelung möchte die Börse für rechtliche Sicherheit sorgen.[735] Denn die Gewährleistung eines starken Markts liegt in ihrem Interesse. Der Aktienmarkt seinerseits ist zuweilen spekulativ und vom Vertrauen der Anleger geprägt. Wird dieses Vertrauen enttäuscht, fällt der Börsenwert gehandelter Aktien. Das ist sowohl für die betreffende Gesellschaft als auch, aufgrund schwankender Börsenkurse, für die Börse selbst von Nachteil. Einfallstor für die Related Party Transactions stellt sec. 11 LR dar. Sinn und Zweck dessen ist es, Außenstehende und die Gesellschaft vor einer Vermögensminderung (sog. *tunneling*) zu schützen, die dadurch entsteht, dass einer *related party* ein Vorteil aufgrund seiner faktisch beherrschenden Stellung gewährt wird, sec. 11.1.2 subch. 2 LR. Im Folgenden soll deshalb auf sec. 11 LR eingegangen und näher untersucht werden.

aa) Anwendungsvoraussetzungen

Die *Financial Service Authority* unterscheidet bei ihren *Listing Rules* zwischen einem *premium* und einem *standard listing*. Nach sec. 11.1.1. LR finden die Regeln über Related Party Transactions nur auf premium gelistete Unternehmen Anwendung. Im Unterschied zu einem *standard listing* enthält ein *premium listing* über den vom europäischen Gesetzgeber definierten Rahmen hinaus besser einzustufende Regulierungsstandards und eine besser eingestufte Corporate Governance. Die Folge dieser strengen Maßstäbe ist, dass das Unternehmen durch eine größere Transparenz und durch starke Gesellschafter geringere Kosten treffen. Allerdings kann nicht jede Gesellschaft einem *premium listing*

---

734 Konstatiert werden muss aber, dass der Konflikt in geschlossenen Gesellschaften genauso auftreten kann wie bei Publikumsgesellschaften, den geschlossenen Gesellschaften aber kein Schutz gewährleistet wird.

735 In diesem Zusammenhang sei erwähnt, dass das nicht nur für die hier besprochenen Geschäfte mit nahestehenden Personen gilt, sondern als allgemeingültiger Rechtssatz begriffen werden kann.

unterliegen (vgl. sec. 1.5.1 subch. 3 LR). Festzuhalten bleibt, dass die Regeln über Related Party Transactions nur auf solche börsennotierten Gesellschaften Anwendung finden, die einem *premium listing* unterliegen.

bb) Persönlicher Anwendungsbereich – der *substantial shareholder*

In sec. 11.1.4 f. LR wird der Begriff der *related party* definiert. Als solche wird der *substantial shareholder* (sec. 11.1.4 subch. 1 LR), der *director* oder *shadow-director* der betreffenden Gesellschaft, der Tochter- oder Muttergesellschaft (sec. 11.1.4 subch. 2 LR) oder eine Person, die besonderen Einfluss ausüben kann, (sec. 11.1.4 subch. 4 LR) angesehen. Darüber hinaus erweitert sec. 11.1.4 subch. 5 LR den persönlichen Anwendungsbereich dahingehend, dass auch nahestehende Personen (*associate*) der gerade aufgeführten Personengruppen erfasst sind.

Besonders die Begriffe des *substantial shareholder* und *person exercising significant influence* entziehen sich aufgrund ihrer Unbestimmtheit jeglicher Subsumtion. Dieses unbefriedigende Ergebnis wird für den *substantial shareholder* durch die Definition in sec. 11.1.4A LR korrigiert. Ein *substantial shareholder* ist anzunehmen, wenn eine Person mindestens 10 % der Stimmenmehrheit in der Hauptversammlung hält. Eine vergleichbare Definition für eine Person, die wesentlichen Einfluss ausübt, fehlt leider. Eine negative Abgrenzung kann aber doch getroffen werden. Denn es kann zumindest nicht auf eine etwaige Stimmenmehrheit in der Hauptversammlung abgestellt werden, da durch den wesentlichen Einfluss doch gerade Personen erfasst werden sollen, die keine Gesellschafter sind.

cc) Sachlicher Anwendungsbereich

Sachlich gesehen erfasst sec. 11 LR jedes Geschäft mit einer nahestehenden Person. Davon umfasst sind Geschäfte zwischen der gelisteten Korporation und einer *related party* (sec. 11.1.5 subch. 1 LR), eine Vereinbarung außerhalb des gewöhnlichen Geschäftsbetriebs, in der die notierte Gesellschaft und die *related party* jeweils in ein anderes Unterfangen oder in ein Anlagegut investieren (sec. 11.1.5 subch. 2 LR) oder alle ähnlichen Geschäfte oder Vereinbarungen zwischen der notierten Gesellschaft und einer dritten Person zum Vorteil der *related party* (sec. 11.1.5 subch. 3 LR).

Ausnahmen gewähren die Regelungen aber in mehrfacher Hinsicht. Wenn die Geschäfte im Rahmen des üblichen Geschäftsbetriebs geschlossen wurden (sec. 11.1.5A LR), es sich um eine Kleinsttransaktionen handelt (sec. 11.1.6 subch. 1 LR), die Vertragsdetails feststanden, bevor die betreffende Partei eine *related party* wurde (sec. 11.1.6 subch. 1 LR), oder die Voraussetzung von secc. 2 – 9 von Annex 1 der sec. 11 vorliegen und diese keine ungewöhnlichen Merkmale vorweisen. Fällt die Transaktion unter eine der gerade skizzierten Voraussetzungen, finden die zusätzlichen Voraussetzungen des elften Kapitels der *Listing Rules* keine Anwendung.

dd) Anforderungen

Liegt der persönliche und sachliche Anwendungsbereich vor, orientiert sich der anzulegende Pflichtenstandard an der Bedeutung des Geschäfts. Schließen dieselben Parteien über einen Zeitraum von 12 Monaten mehrere Geschäfte miteinander, dann werden diese Geschäfte aggregiert (sec. 11.1.11 LR).

(1) Ermittlung der Transaktionsgröße

Die Transaktionsgröße wird aufgrund verschiedener Bemessungsmöglichkeiten ermittelt, die im Annex zu Section 10 genauer dargelegt werden. Bei diesen Bemessungsmöglichkeiten handelt es sich um den *Gross Assets Test*, der das Bruttovermögen in Bezug zu der geschlossenen Transaktion setzt (Annex 1 2R LR), den *Profits Test*, der den Gewinn durch die Transaktion in Bezug zum Gewinn für die börsennotierte Korporation setzt (Annex 1 4R LR), den *Consideration Test*, der die Höhe der Transaktion als Prozentsatz für den Marktwert errechnet und dann in Bezug zu allen Aktien des börsennotierten Unternehmens setzt (Annex 1 5R LR), und den *Gross Capital Test* (Annex 1 7R). Voraussetzung für letzteren ist, dass die börsennotierte Gesellschaft eine andere Gesellschaft oder einen Betrieb erwirbt. Dann soll das Bruttovermögen der erworbenen Gesellschaft in Bezug zum Bruttovermögen der börsennotierten Gesellschaft gesetzt werden. Werden die im Folgenden darzustellenden Schwellenwerte von nur einem der Tests überschritten, sind die von den *Listing Rules* aufoktroyierten Anforderungen einzuhalten.[736] Werden durch die gerade dargestellten Tests unterschiedliche Werthürden überschritten, liegt es in der Natur der Sache, dass die strengsten Anforderungen einzuhalten sind.

(2) Geschäfte, die bis 0,25 % des Vermögens betreffen

Die *Listing Rules* stellen in sec. 11.1.7 LR und sec. 11.1.10 LR verschiedene Voraussetzungen für Related Party Transactions auf. Dabei legt sec. 11.1.7 LR besonders strenge Anforderungen an, die wiederum durch sec. 11.1.10 LR entschärft werden. Daraus lässt sich folgender Schluss ziehen. Ausgehend von Wortlaut und

---

736 *Fleischer*, BB 2014, 2691 (2694).

der Überschrift betrifft sec. 11.1.10 sog. kleine Related Party Transactions, deren Anforderungen bei Geschäften zwischen 0,25 – 5 % Anwendung finden. Die in sec. 11.1.7 LR festgelegten *requirements for related party transactions* erfassen nur solche Transaktionen, die über 5 % betreffen. Für Transaktionen zwischen 0,1 – 0,25 % sehen die *Listing Rules* keine besonderen Anforderungen vor. Diese fallen unter den Anwendungsbereich der Kleinsttransaktionen (11.1.6 LR).[737]

(3) Geschäfte, die 0,25 – 5 % des Vermögens betreffen

Sec. 11.1.10 subch. 1 LR stellt Anforderung bei kleinen Transaktionen auf. Subch. 2 stellt heraus, dass dadurch die Regelungen für große Transaktionen keine Anwendung finden. Sind die Aktionäre von der Transaktion betroffen, muss die börsennotierte Korporation vor Eingehen der Transaktion von einem Dritten (sog. *sponsor*) bestätigen lassen, dass die Transaktion oder das Arrangement zwischen *related party* und der Gesellschaft *fair und reasonable* ist (sec. 11.1.10 subch. 2 lit. b LR). Zudem muss die börsennotierte Gesellschaft schnellstmöglich nach Vollzug der Transaktion relevante Information an den *Regulatory Information Service* (RIS) veröffentlichen (sec. 11.1.10 subch. 2 lit. c LR).

(4) Geschäfte, die über 5 % des Vermögens betreffen

Diese Anforderungen werden bei Geschäften, die mehr als 5 % des Vermögens betreffen, sog. große Related Party Transactions, durch sec. 11.1.7 LR verschärft. Zu den Pflichten des Unternehmens gehört in diesem Fall, dass die Transaktion mittels Marktmitteilung offengelegt wird (sec. 11.1.7 subch. 1 LR). Verwiesen wird dafür auf die Anforderung einer *class 2 transaction* im Sinne von sec. 10.4.1. LR. Zusätzlich sollen in dieser Marktmitteilung wichtige Informationen wie der Name der *related party* als auch deren Interessen enthalten sein (sec. 11.1.7 subch. 1 lit. a, b LR). Ferner sollen die Aktionäre durch ein Rundschreiben (sog. *circular*) über die Transaktion in Kenntnis gesetzt werden. Inhaltlich wird das *circular* durch den Verweis auf sec. 13.3 and 13.6 der *Listing Rules* konkretisiert.

Als Besonderheit des monistisch geprägten englischen Gesellschaftsrechts wird zudem verlangt, dass die Aktionäre der Transaktion durch Beschluss zustimmen, und das zeitlich gesehen noch vor Eingehen des Vertrages oder zumindest vor dessen Abschluss (sec. 11.1.7 subch. 3 lit. a, b LR). Für den Zustimmungsbeschluss sieht sec. 11.1.7 subch. 4 lit. a LR einen Stimmrechtsausschluss der betroffenen *related party* vor. Sec. 11.1.7 subch. 4 lit. b LR erweitert den Gedanken einer möglichst objektiven Abstimmung dadurch, dass das börsennotierte Unternehmen

---

737 Diese Kleinsttransaktionen fallen unter die Ausnahmeregelungen von sec. 11.1.6 LR.

alles Zumutbare getan haben muss, um einen Ausschluss der *related party* von der Abstimmung zu gewährleisten. Dadurch können die Minderheitsgesellschafter über das Schicksal der Transaktion mit dem Mehrheitsgesellschafter entscheiden. Diesem *majority of the minority*-Grundsatz ist enormes Missbrauchspotential inhärent.

ee) Rechtsfolgen bei Nichteinhaltung der Anforderungen

Die Rechtsfolgen bei Verstoß gegen eine der gerade skizzierten Anforderungen werden in Zusammenhang mit dem *Financial Services and Markets Act 2000* (FSMA) festgeschrieben. Abzustellen ist auf sec. 91 subch. 1 FSMA, der Strafen für den Fall vorsieht, in dem ein Ausgeber von Wertpapieren gegen eine Regelung der *Listing Rules* verstößt. Die Höhe der zu zahlenden Strafe hängt davon ab, was die zuständige Behörde als angemessen erachtet. Das Aufoktroyieren einer Strafzahlung ist indes nicht verpflichtend. Die zuständige Behörde kann sich auch dazu entscheiden, die Gesellschaft öffentlich zu rügen, mit der Konsequenz, dass das Vertrauen der Anleger geschädigt sein könnte, sec. 91 subch. 3 FSMA.

Da es sich um Pflichten der Gesellschaft handelt, sehen sich die Gesellschaften folglich mit der Schadensersatzforderung konfrontiert. Es darf bezweifelt werden, ob die Strafzahlung adäquates Mittel auf die Reaktion von Related Party Transactions ist. Zum einen handelt es sich bei dieser Art der Bestrafung um eine Kollektivstrafe, die auch die Kleinaktionäre trifft. Durch die Strafzahlung wird das Gesellschaftsvermögen der Korporation gemindert, was letzten Endes zulasten der Anteilseigner geht. Zum anderen darf bezweifelt werden, ob sich das Unternehmen ernstlich von den Strafzahlungen beeindrucken lässt. In dieser Hinsicht ist der *Financial Services and Markets Act* mit seiner angemessenen Strafzahlung sehr ungenau. Es kann davon ausgegangen werden, dass gerade bei erstmaligem Verstoß gegen die von den *Listing Rules* aufgestellten Anforderungen die Strafzahlungen verhältnismäßig gering ausfallen werden. Positiv zu bewerten ist indes die Möglichkeit, als Ultima Ratio ein *Delisting* der entsprechenden Gesellschaft anzuordnen (sec. 5.1, 5.2 LR). Damit hat die Behörde ein sehr scharfes Schwert in der Hand. Weitere zivilrechtliche Sanktionen, wie bspw. die Unwirksamkeit ex-tunc mit gegebenenfalls erforderlicher Rückabwicklung sehen weder die *Listing Rules* noch der FSMA vor.

V. Zwischenergebnis

Im Rahmen der Geschäfte mit Organmitgliedern greift das englische Recht auf ein Mixtum compositum zurück. Hinsichtlich der Tatbestandsvoraussetzungen unterliegt es aufgrund europarechtlicher Rechtsvereinheitlichung dem *Companies*

Act, hinsichtlich der Rechtsfolgen wird auf dezidierte *common law* und *equity*-Rechtsprechung zurückgegriffen. Darüber hinaus finden auch die strengeren Vorschriften der *Listing Rules* bei Geschäften mit Organmitgliedern Anwendung, sofern das Unternehmen an der Börse einem *premium listing* unterliegt. Die Annahme eines beherrschenden Aktionärs als *shadow-director* unterliegt einer gerichtlichen Einzelfallentscheidung, weshalb eine restriktive Auslegung geboten ist. Im Rahmen der Geschäfte mit Großaktionären bleiben bei Lichte betrachtet nur die Regelungen der *Listing Rules*. Die *Listing Rules* selbst unterscheiden zwischen kleinen und großen Related Party Transactions. Während sich der Schutz bei kleinen Related Party Transactions auf eine Offenlegung und *Fairness Opinion* beschränkt, muss bei den großen Transaktionen die Mehrheit der Aktionäre dem Geschäft zustimmen. Zudem ist den Aktionären gegenüber, und nicht nur den anderen Boardmitgliedern, die Transaktion offenzulegen.

C) Schweizerisches Gesellschaftsrecht

I. Gesellschaftsformen – insbesondere die Aktiengesellschaft

Dem Unternehmensgründer steht in der Schweiz ein Numerus clausus an Rechtsformen zur Verfügung.[738] Das schweizerische Recht unterscheidet grundsätzlich zwischen Personengesellschaften und den Körperschaften.[739] Ein Blick in das Schweizer Handelsregister zeigt aber, dass die Körperschaften und insbesondere die Aktiengesellschaft von mit Abstand größter wirtschaftlicher Bedeutung sind.[740] Stand 01. Januar 2017 sind in der Schweiz beinahe 212 000 Aktiengesellschaften inkorporiert. Relativ gesehen sind rund 35 % aller Gesellschaften in der Rechtsform einer Aktiengesellschaft organisiert.[741] Wenngleich

---

738 *Schärer/Grünblatt/Eisenhut*, in: Wegen/Spahlinger/Barth GesRdA Schweiz, Rn. 2.

739 *Schärer/Grünblatt/Eisenhut*, in: Wegen/Spahlinger/Barth GesRdA Schweiz, Rn. 5.

740 Vgl. dazu den Handelsregisterauszug zu den eingetragenen Gesellschaften pro Rechtsform und Kanton, abrufbar unter: http://www.jsd.bs.ch/ueber-das-departement/bereiche-abteilungen/recht/handelsregisteramt/firmenbestand.html [zuletzt geprüft: 15.07.2018]. Gleichwohl sei an dieser Stelle angemerkt, dass vor allem die Gesellschaft mit beschränkter Haftung in den letzten Jahren an Bedeutung gewonnen hat.

741 Im Vergleich zu Deutschland, in dem lediglich rund 15.100 Gesellschaften in der Rechtsform einer AG organisiert sind (vgl. dazu bereits oben, Fn. 424), bestehen in der Schweiz damit rund 14-mal so viele Aktiengesellschaften. Das ist umso erstaunlicher, vergleicht man die Größe Deutschlands mit der Größe der Schweiz. Hinzu tritt der rechtstatsächlich erstaunliche Fakt, dass mehr als

es sich auch bei der schweizerischen Aktiengesellschaft um eine Kapitalgesellschaft mit eigener Rechtspersönlichkeit handelt, die nur mit dem Gesellschaftsvermögen haftet, darf nicht übersehen werden, dass sich die deutsche und die schweizerische Aktiengesellschaft erheblich unterscheiden. So zeigt ein Blick in das eidgenössische Aktienrecht, dass die Vorschriften größtenteils dispositiv sind und damit deutlich flexibler einzusetzen sind als bspw. in Deutschland. Vor diesem Hintergrund hat sich die Aktiengesellschaft in der Schweiz als, einen Ausdruck *Forstmosers* aufgreifend, „Mädchen für alles“ etabliert.[742] Darin besteht der zu den bis dato untersuchten Rechtsordnungen entscheidende Unterschied. Nicht nur große Publikumsgesellschaften sondern auch personalistisch organisierte Kleinstgewerbe wählen in großem Umfang die Rechtsform der Aktiengesellschaft mit dem Ziel, einer persönlichen Haftung zu entgehen.[743] Da die Aktiengesellschaft trotz alledem eine Kapitalgesellschaft ist wird im Folgenden auf diese einzugehen sein.

II. Gesellschaftsorgane der Aktiengesellschaft

Organe der schweizerischen Aktiengesellschaft sind die Generalversammlung (Art. 698 ff. OR), der Verwaltungsrat (Art. 707 ff. OR) und die Revisionsstelle (Art. 727 ff. OR). Bei kleinen Aktiengesellschaften kann auf die Revisionsstelle verzichtet werden.[744] Nach der gesetzlichen Kompetenzverteilung ist die Generalversammlung das oberste (Art. 698 Abs. 1 OR) und der Verwaltungsrat das geschäftsführende Organ (Art. 716 Abs. 2 OR).

Diese Organstruktur ist dem Grundsatz nach für jede Aktiengesellschaft identisch, allerdings kann von dieser Konzeption durch Satzungsvorschriften (sog. Statuten) abgewichen werden. Der im deutschen Recht bestehende Grundsatz der Satzungsstrenge (§ 23 Abs. 5 dAktG) ist dem Schweizer Aktienrecht unbekannt.[745] Dem dispositiven Charakter werden lediglich durch das

---

jede zweite Publikumsgesellschaft von einem Großaktionär beherrscht wird, vgl.: *Häusermann*, GesKR 2014, 210 (210) mit Fn. 4.

742 *Forstmoser*, in: ZGR Sonderheft 13, S. 254 (255); *ders.*, ZGR 2003, 688 (691) – „*bonne à tout faire*“.

743 *Schärer/Grünblatt/Eisenhut*, in: Wegen/Spahlinger/Barth GesRdA Schweiz, Rn. 6; *Forstmoser*, in: ZGR Sonderheft 13, S. 254 (255 f.).

744 *Schärer/Grünblatt/Eisenhut*, in: Wegen/Spahlinger/Barth GesRdA Schweiz, Rn. 51.

745 Gesehen werden muss aber, dass sich der Schweizer Gesetzgeber bewusst gegen ein strenges System entschieden hat, womit das dispositive eidgenössische Aktienrecht das Gegenteil zum deutschen Recht darstellt, vgl.: *Bühler*, GesKR 2013, 541 (542); *Forstmoser*, in: ZGR Sonderheft 13, S. 254 (256).

Paritätsprinzip Schranken gesetzt. Dieses als Grundlage des eidgenössischen Aktienrechts dienende Prinzip hat zum Inhalt, dass jedem Organ bestimmte Aufgaben vom Gesetzgeber zugewiesen sind, die von diesem Organ zu erfüllen sind und nicht durch unternehmenseigene Statuten abgeändert werden können.[746] Für die Generalversammlung ergeben sich die Befugnisse aus Art. 698 Abs. 2 OR, für den Verwaltungsrat aus Art. 716a Abs. 1 OR. Obwohl nicht ausdrücklich im Obligationenrecht niedergeschrieben, fällt auch die Geschäftsführung gemäß Art. 716 Abs. 2 OR unter die zwingend dem Verwaltungsrat zustehenden Kompetenzen.[747]

Aus Art. 716 Abs. 2 OR kann geschlossen werden, dass der Verwaltungsrat die Geschäftsführung nicht selbst ausüben muss, sondern auf andere delegieren kann. Überträgt er die Geschäftsführung nicht, ist er Vorstand und Aufsichtsrat gleichermaßen.[748] Diese Delegationsmöglichkeit des Verwaltungsrats stellt ein wesentliches Charakteristikum im deutschsprachigen Raum dar und wird durch Art. 716b Abs. 1 OR und Art. 718 Abs. 2 OR konkretisiert. Das Zusammenspiel dieser Regelungen führt dazu, dass das eidgenössische Gesellschaftsrecht außerordentlich flexibel in der Handhabung ist, wodurch eine Stigmatisierung der schweizerischen Aktiengesellschaft in das monistische oder dualistische System, zumindest für die Praxis, nicht ohne Weiteres möglich ist.[749] Durch die vor allem in Art. 716b Abs. 1 festgeschriebene Delegationsmöglichkeit kann jede Aktiengesellschaft in der Schweiz durch ihre Statuten eine für sie passende Organisationsverfassung wählen. In konsequenter Anwendung sind grundsätzlich drei verschiedene Organisationsmodelle denkbar: 1) Ein dem amerikanischen Recht nachempfundenes *board*-System: hauptamtliche Verwaltungsrastmitglieder, welche die Geschäftsführung übertragen bekommen haben, werden von nebenamtlichen Mitgliedern überwacht.[750] 2) Ein dem deutschen Recht nachempfundenes

---

746 *Watter/Roth Pellanda*, in: BSK OR II, Art. 716a Rn. 1; *Forstmoser*, ZGR 2003, 688 (697); das Paritätsprinzip ist nicht gänzlich unumstritten, vgl.: *Häusermann*, SZW/RSDA 2014, 255 (267).

747 Vgl.: *Häusermann*, SZW/RSDA 2014, 255 (256) m.w.N.

748 *Fleischer*, ZIP 2003, 1 (4); sinngemäß: *Watter/Roth Pellanda*, in: BSK OR II, Art. 716b Rn. 1.

749 Es scheint, als habe sich für die Eigenart des Schweizer Rechts der Begriff des „helvetischen Mischsystems" etabliert, vgl.: *Bühler*, ZGR 2012, 228 (230); ähnlich: *Kummer*, ST 2006, 916 (916); die Aktiengesellschaft ist nach dem gesetzgeberischen Willen monistisch organisiert, vgl.: *Watter/Roth Pellanda*, in: BSK OR II, Art. 716b Rn. 1; *Fleischer*, ZIP 2003, 1 (4).

750 *Watter/Roth Pellanda*, in: BSK OR II, Art. 716b Rn. 2; *Forstmoser*, in: ZGR Sonderheft 13, S. 254 (258); *Kummer*, ST 2006, 916 (916).

dualistisches System: der Verwaltungsrat überträgt die Geschäftsführung und Vertretung auf Angestellte des Unternehmens. Der Verwaltungsrat überwacht, den Aufgaben des deutschen Aufsichtsrats entsprechend, die Unternehmensleitung.[751] 3) Ein dem französischen Gedanken entspringender *President Directeur Général*: alle Macht der Gesellschaft obliegt weitestgehend dem Präsidenten des Verwaltungsrats.[752]

Auch wenn diese mannigfaltigen Möglichkeiten für den ausländischen Juristen den Anschein erwecken, dass die Schutzinstrumente der schweizerischen Aktiengesellschaft nicht „unter einen Hut" zu bringen seien, muss zweierlei beachtet werden: Zum einen sind die auf den ersten Blick sehr unterschiedlichen Organisationsmodelle stark aneinander angeglichen, was dazu führt, dass monistische und dualistische Ideale verschmelzen.[753] Zum anderen muss beachtet werden, dass sich das Schweizer Aktienrecht seit geraumer Zeit einem gewissen Novellierungsdrang gegenübersieht.[754] Dadurch muss man die Grundzüge der

---

751 Aus Art. 3 Abs. 2 lit. a BankG i.V.m. Art. 8 Abs. 2 BankV ergibt sich für Banken und Sparkassen, dass diese ihre AG nach dem dualistischen Modell organisieren müssen, damit eine Trennung zwischen Überwachung und Geschäftsleitung sichergestellt ist, vgl.: *Watter/Roth Pellanda*, in: BSK OR II, Art. 716b Rn. 2; *Forstmoser*, in: ZGR Sonderheft 13, S. 254 (259). Nach *Kummer* handelt es sich bei dieser Organisationsstruktur um die „verbreitetste und bewärteste", vgl.: *Kummer*, ST 2006, 916 (916).

752 *Watter/Roth Pellanda*, in: BSK OR II, Art. 716b Rn. 2; *Forstmoser*, in: ZGR Sonderheft 13, S. 254 (259).

753 *Watter/Roth Pellanda*, in: BSK OR II, Art. 716b Rn. 3 – „Konvergenztendenzen"; bei Lichte betrachtet sind diese Annäherungen nicht weiter verwunderlich. Wo keine eindeutigen Grenzen bestehen oder sogar die Regelungen weitestgehend zur Disposition stehen, werden vorhandene Freiräume bestmöglich ausgenutzt. Das führt dazu, dass man hinsichtlich der Organisationsstruktur nicht in einem System verharrt.

754 Das Aktienrecht unterliegt seit der Jahrtausendwende zahlreichen Gesetzesnovellierungen und Gesetzesvorhaben. Zuletzt wurde die Volksinitiative „gegen die Abzockerei", die sich gegen die zum Teil exorbitant hohen Managergehälter wendet, mit überragender Mehrheit angenommen, weshalb seit dem 01.01.2015 eine daraufhin erlassene Verordnung für alle Aktiengesellschaften verpflichtend ist. Diese Verordnung wird in naher Zukunft durch ein vom Parlament erarbeitetes und gebilligtes Gesetz abgelöst. Die Entscheidung, die Managergehälter zu deckeln, hat aber jetzt schon dazu geführt, dass das flexible System im Zusammenhang mit den Managergehältern ein strenges Korsett von niedergeschriebenen Regelungen übergezogen bekommen hat. Im Ergebnis führte das zu einer starren Aufgabenverteilung der Organe; das in hohem Maße dispositive schweizerische Recht musste Einschränkungen erdulden, vgl. dazu nur: *Forstmoser*, Board 2014, 192. Darüber hinaus wird

Organisationsverfassung mit Rücksicht auf diese Reformbestrebungen richtig einordnen.

III. Rechtsquellen

1) Das Obligationenrecht als primäre Rechtsquelle

Das schweizerische Aktienrecht fußt wie weite Teile kontinentaleuropäischen Rechts auf dem *civil law*-Prinzip. Für den Bereich des Zivilrechts ist die Kodifikation des Schweizerischen Zivilgesetzbuchs (ZGB) und des Obligationenrechts (OR) von maßgebender Bedeutung. Das ZGB ist im Vergleich zum deutschen BGB weniger detailreich, was ihm den Nimbus eines besonders liberalen Rechts verleiht.[755] Der direkte Vergleich mit dem deutschen BGB hinkt aber stark, wird doch durch das BGB das gesamte Schuldrecht und Teile des Personengesellschaftsrechts reglementiert. Das ist im ZGB gerade nicht der Fall. Dort wurde das gesamte Schuldrecht, das Gesellschaftsrecht und Teile des Handelsrechts auf das Obligationenrecht verlagert.[756] Dieses Rund 1200 Artikel fassende Gesetz, regelt in seinem fünfundzwanzigsten Abschnitt (Artt. 620–763 OR) die rechtliche Behandlung der Aktiengesellschaft. Somit stellen die Artt. 620–763 OR primäre Rechtsquelle dar.

2) Kotierungsreglement[757] der SIX Swiss Exchange

Weitere Rechtsquelle, freilich nur für Gesellschaften, die ihre Aktien an der schweizerischen Börse zum Handel anbieten, stellt das Kotierungsreglement dar. Dabei handelt es sich um die Börsenzulassungsregeln, die von der Gesellschaft, die anstrebt, an der Börse zugelassen zu werden, oder schon an der Börse

zurzeit eine umfassende schweizerische Aktienrechtsreform erarbeitet, die 2020 in Kraft treten soll und weitreichende Änderungen vorsieht. Dabei muss aber freilich erwähnt werden, dass die Flexibilität des Aktienrechts trotz Reformbestrebungen erhalten bleiben soll. Ob dieses Ziel wirklich erreichbar ist, wird spätestens mit Inkrafttreten zu beurteilen sein. Siehe zu den Reformbestrebungen: *Forstmoser/Küchler*, Expert Focus 2016, 86.

755 *Forstmoser*, in: ZGR Sonderheft 13, S. 254 (254).

756 *Forstmoser*, in: ZGR Sonderheft 13, S. 254 (254).

757 Die Eidgenossen sprechen nicht von einer Börsennotierung, sondern, den französischsprachigen Einflüssen folgend, von einer Kotierung. Das Kotierungsreglement der SIX Swiss Exchange ist abrufbar unter: https://www.six-exchange-regulation.com/dam/downloads/regulation/admission-manual/listing-rules/03_01-LR_de.pdf [zuletzt geprüft: 16.07.2018].

zugelassen ist, unbedingt einzuhalten sind. Im Falle eines Verstoßes drohen der Gesellschaft empfindliche Sanktionen (Artt. 60, 61 KR). Beachtet werden muss, dass das Kotierungsreglement seinerseits auf verschiedene Richtlinien verweist, wodurch Teilbereiche näher definiert werden und damit genauestens einzuhalten sind.

3) Corporate Governance Überlegungen

Wie auch in den bereits untersuchten Rechtsordnungen spielen Corporate Governance Kodizes im schweizerischen Aktienrecht eine prägende Rolle. Gleichwohl ist das Geflecht aus verschiedenen Richtlinien und Kodizes für den ausländischen Juristen zunächst recht undurchsichtig. So besteht seit 2002 eine von der SIX Swiss Exchange erstellte Richtlinie betreffend Informationen zur Corporate Governance[758], welcher durch den Kommentar zur Corporate Governance-Richtlinie vervollständigt wird. Daneben steht der *Swiss Code of Best Practice for Corporate Governance*[759], der von dem Dachverband der Schweizer Unternehmen, der *Economiesuisse*, im Jahre 2002 veröffentlicht wurde sowie weitere Richtlinien anderer Unternehmen bzw. Stiftungen.[760]

Wenngleich die beiden erstgenannten Corporate Governance Regularien nebeneinanderstehen, unterscheiden sie sich hinsichtlich ihrer Anwendung maßgeblich. Gemein ist beiden, dass sie sich grundsätzlich auf börsenkotierte Unternehmen beziehen und dem *comply or explain* System Rechnung tragen.[761] Deren Regelungsziel, nämlich für eine gute Corporate Governance in den Aktiengesellschaften zu sorgen, um somit, in Zeiten weltweit verknüpfter

---

758 Die Richtlinie ist abrufbar unter: https://www.six-exchange-regulation.com/dam/downloads/regulation/admission-manual/directives/06_16-DCG_de.pdf [zuletzt geprüft: 15.07.2018].

759 Der Swiss Code ist abrufbar unter: http://www.economiesuisse.ch/sites/default/files/publications/economiesuisse_swisscode_d_web.pdf [zuletzt geprüft: 15.07.2018].

760 Gleichwohl spielen diese Regelungen nur für bestimmte Geschäftszweige eine Rolle und sind deshalb für die vorliegende Arbeit von nur untergeordneter Bedeutung. Als Beispiel kann dafür die Ethos Richtlinie zur Ausübung der Stimmrechte angeführt werden, die die Stärkung der Corporate Governance zum Ziel hat. Die Ethos Richtlinie ist abrufbar unter: https://www.ethosfund.ch/sites/default/files/2016-03/p435d_151130_Ethos_Richtlinien_zur_Ausbung_der_Stimmrechte_und_Grundstze_zur_Corporate_Governance_5.pdf [zuletzt geprüft: 15.07.2018].

761 Aber gerade der *Swiss Code* zeichnet sich dadurch aus, dass er nicht nur auf die börsenkotierte Gesellschaften Anwendung findet, sondern dessen Anwendungsbereich auf alle anderen Aktiengesellschaften erstreckt wird, vgl. dazu: *Böckli*, in: FS Forstmoser, S. 257 (259).

Kapitalmärkte attraktiv für etwaige (ausländische) Anleger zu sein, ist ebenfalls identisch.[762] Unterschiedlich zu beurteilen ist indes deren Geltungskraft. Während die Anwendung der Corporate Governance Richtlinie für die kotierten Gesellschaften verbindlich ist,[763] ist Telos des *Swiss Code* den Unternehmen keine „Zwangsjacke"[764] anzuziehen. Es handelt sich bei dem *Swiss Code* damit um *soft law*, wodurch es weder demokratisch legitimiert ist, noch eine Pflicht zur Einhaltung besteht.[765] Trotz mangelnder gerichtlicher Durchsetzbarkeit erfährt der Kodex weitreichende Akzeptanz in der Praxis. Das folgt, wie *Bühler* betont, daraus, dass er die „rechtliche Legitimationslücke [schließt], indem er aus sich selbst heraus sachlich überzeugend ist."[766] Mit anderen Worten hält der *Swiss Code* für das Unternehmen rationale Empfehlungen bereit, die in der Vergangenheit gezeigt haben, dass sie zu einer Verbesserung der Corporate Governance führen.

4) Statuten der einzelnen Unternehmen

Aufgrund des weitgehend dispositiven Charakters des schweizerischen Aktienrechts muss im Besonderen daran gedacht werden, dass die Statuten einer Aktiengesellschaft als Rechtsquelle herangezogen werden können. Dadurch können Korporationen ein unternehmenseigenes rechtliches Schutzkorsett schnüren, um die Gesellschaft vor Nachteilen etwaiger Art zu schützen.[767]

IV. Regelungsmodell bei Geschäften mit nahestehenden Personen

Das schweizerische Gesellschaftsrecht hat, vergleichbar mit dem deutschen Recht, kein in sich konsequentes System zur Bekämpfung von Related Party Transactions. Das wird bereits dadurch ersichtlich, dass der Begriff der Related Party Transactions weder in schweizerischen Lehre noch in deren Rechtsprechung bis

---

762 Vgl. dazu insbesondere die Präambel des *Swiss Code* und die Einleitung zur Kommentierung der Corporate Governance Richtlinie.

763 Kommentar zur CG-Richtlinie, S. 1.

764 Swiss Code, Einleitung.

765 *Böckli*, in: FS Forstmoser, S. 257 (259); *Bühler*, ZGR 2012, 228 (236). Dass aus der Richtlinie eine börsenrechtliche Verpflichtung zur Einhaltung erwächst, ist nicht direkt einleuchtend. Der verpflichtende Charakter lässt sich indes aus dem Kotierungsreglement ableiten, genauer gesagt aus Artt. 1, 3, 64 KR, vgl.: Kommentar zur CG-Richtlinie, S. 2.

766 *Bühler*, ZGR 2012, 228 (236).

767 Diese Möglichkeit besteht natürlich auch in den anderen Rechtsordnungen. Allerdings können Satzungsbestimmungen in der Schweiz deutlich weitreichender sein als in den bisher untersuchten Rechtsordnungen.

dato Beachtung gefunden hat. Nichts desto trotz besteht auch dort das Bedürfnis, bei entsprechender Fallkonstellation, Eigen- und Fremdkapitalgeber zu schützen.

1) Geschäfte mit Organmitgliedern

a) Anwendung allgemeiner Vertretungsregeln auf das Aktienrecht

aa) Behandlung von Insichgeschäften – grundsätzliche Unzulässigkeit

Besonders gefährdet sind die Geschäfte, in denen das Verwaltungsratsmitglied als Vertreter der Korporation mit sich selbst einen Vertrag abschließt. Bei diesen Geschäften sind konfligierende Interessen des Verwaltungsratsmitglieds inhärent, weshalb die Rechtsprechung und Lehre dieses Problem unter dem Begriff des Interessenkonflikts im Rahmen des Insichgeschäfts zusammenfasst.[768] Abgesehen von Art. 718b OR[769], der das Schriftformerfordernis für Insichgeschäfte statuiert, sieht der aktienrechtliche Abschnitt des schweizerischen Obligationenrechts keine dem § 181 dBGB bzw. § 112 dAktG vergleichbare Regelung vor. Anwendbare Dogmen den Interessenkonflikt und das Insichgeschäft betreffend entspringen größtenteils richterrechtlicher Rechtsfortbildung.[770] Gleichwohl ist man sich in der Schweiz dieser defizitären Legislatur bewusst und plant, im Rahmen der Revision des Aktienrechts, dem Problem des Interessenkonflikts zu begegnen und damit den Gedanken guter Corporate Governance voranzutreiben. Der Gesetzesentwurf sieht vor, Art. 717a E-OR neu in das Obligationenrecht aufzunehmen, um die Interessenkonflikte von Verwaltungsratsmitgliedern einer Publikations- und Genehmigungspflicht zu unterziehen.[771] Solange der Entwurf

768 Siehe dazu: BGE 130, 213; BGer v. 3.12.2012 – 4A_360/2012; BGer v. 11.07.2013 – 4A_15/2013; *Forstmoser*, in: FS Schulin, S. 9; *Handschin*, in: FS Forstmoser, S. 169; *Stoffel/Heinzmann*, in: FS Forstmoser, S. 199; *Straessle/von der Crone*, SZW/RSDA 2013, 338; *Stutz/von der Crone*, SZW/RSDA 2003, 102; *Böckli*, GesKR 2012, 354.

769 Auf Art. 718b OR wird weiter unten genauer einzugehen sein.

770 Zum allgemeinen Stellvertretungsrecht: BGE 39 II, 561 (566 f.); diese Grundsätze erstmals auf die Aktiengesellschaft anwendend: BGE 89 II, 321 (325 f.).

771 Der erste Entwurf aus dem Jahr 2007 sah noch vor, dass Mitglieder der Geschäftsleitung und des Verwaltungsrats unter den Anwendungsbereich des Art. 717a OR fallen. Dieser Entwurf ist abrufbar unter: https://www.admin.ch/opc/de/federal-gazette/2008/1751.pdf [zuletzt geprüft: 15.07.2018]. Obwohl der Entwurf vom Bundesrat schon Ende 2007 eingebracht wurde, ist die Gesetzesänderung bis heute noch nicht in Kraft. Das ist dem Umstand geschuldet, dass das Parlament die Prüfung des Entwurfs im Jahre 2012 aufgrund der Volksinitiative „gegen die Abzockerei" ausgesetzt hat. Nachdem sich die Bürger mit großer Mehrheit für die Initiative ausgesprochen haben, hat der Bundesrat am 28.11.2014 die Aktienrechtsrevision wieder

den Gesetzgebungsprozess nicht vollständig durchlaufen hat, muss der Rechtsanwender aber die derzeit bestehende Rechtslage beachten. Ausgangspunkt stellt das aus dem allgemeinen Vertretungsrecht bekannte Insichgeschäft dar, das in die Fallgruppe des Selbstkontrahierens und der Doppelvertretung unterteilt wird.[772] Aus dem allgemeinen Vertretungsrecht folgt, dass diese Geschäfte grundsätzlich unwirksam sind, es sei denn, eine Benachteiligungsgefahr des Vertretenen besteht nicht.[773] Aufgrund mangelndem gesetzlichem Niederschlag ist deren rechtliche Behandlung im Rahmen des Aktienrechts umstritten.

Huguenin vertritt die These, dass sämtliche Insichgeschäfte, seien es Fälle des Selbstkontrahierens oder Fälle der Doppelvertretung, grundsätzlich wirksam sind und nur in Ausnahmefällen und nur auf Verlangen einer Partei eine Inhaltskontrolle durchzuführen sei. Dogmatisch solle dieses Problem, solange die Aktienrechtsrevision nicht in Kraft ist, als Fallgruppe der verdeckten Gewinnausschüttung gem. Art. 678 Abs. 2 OR behandelt werden und nicht mehr als besondere Ausformung der bürgerlichen Stellvertretung.[774] Daraus folgt, dass ein potentiell bestehender Interessenkonflikt gerade nicht ausreichen soll. Begründung dafür ist, dass das Regel-Ausnahme Konzept nicht sachgerecht sei und die Gesellschaft Verträge mit Organmitgliedern oder nahestehenden Personen abschließen können müsse, ohne dass diese gleich einem Nichtigkeitsverdikt unterliegen.[775] Sachgerechter sei es, die Folge der Nichtigkeit an das Bestehen eines tatsächlichen Interessenkonflikts zu knüpfen, der von einer anfechtungsbefugten Partei klageweise geltend gemacht werden muss.

Diese These führt zu dem recht unbilligen Ergebnis, dass die klagende Partei im Rahmen der Inhaltskontrolle beweisen muss, dass sich der Interessenkonflikt auf den Vertragsinhalt niedergeschlagen hat.[776] Diese Beweislastverteilung scheint für den Aktionär allerdings zu nachteilig, da er nur schwerlich

---

aufgenommen und in die Vernehmlassung geschickt. Zu einem Abschluss ist es bis heute noch nicht gekommen. Siehe dazu: https://www.kmu.admin.ch/kmu/de/home/aktuell/gesetzesaenderungen/revision-des-aktienrechts.html [zuletzt geprüft: 15.07.2018].

772 Im Vergleich zum deutschen Recht ergeben sich bezgl. der Definition dieser Begriffe keine Unterschiede. Speziell für das schweizerische Recht, siehe nur: *Böckli*, GesKR 2012, 354 (355).

773 BGE 126 III 361 (363); *Huguenin*, in: FS Böckli, S. 521 (522).

774 *Huguenin*, in: FS Böckli, S. 521 (527).

775 *Huguenin*, in: FS Böckli, S. 521 (526).

776 Mit anderen Worten hat die klagende Partei zu beweisen, dass aus dem potentiellen Interessenkonflikt ein faktischer Interessenkonflikt erwachsen ist.

die Interessenverflechtungen nachvollziehen, geschweige denn beweisen kann. Zudem ist eine Klage über Art. 678 Abs. 2 OR für den einzelnen Aktionär sehr unwirtschaftlich. Grundlage der Ansicht *Huguenins* ist die These, dass das Gros der in Rede stehenden Verträge marktgerecht abgeschlossen und die Korporation selbst nicht benachteiligt wird.[777] Selbst wenn man mit dieser Aussage übereinstimmt, bleibt fraglich, ob sich dieses Verhalten bei der Abkehr von dem Regel-Ausnahme-Konzept nicht grundlegend verändern würde. Denn in diesem Fall ist die Gefahr, dass ein nachteiliger Vertragsinhalt überhaupt einer gerichtlichen Überprüfung unterzogen wird, für die Vertragsparteien überschaubar. Zuletzt ist auch kein Grund ersichtlich, warum im Rahmen des Aktienrechts nicht auf die Grundsätze des allgemeinen Vertretungsrechts zurückgegriffen werden soll. Da die widerstreitenden Interessen in diesem Fall, wenn nicht schon identisch, dann doch sehr ähnlich sind, darf es doch keinen Unterschied machen, ob eine natürliche Person oder eine juristische Person im Rahmen eines Insichgeschäfts vertreten wird.

Aufgrund dessen adaptiert die ganz herrschende Literatur und die Rechtsprechung richtigerweise die allgemeinen Regeln des Vertretungsrechts auf das Aktienrecht und geht von der grundsätzlichen Unwirksamkeit der Insichgeschäfte aus, womit sie dem potentiellen Interessenkonflikt gerecht wird.[778] Rechtlich begründet die Ansicht die Unwirksamkeit damit, dass weder die rechtsgeschäftliche (Art. 32 OR) noch die organschaftliche Vertretungsmacht (Art. 718a OR) die Fallgruppe des Insichgeschäfts erfasst und der Vertreter in beiden Situationen vollmachtslos handelt.[779] Nur so kann der Aktionär vor Vermögensabfluss aus der Gesellschaft angemessen und vollumfänglich geschützt werden.

bb) Ausnahmsweise Zulässigkeit

Sofern ein potentieller Interessenkonflikt von vorneherein ausgeschlossen werden kann und kein Schutzbedarf vorliegt, besteht für die mitunter drakonische Rechtsfolge der Ungültigkeit keine Veranlassung mehr und das Insichgeschäft muss ausnahmsweise wirksam sein. Die Rechtsprechung hat dazu festgehalten, dass das Insichgeschäft ausnahmsweise gültig sei, wenn „die Gefahr einer Benachteiligung des Vertretenen nach der Natur des Geschäfts ausgeschlossen [ist]

---

777 *Huguenin*, in: FS Böckli, S. 521 (526).

778 BGE 39 II 561; 50 II 168, 63 II 173; 95 II 442; 127 III 332; *Forstmoser*, in: FS Schulin, S. 9 (16); *Stoffel/Heinzmann*, in: FS Forstmoser, S. 199 (201); *Tschäni/Diem*, in: M&A XVIII, S. 53 (57); *Böckli*, GesKR 2012, 354 (355); *von der Crone*, SZW/RSDA 1994, 1 (8); *Straessle/von der Crone*, SZW/RSDA 2013, 338 (341).

779 *Böckli*, GesKR 2012, 354 (356).

oder der Vertretene den Vertreter zum Vertragsschluss mit sich selbst besonders ermächtigt oder das Geschäft nachträglich genehmigt [hat]."[780]

(1) Genehmigung des neben- bzw. übergeordneten Organs

Wenn ein Vertreter vollmachtlos handelt, ergibt sich aus allgemeinen Grundsätzen, dass die mangelnde Vertretungsmacht durch eine Genehmigung des Vertretenen „geheilt" werden kann.[781] In diesem Fall erklärt sich der Vertretene mit dem Geschäft und dessen Rechtsfolgen einverstanden und muss nicht von der Rechtsordnung geschützt werden. Während die Genehmigung bei Vertretung einer natürlichen Person unproblematisch von dem Geschäftsherrn erklärt werden kann, stellt sich bei Vertretung einer juristischen Person die Frage, wer das Geschäft genehmigen kann. Nach ständiger Rechtsprechung kann in diesem Fall nur ein neben- oder übergeordnetes Organ den Vertrag zur Wirksamkeit gereichen lassen.[782] Als nebengeordnetes Organ kommen, als folgerichtige Anwendung des Prinzips der Einzelermächtigung,[783] die einzelnen Verwaltungsratsmitglieder in Betracht. Damit kann grundsätzlich jedes zeichnungsberechtigte Verwaltungsratsmitglied das Insichgeschäft des in Frage stehenden Mitglieds genehmigen.[784] Ausnahmsweise, nämlich dann, wenn das zur Genehmigung vorgesehene Verwaltungsratsmitglied selbst einem Interessenkonflikt unterliegt, soll es das Geschäft nicht genehmigen können. Richtigerweise bedarf dieser Grundsatz zusätzlich einer Einschränkung, die sich aus der innergesellschaftlichen Kompetenzordnung ergibt.[785] Das Verwaltungsratsmitglied, welches das Insichgeschäft genehmigen

780 BGE 127 III 332 (333); BGer v. 03.12.2012 – 4A_360/2012, E. 4.

781 Feststellend schon das Bundesgericht in: BGE 39 II 561 (572).

782 Sofern ersichtlich höchstrichterlich zunächst konkretisiert von BGE 95 II 442 (453); ferner BGE 126 III 361 (363); 127 III 332 (334); zudem wird diese Ausnahme auch von der einhelligen Literatur begrüßt, vgl.: *Watter/Roth Pellanda*, in: BSK OR II, Art. 717 Rn. 15; *Tschäni/Diem*, in: M&A XVIII, S. 53 (58); *Böckli*, GesKR 2012, 354 (356); *Straessle/von der Crone*, SZW/RSDA 2013, 338 (346) jeweils m.w.N.

783 Eine ältere Literaturmeinung geht noch davon aus, dass nur der Verwaltungsrat als solcher das Geschäft genehmigen kann. Das wird mithilfe der dispositiven Regelung des Art. 717 Abs. 3a a.F. begründet, wonach qua Gesetz nur Gesamtvertretungsmacht in Betracht kommt, vgl.: *Watter*, Verpflichtung der AG, S. 170 f. Nach der Gesetzesnovellierung und der damit einhergehenden Vermutung der Einzelvertretungsmacht wird diese Ansicht, soweit ersichtlich, nicht mehr vertreten.

784 BGE 127 III 332 (334 f.).

785 Siehe dazu: *Stutz/von der Crone*, SZW/RSDA 2003, 102 (107); dem folgend: *Böckli*, GesKR 2012, 354 (356); a.A.: BGE 127 III 332 (335), wonach die Genehmigung

soll, muss in dem entsprechenden Bereich Geschäftsführungsbefugnis haben.[786] Denn nur dann wäre es im Innenverhältnis berechtigt, den Vertrag mit dem im Interessenkonflikt stehenden Verwaltungsratsmitglied abzuschließen. Wenn es den Vertrag abschließen könnte, dann kann es erst recht das Insichgeschäft genehmigen (argumentum a fortiori).

Als übergeordnetes Organ kommt die Generalversammlung in Betracht, die das Geschäft genehmigen kann.[787] Diese Kompetenz ergibt sich aus Art. 705 OR, nach dem die Generalversammlung den Verwaltungsrat abberufen kann.[788] Fraglich ist in diesem Zusammenhang, ob das Verwaltungsratsmitglied, das zugleich auch Aktionär sein muss, im Rahmen der Beschlussfassung einem Stimmverbot unterliegt. Für die Verhandlungen im Verwaltungsrat selbst ist klar, dass das im Interessenkonflikt befindliche Verwaltungsratsmitglied nicht an der Besprechung teilnimmt und für den Beschluss in den Ausstand tritt.[789] Liegt aber ein Beschluss der Generalversammlung vor, wird diese Frage virulent. Anders als im Schweizer Vereinsrecht, das in Art. 68 ZGB von Gesetzes wegen einen Stimmrechtsausschluss vorsieht, fehlt eine solche Regelung im Aktienrecht.[790] Eine analoge Übertragung schlägt aufgrund mangelnder planwidriger Gesetzeslücke fehl, da im Gesetzgebungsprozess der Aktienrechtsrevision ein Stimmrechtsausschluss in Rede stand, dieser vom Gesetzgeber aber bewusst abgelehnt wurde.[791] Damit muss konstatiert werden, dass das Schweizer Aktienrecht kein Stimmrechtsverbot für den in einem Interessenkonflikt befindlichen Aktionär auf der Generalversammlung vorsieht.[792] *Von der Crone* fordert ferner, dass in dem Fall, in dem der Aktionär vorher als Verwaltungsratsmitglied abgestimmt hat, im Rahmen von der Generalversammlung einem

---

lediglich ein „Akt der Vertretung und nicht eine Geschäftsführungshandlung" darstellt.

786 Dabei muss die Geschäftsführungsbefugnis dem Verwaltungsratsmitglied ausdrücklich zugewiesen worden sein, da nach der gesetzlichen Grundordnung Gesamtgeschäftsführung besteht, vgl.: *Stutz/von der Crone*, SZW/RSDA 2003, 102 (107).

787 Das ergibt sich schon aus der Verfassung, nach dem die Generalversammlung das oberste Organ ist, vgl.: BGE 127 III 332 (335); *Böckli*, GesKR 2012, 354 (356); *Stutz/von der Crone*, SZW/RSDA 2003, 102 (108).

788 *Böckli*, GesKR 2012, 354 (356).

789 *Tschäni/Diem*, in: M&A XVIII, S. 53 (58) m.w.N.

790 *Von der Crone*, SZW/RSDA 1994, 1 (4).

791 Siehe dazu Art. 693 Abs. 3 des Entwurfs des Bundesrats zur Aktienrechtsrevision 1936. In der angenommenen Norm wurde der Stimmrechtsausschluss gestrichen.

792 *Böckli*, GesKR 2012, 354 (356), gleichwohl sieht das Aktienrecht für die Fälle der eigenen Aktien und für den Déchargebeschluss ein Stimmrechtsverbot vor.

Stimmrechtsverbot unterliegen müsse.[793] Diese erweiternde Auslegung ist aufgrund des klaren Gesetzeswortlauts abzulehnen.

(2) Geringe Benachteiligungsgefahr

Eine weitere Ausnahme statuieren die Gerichte in dem Fall, in dem von dem Insichgeschäft eine derart geringe Gefahr der Benachteiligung ausgeht, dass es nicht gerechtfertigt ist, den potentiellen Interessenkonflikt als Begründung für die Unwirksamkeit heranzuziehen. Aufgrund der Unbestimmtheit der geringen Benachteiligungsgefahr hat sich unter Mitwirkung der Literatur und Rechtsprechung ein ganzer Strauß an Fallgruppen entwickelt. Schon in der ersten Entscheidung aus dem Jahre 1913 hat das Bundesgericht festgehalten, dass bei reinen Erfüllungsgeschäften das Selbstkontrahieren erlaubt ist.[794] Allerdings hat das Bundesgericht den Begriff des reinen Erfüllungsgeschäfts noch nicht konkretisiert, wodurch sich die Anwendung auf den Einzelfall als schwierig gestaltet. Geringe Benachteiligungsgefahr liegt ferner bei solchen Geschäften vor, die nur zum Vorteil der Korporation sind. Das ist namentlich bei Schenkungen und Bürgschaften zugunsten der Gesellschaft der Fall. Auch dann ist der potentielle Interessenkonflikt zumindest nicht nachteilig für die Gesellschaft (argumentum e contrario).[795] Ferner sind solche Geschäfte, die einem Drittvergleich standhalten, das heißt, zu Marktbedingungen geschlossen wurden (sog. *dealing at arm's length*), nicht zu beanstanden.[796] Es kann in diesem Fall keinen Unterschied machen, ob das Geschäft mit einem unbeteiligten Dritten oder aber mit dem Verwaltungsratsmitglied geschlossen wurde. Auch bei Konzerngeschäften soll eine geringe Benachteiligungsgefahr vorliegen, vorausgesetzt, dass Geschäft wurde im Rahmen einer Doppelvertretung abgeschlossen. In diesem Fall kann davon ausgegangen werden, dass eine besondere Ermächtigung vorliegt, da das Geschäft bei wirtschaftlich eng verbundenen Unternehmen abgeschlossen wurde.[797] Relativ jung ist die Fallgruppe, nach der auch besondere vertragliche Abreden den potentiellen

793 *Von der Crone*, SZW/RSDA 1994, 1 (9); argumentiert wird damit, dass die Generalversammlung mit der Genehmigung eine Oberaufsicht und damit eine Tätigkeit des Verwaltungsrates wahrnimmt.

794 BGE 39 II 561 (567).

795 *Straessle/von der Crone*, SZW/RSDA 2013, 338 (343).

796 *Tschäni/Diem*, in: M&A XVIII, S. 53 (58); *Straessle/von der Crone*, SZW/RSDA 2013, 338 (344); kritisch dazu: *Böckli*, GesKR 2012, 354 (358).

797 BGE 127 III 332 (336); ferner: *Straessle/von der Crone*, SZW/RSDA 2013, 338 (344).

Interessenkonflikt entfallen lassen können.[798] Obwohl die besondere vertragliche Abrede im vom Bundesgericht zu entscheidenden Fall abgelehnt wurde, stand der Senat dieser Fallgruppe offen gegenüber. Entscheidendes Abgrenzungskriterium sei aber, „dass die Gefahr einer Benachteiligung des Vertretenen nach der Natur des Geschäftes ausgeschlossen sein muss."[799]

cc) Zusätzliches Schriftformerfordernis

Das nach richtiger Ansicht aus dem allgemeinen Vertretungsrecht hergeleitete Insichgeschäft erfährt durch den nachträglich eingefügten und schon erwähnten Art. 718b OR eine Konkretisierung. Wenn das Insichgeschäft ausnahmsweise wirksam ist, bedarf der Vertrag zu seiner Gültigkeit der Schriftform. Das gilt ausweislich des Wortlauts allerdings nicht bei Geschäften, die den Maximalwert von 1000 CHF nicht übersteigen. Ist die Schriftform angezeigt, unterbleibt sie aber, ist der Vertrag ipso iure nichtig.[800] Ratio legis der Schriftform ist vor allem die Warn- und Besinnungsfunktion.

Große Teile des Art. 718b OR sind nicht ganz unumstritten. Zunächst betrifft das den Anwendungsbereich der Norm, bei dem aufgrund mangelnder Klarheit fraglich ist, ob beide Fallgruppen des Insichgeschäfts darunter zu subsumieren sind. Ausgehend vom Wortlaut, der eine Unterscheidung zwischen Selbstkontrahieren und Doppelvertretung gerade nicht trifft, ist das Schriftformerfordernis auf beide Varianten des Insichgeschäfts anzuwenden.[801] Zudem ist umstritten, ob die Norm auch auf einseitige Rechtsgeschäfte Anwendung finden soll. Eine solche erweiternde Auslegung sei aufgrund der Ratio der Vorschrift geboten.[802] Eindeutig gegen diese Auslegung spricht indes der Wortlaut der Norm. Denn dieser beschränkt sich auf einen Vertrag, also ein zweiseitiges Rechtsgeschäft. Möglich ist demnach nur eine analoge Anwendung, was eine planwidrige Regelungslücke seitens des Gesetzgebers voraussetzt. Beachtet man, dass Art. 718b OR erst um die Jahrtausendwende gesetzlichen Einzug erhalten hat, fällt es schwer, von einer planwidrigen Gesetzeslücke als vielmehr einer bewussten gesetzgeberischen

---

798 BGer v. 03.12.2012 – 4A_360/2012, E. 4.1 f.; *Straessle/von der Crone*, SZW/RSDA 2013, 338 (345).

799 BGer v. 03.12.2012 – 4A_360/2012, E. 4.1.2.

800 *Watter/Roth Pellanda*, in: BSK OR II, Art. 716b Rn. 11.

801 So auch die ganz h.M.: *Watter/Roth Pellanda*, in: BSK OR II, Art. 718b Rn. 2; *Tschäni/Diem*, in: M&A XVIII, S. 53 (59); *Böckli*, GesKR 2012, 354 (357); *Straessle/von der Crone*, SZW/RSDA 2013, 338 (340).

802 *Watter/Roth Pellanda*, in: BSK OR II, Art. 718b Rn. 3.

Entscheidung auszugehen. Folgerichtig muss Art. 718b OR auf Vertragsgeschäfte beschränkt bleiben. Eine analoge Anwendung ist abzulehnen.

b) Organschaftliche Treuepflicht

Eng mit dem vertraglich hergeleiteten Insichgeschäft verbunden ist die den Verwaltungsrat treffende Treuepflicht. Im Unterschied zum Insichgeschäft betrifft die Treuepflicht die Frage, welchen Verhaltensmaßstab der Verwaltungsrat bei Interessenkonflikten an den Tag legen muss.[803] Dabei muss aber beachtet werden, dass zwar jedes Insichgeschäft einen Interessenkonflikt, aber nicht jeder Interessenkonflikt auch stets die Verletzung einer Treuepflicht impliziert.[804] Jedenfalls muss festgehalten werden, dass das Handeln unter einem Interessenkonflikt eine Vermutung für treuwidriges Handeln darstellt.[805]

Gesetzlichen Niederschlag hat die Treuepflicht in Art. 717 S. 1 Alt. 2 OR erhalten. Ähnlich wie in anderen Jurisdiktionen ist die Anwendung der Treuepflicht aufgrund deren Unbestimmtheit für die Praxis alles andere als unproblematisch.[806] Doch auch in der Schweiz erfolgte mittlerweile eine Konkretisierung des Begriffs zumindest in der Hinsicht, dass das Verwaltungsrats- und Geschäftsleitungsmitglied persönliche Interessen hinter die der Gesellschaft zu stellen hat.[807] Dadurch konkretisiert sich die Treuepflicht in einer Interessenwahrungspflicht.[808] Im Besonderen hat das Verwaltungs- und Geschäftsleitungsmitglied darauf zu achten, dass alle Geschäfte, die er namens der Gesellschaft abschließt, marktwertgerecht sind.[809] Verstößt er dagegen, sind nach ständiger Rechtsprechung und Literatur strenge Maßstäbe anzulegen.[810]

Fraglich ist, welchen Pflichtenstandard das betreffende Verwaltungsrats- oder Geschäftsführungsmitglied im Falle einer Interessenkollision trifft, bzw. welche

---

803 *Watter/Roth Pellanda*, in: BSK OR II, Art. 717 Rn. 2; *Tschäni/Diem*, in: M&A XVIII, S. 53 (60).

804 *Von der Crone*, ZSR 119 (2000), 239 (244).

805 *Von der Crone*, ZSR 119 (2000), 239 (244).

806 So schon: *Handschin*, in: FS Forstmoser, S. 169 (170), der feststellt, dass der Begriff derart allgemein gefasst ist, dass er „wie ein gutgemeinter Vorsatz" erscheint.

807 *Watter/Roth Pellanda*, in: BSK OR II, Art. 717 Rn. 15.

808 *Watter/Roth Pellanda*, in: BSK OR II, Art. 717 Rn. 15.

809 In diesem Zusammenhang spielt der schon mehrfach gefallene Begriff des *dealing at arm's length* eine wichtige Rolle. Unter Umständen muss er die Marktwertgerechtigkeit durch Einholen einer *Fairness Opinion* belegen, vgl.: *Watter/Roth Pellanda*, in: BSK OR II, Art. 717 Rn. 15; *Forstmoser*, in: FS Schulin, S. 9 (18).

810 BGE 130 III 213 (219); BGer v. 11.07.2013 - 4A_15/2013; *Watter/Roth Pellanda*, in: BSK OR II, Art. 717 Rn. 15.

Pflichten er einhalten muss, um keiner Pflichtverletzung zu unterliegen. Von einem Interessenkonflikt spricht man, wenn das Verwaltungsratsmitglied innerhalb der Rechtsbeziehung diametrale Interessen vertritt.[811] Maßgeblich ist kumulativ, dass der Interessenkonflikt von einiger Intensität ist.[812] Die Rechtsprechung ist hinsichtlich des anzulegenden Pflichtenkanons leider sehr vage und trägt dem Verwaltungsratsmitglied lediglich auf, geeignete Maßnahmen zu treffen.[813] Welche Maßnahmen in concreto geeignet sind, lässt das Gericht offen. Dennoch hat sich über die Jahre hinweg ein Pflichtenkanon etabliert. Beachtet werden muss aber ein genuin schweizerisches Problem, nämlich dass aufgrund der Vielzahl von Aktiengesellschaften im Verhältnis zur geringen Anzahl von Staatsbürgern Mehrfachmandate in Verwaltungsräten beinahe unausweichlich sind, was die Anzahl potentieller Interessenkonflikte signifikant steigen lässt.[814]

aa) Offenlegung von Interessenkonflikten

Zuvorderste Pflicht im Rahmen von Interessenkollisionen ist die Offenlegung gegenüber den Verwaltungsratsmitgliedern. Diese Pflicht ist präventiv zu verstehen. Besteht ein etwaiger Interessenkonflikt bevor die entsprechende Person in den Verwaltungsrat berufen wird, muss er diesen Interessenkonflikt schon vor Annahme des Mandats, also während des Bewerbungsverfahrens, offenlegen. Mit dieser allgemeinen Offenlegungspflicht, die im Übrigen jedes Verwaltungsratsmitglied trifft, soll erreicht werden, dass jedes Gremiumsmitglied Kenntnis von etwaigen Sonderinteressen der Kollegen erlangt und somit abwägen kann, ob sie die Person in den Verwaltungsrat aufnehmen oder, wenn er schon Mitglied des Verwaltungsrates ist, wie die Argumente des Kollegen zu berücksichtigen sind.[815]

---

811 *Handschin*, in: FS Forstmoser, S. 169 (171); *Böckli* spricht in diesem Zusammenhang von gegenläufigen Sonderinteressen, vgl.: *Böckli*, GesKR 2012, 354 (364).

812 *Böckli*, GesKR 2012, 354 (364).

813 BGE 130 III 213 (219); BGer v. 11.07.2013 - 4A_15/2013.

814 Gleichwohl muss erwähnt werden, dass dieses Problem durch die Aufhebung der Heimatschutzbestimmung des Art. 708 OR mittlerweile deutlich an Schärfe verloren hat. Dazu noch: *Forstmoser*, in: FS Schulin, S. 9 (11). Ausweislich dieser Norm musste der Verwaltungsrat derart zusammengesetzt sein, dass die Mehrheit der Verwaltungsratsmitglieder ihren Wohnsitz in der Schweiz haben und Schweizer Bürgerrecht besitzen mussten.

815 *Forstmoser*, in: FS Schulin, S. 9 (18); *Handschin*, in: FS Forstmoser, S. 169 (173); *Böckli*, GesKR 2012, 354 (364).

Neben dieser allgemeinen Offenlegungspflicht trifft das Mitglied eine fallbezogene Offenlegungspflicht.[816] Dadurch wird das Verwaltungsratsmitglied verpflichtet, dem Gremium darzulegen, dass es durch Abschluss eines bestimmten Vertrages einem Interessenkonflikt unterliegt. Die Offenlegung muss dabei schon vor Abschluss des Verpflichtungsgeschäfts erfolgen. Hier spielen dieselben Gedanken eine Rolle wie bei der allgemeinen Offenlegungspflicht. Das Gremium muss die Argumente des im Interessenkonflikt befindlichen Verwaltungsratsmitglieds richtig einordnen können.

Fraglich ist, wie mit einem Interessenkonflikt zu verfahren ist, der der Geheimhaltung unterliegt. Es besteht in diesem Fall die Möglichkeit, der Geheimhaltung den Vorrang zu gewähren und damit eine mangelnde Offenlegung ausnahmsweise nicht als pflichtwidrig einzuordnen.[817] Andererseits könnte man dem Interesse der Gesellschaft Vorrang einräumen und vom Verwaltungsratsmitglied fordern, dass er den Interessenkonflikt offenlegt, zurücktritt oder sich von den Drittinteressen lossagt.[818] Bei Lichte betrachtet ist beiden Ansichten nicht zu folgen. Der erste Gedanke vernachlässigt in vollem Umfang die Interessen der Gesellschaft, die *Handschine* Ansicht das Geheimhaltungsinteresse. Sinn und Zweck der Offenlegung ist es doch, die Kollegen im Gremium darauf aufmerksam zu machen, dass das Mitglied nicht gänzlich konfliktfrei ist, um dessen Argumente und Gesprächsbeteiligung während der Beschlussfindung adäquat einschätzen zu können. Dafür notwendig ist aber sicherlich keine Kenntnis über die exakte Reichweite des Interessenkonflikts. Es muss in diesem Fall ausreichen, dass das entsprechende Mitglied unter Hinweis auf einen Interessenkonflikt an der Versammlung teilnimmt, ohne diesen genauer darzulegen. Denn im Rahmen der entsprechenden Diskussion erhält das Gremium ausreichende Kenntnis darüber, dass die Beiträge des unter einem Interessenkonflikt stehenden Mitglieds zurückhaltend zu bewerten sind. Bis auf die Tatsache, dass das Mitglied die Person offenlegt, wahrt er seine Geheimhaltungspflicht, insbesondere was den Inhalt bzw. den Grund des Interessenkonflikts anbelangt.

Eine andere Alternative wäre, den Präsidenten des Verwaltungsrats als Filter zwischenzuschalten, indem man das Gremiumsmitglied verpflichtet, dem Verwaltungsratspräsidenten Art und Umfang des Interessenkonflikts en détail darzulegen. Während der Beschlussfindung ist nur dieser über die Art und Weise der Interessenkollision im Bilde und weiß die Argumente des

816 *Böckli*, GesKR 2012, 354 (364).

817 Dies erwägend, im Ergebnis aber ablehnend: *Handschin*, in: FS Forstmoser, S. 169 (173 f.).

818 Die Ansicht befürwortend: *Handschin*, in: FS Forstmoser, S. 169 (174).

Gremiumsmitglieds genau einzuordnen. Dadurch kann er dem Gremium vor dem Beschluss mitteilen, wie die Argumente gewichtet werden sollen und wie stark der Interessenkonflikt ist.

bb) Mitwirkung an der Meinungsbildung

Gelegentlich wird in der Literatur vertreten, dass das unter Interessenkonflikt stehende Verwaltungsratsmitglied schon nicht an der Meinungsbildung für den Beschluss mitwirken darf.[819] Denn die Einwirkung während der Meinungsbildung sei genauso stark zu berücksichtigen wie die Stimmabgabe selbst. Dem stehen die Erwägungen gegenüber, dass ein Verwaltungsratsmitglied bei jeder Entscheidung seine unternehmerische Erfahrung in den Ring werfen soll.[820] Zudem verfügen Verwaltungsratsmitglieder allesamt über ein unternehmerisches *Know-how*. Es kann davon ausgegangen werden, dass diese im Falle der Offenlegung die Diskussionsbeteiligung des unter einem Interessenkonflikt stehenden Mitglieds genau zu würdigen wissen.[821] Das kann von einem Verwaltungsratsmitglied durchaus erwartet werden! Anders ist die Situation freilich dann zu beurteilen, wenn das Gremium das Verwaltungsratsmitglied auffordert, den Diskussionsraum zu verlassen, sodass ein Meinungsaustausch ohne ihn gewährleistet ist.[822]

cc) Keine Mitwirkung bei der Abstimmung

Während das einem Interessenkonflikt unterliegende Mitglied nach der hier vertretenen Ansicht an der Meinungsbildung mitwirken darf, ist es jedenfalls von der Abstimmung im Nachgang der Diskussion ausgeschlossen.[823] Sinn und Zweck dieser Ausformung der Treuepflicht ist die Sicherstellung der Korporationsinteressen, die nur durch einen Ausstand bei der Abstimmung gewährleistet werden können.

---

819 Zu diesem Problem: *Forstmoser*, in: FS Schulin, S. 9 (18 f.); *Handschin*, in: FS Forstmoser, S. 169 (173).

820 *Handschin*, in: FS Forstmoser, S. 169 (173).

821 Ähnlich: *Handschin*, in: FS Forstmoser, S. 169 (173); einen Kompromiss nennend: *Forstmoser*, in: FS Schulin, S. 9 (19), der vorschlägt, dass der Betreffende zu dem anstehenden Geschäft lediglich eine Stellungnahme abgeben und dann den Raum verlassen soll. Dadurch soll das betreffende Verwaltungsratsmitglied seinen Kollegen Rede und Antwort stehen, aber dennoch seine besondere Qualifikation dem Gremium zur Verfügung stellen.

822 *Handschin*, in: FS Forstmoser, S. 169 (173) m.w.N.

823 *Watter/Roth Pellanda*, in: BSK OR II, Art. 717 Rn. 15; *Forstmoser*, in: FS Schulin, S. 9 (17); *Handschin*, in: FS Forstmoser, S. 169 (172).

c) *Publizitätserfordernis*

Die Korporation muss den Aktionären den Geschäftsbericht, bestehend aus Erfolgsrechnung, Bilanz, Jahresbericht und Konzernrechnung offenlegen. Dieses Publizitätserfordernis wird für börsenkotierte Gesellschaften durch Art. 663b OR erweitert. Danach sind im Rahmen des Geschäftsberichts insbesondere Vergütungen und Beteiligungen offenzulegen. Im Anhang zur Bilanz sind darüber hinaus auch Kreditgeschäfte zwischen der Gesellschaft und Organmitgliedern darzulegen. Von dessen Anwendungsbereich umfasst sind: sämtliche Darlehen und Kredite der Gesellschaft an gegenwärtige Mitglieder des Verwaltungsrats, der Geschäftsleitung und des Beirats (Art. 663b Abs. 1 UAbs. 4 Nr. 1 OR); Darlehen und Kredite der Gesellschaft an ehemalige Mitglieder des Verwaltungsrats, der Geschäftsleitung und des Beirats, sofern sie zu nicht marktüblichen Bedingungen zustande gekommen sind (Art. 663b Abs. 1 UAbs. 4 Nr. 2 OR); Darlehen und Kredite der Gesellschaft an Personen, die den gerade bezeichneten Personengruppen nahestehen, und die zu nicht marktüblichen Bedingungen abgeschlossen wurden (Art. 663b Abs. 1 UAbs. 4 Nr. 3 OR). Erfasst sind stets schon gewährte Darlehen und solche, die noch ausstehen.

d) *Ziff. 17 Swiss Code of Best Practice (SCBP)*

Ferner hält Ziff. 17 des *Swiss Code of Best Practice* Ratschläge im Umgang mit Interessenkonflikten bereit. Jedes Mitglied des Verwaltungsrats und der Geschäftsleitung soll nach Möglichkeit Interessenkonflikte vermeiden. Die vorgeschlagenen Empfehlungen im Falle eines aufgetretenen Interessenkonflikts sind fast deckungsgleich mit den Pflichten, die aus der Treuepflicht des Verwaltungsratsmitglieds erwachsen. Danach hat der einem Interessenkonflikt Unterliegende diese Information an den Präsidenten des Verwaltungsrats weiterzuleiten, der dann wieder eine Abstimmung des Verwaltungsrats beantragt. Bei der Abstimmung befindet sich der Betroffene im Ausstand. Ferner hat der Betroffene schon bei der Willensbildung in den Ausstand zu treten. Eine Person, die einem dauerhaften Interessenkonflikt unterliegt, soll weder dem Verwaltungsrat noch der Geschäftsleitung angehören. Zuletzt muss beachtet werden, dass Geschäfte mit Organmitgliedern oder ihnen nahestehenden Personen nur zu marktwertgerechten Bedingungen abgeschlossen werden dürfen. Um einzuschätzen, ob die Bedingungen marktwertgerecht sind, ist unter Umständen eine *Fairness Opinion* einzuholen. Die Geschäfte mit Organmitgliedern werden durch Beschluss vom Verwaltungsrat genehmigt. Der Betroffene befindet sich zu dieser Zeit im Ausstand.

Beachtet werden muss, dass die Empfehlungen, die der SCBP bereithält, sich entweder sehr stark an der Treuepflicht orientieren oder sich gar komplett in ihr wiederfinden.

e) Art. 56 des Kotierungsreglements

Kapitalmarktrechtlich behandelt das Kotierungsreglement in Art. 56 die Offenlegung von Management Transaktionen, der seinerseits auf die Richtlinie betreffend der Offenlegung von *Management Transaktionen* (RLMT) vom 27.11.2012 verweist.[824] Anders als bspw. die *Listing Rules* der *London Stock Exchange* ist der Anwendungsbereich in diesem Fall recht klein. Unter einer Management-Transaktion versteht man im weitesten Sinne ein Insidergeschäft, bei dem Mitglieder des Managements Wertpapiergeschäfte mit dem eigenen Unternehmen abschließen. Art. 56 des Kotierungsreglements ordnet die Offenlegung dieser Transaktion an. Aus Art. 1 RLMT ergibt sich, dass nur primärkotierte Unternehmen der Offenlegungspflicht nach Art. 56 KR unterliegen. Der Anwendungsbereich wird indes erweitert auf nahestehende Personen, Art. 56 Abs. 3 KR. Weitere Offenlegungspflichten bezüglich Related Party Transactions hält das Kotierungsreglement nicht bereit.

f) Selbstregulierung durch Aufnahme in den Statuten

Da wie erwähnt große Teile des schweizerischen Rechts dispositiv sind, kommt der internen Verfassung einer Aktiengesellschaft besonders große Bedeutung zu. Denn in den Statuten können für die Gesellschaft verbindliche Grundsätze festgehalten werden, die über die gesetzliche Regelung hinausgehen. Aufgrund dessen liegt die Vermutung nahe, dass das recht oberflächliche schweizerische Gesetzesrecht durch die Statuten einer Gesellschaft ergänzt wird. Exemplarisch sollen dafür die Statuten der Nestlé AG, der Barry Callebaut AG und der Kühne + Nagel International AG im Hinblick auf Geschäfte mit Organmitgliedern untersucht werden.

aa) Nestlé AG

Die Nestlé AG ist ein weltweit agierendes Unternehmen im Bereich der Nahrungsmittelindustrie und beschäftigt in der Schweiz fast 11.000 Mitarbeiter.[825]

---

824 Die Richtlinie ist abrufbar unter: https://www.six-exchange-regulation.com/dam/downloads/regulation/admission-manual/directives/06_18-DMT_de.pdf [zuletzt geprüft: 15.07.2018].

825 Siehe dazu den Internetauftritt der Nestlé AG, abrufbar unter: https://www.nestle.ch/de/nestleschweiz/kennzahlen [zuletzt geprüft: 15.07.2018].

Die Statuten der Nestlé AG reichen bis ins Gründungsjahr 1866 zurück und wurden letztmalig im April 2018 geändert.[826] In Artikel 21^{quinquies} werden die Grundsätze bezüglich der Verträge mit Mitgliedern des Verwaltungsrats und der Geschäftsleitung aufgezeigt. In Art. 21^{quinquies} Abs. 1 wird festgehalten, dass Organmitglieder Vergütungsverträge abschließen, in Art. 21^{quinquies} Abs. 2 dass Mitglieder der Geschäftsleitung sowohl befristete als auch unbefristete Arbeitsverträge mit der Gesellschaft abschließen können. Art. 21^{quinquies} Abs. 3 konkretisiert Abs. 2 derart, dass das Geschäftsleitungsmitglied im Falle des Ausscheidens einem Konkurrenzverbot unterliegt. Zugleich wird in Art. 21^{septies} die Darlehensgewährung konkretisiert. Danach dürfen Darlehen an Mitglieder der Geschäftsleitung oder des Verwaltungsrats nur zu Marktbedingungen gewährt werden. Die Höhe des zu gewährenden Darlehens wird derart eingeschränkt, dass das Darlehen nicht die gesamte Jahresvergütung des darlehensbegehrenden Mitglieds übersteigen darf. Um etwaige Interessenkonflikte zu vermeiden, ordnet Art. 21^{sexies} die Beschränkung weiterer Mandate als Verwaltungsratsmitglied bei börsenkotierten und nicht börsenkotierten Gesellschaften an.

bb) Barry Callebaut AG[827]

Barry Callebaut ist einer der größten Schokoladenhersteller der Welt mit Sitz in Zürich. Rund 10.000 Arbeitnehmer sind bei der Barry Callebaut AG angestellt. Hinsichtlich der Geschäfte mit Organmitgliedern ist eine starke Übereinstimmung mit den Statuten der Nestlé AG festzustellen. In Art. 35 werden Darlehen und Kredite an Verwaltungsratsmitglieder und Mitglieder der Geschäftsleitung thematisiert. Diese müssen zu marktüblichen Bedingungen abgeschlossen werden und dürfen 100 Prozent der totalen Barvergütung der letzten Vergütungsperiode nicht übersteigen. In Art. 37 der Statuten werden die Arbeits- und Mandatsverhältnisse des Verwaltungsrats und der Geschäftsleitung geregelt. Dem Vertragsschluss als solchem steht nichts im Wege, nach Ablauf der vereinbarten Zeit unterliegt die entsprechende Partei einem Konkurrenzverbot.

826 Die aktuelle Version der Statuten ist abrufbar unter: http://www.nestle.com/asset-library/documents/library/documents/corporate_governance/articles-of-association-of-nestle-de.pdf [zuletzt geprüft: 15.07.2018].

827 Die zuletzt im Dezember 2016 aktualisierten Statuten sind abrufbar unter: https://www.barry-callebaut.com/system/files/download/bc_statuten_-_deutsch.pdf [zuletzt geprüft: 15.07.2018].

cc) Kühne + Nagel International AG[828]

Kühne und Nagel International AG ist ein Logistikunternehmen, das im Jahre 1959 gegründet wurde. Rund 400 Arbeitnehmer sind in der Schweiz beschäftigt.[829] Im Unterschied zu den bisher dargestellten Statuten werden dort Darlehens und Kreditverträge mit Verwaltungsratsmitgliedern oder der Geschäftsleitung nicht explizit erwähnt. Indes formuliert Art. 18.1, dass Mitglieder des Verwaltungsrats und Dritte, die mit der Geschäftsführung betraut sind, die Interessen der Gesellschaft in guten Treuen wahren muss. Daraus kann zumindest geschlossen werden, dass Darlehensgewährungen einem Drittvergleich standhalten müssen. Freilich kann diesem Absatz aber nur wiederholenden Charakter zugesprochen werden, denn schon aus dem Obligationenrecht ergibt sich eine solche Treuepflicht. In Art. 20 werden die Arbeits- und Mandatsverträge näher ausgeführt. Auch hier unterliegen diese Verträge keinem Verbot, sondern werden ausdrücklich erlaubt. Auffällig ist, dass diese Statuten kein Konkurrenzverbot vorsehen.

dd) Fazit

Das Ergebnis dieser stichpunktartigen Überprüfung erstaunt, zeigt es doch, dass die unternehmenseigene Verfassung Geschäfte mit Verwaltungsratsmitgliedern oder Mitgliedern der Geschäftsleitung, wenn überhaupt, nur geringfügig strikter reguliert als es das Obligationenrecht ohnehin schon vorsieht. Dass ein Darlehensvertrag zu marktüblichen Bedingungen abgeschlossen werden muss, ist im Kontext zur aus dem Obligationenrecht folgenden Treuepflicht allenfalls eine Klarstellung. Interessant ist in diesem Kontext aber, dass, obwohl die Möglichkeit bestünde, die Korporationen nicht ausdrücklich eine Genehmigung bei konfligierenden Geschäften vorsehen. Alle untersuchten Statuten erwähnen expressis verbis die Arbeits- und Mandatsverträge, worunter insbesondere auch die Vergütung der Organmitglieder zu fassen ist. Dass diese Klauseln in den meisten Statuten zu finden sind, überrascht nicht, war die Vergütungsproblematik doch Gegenstand einer ausführlichen öffentlichen Diskussion, an dessen Ende eine Volksabstimmung lag. Weitere Vertragstypen sind in keinem der untersuchten Statuten geregelt.

---

828 Die Statuten sind abrufbar unter: https://www.kn-portal.com/fileadmin/user_upload/documents/about_us/Investor_Relations/Corporate_Governance/Kuehne___Nagel_International_AG_Statuten_08.05.2018.pdf [zuletzt geprüft: 15.07.2018].

829 Siehe dazu: https://ch.kuehne-nagel.com/de_ch/top-links/uber-uns/ [zuletzt geprüft: 15.07.2018].

g) Zwischenergebnis

Das schweizerische Schutzsystem bei Geschäften mit Organmitgliedern ist überschaubar. Festgehalten werden kann, dass die allgemein entwickelten Regeln zu Insichgeschäften auf das schweizerische Aktienrecht Anwendung finden. Diese materiellrechtlichen Regelungen werden durch die Treuepflicht ergänzt, wonach das Verwaltungsratsmitglied Interessenkonflikte offenlegen und vor etwaigen Abstimmungen in den Ausstand treten muss. Zudem halten Ziff. 17 des Swiss Code of Best Practice und einige Statuten Regelungen zum Schutze abträglicher Geschäfte bereit. Gedacht werden muss auch an Art. 56 KR, der allerdings nur bei Management Transaktionen Anwendung findet und damit eher eine Randfigur im Schutzsystem darstellen dürfte.

2) Geschäfte mit Aktionären

Vergleichbar dem deutschen Recht gibt es auch im Obligationenrecht Regelungen, die Außenstehende bei Geschäften zwischen der Korporation und den Aktionären schützen.

a) Verbot der Einlagenrückgewähr, Art. 680 Abs. 2 OR

In Betracht kommt zunächst das Verbot der Einlagenrückgewähr, das in Art. 680 Abs. 2 OR gesetzlichen Niederschlag gefunden hat. Nach dessen eindeutigem Wortlaut kann der Aktionär seine Einlage nicht zurückfordern, was zum Erhalt des Gesellschaftskapitals führt und Eigen- und Fremdkapitalgeber gleichermaßen schützt.[830] Spiegelbildlich dazu ist man sich einig, dass damit ein Verbot der Gesellschaft statuiert wird, die Einlage an den Aktionär zurückzuerstatten.[831] Identisch zum deutschen Recht muss dieser enge Anwendungsbereich der Norm teleologisch auf Fälle erweitert werden, in denen eine Transaktion von der Gesellschaft an den Aktionär einer Kapitalrückgewähr gleichkommt.[832] Im Besonderen muss in diesem Zusammenhang an die Gewährung eines Darlehens gedacht werden.[833] Über den Wortlaut hinaus fallen auch Leistungen an einen

830 *Vogt*, in: BSK OR II, Art. 680 Rn. 2.

831 Siehe dazu bereits BGE 35 II 303 (308); 140 III 533 (541); *Vogt*, in: BSK OR II, Art. 680 Rn. 17.

832 *Vogt*, in: BSK OR II, Art. 680 Rn. 17.

833 Gleichwohl muss hier erwähnt werden, dass es in der Literatur durchaus umstritten ist, ob und unter welchen Umständen ein Darlehen gegen das Verbot der Einlagenrückgewähr verstößt. Hier reichen die Ansichten von einem uneingeschränkten bis hin zu einem partiellen Verbot zumindest für den Fall, in dem der Aktionär von

nahestehenden Dritten unter den Anwendungsbereich des § 680 Abs. 2 OR, vorausgesetzt sie stellt sich zumindest mittelbar als eine Rückgewähr an den Aktionär dar.[834] Dieses Verbot wirkt sich positiv auf den Minderheitenschutz aus, denn Rechtsfolge bei Verstoß gegen die Vorschrift des Art. 680 Abs. 2 OR ist die Nichtigkeit der Transaktion.

b) Rückerstattungspflicht gem. Art. 678 OR[835]

Gem. Art. 678 OR sind Aktionäre und Mitglieder des Verwaltungsrates, die ungerechtfertigt und in bösem Glauben Dividenden, Tantiemen, andere Gewinnanteile oder Bauzinsen bezogen haben, zur Rückerstattung verpflichtet. Die Rückerstattungspflicht nach Art. 678 OR ist, wie Art. 680 Abs. 2 OR, als eine Kapitalerhaltungsvorschrift einzuordnen und schützt damit Eigen- und Fremdkapitalgeber gleichermaßen.[836] Im Unterschied zu Art. 680 Abs. 2 OR erfasst Art. 678 OR nur solche Vermögensverschiebungen, die ausschüttbare Beträge berühren. Damit können die beiden Normen zur Kapitalerhaltung nebeneinander zur Anwendung kommen.[837] Vom persönlichen Anwendungsbereich der Vorschrift sind Aktionäre, Mitglieder des Verwaltungsrats sowie, um Umgehungssachverhalt zu verhindern, deren nahestehende Personen erfasst.[838] Sachlich erfährt Art. 678 OR eine Zweiteilung: Abs. 1 erfasst offene Entnahmen, Abs. 2 die verdeckte Gewinnausschüttung.[839] Von besonderer Wichtigkeit ist die verdeckte Gewinnausschüttung, denn theoretisch gesehen könnte jede Transaktion, die nicht den Drittbedingungen standhält, unter den Anwendungsbereich fallen.[840]

---

vorneherein nicht in der Lage war, das Darlehen zurückzuzahlen, vgl.: *Vogt*, in: BSK OR II, Art. 680 Rn. 22.

834 BGE 109 II 128 (129); 140 III 533 (542); *Vogt*, in: BSK OR II, Art. 680 Rn. 17a.

835 Im Rahmen der schweizerischen Aktienrechtsreform sollen weite Teile des Art. 678 OR materiellrechtlich reformiert werden. Die enthaltenen Änderungsvorschläge innerhalb des Gesetzgebungsprozesses wurden hier bewusst ausgeklammert.

836 *Von der Crone/Mauchle*, SZW/RSDA 2015, 199 (200).

837 *Von der Crone/Mauchle*, SZW/RSDA 2015, 199 (205).

838 Siehe dazu nur: *Vogt*, in: BSK OR II, Art. 678 Rn. 6 f.; darüber hinaus ist in der Literatur umstritten, ob auch Mitglieder der Geschäftsleitung vom persönlichen Anwendungsbereich erfasst sind. *Von der Crone/Mauchle* stellen richtigerweise auf den strikten Wortlaut der Vorschrift ab. Hätte der Gesetzgeber auch Mitglieder der Geschäftsleitung vom Anwendungsbereich erfasst sehen wollen, hätte er es im Rahmen der Aktienrechtsrevision gesetzlich fixieren sollen.

839 *Vogt*, in: BSK OR II, Art. 678 Rn. 9 ff.; *von der Crone/Mauchle*, SZW/RSDA 2015, 199 (200).

840 *Von der Crone/Mauchle*, SZW/RSDA 2015, 199 (201 f.).

Tatbestandlich setzt die verdeckte Gewinnausschüttung ein Missverhältnis zwischen Leistung und Gegenleistung, ein Missverhältnis zur wirtschaftlichen Lage der Gesellschaft sowie die Offensichtlichkeit des Missverhältnis voraus.[841] In subjektiver Hinsicht muss kumulativ die Bösgläubigkeit des Empfängers hinzutreten.[842] Das Tatbestandsmerkmal der Offensichtlichkeit wurde vom Gesetzgeber bewusst gewählt, um dem unternehmerischen Ermessen einen gewissen Spielraum zu lassen.[843] Selbst wenn ein Geschäft einem Marktvergleich nicht standhält, muss es in besonderem Maße nachteilig sein, damit eine Anwendung des Art. 678 Abs 2 OR in Betracht kommt.[844] So kann auch die Rückforderung eines Darlehens an Aktionäre über diese Vorschrift erfolgen. Zumindest dann, wenn der Schuldner nicht kreditwürdig ist und eine Rückzahlung des Darlehens von Anfang an ausgeschlossen ist, oder er das Darlehen von vorneherein als Schenkung begriff und nie zurückzahlen wollte.[845]

Sollten die Tatbestandsvoraussetzungen von Abs. 1 oder Abs. 2 vorliegen, können Aktionäre oder die Gesellschaft gem. Art. 678 Abs. 3 OR eine Rückerstattungsklage erheben. Gleichwohl ist dieses System de lege lata für den klagenden Aktionär nachteilig, weshalb die Kapitalerhaltungsvorschrift in praxi selten durch die Rückerstattungsklage geltend gemacht wird.[846] Aus der Klage ergibt sich zwar, wie der Wortlaut des Art. 678 Abs. 3 OR klar statuiert, ein Schutzrecht des Aktionärs, er muss die Kosten der Geltendmachung aber alleine tragen. Darüber hinaus fließt, sollte das Gericht positiv über eine Rückerstattung urteilen, der zugesprochene Betrag vollständig in das Gesellschaftsvermögen, womit alle Aktionäre gleichermaßen profitieren.[847]

---

841 *Vogt*, in: BSK OR II, Art. 678 Rn. 14 ff.; *von der Crone/Mauchle*, SZW/RSDA 2015, 199 (202).

842 Obwohl die Bösgläubigkeit ausdrücklich nur in Absatz 1 erwähnt ist, muss sie auch für Fälle der verdeckten Gewinnausschüttung vorliegen, vgl.: *Vogt*, in: BSK OR II, Art. 678 Rn. 18.

843 *Vogt*, in: BSK OR II, Art. 678 Rn. 17.

844 Aufgrund dessen sollten die Gerichte den Tatbestand der verdeckten Gewinnausschüttung als erfüllt ansehen, wenn für das fragliche Geschäfte keine vernünftige wirtschaftliche Begründung vorhanden ist, vgl.: *Vogt*, in: BSK OR II, Art. 678 Rn. 17.

845 *Vogt*, in: BSK OR II, Art. 678 Rn. 25.

846 *Von der Crone/Mauchle*, SZW/RSDA 2015, 199 (200) "in der bisherigen Praxis sind Rückerstattungen nach Art. 678 OR eher selten geltend gemacht worden".

847 Das führt zu einer rationalen Apathie: Kein Aktionär ist gewillt, diese Kosten gänzlich alleine zu tragen. Erwähnt sei, dass das eidgenössische Recht zwar spezielle Vorschriften für eine Prozesskostenverteilung aufstellen, allerdings vermögen diese

c) *Mitgliedschaftliche Treuepflicht?*

Oben wurde bereits festgestellt, dass den Verwaltungsrat qua Gesetz eine organschaftliche Treuepflicht trifft. Dadurch wird die Frage aufgeworfen, ob Aktionäre auch untereinander zu gegenseitiger Treue und Rücksichtnahme verpflichtet sind.[848] In diesem Fall könnte die Stärke der Treubindung an die Beteiligungsquote geknüpft werden, womit gerade ein Großaktionär bei seinem Handeln die Belange der Minderheitsaktionäre zu berücksichtigen hätte. Diese zugegebenermaßen rechtsfolgenorientierte Argumentation läuft bei den Eidgenossen ins Leere. Rechtsprechung und Lehre sind sich einig, dass eine Aktiengesellschaft eben als Kapitalgesellschaft begriffen werden muss, womit die Aktionäre ihre Beteiligung lediglich als Möglichkeit der Kapitalanlage begreifen. Damit geht insbesondere einher, dass der Aktionär die Interessen der übrigen Anteilseigner nicht berücksichtigen muss.[849] Diese Argumentation mag vielleicht im Rahmen eines Aktionärs überzeugen, der nur eine geringe Beteiligungsquote aufweisen kann. Sie schlägt aber bei Großaktionären fehl. Denn Großaktionäre streben nicht nur nach einer für sie positiven Kapitalanlage, sondern möchten die geschäftliche Ausrichtung der Korporation mitbestimmen, um damit das schon eingeschossene Kapital zu mehren. Zudem überrascht diese enge Ansicht, da bei den Eidgenossen auch Kleinstgesellschaften die Rechtsform der AG wählen. Gänzlich schutzlos sind die Aktionäre indes nicht gestellt. Vonseiten der Literatur wird gerne darauf verwiesen, dass die Rechtsausübung in der Generalversammlung durch den Grundsatz von Treu und Glauben und das Rechtsmissbrauchsverbot eingeschränkt werde, weshalb eine darüber hinausgehende Treuepflicht nicht geboten erscheine.[850] Hervorzuheben ist sicherlich, dass diese beiden Rechtsinstitute aufgrund ihrer Unbestimmtheit einen durchaus großen Anwendungsbereich haben, materiellrechtlich können sie aber nicht an die Treubindung einer mitgliedschaftlichen Treuepflicht anknüpfen und stellen bestenfalls einen „Tropfen auf den heißen Stein" dar. Das gilt auch, obwohl die Rechtsinstitute durch Fallgruppen auf das Aktiengesetz konkretisiert wurden.[851]

Vorschriften nicht zu einer eklatanten Besserstellung des klagenden Aktionärs zu führen, vgl.: *von der Crone/Mauchle*, SZW/RSDA 2015, 199 (205 f.).

848 Das scheint nicht gänzlich abwegig, wurde doch schon im Rahmen des deutschen Rechts gezeigt, dass eine mitgliedschaftliche Treuepflicht höchstrichterlich anerkannt ist, siehe dazu bereits oben, S. 61 ff.

849 BGE 91 II 298 (305); BGE 105 II 114 (128).

850 *Müller/Lipp/Plüss*, AJP/PJA 2011, 587 (587 f.).

851 Siehe dazu: *Müller/Lipp/Plüss*, AJP/PJA 2011, 587 (588) m.w.N.

d) *Gleichbehandlungsgebot, Art. 717 Abs. 2 OR*

Ähnlich wie in § 53a dAktG sieht auch Art. 717 Abs. 2 OR ein relatives Gleichbehandlungsgebot vor.[852] Danach sind Aktionäre unter gleichen Voraussetzungen gleich zu behandeln. Bei Vorliegen eines sachlichen Grundes und der Einhaltung des Verhältnismäßigkeitsgrundsatzes kann dadurch ausnahmsweise eine Ungleichbehandlung von Groß- und Kleinaktionären gerechtfertigt sein.[853] Diese Erkenntnis darf aber nicht über den Sinn der Norm hinwegtäuschen, der einem Machtmissbrauch des Mehrheitsaktionärs gegenüber der Minderheit vorbeugen möchte.[854] Ähnlich wie im deutschen Recht stellt das Gleichbehandlungsgebot damit auch in der Schweiz einen wichtigen Punkt zum Schutze der Minderheitsgesellschafter dar.

e) *Gebot der schonenden Rechtsausübung*

Das Gebot der schonenden Rechtsausübung ist gesetzlich nicht ausdrücklich geregelt, dogmatisch fußt es aber auf Art. 2 ZGB.[855] Danach ist die schonende Rechtsausübung als eine Fallgruppe des Gebots von Treu und Glauben zu verstehen.[856] Ursprung des zunächst im Sachenrecht adaptierten Grundsatzes ist im römischen Recht zu sehen, bevor er auf die gesamte Privatrechtsordnung, einschließlich des im Obligationenrecht geregelten Aktienrechts, erweitert wurde. Im Bereich des Aktienrechts hat sich das Gebot der schonenden Rechtsausübung zu einem Schutzinstrument der Minderheit gegen den Mehrheitsgesellschafter entwickelt.[857] Inhaltlich konstituiert es, „dass die zuständige Mehrheit die ihr eingeräumte Macht im Hinblick auf entgegengesetzte Interessen der Minderheit nicht missbrauchen darf, indem sie diese ohne sachlichen Grund verletzt."[858] Mit anderen Worten ist bei einer Entscheidung durch die Mehrheit stets eine Abwägung der Minderheitsinteressen erforderlich.[859] Verstößt die Mehrheit gegen

852 BGer v. 05.03.2003 – 4C.242/2001, Erwägungsgr. 3.1; *Watter/Roth Pellanda*, in: BSK OR II, Art. 717 Rn. 23; *Müller/Lipp/Plüss*, AJP/PJA 2011, 587 (588).

853 *Watter/Roth Pellanda*, in: BSK OR II, Art. 717 Rn. 23.

854 BGer v. 05.03.2003 – 4C.242/2001, Erwägungsgr. 3.1.

855 BGE 131 III 459 (462); *von Büren,* Der Konzern, S. 135; *Meier-Hayoz/Zweifel*, in: FS Westermann, S. 383 (389).

856 *Meier-Hayoz/Zweifel*, in: FS Westermann, S. 383 (389).

857 BGE 131 III 459 (463).

858 BGE 131 III 459 (463).

859 In Einzelheiten: *von Büren,* Der Konzern, S. 135; *Meier-Hayoz/Zweifel*, in: FS Westermann, S. 383 (393).

das Gebot, handelt sie rechtsmissbräuchlich, womit der Beschluss der Generalversammlung mittels Anfechtungsklage vernichtet werden kann, Art. 706 OR.

f) Informations- und Kontrollrechte

Auch Informations- und Kontrollrechte schützen vor Geschäften mit dem beherrschenden Aktionär. Diese sind in Art. 696 Abs. 1 OR geregelt und beruhen auf einem mehrstufigen Konzept.[860] Auf erster Stufe sind Grundinformationen der Gesellschaft jedem Aktionär spätestens 20 Tage vor der ordentlichen Generalversammlung zugänglich zu machen, Art. 696 Abs. 1 OR. Darunter fallen vor allem der Revisions- und Geschäftsbericht.[861] Auf zweiter Stufe steht das Recht des Aktionärs, vom Verwaltungsrat und der Revisionsstelle weitergehende Einsichten und Auskünfte hinsichtlich der Interna der Gesellschaft zu verlangen, Art. 697 OR. Da diese Rechte aber nur innerhalb der Generalversammlung ausgeübt werden dürfen, wird der Minderheit die Möglichkeit zur Einberufung der Generalversammlung gewährt.[862] Auf letzter Stufe steht das Recht des Aktionärs, bestimmte Sachverhalte durch einen Sonderprüfer überprüfen zu lassen, Art. 697a OR. Dieses Recht steht ausweislich des Wortlauts jedem Aktionär zu, allerdings muss er einschränkend vorher von seinem auf zweiter Stufe stehenden Einsichts- und Auskunftsrecht Gebrauch gemacht haben. Auf der einen Seite erhält der Aktionär also weitgehende Informationen über etwaige Geschäfte, auf der anderen Seite entfalten die Kontroll- und Einsichtsrechte aber auch präventive Wirkung. Dadurch wird er in seinen Handlungen stets ein redliches Verhalten an den Tag legen.

g) Minderheitsschutz durch eine Mehrheit-der-Minderheit-Regel?

Im Hinblick auf die Aktienrechtsreform wurde darüber diskutiert, wie die Aktionärsdemokratie erweitert werden kann. Nach einem Vorschlag *Häusermanns* sollte die Generalversammlung in einer beherrschten Publikumsgesellschaft eigenständiges Entscheidungsorgan werden. Dafür sollte eine aus dem angloamerikanischen Recht bekannte Mehrheit-der-Minderheit-Regel in Betracht kommen, die dispositiven Charakter haben sollte.[863] Der Minderheitenschutz sollte durch ein Vetorecht gestärkt werden und zu einem Machtgleichgewicht führen, von dem jeder profitiert.[864] Dafür müssten die Transaktionen aber qua

860 *Müller/Lipp/Plüss*, AJP/PJA 2011, 587 (589).
861 *Müller/Lipp/Plüss*, AJP/PJA 2011, 587 (589).
862 *Müller/Lipp/Plüss*, AJP/PJA 2011, 587 (589 f.).
863 *Häusermann*, GesKR 2014, 210 (210).
864 *Häusermann*, GesKR 2014, 210 (213).

Gesetz der Hauptversammlungszustimmung unterworfen sein. Der Bundesratsentwurf vom 23.11.2016 sah aber weder die Hauptversammlungszuständigkeit für solche Transaktionen, noch eine Implementierung der vorgeschlagenen Regeln vor.[865] Somit wird aller Voraussicht nach keine Mehrheit-der-Minderheit-Regel implementiert werden, die im Rahmen der Related Party Transactions berücksichtigt werden muss.

h) *Konzernrechtliche Besonderheiten*

aa) Grundlagen

Fraglich ist, wie und ob sich das Schutzniveau ändert, wenn die Korporation mit anderen Unternehmen verbunden ist. In der Theorie geht das Obligationenrecht von einer wirtschaftlich und rechtlich autonomen Aktiengesellschaft aus,[866] in der Praxis ist aber eine große Anzahl an Aktiengesellschaften konzernverbunden.[867] Ein kodifiziertes Konzernrecht nach deutschem Vorbild sucht man in der Schweiz vergebens.[868] Das Konzernrecht ergibt sich dort aus Einzelnormen, Rechtsanwendung und Behördenentscheidungen.[869]

---

865 Der Entwurf des Bundesrats sieht in Art. 698 Abs. 2 S. 2, 3 OR eine Erweiterung der Hauptversammlungsbefugnisse vor. Related Party Transactions werden davon aber nicht erfasst. Die Botschaft des Bundesrats ist abrufbar unter: https://www.admin.ch/opc/de/federal-gazette/2017/399.pdf [zuletzt geprüft: 15.07.2018].

866 In der Schweiz ist in diesem Zusammenhang auch die Rede von der Einheit des Aktienrechts, womit zum Ausdruck gebracht wird, dass das Obligationenrecht auf verschiedenste Gesellschaftsarten (Publikumsgesellschaft; Familiäre AG; Konzerngesellschaft) mit einer generellen Norm reagiert. Vgl. dazu: *von Büren,* Der Konzern, S. 113; *Meier-Hayoz/Forstmoser,* § 24 Rn. 4; *Watter*, AJP/PJA 1993, 117 (118).

867 Aufgrund fehlender Transparenzvorschriften hinsichtlich dem Bestehen von Konzernen gibt es keine verlässlichen Zahlen, wieviel Prozent der Aktiengesellschaften mit anderen Unternehmen verbunden sind. Die Schätzungen in der Literatur sind dementsprechend wenig präzise und reichen von 50 % bis 70 %, vgl. dazu etwa: *Meier-Hayoz/Forstmoser,* § 24 Rn. 35; *Kunz,* ZBJV 148 (2012), 354 (355).

868 *Baudenbacher*, in: BSK OR II, Vor Art. 620 Rn. 21; *Schärer/Grünblatt/Eisenhut*, in: Wegen/Spahlinger/Barth GesRdA Schweiz, Rn. 190; *von Büren,* Der Konzern, S. 5; folglich fehlt es auch an den §§ 304, 305 dAktG vergleichbare Regelungen. Im Rahmen der großen Aktienrechtsrevision wurde der Vorschlag eines kodifizierten Konzernrechts schon in einem frühem Stadium des Gesetzgebungsprozesses verworfen, vgl.: *Kunz*, Der Gesellschafter 2012, 282 (282).

869 *Baudenbacher*, in: BSK OR II, Vor Art. 620 Rn. 22; da sich in den letzten Jahren viele Reformbestrebungen im Bereich des Konzernrechts abgespielt haben, ist aus deutscher Sicht nicht ersichtlich, warum die Möglichkeit einer kompletten Kodifizierung

Wenngleich der Konzernbegriff im Obligationenrecht nicht mehr legaldefiniert wird,[870] ist anerkannt, dass er als Zusammenfassung mehrerer rechtlich selbständiger Unternehmen unter einheitlicher Leitung aufgefasst wird.[871] Da durch eine Gesetzesnovellierung das vormals vorherrschende Leitungsprinzip abgelöst wurde,[872] liegt nach heutigen Verständnis ein Konzern vor, wenn ein Unternehmen auf ein anderes Unternehmen eine Einwirkungsmöglichkeit hat.[873] Dieser Paradigmenwechsel ist zu begrüßen, da damit eine Beweiserleichterung für die Annahme eines Konzerns einhergeht und die abhängige Gesellschaft effizienter geschützt werden kann. Für die Annahme einer einheitlichen Leitung kommen mannigfaltige wirtschaftliche Verflechtungen, wie bspw. eine Mehrheitsbeteiligung oder eine vertragliche Bindung im Sinne eines Mandatsvertrages, in Betracht.[874] Wichtig ist jedoch stets, dass das herrschende Unternehmen durch Weisungen auf die abhängige Gesellschaft einwirken kann. Diese Erkenntnis steht im Spannungsverhältnis zur Pflicht des Verwaltungsrats, die Interessen der eigenen Gesellschaft und nicht die des Konzerns zu wahren.[875]

bb) Schutz Außenstehender in der herrschenden Gesellschaft

Für die Außenstehenden der herrschenden Gesellschaft ändert sich im Vergleich zu den Minderheitsaktionären in der autonomen Gesellschaft nichts. Insofern kann vollständig auf die oben dargestellten Schutzsysteme verwiesen werden.[876]

---

des Konzernrechts nicht wahrgenommen wurde, so schon *Kunz*, recht 2011, 41 (42), *ders*., Der Gesellschafter 2012, 282 (282).

870 Das war nicht immer so. Lange Zeit wurde der Konzernbegriff in Art. 663e Abs. 1 OR a.F., der die Konzernrechnungslegung zum Gegenstand hatte, legaldefiniert. Mit einer Änderung des Obligationenrechts wurde das neue Konzernrechnungslegungsrecht in die Artt. 963 ff. OR verlagert. Die Legaldefinition wurde allerdings ersatzlos gestrichen.

871 *Baudenbacher*, in: BSK OR II, Vor Art. 620 Rn. 19; *Schärer/Grünblatt/Eisenhut*, in: Wegen/Spahlinger/Barth GesRdA Schweiz, Rn. 191; *Kunz*, ZBJV 148 (2012), 354 (356).

872 Siehe dazu: *Kunz*, Der Gesellschafter 2012, 282 (282) m.w.N.

873 *Baudenbacher*, in: BSK OR II, Vor Art. 620 Rn. 19; *Kunz*, Der Gesellschafter 2012, 282 (282 f.).

874 *Meier-Hayoz/Forstmoser*, § 24 Rn. 36.

875 *Schärer/Grünblatt/Eisenhut*, in: Wegen/Spahlinger/Barth GesRdA Schweiz, Rn. 191.

876 Siehe dazu bereits oben, S. 219 ff.

cc) Schutz Außenstehender in der abhängigen Gesellschaft

Liegt die Beteiligung an einer abhängigen Gesellschaft bei 100 % ist die herrschende Gesellschaft zugleich Alleinaktionär und etwaige Vorkehrungen zum Schutze der Minderheit müssen nicht berücksichtigt werden. Wird hingegen lediglich beherrschender Einfluss ausgeübt, liegt auf der Hand, dass die Minderheitsgesellschafter des abhängigen Unternehmens, in der Schweiz nennt man sie freie Aktionäre, eines besonderen Schutzes bedürfen. Wenn der Minderheitsaktionär durch das herrschende Unternehmen direkt geschädigt wird (z.B. durch den Entzug der Aktionärsrechte), finden die gleichen Schutzbestimmungen Anwendung, die auch in der autonomen Gesellschaft gelten. Anders ist der Fall aber gelagert, wenn der Minderheitsaktionär indirekt durch Vermögensabfluss der abhängigen Korporation benachteiligt wird. Auf diesen Fall beschränken sich die folgenden Ausführungen.

Das abhängige Unternehmen unterliegt den Weisungen der Mutter und wird durch diese fremdbestimmt.[877] Entscheidungen der Gesellschaft werden folglich nicht mehr im Interesse der abhängigen Gesellschaft getroffen, was für den Minderheitsgesellschafter, der in der Regel nur ein legitimes Interesse an dieser Gesellschaft hat, besonders nachteilig ist. Der Minderheitsaktionär der abhängigen Gesellschaft ist folglich besonders schutzbedürftig und muss durch gesetzliche Vorschriften geschützt werden. In diesem Zusammenhang hat sich etabliert, die Rechtsbehelfe der Minderheit entsprechend der Phasen des Konzerneintritts, des Konzernbetriebs und des Konzernaustritts zu gliedern.[878] Da der Schwerpunkt der Ausarbeitung darin liegt, wie die Minderheitsgesellschafter bei Geschäften von Mutter und Tochter geschützt werden, wird sich die Darstellung grosso modo auf die Konzernbetriebsphase beschränken.[879]

(1) Grundsätzliche Anwendbarkeit der bereits dargestellten Regelungen

Das Obligationenrecht kennt keinen rein konzernrechtlichen Minderheitenschutz. Insofern sind die schon dargestellten Instrumente auch im Bereich des Konzernrechts zu beachten.[880] Dabei muss aber gesehen werden, dass einzelne

877 *Von Büren,* Der Konzern, S. 115.

878 *Von Büren,* Der Konzern, S. 113.

879 Siehe ausführlich zu den anderen Phasen: *von Büren,* Der Konzern, S. 114 ff.

880 *Von Büren,* Der Konzern, S. 110; die Treuepflicht eines Verwaltungsratsmitglieds erstreckt sich grds. nur auf seine Aktiengesellschaft. Etwas anderes gilt nur im Falle 100 %iger Beteiligung oder wenn der statutarische Zweckartikel etwas anderes vorsieht. In diesem Fall hat der Aktionär das Konzerninteresse zu wahren, vgl.: *Watter/Roth Pellanda,* in: BSK OR II, Art. 717 Rn. 16a.

Schutzinstrumente mitunter eine deutlich größere Rolle spielen, als das in der autonomen Gesellschaft der Fall ist. Als Beispiel dafür kann die verdeckte Gewinnausschüttung im Sinne von Art. 678 Abs. 2 OR angeführt werden. Denn im Rahmen von Konzernrechtssachverhalten können nachteilige Weisungen die abhängige Gesellschaft in ihrem Gesellschaftsvermögen beschränken. Damit ist die verdeckte Gewinnausschüttung im Rahmen von Konzernsachverhalten deutlich praxisrelevanter als in der autonomen Gesellschaft.[881] Hinsichtlich des Umfangs des Schutzes kann somit auf das schon Besprochene verwiesen werden.

(2) Spezielle konzernrechtliche Schutzinstrumente

Dennoch gibt es Schutzvorkehrungen, die entweder nur im Rahmen einer Konzernverbindung Sinn ergeben, oder die qua Gesetz nur auf einen Konzern Anwendung finden. Mit ersterem ist gemeint, dass das Gesellschaftsinteresse bzw. der Zweck der untergeordneten Gesellschaft in der Theorie für die Minderheit ein Schutzinstrument darstellt. Das erwächst aus der Überlegung, dass jede Gesellschaft einen Zweck verfolgt, der sich aus dem Gesellschaftsinteresse ergibt.[882] Folgt der Vorstand einer Weisung des herrschenden Unternehmens, die im Interesse der abhängigen Gesellschaft liegt bzw. deren Gesellschaftszweck fördert, muss die Minderheit nicht geschützt werden. Problematischer ist allerdings, wenn eine Weisung des herrschenden Unternehmens für das abhängige Unternehmen nachteilig ist, mit anderen Worten eine Handlung im Konzerninteresse, aber nicht im Gesellschaftsinteresse der abhängigen Gesellschaft liegt. In diesem Fall liegt es nahe, dass die Geschäftsleitung die Interessen seiner Gesellschaft vernachlässigt. Aufgrund einer fehlenden Einhaltung des Gesellschaftsinteresses kommt eine Haftung aus Art. 754 ff. OR in Betracht.[883] Soweit dieses Instrument in der Theorie Sinn ergibt, so schwierig ist die Umsetzung in der Praxis. Denn eine Haftung setzt eine Pflichtverletzung voraus. Diese Pflichtverletzung müsste in der Nichtbefolgung des Gesellschaftsinteresses liegen. Erschwerend tritt hinzu, dass dem Minderheitsaktionär die Beweislast in einem etwaigen Feststellungsprozess obliegt. Da er als Minderheitsaktionär aber nicht unmittelbar mit der Geschäftsführung in Kontakt kommt und darüber hinaus ein Verstoß gegen das Gesellschaftsinteresse nicht ohne Weiteres nachweisbar sein wird, sind

---

881 *Von Büren,* Der Konzern, S. 142. Auch wenn die verdeckte Gewinnausschüttung damit für den Konzern eine größere Rolle spielt, darf nicht übersehen werden, dass die Durchsetzung nach wie vor mit großen Kosten verbunden ist.

882 *Von Büren,* Der Konzern, S. 132 f.

883 *Von Büren,* Der Konzern, S. 132 f.

die Erfolgsaussichten in praxi äußerst gering.[884] Eine Haftung wird in der Regel nur auf besonders offensichtliche Fälle beschränkt bleiben. Wobei auch der Minderheitsgesellschafter selbst in diesem Fall, es sei nochmals ausdrücklich darauf hingewiesen, die Zeit und das notwendige Geld für einen Feststellungsprozess auf sich nehmen müsste.[885]

Eine rein konzernrechtliche Vorschrift stellt Art. 659b OR dar. Erst auf den zweiten Blick wird ersichtlich, dass auch diese Vorschrift die Minderheit mittelbar schützt. Art. 659b OR muss in Bezug zu Art. 659 OR gelesen werden. Aus dem Zusammenspiel wird ersichtlich, dass die Tochtergesellschaft nur maximal 10 % des Aktienkapitals des herrschenden Unternehmens erhalten darf. Minderheitsschützend ist die Norm aus dem Grund, da dem herrschenden Unternehmen über Art. 659b Abs. 3 OR die Reservebildung obliegt, bei einem Erwerb der Aktien durch das abhängige Unternehmen die Ausschüttungssperre nicht erhöht und damit die Dividendenausschüttung für die Aktionäre nicht eingeschränkt wird.[886]

D) Österreichisches Gesellschaftsrecht

I. Die Grundkonzeption österreichischen Gesellschaftsrechts

Aufgrund der gemeinsamen historischen Vergangenheit Deutschlands und Österreichs überrascht es nicht, dass die beiden Rechtsordnungen einige Parallelen aufweisen. Diese Angleichung ist gerade auch im Bereich des Gesellschaftsrechts und speziell auch im Bereich des Aktienrechts ersichtlich. Aufgrund dessen kann hier auf Instruktionen allgemeiner Art, die Rechtsordnung und das Gesellschaftsrecht betreffend, verzichtet werden. Grundlage des Vergleichs wird wie im deutschen Recht die Aktiengesellschaft sein. Sie ist eine körperschaftlich organisierte, juristische Person bestehend aus den Organen Vorstand, Aufsichtsrat und der Hauptversammlung. Besondere Stellung erhält der Abschlussprüfer. Primäre Regelung erfährt die Aktiengesellschaft durch das österreichische Aktiengesetz, sekundär ergeben sich für spezielle Arten von Aktiengesellschaften Pflichten aus dem Börsengesetz oder aus dem Unternehmensgesetzbuch. Ähnlich dem deutschen Recht hat der österreichische Gesetzgeber bei Gründung des Aktiengesetzes die international agierende und an der Börse gemeldete Publikums-AG als Vorbild genommen.[887] Aufgrund von Gesellschafterschutzgesichtspunkten ist das

884 *Von Büren,* Der Konzern, S. 130.

885 Siehe bereits oben, Fn. 847.

886 *Von Büren,* Der Konzern, S. 141 f.

887 *Artmann/Rüffler,* Gesellschaftsrecht, Rn. 553; *Kalss/Nowotny/Schauer,* Rn. 3/14.

Aktienrecht darüber hinaus zwingend ausgestaltet, weshalb von den gesetzlichen Regelungen nur in beredeten Fällen abgewichen werden darf.[888] Der grundlegende konzeptionelle Gleichlauf von deutschem und österreichischem Aktienrecht soll aber nicht darüber hinwegtäuschen, dass beide Rechtsordnungen Unterschiede im Detail aufweisen. Beispielhaft sei dafür auf die Gründung der Aktiengesellschaft verwiesen, die im Unterschied zur deutschen Aktiengesellschaft erst mit einem Mindestnennbetrag von 70.000 € gegründet werden kann, § 7 öAktG. Gleiches gilt auch für das österreichische Konzernrecht, welches nicht in gleichem Maße einer Kodifikation unterlegen ist.[889]

II. Regelungsmodell bei Geschäften mit nahestehenden Personen

Der österreichische Gesetzgeber begegnet dem Interessenkonflikt im Rahmen von Related Party Transactions systemkonsequent zum deutschsprachigen Rechtskreis nicht mit einem in sich geschlossenen Schutzsystem, sondern stellt auf Einzelvorschriften ab, die zumindest auch den Schutz vor Interessenkonflikten im Blick haben.[890]

1) Geschäfte mit Organmitgliedern

a) Insichgeschäfte, § 97 öAktG

Grundsätzlich obliegt dem Vorstand das Vertretungsmonopol in der Aktiengesellschaft, § 71 Abs. 1 öAktG.[891] Um Konflikte zu vermeiden, muss dieses Vertretungsmonopol an verschiedenen Stellen durchbrochen werden. Eine solche Durchbrechung sieht § 97 öAktG vor, wonach der Aufsichtsrat befugt ist, die Gesellschaft bei der Vornahme von Rechtsgeschäften mit dem Vorstandsmitglied zu vertreten. Wie § 112 dAktG hat dieser den Konflikt des Vorstandsmitglieds im Auge, wenn die Aktiengesellschaft, vertreten durch das Vorstandsmitglied, mit sich selbst ein Rechtsgeschäft eingeht oder eine sonstige Abrede trifft.[892] Da Sinn und Zweck der Vorschrift in der Vermeidung von Interessenkonflikten

888 *Kalss/Nowotny/Schauer,* Rn. 1/9.

889 *Artmann/Rüffler,* Gesellschaftsrecht, Rn. 1213; *Kalss/Nowotny/Schauer,* Rn. 3/1096.

890 *Zollner*, in: FS Nowotny, S. 499 (502).

891 *Schima/Toscani*, JBL 2012, 482 (482).

892 Die Anwendung erstreckt sich nicht nur auf Rechtsgeschäfte, sondern muss entgegen dem Wortlaut auch sonstige Maßnahmen erfassen, um einem potentiellen Interessenkonflikt frühzeitig zu begegnen. Vgl.: *Kalss*, in: Müko AktG, § 112 Rn. 39; *Zollner*, in: FS Nowotny, S. 499 (502); *Zollner/Dollenz*, Aufsichtsrat aktuell 1/2016, 10 (11).

liegt, wird durch § 97 öAktG eine ausschließliche Vertretungsbefugnis des Aufsichtsrats statuiert.[893] § 97 öAktG muss teleologisch auf Geschäfte zwischen der Gesellschaft und nahestehenden Personen eines Vorstandsmitglieds erweitert werden, um dem Interessenkonflikt gerecht zu werden.[894] Die Vorschrift soll zudem analog auf die Fälle der Doppelvertretung Anwendung finden, wenn zwischen dem Vorstandsmitglied und der kontrahierenden Gesellschaft wirtschaftliche Identität besteht.[895]

b) Kreditgewährung, § 80 öAktG

Ähnlich dem deutschen Recht wird die Kreditgewährung an Vorstandsmitglieder und an leitende Angestellte in § 80 öAktG geregelt. Danach unterfallen Kredite an diesen Personenkreis der Zustimmung des Aufsichtsrats, der mittels Beschluss erteilt werden muss, § 80 Abs. 1 AktG.[896] Im Unterschied zu § 97 öAktG ergibt sich schon expressis verbis (Abs. 3), dass auch Kredite an nahestehende Personen unter den Anwendungsbereich der Norm fallen. Ausgenommen sind Kredite, die ein Monatsgehalt nicht überschreiten, § 80 Abs. 2 öAktG. Telos ist damit nicht das generelle Verbot von Kreditgeschäften, sondern das Verhindern von Missbräuchen.[897]

c) Organschaftliche Treuepflicht des Vorstandsmitglieds

Kraft Treuhandverhältnis trifft das Vorstandsmitglied eine organschaftliche Treuepflicht, die nur zwischen dem Organmitglied und der Korporation wirkt.[898] Durch diese soll das Vorstandsmitglied angehalten werden, die Interessen der

---

893 So schon: *Cernicky*, GesRZ 2002, 179 (179 f.); dem anschließend: *Kalss*, in: Müko AktG, § 112 Rn. 38; *Kalss/Nowotny/Schauer*, Rn. 3/501; a.A.: *Reich-Rohrwig*, WBL 1987, 299, andere Ansichten sehen durch § 97 öAktG nicht die Statuierung einer ausschließlichen Vertretungsbefugnis, sondern verstehen in der Zuweisung an den Aufsichtsrat durch § 97 öAktG eine Konkurrenz zur Vertretungsbefugnis des Vorstands. Der Vorstand bleibt dem Grunde nach vertretungsberechtigt. Diese Ansicht ist aber aufgrund der Teleologie des § 97öAktG abzulehnen.

894 *Kalss*, in: Müko AktG, § 112 Rn. 38; *Zollner/Dollenz*, Aufsichtsrat aktuell 1/2016, 10 (11 f.).

895 Wirtschaftliche Identität liegt wohl schon bei einer starken Mehrheitsbeteiligung vor. Siehe dazu: *Kalss*, in: Müko AktG, § 112 Rn. 42.

896 *Kalss*, in: Müko AktG, § 89 Rn. 61; *Zollner/Dollenz*, Aufsichtsrat aktuell 1/2016, 10 (12).

897 *Kalss*, in: Müko AktG, § 89 Rn. 59.

898 Diese organschaftliche Treuepflicht ist abzugrenzen von der Treuepflicht, die auf dem Anstellungsvertrag beruht. Die organschaftliche Treuepflicht ist erforderlich,

Gesellschaft über die persönlichen zu stellen. Kommt es dennoch zu einem Interessenkonflikt, ist das Vorstandsmitglied verpflichtet, den Konflikt offenzulegen.[899] Obwohl die organschaftliche Treuepflicht anders als die Sorgfaltspflicht in § 84 Abs. 1 AktG keinen gesetzlichen Niederschlag erfahren hat, schützt sie dennoch die Vermögenspositionen der Gesellschaft und damit zumindest mittelbar die Gesellschafter der Korporation.

d) Verträge mit Aufsichtsratsmitgliedern, § 95 Abs. 5 Nr. 12 öAktG

§ 95 Abs. 5 Nr. 12 öAktG erfasst die Verträge zwischen der Gesellschaft und einem Aufsichtsratsmitglied. Die deutsche Schwestervorschrift findet sich in § 114 AktG. Klarstellend muss berücksichtigt werden, dass jedes Aufsichtsratsmitglied qua Organtätigkeit dazu verpflichtet ist, seine ganze Expertise einzubringen.[900] § 95 Abs. 5 Nr. 12 öAktG erfasst nun solche Fälle, in denen zwischen Aufsichtsrat und der Gesellschaft ein Geschäft abgeschlossen wird, dessen konkreter Inhalt nicht mehr von der Organpflicht gedeckt ist.[901] Bei diesen Geschäften muss der Aufsichtsrat als Organ zusammenkommen und sie ausweislich des Wortlauts genehmigen. Der Gedanke des Schutzes vor Missbräuchen spielt dabei eine tragende Rolle. Erweitert wird der Wortlaut auf Gesellschaften, an denen das Aufsichtsratsmitglied ein besonderes wirtschaftliches Interesse hat. Das liegt vor, wenn „das Aufsichtsratsmitglied eine Erfolgsprämie erhält, die Geschäfte der kontrahierenden Gesellschaft alleine führt oder eine Beteiligung von 50 % oder im Sinne des § 228 Abs. 1 UGB hält."[902]

---

um dem Prinzipal-Agent Konflikt eine notwendige Schranke entgegenzusetzen, vgl.: *Kalss/Nowotny/Schauer,* Rn. 3/509 f.

899 Hier ergibt sich kein Unterschied zum deutschen Recht, sodass für die Konkretisierung der organschaftlichen Treuepflicht häufig deutsche Literatur herangezogen wird, vgl.: *Kalss/Nowotny/Schauer,* Rn. 3/512 mit Fn. 653 f. Insofern kann hier auf die Ausführung zum deutschen Recht grundsätzlich verwiesen werden, siehe dazu bereits oben, S. 48 ff.

900 *Doralt*, JBL 2008, 759 (759).

901 Davon zu unterscheiden sind die Fälle, in denen das Aufsichtsratsmitglied eine besondere Expertise aufweist, diese Expertise aber noch von seiner Pflicht als Mitglied des Organs gedeckt ist. In diesem Fall liegt es an der Hauptversammlung, eine Sondervergütung für besonderen Aufwand zu erteilen. Vgl. zu alledem: *Doralt*, JBL 2008, 759 (760).

902 *Zollner/Dollenz*, Aufsichtsrat aktuell 1/2016, 10 (12 f.).

e) *Sonstige zustimmungspflichtige Geschäfte, § 95 Abs. 5 öAktG*

Das österreichische Aktiengesetz unterwirft in § 95 Abs. 5 öAktG weitere Geschäfte der Zustimmung des Aufsichtsrats. § 95 Abs. 1 öAktG statuiert zunächst die originäre Zuständigkeit des Aufsichtsrats, die in der Überwachung der Geschäftsführung zu sehen ist. Dieser Ausgangspunkt wird von § 95 Abs. 5 öAktG insoweit konkretisiert, dass es für die speziellen Geschäfte des § 95 Abs. 5 Nr. 1–14 öAktG einer Zustimmung des Aufsichtsrats bedarf. Nur dann sind die Geschäfte wirksam. Besonders relevant für die hier zu besprechende Problematik ist, neben den gerade dargestellten Verträgen mit Aufsichtsratsmitgliedern, § 95 Abs. 5 a.E. öAktG. Danach darf die Satzung anordnen, dass bestimmte Rechtsgeschäfte nur mit Zustimmung des Aufsichtsrats vorgenommen werden dürfen.[903] Diese Norm stellt somit das Einfallstor für eine Korporation dar, bestimmte Arten von Geschäften, das umfasst auch Geschäfte mit nahestehenden Personen, einer gewissen Missbrauchskontrolle durch den Aufsichtsrat zu unterziehen.

f) *Ex-Post Kontrolle durch Publizitätsvorschriften*

Darüber hinaus schützt der österreichische Gesetzgeber die Minderheiten in der Aktiengesellschaft durch weitreichende Publizitätsvorschriften. In diesem Kontext muss zunächst § 238 Abs. 1 Nr. 12 UGB herangezogen werden. Danach müssen mittelgroße und große Unternehmen im Anhang zur Bilanz Geschäfte mit nahestehenden Personen und Unternehmen aufnehmen, wenn die Geschäfte für die Gesellschaft wesentlich sind und unter marktunüblichen Bedingungen abgeschlossen wurden. Für die Konkretisierung der unbestimmten Rechtsbegriffe wird auf IAS 24 zurückgegriffen.[904]

Eine weitere ex-post Publizität wird für börsennotierte Korporationen durch § 87 Abs. 4 Nr. 1 BörseG statuiert. Danach sind im Halbjahresbericht Geschäfte mit nahestehenden Personen und Unternehmen anzugeben. Einschränkend wird aber gefordert, dass sie während der ersten sechs Monate des aktuellen Geschäftsjahres stattgefunden und die Finanzlage oder das Geschäftsergebnis des Unternehmens während dieses Zeitraums wesentlich beeinflusst haben. Auch hier wird der

903 Siehe dazu schon: *Zollner/Dollenz*, Aufsichtsrat aktuell 1/2016, 10 (12).

904 Als Mitglied der Europäischen Union gilt die Verordnung auch unmittelbar für Österreich. Insofern kann hinsichtlich der inhaltlichen Reichweite auf die Ausführungen im 2. Kapitel der Arbeit verwiesen werden. Siehe dazu bereits oben, S. 53 f., 97.

unbestimmte Rechtsbegriff der Wesentlichkeit nicht im Börsengesetz selbst geregelt, sondern es wird auf die Transparenzrichtlinie und den IAS 24 verwiesen.[905]

Berücksichtigt werden muss bei diesen Publizitätsvorschriften aber stets, dass nur solche Transaktionen einer Veröffentlichung unterliegen, die nicht zu Drittbedingungen abgeschlossen wurden.

g) Corporate Governance Kodex

Die Normen aus österreichischem Aktien- und Kapitalmarktrecht werden durch den auf dem *comply or explain* Prinzip beruhenden österreichischen Corporate Governance Kodex ergänzt.[906] Der Kodex ist nicht verpflichtend und richtet sich en gros an börsennotierte Gesellschaften. Obgleich der persönliche Anwendungsbereich Grenzen setzt, hält der ÖCGK einige Regelungen bereit, die den Minderheitenschutz des Aktiengesetzes arrondieren. In diesem Zusammenhang sind die Empfehlungen hinsichtlich der Rechnungslegung und Publizität (Artt. 63–70 ÖCGK), die Regeln für Interessenkonflikte und Eigengeschäfte des Vorstandsmitglieds (Artt.. 19–26 ÖCGK) und die Regeln für Interessenkonflikte und Eigengeschäfte des Aufsichtsratsmitglieds (Artt. 44–49 ÖCGK) zu nennen. Dabei muss aber berücksichtigt werden, dass die Regelungen häufig nur klarstellenden Charakter aufweisen und damit zu einem besseren Verständnis führen.

2) Geschäfte mit Aktionären

a) Nachgründungsrecht, § 45 öAktG

Aufgrund der Parallelität von deutschem und österreichischem Aktienrecht liegt eine Untersuchung nahe, ob die Minderheitsaktionäre bei Geschäften zwischen der Korporation und dem Mehrheitsaktionär durch das Nachgründungsrecht geschützt werden. Doch schon bei Vergleich des Wortlauts fällt auf, dass im Unterschied zum deutschen Recht nur die Gründer und deren nahestehenden Personen vom Anwendungsbereich der Norm erfasst sind (§ 45 Abs. 1 S. 2 öAktG). Aktionäre, die mit mindestens 10 % an dem Grundkapital beteiligt sind, fallen nicht unter den Anwendungsbereich.[907] Damit spielt das Nachgründungsrecht

---

905 *Zollner/Dollenz*, Aufsichtsrat aktuell 1/2016, 10 (14).

906 Vgl. das Vorwort des ÖCGK, abrufbar unter: http://www.corporate-governance.at/uploads/u/corpgov/files/kodex/corporate-governance-kodex-012015.pdf [zuletzt geprüft: 15.07.2018].

907 *Doralt/Diregger*, in: Müko AktG, § 52 Rn. 74.

im Vergleich zum deutschen Recht bei Geschäften zwischen der Gesellschaft und dem Aktionär eine nur untergeordnete Rolle.[908]

b) Verbot der Einlagenrückgewähr, § 52 öAktG

Anders verhält es sich mit dem Verbot der Einlagenrückgewähr. Schon der Wortlaut des § 52 öAktG und der Wortlaut der deutschen Schwestervorschrift (§ 57 dAktG) sind beinahe identisch.[909] Dementsprechend übereinstimmend fällt die rechtliche Bewertung aus. Ausgehend vom Wortlaut der Norm dürfen die Einlagen den Aktionären nicht zurückgewährt werden, § 52 S. 1 Hs. 1 öAktG. Da die Norm zentrale Vorschrift der Kapitalerhaltung ist und damit auch mittelbar die Minderheitsgesellschafter schützen soll, muss der Wortlaut der Norm extensiv auf Leistung aus dem Gesellschaftsvermögen an die Gesellschafter erweitert werden.[910] Dabei spielt es keine Rolle, ob die Leistung offen oder verdeckt erfolgte, untersagt sind beide Arten.[911] Eine Ausnahme von der Unwirksamkeit wird allerdings im Falle einer zulässigen Gewinnausschüttung gemacht, das heißt, wenn eine Ausnahme qua Gesetz besteht oder die Leistung an den Aktionär einem Drittvergleich (*dealing at arm's length*) standhält.[912] Um eine Umgehung der Norm durch Einschalten eines Dritten zu verhindern, wird die Norm in analoger Anwendung auf Personen erstreckt, die dem Aktionär nahestehen.[913] Die

---

908 Gleichwohl muss beachtet werden, dass der zunächst eng erscheinende Wortlaut durch Erweiterung auf nahestehende Personen des Gründers auch Aktionäre erfassen kann. Denn zumindest theoretisch kommt der Fall in Betracht, dass ein Mehrheitsaktionär zum Gründer in einer für § 45 Abs.1 S. 2 öAktG notwendigen Nähebeziehung steht. Dieses Näheverhältnis wird aber im Unterschied zum deutschen Recht nicht häufig anzunehmen sein, womit § 45 öAktG für die hier untersuchten Geschäfte von praktisch geringer Bedeutung sein wird.

909 Das liegt daran, dass beide Vorschriften dem Grunde nach auf dem deutschen Aktiengesetz aus dem Jahre 1937 beruhen. Zwar wurde § 57 dAktG im Jahre 1960 überarbeitet, allerdings wurde die Vorschrift beinahe unverändert übernommen, vgl.: *Doralt/Winner*, in: Müko AktG, § 57 Rn. 344.

910 *Doralt/Winner*, in: Müko AktG, § 57 Rn. 349; *Kalss/Nowotny/Schauer,* Rn. 3/1036. Im Unterschied zum deutschen Recht besteht in der österreichischen Literatur kein Streit darüber, inwiefern der Minderheitenschutz vom Schutzzweck der Norm erfasst ist, siehe zum deutschen Recht bereits Fn. 152 f.

911 Instruktiv: *Kalss/Nowotny/Schauer,* Rn. 3/1037 f.; ferner: *Wachter*, ZFR 2015, 309 (310).

912 *Doralt/Winner*, in: Müko AktG, § 57 Rn. 349; *Kalss/Nowotny/Schauer,* Rn. 3/1039.

913 Ausdrücklich: *Doralt/Winner*, in: Müko AktG, § 57 Rn. 367; wohl auch für eine analoge Anwendung: *Kalss/Nowotny/Schauer,* Rn. 3/1041; *Zollner*, in: FS Nowotny, S. 499 (502).

Fallgruppen sind an dieser Stelle mit dem deutschen Recht übereinstimmend, werden aber weit weniger kontrovers diskutiert.[914]

c) *Mitgliedschaftliche Treuepflicht*

Auf die Girmes-Rechtsprechung des BGH bezugnehmend, wird von der österreichischen Lehre und Rechtsprechung eine Treubindung der Gesellschafter untereinander angenommen.[915] Somit ist die Stärke der Treubindung abhängig von der Einflussnahmemöglichkeit, wodurch den Mehrheitsgesellschafter eine stärkere Treubindung trifft als einen Minderheitsaktionär (sog. wirkungsbezogene Treuepflicht).[916] Als Ausformung dessen trifft den Mehrheitsaktionär insbesondere eine Pflicht zur Rücksichtnahme, weshalb er Weisungen nicht einseitig zulasten seiner Mitgesellschafter erteilen darf.[917] Handelt der Gesellschafter treuwidrig, kommen Schadensersatzansprüche, Unterlassungsansprüche oder Stimmpflichten in Betracht.[918]

d) *Gleichbehandlungsgebot, § 47a öAktG*

Das in § 47a öAktG geregelte Gleichbehandlungsgebot hängt eng mit der mitgliedschaftlichen Treuepflicht zusammen.[919] Das zeigt der schon im Vergleich zur deutschen Vorschrift identische Wortlaut der Norm. Entsprechend ähnlich ist der gewährende Schutz des Gleichbehandlungsgebots. Aktionäre sind unter gleichen Voraussetzungen gleich zu behandeln. Eine Ungleichbehandlung ist möglich, wenn die Korporation in besonderem Maße schützenswert und die Maßnahme verhältnismäßig ist (sog. allgemeines Willkürverbot).[920] Wie im deutschen Recht kann eine pauschalisierte Rechtsfolge im Falle eines Verstoßes nicht genügen.[921]

---

914 Erfasst werden: frühere und künftige Aktionäre; Leistungen auf Veranlassung des Aktionärs, die beim Ehegatten oder beim minderjährigen Kind vermutet werden; Leistungen an Treuhänder des Aktionärs, vgl.: *Doralt/Winner*, in: Müko AktG, § 57 Rn. 367. Zum deutschen Recht siehe bereits oben, S. 57 ff.

915 *Kalss/Nowotny/Schauer*, Rn. 3/161 m.w.N.

916 *Artmann/Rüffler*, Gesellschaftsrecht, Rn. 713; *Kalss/Nowotny/Schauer*, Rn. 3/163.

917 *Kalss/Nowotny/Schauer*, Rn. 3/163 f.

918 *Kalss/Nowotny/Schauer*, Rn. 3/166.

919 *Doralt/Winner*, in: Müko AktG, § 53a Rn. 43; *Kalss/Nowotny/Schauer*, Rn. Rn. 3/204.

920 *Doralt/Winner*, in: Müko AktG, § 53a Rn. 46; *Kalss/Nowotny/Schauer*, Rn. Rn. 3/207.

921 Hier gilt das bereits oben Dargestellte, vgl. S. 60.

e) Konzernrecht

aa) Grundlegendes

Österreichisches Aktiengesetz verfügt nicht über ein in sich geschlossenes und kodifiziertes Konzernrecht.[922] Zwar wurde über ein kodifiziertes Konzernrecht im Rahmen einer Reform des österreichischen Kapitalgesellschaftsrechts eingehend diskutiert, allerdings war dieser Kodifizierungsgedanke nicht mehrheitsfähig.[923] Damit müssen die gerade dargestellten gesellschaftsrechtlichen Regelungen auf Konzernsachverhalte erweitert werden.[924] Das österreichische Aktienrecht nimmt nur selten Bezug auf Konzernsachverhalte. § 15 öAktG definiert den Konzern, ohne materielle Rechtsfolgen mit ihr in Bezug zu setzen, § 238 öAktG regelt unvollständig den Vertragskonzern.[925] Außerhalb des Aktienrechts wird der an der Börse notierte Konzern durch §§ 91 ff. BörseG konkretisiert.[926]

Der faktische Konzern ist im Aktiengesetz Österreichs nicht geregelt, aber im Vergleich zum Vertragskonzern von gleichwohl viel größerer praktischer Bedeutung.[927] Eine Einflussnahme wird in der Regel durch eine Weisung der Mutter an den Tochtervorstand erreicht. Aus § 70 öAktG ergibt sich, dass der Vorstand aber nur seiner Gesellschaft gegenüber verpflichtet ist und sie weisungsungebunden und unter eigener Verantwortung zu leiten hat.[928] Das Problem ist dem gesetzlichen Leitbild des österreichischen Aktienrechts inhärent, das von einer autonomen Gesellschaft ausgeht.[929] Gelöst wird es dadurch, dass Weisungen der Mutter

---

922 *Doralt/Diregger*, in: Müko AktG, Österreichisches Konzernrecht Rn. 1; *Artmann/Rüffler*, Gesellschaftsrecht, Rn. 1213; *Kalss*, ZVglRWiss 113 (2014), 291 (291).

923 Siehe *Kalss/Schauer*, Gutachten zur Reform des öster. Kapitalgesellschaftsrechts, S. 667, nach denen eine Kodifizierung nach deutschem Vorbild „klar zu verneinen" sei.

924 *Doralt/Diregger* sprechen in diesem Zusammenhang von „einer Politik der kleinen Schritte", vgl.: *Doralt/Diregger*, in: Müko AktG, Österreichisches Konzernrecht Rn. 1.

925 *Kalss*, ZVglRWiss 113 (2014), 291 (291 f.).

926 *Kalss*, ZVglRWiss 113 (2014), 291 (292).

927 Die geringe praktische Bedeutung ist darin zu sehen, dass steuerliche Motive durch Einführung der Gruppenbesteuerung in Österreich weggefallen sind, womit die Hauptanreizfunktion zur Implementierung eines Vertragskonzerns entfallen ist. Aufgrund dessen kamen *Kalss/Schauer* in ihrem Gutachten für den 16. ÖJT zu dem Ergebnis, dass sich eine weitergehende Kodifikation aufgrund der mangelnden praktischen Relevanz nicht lohnen würde, vgl.: *Kalss/Schauer*, Gutachten zur Reform des öster. Kapitalgesesellschaftsrechts, S. 668 f.; zum selben Ergebnis gelangend: *Doralt/Diregger*, in: Müko AktG, Österreichisches Konzernrecht Rn. 12.

928 *Kalss*, ZVglRWiss 113 (2014), 291 (298).

929 *Doralt/Diregger*, in: Müko AktG, Österreichisches Konzernrecht Rn. 40.

an die Tochter erteilt werden dürfen, diese Weisungen allerdings nicht rechtlich verbindlich sind.[930] Trotz Weisung hat der Vorstand der abhängigen Gesellschaft im Hinblick auf das Wohl der Gesellschaft zu entscheiden, ob er die Weisung befolgt oder nicht. Entscheidet er sich falsch, findet sich das Vorstandsmitglied in der Haftung wieder. Andererseits kann der Vorstand bei verweigerter Durchführung der Weisung einem Misstrauensvotum durch die Hauptversammlung unterliegen.[931] Da die Hauptversammlung in diesem Fall mehrheitlich in der Hand der herrschenden Gesellschaft liegt, genügt der Entzug des Vertrauens durch das herrschende Unternehmen. Erstaunlich ist, dass ein solches Misstrauensvotum kraft höchstrichterlicher Rechtsprechung nur „nicht offensichtlich willkürlich erfolgt sein darf“[932], insbesondere wird weder eine Pflichtverletzung seitens des Vorstands noch eine besondere Begründung vorausgesetzt.[933] Im Hinblick auf den Schutz des Vorstands und der Minderheitsaktionäre ist dieses Ergebnis äußerst bedenklich, da das herrschende Unternehmen Minderheitsgesichtspunkte nicht vollumfänglich berücksichtigen muss und darüber hinaus der Vorstand, möchte er seine Stellung in der Gesellschaft behalten, nur selten eine Weisung nicht befolgen wird.

Gleichwohl geben *Doralt/Dollenz* zu bedenken, dass Weisungen in der Konzernrealität äußerst selten vorkommen und stattdessen die „implizit kommunizierte und gelebte Konzernplanung und -politik“[934] mit der Zustimmungspflicht des Aufsichtsrats nach § 95 Abs. 5 öAktG in den Vordergrund gerückt wird. Aber auch diese Art der Einwirkung ist für den Minderheitsaktionär in der abhängigen Gesellschaft wenig befriedigend. Das ergibt sich aus der Überlegung, dass der Aufsichtsrat – nicht ausschließlich aber doch ganz überwiegend – mit den Vertrauten des herrschenden Unternehmens bestückt sein wird.[935] Damit kann das herrschende Unternehmen auch über die Zustimmungspflicht des Aufsichtsrats entscheidenden Einfluss auf die Geschicke der abhängigen Gesellschaft nehmen.

---

930 *Doralt/Diregger*, in: Müko AktG, Österreichisches Konzernrecht Rn. 40; *Kalss*, ZVglRWiss 113 (2014), 291 (298).

931 *Doralt/Diregger*, in: Müko AktG, Österreichisches Konzernrecht Rn. 41.

932 OGH 25.10.2002 = ecolex 2003, 178.

933 *Doralt/Diregger*, in: Müko AktG, Österreichisches Konzernrecht Rn. 41.

934 *Doralt/Diregger*, in: Müko AktG, Österreichisches Konzernrecht Rn. 40.

935 *Doralt/Diregger*, in: Müko AktG, Österreichisches Konzernrecht Rn. 41.

bb) Minderheitenschutz im Rahmen von Konzernsachverhalten

Fraglich ist also, wie der österreichische Gesetzgeber Außenstehende im Konzern schützt. Dabei kommt es maßgeblich nur auf die außenstehenden Gesellschafter der abhängigen Gesellschaft an. Außenstehende der herrschenden Gesellschaft genießen den gleichen Schutz als wenn sie an einer autonomen Gesellschaft beteiligt sind.

(1) Verbot der Nachteilszufügung

Im Konzerngebilde ist zentrale Schutzvorschrift das sich aus dem Verbot der Einlagenrückgewähr (§ 52 öAktG) und dem Gleichbehandlungsgebot (§ 47a öAktG) hergeleitete Verbot der Nachteilszufügung.[936] Das Verbot der Nachteilszufügung hat gesetzlich noch keinen Einzug erhalten, wurde jedoch durch entsprechende Leitlinien hinreichend konkretisiert.[937] Dessen primärer Inhalt besteht darin, dass der Vorstand der abhängigen Gesellschaft solche Maßnahmen ablehnen muss, die gegen die gesetzgeberische Ordnung verstoßen.[938] Erhält der Vorstand eine Weisung, obliegt ihm die Überprüfung des Charakters der Maßnahme. Er hat zu entscheiden, ob die Maßnahme für die Gesellschaft von Vorteil, Nachteil oder neutral ist. Bei vorteilhaften und neutralen Maßnahmen liegt eine Durchführung in seinem unternehmerischen Ermessen.[939] Gelangt der Vorstand in Folge seiner Prüfungspflicht zu dem Ergebnis, dass ein Nachteil vorliegt, hat er diese Maßnahme grundsätzlich zu unterlassen. Ausnahmsweise kann der Vorstand auch nachteilige Maßnahmen ausführen, wenn sich das herrschende Unternehmen zum Nachteilsausgleich verpflichtet. Dafür erforderlich ist aber, dass die Nachteile vollständig und unverzüglich ausgeglichen werden.[940] Ein gestreckter Nachteilsausgleich ist

936 Sie gilt auch als „wichtigste Einzelvorschrift" des Konzernrechts, vgl.: *Doralt/Diregger*, in: Müko AktG, Österreichisches Konzernrecht Rn. 79; *Kalss/Nowotny/Schauer,* Rn. 3/1118; *Artmann/Rüffler,* Gesellschaftsrecht, Rn. 1233; *Kalss*, ZVglRWiss 113 (2014), 291 (299).

937 Weitestgehend entsprechen die Leitlinien dem, was deutschen Juristen aus dem Bereich des faktischen Konzerns bekannt ist, mit der Ausnahme der Publizität durch den im österreichischen Recht fehlenden Abhängigkeitsbericht, vgl.: *Doralt/Diregger*, in: Müko AktG, Österreichisches Konzernrecht Rn. 80.

938 Ihm steht bei diesen Maßnahmen kein Ermessen hinsichtlich deren Durchführung zu.

939 *Kalss*, ZVglRWiss 113 (2014), 291 (300).

940 *Kalss/Nowotny/Schauer,* Rn. 3/1118.

nicht möglich.[941] Für die Bestimmung des Nachteils ist ex-ante auf den Zeitpunkt der Vornahme abzustellen.[942]

(2) Sonstige Maßnahmen

Dem System des österreichischen Aktienrechts folgend können die Schutzsysteme der autonomen Gesellschaft auch auf das Konzernrecht übertragen werden. So findet auch das Verbot der Einlagenrückgewähr auf das Konzernrecht Anwendung und wird nicht, wie es das deutsche Aktienrecht vorsieht, überlagert. Gleiches gilt auch für die mitgliedschaftliche Treuepflicht.

Darüber hinaus werden außenstehende Aktionäre durch eine ganze Reihe von Ansprüchen geschützt. Maßnahmen, die eines Beschlusses der Hauptversammlung bedürfen, können seitens eines Aktionärs mit der Nichtigkeits- oder Anfechtungsklage (§§ 195 ff. öAktG) vernichtet werden.[943] Darüber hinaus können die Aktionäre den Nachteilsausgleich nach § 52 öAktG i.V.m. § 56 öAktG gerichtlich erzwingen. Notwendig dafür ist allerdings, dass die Aktionäre die Erhebung einer Klage in der Hauptversammlung ausdrücklich verlangt haben.[944] Eine Überprüfung von Maßnahmen kann über die Person des Sonderprüfers erreicht werden, § 130 öAktG. Der minderheitsschützende Charakter der Norm ergibt sich aus § 130 Abs. 3 öAktG, da Aktionäre, die zusammen 10 % vom Grundkapital halten, den Sonderprüfer einberufen können.[945] Publizitätspflichten im Konzern ergeben sich für das börsennotierte Unternehmen aus § 87 Abs. 4 BörseG, wobei zur Ermittlung auf IAS 24 zurückzugreifen ist. Jedes Konzernunternehmen hat einen Jahresabschluss zu erstellen, der die Publizitätspflicht des § 238 Abs. 1 Nr. 12 UGB wahren muss. Darüber hinaus ist nach §§ 265, 266 UGB ein Konzernabschluss zu erstellen, wobei sich aber aus § 266 Nr. 5 UGB ergibt, dass Geschäfte mit nahestehenden Personen, die bei der Konsolidierung weggelassen werden, bei Erstellung des Konzernabschlusses nicht berücksichtigt werden sollen.

---

941 *Kalss*, ZVglRWiss 113 (2014), 291 (300).

942 *Kalss/Nowotny/Schauer*, Rn. 3/1118.

943 *Doralt/Diregger*, in: Müko AktG, Österreichisches Konzernrecht Rn. 92; *Kalss*, ZVglRWiss 113 (2014), 291 (303).

944 *Doralt/Diregger*, in: Müko AktG, Österreichisches Konzernrecht Rn. 91; *Kalss*, ZVglRWiss 113 (2014), 291 (302 f.).

945 *Doralt/Diregger*, in: Müko AktG, Österreichisches Konzernrecht Rn. 93.

E) Gewonnene Erkenntnisse

Ob die Gesellschaft monistisch oder dualistisch organisiert ist, spielt für die Bewertung des Schutzsystems im Falle von Related Party Transactions wenn überhaupt nur eine untergeordnete Rolle. Verwunderlich ist das nicht, findet doch seit geraumer Zeit durch die Zweiteilung des *boards* eine Annäherung der Systeme statt.[946] Aufgrund dessen sieht jede Rechtsordnung zumindest einen gewissen Schutz gegen die potentielle Konfliktsituation vor, wobei auf eine ipso iure Nichtigkeit in allen untersuchten Jurisdiktionen größtenteils verzichtet wird. Deckungsgleich ist die rechtliche Behandlung im Falle eines *dealings at arm's length,* also dann, wenn die Transaktion einem Drittvergleich standhält. In diesem Fall geht jede untersuchte Rechtsordnung von einer nicht zu beanstandenden Transaktion aus. Zudem sieht jede untersuchte Rechtsordnung die Veröffentlichung der Transaktion vor, wobei Unterschiede gerade im Bereich des Zeitpunkts der Publikation auffallen. Davon abgesehen sollen die Anteilseigner Kenntnis von dem Geschäft erlangen.

Diese grundsätzlichen Gemeinsamkeiten dürfen über die konzeptionellen Unterschiede zwischen angelsächsischem und deutschsprachigem Rechtsraum nicht hinwegtäuschen. Während im deutschsprachigen Raum den Interessenkonflikten mit einer Reihe von Einzelnormen begegnet wird, die auch, aber nicht ausschließlich vor abträglichen Geschäften schützen sollen, werden Geschäfte mit nahestehenden Personen im angelsächsischen Raum als eigener Problemkreis aufgefasst. Für das anglo-amerikanische Recht ergibt sich das schon aus dem eigens für diesen Problemkreis entwickelte *Entire Fairness Standard.* Zudem wird dieses durch Fallrecht entwickelte Prinzip auf Ebene des Bundesrechts ergänzt. Das Vereinigte Königreich sieht den umfassendsten Schutz im Rahmen seiner *Listing Rules* vor. Vor diesem Hintergrund ist nicht weiter verwunderlich, dass die Weltbank das Gesellschaftsrecht des Vereinigten Königreichs als beinahe mustergültig ansieht. Gesehen werden muss aber auch, dass der Schutz nicht börsennotierter Gesellschaften im Vereinigten Königreich, gerade was Geschäfte mit den Aktionären anbelangt, durch das Nichteingreifen der *Listing Rules* als überaus unbefriedigend zu beurteilen ist. Bei Geschäften mit dem herrschenden Aktionär ist dann auf den Regelungsgehalt des *Companies Act* zurückzugreifen, der wiederum nur im seltenen Fall des *shadow-directors* eingreift.

Unterschiede konzeptioneller Art bestehen ferner in der Einbindung Dritter. Lediglich in Österreich wird das Vertretungsmonopol des Vorstands im Falle des ihn treffenden Interessenkonflikts durchbrochen. In den anderen

946 So auch: *Arnold,* Steuerung des Vorstandshandelns, S. 77.

Rechtsordnungen obliegt weiterhin dem Geschäftsleiter die Abwicklung der Transaktion, allerdings wird durch die Hintertür eine Genehmigung der unabhängigen Verwaltungsratsmitglieder (Schweiz, USA) oder die Genehmigung der Hauptversammlung (Schweiz, USA, Vereinigtes Königreich) benötigt.

Börsenrechtliche bzw. kapitalmarktrechtliche Regelungen arrondieren den Schutz, der vom jeweiligen Gesetzesrecht ausgeht. Während schweizerische und österreichische Börsenregelungen diesen Schutz im Rahmen der Related Party Transactions weitestgehend aufrechterhalten, sind die untersuchten Regelungen der *New York Stock Exchange* und der englischen *Listing Rules* deutlich strenger. Wenngleich es sich bei den Börsenregelungen nicht um zwingendes Recht handelt, besteht zumindest ein faktisches Rechtsverhältnis kraft dessen die Gesellschaften die Börsenzulassungsregeln wie Gesetzesrecht berücksichtigen müssen. Somit müssen die an der Börse gelisteten Korporationen in der Regel strengere Anforderungen erfüllen als kleine und mittlere Unternehmen.[947] Das ist für die in der Europäischen Union befindlichen Staaten durch entsprechende Gesetzgebungsakte (z.B. Umsetzung der IAS 24 Richtlinie) wenig verwunderlich. Ungeachtet dessen ist diese Verteilung auch gerechtfertigt, da diese Korporationen durch eine ganze Reihe von Parametern (Größe, Vermögen, Anzahl der Aktionäre, Marktzugehörigkeit) besonders anfällig für die hier untersuchten Geschäfte sind und damit eines besonderen Schutzes bedürfen. Dennoch darf nicht gänzlich übersehen werden, dass auch bei den nicht an der Börse gelisteten Unternehmen ein solcher Interessenkonflikt auftreten kann und damit auch bei diesen Unternehmen ausreichende Vorkehrungen zum Schutze der Minderheit existieren müssen. Das gilt vielleicht nicht bei der Kleinstgesellschaft, die nur wenige Aktionäre aufweist, aber doch schon bei finanzstarken mittelständigen Unternehmen, die bspw. zum Zwecke eines in Zukunft anstehenden Börsengangs, auf eine Platzierung am Markt verzichtet haben.

Überrascht hat, dass die Aktiengesellschaften im Wege der Eigenverpflichtung im Hinblick auf die Steigerung des Vertrauens der Anteilseigner nur wenig bis gar keinen Gebrauch gemacht haben. Im anglo-amerikanischen Rechtskreis, der doch noch ganz maßgeblich auf Fallrecht beruht, würde sich das aufgrund des häufig mangelnden Gesetzesrechts anbieten. Ähnliches gilt auch für die Aktiengesellschaften nach eidgenössischem Vorbild. Da das Obligationenrecht ein sehr nachgiebiges Schutzsystem für diese abträglichen Geschäfte vorsieht und darüber hinaus den Gesellschaften durch weitestgehend dispositive Regelungen einigen

---

947 Das gilt nicht nur für den Bereich der Related Party Transactions, sondern hat allgemeingültigen Charakter.

Gestaltungsspielraum überlassen wird, lag die Vermutung nahe, dass diese Korporationen im Wege der Eigenverpflichtung ein eigenes Schutzsystem entwickeln. Wie die stichprobenartige Überprüfung gezeigt hat, wurde diese These widerlegt. Gerade im Hinblick auf Geschäfte mit dem herrschenden Aktionär ist diese Zurückhaltung nicht ganz nachvollziehbar, könnten die Aktiengesellschaften das Vertrauen der Anleger durch ein ordentlich austariertes System steigern. Wenngleich derweil eine große Aktienrechtsrevision den Gesetzgebungsapparat in der Schweiz durchläuft, muss für den Moment konstatiert werden, dass die lex lata im Hinblick auf Geschäfte mit nahestehenden Personen in der Schweiz nur unzureichend ist.

Kapitel 5: Das Schutzsystem de lege ferenda – ein Umsetzungsentwurf

Die Richtlinie gewährt den nationalen Gesetzgebern durch zum überwiegenden Teil dispositive Regelungen eine beträchtliche Anzahl an denkbaren Umsetzungsvarianten. Konsequenz dessen ist, dass eine ganze Reihe von Umsetzungsmöglichkeiten in Betracht kommen, die, bevor der Gesetzgeber überhaupt tätig werden konnte, bereits von der Wissenschaft dargelegt und bewertet wurden.[948] Lediglich im Rahmen des Zustimmungsvorbehalts besteht zumindest ein weitgehender Konsens dergestalt, dass die Hauptversammlung nach den Grundsätzen der Organadäquanz nicht das sachgemäße Organ zur Gewährung der Zustimmung ist.[949] Über hinausgehende Umsetzungsmöglichkeiten besteht weitestgehend Uneinigkeit.[950]

Bevor in concreto auf die Umsetzung der Richtlinie einzugehen sein wird, soll abermals betont werden, dass das Ziel des Art. 9c der Aktionärsrechterichtlinie der Schutz der Minderheit vor *tunneling*-Geschäften ist. Eine solche Rezension gebietet sich vor dem Hintergrund, dass das deutsche Recht über ein ausreichendes Schutzniveau für den Minderheitsgesellschafter verfügt. Das gilt sicherlich für Geschäfte mit dem Vorstandsmitglied,[951] aber auch für Geschäfte im Vertragskonzern und faktischen Konzern. Der deutsche Gesetzgeber hat es geschafft, ein konsequentes, wirkungsvolles, aber zugegebenermaßen nicht ganz einheitliches System zum Schutze der Minderheit zu schaffen.[952] Allerdings, dieser Erkenntnis darf man

948 Vgl. dazu insbesondere die Aufsätze von: *Bungert/Wansleben*, DB 2017, 1190; *Spindler/Seidel*, AG 2017, 169; *Veil*, NZG 2017, 521; *J. Vetter*, ZHR 179 (2015), 273.

949 Vgl. dazu bereits oben, S. 124 ff.

950 Exemplarisch soll die *Fairness Opinion* betrachtet werden. So besteht im Schrifttum Uneinigkeit darüber, ob der nationale Gesetzgeber von der Möglichkeit der Erstellung der *Fairness Opinion* Gebrauch machen soll oder nicht. Für die Umsetzung: *Drygala*, AG 2013, 198 (208); *Jung*, WM 2014, 2351 (2353); *Wiersch*, NZG 2014, 1131 (1134); gegen die Umsetzung: *Bungert/de Raet*, Der Konzern 2015, 289 (295); *Bungert/Wansleben*, DB 2017, 1190 (1198); *Seibt*, DB 2014, 1910 (1915); *Tarde*, ZGR 2017, 360 (378); *J. Vetter*, ZHR 179 (2015), 273 (310 f.).

951 An dieser Stelle ist das deutsche Recht zumindest bei Verträgen mit den Vorstandsmitgliedern durch die zwingende Zuständigkeit des Aufsichtsrats (§ 112 AktG) deutlich strenger.

952 Kritisiert am System de lege lata wird vor allem die mangelnde Publizität des Abhängigkeitsberichts. Diese Kritik darf aber nicht darüber hinwegtäuschen, dass damit der

sich nicht in Gänze verschließen, kann ein Minderheitenschutz stets verbessert werden. Infolgedessen wird es Aufgabe des deutschen Gesetzgebers sein, durch bedachte Ausübung eingeräumter Ermessenspielräume ein noch stärkeres Schutzsystem zu etablieren, indem vorhandene minderheitsschützende Normen ergänzt werden.[953] Gleichzeitig hat er darauf zu achten, dass das in sich konsequente minderheitsschützende System nicht von systemfremden europäischen Einflüssen durchstoßen wird, die augenscheinlich auf Ideen beruhen, die mit dem deutschen nationalen Recht nicht in Einklang zu bringen sind. Diese Kritik soll aber nicht über die für den europäischen Gesetzgeber schwierige Aufgabe hinwegtäuschen, ein angemessenes und in großen Teilen einheitliches Schutzniveau für alle 28 (demnächst wohl 27) Mitglieder sicherzustellen. Wenn aber nationales Recht bereits angemessene Schutzmechanismen vorsieht und zusätzlich die europaweite Harmonisierungsidee durch Ermessensentscheidungen der Mitgliedsstaaten konterkariert wird, besteht auf den ersten Blick kein Grund für einen Mitgliedsstaat, von seinem bisherigen Schutzsystem in Gänze abzurücken.[954]

In diesem Kapitel soll eine ausführliche Umsetzungsmöglichkeit unter Berücksichtigung des gerade Gesagten und der bisher in der Literatur dargelegten Ansätze unterbreitet werden. Dazu wird zunächst dem wichtigen Aspekt nachgegangen, in welcher Art und Weise und an welcher Stelle die Umsetzung der Richtlinie im deutschen Aktiengesetz erfolgen soll. Sodann wird ein in sich geschlossenes Schutzkonzept entwickelt, bevor am Ende des Kapitels ein konkreter Vorschlag für eine gesetzliche Regelung unterbreitet wird.

A) Die Art und Weise der Umsetzung – Chance zur Etablierung eines einheitlichen Schutzsystems!

Kritisiert wurde deutsches Aktienrecht vor allem aufgrund eines mangelnden einheitlichen Schutzsystems. Es ist kein Grund ersichtlich, warum der deutsche Gesetzgeber diese Kritik nicht aufgreifen und zum Anlass nehmen sollte, die

---

Spagat zwischen den Interessen der Gesellschaft und den Interessen der Aktionäre gewährleistet wird, siehe dazu bereits oben, S. 95 ff.

953 Bspw. kann das Schutzniveau bei Geschäften mit den Aufsichtsratsmitgliedern dadurch erhöht werden, dass sämtliche Geschäfte zwischen der Korporation und dem Aufsichtsratsmitglied erfasst werden.

954 Sehr kritisch: *Amstutz,* Unternehmensgruppen, S. 119 mit Fn. 173; ähnlich: *Tröger,* Germany's Reluctance, S. 23 – „Hence, a „traditionalist"stance which opposes law reform for related party trasactions in Germany negatively affects capital market development, growth oppoertunities and ultimately social welfare".

gesamte Umsetzung en bloc im Aktiengesetz zu regeln, anstatt einzelne Aspekte wie einen „Flickenteppich“ an bereits etablierte Normen zu koppeln.[955] Darüber hinaus bietet sich eine isolierte Regelung deshalb an, weil der persönliche Anwendungsbereich durch den Verweis auf IAS 24 (*related party*) extensiv zu verstehen ist. Infolgedessen werden sämtliche Geschäfte mit Organmitgliedern, Aktionären und deren nahestehenden Personen erfasst. Die Geschäfte berühren daher Normen, die verstreut im gesamten Aktienrecht zu finden sind. Ein Anknüpfen an einzelne Normen ist damit wenig sinnvoll.

Daher wird empfohlen, Related Party Transactions als eigene Regelungsmaterie im ersten Buch des deutschen Aktiengesetzes aufzunehmen. Dafür spricht die Systematik. Erfasst werden von der Richtlinie lediglich Korporationen, die in der Rechtsform der Aktiengesellschaft organisiert sind. Entsprechend konsequent erscheint es, das neue Schutzsystem unter die Überschrift „Aktiengesellschaft“ zu fassen. In diesem Zusammenhang wird vorgeschlagen, einen neuen fünften Teil (§§ 149a ff. AktG) einzufügen, der mit der Überschrift „Geschäfte mit nahestehenden Unternehmen und Personen“ versehen wird.[956] Der anglistische Begriff sollte in der Gesetzesfassung unberücksichtigt bleiben. Durch den Verweis auf die deutsche Fassung des IAS 24 wird der Bezug zu den deutschsprachigen Termini hergestellt. Trotz nicht zu vernachlässigenden anglistischen Tendenzen (z.B. *Squeeze-out, Debt-Equity Swap*) ist es damit stringenter, den deutschen Begriff für die amtliche Überschrift zu wählen.

Ebenfalls denkbar wäre, die Geschäfte mit nahestehenden Unternehmen und Personen in ein neues fünftes Buch auszulagern. Dafür spricht ein eng am Wortlaut des Begriffs orientiertes Argument. Denn der Begriff erfasst Geschäfte mit Organmitgliedern genauso wie Geschäfte mit Unternehmen.

955 Anders wohl: *Veil*, NZG 2017, 521 (527), der im Rahmen des Aufsichtsratsvorbehalts für eine Umsetzung im Rahmen des § 111 Abs. 4 AktG plädiert; dem folgend: *Tarde*, Related Party Transactions, S. 217; *Klene*, Related Party Transactions, S. 224; *ders.*, GWR 2018, 210 (212); tendenziell wohl auch: *J. Vetter*, ZHR 179 (2015), 273 (308); vgl. darüber hinaus die Ausführungen bei *Klene*, Related Party Transactions, S. 189 ff., der zwei Möglichkeiten aufzählt, wie die de lege lata existenten Schutznormen auf nahestehende Personen erweitert werden können. Erstens die Einführung einer Legaldefinition für den Begriff der *related party*, um die Schutzvorschriften generell darauf zu erstrecken. Zweitens eine normspezifische Fixierung der *related party* nach dem Vorbild des § 89 Abs. 3, 4 AktG.

956 Denkbar wäre auch, dass anstelle des Begriffes „Geschäft“ der Begriff „Transaktion“ verwendet wird. Das würde dazu führen, dass das erste Buch von nun an aus neun Teilen bestehen würde. Die „Rechnungslegung und Gewinnverwendung“ wären der neue sechste Teil etc.

Während Geschäfte mit Organmitgliedern im ersten Buch behandelt werden, ist das Konzernrecht beinahe vollständig auf das dritte Buch des Aktiengesetzes ausgelagert. Vor diesem Hintergrund scheint es auch vertretbar, dem Related Party Transactions-Schutzsystem ein eigenes Buch zu widmen. Da mit der Etablierung neuer Bücher restriktiv verfahren werden sollte – das zeigt allein die Tatsache, dass das Aktiengesetz seit nunmehr 53 Jahren diese Einteilung in die vier Bücher kennt –, ist diese Überlegung nicht weiterzuverfolgen. Hinzu tritt, dass die Durchbrechung dieser Einteilung zum Vorteil eines Systems, dessen praktischer Anwendungsbereich mutmaßlich recht gering sein wird, nicht gerechtfertigt erscheint. Neuregelungen, die im Rahmen eines Umsetzungsgesetzes in deutsches Aktienrecht implementiert wurden, sind stets in vorhandene Bücher eingegliedert worden. Daran sollte der deutsche Gesetzgeber weiterhin festhalten.

B) Entwicklung eines konsistenten Schutzkonzepts

Bereits mehrfach angesprochen wurde, dass dem nationalen Gesetzgeber erheblicher Freiraum bei der Umsetzung der Richtlinie gewährt wird. Dadurch hat es der Gesetzgeber selbst in der Hand, den Einfluss der Richtlinie auf deutsches Recht zu bestimmen. Studiert man den am Ende dieses Kapitels[957] unterbreiteten Vorschlag für eine gesetzliche Kodifizierung, fällt ins Auge, dass durch die vorgesehene Bereichsausnahme des Konzernrechts[958] die praktische Reichweite recht gering sein wird. Intention dessen ist keineswegs, die Richtlinie von vorneherein zu vernachlässigen, sondern deutsches Konzernrecht unberührt von systemfremden Einflüssen zu lassen. Aus diesem Grund wird davon abgesehen, die frei wählbaren materiellen Schwellenwerte derart hoch anzusetzen, dass die Richtlinie bei Lichte betrachtet nicht zur Anwendung gelangen kann.[959] Das hier vorgeschlagene Schutzsystem ist folglich bei Geschäften mit Organmitgliedern und bei Geschäften mit (Mehrheits-)Aktionären, die kein Unternehmen im Sinne des Aktiengesetzes darstellen, anwendbar. Dadurch wird das Schutzniveau de lege lata durch ein in sich geschlossenes Related Party Regime erweitert.

---

957 Siehe dazu den Umsetzungsentwurf ab S. 346 ff.

958 Siehe dazu § 149e Abs. 1 AktG-E, S. 348.

959 Überlegungen in diese Richtung anstellend: *Jung*, WM 2014, 2351 (2351).

I. Etablierung einer ordnungsgemäßen Geschäftsorganisation

Das neue System, ganz gleich wie es in concreto ausgestaltet ist, wird aufgrund der vom europäischen Gesetzgeber intendierten und zwingend umzusetzenden Aggregationsregelung zu einem erhöhten administrativen Aufwand führen.[960] Aufgrund dessen wird vorgeschlagen, dass der Gesetzgeber gesetzlich vorsieht, dass die Gesellschaften zur Etablierung einer geeigneten Geschäftsorganisation verpflichtet sind.[961] Gemeint ist damit, dass die Korporation eine Stelle zu etablieren hat, sei es eine einzelne Person oder eine ganze Abteilung, die sich vollumfänglich mit der Ermittlung und Bewertung von Related Party Transactions beschäftigt. Gänzlich neu ist diese Forderung keineswegs. *Lutter* war es als erster, der aufgrund des weiten persönlichen Anwendungsbereichs durch den Verweis auf IAS 24 in einem Beitrag aus dem Jahre 2014 einen „Related Party Beauftragten" für alle größeren Geschäfte forderte.[962] Diese Ansicht greift im Ergebnis zu kurz! Da die Richtlinie zwingend fordert, dass Transaktionen zwischen denselben Parteien aggregiert werden, ist der Terminus des „größeren Geschäfts" irreführend. Damit die Transaktionen aggregiert werden können, muss doch für jede Transaktion überprüft werden, ob sie zwischen denselben Parteien und außerhalb des gewöhnlichen Geschäftsbetriebs bzw. zu marktunüblichen Bedingungen abgeschlossen wurde. Denn nur in diesem Fall ist der Anwendungsbereich des Schutzregimes eröffnet und eine Aggregation statthaft.[963] Folglich ist es nicht angezeigt, nur die größeren Geschäfte zu untersuchen, sondern es muss vielmehr jede getätigte Transaktion überprüft werden.[964] Anders als von *Lutter* gefordert, reicht es nicht aus, nur die größeren Geschäfte durch einen Related Party Beauftragten bewerten zu lassen.

Die der einzurichtenden Stelle obliegenden Pflichten sind unabhängig von der konkreten Gesellschaft. Wird in der Aktiengesellschaft eine Transaktion getätigt, ist auf erster Stufe zu prüfen, ob der persönliche und sachliche Anwendungsbereich des Related Party Regimes eröffnet ist. Es muss also untersucht werden, ob das in Rede stehende Geschäft zwischen nahestehenden Unternehmen und

960 Siehe ausführlich zur Aggregationsregelung, unten S. 324 ff.

961 Siehe dazu § 149a AktG-E, S. 346.

962 *Lutter*, EuZW 2014, 687 (688); dem zustimmend: *Tarde*, ZGR 2017, 360 (387).

963 Eingehend dazu, S. 324 ff.

964 Da Geschäfte im Konzern von dem Schutzsystem ausgeschlossen sind, wird sich der Arbeitsaufwand in Grenzen halten.

Personen abgeschlossen wurde.[965] Durch den extensiven Anwendungsbereich der Richtlinie wird in dieser Ermittlung eine der Hauptaufgaben liegen. Sachlich ist das Regime aber nur anwendbar, wenn es sich um eine Transaktion handelt, die nicht von einer Ausnahmevorschrift erfasst ist. Mit anderen Worten ist zu eruieren, ob die Transaktion im Rahmen eines Konzernrechtsverhältnisses getätigt wurde oder ob die Transaktion im gewöhnlichen Geschäftsbetrieb und zu marktüblichen Bedingungen zustande gekommen ist.[966] Nur wenn eine Ausnahmevorschrift nicht vorliegt, handelt es sich um eine Transaktion, auf die der hier unterbreitete Vorschlag Anwendung findet. Schon daraus wird ersichtlich, dass die Umsetzung des Related Party Regimes für die Korporation zu einem Mehr an Administrationsaufwand führen wird. Auf zweiter Stufe, vorausgesetzt, der sachliche und persönliche Anwendungsbereich ist eröffnet und eine Ausnahme liegt nicht vor, ist die Transaktion zu aggregieren. Wird die maßgebliche Werthürde für eine Publikation der Transaktion überschritten, hat die zuständige Stelle die Transaktion zu veröffentlichen und eine Bewertung zur Marktüblichkeit abzugeben.

Der Gesetzgeber sollte sich im Rahmen der Umsetzung bewusst für den Terminus „ordnungsgemäße Geschäftsorganisation" entscheiden. Hintergrund dessen ist, dass es den Gesellschaften selbst obliegen soll, eine geeignete Geschäftsorganisation angepasst an ihre Bedürfnisse zu etablieren. Der administrative Aufwand, den das Related Party Regime mit sich bringt, ist in besonderem Maße abhängig von der wirtschaftlichen Ausrichtung der jeweiligen Korporation. Denn große, international ausgerichtete Unternehmen werden deutlich häufiger Transaktionen durchführen als kleine, national orientierte Unternehmen. Ob es sich dabei tatsächlich um eine solche Transaktion handelt, die unter das Schutzregime fällt oder nicht, ist bestenfalls sekundär. Denn die Transaktion muss auf jeden Fall hinsichtlich des persönlichen und sachlichen Anwendungsbereichs überprüft werden. Somit verbietet sich ein Aufoktroyieren einer bestimmten Geschäftsorganisation durch den Gesetzgeber. Denkbar wäre deshalb auch, dass die Korporation nicht nur einen Related Party Beauftragten einstellt, sondern eine gesamte Related Party Abteilung implementiert. Diese Abteilung könnte neu gegründet oder in eine schon bestehende Abteilung integriert werden. Dafür würde sich freilich die Compliance-Abteilung[967] anbieten, sofern das Unternehmen eine solche vorsieht.

---

965 Der persönliche Anwendungsbereich, der in § 149d Abs. 1, 2 AktG-E kodifiziert werden soll, müsste eröffnet sein. Eingehend dazu unten, S. 304 ff.

966 Siehe ausführlich zu den Ausnahmevorschriften, S. 307 ff.

967 Ähnlich: *Jung*, WM 2014, 2351 (2356).

Somit liegt das „wie" der Einrichtung einer geeigneten Geschäftsorganisation in der Hand der Korporation. Dennoch sollten sich die Gesellschaften über die Vorteile einer Abteilung im Klaren sein. So fokussiert sich sämtliches *Know-how* hinsichtlich der Related Party Transactions auf mehrere Personen, wobei jede Person eine gewisse Expertise in einem Bereich abdecken kann. Zudem muss bedacht werden, dass eine Personenmehrheit deutlich korruptionsresistenter ist als eine individuelle Person. Ferner darf auch die Arbeitsbelastung nicht aus dem Blick genommen werden, die in einer Abteilung auf mehrere Schultern verlagert wird. Wenn die neu zu gründende Related Party Abteilung in eine schon bestehende Abteilung integriert wird, wird sich auch die wirtschaftliche Belastung der Gesellschaft in Grenzen halten. Im Hinblick auf praktische Erwägungen wäre es für die Gesellschaft freilich empfehlenswert, die Aufgaben zunächst einer Person zu übertragen und die praktische Umsetzung und die Arbeitsbelastung zu überprüfen. Sollte sich die Arbeitsbelastung als zu groß herausstellen, kann immer noch eine Related Party Abteilung eingerichtet werden. Sichere Prognosen lassen sich aber erst dann treffen, wenn sich die Praxis einige Zeit mit dem Related Party Schutzregime auseinandersetzen musste.

II. Umsetzung der Publikationsvorschrift

Die ad-hoc Publizität ist vom deutschen Gesetzgeber im Rahmen des Umsetzungsgesetzes zu berücksichtigen.[968] Sie ist zwingend umzusetzen, die Veröffentlichung ist bis zum Abschluss der Transaktion vorzunehmen. Überlegungen, über den Mindestharmonisierungsstandard hinauszugehen und den Veröffentlichungszeitpunkt vergleichbar dem anglo-amerikanischen Recht weiter nach vorne zu verlagern, sollten mit Blick auf das Geheimhaltungsinteresse und der Anwendung des Art. 17 Abs. 1 MAR nicht weiterverfolgt werden.[969] Bestehende ex-post Publikationsvorschriften (Jahresabschluss etc.) sollten von der neu einzuführenden Publikationsvorschrift nicht berührt werden.[970]

968 Es wird vorgeschlagen, die ad-hoc Publizität in einem aus drei Absätzen bestehenden und neu einzuführenden § 149b AktG zu regeln. Während § 149b Abs. 1 AktG-E die maßgeblichen Werthürden vorstellt und § 149b Abs. 2 AktG-E die zu publizierenden inhaltlichen Erfordernisse nennt, erläutert § 149b Abs. 3 AktG-E die Art und Weise der Publikation. Siehe zum Wortlaut des§ 149b AktG-E, unten S. 346.

969 So bereits: *Bungert/Wansleben*, DB 2017, 1190 (1198); *Veil*, NZG 2017, 521 (526); denen folgend: *Tarde*, Related Party Transactions, S. 214.

970 Siehe dazu § 149h AktG-E, S. 349.

1) *Maßgebliche Werthürden*

Die Implementierung materieller Schwellenwerte wird gänzlich dem nationalen Gesetzgeber überlassen. Der Gesetzgeber sollte zwei Schwellenwerte, eine Werthürde für die Publikation und eine Werthürde für die Zustimmungspflicht, vorsehen.[971] An dieser Stelle soll zunächst der Frage nachgegangen werden, wie hoch die eine Publikationspflicht rechtfertigende Werthürde sein soll. Dabei muss berücksichtigt werden, dass die Werthürde hoch genug angesetzt werden muss, damit Transaktionen, die eine Gefahr für das Vermögen der Korporation begründen, erfasst sind. Gleichwohl darf sie nicht zu niedrig angesetzt werden, damit durch eine hohe Anzahl an Meldungen nicht das Interesse der Marktteilnehmer und die Aussagekraft der Publikation schwindet.[972]

Orientiert man sich am Ausgangsvorschlag der Kommission kommt eine Publikationspflicht in Betracht, wenn die Transaktion mindestens 1 % bis maximal 5 % des Vermögens betrifft.[973] Ähnliche Schwellenwerte sehen auch die englischen *Listing Rules* vor (0,25 % und 5 %).[974] Im Gegensatz dazu bestimmen die Vereinigten Staaten einen absoluten Schwellenwert von 120 000 $.[975] Diese vorgeschlagenen oder international bestehenden Schwellenwerte werden durch Vorschläge aus der Literatur erweitert. *Veil* fordert, bezugnehmend auf die englischen *Listing Rules,* eine Werthürde von 0,25 % des Vermögens.[976] *Vetter* sieht, im Einklang mit dem Kommissionsvorschlag, die dort vorgeschlagenen Werthürden als „nicht unangemessen an."[977] Auch *Tarde* äußert sich zu den Werthürden, geht dabei aber anders als alle anderen davon aus, dass sowohl für die

---

971 So auch schon: *Lanfermann/Maul*, BB 2014, 1283 (1287); *Veil*, NZG 2017, 521 (525); *J. Vetter*, ZHR 179 (2015), 273 (319); anders: *Tarde*, ZGR 2017, 360 (375); offenlassend: *Bungert/Wansleben*, DB 2017, 1190 (1195); *Jung*, WM 2014, 2351 (2352).

972 *Bungert/Wansleben* sprechen insofern von einem „*information overload*", vgl.: *Bungert/Wansleben*, DB 2017, 1190 (1195); a.A.: *Klene,* Related Party Transactions, S. 208 ff.; *ders.,* GWR 2018, 210 (212), der eine Informationspflicht unabhängig von der wirtschaftlichen Bedeutung für erforderlich hält und nur zur Wahrung von Geheimhaltungsinteressen auf eine Offenlegungspflicht verzichtet.

973 Siehe dazu bereits oben, S. 113.

974 Siehe dazu bereits oben, S. 194 ff.

975 Siehe dazu bereits oben, S. 167.

976 *Veil*, NZG 2017, 521 (525), dabei gibt er aber zu bedenken, dass für eine sachgerechte Einordnung in die Praxis untersucht werden müsse, wie viele und in welcher Höhe Related Party Transactions abgeschlossen werden.

977 *J. Vetter*, ZHR 179 (2015), 273 (319); für die Angemessenheit der 1 % Werthürde wohl auch: *Lanfermann/Maul*, BB 2014, 1283 (1287), die die 5 % Werthürde als „weitaus zu niedrig ansehen." Dadurch, dass sie sich zur niedrigen Werthürde nicht

Veröffentlichung als auch für die Zustimmung des Geschäfts nur eine einzige Werthürde zu implementieren sei. Als maßgebliche Werthürde wird eine 5 % Schwelle für angemessen angesehen.[978]

Bei Festlegung materieller Schwellenwerte sind nicht die faktischen, sondern die potentiellen Auswirkungen der abträglichen Geschäfte auf den geschützten Personenkreis zu berücksichtigen. Ab welcher Größe eine solche potentielle Auswirkung vorliegt, ist äußert schwer vorherzusagen. Im Hinblick auf Rechtssicherheitserwägungen scheint es deshalb erforderlich, eine absolute Schwelle zu benennen, ab der jede Gesellschaft, losgelöst von deren wirtschaftlicher Bedeutung, zwingend publizieren muss. Es wird vorgeschlagen, bezugnehmend auf die Vorbildnorm des US-amerikanischen Rechts, die Schwelle bei 200.000 € anzusetzen. Diese Werthürde ist gerade für international agierende Unternehmen marginal. Unter Vorgriff auf die weiter unten zu besprechenden Ausnahmevorschriften[979] ist allerdings zu berücksichtigen, dass finanzielle Verschiebungen innerhalb eines Konzerngefüges von dem Regime ausgenommen sind.[980] Damit wird auf jeden Fall ein *information overloard* vermieden. Vor diesem Hintergrund scheint die absolute Werthürde von 200.000 € als sehr angemessen, da bei deren Überschreitung davon ausgegangen werden kann, dass eine potentielle Gefahr vorliegt.

Allerdings, und das muss in die Überlegung durchaus mit einbezogen werden, sollen nach hier vertretener vorzugswürdiger Auffassung auch geschlossene Gesellschaften vom Related Party Transactions Schutzregime erfasst werden.[981] Dadurch muss auch eine Kleinstaktiengesellschaft berücksichtigt werden. Zumindest wenn die Prämisse zugrunde gelegt wird, dass vermögensschwache Gesellschaften diese Werthürde nicht ohne Weiteres erreichen können.[982] Somit

---

äußern, liegt der Umkehrschluss nahe, dass die Publikation bei Überschreitung der 1 % Werthürde angemessen ist.

978 *Tarde*, ZGR 2017, 360 (375), diese für die Publikationspflicht recht hohe Hürde wird damit begründet, dass Hauptanwendungsfall der Leistungsaustausch im faktischen Konzern sei und dort die einzelne Transaktion bereits über den Abhängigkeitsbericht geprüft werde. Eine niedrigere Schwelle sei damit nicht angezeigt. Möchte der Gesetzgeber den Minderheitenschutz verstärken, biete sich eine Veröffentlichung des Abhängigkeitsberichts an.

979 Siehe dazu weiter unten, S. 313 ff.

980 Vgl. zudem § 149e Abs. 1 AktG-E, S. 348.

981 Allerdings soll ihnen die Möglichkeit eingeräumt werden, sich für eine Abwahl des Schutzsystems zu entscheiden. Vgl. dazu weiter unten, S. 323 f.

982 Geht man vom gesetzlich vorgesehenen Normalfall aus, dann kann eine Aktiengesellschaft mit einem Grundkapital von 50.000 € gegründet werden. Eine

scheint es gerechtfertigt, um den Anwendungsbereich auf geschlossene Gesellschaften gewährleisten zu können, eine relative Werthürde zu bestimmen. Vor diesem Hintergrund wird vorgeschlagen, dass Geschäfte die 0,5 % der Bilanzsumme überschreiten, ebenfalls einer Publikationspflicht unterliegen sollen. Das Zusammenspiel zwischen relativer und absoluter Werthürde ist dabei als Alternativitätsverhältnis auszugestalten. Ein Geschäft ist folglich dann zu veröffentlichen, wenn es entweder 0,5 % der Bilanzsumme überschreitet oder den absoluten Betrag von 200.000 € übersteigt. Daraus ergibt sich, dass bis zu einer Bilanzsumme von 40 Mio. € die relative Werthürde maßgeblich ist. Liegt die Bilanzsumme darüber, kommt es stets auf die absolute Werthürde von 200.000 € an.

Da die Festlegung des Bewertungsmaßstabs alleine dem nationalen Gesetzgeber obliegt, wird vorgeschlagen, die Bilanzsumme zur Bewertung der relativen Werthürde heranzuziehen. Ein Rückgriff auf den Richtlinienvorschlag der Kommission ist, genauso wie das zurate Ziehen der Richtlinie, wenig aussagekräftig. Quantitative Kennzahlen sollen lediglich mit Rücksicht auf den Einfluss des Geschäfts auf die finanzielle Lage, Einnahmen und das Vermögen implementiert werden. Da die Bilanzsumme schon heute als maßgebliches Bewertungskriterium zur Katalogisierung einer Kapitalgesellschaft und mittelbar für die ex-post Publikation herangezogen wird, bietet sich auch ein Abstellen im Rahmen der ad-hoc Publizität an.[983]

Manche fordern, in Anlehnung an britische und italienische Praxis, nicht nur das Abstellen auf eine, sondern gleich auf mehrere Bezugsgrößen.[984] Neben dem Abstellen auf die Bilanzposition solle zudem das Eigenkapital und der Gewinn als alternative Schwelle herangezogen werden.[985] Diese Ansicht ist (zunächst) abzulehnen. Der deutsche Gesetzgeber sollte nicht den Fehler begehen und das ohnehin systemfremde Gefüge weiter verkomplizieren. Ein englisches System wie in Annex 1 der *Listing Rules* sollte vermieden werden.[986] Zudem ist das Abstellen auf die Bilanzsumme absolut ausreichend, um den

Kleinstkapitalgesellschaft liegt nach den Anforderungen von § 267a HGB bei einer Bilanzsumme von 350.000 € vor. Würde für diese Gesellschaften eine Publikationspflicht erst ab einer Transaktion i.H.v. 200.000 € angenommen, würde man zumindest die Publikationsvorschrift ins Leere laufen lassen.

983 Siehe dazu bereits oben, S. 115.

984 *BDI*, Erforderliche Harmonisierung oder unnötiger Systembruch, S. 11; *Tarde*, Related Party Transactions, S. 213; *ders.*, ZGR 2017, 360 (375); *Veil*, NZG 2017, 521 (525); *J. Vetter*, ZHR 179 (2015), 273 (319).

985 *Tarde*, ZGR 2017, 360 (375).

986 Vgl. zu den verschiedenen *Class Tests* bereits oben, S. 194.

Schutz der Minderheit zu gewährleisten. Das gilt besonders dann, wenn neben relativen Hürden auch eine absolute Werthürde herangezogen wird. Sollte der Gesetzgeber nach ersten praktischen Erfahrung feststellen, dass das System zu grobmaschig ist, besteht immer noch die Möglichkeit der gesetzgeberischen Korrektur.

Problematisch erscheint die Werthürdenbestimmung bei Dauerschuldverhältnissen. Das Problem liegt auf der Hand. Während bei einmaligem Leistungsaustausch problemlos die Werthürde überprüft werden kann, ist das bei einem Dauerschuldverhältnis gerade nicht der Fall. Der BDI schlägt in seiner Stellungnahme eine Unterscheidung zwischen festen und offenen Laufzeiten vor.[987] Bei festen Vertragslaufzeiten sei der Gesamtwert zu bilden, bei offenen Laufzeiten soll von Vertragsbeginn bis zur ersten Kündigungsmöglichkeit der Gesamtwert gebildet werden, auf den abzustellen ist.[988] Dabei handelt es sich sicherlich um eine vertretbare Möglichkeit, Dauerschuldverhältnisse richtig einzuordnen. Eine andere Möglichkeit könnte darin bestehen, den Rechtsgedanken der Aggregationsklausel aufzugreifen. So könnte, unabhängig von fester oder offener Laufzeit, stets auf das Geschäftsjahr abgestellt und der Gesamtwert der Transaktionen für das Geschäftsjahr ermittelt werden. Das wäre im Hinblick auf die Aggregationsklausel die deutlich stringentere Möglichkeit.

2) Bewertungskriterien – Erstellen einer Fairness Opinion?

Neben der eigentlichen Transaktion hat die Gesellschaft weitere Informationen zu veröffentlichen, die eine Bewertung der Transaktion, also ob sie fair und vernünftig ist, zulassen. Die Bewertungskriterien werden in Art. 9c Abs. 2 S. 2 RL ausführlich dargestellt, sodass der deutsche Gesetzgeber den Wortlaut der Bestimmung in sein Umsetzungsgesetz übernehmen kann.[989] Allerdings darf diese Offenlegung relevanter Tatsachen nicht uneingeschränkt erfolgen. Related Party Transactions betreffen häufig Betriebsgeheimnisse.[990] Aufgrund dessen muss es

987 *BDI,* Erforderliche Harmonisierung oder unnötiger Systembruch, S. 11.

988 *BDI,* Erforderliche Harmonisierung oder unnötiger Systembruch, S. 11.

989 Siehe dazu § 149b Abs. 2 AktG-E, S. 346; einschränkend: *Tarde*, Related Party Transactions, S. 214 f., der eine Konkretisierung der „weiteren Informationen" in Art. 9c Abs. 2 RL nach dem Vobild englischer *Listing Rules* durch den deutschen Gesetzgeber anregt.

990 *BDI,* Erforderliche Harmonisierung oder unnötiger Systembruch, S. 24; gleichwohl muss konstatiert werden, dass durch den Ausschluss der Konzernsachverhalte die Berufung auf das Geheimhaltungsinteresse nur eine untergeordnete Rolle spielen wird.

der Gesellschaft unter Berufung auf ihr Geheimhaltungsinteresse möglich sein, einzelne Aspekte aus der Offenlegungspflicht herauszunehmen.[991] Das wäre im Hinblick auf den Abhängigkeitsbericht de lege lata konsequent. Da aber die Konzernsachverhalte aus dem Anwendungsbereich des Related Party Regimes ausgenommen werden sollen, wird diese Überlegung eine nur untergeordnete Rolle spielen.

Im Unterschied zur *Fairness Opinion*, von der der deutsche Gesetzgeber in der Tat keinen Gebrauch machen sollte, wird eine abschließende Bewertung der *Fairness* nicht vorgenommen. Dadurch wird die Frage virulent, warum der nationale Gesetzgeber von der Erstellung einer *Fairness Opinion* absehen sollte.[992] Während im Rahmen des Richtlinienvorschlags der Kommission die zwingende Erstellung der *Fairness Opinion* durch einen unabhängigen Dritten mit dem Argument der wirtschaftlichen Belastung und der Durchbrechung der Organisationsverfassung abgelehnt wurde,[993] greift diese Argumentation durch die Gewährung eines weiten gesetzgeberischen Ermessenspielraums nach Veröffentlichung der Richtlinie zumindest nicht mehr uneingeschränkt. Denn die Erstellung einer *Fairness Opinion* kann in die Hand des Verwaltungs- oder Aufsichtsorgans oder eines Ausschusses dieser gelegt werden. Geht man hypothetisch davon aus, dass der deutsche Gesetzgeber, was wohl im Falle einer

---

991 So auch: *Klene,* Related Party Transactions, S. 214 mit Fn. 1445; *ders.,* GWR 2018, 210 (212); ähnlich: *Tarde*, Related Party Transactions, S. 215, der ein Ausgleich zwischen dem Publizitätsinteresse der Aktionäre und dem Geheimhaltungsinteresse der Gesellschaft nach dem Vorbild des § 131 Abs. 3 Nr. 1 AktG anregt; *J. Vetter*, ZHR 179 (2015), 273 (315), der diese Überlegung im Rahmen der Erstellung der *Fairness Opinion* anstellt. Da aber im Rahmen der Veröffentlichung alle notwendigen Tatsachen vorliegen müssen, die eine Beurteilung der *Fairness* zulassen, ist es erforderlich, die Vertraulichkeitserwägungen schon dort zu berücksichtigen.

992 So auch: *BDI,* Erforderliche Harmonisierung oder unnötiger Systembruch, S. 17; *Klene,* Related Party Transactions, S. 210; *Tarde,* Related Party Transactions, S. 215 f.; *ders.*, ZGR 2017, 360 (387 f.); anders: *Drygala*, AG 2013, 198 (208); *Bungert/de Raet*, Der Konzern 2015, 289 (294 f.); *Bungert/Wansleben*, DB 2017, 1190 (1198); ohne jegliche Begründung: Stellungnahme DAI, S. 44; *Seibt*, DB 2014, 1910 (1915); *Hommelhoff*, KSzW 2014, 63 (66); *Jung*, WM 2014, 2351 (2353); *Veil*, NZG 2017, 521 (527 f.); *Wiersch*, NZG 2014, 1131 (1136); differenzierend: *Fleischer*, BB 2014, 2691 (2698); *J. Vetter*, ZHR 179 (2015), 273 (310 f., 314 f.); bei den verschiedenen Stimmen muss aber berücksichtigt werden, dass nur die Ansichten von *Bungert/Wansleben, Tarde* und *Veil* auf die umzusetzende Richtlinie Bezug nehmen. Die anderen Ansichten beziehen sich auf die Richtlinienvorschläge, die zum Teil die Erstellung der *Fairness Opinion* zwingend durch einen unabhängigen Dritten vorsahen.

993 Siehe dazu bereits oben, S. 121 f.

generellen Implementierung der *Fairness Opinion* nahe läge, die Aufgabe auf den Aufsichtsrat überträgt, läuft diese Argumentation ins Leere.

Dennoch sollte der Gesetzgeber auf eine Umsetzung der *Fairness Opinion* verzichten. Fällt, anders als hier angenommen, der faktische Konzern unter den Anwendungsbereich des Related Party Regimes, muss qua Gesetz ein Abhängigkeitsbericht erstellt werden. Tritt eine *Fairness Opinion* hinzu, wäre eine doppelte Prüfung der Transaktion im Rahmen der *Fairness Opinion* und im Rahmen des Abhängigkeitsberichts angezeigt.[994] Durch Einfügung einer *Fairness Opinion* würde der Gesetzgeber den Abhängigkeitsbericht konterkarieren. Geht man aber, wie hier angenommen, davon aus, dass Konzernrechtssachverhalte nicht unter das Related Party Regime fallen, müssen nur solche Transaktionen veröffentlicht werden, die nicht zu marktüblichen Bedingungen zustande gekommen sind oder nicht im gewöhnlichen Geschäftsbetrieb abgeschlossen wurden.[995] Wenn also Geschäfte veröffentlicht werden, liegt die Annahme einer *Unfairness* aufgrund mangelnder Marktüblichkeit nahe. In diesem Fall sollte aber ein Blick in die Publikation ausreichen, in der alle maßgeblichen Informationen aufgeführt werden, damit sich jeder Interessierte selbst ein Bild davon machen kann, ob eine *Unfairness* der Transaktion vorliegt.

Zudem muss konstatiert werden, dass das Berichtsformat dem deutschen Recht unbekannt ist.[996] Das alleine ist sicherlich kein geeignetes Kriterium, um die Erstellung einer *Fairness Opinion* abzulehnen.[997] Aber es muss zumindest berücksichtigt werden, dass die Adaption eines noch nicht bekannten Rechtsinstituts zu Verunsicherung führen wird. Diese Rechtsunsicherheit wird dadurch verstärkt, dass die Begriffe, anhand derer die *Fairness Opinion* erstellt werden soll, nur schwerlich eine inhaltliche Konkretisierung zulassen. Wenn die *Fairness* nicht von einer unabhängigen Stelle ermittelt wird, sondern von einem Aufsichtsorgan der Korporation, steht zu befürchten, dass die Begriffe nicht einheitlich, sondern gesellschaftsspezifisch definiert und angewendet werden. Das könnte freilich nur durch einen gesetzgeberischen Eingriff überwunden werden. Die Frage bleibt dann aber, ob das gewollt oder der Anfang gesetzgeberischer Überregulierung ist.

994 Ähnlich: *Tarde*, ZGR 2017, 360 (378).

995 Siehe dazu § 149e Abs. 2 AktG-E, S. 348.

996 Einschränkend dazu geben *Suchan/Gerdes* zu bedenken, dass ein vergleichbarer Bericht nur im Rahmen der Nachgründung gem. § 52 Abs. 3 AktG erforderlich ist, vgl.: *Suchan/Gerdes*, WPg 2017, 1034 (1040).

997 In diesem Punkt zustimmend mit: *Veil*, NZG 2017, 521 (527 f.).

Wenn die Erstellung einer *Fairness Opinion* in den Machtbereich des Aufsichtsrats oder eines Ausschusses desselben fallen würde, wäre zwar im Sinne der Organadäquanz das richtige Organ mit der Aufgabe betraut, allerdings ergäben sich Bedenken hinsichtlich des zusätzlichen Arbeitsaufwands für das Kontrollgremium.[998] Einschränkend ist zu berücksichtigen, dass der konkrete Arbeitsaufwand abhängig vom Umsetzungsgesetz ist. Allerdings verfügen Aufsichtsratsmitglieder nur über eine beschränkte Expertise, weshalb sie ggf. externe Dritte mit der Erstellung eines Berichts betrauen müssen.[999]

Letztlich kann auch der Sinn und Zweck der *Fairness Opinion* hinterfragt werden. Durch die Publikation und, zumindest im Falle größerer Geschäfte, durch das Zustimmungserfordernis sollen Korporation und Anteilseigner vor abträglichen Geschäften geschützt werden. Wenn im Rahmen der Offenlegungspflicht alle notwendigen Informationen dargelegt werden, besteht bereits die Möglichkeit, die Risiken und die Gefahren des Geschäfts in ausreichendem Maße richtig einschätzen zu können und gegebenenfalls den Rechtsweg zu ersuchen. Dazu ist die Erstellung einer *Fairness Opinion* gar nicht notwendig. Somit steht der „Kosten-Nutzen"-Faktor der Umsetzung einer *Fairness Opinion* entgegen.[1000]

3) Art der Veröffentlichung

Die Art und Weise der Veröffentlichung wird vollends in das Ermessen der Mitgliedsstaaten gestellt. Lediglich in Erwägungsgrund 44 wird als Beispiel für die Veröffentlichung die Internetseite der Gesellschaft angeführt. Ratio dessen ist, dass sich Aktionäre, Gläubiger, Arbeitnehmer und andere interessierte Parteien über potentielle Auswirkungen einer Transaktion informieren können. Der nationale Gesetzgeber hat bei der Umsetzung folglich zu berücksichtigen, dass die Art der Veröffentlichung einen recht weiten Personenkreis adressieren muss. Warum aber gerade ein Arbeitnehmer oder andere interessierte Parteien ein berechtigtes Interesse an der Veröffentlichung haben sollen, geht aus dem Erwägungsgrund

---

998 Darüber hinaus gibt *Jung* völlig zu Recht zu bedenken, dass die Erstellung durch den Aufsichtsrat nur insoweit Sinn ergibt, wie dessen unabhängige Erstellung sichergestellt ist, vgl.: *Jung*, WM 2014, 2351 (2353).

999 *J. Vetter*, ZHR 179 (2015), 273 (311).

1000 Ähnlich: *Tarde*, ZGR 2017, 360 (378 f.); gänzlich anders: *Veil*, NZG 2017, 521 (528), der eine *Fairness Opinion* durch einen unabhängigen Dritten als nicht unverhältnismäßig und die bloße Informationsweitergabe im Rahmen der Publikation als wenig aussagekräftig empfindet. Gegen die Übertragung auf einen unabhängigen Dritten spricht aber die zusätzliche wirtschaftliche Belastung, siehe dazu bereits oben, S. 122.

genauso wenig hervor wie eine Klarstellung, wer überhaupt als interessierte Partei angesehen wird.

Vor diesem Hintergrund fordert *Veil* eine kapitalmarktrechtliche Ausgestaltung, die durch die Deutsche Gesellschaft für Ad-hoc Publizität (DGAP) erfolgen und zugleich im Unternehmensregister eingetragen werden soll.[1001] Weitere Publikationsmöglichkeiten bestehen in einer Veröffentlichung in den Gesellschaftsblättern mit dem Bundesanzeiger als Pflichtmedium[1002] oder, wie bereits in Erwägungsgrund 44 angedeutet, eine Veröffentlichung auf der unternehmenseigenen Internetseite.[1003] Eine Veröffentlichung im Anhang des Jahresabschlusses[1004] oder als Teil der Einladung zur Hauptversammlung[1005] ist abzulehnen.

Die kapitalmarktrechtliche Veröffentlichung wird als Service der EQS Group AG durch die DGAP gewährleistet.[1006] Vorteil dessen ist sicherlich, dass eine zügige Informationsverbreitung und somit ein schneller Informationszugang sichergestellt ist.[1007] Zudem sei diese Publikationsart vorzugswürdig, da dadurch die „Disziplinierungskräfte des Kapitalmarkts“[1008] aktiviert werden und sie angelsächsischen Vorbildern entspreche.[1009] Vernachlässigt wird dadurch aber zweierlei. Zum einen ist eine kapitalmarktrechtliche Publikation nur dann sinnvoll, wenn es sich bei der Gesellschaft um eine börsennotierte Korporation handelt. Wenn, wie hier vorgeschlagen, der Gesetzgeber über den Mindestharmonisierungsstandard hinaus das Related Party Regime auch auf geschlossene Gesellschaften anwenden soll, ist eine rein kapitalmarktrechtliche Offenlegung

---

1001 *Veil*, NZG 2017, 521 (525 f.); dem folgend: *Tarde*, Related Party Transactions, S. 214; wohl auch: *BDI*, Erforderliche Harmonisierung oder unnötiger Systembruch, S. 11.

1002 *Wardenbach*, in: Henssler/Strohn, GesR, § 25 AktG Rn. 1.

1003 Offenlassend: *Bungert/Wansleben*, DB 2017, 1190 (1198); *Fleischer*, BB 2014, 2691 (2697); *Zetzsche*, NZG 2014, 1121 (1127).

1004 Diese Überlegungen anstellend, aber aufgrund der zeitlichen Verzögerung ablehnend: *BDI*, Erforderliche Harmonisierung oder unnötiger Systembruch, S. 11; *Fleischer*, BB 2014, 2691 (2697).

1005 Die Möglichkeit in Betracht ziehend: *BDI*, Erforderliche Harmonisierung oder unnötiger Systembruch, S. 11; *Zetzsche*, NZG 2014, 1121 (1127).

1006 Bei der EQS Group AG handelt es sich um einen internationalen Technologieanbieter für Digital Investor Relations, siehe dazu: http://www.dgap.de/dgap/DGAP/Overview/ [zuletzt geprüft: 15.07.2018].

1007 *Veil*, NZG 2017, 521 (526).

1008 *Veil*, NZG 2017, 521 (525).

1009 *Veil*, NZG 2017, 521 (526).

wenig sinnvoll.[1010] Zudem muss gesehen werden, dass es sich bei der EQS Group AG um einen Dienstleister handelt, der für seine Dienstleistung eine gewisse Vergütung, die nicht pauschal, sondern nutzungsabhängig erfolgt, in Rechnung stellt.[1011] Idealerweise sollte eine kostengünstigere, gleich effektive Veröffentlichungsvariante gewählt werden, die sowohl für geschlossene als auch börsennotierte Gesellschaften gilt.

In Betracht kommt damit eine Veröffentlichung in den Gesellschaftsblättern, sprich in dem Bundesanzeiger. *Veil* gibt aber zu bedenken, dass eine Veröffentlichung im Bundesanzeiger nur interessierte Parteien in Deutschland erreiche und eine Veröffentlichung aufgrund fehlender Echtzeitnachrichten (sog. *Realtime News*) nur verzögert wahrgenommen werde.[1012] In der Tat kann dem Bundesanzeiger eine im Vergleich zur Veröffentlichung über die DGAP weniger zügige Veröffentlichung vorgeworfen werden. Dennoch hat die Veröffentlichung unverzüglich zu erfolgen. Das geht aus der Monopolstellung und dem damit einhergehenden Kontrahierungszwang hervor.[1013] Vorausgesetzt, die veröffentlichungspflichtigen Dateien werden bis 14 Uhr eingereicht, findet eine Publikation am übernächsten Erscheinungstag statt.[1014] Personen, die ein Interesse an der Gesellschaft haben, kann es durchaus zugemutet werden, in regelmäßigem Abstand die Suchfunktion des Bundesanzeigers zu bedienen. Es muss aber auch hier berücksichtigt werden, dass die Bundesanzeiger Verlagsgesellschaft mbH als Dienstleister auftritt und damit für eine Veröffentlichung eine Vergütung anfällt.[1015]

Die denkbar einfachste Variante ist die Veröffentlichung auf der unternehmenseigenen Internetseite. Dass diese Art der Publikation dem deutschen Recht nicht systemfremd ist, folgt bereits aus § 161 Abs. 2 AktG. Die Vorteile liegen auf der Hand. Die Publikation ist wirtschaftlicher, da kostenneutral. Zudem wird der Sinn und Zweck der ad-hoc Publikation damit genauso erfüllt wie

1010 Ähnlich: *Bungert/Wansleben*, DB 2017, 1190 (1198), die damit argumentieren, dass es sich bei der Veröffentlichung um eine gesellschaftsrechtliche und nicht um eine kapitalmarktrechtliche Pflicht handelt.

1011 § 4 der AGB. Die AGB der EQS Group AG sind, abrufbar unter: https://germany.eqs.com/de/agb [zuletzt geprüft: 15.07.2018].

1012 *Veil*, NZG 2017, 521 (526).

1013 *Pentz*, in: Müko AktG, § 25 Rn. 7.

1014 *Limmer*, in: Spindler/Stilz, AktG, § 25 Rn. 3.

1015 Während die Veröffentlichung früher über die Anzahl der Zeichen berechnet wurde, wird heute immerhin einen Pauschalbetrag pro Veröffentlichung in Rechnung gestellt.

bei Veröffentlichung über einen Dienstleister. Denn bei Lichte betrachtet spielt es keine Rolle, ob die Internetseite des Dienstleisters oder aber die des Unternehmens aufgerufen wird.[1016] Als Nachteil kann das Argument ins Feld geführt werden, dass die Publikation nicht durch eine übergeordnete Stelle erfolgt. Dieses Argument weiß aber nicht vollends zu überzeugen. Der geschützte Personenkreis steht doch in unmittelbarem Zusammenhang mit der Korporation. Aufgrund dessen scheint es sogar von Vorteil, wenn wichtige Transaktionen die Korporation betreffend auf der unternehmenseigenen Internetseite veröffentlicht werden.[1017] Ein anderes Problem ergibt sich aus der mangelnden Verpflichtung zum Betreiben einer Internetseite. Gesetzt dem mittlerweile wohl unwahrscheinlichen Fall, dass eine Gesellschaft keinen Internetauftritt betreibt, würde eine solche gesetzliche Publikationsvorschrift bei diesen Gesellschaften ins Leere laufen.[1018] Obwohl es sich im Lichte fortschreitender Integration neuer Medien wohl nur um ein theoretisches Problem handeln dürfte, bleiben gewisse Restzweifel vorhanden. Aufgrund dessen sollte der Gesetzgeber keine zwingende Publikationsart vorsehen, sondern der Korporation ein Wahlrecht gewähren: entweder die Korporation veröffentlicht die Transaktion über den Bundesanzeiger oder über die unternehmenseigene Internetseite. Vermutlich wird sich in der Praxis die Veröffentlichung auf der Internetseite durchsetzen. Für solche Gesellschaften, die keinen Internetauftritt haben und ihn auch in Zukunft nicht etablieren möchten, bleibt dann subsidiär die Möglichkeit zur Veröffentlichung im Bundesanzeiger.[1019]

Um die Aktionäre im besonderen Maße auf die abträglichen Geschäfte aufmerksam zu machen, wird vorgeschlagen, dass die Offenlegung von einem

---

1016 Notwendig ist aber, dass der Informationszugang nicht kompliziert gestaltet wird. Es muss eine Plattform geschaffen werden, durch die die interessierten Parteien ohne große Probleme Kenntnis von der Publikation erhalten, vgl.: *Goette*, in: Müko AktG, § 161 Rn. 79; *Spindler*, in: Karsten Schmidt/Lutter, AktG, § 161 Rn. 58 jeweils m.w.N.

1017 *Goette* spricht insofern von einer „elektronischen Anschlagtafel", die von beiden Seiten ohne nennenswerten Mehraufwand genutzt werden kann, vgl.: *Goette*, in: Müko AktG, § 161 Rn. 79.

1018 Berücksichtigt werden muss dabei allerdings, dass das Fehlen eines aussagekräftigen Internetauftritts für die Korporation auch wirtschaftliche Nachteile gegenüber Konkurrenten mitbringen wird und allein aus diesem Grund nicht mehr auf eine Internetseite verzichtet werden kann. Dass der Gesetzgeber selbst davon ausgeht, dass mittlerweile jede Gesellschaft eine Internetseite betreibt, ergibt sich wiederum aus § 161 Abs. 2 AktG.

1019 Siehe dazu § 149b Abs. 3 AktG-E, S. 346.

anlegerschützenden Instrument arrondiert wird.[1020] So wäre ein *circular* nach englischem Vorbild denkbar. Die Einführung eines Rundschreibens soll allerdings den Gesellschaften selbst obliegen. Es handelt sich um eine „soll-Vorschrift", die keinen zwingenden Charakter aufweist und im weitesten Sinne einen Appell zur Eigenverpflichtung darstellt. Vorteil dessen ist, dass die Transaktion nicht nur auf der Internetseite veröffentlicht wird, sondern alle Aktionäre auf elektronischem Wege über den Abschluss der Transaktion informiert werden. Der vorherrschende Gedanke hinter einem solchen *circular* ist der Schutz der Anleger, da diese in besonderem Maße vor einem Vermögensabfluss innerhalb der Gesellschaft informiert werden. In der Praxis könnte ein *circular* so ausgestaltet sein, dass zeitgleich mit Veröffentlichung auf der Internetseite oder dem Bundesanzeiger die Aktionäre via E-Mail auf die Transaktion aufmerksam gemacht werden. Der Vorteil für die Gesellschaft ist darin zu sehen, dass sie sich durch einen besseren Anlegerschutz auszeichnet, weshalb sie gleichzeitig auch attraktiver für neue Anleger wird. Denn die Anleger selbst müssen nicht tätig werden, sondern erhalten alle maßgeblichen Informationen. Damit wäre jedenfalls gewährleistet, dass die Anleger keine offenlegungspflichtige Transaktion versäumen. Für die Gesellschaft ist das *circular* ohne nennenswerten Mehraufwand umsetzbar. So muss nur einmalig ein E-Mail Verteiler mit allen Aktionären eingerichtet werden. Stoßen neue Anteilseigner zur Korporation hinzu, werden diese in den Verteiler aufgenommen. Zusätzliche Kosten entstehen nicht, da nur auf elektronischem Wege informiert wird. Hinzu tritt, dass mit dem *circular* die Bedenken verzögerter Veröffentlichung im Falle einer Publikation in den Gesellschaftsblättern gemindert werden können. Aktionäre, die wider Erwarten keine E-Mail-Adresse besitzen oder aber keine zusätzlichen Informationen erhalten möchten, müssen auf das anlegerunterstützende Element verzichten.

III. Zuständigkeit zur Zustimmung der Transaktion

Wesentliche Geschäfte bedürfen nach der Intention des europäischen Gesetzgebers der Zustimmung. Hinsichtlich der Umsetzung des Zustimmungserfordernisses hat der deutsche Gesetzgeber einen weiten Ermessenspielraum. So hat er in seinem Umsetzungsgesetz zu regeln, ab welcher Werthürde die Transaktion unter dem Vorbehalt der Zustimmung steht[1021], wer für die Erteilung der

1020 Siehe dazu § 149b Abs. 3 S. 2 AktG-E, S. 346.
1021 Siehe dazu § 149c Abs. 1 AktG-E, S. 346.

Zustimmung zuständig ist[1022] und wann ausnahmsweise von der Zustimmung abgesehen werden kann.[1023]

1) Maßgebliche Werthürde

Als verbindlicher Schwellenwert wird vorgeschlagen, auf die relative Quote von 5 % der Bilanzsumme abzustellen. Für die Publikationspflicht und den Zustimmungsvorbehalt sind unterschiedliche Grenzwerte festzulegen.[1024] Großer Vorteil dessen ist, dass der Gesetzgeber ein Stufensystem angepasst an die Intensität und damit an die potentielle Gefahr einer Transaktion etabliert. Wird hingegen nur auf eine gemeinsame Werthürde für Publikation und Zustimmung abgestellt, führt das zu Problemen. Wird der Schwellenwert gering angesetzt, muss das zustimmungsgebende Organ häufig zu Sitzungen zusammentreten und über die Transaktion urteilen. Wird die Werthürde hoch angesetzt, dann spielt die Publikationspflicht nur eine untergeordnete Rolle. Aufgrund dessen ist der von *Tarde* geforderte Schwellenwert von 5 % für Publikation und Zustimmung abzulehnen.[1025] Ein stufenweise ausgestaltetes Schutzsystem ist deutlich besser zum Schutz der Minderheit geeignet, da das Schutzniveau gemessen an der jeweiligen Transaktionshöhe richtig nivelliert werden kann.[1026]

Abzustellen ist wie schon bei der relativen Werthürde im Rahmen der ad-hoc Publizität auf die Bilanzsumme. Damit ist ein einheitliches Regelungskonzept gewährleistet. Das Abstellen auf mehrere Bezugsgrößen nach englischem Vorbild ist auch hier abzulehnen,[1027] ein Abstellen auf eine absolute Werthürde nicht zielführend. Im Hinblick darauf, dass eine solche Regelung für deutsches Recht

---

1022 Siehe dazu § 149c Abs. 2, 3 AktG-E, S. 346.

1023 Siehe dazu § 149c Abs. 4 AktG-E, S. 347.

1024 Das ist keinesfalls zwingend. Anders als der Ausgangsvorschlag gewährt die Richtlinie dem nationalen Gesetzgeber einen deutlich größeren Ermessenspielraum. Theoretisch besteht die Möglichkeit, im Rahmen des Umsetzungsaktes exorbitant hohe Schwellenwerte vorzusehen oder die Werthürde von Publikation und Zustimmung auf eine Ebene zu setzen.

1025 *Tarde*, ZGR 2017, 360 (375); für den Fall, dass der deutsche Gesetzgeber eine Hauptversammlungskompetenz statuiert, gibt er zu bedenken, dass sich der Gesetzgeber am Nachgründungsrecht (§ 52 Abs. 1 S. 1 AktG) orientieren und einen Schwellenwert von 10 % vorsehen könnte, vgl. *Tarde*, Related Party Transactions, S. 213.

1026 Im Ergebnis zustimmend mit: *Veil*, NZG 2017, 521 (523); ähnlich: *Bungert/Wansleben*, DB 2017, 1190 (1195), nach denen es "nicht fernliegend, aber auch nicht zwingend erscheint", dass der Gesetzgeber einen geringeren Schwellenwert für die Publikationspflicht vorsieht.

1027 Siehe dazu bereits oben, S. 254.

noch nicht existiert, bietet sich als einziger Anhaltspunkt die Vorbildnormen anderer Rechtsordnungen an. Die Kommission sah in ihrem an die *Listing Rules*[1028] angelehnten Vorschlag eine 5 % Werthürde als angemessen an. Zudem liegt die Werthürde im italienischen Recht ebenfalls bei 5 %.[1029] Da diese Werthürde deutlich über der der Publikation liegt und die Erfahrungen aus England nicht negativ zu sein scheinen, sollte diese Werthürde adaptiert werden.[1030] Gleichwohl sei angemerkt, dass der Schwellenwert nach hier vorgeschlagenem Modell nur äußert selten überwunden wird. Insofern wird die von *Bungert/Wansleben* geforderte rechtstatsächliche Untersuchung obsolet.[1031]

2) Zuständiges Organ

Die Richtlinie gewährt dem nationalen Gesetzgeber hinsichtlich des Zustimmungsvorbehalts ein Wahlrecht zwischen Hauptversammlungs- und Aufsichtsratszuständigkeit. Jedenfalls soll ein Verfahren eingerichtet werden, das verhindert, dass die nahestehende Person seine (faktische) Machtposition ausnutzt (Art. 9c Abs. 4 UAbs. 1 RL). Zwingend wird ferner vorgeschrieben, dass ein Mitglied der Unternehmensleitung bzw. der Aktionär nicht an der Zustimmung teilnehmen darf, sofern es oder er an dem Geschäft als nahestehende Person beteiligt ist (Art. 9c Abs. 4 UAbs. 3 RL). Da die Hauptversammlung für das dualistische deutsche System wie an anderer Stelle gesehen nicht das effizienteste Organ ist,[1032] wird der deutsche Gesetzgeber im Umsetzungsgesetz die Aufgabe mit an Sicherheit grenzender Wahrscheinlichkeit dem Aufsichtsrat übertragen.[1033] Fraglich wird alleine sein, in welcher Art und Weise dem

---

1028 Siehe dazu bereits oben, S. 112 ff.

1029 Feststellend schon: *Tarde*, ZGR 2017, 360 (375).

1030 So ebenfalls: *Tarde*, ZGR 2017, 360 (375); *J. Vetter*, ZHR 179 (2015), 273 (319); wohl auch: *Drygala*, AG 2013, 198 (209); anders: *Lanfermann/Maul*, BB 2014, 1283 (1287), der eine 5 % Schwelle "als weitaus zu niedrig" ansieht. Freilich muss aber berücksichtigt werden, dass sich diese Einschätzung noch auf den Fall der Hauptversammlungszustimmung bezog; *Bungert/Wansleben*, DB 2017, 1190 (1195), die annehmen, dass es, bezugnehmend auf das deutsche Nachgründungsrecht (§ 52 AktG), systemimmanent sei, eine Werthürde bei 10 % des Grundkapitals vorzusehen. Allerdings sei auch ein geringerer Schwellenwert noch "praxisgerecht", wenn rechtstatsächliche Untersuchungen dies bestätigen würden; ebenfalls auf das Nachgründungsrecht rekurrierend: *Suchan/Gerdes*, WPg 2017, 1034 (1039).

1031 *Bungert/Wansleben*, DB 2017, 1190 (1195).

1032 Siehe zur Kritik an der Hauptversammlungszuständigkeit bereits oben, S. 124 ff.

1033 So auch die Einschätzung von: *Tarde*, Related Party Transactions, S. 217.

Aufsichtsrat der Zustimmungsvorbehalt obliegen soll, um bestmöglich den Anforderungen des Art. 9c Abs. 4 RL gerecht zu werden. Dazu kommen zwei Möglichkeiten in Betracht, die im Folgenden dargestellt und bewertet werden sollen: die Zustimmung durch den Aufsichtsrat als Gesamtorgan oder die Zustimmung durch einen Ausschuss des Aufsichtsrats.

a) Zustimmung durch den Aufsichtsrat als Gesamtorgan

aa) Problemaufriss – die Ausgangslage im deutschen Aufsichtsrat

Zunächst soll betrachtet werden, ob der Aufsichtsrat als Gesamtorgan für die Zustimmung des Geschäfts in Betracht kommt. Vor dem Hintergrund des als die „heilige Kuh deutschen Gesellschaftsrechts“[1034] angesehenen deutschen Mitbestimmungsrechts gebietet sich eine Unterscheidung zwischen einem mitbestimmungsfreien und einem mitbestimmten Aufsichtsrat.

Im Falle mangelnder Einschlägigkeit der Mitbestimmungsregeln setzt sich der Aufsichtsrat aus Vertretern der Aktionäre zusammen (§ 96 Abs. 1 a.E. AktG). Die Anteilseignervertreter werden von der Hauptversammlung in den Aufsichtsrat gewählt (§ 101 Abs. 1 AktG) oder in den Aufsichtsrat entsendet (§ 101 Abs. 2 AktG). Eine Entsendung wird als Sonderrecht im Sinne von § 35 BGB begriffen und kommt nur unter den zusätzlichen Voraussetzungen in Betracht, dass es sich bei der Person, die entsendet wird, um einen Anteilseigner handelt, die Satzung eine Entsendung vorsieht und die zahlenmäßige Begrenzung des § 101 Abs. 2 S. 4 AktG eingehalten wird.[1035] Da sie in praxi außerordentlich selten und wenn, dann überwiegend bei Unternehmen mit staatlicher Beteiligung in Betracht kommt, stellt die Einsetzung durch Wahl den Hauptanwendungsfall dar.[1036] Unter konsequenter Anwendung des Mehrheitsprinzips (§ 133 AktG) kann der herrschende Aktionär den Aufsichtsrat mit seinen Vertrauten besetzen.[1037] Dabei steht die Aufgabe, als Aufsichtsratsmitglied im Unternehmensinteresse zu agieren, im Spannungsverhältnis zur potentiellen Einwirkungsmöglichkeit des herrschenden Aktionärs. Obwohl das Aufsichtsratsmitglied weisungsungebunden

1034 *J. Vetter*, ZHR 179 (2015), 273 (309).

1035 *Habersack*, in: Müko AktG, § 101 Rn. 30; *Koch*, in: Hüffer/Koch, AktG, § 101 Rn. 10 f.; *Spindler*, in: Spindler/Stilz, AktG, § 101 Rn. 49; *Seeling/Zwickel*, BB 2008, 622 (624); freilich ist die Vereinbarkeit des § 101 Abs. 2 S. 4 AktG mit nationalen und europarechtlichen Vorschriften höchst umstritten, vgl. dazu nur: *Seeling/Zwickel*, BB 2008, 622 (622 ff.) m.w.N.

1036 *Lutter/Krieger/Verse,* Aufsichtsrat, Rn. 14.

1037 *Baums*, ZHR 180 (2016), 697 (697).

und im Unternehmensinteresse zu agieren hat,[1038] liegt die Möglichkeit nahe, dass es einem potentiellen Ersuchen des Mehrheitsgesellschafters nachgibt und in seinem Sinne entscheidet.[1039] Überschneidet sich die Erwartung des Großaktionärs mit dem Unternehmensinteresse, kann das Aufsichtsratsmitglied in diesem Sinne entscheiden. Deckt sich dessen Erwartung hingegen nicht mit dem Unternehmensinteresse, hat stets das Unternehmensinteresse Vorrang. Das Aufsichtsratsmitglied ist verpflichtet, den Wunsch des Großaktionärs abzulehnen. Missachtet oder untergräbt das Mitglied in diesem Falle das Unternehmensinteresse, haftet es, wobei eine Haftungserleichterung im Wege der *Business Judgement Rule* aufgrund des bestehenden Interessenkonfliktes ausscheidet.[1040] Zumindest in der Theorie ist dieser Schutz angemessen. Indes wird die Praxis, aufgrund eines recht geringeren Risikos für den herrschenden Aktionär und das Aufsichtsratsmitglied, anders aussehen. Das gilt in besonderem Maße dann, wenn das gewählte Aufsichtsratsmitglied selbst von dem Großaktionär durch wirtschaftliche Verflechtungen abhängig ist.[1041] Folgt es einer Weisung nicht, bestünde die Gefahr, dass seine Geschäftsbeziehungen Schaden nehmen. Hinzu tritt, dass eine Weisungserteilung durch den Großaktionär und eine damit korrespondierende Weisungsausführung im Falle eines Prozesses erst einmal bewiesen werden müsste. Verhält sich der Großaktionär und das Aufsichtsratsmitglied im Zuge der Weisungserteilung oder Weisungsausführung nicht fahrlässig, dürfte ein entsprechender Nachweis überaus schwerfallen. Diesen Beweisschwierigkeiten steht die Möglichkeit des Mehrheitsaktionärs gegenüber, das Aufsichtsratsmitglied, sofern es gewählt wurde, auf der jährlich stattfindenden Hauptversammlung abzuwählen (§ 103 Abs. 1 AktG). Zwar schreibt § 103 Abs. 1 S. 2 AktG eine ¾ Mehrheit der abgegebenen Stimmen vor. Allerdings sollte dieses Quorum für einen herrschenden Aktionär keine allzu große Hürde darstellen, wobei qua Satzung sogar die Möglichkeit vorgesehen werden kann,

---

1038 So die wohl herrschende aber nicht unumstrittene Ansicht: BGHZ 90, 381 (398); 169, 98 Rn. 18; *Habersack*, in: Müko AktG, Vorb. zum 2. Abschnitt Rn. 15; *Lutter/Krieger/Verse*, Aufsichtsrat, Rn. 822; *Veil*, NZG 2017, 521 (527); ausführlich zum Meinungsstreit: *Selter*, Beratung des Aufsichtsrats, Rn. 206 ff.

1039 *Klene*, Related Party Transactions, S. 225; *Lutter/Krieger/Verse*, Aufsichtsrat, Rn. 822; *Hommelhoff*, ZIP 2013, 1645 (1646).

1040 Festgestellt wurde die Unanwendbarkeit der *Business Judgement Rule* im Rahmen von Interessenkonflikten schon für das US-amerikanische Recht, vgl. bereits oben, S. 171. Für das deutsche Recht gilt das Allergleiche, vgl.: *Koch*, in: Hüffer/Koch, AktG, § 93 Rn. 25; *Spindler*, in: Müko AktG, § 93 Rn. 60.

1041 So schon: *Veil*, NZG 2017, 521 (527).

dieses Mehrheitserfordernis zu verändern, also auch herabzusetzen (§ 103 Abs. 1 S. 3 AktG).[1042] Für die Absetzung muss, im Unterschied zu § 103 Abs. 3 AktG, weder ein wichtiger und noch nicht einmal ein sachlicher Grund vorliegen.[1043] Damit schwebt, um das Bild des BGH zur Hinauskündigungsklausel aufzugreifen, über den Aufsichtsratsmitgliedern bei entsprechender Konstellation das „Damoklesschwert"[1044] der Abberufung. Für die Praxis bedeutet das jedenfalls, dass das Aufsichtsratsmitglied im Sinne des Aktionärs zu entscheiden hat oder es läuft Gefahr, bei der nächsten Hauptversammlung die längste Zeit Aufsichtsratsmitglied gewesen zu sein. Als Korrelat zu diesem „Rollenkonflikt"[1045] wurden unabhängige Aufsichtsratsmitglieder in die Diskussion einbezogen.[1046]

Etwas komplexer gestaltet sich die Zusammensetzung bei dem häufiger anzutreffenden Fall, dass die Korporation dem Mitbestimmungsrecht unterfällt. Die im konkreten Fall einschlägigen Mitbestimmungsregeln, und damit die Anzahl der Arbeitnehmervertreter im Aufsichtsrat, ergeben sich aus der Anzahl der Beschäftigten. Konsequenz dessen ist, dass der Aufsichtsrat nicht einseitig mit Mitgliedern der Anteilseignerbank, sondern zusätzlich mit Arbeitnehmervertretern besetzt wird. In diesem Fall werden die Anteilseignervertreter wie gerade beschrieben in den Aufsichtsrat gewählt oder entsendet. Die Arbeitnehmervertreter werden nach den einschlägigen Normen des jeweiligen Mitbestimmungsgesetzes in den Aufsichtsrat gewählt.[1047] In Betracht kommen das Mitbestimmungsgesetz 1976,[1048] das Drittelbeteiligungsgesetz,[1049] und das Montanmitbestimmungsgesetz.[1050] Dabei bietet das Montanmitbestimmungsgesetz den mit Abstand besten Schutz vor einer Einflussnahme seitens des Mehrheitsaktionärs durch eine echte-paritätische Mitbestimmung im Aufsichtsrat. Dadurch wird der Aufsichtsrat zu je 50 % mit Vertretern der Anteilseigner- und Arbeitnehmerseite besetzt. In einer Pattsituation soll ein neutraler

---

1042 *Habersack*, in: Müko AktG, § 103 Rn. 14; *Koch*, in: Hüffer/Koch, AktG, § 103 Rn. 4; *Spindler*, in: Spindler/Stilz, AktG, § 103 Rn, 11 ff.

1043 *Habersack*, in: Müko AktG, § 103 Rn. 12; *Koch*, in: Hüffer/Koch, AktG, § 103 Rn. 4; *Spindler*, in: Spindler/Stilz, AktG, § 103 Rn. 5.

1044 BGHZ 81, 263 (268); 105, 213 (217).

1045 *Hommelhoff*, ZIP 2013, 1645 (1646).

1046 Dazu sogleich unten, S. 271 ff.

1047 Da die Wahlmodalitäten und die genaue Zusammensetzung für die vorliegende Ausarbeitung keine Rolle spielt, wird von Ausführungen dazu abgesehen.

1048 Anwendbar bei mehr als 2000 Beschäftigten.

1049 Anwendbar zwischen 500 und 2000 Beschäftigten.

1050 Anwendbar bei mehr als 1000 Beschäftigten, vorausgesetzt die Korporation ist im Bereich der Montanindustrie tätig.

Dritter, auf den sich beide Seiten einigen müssen, eine Entscheidung treffen. Herabgesetzt ist das Schutzniveau bei dem Mitbestimmungsgesetz 1976. Auch hier wird der Aufsichtsrat zu je 50 % mit Vertretern der Anteilseignerseite und der Arbeitnehmervertreter besetzt. Im Falle einer Pattsituation kommt dem Aufsichtsratsvorsitzenden, der in der Regel Mitglied der Anteilseignerbank ist, ein doppeltes Stimmrecht zu (quasi-paritätische Mitbestimmung). Am schwächsten ist die Mitbestimmung bei Vorliegen des Drittelbeteiligungsgesetzes ausgestaltet. 1/3 der Aufsichtsratsmitglieder werden von Arbeitnehmerseite, 2/3 von Anteilseignerseite gestellt.

Empirische Untersuchungen zeigen aber, dass die Anzahl der Unternehmen, die der paritätischen Mitbestimmung unterliegen, seit dem Überseering-Judiz des EUGH aus dem Jahre 2002 stark zurückgegangen sind.[1051] Nach jüngsten Erhebungen unterliegen 241 Aktiengesellschaften dem paritätischen Mitbestimmungsrecht.[1052] Die Anzahl der Korporationen, die dem Drittelbeteiligungsgesetz unterliegen, ist mit 695 Aktiengesellschaften beinahe dreimal so hoch.[1053] Übergreifend besteht somit eine Mitbestimmungspflicht in 936 Aktiengesellschaften.[1054] Problematisch daran ist, dass diese Gesellschaften zwar qua Gesetz eine Mitbestimmungspflicht haben, dieser Pflicht aber in einigen Fällen nicht nachgekommen wird.[1055] An dieser Stelle ist der Gesetzgeber gefragt, das Mitbestimmungsrecht zu reformieren, zu modernisieren und in gleichem Atemzug härtere Sanktionen bei Verstoß gegen die Mitbestimmungsgesetze vorzusehen.[1056]

1051 *Hoffmann*, AG 2016, R 167 (R 167).

1052 *Hoffmann*, AG 2016, R 167 (R 167).

1053 Dabei muss aber beachtet werden, dass die empirischen Erhebungen zum Drittelbeteiligungsgesetz auf das Jahr 2010 zurückgehen und nicht davon auszugehen ist, dass diese Zahl konstant geblieben ist. Dennoch darf davon ausgegangen werden, dass sich die Anzahl der Unternehmen, die dem Drittelbeteiligungsgesetz unterliegen, im Dunstkreis von 2010 befindet. Siehe zur Erhebung von 2010: *Bayer/Hoffmann*, AG 2010, R 151 (R 153).

1054 Die Anzahl der Korporationen, die der echten paritätischen Mitbestimmung im Sinne des Montanmitbestimmungsgesetzes unterliegen, ist aufgrund der geringen Bedeutung der Montanindustrie vernachlässigbar.

1055 So bereits *Hoffmann*, AG 2016, R 167 (R 170), der auf die „Bringschuld der Geschäftsführung" und im Falle des Ausbleibens der Bringschuld auf eine Pflichtverletzung im Sinne von § 93 Abs. 2 AktG hinweist.

1056 *Bayer*, NJW 2016, 1930 (1931); in dem kürzlich geschlossenen Koalitionsvertrag zwischen SPD und CDU/CSU ist ein gesetzgeberisches Tätigwerden im Rahmen der Arbeitnehmermitbestimmung nicht angestrebt.

bb) Das Stimmverbot des Aufsichtsratsmitglieds

Ist ein Aufsichtsratsmitglied, ganz gleich ob auf Anteilseigner- oder Arbeitnehmerseite, Partei eines Geschäfts, sieht deutsches Recht de lege lata bereits ein Stimmverbot vor. Da aber weder das Aktien- noch die Mitbestimmungsgesetze ein gesetzliches Stimmverbot avisieren, ist dessen rechtliche Grundlage umstritten. In Betracht kommt entweder die analoge Anwendung des § 181 BGB[1057] oder des § 34 BGB.[1058] Übereinstimmend mit der herrschenden Meinung ist eine analoge Anwendung der allgemeinen verbandsrechtlichen Norm zu fordern. Die vergleichbare Interessenlage kann in diesem Fall deutlich einfacher begründet werden, da § 34 BGB die Situation eines unter einem Interessenkonflikt stehenden Vereinsmitglieds erfasst. Diese spezifische Organsituation wird durch § 181 BGB nicht hinreichend gewürdigt.[1059] In analoger Anwendung des § 34 BGB unterliegt das Aufsichtsratsmitglied dann einem Stimmverbot, wenn die Beschlussfassung die Vornahme eines Rechtsgeschäfts mit ihm oder die Einleitung oder Erledigung eines Rechtsstreits zwischen ihm und der Gesellschaft betrifft.[1060] Damit wird deutsches Recht dem Stimmrechtsausschluss, den die Richtlinie in Art. 9c Abs. 4 UAbs. 3 RL vorsieht, zumindest in dem Fall gerecht, in dem ein Geschäft mit dem Aufsichtsratsmitglied abgeschlossen wurde.[1061] Auf eine explizite Umsetzung durch den deutschen Gesetzgeber kann verzichtet werden.[1062] Ein darüber hinausgehendes Stimmverbot ist nach der lex lata nicht vorgesehen.

cc) Überlegungen de lege ferenda

Allein mit diesem über § 34 BGB analog konstruierten Stimmverbot wird deutsches Recht dem Art. 9c Abs. 4 RL nicht vollends gerecht. Um zu verhindern, dass ein nahestehendes Unternehmen oder eine nahestehende Person

1057 Zumindest für den Fall der Selbstwahl eines Aufsichtsratsmitglieds in den Vorstand annehmend: *Wilhelm*, NJW 1983, 912 (913).

1058 So die ganz h.M.: BGH AG 2007, 484 Rn. 13; BayObLG AG 2003, 427 (428); OLG Stuttgart AG 2007, 873 (876); *Habersack*, in: Müko AktG, § 108 Rn. 29; *Henssler*, in: Henssler/Strohn, GesR, § 108 Rn. 7; *Koch*, in: Hüffer/Koch, AktG, § 108 Rn. 9; *Spindler*, in: Spindler/Stilz, AktG, § 108 Rn. 27; *Bungert/de Raet*, Der Konzern 2015, 289 (296); *Spindler/Seidel*, AG 2017, 169 (172); *Veil*, NZG 2017, 521 (527) jeweils m.w.N.

1059 So schon: *Spindler*, in: Spindler/Stilz, AktG, § 108 Rn. 27.

1060 BayObLG AG 2003, 427 (428).

1061 So auch schon: *Bungert/Wansleben*, DB 2017, 1190 (1199).

1062 A.A.: *Mülbert*, ZHR 179 (2015), 645 (657), der sich offen gegenüber einer neuen Regelung zum Stimmrechtsausschluss auf Aufsichtsratsebene zeigt.

seine Position ausnutzt, hat der nationale Gesetzgeber zu diesem Zwecke ein Verfahren einzurichten. De lege ferenda muss also überlegt werden, wie deutsches Recht die potentielle Einflussnahme des herrschenden Aktionärs auf die Vertreter der Anteilseignerseite im Aufsichtsrat verhindern kann, damit dieser die Transaktion nicht im Alleingang zur Wirksamkeit gereichen lassen kann.

(1) Ausweitung des Stimmverbots

Eine Möglichkeit könnte darin bestehen, das Stimmverbot des § 34 BGB analog auf sämtliche Vertreter der Anteilseignerbank auszudehnen, zumindest dann, wenn sie in einer Nähebeziehung zum herrschenden Aktionär stehen.[1063] In mitbestimmten Gesellschaften hätte das zur Folge, dass Arbeitnehmervertreter, die in der Regel als unabhängig vom Großaktionär anzusehen sind,[1064] die Zustimmung erteilen. Arbeitnehmervertreter besitzen aber weder die notwendige Expertise noch die notwendige Weitsicht, um den Vorstand in Eigenregie zu überwachen.[1065] Eine Ausdehnung des Stimmverbots ist damit abzulehnen.

Gemäßigter sieht es indes *Veil*. Dieser erwägt lediglich eine Ausweitung des Stimmverbots auf nahe Familienangehörige der *related party*.[1066] Ein weitergehender Schutz sei darüber hinaus nicht erforderlich, deutsches Recht stehe in Einklang mit Art. 9c Abs. 4 UAbs. 1 RL. Vielmehr solle auf die Organisationsautonomie des Aufsichtsrats, sprich auf die Rechtsstellung des Aufsichtsratsmitglieds und die mangelnde Einschlägigkeit der *Business Judgement Rule* vertraut werden.[1067] Dabei bestätigt *Veil* sogar die eingangs dargestellten Bedenken, dass das Aufsichtsratsmitglied den Partikularinteressen des Mehrheitsaktionärs den Vorrang gewähren könnte. Aber auch das sei kein Grund, den Schutz der lex lata als zu gering anzusehen.[1068] Da dieses Interessengeflecht in der Praxis nur sehr schwer nachweisbar sein wird und darüber hinaus, die Worte *Vetters* aufgreifend,

1063 Ausdrücklich: *Tröger*, AG 2015, 53 (70); wohl auch: *Temming*, RdA 2015, 280 (284).

1064 Ob Arbeitnehmervertreter per definitionem als unabhängig anzusehen sind, ist in der Literatur umstritten. Siehe dazu nur: *Hommelhoff*, in: Deutsche Mitbestimmung unter europäischem Reformzwang, S. 17 (mit Fn. 65); *Staake*, NZG 2016, 853.

1065 *Tarde*, Related Party Transactions, S. 218 f.; *ders.*, ZGR 2017, 360 (380); *J. Vetter*, in: ZGR Sonderheft 19, S. 231 (269); *ders.* ZHR 179 (2015), 273 (308); *Spindler/Seidel*, AG 2017, 169 (172 f.); *Tröger*, AG 2015, 53 (70); *Veil*, NZG 2017, 521 (527).

1066 *Veil*, NZG 2017, 521 (527).

1067 *Veil*, NZG 2017, 521 (527); ähnlich die Argumentation bei: *Klene*, Related Party Transactions, S. 225 ff.

1068 *Veil*, NZG 2017, 521 (527).

„Anteilseignervertreter mit Rückgrat“[1069] häufig Mangelware sind, ist das Vertrauen auf die derzeitige gesetzliche Situation überaus optimistisch. Zudem äußert sich *Veil* teils widersprüchlich, indem er in diesem Punkt auf ausreichendes deutsches Recht verweist, aber die Richtlinie als Anlass nehmen möchte, „das deutsche Aktienrecht stärker an internationale Vorbilder anzupassen und Reputation zurückzugewinnen.“[1070]

(2) Gesetzliche Fixierung eines unabhängigen Aufsichtsratsmitglieds

(a) Das unabhängige Aufsichtsratsmitglied

Nachdem eine Ausweitung des Stimmverbots nicht in Betracht gezogen werden sollte und deutsches Recht de lege lata nach hier vertretener Auffassung nicht Art. 9c RL genügt, muss sich damit auseinandergesetzt werden, ob in Aufsichtsräten deutscher Gesellschaften das unabhängige Mitglied verpflichtend Einzug erhalten soll.[1071] Intention dessen ist es, eine Überwachung des Vorstandes durch unabhängige Personen, die frei von Interessenkonflikten sind, zu gewährleisten. Jedenfalls, das darf an dieser Stelle schon festgehalten werden, würde deutsches Aktienrecht damit einen großen Schritt in Richtung europäische Corporate Governance Ideologie machen und sich in die Fließrichtung einer ganzen Reihe ausländischer Rechtsordnungen einordnen.[1072] Historisch betrachtet war dem deutschen Gesetzgeber ein unabhängiges Aufsichtsratsmitglied lange Zeit fremd. Er hat zwar in seinem Entwurf zum Aktiengesetz 1965 eine Beteiligung von Minderheitsaktionären im Aufsichtsrat in Betracht gezogen,[1073] zu einer Einführung ist es aber noch nicht gekommen. Das OLG Hamm hat diese Frage in seinem berühmten Banning-Beschluss im Jahre 1987 erneut aufgegriffen.[1074]

1069 *J. Vetter*, ZHR 179 (2015), 273 (309).

1070 *Veil*, NZG 2017, 521 (524).

1071 Das „unabhängige“ Aufsichtsratsmitglied, das auf Grundlage von § 100 Abs. 5 AktG a.F. zwingend vorgeschrieben war, wurde im Rahmen des Abschlussprüfungsreformgesetzes im Jahre 2016 gestrichen. Hintergrund der Restriktion ist die Abschlussprüferrichtlinie, die nach ihrer Überarbeitung ein unabhängiges Mitglied nicht mehr zwingend vorgesehen hat, vgl.: *Staake*, NZG 2016, 853 (853); *Tarde* spricht in diesem Kontext von einer „Rolle rückwärts“, zu der der deutsche Gesetzgeber gezwungen wird, vgl.: *Tarde*, ZGR 2017, 360 (381).

1072 *Hommelhoff*, in: Deutsche Mitbestimmung unter europäischem Reformzwang, S. 6 (17); ferner: *Roth*, ZHR 175 (2011), 605 (609 ff.), mit einem rechtsvergleichenden Blick auf das US-amerikanische Gesellschaftsrecht.

1073 Kropff, Textausgabe 1965, S. 138.

1074 OLG Hamm NJW 1987, 1030 (1031).

Darin hat der Senat Folgendes festgehalten: „die Repräsentanten des herrschenden Unternehmens haben nach zumindest einem Aufsichtsratskandidaten Ausschau zu halten, der […] zugleich in so hohem Maße unabhängig ist, daß er bereit und in der Lage erscheint, die eigenständigen Tochterinteressen zu erkennen, zu würdigen und, falls erforderlich, zusammen mit dem (oder im Extremfall sogar gegen den) Tochtervorstand zu verteidigen."[1075] Der Beschluss führte indes nicht zu einem Umdenken beim Gesetzgeber. Erst mit Einführung des § 100 Abs. 5 AktG a.F. im Jahre 2009 im Zuge des Bilanzrechtmodernisierungsgesetzes[1076] wurde der Begriff der Unabhängigkeit gesetzlich aufgegriffen und ist, trotz seiner Streichung im Jahre 2016, weiterhin Gegenstand einer lebhaften Corporate Governance Debatte. Gerade durch Überarbeitung des Deutschen Corporate Governance Kodex im Jahre 2012 gewann die Diskussion zusätzlich an Fahrt.[1077]

Das soll aber nicht darüber hinwegtäuschen, dass der Begriff der Unabhängigkeit gesetzlich nie ausdrücklich definiert wurde.[1078] Historisch und grenzüberschreitend betrachtet ist Maßstab des Unabhängigkeitspostulats sicherlich ein völlig uninteressierter Kontrolleur.[1079] Dieser Maßstab wird in der Praxis nur selten erfüllbar sein und ist daher als realitätsfern zu bewerten. Erste zaghafte Bemühungen zur Klarstellung des Begriffes erfolgten durch die Kommission bereits im Jahre 2005. Nach deren Empfehlung, die am 15.02.2005 veröffentlicht wurde und die gem. Art. 288 Abs. 5 AEUV nicht bindend ist,[1080] liegt Unabhängigkeit bei der Abwesenheit „jeglicher signifikanter Interessenkonflikte vor",[1081] wobei eine genaue Definition in „erster Linie der Verwaltungs-/Aufsichtsrat

1075 OLG Hamm NJW 1987, 1030 (1031).

1076 Siehe dazu nur: *Habersack*, in: Müko AktG, § 100 Rn. 64.

1077 Seitdem sind etliche Zeitschriftenartikel und Stellungnahmen zum Thema erschienen, vgl. nur: *Baums*, ZHR 180 (2016), 697; *Hoffmann-Becking*, NZG 2014, 801; *Hommelhoff*, ZIP 2013, 1645; *Florstedt*, ZIP 2013, 337; *Roth*, WM 2012, 1985; *Scholderer*, NZG 2012, 168. Ganz überwiegend wurde die Reform des Deutschen Corporate Governance Kodex von weiten Teilen des Schrifttums und Verbänden abgelehnt und aufs Schärfste kritisiert, vgl.: *Hoffmann-Becking*, NZG 2014, 801 (805) m.v.w.N.

1078 Statt mit der „Unabhängigkeit" begegnet das Aktiengesetz dem Interessenkonflikt indes mit einer Reihe von Sonderfällen, vgl.: *Scholderer*, NZG 2012, 168 (168 f.).

1079 *Florstedt*, ZIP 2013, 337 (337); kritisch zum Maßstab der Unabhängigkeit: *Arnold*, Steuerung des Vorstandshandelns, S. 80 f., der Regelungen, die die Unabhängigkeit gewährleisten zwar für erforderlich hält, allerdings zu bedenken gibt, dass im Falle von überspannten Anforderungen ein Kompetenzverlust nicht zu vermeiden ist.

1080 Die Empfehlung ist abrufbar unter: http://eur-lex.europa.eu/legal-content/DE/TXT/PDF/?uri=CELEX:32005H0162&from=DE [zuletzt geprüft: 15.07.2018].

1081 Empfehlung der Kommission, Erwägungsgrund 7.

selbst festlegen“[1082] soll. Regelbeispiele im Anhang 2 sorgen zumindest für eine gewisse Konkretisierung des Begriffs.[1083]

Die Kommissionsempfehlung führte allerdings nicht dazu, die dem Begriff obliegenden Unklarheiten und -sicherheiten zu verringern oder gar zu beseitigen. Insbesondere die Frage, ob ein Vertreter der Anteilseignerbank vom herrschenden Aktionär unabhängig ist, wird vom deutschen Schrifttum unterschiedlich bewertet. Eine Ansicht verweist auf die Kontrollmacht des herrschenden Aktionärs, die nur durch seine Vertreter im Aufsichtsrat ausgeübt werden kann, verneint eine automatische Feststellung der Abhängigkeit und fordert darüber hinausgehende Anhaltspunkte für deren Vorliegen.[1084] Die wohl überwiegendere Ansicht geht mittlerweile davon aus, dass ein Vertreter des Mehrheitsgesellschafters nicht unabhängig ist.[1085] Folgt man dieser Ansicht, sind lediglich Minderheitsvertreter, Angestellte der Stimmrechtsberater, Politiker und Professoren unabhängig. Für letztgenannte Ansicht streitet zum einen ein rechtsvergleichender Aspekt, zum anderen aber auch der Sinn und Zweck des Aufsichtsrats. Zudem kann auch der Deutsche Corporate Governance Kodex als Argumentation herangezogen werden.[1086] Dieser definiert die Unabhängigkeit ausführlicher und unter Heranziehung eines anderen Blickwinkels.[1087] Ein Aufsichtsratsmitglied ist nach dessen Definition unter anderem abhängig, wenn es in einer persönlichen oder geschäftlichen Beziehung zu der Gesellschaft, deren Organen, einem kontrollierenden Aktionär oder einem mit diesem verbundenen Unternehmen steht, die einen wesentlichen und nicht nur vorübergehenden

1082 Empfehlung der Kommission, Erwägungsgrund 18.

1083 Empfehlung der Kommission, Anhang 2.

1084 *Drygala*, in: Karsten Schmidt/Lutter, AktG, § 100 Rn. 50; *Mertens/Cahn*, in: Köln Komm AktG, § 100 Rn. 68; *Koch*, in: Hüffer/Koch, AktG, § 100 Rn. 25; *Diekmann/Bidmon*, NZG 2009, 1087 (1090); *Wind/Klie*, NZG 2010, 1413 (1415).

1085 *Habersack*, Gutachten E zum 69. DJT, S. 74; *Riehl*, Related-Party Transactions, S. 196; *Bayer*, NZG 2013, 1 (11); *Roth*, ZHR 175 (2011), 605 (629); *ders.*, WM 2012, 1985 (1986 f.); *Scholderer*, NZG 2012, 168 (172); unentschlossen: *Breuer/Fraune*, in: Heidel, AktG, § 100 Rn. 19a; *Hüffer*, ZIP 2006, 637 (642), der diese Lösung aufgrund des Prinzips der Eigentümerkontrolle für falsch hält.

1086 Da der Kodex normenhierarchisch unter der gesetzlichen Kodifikation des Aktienrechts steht, kommt ihr keine direkte Bindungswirkung zu. Dennoch kann der Kodex aufgrund der vermittelnden *best practice* als Argumentationsgrundlage herangezogen werden. Vgl. zu alledem: *Koch*, in: Hüffer/Koch, AktG, § 100 Rn. 25; *Mertens/Cahn*, in: Köln Komm AktG, § 100 Rn. 59.

1087 Der DCGK definiert den Begriff der Unabhängigkeit negativ!

Interessenkonflikt begründen kann (Ziff. 5.4.2 DCGK).[1088] Die erst in der Fassung von 2012 eingeführte Definition ist gerade im Hinblick auf den kontrollierenden Aktionär auf größte Kritik in der Rechtswissenschaft gestoßen.[1089] Auf den ersten Blick auch zu Recht. Denn das faktische Konzernrecht – das herrschende Unternehmen übt die Leitungsmacht schließlich durch die starke Position der Anteilseignervertreter im Aufsichtsrat aus – wird im Kern ausgehöhlt.[1090] Darüber hinaus handele es sich bei dem Aufsichtsrat nach dem Willen des historischen Gesetzgebers um einen Aktionärsausschuss.[1091] Wie *Hoffmann-Becking* bereits herausstellte, ist es dann widersinnig, auf die Aktionärseigenschaft als „Indiz für die Untauglichkeit" abzustellen.[1092] Kommission und Kodex begehen hier auf den ersten Blick, wie schon im Rahmen des unter erheblicher Kritik stehenden Richtlinienvorschlags, den Fehler, und adaptieren angelsächsische Gedanken auf ein dualistisches System, was den Maßstab der Unabhängigkeit bewusst außen vor gelassen hat.

Rechtspolitisch ist die Empfehlung für deutsches Recht, aufgrund des Sonderstatus des Mehrheitsaktionärs wenig wünschenswert. Aber bei dieser Einschätzung darf und soll nicht stehen geblieben werden. Der Grund dafür wird auf den zweiten Blick ersichtlich. Nationales Aktienrecht, vor allem mit seinen Mitbestimmungsregeln auf der einen und das einem internationalen Trend entsprechende Unabhängigkeitspostulat auf der anderen Seite, stehen in kompletten Widerspruch zueinander.[1093] Rechtspolitisch steht man folglich vor dem großen Problem, Mitbestimmungsregeln, die nach verbreiteter Ansicht de lege ferenda

---

1088 Dabei wird durch die „insbesondere" Formulierung keine Definition im ursprünglichen Sinne geliefert, sondern es werden nur Voraussetzungen aufgezeigt, bei denen eine Unabhängigkeit des Aufsichtsratsmitglieds nicht nahe liegt, vgl.: *Kremer*, in: Kommentar DCGK, Rn. 1377.

1089 *Lutter/Krieger/Verse,* Aufsichtsrat, Rn. 26; *Mertens/Cahn*, in: Köln Komm AktG, § 100 Rn. 67; *Koch*, in: Hüffer/Koch, AktG, § 100 Rn. 4; *Hoffmann-Becking*, NZG 2014, 801 (806) – "bedauerliche Fehlentwicklung" jeweils m.w.N.

1090 *Habersack*, in: Müko AktG, § 100 Rn. 78; *Bayer*, NZG 2013, 1 (11); *Hoffmann-Becking*, NZG 2014, 801 (806).

1091 *Habersack*, in: Müko AktG, § 100 Rn. 78.

1092 *Hoffmann-Becking*, NZG 2014, 801 (806).

1093 *Hüffer*, ZIP 2006, 637 (644) – "Eigentümerkontrolle und Unabhängigkeit schließen sich aus"; *Koch*, ZGR 2014, 697 (727); insgesamt muss konstatiert werden, dass es durch den Eingriff des europäischen Gesetzgebers in die nationalen Rechtsordnungen vermehrt zu Konfliktsituationen kommen wird.

vom Gesetzgeber nicht aufgegeben werden,[1094] und die international vorgelebte Unabhängigkeit, die zu einer „Anspruchshaltung des Kapitalmarkts"[1095] geführt hat, in Einklang zu bringen. Diese Anspruchshaltung führt dazu, dass deutsche Unternehmen für die Investition gerade ausländischer Anleger unattraktiv werden. Richtet man erneut den Blick auf die aktuelle Fassung des Deutschen Corporate Governance Kodex, ist diese Überlegung umso bedeutender. Darin geht die Regierungskommission weder auf die Kritik ein, die seitens des Schrifttums ausgesprochen wurde, noch darauf, dass der Gesetzgeber die Voraussetzung der Unabhängigkeit in § 100 Abs. 5 AktG a.F. bereits wieder gestrichen hat. Vielmehr wurde das Unabhängigkeitspostulat sogar noch erweitert. Nach Ziff. 5.4.1 Abs. 4 S. 3 DCGK sollen die Anzahl der unabhängigen Mitglieder im Aufsichtsrat zusammen mit deren Namen im Corporate Governance Bericht veröffentlicht werden. Die Frage, die sich im Rahmen der Umsetzung stellt, ist damit, ob sich der deutsche Gesetzgeber, trotz all der berechtigten Kritik an dem Unabhängigkeitspostulat, ernstlich gegen eine mittlerweile wohl anzunehmende kapitalmarktrechtliche Selbstverständlichkeit verwehren kann und damit die Unabhängigkeit im deutschen Recht der durch den Corporate Governance Kodex intendierten *best practice* überlassen sollte.[1096] An dieser Stelle ist es verfehlt, bei einer Kritik an der Unabhängigkeit stehen zu bleiben und diese kategorisch abzulehnen. Vielmehr sollte sich der Gesetzgeber vor dem Hintergrund einer früher oder später mit Sicherheit zu erwartenden Vereinheitlichung durch den europäischen Gesetzgeber frühzeitig damit auseinandersetzen, wie das Unabhängigkeitspostulat mit deutschem Recht als Kompromiss zusammengeführt werden kann.[1097]

1094 So die Einschätzung bei: *Habersack,* Gutachten E zum 69. DJT, S. 77; *Koch*, ZGR 2014, 697 (727); erstaunlich ist diese Einschätzung vor dem Hintergrund, dass die Effektivität des Aufsichtsrats durch eine Fraktionsbildung und durch zu große Aufsichtsräte leidet, vgl.: *Mertens/Cahn*, in: Köln Komm AktG, Anh. § 117 A Rn. 2. Freilich soll diese Arbeit nicht dazu dienen, deutsche Mitbestimmungsregeln auf den Prüfstand zu stellen. Deshalb wird davon ausgegangen, dass der Gesetzgeber an der Arbeitnehmermitbestimmung festhält.

1095 *Koch*, ZGR 2014, 697 (727).

1096 *Hommelhoff* spricht im Falle einer Verweigerung des Unabhängigkeitspostulats sogar von einer Provinzialisierung des Kapitalmarkts, vgl.: *Hommelhoff*, ZIP 2013, 1645 (1649).

1097 Diese Weiterentwicklung ist auch unbedingt angezeigt. Denn auf einem international operierenden Kapitalmarkt kann sich ein Unternehmen ohne unabhängige Aufsichtsratsmitglieder auf Dauer nicht durchsetzen. Zumindest dann nicht, wenn unabhängige Mitglieder eine *best practice* vermitteln.

Dass das Unabhängigkeitspostulat in deutschen Gesellschaften nicht vollkommen unbekannt ist, zeigen empirische Untersuchungen. Studien gelangen zu dem Ergebnis, dass in mitbestimmten Gesellschaften die Anteilseignerseite nicht mehr ausschließlich aus zum herrschenden Aktionär abhängigen Mitgliedern besteht. Vor allem haben Banken und Versicherungen ihre Präsenz in den Aufsichtsräten unter internationalem Druck stark gedrosselt.[1098] Zudem zeigen die Studien, dass Aufsichtsratsmitglieder der DAX-30 Unternehmen in Deutschland zu 21 % als unabhängig einzustufen sind.[1099] Da seit 2012 der deutsche Kodex die „angemessene" Anzahl unabhängiger Mitglieder festschreibt, ist davon auszugehen, dass die Anzahl unabhängiger Anteilseignervertreter weiter zugenommen hat.[1100]

(b) Der Vorschlag *Spindler/Seidels*

Vor diesem Hintergrund stellen *Spindler/Seidel* die Überlegung an, dass der Gesetzgeber tätig werden und unabhängige Mitglieder auf Anteilseignerseite qua Gesetz vorschreiben könnte.[1101] Damit solle sichergestellt werden, dass der Mehrheitsaktionär keinen übermäßigen Einfluss auf die Abstimmung hat.[1102] Vorgeschlagen wird, das Unabhängigkeitspostulat systematisch an die §§ 311 ff. AktG anzuknüpfen, um damit die Relevanz für das faktische Konzernrecht herauszustellen.[1103] Die Norm solle derart flexibel sein, dass mindestens 50 % der Anteilseignervertreter unabhängig von der Konzernmutter sind.[1104] Bei dieser Art der Ausgestaltung handelt es sich sicherlich um ein probates Mittel, um die Unabhängigkeit des Aufsichtsrats zu gewährleisten. Doch reflektieren *Spindler/Seidel* selbst, dass dieser Vorschlag tief in die Privatautonomie der Gesellschaft eingreift und darüber hinaus zu einer Unsicherheit bei der Besetzung

---

1098 *Roth*, ZHR 175 (2011), 605 (606 f.).

1099 So die Erhebung bei *Heidrick & Struggles*, European Corporate Governance Report 2011, S. 42; dem zustimmend: *Roth*, ZHR 175 (2011), 605 (607, 622).

1100 Empirische Erhebungen zu dieser Vermutung fehlen bis jetzt. Zwar wurde von Heidrick & Struggles im Jahre 2014 ein weiterer European Corporate Governance Report veröffentlicht, allerdings ohne Berücksichtigung unabhängiger Aufsichtsratsmitglieder. Nicht abwegig ist indes auch die gegenteilige Vermutung, dass die Anzahl Unabhängiger seit 2012 wieder abgenommen hat. Argumentiert werden kann dann mit § 100 Abs. 5 AktG a.F., wonach ein Unabhängiger gerade nicht mehr verpflichtend im Aufsichtsrat sitzen muss.

1101 *Spindler/Seidel*, AG 2017, 169 (173).

1102 *Spindler/Seidel*, AG 2017, 169 (173).

1103 *Spindler/Seidel*, AG 2017, 169 (173).

1104 *Spindler/Seidel*, AG 2017, 169 (173).

des Aufsichtsrats führt. Aufgrund dessen verstehen sie diese Idee als Anregung, sehen aber in einer verpflichtenden Ausschussbildung ein milderes, gleich effektives Mittel.[1105]

(c) Obligatorische Minderheitsvertreter im Aufsichtsrat?

(aa) Meinungsstand

Daneben könnte die Lösung des Problems darin liegen, einen Minderheitsvertreter als obligatorisches Mitglied in den Aufsichtsrat zu berufen.[1106] Dafür soll zunächst der Frage nachgegangen werden, wie und ob sich der Minderheitsvertreter von einem unabhängigen Aufsichtsratsmitglied begrifflich unterscheidet. Geht man vom Maßstab des völlig uninteressierten Kontrolleurs aus, wäre ein Minderheitsvertreter, da er an der Gesellschaft selbst beteiligt ist, vermutlich nicht unabhängig.[1107] Da dieser Maßstab nicht erfüllt werden kann, kommen als unabhängige Personen Minderheitsvertreter, Angestellte der Stimmrechtsberater, Politiker oder Professoren in Betracht.[1108] Damit ist die Forderung nach einem Minderheitsvertreter im Aufsichtsrat strenger als die Forderung nach einem unabhängigen Mitglied. Umgekehrt folgt daraus, dass ein Minderheitsvertreter, mit den Ausnahmen, dass er geschäftliche Beziehung zum Mehrheitsaktionär unterhält oder ist mit diesem verwandt ist, stets auch unabhängig ist.

Freilich beträte man mit der Installation eines Minderheitsvertreters nationales Neuland, unbekannt ist die Forderung aber keineswegs. An dieser Stelle sei nicht nur an den Banning-Beschluss[1109], sondern auch und vor allem an ein Judiz des zuständigen zweiten Zivilsenats des BGH aus 1962 erinnert.[1110] Darin führt der Senat aus, dass „es allerdings üblich, sachgerecht und wünschenswert [ist], bei der Besetzung des Aufsichtsrats auf die Interessen der Minderheit Rücksicht zu nehmen und der Minderheit eine angemessene Vertretung im Aufsichtsrat zu überlassen."[1111] Auch in der Literatur wurde die Figur des Minderheitsvertreters

---

1105 *Spindler/Seidel*, AG 2017, 169 (174).

1106 Kritisch: *Tarde*, Related Party Transactions, S. 222, „Die Einführung eines Minderheitenvertreters [...] hat in Deutschland daher keine Aussicht auf politischen Erfolg."

1107 *Florstedt*, ZIP 2013, 337 (337).

1108 *Florstedt*, ZIP 2013, 337 (344), wobei mehr oder weniger große Bedenken gegen jede einzelne Gruppe vorgetragen werden können.

1109 Die Überlegung bereits darstellend: *Spindler/Seidel*, AG 2017, 169 (177 f.).

1110 BGH, Urteil vom 07.06.1962 – II ZR 131/61 = BeckRS 1962, 31182814.

1111 BGH, Urteil vom 07.06.1962 – II ZR 131/61 = BeckRS 1962, 31182814, Erwägungsgrund 1.

im Aufsichtsrat schon früh thematisiert und als Korrelat für den herrschenden Aktionär begriffen.[1112] So hat sich bereits vor über 100 Jahren der 31. Deutsche Juristentag im Jahre 1912 für einen Minderheitsvertreter in der Exekutive ausgesprochen. Obwohl der Gesetzgeber diese Forderung nie umsetzte, blieb sie lange Zeit am Leben. So forderte *Fischer* in einem Aufsatz aus dem Jahre 1958 nicht nur einen „Minderheiten-Vertreter im Aufsichtsrat", sondern schlug mehrere Umsetzungsalternativen de lege ferenda vor.[1113] Konstatiert werden muss aber freilich, dass die Stimmen im neueren Schrifttum, namentlich *Kremer* und *Habersack,* etwas restriktiver geworden sind, indem sie sich für einen „unabhängigen Vertreter der Aktionärsminderheit im Aufsichtsrat"[1114] im Rahmen einer Kodexempfehlung aussprechen.[1115] Berücksichtigt werden muss, dass eine Lösung mit obligatorischen Minderheitsvertretern de lege lata nicht vorgesehen ist.

Solange die Forderung nach einer obligatorischen Vertretung der Minderheit im Aufsichtsrat besteht, solange wird sie kritisiert. Der historische Gesetzgeber habe sich zu einer Zeit, in der die Mitbestimmung in den Kinderschuhen steckte, bewusst gegen eine obligatorische Minderheitsvertretung im Aufsichtsrat entschieden.[1116] Diese Ausgangslage habe sich gerade vor dem Hintergrund neuer Mitbestimmungsregeln, die essentieller Bestandteil der Aufsichtsratsbesetzung geworden sind, verschärft. Damit könne aufgrund eines erst-recht Schlusses gefolgert werden, dass der deutsche Gesetzgeber Stand heute, von seinem Standpunkt nicht abrücken würde.[1117] Gegen dieses Argument kann jedoch § 100 Abs. 5 AktG a.F. ins Feld geführt werden. Wenngleich diese Neuerung aufgrund europäischer Einflüsse erfolgte und ein unabhängiges Aufsichtsratsmitglied nicht mit

---

1112 Die Entwicklung der Forderung nach einem Vertreter der Minderheit im Aufsichtsrat wird ausführlich dargestellt bei: *Beyer,* Minderheitsvertreter im Aufsichtsrat, S. 41 ff.; *Wiethölter,* Interessen und Organisation, S. 310 ff. m.v.w.N.

1113 *Fischer*, NJW 1958, 1265 (1265 ff.).

1114 *Kremer*, in: Kommentar DCGK, Rn. 1390; ähnlich auch: *Habersack,* Gutachten E zum 69. DJT, S. 79.

1115 Ähnlich: *Bender*, DB 1994, 1965 (1965 ff.), der sich für eine Verbesserung der Funktionsweise der Organe einsetzt. Im Rahmen des Aufsichtsrats solle eine Verbesserung durch eine Begrenzung der Aufsichtsratsmandate, eine gerichtliche Abberufungsmöglichkeit des Aufsichtsratsmitglieds de lege ferenda und eine neue Berichtspflicht an den Aufsichtsrat seitens des Vorstands erreicht werden. Zudem sollen die Aufsichtsratsmitglieder qua Verhältniswahl von der Hauptversammlung bestimmt werden.

1116 *Hopt/Roth*, in: Großkomm AktG, § 101 Rn. 58; *Spindler/Seidel*, AG 2017, 169 (178); *Timm*, NJW 1987, 977 (986).

1117 *Timm*, NJW 1987, 977 (986).

einem Minderheitsvertreter im engeren Sinne gleichzusetzen ist, kann daraus zumindest abgeleitet werden, dass der Standpunkt des deutschen Gesetzgebers nicht unumstößlich und endgültig ist.

Die Argumentation gegen einen obligatorischen Minderheitsvertreter ist die Gleiche wie im Rahmen des unabhängigen Mitglieds: die Etablierung auch nur eines Minderheitsvertreters führe zur Verwässerung der Anteilseignerbank mit der Folge, dass der herrschende Aktionär seine Leitungsmacht nicht mehr durchsetzen könne und damit das faktische Konzernrecht, unter Verstoß gegen das Mehrheitsprinzip, aus den Angeln gehoben wäre.[1118] Diese Ausgangslage werde im paritätisch besetzten Aufsichtsrat dadurch verschärft, dass es zu einer Solidarisierung zwischen Arbeitnehmervertretern und Vertretern der Minderheit kommen könne, womit die Vertreter des herrschenden Aktionärs im Rahmen der Beschlussfeststellung in der Unterzahl wären.[1119] Es wird bezweifelt ob diese pessimistische Prognose angebracht ist. Seit rund 5 Jahren schlägt die Regierungskommission in Ziff. 5.4.2 DCGK als *best practice* zumindest unabhängige Mitglieder auf Aufsichtsratsebene vor. Wenngleich eine Pflicht zur Umsetzung daraus nicht resultiert,[1120] belegen empirische Untersuchungen, dass eine angemessene Anzahl unabhängiger Aufsichtsratsmitglieder in den Aufsichtsräten zu finden ist.[1121] Wenn man diesen empirischen Erhebungen Glauben schenken

---

1118 *Habersack*, in: Müko AktG, § 100 Rn. 78; *Hopt/Roth*, in: Großkomm AktG, § 101 Rn. 58; *Mertens/Cahn*, in: Köln Komm AktG, § 100 Rn. 67; *Lutter/Krieger/Verse*, Aufsichtsrat, Rn. 26; *Bayer*, NZG 2013, 1 (11); *Tarde*, ZGR 2017, 360 (379).

1119 *Kropff*, RegE. Begr., S. 138; allgemeiner: *Wiethölter*, Interessen und Organisation, S. 314 – "Die Vertretung von Minderheiten hätte bessere Erfolgsaussichten, gäbe es die Mitbestimmung nicht".

1120 Freilich könnte man zumindest über eine faktische Pflicht aufgrund der Entsprechenserklärung des § 161 AktG nachdenken.

1121 *Heidrick & Struggles*, European Corporate Governance Report 2011, S. 42; ferner: *von Werder/Turkali*, DB 2015, 1357 (1362), die sogar belegen, dass 99 % der befragten Gesellschaften über eine angemessene Anzahl unabhängiger Mitglieder verfügen. Allerdings muss diese Erhebung mit Vorsicht betrachtet werden. Denn es wurden 524 Unternehmen befragt, die eine Entsprechenserklärung i.S.v. § 161 AktG abgeben mussten. Allerdings betrug die Rücklaufquote nur 27 %. Nach Abzug der Unternehmen, die eine Mitwirkung an der Studie explizit ablehnten, beträgt die Teilnahmequote lediglich rund 22 % (115 Unternehmen). Beinahe nur jedes fünfte notierte Unternehmen hat an der Studie teilgenommen. Vor diesem Hintergrund darf die Aussagekraft der Studie bezweifelt werden. Denn es liegt nahe, dass nur solche Unternehmen an der Studie teilgenommen haben, die dem DCGK tatsächlich entsprochen haben.

darf, zumindest für eine der beiden Studien liegen keine dagegen sprechenden Anhaltspunkte vor, sind unabhängige Aufsichtsratsmitglieder seit geraumer Zeit fester Bestandteil von Aufsichtsräten. Zwar sind sie nicht zwangsläufig mit Vertretern der Minderheit gleichzusetzen, dennoch führt auch deren Beteiligung zu einer Verwässerung der Anteilseignerbank, sodass die Ausgangslage, wenn nicht identisch, dann doch stark angenähert ist. Der Protest des Mehrheitsaktionärs, der seine Leitungsmacht nicht durchsetzen konnte, blieb aus!

Bezugnehmend auf die räuberischen Aktionäre und daraus resultierende praktische Befürchtungen wird vorgetragen, dass durch Minderheitsvertreter im Aufsichtsrat eine neue Erpressungskultur in die Aktiengesellschaften Einzug erhalten oder sogar die Industriespionage durch Aufnahme eines zu einem Konkurrenten gehörenden Aufsichtsratsmitglieds begünstigt werden könnte.[1122] Diese Bedenken können zwar nicht vollkommen beseitigt, aber doch auf ein Minimum reduziert werden. *Beyer* kommt mithilfe einer rechtsvergleichenden Betrachtung mit dem US-amerikanischen Recht zu dem Ergebnis, dass dort die Einbeziehung von Minderheitsvertretern zu positiven Kontrolleffekten geführt hat, vorausgesetzt die Minderheitsvertreter waren entsprechend qualifiziert.[1123] Lediglich in Einzelfällen, in denen das Vertrauensverhältnis zwischen Mehrheit- und Minderheit nachhaltig gestört war, war eine Behinderung der Überwachung festzustellen.[1124] Ferner war die Besonderheit bei räuberischen Aktionären lange Zeit, dass diese mit Halten nur einer einzelnen Aktie Anfechtungsklage erheben konnten. Wenn die Minderheit einen Vertreter erst ab einem gewissen Quorum wählen darf, hat man die latente Gefahr einer neuerlichen Erpressungskultur auf ein Minimum reduziert. Zudem wird die Gefahr durch die Implementierung nur eines Minderheitsaktionärs von vorne herein gering gehalten. Im Plenum des Aufsichtsrats hat eine Stimme der Minderheit nicht das Potential, um eine ähnliche Erpressungskultur zu begründen. Das gilt schon bei der gesetzlichen Mindestanzahl von drei Aufsichtsratsmitgliedern und erst recht bei großen Aufsichtsräten börsennotierter Unternehmen.

1122 Allgemeiner: *Florstedt*, ZIP 2013, 337 (344) – "Ein Minderheitsvertreter zieht Streit ins Gremium"; diese Überlegung aufgreifend aber widerlegend: *Beyer,* Minderheitsvertreter im Aufsichtsrat, S. 46.

1123 *Beyer,* Minderheitsvertreter im Aufsichtsrat, S. 398.

1124 *Beyer,* Minderheitsvertreter im Aufsichtsrat, S. 398; diese Feststellung ist indes kein spezifisches Problem, das auf das Mehrheits- /Minderheitsverhältnis zurückzuführen ist. Mit anderen Worten kann das Vertrauensverhältnis auch zwischen einem anderen unabhängigen Mitglied und den anderen Mitgliedern gestört sein. Auch dann liegt eine Behinderung der Überwachungsaufgabe nahe.

Namentlich *Spindler/Seidel* sehen in einem obligatorischen Minderheitsvertreter für die vorliegende Related Party Problematik keinen Mehrwert im Verhältnis zum unabhängigen Aufsichtsratsmitglied. Eine Überprüfung des Vorstandhandelns könne von Unabhängigen in der gleichen Weise vorgenommen werden wie von einem Vertreter der Minderheit.[1125] Freilich mit dem Unterschied, dass ein Mehrheit-Minderheit Konflikt im Aufsichtsrat ausbliebe. Zuzugestehen ist der Kritik, dass eine neutrale Bewachung auch von einem unabhängigen Mitglied gewährleistet werden kann. Das wird auch nicht bezweifelt. Vertreten wird aber, dass die Implementierung eines Minderheitsvertreters ebenfalls für eine neutrale Bewachung und darüber hinaus für eine bessere Corporate Governance sorgt. Das folgt aus mehreren Überlegungen: Erstens sorgt ein obligatorischer Minderheitsvertreter für Rechtssicherheit. Eine gesetzliche Definition des Begriffs der Unabhängigkeit, die sich als überaus problematisch erwiesen hat, kann unterbleiben.[1126] Der Minderheitsaktionär als Unterfall eines unabhängigen Mitglieds ist, vom Sonderfall der 100 % Beteiligung einmal abgesehen, in jeder Aktiengesellschaft vorhanden. Selbst wenn man, wie *Spindler/Seidel* annehmen, die unabhängigen Mitglieder qua Gesetz vorschreiben könnte, würde die Umsetzung und die Subsumtion des Begriffs der Korporation bzw. dem Aufsichtsrat der Korporation obliegen. Zweitens führt die Etablierung eines Minderheitenvertreters zu einer enormen Steigerung des Minderheitenschutzes, den man beiläufig erhöhen könnte. Und letztlich wird man damit dem Aufsichtsrat in seiner ursprünglichen Konzeption, nämlich dass es sich um einen Aktionärsausschuss handelt, besser gerecht. Dass dadurch auf der anderen Seite ein streitbarer Aufsichtsrat entsteht, ist nicht partout als negativ zu bewerten. Zuzugeben ist folglich, dass die Einführung eines obligatorischen Minderheitsvertreters strenger ist als die Forderung nach einfacher Unabhängigkeit. Allerdings gebieten die Vorteile der Implementierung eine engere Sichtweise.

(bb) Verfassungsrechtliche Bedenken

Auch mit verfassungsrechtlichen Bedenken muss sich zumindest kurz auseinandergesetzt werden. Diese könnten sich aus der Eigentumsgarantie des Art. 14 GG ergeben. Das Anteilseigentum in der Hand der Anteilseigner, das sich auf eine

1125 *Spindler/Seidel*, AG 2017, 169 (178).

1126 Dieses Argument gewinnt vor dem Hintergrund an Bedeutung, dass der Gesetzgeber schon bei Einführung des § 100 Abs. 5 AktG vorsätzlich auf eine Definition des Begriffes verzichtet hat. Dann wäre bei neuerlicher Einführung des Maßstabs fraglich, ob der Gesetzgeber den Begriff wenigstens dann definiert oder ob Raum für Rechtsunsicherheit besteht.

Beteiligung am Grundkapital bezieht, wird vom Schutzbereich des Art. 14 GG umfasst.[1127] Es ist anerkannt, dass das gerade dargestellte Mehrheitsprinzip eine verfassungsrechtliche Schranke für die Minderheitsaktionäre darstellt. Denn einem Aktionär wird durch das Halten auch nur einer Aktie der Schutzbereich des Art. 14 GG eröffnet. Allerdings ist die Intensität seiner Bindung ganz maßgeblich von seinem gehaltenen Aktienwert im Verhältnis zum Grundkapital der Gesellschaft abhängig.[1128] Mit Eintritt in die Korporation schränkt der Aktionär seinen durch Art. 14 GG gewährten Schutz im Verhältnis zur Mehrheit ein.[1129] In diesem Kontext hatte sich das Bundesverfassungsgericht Ende der 1970er Jahre mit der Frage zu beschäftigen, ob das Mitbestimmungsgesetz 1976 verfassungsmäßig ist. Denn gerade vor dem Hintergrund des Mehrheitsprinzips wurden daran Zweifel laut. Jedenfalls kommt es in seiner Entscheidung zu dem Ergebnis, dass Art. 14 GG solange nicht verletzt ist, solange die Kapitalgeber ein Übergewicht im Aufsichtsrat haben und damit ein Aufsichtsratsbeschluss nicht alleine von der Arbeitnehmerseite abhängt.[1130]

(cc) Zwischenergebnis

Insgesamt überwiegen die Vorteile der Implementierung eines Minderheitsvertreters deren Nachteile. Das Mehrheitsprinzip ist im Rahmen der Aufsichtsratswahl ein „Alles-oder-Nichts-Prinzip". Selbst die Minderheit mit einer Beteiligungsquote von 49 % kann dadurch keinen „seiner" Vertreter in den Aufsichtsrat wählen. Allein dieses Ergebnis scheint schon ungerecht. Rechtsvergleichend werden Minderheitsvertreter als Selbstverständlichkeit in anderen Jurisdiktionen berücksichtigt, die Erfahrungen sind aber keinesfalls negativ.[1131] Zudem wird vom Schrifttum beinahe implizit davon ausgegangen, dass die Mehrheits- und Minderheitsinteressen immer konträr zueinander verlaufen.[1132] Unberücksichtigt bleibt aber häufig, dass, je näher die quotale Bindung der Mehrheit zur Minderheit ist, desto größer die Wahrscheinlichkeit

---

1127 BVerfG NJW 1979, 699 (703) = BVerfGE 50, 290 (341).

1128 *Hofmann*, in: FS Hopt, S. 833 (836 f.); *Stumpf*, NJW 2003, 9 (10 f.).

1129 *Hofmann*, in: FS Hopt, S. 833 (836 f.); *Stumpf*, NJW 2003, 9 (10 f.).

1130 BVerfG NJW 1979, 699 (703) = BVerfGE 50, 290 (341).

1131 Zu erwähnen sind in diesem Zusammenhang die Erfahrungen aus Österreich, Polen und der USA. Der Vergleich hinkt ein wenig, wenn mitbestimmungsrechtliche Regelungen eingreifen. Denn diese sind den gerade genannten Jurisdiktionen unbekannt.

1132 Vermutlich geht diese Ansicht auf die räuberischen Aktionäre zurück, die im deutschen Aktienrecht tiefe Wunden hinterlassen haben.

eines Interessengleichlaufs ist.[1133] Auch die Kritik an einem streitbaren Aufsichtsrat vermag nicht vollkommen zu überzeugen. Richtig ist sicherlich, dass eine Lagerbildung im Sinne einer blockierenden Wirkung verhindert werden muss, aber die Gewinnung eines streitbaren Aufsichtsrats ist nicht partout negativ. Durch einen Minderheitsvertreter im Aufsichtsrat werden gerade auch die Interessen der Minderheit bei der Überwachung berücksichtigt. Das Bedürfnis der Berücksichtigung von Minderheitsinteressen wird stärker, je höher die quotale Beteiligung der Minderheit an der Gesellschaft ist. Dadurch werden Argumente in eine Diskussion einbezogen, die ein neutraler Dritter in dieser Weise nicht hätte vorbringen können, vor allem, weil er nicht in gleicher Art und Weise in die Gesellschaft involviert ist. Zudem muss auch die Möglichkeit in Betracht gezogen werden, dass ein Minderheitsvertreter die anderen Anteilseignervertreter allein durch seine Mitgliedschaft und Anwesenheit zu einer nicht bloß „ratifizierenden Überwachung" stimuliert.[1134]

Anders als von *Vetter* statuiert, kann deutsches Mitbestimmungsrecht weitgehend unangetastet bleiben und zugleich Related Party Transactions in angemessener Weise berücksichtigt werden.[1135] Das kann durch einen obligatorischen Minderheitsvertreter im Aufsichtsrat auf Anteilseignerseite erreicht werden. Freilich würde sich damit das Problem vom Mitbestimmungsrecht weg auf die Leitungsmacht des herrschenden Aktionärs verlagern. Aber eine Einschränkung der Leitungsmacht scheint geboten, um die Kontrolle dieser Transaktionen in angemessener Weise sicherzustellen.

(d) Anzahl der Minderheitsvertreter

(aa) Meinungsstand

Geht man von dieser These aus, hat man sich mit der Frage auseinanderzusetzen, wie viele Vertreter der Minderheit Teil des Aufsichtsrats und auf welche Art und Weise sie Mitglied werden sollen. Von der Beantwortung dieser Frage hängt letztlich ab, wie sehr die Leitungsmacht des herrschenden Aktionärs eingeschränkt wird. Dabei darf nicht übersehen werden, dass bereits die Frage nach der Implementierung eines unabhängigen Mitglieds kontrovers diskutiert wird. Weder zur quantitativen Anzahl („angemessen") noch zur Art und Weise der Einsetzung äußern sich Kodex oder Kommissionsempfehlung. Aufgrund der Unbestimmtheit des Begriffs der Angemessenheit ist die Anzahl der

1133 *Beyer,* Minderheitsvertreter im Aufsichtsrat, S. 399.
1134 *Beyer,* Minderheitsvertreter im Aufsichtsrat, S. 399.
1135 *J. Vetter*, ZHR 179 (2015), 273 (309).

unabhängigen Mitglieder umstritten.[1136] Da der Kodex eine Art Einschätzungsprärogative des Aufsichtsrats vorsieht, wird über die Anzahl der Mitglieder in der Praxis wenig Streit auftreten. *Baums* möchte die Anzahl unabhängiger Aufsichtsratsmitglieder von der Struktur der Anteilseignerseite abhängig machen.[1137] Je größer die Beteiligung des Aktionärs ist, desto mehr Einfluss solle er im Aufsichtsrat ausüben können.[1138] Einfacher sieht es *Roth*, der sich am *UK Corporate Governance Code* orientiert und dem Grundsatz nach „zumindest zwei unabhängige Mitglieder"[1139] fordert. Telos ist, dass zumindest ein unabhängiger Ausschuss gebildet werden kann. Bei Dax-30 Unternehmen oder solchen, die im MDAX gelistet sind, wird die Forderung *Roths* auf ein Drittel der Aufsichtsratsmitglieder aufgestockt.[1140]

Bei Beantwortung der Frage muss stets berücksichtigt werden, dass, je höher der Anteil unabhängiger Vertreter im Aufsichtsrat ist, desto schwieriger wird es für den herrschenden Aktionär, seine Leitungsmacht auszuüben. Diese Konsequenz wiegt umso schwerer, wenn, anstatt eines unabhängigen Aufsichtsratsmitglieds, ein Minderheitsvertreter in den Aufsichtsrat gewählt wird. Vor diesem Hintergrund soll gesetzlich vorgeschrieben werden, dass grundsätzlich ein Minderheitsvertreter im Aufsichtsrat vertreten sein muss. Die Regelungen des Deutschen Corporate Governance Kodex bleiben davon unberührt, das heißt, der Minderheitsvertreter ist grds. als unabhängig im Sinne von Ziff. 5.4.2 DCGK anzusehen. Da eine größere Anzahl an Minderheitsvertretern das Risiko einer Blockadewirkung steigen lässt, soll unabhängig von der konkreten Ausgestaltung der Korporation nur ein Minderheitsvertreter Einzug erhalten. Dann ist das Blockaderisiko auf ein Minimum begrenzt und die Interessen Außenstehender sind in ausreichendem Maße berücksichtigt. Dass diese Konzeption nicht völlig fehlleitend ist, zeigt ein Blick in das Aktienrecht Österreichs. Gem. § 87 Abs. 4 öAktG ist bei mindestens drei Aufsichtsratsmitgliedern ein Mitglied durch die Minderheit zu benennen.[1141]

1136 Da der Minderheitsvertreter ein Unterfall des unabhängigen Mitglieds ist, kann sich im Rahmen der angemessenen Anzahl daran orientiert werden.

1137 *Baums*, ZHR 180 (2016), 697 (700).

1138 *Baums*, ZHR 180 (2016), 697 (700 f.).

1139 *Roth*, ZHR 175 (2011), 605 (636).

1140 *Roth*, ZHR 175 (2011), 605 (636).

1141 Zur Figur des Minderheitsvertreters im österreichischen Aktiengesetz: *Kalss*, in: Müko AktG, § 101 Rn. 104 ff.

(bb) Einschränkung

Gleichwohl sollte ermöglicht werden, dass die Benennung eines obligatorischen Minderheitsvertreters eingeschränkt wird. Eine solche Einschränkung ergibt sich aus der Überlegung, dass nur in einer Korporation, in der die Minderheit als Gesamtheit eine hinreichend große Beteiligungsquote hält, ihr die Möglichkeit gegeben werden sollte, durch einen Vertreter im Aufsichtsrat die eigenen Interessen repräsentieren zu lassen. Zurückgehend auf den amtlichen Entwurf des Aktiengesetzes aus dem Jahre 1931 wurde vorgeschlagen, einen Minderheitsvertreter wählen zu lassen, wenn die Minderheit zusammen 10 % der Anteile am Grundkapital hält.[1142] Allerdings scheint die Quote von 10 % hier recht hoch angesetzt. Mit Blick auf die lex lata bietet sich Folgendes an: Gemäß § 327a AktG kann der Hauptaktionär die Minderheitsaktionäre gegen eine angemessene Barabfindung aus der Gesellschaft ausschließen, wenn er mindestens 95 % des Grundkapitals hält (sog. *Squeeze-out*). Der Gesetzgeber geht also davon aus, dass eine Minderheit von unter 5 % derart unbedeutend ist, dass sie ohne ihr Zutun aus der Gesellschaft herausgedrängt werden kann. Dass diese Regelung mit Art. 14 GG vereinbar ist, hat das Bundesverfassungsgericht mittlerweile auch in mehreren Entscheidungen festgestellt.[1143] Daraus lässt sich der Umkehrschluss konstruieren, dass bei einer Quote von unter 5 % keine Interna, die dem Vertreter als Aufsichtsratsmitglied unweigerlich zustehen, herausgegeben werden sollen. Angemessen scheint es damit bei einer Quote von 5 % einen Minderheitsvertreter im Aufsichtsrat obligatorisch vorzusehen. Unterhalb dieser Quote ist das Risiko einer missbräuchlich intendierten Blockadewirkung als zu groß einzuschätzen. Dann soll an Stelle des Minderheitsvertreters ein anderes unabhängiges Mitglied zwingend Einzug in den Aufsichtsrat erhalten.

(cc) Einsetzung

Hinsichtlich der Einsetzung in den Aufsichtsrat gewährt deutsches Recht grundsätzlich zwei Möglichkeiten: eine Wahl oder eine Entsendung. Zunächst soll der Blick auf in Betracht kommende Wahlmöglichkeiten gelegt werden. Ausgangspunkt stellt § 133 Abs. 1 AktG dar, der den Grundsatz der einfachen Stimmenmehrheit statuiert. Grundsätzlich gilt dieses Mehrheitsprinzip bei

1142 Vgl. § 76 AktG Entwurf 1931, abgedruckt bei *Schubert/Hommelhoff*, Die Aktienrechtsreform am Ende der Weimarer Republik, S. 864 f.; vgl. ferner die Ausführungen ebendort auf S. 87.

1143 BVerfG, NJW 2000, 1999, 3769 (3770); NJW 2001, 279 (279 f.); NJW 2007, 3268 Rn. 19.

Wahlen, es sei denn die Satzung macht hiervon eine Ausnahme, § 133 Abs. 2 AktG. § 133 Abs. 2 AktG stellt somit ein Einfallstor für ein alternatives Wahlverfahren dar. Da Minderheitsvertreter in ausländischen Rechtsordnungen qua Wahlverfahren in das Aufsichtsorgan gewählt werden, gebietet sich ein Blick auf jene Jurisdiktionen. Ein Blick auf das anglo-amerikanische Rechtsystem zeigt, dass Minderheitsvertreter durch ein Verhältniswahlrecht (sog. *cumulative voting*) in das Überwachungsorgan gewählt werden. Dieses System hat den Vorteil, dass Minderheitsgesellschafter ihre Stimmen auf einen Kandidaten kumulieren können.[1144] Die Einführung in deutsches Recht ist, obgleich des Wortlauts des § 133 Abs. 2 AktG, in der Literatur höchst umstritten,[1145] da ein Verhältniswahlrecht zu einer Verwässerung der Mehrheitsanteile führt. Mit der im Schrifttum ganz überwiegend vertretenen Ansicht muss hier nur auf den klaren Wortlaut des § 133 Abs. 2 AktG rekurriert werden. Danach kann die Satzung einen anderen Wahlmodus als die in § 133 Abs. 1 AktG angesprochene Mehrheitswahl vorsehen.[1146] Eine andere Auslegung wäre vor diesem Hintergrund verfehlt. Zudem ist eine Verhältniswahl zur Ermittlung der Aktionärsvertreter im System der Aufsichtsratsbesetzung nur stringent, werden doch die nach dem Mitbestimmungsgesetz 1976 in den Aufsichtsrat zu wählenden Arbeitnehmervertreter im Wege der Verhältniswahl bestimmt.[1147] Zudem hat das OLG Stuttgart in einem Judiz aus dem Jahre 2000 das Verhältniswahlrecht im Rahmen eines Gesellschafterausschusses als nicht problematisch angesehen.[1148] Es sprechen also gute Gründe dafür, das *cumulative voting* als mit der lex lata vereinbar anzusehen.

Daneben kommen freilich noch zahlreiche andere Wahlsysteme in Betracht. Nach polnischem Vorbild könnte sich die Korporation für das Wahlsystem der

1144 *Habersack*, in: Müko AktG, § 101 Rn. 27; *Hopt/Roth*, in: Großkomm AktG, § 101 Rn. 62 ff.; *Merkt*, US-amerikanisches Gesellschaftsrecht, Rn. 621.

1145 Für eine Zulässigkeit der Verhältniswahl durch die Satzung: *Habersack*, in: Müko AktG, § 101 Rn. 27; *Hopt/Roth*, in: Großkomm AktG, § 101 Rn. 64; *Koch*, in: Hüffer/Koch, AktG, § 101 Rn. 4; *Spindler*, in: Spindler/Stilz, AktG, § 101 Rn. 34; gegen eine Zulässigkeit der Verhältniswahl durch die Satzung: *Mertens/Cahn*, in: Köln Komm AktG, § 101 Rn. 23.

1146 *Hopt/Roth*, in: Großkomm AktG, § 101 Rn. 65.

1147 *Habersack*, in: Müko AktG, § 101 Rn. 27.

1148 OLG Stuttgart NZG 2000, 159 (164 ff.) zur GmbH.

Gruppenwahl entscheiden,[1149] oder eine Proportionalwahl[1150], Blockwahl[1151] oder Progressionswahl[1152] vorsehen.[1153] De lege ferenda müsste der Gesetzgeber hier aber nicht tätig werden. Denn es kann der Korporation selbst überlassen werden, der neuen gesetzlichen Verpflichtung gerecht zu werden. Vor allem wird ihr durch § 133 Abs. 2 AktG ein hinreichend großer Ermessensspielraum überlassen. Allerdings verbliebe ein gewisses Maß an Rechtsunsicherheit, da die Korporation sich nicht vollends sicher sein kann, ob die gerade genannten Systeme von § 133 Abs. 2 AktG gedeckt sind.[1154]

Folglich soll sich mit der Frage auseinandergesetzt werden, ob das Ziel der Installation eines Minderheitsvertreters nicht wesentlich einfacher mit einem Entsendungsrecht erreicht werden kann. Damit macht man sich schließlich ein System zu eigen, dass dem deutschen Recht nicht völlig unbekannt ist. Denn

---

1149 Das System zeichnet sich dadurch aus, dass Wahlgruppen gebildet werden, die sich aus der Division der auf der Hauptversammlung vertretenen Aktien durch die Anzahl der zu besetzenden Aufsichtsratsposten ergibt. Eine Wahlgruppe kann aus einem oder mehreren Aktionären bestehen. Wichtig ist lediglich, dass die Mindestanzahl an Aktien, die zur Erstellung einer Wahlgruppe führt, überschritten ist. In jeder Wahlgruppe wird die Bestellung der Aufsichtsratsmitglieder durch Beschluss der absoluten Mehrheit festgestellt. Die Satzung kann vom Mehrheitserfordernis eine Ausnahme machen. Die Anzahl der zu wählenden Wahlgruppen hängt davon ab, wie viele Aktien in der Gruppe vertreten sind. Ausführlich dazu: *Fabisch/Oplustil*, RIW 2010, 823 (823 ff.).

1150 Darunter ist eine bestimmte Modalität der Verhältniswahl zu verstehen. Dabei werden die zu wählenden Aufsichtsratsmitglieder in Bezug zu den Aktien der Korporation gesetzt. Wenn 10 Mitglieder gewählt werden sollen und die Korporation besteht aus 1000 Aktien, dann wählen 100 Aktien ein Mitglied, 200 Aktien zwei Mitglieder, 300 Aktien drei Mitglieder usw. Zu diesem Beispiel siehe schon: *Wiethölter*, Interessen und Organisation, S. 312.

1151 Darunter ist zu verstehen, dass ab einer gewissen Minderheit (z.B. 10 % oder 15 %) ein Aufsichtsratsmitglied gewählt wird.

1152 Die von der Minderheit zu wählenden Aufsichtsratsmitglieder ergeben sich aus der Gesamtanzahl des Aufsichtsrats. Bei einem Aufsichtsrat bestehend aus 6 Mitgliedern wählt die Minderheit ein Mitglied, bei einem Aufsichtsrat aus 12 Mitgliedern zwei Mitglieder. Besteht der Aufsichtsrat aus mehr als 12 Mitgliedern werden je 3 weitere Mitglieder und ein weiterer Repräsentant durch die Minderheit gewählt. Vgl.: *Wiethölter*, Interessen und Organisation, S. 312.

1153 *Tarde* gibt ferner zu Bedenken, dass das britische Wahlverfahren für die Wahl von unabhängigen Direktoren adaptiert werden könnte, vgl.: *Tarde*, Related Party Transactions, S. 222 f.

1154 Das zeigt allein schon das Bestehen der Diskussion im Rahmen von § 133 Abs. 2 AktG, ob die Verhältniswahl mit deutschem Recht vereinbar ist.

der entscheidende Nachteil der dargestellten Wahlmöglichkeiten ist, dass sie sich zunächst in der Praxis bewähren müssten. Ein gesetzliches Entsendungsrecht ist de lege lata nicht vorgesehen und kann lediglich qua Satzung erteilt werden. Ein Entsendungsrecht de lege ferenda würde mit dem Wortlaut des § 101 Abs. 2 AktG („nur") kollidieren. Davon abgesehen ist aber anerkannt, dass ein Entsendungsrecht auch einer Gruppe von Aktionären zugesprochen werden kann.[1155] Sinn und Zweck eines Entsendungsrechts ist es, bestimmten Aktionären das Recht zuzugestehen, eine Person ihres Vertrauens in den Aufsichtsrat zu entsenden.[1156] Grundsätzlich besteht also die Möglichkeit, den Minderheitsaktionären als eine klar definierte Gruppe ein Entsendungsrecht zuzugestehen. Wird dem Minderheitsaktionär ein Entsendungsrecht qua Satzung zugesprochen, sollte die Art und Weise der Ausübung durch eine Satzungsnorm konkretisiert werden.[1157] Enthält die Satzung hinsichtlich der Ausübung des Entsendungsrechts keine Regelung, ist heute, soweit ersichtlich, einhellige Meinung dass das Recht der Bruchteilgemeinschaft (§ 741 BGB) Anwendung finden soll.[1158] Gem. § 745 BGB genügt dann die einfache Mehrheit der abgegebenen Stimmen. Da nur ein Minderheitsvertreter durch das Entsendungsrecht in den Aufsichtsrat integriert wird, kann ein Verstoß gegen § 101 Abs. 2 S. 4 AktG von vorne herein ausgeschlossen werden, wonach nur maximal ein Drittel der Aufsichtsratsmitglieder durch ein Entsendungsrecht installiert werden darf.

Ein Minderheitsaktionär kann entweder durch eine bestimmte Wahlmodalität oder durch eine Entsendung in den Aufsichtsrat aufgenommen werden. Voraussetzung dafür ist allerdings eine entsprechende Satzungsbestimmung. Das gilt zumindest für den Fall, in dem der Gesetzgeber de lege ferenda nicht eingreifen soll. Soll ein Minderheitsvertreter qua Gesetz in den Aufsichtsrat implementiert werden, hat die Korporation geeignete Satzungsbestimmungen

---

1155 *Drygala*, in: Karsten Schmidt/Lutter, AktG, § 101 Rn. 19; *Habersack*, in: Müko AktG, § 101 Rn. 35; *Hopt/Roth*, in: Großkomm AktG, § 101 Rn. 119; *Mertens/Cahn*, in: Köln Komm AktG, § 101 Rn. 57; *Spindler*, in: Spindler/Stilz, AktG, § 101 Rn. 56.

1156 *Drygala*, in: Karsten Schmidt/Lutter, AktG, § 101 Rn. 1.

1157 Bspw. ist eine Option, den Vertreter mit einfacher Mehrheit zu bestimmen und eine von allen Minderheitsaktionären zu unterzeichnende Entsendungserklärung beizufügen. Die Satzung kann aber auch die Bestellung durch eine qualifizierte Mehrheit oder durch Einstimmigkeit vorsehen, vgl.: *Hopt/Roth*, in: Großkomm AktG, § 101 Rn. 119.

1158 *Drygala*, in: Karsten Schmidt/Lutter, AktG, § 101 Rn. 19; *Habersack*, in: Müko AktG, § 101 Rn. 35; *Hopt/Roth*, in: Großkomm AktG, § 101 Rn. 119; *Mertens/Cahn*, in: Köln Komm AktG, § 101 Rn.57; *Spindler*, in: Spindler/Stilz, AktG, § 101 Rn. 56.

vorzusehen. Geht man weiter davon aus, dass eine solche Satzungsbestimmung in der Korporation noch nicht zu finden ist, bedarf es einer Satzungsänderung. Ausweislich des Wortlauts des § 179 Abs. 1, 2 AktG erfolgt eine Satzungsänderung mindestens durch einen qualifizierten Mehrheitsbeschluss in Höhe von ¾ des bei der Beschlussfassung vertretenen Grundkapitals. Die Satzung kann davon zwar eine Ausnahme vorsehen, aber lediglich im Sinne einer größeren Kapitalmehrheit (§ 179 Abs. 2 S. 2 AktG). Damit ist zwangsläufig der Mehrheitsaktionär an der Satzungsänderung beteiligt. Mit anderen Worten kommt ohne ihn keine Satzungsänderung in Betracht. Dennoch sollte der Gesetzgeber nicht zwingend vorschreiben, in welcher Art und Weise ein Minderheitsvertreter in den Aufsichtsrat gelangt. Wenn eine Korporation qua Gesetz verpflichtet ist, einen Minderheitsvertreter zu implementieren, soll es ihr obliegen, dieser Verpflichtung gerecht zu werden. Ferner hat sich der Mehrheitsaktionär dem gesetzgeberischen Willen zu beugen und für eine der Alternativen zu stimmen. Zudem lässt sich damit auch die Einschränkung des Mehrheitsprinzips argumentativ untermauern. Der Mehrheitsaktionär hat sich, vorausgesetzt, er hat an dem Beschluss teilgenommen, bewusst für eine Satzungsänderung und damit mittelbar für einen Minderheitsvertreter ausgesprochen.[1159] Dadurch schränkt er das Mehrheitsprinzip mit seinem Einverständnis ein, womit ein Verstoß nicht in Betracht kommt.

(3) Zwischenergebnis

Zusammenfassend ist festzuhalten, dass bei einer Quote, bei der die Minderheit mit mindestens 5 % an der Gesellschaft beteiligt ist, ein Minderheitsvertreter verpflichtend im Aufsichtsrat vertreten sein muss. Wird das Quorum nicht überschritten, ist ein anderer Unabhängiger in den Aufsichtsrat zu bestellen. Die Art und Weise der Implementierung soll der Korporation vorbehalten bleiben, um einer gesetzlichen Überregulierung vorzugreifen. Empfohlen wird indes, ein Entsendungsrecht für Minderheitsaktionäre vorzusehen. Da es dem deutschen Recht bekannt ist und es sich in den vergangenen Jahrzehnten als bewährt herausgestellt hat, steht zu vermuten, dass es effektiver ist. Zudem ist Telos des Entsendungsrechts mit der vorliegenden Situation übereinstimmend.[1160] Die Unbestimmtheit und Rechtmäßigkeit bei Einführung eines neuen Wahlsystems,

---

1159 So schon die Argumentation von *Mertens/Cahn* bezüglich der Satzungsänderung im Rahmen eines Entsendungsrechts, vgl.: *Mertens/Cahn*, in: Köln Komm AktG, § 101 Rn. 50.

1160 Siehe dazu bereits Fn. 1156.

an dieser Stelle sei nur auf den Streit im Rahmen des *cumulative voting* erinnert, ist zu groß, als dass sich eine Korporation dieser Ungewissheit aussetzen sollte.

b) Ausschuss des Aufsichtsrats

Wenngleich es auf erster Ebene vorzugswürdig erscheint, einem Minderheitsvertreter qua Gesetz Zugang zum Aufsichtsrat zu gewähren, soll im Folgenden untersucht werden, ob der Zustimmungsvorbehalt hinsichtlich der Transaktionen mit nahestehenden Personen und Unternehmen auf zweiter Stufe gesetzlich verpflichtend einem Ausschuss übertragen werden soll[1161] und, wenn das möglich erscheint, wie die Ausschussgestaltung auszusehen hat. Denn nur in diesem Fall wird man Art. 9c Abs. 4 UAbs. 1 RL gerecht, da der mitunter isolierte Vertreter der Minderheit nicht genug Einfluss im Plenum ausüben kann, als dass seine Bedenken dort gehört werden könnten.

aa) Sinn, Zweck und Vorteile einer Ausschussbildung

Es ist anerkannt, dass der Aufsichtsrat im Rahmen seiner Organisationsautonomie zur Effizienzsteigerung Ausschüsse bilden kann, wodurch als besonders fachkundig zu klassifizierende Aufsichtsratsmitglieder eine klar benannte Aufgabe übernehmen sollen.[1162] Die Delegationskompetenz des Aufsichtsrats ergibt sich aus § 107 Abs. 3 AktG. Sie gilt nicht uneingeschränkt. Spezielle Aufgaben unterliegen einem Delegationsverbot, das heißt, sie können nur vom Aufsichtsrat als Plenum wahrgenommen werden. Delegationsverbote finden ihren beredeten Ausdruck primär in § 107 Abs. 3 S. 4 AktG. Anerkannt sind darüber hinausgehende, sich aus der Natur der Sache ergebende, ungeschriebene Delegationsverbote.[1163] Ausweislich des Wortlauts des § 107 Abs. 3 S. 1 AktG wird

---

1161 Für die Delegation auf einen Ausschuss: *Tarde*, Related Party Transactions, S. 220 f.; *Bungert/Wansleben*, DB 2017, 1190 (1199); *Fleischer*, BB 2014, 2691 (2699); *Spindler/Seidel*, AG 2017, 169 (174); *Temming*, RdA 2015, 280 (284); *J. Vetter*, ZHR 179 (2015), 273 (309).

1162 *Koch*, in: Hüffer/Koch, AktG, § 107 Rn. 18; *Lutter/Krieger/Verse,* Aufsichtsrat, Rn. 743.

1163 Weder die innere Organisation noch die allgemeine Überwachungsaufgabe des Aufsichtsrats ist auf einen Ausschuss delegierbar, da sie als wesentliche Aufgaben des Aufsichtsrats bewertet werden, die nur vom Gesamtorgan zu erfüllen sind. Davon zu unterscheiden sind aber konkrete, genau definierte Überwachungsaufgaben. Diese können aufgrund ihrer Bestimmtheit von einem Ausschuss wahrgenommen werden. Da es sich bei dem Zustimmungsvorbehalt bei Related Party Transactions um eine solche klar umrissene Aufgabe handelt, stehen ungeschriebene Delegationsverbote

zwischen einem überwachendem und einem vorbereitendem Ausschuss unterschieden. Unter Heranziehung des § 107 Abs. 3 S. 3 AktG muss diese Erkenntnis um einen erledigenden Ausschuss erweitert werden.[1164] Da die Einordnung unter die gerade dargestellten Oberbegriffe recht schwierig sein wird, bietet sich eine Unterscheidung in nicht beschließende und beschließende Aufsichtsratsausschüsse an, wobei letzteren die Entscheidungsbefugnis gem. § 108 Abs. 1 AktG obliegt.[1165] Daraus kann gefolgert werden, dass sich ein Delegationsverbot nur auf solche Ausschüsse bezieht, die selbst einen Beschluss fassen können.[1166]

Die Vorteile einer Delegation liegen auf der Hand. Die Effizienzsteigerung wurde soeben schon angesprochen. Nicht das gesamte Plenum muss zusammentreten, sondern nur die mit der Aufgabe betrauten Aufsichtsratsmitglieder. Vor dem Hintergrund, dass sich ein Aufsichtsrat aus bis zu 21 Mitgliedern zusammensetzen kann, ein Mitglied seinen Posten in der Regel als Nebenamt bekleidet und zudem in bis zu zehn Aufsichtsräten gleichzeitig sitzen darf, könnte eine fehlende Delegation zu einer Überbelastung einzelner Aufsichtsratsmitglieder führen.[1167] Vor allem dann, wenn man den Zustimmungsvorbehalt hinsichtlich der hier zu besprechenden Problematik dem Plenum als solchem überlässt. Hinzu treten für große Aufsichtsräte organisatorische Bedenken dergestalt, dass es schon schwerfallen wird, einen gemeinsamen Termin in der vorgeschriebenen

---

einer Übertragung auf den Aufsichtsrat nicht entgegen. Vgl. zu den sonstigen ungeschrieben Delegationsverboten nur: *Habersack*, in: Müko AktG, § 107 Rn. 143 ff. m.w.N.

1164 Siehe zu dieser Einordnung: *Habersack*, in: Müko AktG, § 107 Rn. 102; *Lutter/Krieger/Verse,* Aufsichtsrat, Rn. 744 ff.

1165 Diese Einteilung schon treffend: *Hopt/Roth,* in: Großkomm AktG, § 107 Rn. 231.

1166 So die ganz h.M.: *Habersack*, in: Müko AktG, § 107 Rn. 154; *Hopt/Roth*, in: Großkomm AktG, § 107 Rn. 404; *Lutter/Krieger/Verse,* Aufsichtsrat, Rn. 745; *Mertens/Cahn*, in: Köln Komm AktG, § 107 Rn. 176; *Spindler*, in: Spindler/Stilz, AktG, § 107 Rn. 91; kritisch: *Dose*, ZGR 1973, 300 (311 f.).

1167 Auch *Klene* gibt zu bedenken, dass der Zustimmungsvorbehalt, je nach Ausgestaltung im Einzelfall, zu einer Überbelastung der Aufsichtsratsmitglieder führen könnte und erwägt, unter Heranziehung des Rechtsgedankens des § 116 HGB, nur solche Transaktionen unter den Aufsichtsratsvorbehalt zu stellen, die ein außergewöhnliches Geschäft darstellen. Wie er allerdings selbst reflektiert, wird diese Maßgabe nicht mit Art. 9c RL vereinbar sein, vgl.: *Klene,* Related Party Transactions, S. 230 f. Bei Studium des hier vorgeschlagenen Modells kann aber wohl festgehalten werden, dass der Aufsichtsrat nicht außergewöhnlich belastet wird. Grund dafür ist die relativ hohe Werthürde von 5 % der Bilanzsumme, die Delegation auf einen Ausschuss und die generelle Nichtberücksichtigung von Geschäften im Konzern.

Zeit zu finden.[1168] Durch die geringe Anzahl an Mitgliedern gilt es als gefestigte Erfahrung, dass innerhalb eines Ausschusses deutlich kontroverser als im Plenum diskutiert wird.[1169] Darüber hinaus wird in der Delegation auch eine Möglichkeit gesehen, die Unabhängigkeit der Beschlussfassung[1170] und ein höheres Maß an Vertraulichkeit sicherzustellen.[1171]

bb) Das „Ob“ der Delegation

Obwohl eine Verlagerung des Zustimmungsvorbehalts auf einen „Related Party Ausschuss“ Vorteile hätte, muss die Delegation auf einen Aufsichtsratsausschuss hinsichtlich der Vereinbarkeit mit nationalem deutschen Recht und der Richtlinie einer genaueren Betrachtung unterzogen werden.

(1) Unvereinbarkeit mit Art. 9c Abs. 4 RL?

Für eine Unvereinbarkeit mit der Richtlinie wird verschiedentlich der Wortlaut und die Systematik des Art. 9c Abs. 4 UAbs. 1 RL angeführt. Im Rahmen des Zustimmungserfordernisses sei, anders als bei Etablierung der *Fairness Opinion,* gerade keine Möglichkeit der Delegation auf einen Ausschuss vorgesehen.[1172] Damit sei die Intention des europäischen Gesetzgebers verbunden, dass eine Übertragung auf einen Ausschuss nicht statthaft sein soll. Dieses Argument würde sicherlich dann greifen, wenn der Aufsichtsratsausschuss im Außenverhältnis als eigenes Organ auftreten würde. Wie gesehen, ist die Ausschussbildung aber lediglich die Konsequenz einer effizienten Arbeitsteilung im Innenverhältnis.

1168 Ähnlich: *Temming*, RdA 2015, 280 (284), der darauf abstellt, dass ein Ausschuss öfter tagen könnte und näher am Transaktionsgeschehen wäre.

1169 *Hopt/Roth*, in: Großkomm AktG, § 107 Rn. 229.

1170 So: *Koch*, in: Hüffer/Koch, AktG, § 107 Rn. 18 m.w.N.; diese Ratio der Ausschussbildung ist Leitgrund für das Erstellen eines Related Party Ausschusses. Denn in diesem Ausschuss hat der Minderheitsvertreter die Möglichkeit Einfluss auf den Beschluss des Aufsichtsrats zu nehmen und seiner Stimme Gehör zu verschaffen. Damit kann die unabhängige Überprüfung deutlich einfacher erreicht werden als im Plenum selbst.

1171 *Hopt/Roth*, in: Großkomm AktG, § 107 Rn. 229; *Koch*, in: Hüffer/Koch, AktG, § 107 Rn. 18 jeweils m.w.N.

1172 So das Argument *Trögers*, der daraus eine zwingende Plenumszuständigkeit folgert, vgl.: *Tröger*, AG 2015, 53 (71); ähnlich: *Temming*, RdA 2015, 280 (284), der zwar einen Vorschlag für die Zustimmung durch den Ausschuss des Aufsichtsrat unterbreitet, allerdings eine Nachbesserung auf europäischer Ebene bis zum Ende des Gesetzgebungsverfahrens forderte. Eine erweiternde Auslegung sei nach seiner Auffassung nicht möglich.

Nach außen hin bleibt der Aufsichtsrat verantwortlich, der die Ausschussarbeit jederzeit wieder an sich ziehen kann.[1173] Aufgrund dessen wird der Beschluss des Ausschusses als Beschluss des Aufsichtsrats bewertet.[1174] Im Ergebnis steht damit weder der Wortlaut noch die Systematik des Art. 9c Abs. 4 UAbs. 1 RL einer Ausschussbildung entgegen.[1175]

(2) Unvereinbarkeit mit nationalem Recht?

Etwas problematischer stellt sich die Vereinbarkeit mit nationalem deutschen Recht dar. Denn gem. § 107 Abs. 3 AktG steht die Einrichtung eines Ausschusses im Ermessen des Aufsichtsrats.[1176] Fraglich ist also, ob ein de lege ferenda eingerichteter Zwangsausschuss dieses Ermessen konterkariert, unzulässigerweise in die Organisationsautonomie eingreift und damit unrechtmäßig ist. Für die Unzulässigkeit spricht, dass im Rahmen der Reformdiskussion zum KonTraG über die Einführung mehrerer Zwangsausschüsse diskutiert wurde, der Gesetzgeber sich aber gegen ein solches Konzept entschieden hat.[1177] Zudem spricht dagegen, dass der Aufsichtsrat die Ausschussarbeit nicht, wie bei einem in seinem Ermessen stehenden Ausschuss, jederzeit an sich ziehen kann.

Dass ein gesetzgeberischer Eingriff in die Organisationsautonomie durchaus gerechtfertigt und nicht schlechthin unwirksam ist, zeigt ein Blick in das Mitbestimmungsbestimmungsgesetz.[1178] Gemäß § 27 MitbestG ist ein Vermittlungsausschuss zwingend vom Aufsichtsrat zu erstellen. Der Gesetzgeber hat also schon einmal einen Eingriff in die Organisationsautonomie gebilligt, weshalb die Hürde der Unzulässigkeit nicht zu niedrig angesetzt werden darf.[1179]

1173 Vgl.: BGHZ 89, 48 (55); *Habersack*, in: Müko AktG, § 107 Rn. 94; *Hopt/Roth*, in: Großkomm AktG, § 107 Rn. 245; *Spindler/Seidel*, AG 2017, 169 (174) "Herr des Verfahrens".

1174 *Habersack*, in: Müko AktG, § 107 Rn. 94.

1175 So auch: *Tarde*, Related Party Transactions, S. 220; *ders.*, ZGR 2017, 360 (380); *Bungert/Wansleben*, DB 2017, 1190 (1200); *Spindler/Seidel*, AG 2017, 169 (173 ff.); *J. Vetter*, ZHR 179 (2015), 273 (309); wohl auch: *Fleischer*, BB 2014, 2691 (2699); *Schmidt*, Der Konzern 2017, 1 (10); *Suchan/Gerdes*, WPg 2017, 1034 (1040); daran sieht man erneut, dass der europäische Gesetzgeber nicht auf jede Eigenart des nationalen Rechts Rücksicht nehmen kann.

1176 Zudem spricht der Wortlaut davon, dass der Ausschuss mit Mitgliedern „aus seiner Mitte" zu besetzen ist. Damit wird qua Gesetz angeordnet, dass Ausschussmitglied nur sein kann, wer auch Aufsichtsratsmitglied ist.

1177 Vgl. die Ausführungen bei: *Hopt/Roth*, in: Großkomm AktG, § 107 Rn. 230.

1178 *Spindler/Seidel*, AG 2017, 169 (174); *Temming*, RdA 2015, 280 (284).

1179 So: *Spindler/Seidel*, AG 2017, 169 (174).

Zudem wurden die Überlegungen zu den Zwangsausschüssen im Rahmen des Gesetzgebungsprozesses des KonTraG nicht etwa aufgrund des Eingriffs in die Ogranisationsautonomie ad acta gelegt, sondern lediglich weil die Implementierung gleich mehrerer Ausschüsse die notwendige Flexibilität in der Korporation eingeschränkt hätte.[1180] Auch das spricht dafür, der Organisationsautonomie des Aufsichtsrats keinen zu großen Stellenwert zuzusprechen. Der Einwand mangelnder Flexibilität greift vorliegend ebenfalls nicht, da lediglich die Erstellung eines Zwangsausschusses in Rede steht. Dem Ergebnis *Spindler/Seidels* folgend muss davon ausgegangen werden, dass der Eingriff in die Organisationsautonomie im Falle eines Zwangsausschusses nicht derart gravierend ist, dass damit eine Unzulässigkeit begründet wird.

Bei Lichte betrachtet steht dem „Ob" der Delegation weder nationales noch europäisches Recht entgegen. Da eine kontroversere, zügigere und damit zufriedenstellendere Arbeit in Ausschüssen gewährleistet ist, hat der Gesetzgeber gesetzlich verpflichtend einen Related Party Ausschuss vorzuschreiben.[1181]

cc) Das „Wie" der Delegation

Damit ist die Frage der Art und Weise der Delegation noch nicht beantwortet. Offen ist nicht nur, aus wie vielen Personen ein Ausschuss bestehen oder wie der Ausschuss in concreto besetzt sein soll, sondern auch, ob diese Zusammensetzung selbst verpflichtend vorgeschrieben werden kann. Eine gesetzlich vorgeschriebene Ausschussbesetzung würde zu einem noch tieferen Einschnitt in die Organisationsautonomie führen. Gleichwohl kann unter Rückgriff des gerade Gesagten und § 27 Abs. 3 MitbestG nur von einem Zurücktreten der Organisationsautonomie und damit von der Zulässigkeit der zwingenden Ausschussbesetzung ausgegangen werden.[1182]

Ein Related Party Ausschuss ist nur ratsam, wenn es sich um einen beschließenden Ausschuss handelt, bei dem das Plenum nicht mehr zur Beschlussfassung zusammentreten muss. Aus § 108 Abs. 2 S. 3 AktG folgt, dass zur Beschlussfassung mindestens drei Mitglieder notwendig sind.[1183] Eine Begrenzung nach oben wird nicht vorgesehen. Je kleiner der Ausschuss ist, desto effektiver kann auf eine entsprechende Situation reagiert werden. Grundsätzlich werden Ausschüsse durch die

---

1180 Vgl.: BT-Drucksache 13/9712, S. 16.

1181 A.A.: *Tarde*, Related Party Transactions, S. 220, "die konkrete Besetzung des Ausschusses stünde [...] in der Gestaltungsfreiheit des Aufsichtsrats."

1182 Im Ergebnis ebenso: *Spindler/Seidel*, AG 2017, 169 (174).

1183 BGHZ 65, 190 (192); BGH NJW 1989, 1928 (1929); *Koch*, in: Hüffer/Koch, AktG, § 107 Rn. 21; *Temming*, RdA 2015, 280 (284).

Aufsichtsratsmitglieder mit einfacher Stimmenmehrheit gewählt.[1184] Daneben steht jedem Aufsichtsratsmitglied auch ein passives Wahlrecht zu.[1185] Hiervon weicht § 27 Abs. 3 MitbestG in geringem Umfang ab, indem qua Gesetz vorgeschrieben wird, dass der Vermittlungsausschuss aus dem Aufsichtsratsvorsitzenden, seinem Stellvertreter, einem Anteilseignervertreter und einem Arbeitnehmervertreter bestehen muss. Lediglich der Arbeitnehmer- und Anteilseignervertreter sind durch eine Wahl zu ermitteln. Die Art und Weise der Ausschussbildung bei paritätisch besetzten Aufsichtsräten wurde vom Gesetzgeber 1965 größtenteils bewusst offengelassen.[1186] Anerkannt ist, dass ein Verbot der Diskriminierung der Arbeitnehmervertreter besteht, welches spiegelbildlich durch ein Gebot zur sach- und relationsgerechten Besetzung der Ausschüsse führt.[1187] Damit soll verhindert werden, dass die bekannten Mitbestimmungsregeln durch die Hintertür der Ausschussbildung unterlaufen werden, was aber nicht dazu führen darf, dass in jedem Ausschuss zwingend ein Arbeitnehmervertreter vertreten sein muss.[1188] Beachtet werden muss aber stets, dass das der Anteilseignerbank durch das Mitbestimmungsrecht gewährte leichte Übergewicht auch auf die Ausschüsse übertragen werden darf.[1189] Diese grundsätzliche Konzeption der Ausschussbildung soll als Ausgangspunkt dienen, um zunächst die in der Literatur aufgeworfenen Ideen zu beleuchten, ehe eine eigene Stellungnahme dazu erfolgt.

(1) Der Vorschlag *Vetters*

Vetter sieht die Übertragung auf einen Ausschuss als möglich an, unterbreitet aber keinen konkreten Vorschlag für die Ausschussbildung. Er unterscheidet lediglich zwischen den Fällen, in denen einer oder mehrere unabhängige Anteilseignervertreter in den Aufsichtsrat gewählt wurden.[1190] Idealerweise solle ein Aufsichtsratsausschuss aus den unabhängigen Anteilseignervertretern sowie nur

1184 BGHZ 122, 342 (355); *Spindler*, in: Spindler/Stilz, AktG, § 107 Rn. 102.

1185 BGHZ 122, 342 (358); *Mertens/Cahn*, in: Köln Komm AktG, § 107 Rn. 121.

1186 Feststellend: BGHZ 83, 144 (146 f.); darüber hinaus sehen heute nur der schon dargestellten § 27 Abs. 3 MitbestG sowie § 8 Abs. 2 Montan-MitbestG eine Arbeitnehmerbeteiligung vor.

1187 *Mertens/Cahn*, in: Köln Komm AktG, § 107 Rn. 121.

1188 Die Einzelheiten der Ausschussbesetzung sind zum Teil hoch umstritten, vgl. dazu nur: BGHZ 122, 342 (355 f.); *Hopt/Roth*, in: Großkomm AktG, § 107 Rn. 277; *Mertens/Cahn*, in: Köln Komm AktG, § 107 (121 ff.); *Spindler*, in: Spindler/Stilz, AktG, § 107 Rn. 100.

1189 BGHZ 122, 342 (358).

1190 *J. Vetter*, ZHR 179 (2015), 273 (309).

wenigen Arbeitnehmervertretern bestehen.[1191] Im Falle nur eines unabhängigen Anteilseignervertreters seien auch Vertreter des Mehrheitsgesellschafters zulässig, vorausgesetzt, diese haben nicht die Möglichkeit, der Transaktion selbständig die Zustimmung zu erteilen.[1192]

(2) Der Vorschlag *Spindler/Seidels*

Einen konkreten Vorschlag zur Besetzung liefern *Spindler/Seidel*. Ausgangspunkt der Überlegung ist, dass ein Ausschuss mit mindestens 50 % unabhängigen Mitgliedern besetzt sein muss, um die alleinige Zustimmung des Vertreters des herrschenden Aktionärs zu verhindern.[1193] Sie gehen von einem beschließenden Dreier-Ausschuss aus, der aus mindestens zwei unabhängigen Mitgliedern bestehen muss.[1194] Bei einem mitbestimmten Aufsichtsrat könnte jeweils ein Anteilseignervertreter, Arbeitnehmervertreter und ein Unabhängiger im Ausschuss sitzen. Bei einem mitbestimmungsfreien Aufsichtsrat wird der Arbeitnehmervertreter durch einen Unabhängigen ersetzt.[1195] Solange sichergestellt ist, dass der Anteilseignervertreter keine eigene Mehrheit im Ausschuss halten kann, darf dieser auch in den Ausschuss gewählt werden.

(3) Der Vorschlag *Bungert/Wanslebens*

Bungert/Wansleben sprechen sich im Rahmen des Zustimmungsvorbehalts ebenfalls für eine Zustimmung durch einen Ausschuss aus.[1196] Anders als der gerade dargestellte Vorschlag sehen sie von einer zwingenden Ausschussbildung ab und verlagern die Verantwortung hinsichtlich des „Ob" und des „Wie" der Errichtung auf die Organisationsautonomie des jeweiligen Aufsichtsrats.[1197] Festgehalten wird aber, dass es aufgrund der „Unschärfe des Stimmverbots" und den „Anforderungen der *Business Judgement Rule*" wünschenswert ist, einen Ausschuss zu bilden der verhindert, dass die Arbeitnehmerbank die Transaktion im Alleingang ausführen kann.[1198]

1191 *J. Vetter*, ZHR 179 (2015), 273 (309).
1192 *J. Vetter*, ZHR 179 (2015), 273 (309).
1193 *Spindler/Seidel*, AG 2017, 169 (174).
1194 *Spindler/Seidel*, AG 2017, 169 (175).
1195 *Spindler/Seidel*, AG 2017, 169 (175).
1196 *Bungert/Wansleben*, DB 2017, 1190 (1199).
1197 *Bungert/Wansleben*, DB 2017, 1190 (1200).
1198 *Bungert/Wansleben*, DB 2017, 1190 (1200).

(4) Der Vorschlag *Rhiels*

Unter Rückgriff auf das anglo-amerikanische Recht fordert *Rhiel* für das faktische deutsche Konzernrecht die Einführung eines *special comittees.*[1199] Dabei solle es sich um einen Ausschuss des Aufsichtsrats handeln, dem ein Zustimmungsvorbehalt beim Abschluss von Rechtsgeschäften und sogar bei Maßnahmen ohne rechtsgeschäftlichen Charakter obliegt.[1200] Hinsichtlich der Besetzung des Ausschusses verweist *Rhiel* auf das Unabhängigkeitserfordernis des § 100 Abs. 5 AktG a.F. sowie auf Ziffer 5.4.2 DCKG und fordert eine Ausschussbesetzung mit mindestens drei unabhängigen Mitgliedern unter Berücksichtigung der Arbeitnehmervertreter.[1201] Bei dem Ausschuss solle es sich um einen beschließenden Ausschuss handeln, der nicht nur die Rechtsmäßigkeit des Geschäfts bzw. der Maßnahme überprüft, sondern auch Überlegungen zur Zweckmäßigkeit trifft und damit bewerten soll, ob die Maßnahmen umgesetzt wird.[1202] Dabei solle es sich um eine unternehmerische Entscheidung handeln, auf die die *Business Judgement Rule* Anwendung findet.[1203] Letztlich wird vorgeschlagen, die Aufgaben des Ausschusses auf die Prüfung des Abhängigkeitsberichtes oder zumindest auf eine Stellungnahme zum Abhängigkeitsbericht zu erweitern, um somit das Schutzniveau durch die unabhängige Überprüfung zu steigern.[1204]

(5) Der Vorschlag *Temmings*

Temming geht im Grunde davon aus, dass die vom Großaktionär abhängigen Aufsichtsratsmitglieder einem Stimmverbot unterliegen. Um dieses Stimmverbot zu umgehen, schlägt er eine Delegation auf einen Ausschuss des Aufsichtsrats vor. Vorgeschlagen wird die Bildung eines Dreier-Ausschusses oder eines paritätisch besetzten Vierer-Ausschusses.[1205] Im Vierer-Ausschuss solle, angelehnt an die quasi-paritätische Mitbestimmung, dem Ausschussvorsitzenden der Anteilseignerseite im Falle einer Pattsituation das Zweitstimmrecht zufallen.[1206] Maßgeblich für die Besetzung sei, dass die Anteilseigner nur von Mitgliedern

---

1199 *Riehl,* Related-Party Transactions, S. 191 ff.

1200 Maßgeblich ist lediglich, dass es sich um Maßnahmen und Rechtsgeschäfte handelt, die auch im Abhängigkeitsbericht aufgeführt werden, vgl.: *Riehl,* Related-Party Transactions, S. 207, 212.

1201 *Riehl,* Related-Party Transactions, S. 212.

1202 *Riehl,* Related-Party Transactions, S. 213.

1203 *Riehl,* Related-Party Transactions, S. 213 f.

1204 *Riehl,* Related-Party Transactions, S. 216.

1205 *Temming,* RdA 2015, 280 (284).

1206 *Temming,* RdA 2015, 280 (284).

vertreten werden, die, auf den konkreten Geschäftsvorfall bezogen, unabhängig sind.[1207]

(6) Eigener Ansatz

Fasst man alles bisher Gesagte zusammen, ergeben sich für eine Ausschussbildung de lege ferenda folgende Prämissen: Es ist zwischen einem mitbestimmungsfreien und einem mitbestimmten Aufsichtsrat zu unterscheiden, wobei letzterer der Regelfall ist. Der Vertreter des Mehrheitsgesellschafters darf nach europarechtlicher Vorgabe die Transaktion nicht im Alleingang genehmigen (Art. 9c Abs. 4 UAbs. 1 RL). Gleiches gilt für die Arbeitnehmerbank. Zudem sieht deutsches Recht vor, dass ein beschließender Ausschuss aus mindestens drei Personen bestehen muss. De lege ferenda ist nach hier vertretener Ansicht davon auszugehen, dass jedenfalls mindestens ein Minderheitsvertreter (oder im Falle fehlenden Quorums ein anderes unabhängiges Mitglied) im Aufsichtsrat repräsentiert ist.

(a) Der Ausschuss aus der Mitte eines mitbestimmten Aufsichtsrats

Grundsätzlich muss zwischen einem Ausschuss, der aus einem mitbestimmten und aus einem mitbestimmungsfreien Aufsichtsrat gebildet wird, unterschieden werden.[1208] Bei einem Ausschuss, der aus der Mitte eines mitbestimmten Aufsichtsrats gebildet wird, ist bei Lichte betrachtet nur die Konstruktion eines Vierer-Ausschusses sinnvoll. Bei einem Dreier-Ausschuss – der sich sinnvollerweise aus dem Minderheits-, einem (anderen) Anteilseigner- und dem Arbeitnehmervertreter

---

1207 *Temming*, RdA 2015, 280 (284).

1208 Man könnte nun davon ausgehen, dass alle börsennotierten Unternehmen aufgrund ihrer Größe einer Mitbestimmungspflicht unterliegen. Umso mehr überrascht die Studie von *Weckes*. Darin kommt sie zu dem Ergebnis, dass nur rund 106 börsennotierte Unternehmen nach dem Mitbestimmungsgesetz mitbestimmt sind. Bricht man diese Anzahl auf die Rechtsform der Aktiengesellschaft herunter sind rund 92 Aktiengesellschaften sowohl börsennotiert und zu 50 % mitbestimmt. Beachtet werden muss dabei aber, dass die Mitbestimmung nach dem schwächsten Mitbestimmungsgesetz, dem Drittelbeteiligungsgesetz, nicht in der Studie enthalten ist. Empirische Erhebungen dazu fehlen bislang. Es kann aber davon ausgegangen werden, dass die meisten, wenn nicht alle börsennotierten Gesellschaften zumindest nach dem Drittelbeteiligungsgesetz zur Arbeitnehmermitbestimmung verpflichtet sind. Siehe zur Studie *Weckes*, Eröffnungsbilanz, S. 4, 7. Sie geht darin zwar von 900 und nicht etwa von rund 530 börsennotierten Unternehmen aus, die Diskrepanz ist aber damit zu erklären, dass vermutlich die Rechtsformen der SE und KGaA berücksichtigt wurden.

zusammensetzt – bestünde die Gefahr, dass es durch ein Zusammenwirken von Minderheits- und Arbeitnehmervertreter zu einer Knebelung des verbleibenden Anteilseignervertreters kommt. Diese Gefahr ist in einem Dreier-Ausschuss im Vergleich zum Plenum deutlich erhöht, da dort nur eine Person – in diesem Fall in der Regel der eine Arbeitnehmervertreter – von einer Blockadewirkung überzeugt werden muss. Ein komplett unabhängiger Dreier-Ausschuss ist ebenfalls abzulehnen. Dadurch müssten mindestens drei Mitglieder des Aufsichtsrats unabhängig im oben genannten Sinne sein. Damit wäre sicherlich eine unabhängige Überprüfung der Transaktion gewährleistet, allerdings zum Nachteil des herrschenden Aktionärs, der seine Leitungsmacht im Aufsichtsrat und damit seine Kontrollmöglichkeit einschränken müsste.

Freilich kann die gerade erwähnte Blockadesituation auch bei einem Vierer-Ausschuss eintreten, allerdings mit dem Unterschied, dass nicht gegen den Willen beider Anteilseignervertreter die Zustimmung erteilt wird. Die Transaktion kann lediglich verhindert werden, wenn sich die Stimmen der beiden Anteilseignervertreter und die Stimmen des Minderheits- und Arbeitnehmervertreters gegenüberstehen. Vor diesem Hintergrund wird ein Vierer-Ausschuss bestehend aus zwei Anteilseignervertretern, dem Minderheitsvertreter und einem Arbeitnehmervertreter angeregt.[1209] Kommt es zu einer Pattsituation, soll sich, anders als von *Temming* gefordert, am Maßstab echter paritätischer Mitbestimmung orientiert werden. Es scheint durchaus vernünftig, die Situation durch einen unabhängigen Dritten bewerten zu lassen, der dann im Sinne einer ausführlichen Prüfung über die Transaktion entscheidet. Als unabhängiger Dritter wird der Abschlussprüfer vorgeschlagen.[1210] Diese Einbeziehung ist nur stringent, denn der Abschlussprüfer ist nach der lex lata ohnehin, wenngleich auch zu einem späteren Zeitpunkt im Rahmen der ex-post Rechnungslegung, involviert.[1211] Hinzu tritt, dass seine Expertise eine gewisse Garantiefunktion gegenüber der breiten Öffentlichkeit und dem Kapitalmarkt vermittelt.[1212] Zusätzlich darf deshalb nicht

1209 Siehe dazu § 149c Abs. 2 AktG-E, S. 346.

1210 Anders als bei der echten paritätischen Mitbestimmung sollen sich nicht die Parteien auf einen Dritten einigen, sondern der Dritte soll durch Gesetz vorgesehen werden.

1211 Eine Ausnahme macht das Gesetz nur im Falle der kleinen Aktiengesellschaft, § 316 Abs. 1 HGB. In diesem Fall ist ausnahmsweise kein Abschlussprüfer hinzuzuziehen. Siehe dazu bereits oben, S. 91 f.

1212 *Lutter/Krieger/Verse,* Aufsichtsrat, Rn. 172; die Überlegung, dass dem Abschlussprüfer eine zu starke Machtposition eingeräumt werden könnte, führt hier auch nicht zu einer anderen Bewertung. Denn der Abschlussprüfer soll als Ultima Ratio in dem seltenen Fall eine interessengerechte Lösung finden, wenn sich der Ausschuss

vernachlässigt werden, dass die Einsetzung als Nebeneffekt disziplinierenden Charakter haben wird. Sowohl Arbeitnehmer- als auch Minderheitsvertreter werden nicht allein aufgrund von Rechtsmissbräuchlichkeitserwägungen gegen die Transaktion stimmen, da sie Kenntnis der neutralen Bewertung haben. Aus diesem Grund scheint es gerechtfertigt, ihn im Falle einer Pattsituation mit der Entscheidung über die Transaktion zu betrauen, womit sichergestellt ist, dass das herrschende Unternehmen seine starke Position nicht ausnutzt. Da die Parteien aufgrund des disziplinierenden Effekts nicht vorsätzlich eine Pattsituation herbeiführen, ist davon auszugehen, dass der Abschlussprüfer nur gelegentlich herangezogen wird, weshalb die zusätzliche wirtschaftliche Belastung für die Gesellschaft überschaubar bleibt. Gleichwohl ist damit die vom europäischen Gesetzgeber geforderte unabhängige Überprüfung gewährleistet, ohne die Leitungsmacht des herrschenden Aktionärs durch eine unnötig große Anzahl von unabhängigen Aufsichtsratsmitgliedern mehr als unbedingt notwendig einzuschränken.

(b) Der Ausschuss aus der Mitte eines mitbestimmungsfreien Aufsichtsrats

Bei mitbestimmten Gesellschaften scheint der Vierer-Ausschuss gerechtfertigt, um den Anforderungen des Art. 9c Abs. 4 UAbs.1 RL gerecht zu werden. Fraglich ist, ob diese Einschätzung selbst dann ihre Richtigkeit behält, wenn es sich bei der in Rede stehenden Aktiengesellschaft um eine Korporation handelt, dessen Aufsichtsrat unter mitbestimmungsfreien Gesichtspunkten zusammengesetzt ist.[1213] Es wird vorgeschlagen, auch bei den mitbestimmungsfreien Gesellschaften am Konzept des Vierer-Ausschusses festzuhalten. Der nicht vorhandene Arbeitnehmervertreter ist durch einen anderen Unabhängigen zu ersetzen. Dadurch wird der Korporation mehr Spielraum bei Besetzung des Aufsichtsrats gelassen, da ihr selbst obliegen soll, den Maßstab der Unabhängigkeit zu erfüllen. Denkbar ist auch, einen zweiten Minderheitsvertreter in den Aufsichtsrat zu entsenden. Die Implementierung eines zweiten unabhängigen Dritten ist in dieser Konstellation jedenfalls gerechtfertigt, denn im Aufsichtsrat ist gerade kein Arbeitnehmervertreter vertreten und der herrschende Aktionär

nicht vorher einigen kann. Gleichwohl ist aber auch darauf hinzuweisen, dass die Unabhängigkeit des Abschlussprüfers bereits in der Vergangenheit Gegenstand eines wissenschaftlichen Diskurses gewesen ist. Ausführlich dazu bereits: *Arnold*, Steuerung des Vorstandshandelns, S. 102 ff., der neben den in der Literatur vertretenen Ansätzen auch Möglichkeiten aufzeigt, wie die Unabhängigkeit des Abschlussprüfers gesichert werden kann.

1213 Dieser Erkenntnis wird § 149c Abs. 3 S. 2 AktG-E gerecht, S. 346.

kann den Aufsichtsrat beinahe ohne Einschränkung besetzen. Die vorgeschlagene Alternative bedeutet für mitbestimmungsfreie Korporationen einen recht geringen Einschnitt, da, wenn man den empirischen Erhebungen Glauben schenken darf, ohnehin schon unabhängige Mitglieder im Aufsichtsrat vertreten sind.[1214] Berücksichtigt werden muss in diesem Zusammenhang, dass die Größe des Aufsichtsrats für gewöhnlich auch davon abhängt, ob die Gesellschaft an der Börse gelistet oder geschlossen ist. Börsennotierte Gesellschaften, die keinerlei Mitbestimmung unterliegen, sind wohl selten. Selbst wenn sie mitbestimmungsfrei sind, ist jedoch davon auszugehen, dass der Aufsichtsrat eine gewisse Größe aufweist. Lediglich im Rahmen kleiner, nicht-börsennotierter, mitbestimmungsfreier Gesellschaften führt diese Idee unter Umständen zu Härtefällen.

So könnte zuvorderst vorgebracht werden, dass es Gesellschaften geben könnte, die nur die gesetzlich vorgeschriebene Anzahl von drei Aufsichtsratsmandaten (§ 95 Abs. 1 AktG) vorsehen. Dann wäre es ihr schon rechnerisch nicht möglich, den hier vorgeschlagenen Ausschuss zu bilden. Dieser Kritik können zwei Argumente entgegengehalten werden. Zum einen ist ein Aufsichtsrat bestehend aus drei Mitgliedern theoretisch und praktisch wenig sinnvoll, da schon das Fehlen eines Mitglieds zur Beschlussunfähigkeit führt.[1215] Zum anderen sind die Gesellschaften durch die Aktienrechtsnovelle 2016 nicht mehr verpflichtet, einen Aufsichtsrat zu bilden, bei dem die Anzahl der Aufsichtsratsmitglieder durch drei teilbar ist. Dadurch ist die Gesellschaft deutlich flexibler in der Gestaltung ihres Aufsichtsrats, weshalb auch ein Aufsichtsrat mit fünf Mitgliedern eingerichtet werden kann und nicht, wie es früher der Fall war, mit sechs Mitgliedern.[1216] Sollte es wider Erwarten Aufsichtsräte geben, die tatsächlich nur aus drei Mitgliedern bestehen, wird es sich um Kleinstgesellschaften handeln, denen es nach hier vorgeschlagenem Entwurf ohnehin möglich sein soll, den Anwendungsbereich des Schutzregimes auszuschließen.[1217] Bei diesen Gesellschaften liegt der Schluss recht nahe, dass sie von dem *opting-out* der Vorschriften Gebrauch machen.

Ferner könnte angebracht werden, dass in dem Fall, in dem der Aufsichtsrat nur mit vier Personen besetzt ist, 50 % der Aufsichtsratsmitglieder nicht auf der Seite des herrschenden Aktionärs stehen. Entsprechend hoch ist dann die

---

1214 Siehe dazu bereits oben, S. 276 mit Fn. 1099.

1215 *Drygala*, in: Karsten Schmidt/Lutter, AktG, § 95 Rn. 3; *Hopt/Roth*, in: Großkomm AktG, § 95 Rn. 57; *Mertens/Cahn*, in: Köln Komm AktG, § 95 Rn. 11.

1216 Anders noch: *Drygala*, in: Karsten Schmidt/Lutter, AktG, § 95 Rn. 3, der von 6 Mitgliedern als nächsthöhere Anzahl ausgeht.

1217 Siehe dazu § 149e Abs. 3 AktG-E, S. 348.

Gefahr der Blockadewirkung für sämtliche Aufsichtsratsbeschlüsse. Aber auch dieses Argument weiß nicht vollends zu überzeugen, da als Korrelat zu dieser Blockadewirkung das Handeln im Unternehmensinteresse angeführt werden kann. Zudem wird die kleine, nicht börsennotierte Gesellschaft im Zweifel von der Möglichkeit des *opting-outs* Gebrauch machen. Mit der Richtlinie ist das allemal vereinbar, denn diese bezieht sich nur auf börsennotierte Unternehmen. Im Übrigen muss gerade bei der Aktiengesellschaft gesehen werden, dass die Spanne zwischen geschlossenen, familiengeführten Unternehmen mit niedrigem bilanziellem Aktivvermögen und den großen, international agierenden Unternehmen sehr groß ist. Der Gesetzgeber hat aber aufgrund der einheitlichen Rechtsform beide Korporationsarten gleichermaßen zu berücksichtigen. Das würde der Gesetzgeber mit hier vorgeschlagenem Modell berücksichtigen, allerdings ist es für die kleinen Gesellschaften zugegebenermaßen recht streng. Aber allein deshalb wird ihnen die Möglichkeit des *opting-out* gelassen.

Auch die anderen dargestellten Vorschläge stoßen bei diesen Kleinstgesellschaften an ihre Grenzen. Geht man bspw. bei *Rhiels* Vorschlag von drei unabhängigen Mitgliedern aus, wird der Aufsichtsrat kleiner Gesellschaften, wenn nicht schon ganz, dann zumindest doch ganz überwiegend mit von den Vertretern der Anteilseignerseite unabhängigen Mitgliedern besetzt. Damit verliert der herrschende Aktionär gänzlich seine Stellung im Aufsichtsrat. Dieses Ergebnis überrascht nicht, sondern ist vielmehr die Konsequenz einer gänzlich unabhängigen Ausschussbildung. Sinn macht die Bildung eines Ausschusses generell nur dann, wenn derart viele Aufsichtsratsmitglieder im Aufsichtsrat sitzen, dass eine effektive Arbeit nicht gewährleistet ist. Bei Kleinstgesellschaften ist das aber nie der Fall. Dennoch sollte für die Unternehmen, die nur die Mindestanzahl an Aufsichtsratsmitgliedern vorsehen, keine Ausnahme von der Ausschussbildung konzipiert werden. Denn damit würde man eine Gruppe priviligieren, die mutmaßlich ohnehin das Related Party Schutzregime ausschließen wird. Die Anzahl dieser Gesellschaften, auf die die Sonderkonstellation zutrifft, ist nur marginal. Möchten die Gesellschaften aber dennoch das Schutzsystem auf ihre Korporation anwenden, müssten sie durch eine entsprechende Satzungsänderung lediglich den Aufsichtsrat vergrößern. Aus § 95 S. 4 AktG ergibt sich, dass selbst Kleinstgesellschaften ihren Aufsichtsrat mit bis zu neun Personen besetzen können. Somit werden die Gesellschaften auf den zweiten Blick nicht vernachlässigt.

dd) Zwischenergebnis

Unabhängig von der konkreten Gesellschaft ist ein Vierer-Ausschuss zu bilden. Der Vierer-Ausschuss besteht bei mitbestimmten Aufsichtsräten aus einem Arbeitnehmervertreter, einem Minderheitsvertreter und zwei Vertretern des herrschenden Aktionärs.[1218] Bei mitbestimmungsfreien Gesellschaften ist der Arbeitnehmervertreter durch ein anderes unabhängiges Mitglied zu ersetzen.[1219] Ausnahmsweise, nämlich dann, wenn die Minderheit insgesamt nicht 5 % der Anteile hält, kann die Korporation anstatt eines Minderheitsvertreters ein anderes unabhängiges Mitglied in den Aufsichtsrat implementieren.[1220] Im Falle einer Pattsituation entscheidet der Abschlussprüfer über die Zustimmung zur Transaktion.[1221] Lediglich im Rahmen von Kleinstgesellschaften mit einem zahlenmäßig sehr kleinen Aufsichtsrat scheint dieses Ergebnis unbillig, da es in diesem Fall überaus streng ist. Diese Erkenntnis ist aber notwendiges Übel, um den vom europäischen Gesetzgeber intendierten Schutz bei börsennotierten Gesellschaften zu steigern. Kleinstgesellschaften haben zwei Möglichkeiten: das Schutzsystem ausschließen oder die Anzahl der Aufsichtsratsmitglieder anpassen.

3) Ausnahmsweise keine Zustimmung

In dem Fall, in dem eine Related Party Transaction zwischen der Korporation und dem Vorstandsmitglied vorliegt, wird das Erfordernis der Zustimmung obsolet. Denn dann ist der Anwendungsbereich des § 112 AktG eröffnet, der die Zuständigkeit zur Vertretung bei Abschluss der Transaktion auf den Aufsichtsrat überträgt. Dadurch muss sich der Aufsichtsrat in diesem Fall bereits dezidiert mit der Rechtmäßigkeit der Transaktion auseinandersetzen, eine nochmalige Zustimmung wäre wenig sinnvoll. Insofern hat der Gesetzgeber eine Ausnahme vom Zustimmungsvorbehalt im Falle eines Geschäfts mit einem Vorstandsmitglied vorzusehen.[1222] Diese Sichtweise gebietet sich zumindest dann, wenn die bisherigen Vorschriften zum Schutze abträglicher Related Party Transactions weiterhin Anwendung finden sollen.[1223]

1218 Siehe dazu § 149c Abs. 2 S. 2 AktG-E, S. 346.
1219 Siehe dazu § 149c Abs. 3 S. 2 AktG-E, S. 346.
1220 Siehe dazu § 149c Abs. 3 S. 1 AktG-E, S. 346.
1221 Siehe dazu § 149c Abs. 2 S. 3 AktG-E, S. 346.
1222 Siehe dazu § 149c Abs. 4 AktG-E, S. 347.
1223 Siehe dazu § 149h AktG-E, S. 349.

IV. Gesetzliche Fixierung relevanter Rechtsbegriffe

Die Rechtsbegriffe „nahestehende Unternehmen und Personen“ und „Geschäft“ sollten vom Gesetzgeber eingehend im Aktiengesetz definiert werden.[1224] Es bietet sich an, den persönlichen[1225] und sachlichen Anwendungsbereich[1226] des Schutzregimes in jeweils einem eigenen Absatz zu kodifizieren.

1) Persönlicher Anwendungsbereich

Gemäß Art. 1 Nr. 2 lit. h RL ist der Begriff der *related party* identisch mit dem der internationalen Rechnungslegungsstandards. In IAS 24 wird der Begriff sehr detailliert definiert, sodass der persönliche Anwendungsbereich der Richtlinie zwangsläufig sehr weit sein wird. Eine extensivierendere Auslegung durch den nationalen Gesetzgeber verbietet sich vor diesem Hintergrund.[1227] Trotz all der berechtigten Kritik aus der deutschen Literatur[1228] über die Reichweite des persönlichen Anwendungsbereichs hat der nationale Gesetzgeber für eine harmonische Umsetzung zu sorgen.

Die sich aufdrängende Frage ist, wie der deutsche Gesetzgeber den persönlichen Anwendungsbereich umsetzen soll. In Betracht kommt entweder ein Verweis auf IAS 24[1229] oder die vollständige Definition in dem Umsetzungsgesetz.[1230] Auffällig bei Auswertung der Literatur ist, dass zwar häufig die Reichweite kritisiert, aber äußerst selten Umsetzungsmöglichkeiten diskutiert werden. Ist das ausnahmsweise doch der Fall, wird begrifflich ungenau lediglich von einem „Verweis“ gesprochen.[1231] Offen bleibt, für welche Art des Verweises sich die Autoren aussprechen.

1224 Siehe zur Begriffsbestimmung §149d AktG-E, S. 347 f.

1225 Siehe dazu § 149d Abs. 1, 2 AktG-E, S. 347 f.

1226 Siehe dazu § 149d Abs. 3 AktG-E, S. 348.

1227 So bereits: *Veil*, NZG 2017, 521 (522); einschränkend: *Klene*, NZI 2017, 340 (342), der fordert, dass der nationale Gesetzgeber bei Umsetzung § 138 InsO und die dazu ergangene Rechtsprechung berücksichtigen solle.

1228 Siehe dazu bereits oben, S. 107 mit Fn. 385.

1229 Ähnlich: *Veil*, NZG 2017, 521 (522), der einen gesetzlichen Verweis auf IAS 24 oder ein Verweis in den Materialien als ausreichend erachtet.

1230 So auch: *Klene*, Related Party Transactions, S. 188 ff.; *ders.*, GWR 2018, 210 (213); unentschlossen: *Bungert/Wansleben*, DB 2017, 1190 (1194); offenlassend ferner: *Tarde*, Related Party Transactions, S. 211 f.

1231 Vgl. dazu die Ausführungen von: *Bungert/Wansleben*, DB 2017, 1190 (1194); *Veil*, NZG 2017, 521 (522).

Verweise, seien es lediglich Binnenverweise in andere Normen oder Verweise auf Verordnungen oder Gesetze (Außenverweise), kann man nicht absprechen, dass sie eine gesetzestechnische Vereinfachung darstellen. Dazu hat das Bundesverfassungsgericht schon früh festgehalten, dass „eine solche Verweisung rechtlich lediglich den Verzicht [bedeutet], den Text der in Bezug genommenen Vorschriften in vollem Wortlaut in die Verweisungsnorm aufzunehmen."[1232] Unterschieden wird zwischen einer dynamischen oder statischen Verweisung. Eine statische Verweisung zeichnet sich dadurch aus, dass auf das Verweisungsobjekt in einer bestimmten Fassung Bezug genommen wird.[1233] Anders verhält es sich mit der dynamischen Verweisung, bei der sich der Verweis auf die jeweils geltende Fassung des Verweisungsobjekts bezieht.[1234] Zu berücksichtigen ist indes, dass einer dynamischen Verweisung bezogen auf den Wesentlichkeitsgrundsatz verfassungsrechtliche Bedenken entgegengehalten werden. Gleichwohl hat das Bundesverfassungsgericht diese Bedenken teilweise ausgeräumt, indem es feststellte, dass eine dynamische Verweisung nicht schlechthin ausgeschlossen ist, sondern stets einer Prüfung im Einzelfall bedarf.[1235]

Die Ausgangssituation ist folglich auf die Frage heruntergebrochen, ob der deutsche Gesetzgeber zwecks Erleichterung mit einer Verweisung arbeiten oder den Anwendungsbereich im Umsetzungsgesetz selbst schriftlich fixieren sollte. *Veil* vertritt eine Verweisung qua Gesetz auf IAS 24, allerdings mit dem wenig durchschlagenden Argument, dass ein Bedürfnis der detaillierten Begriffsbestimmung im nationalen Recht nicht bestehe.[1236] Sicherlich hat eine Verweisung mehrere Vorteile, die nicht von der Hand zu weisen sind. Zunächst ist an eine Arbeitsentlastung des Gesetzgebers zu denken, der lediglich auf das Verweisungsobjekt Bezug nehmen muss. Zudem ist bei einer Verweisung stets die Entlastung des Gesetzes zu berücksichtigen. Der Gesetzgeber hat darauf zu achten, dass sich die Dimension des Aktiengesetzes in Grenzen hält, um dessen Lesbarkeit und Verständnis dauerhaft gewährleisten zu können.[1237] Die Knappheit des Gesetzes ist bei gesetzgeberischen Vorhaben stets zu beachten.

An dieser Stelle darf angemerkt werden, dass das Aktiengesetz de lege lata einige Normen enthält, die nicht immer einfach überschaubar und tadellos lesbar sind (vgl. §§ 148, 250, 256, 258–260, 319 AktG). Daraus darf sicherlich

---

1232 BVerfGE 47, 285 (312).
1233 BVerfGE 47, 285 (312); *Ehricke/Blask*, JZ 2003, 722 (723).
1234 *Ehricke/Blask*, JZ 2003, 722 (223).
1235 BVerfGE 47, 285 (312).
1236 *Veil*, NZG 2017, 521 (522).
1237 Dieses Argument bereits anführend: *Bungert/Wansleben*, DB 2017, 1190 (1194).

nicht geschlossen werden, dass nur noch ausufernde Normen integriert werden sollen. Dennoch kann abgeleitet werden, dass die Knappheit des Gesetzes nicht absolut gilt und damit nicht oberste und uneingeschränkte Maxime des deutschen Gesetzgebers ist. Bestehen substantielle Erwägungen, scheint es gerechtfertigt, diesen Grundsatz in engen Grenzen zu durchbrechen. Dafür kann hier angeführt werden, dass ein komplettes Schutzsystem etabliert werden soll. Sinn und Zweck dieses Schutzsystems besteht darin, geschlossen, konsequent und aus sich selbst heraus überzeugend zu sein. Es soll sich gerade nicht über mehrere Gesetze erstrecken. Das gilt umso mehr, als dass hier die Eröffnung des Anwendungsbereichs in Rede steht, also die Frage beantwortet werden soll, ob das Schutzsystem für das in Frage stehende Geschäft überhaupt eingreift. Ziel sollte es sein, die Rechtsfindung so einfach wie möglich zu gestalten. Wenn dieses Ziel nur erreicht werden kann, indem das an einer weiteren Stelle zulasten der Knappheit des Gesetzes geht, ist das hinzunehmen!

Darüber hinaus spricht gegen eine dynamische Verweisung, dass der europäische Gesetzgeber selbst nur auf die internationalen Rechnungslegungsstandards verweist, die gemäß Verordnung übernommen wurden. Damit kann vertreten werden, dass der Gesetzgeber nur auf die derzeitige Fassung des IAS 24 Bezug nimmt. Bei zukünftigen Überarbeitungen der Rechnungslegungsstandards scheint es nicht ausgeschlossen, dass der Begriff der *related party* eingeschränkt oder erweitert wird. Damit würde der Inhalt des Begriffs nicht mehr mit dem übereinstimmen, wie er vom Gesetzgeber bei Erlass der Richtlinie intendiert war. Die Verweisung mittels statischer Verweisung ist ebenfalls abzulehnen. Verweist man bspw. auf den „IAS 24 in der Fassung vom 1. Juli 2014“ verweist man im Falle einer Überarbeitung auf altes Recht. Zieht man ferner in Betracht, dass der IAS 24 im Zeitraum von 2005–2014 mehrfach überarbeitet wurde, und darf man davon ausgehen, dass dieser Novellierungs- und Überarbeitungsdrang von europäischer Seite fortbesteht, könnte das die Rechtsfindung erschweren. Bei Lichte betrachtet bestehen dann zwei Möglichkeiten. Entweder der Rechtsanwender hat in einer nicht mehr aktuellen Fassung den Anwendungsbereich des Schutzsystems zu eruieren oder der Gesetzgeber muss erneut aktiv werden. Hinzu tritt das praxisrelevante Argument, dass sich der Rechtsanwender bei Anwendung überarbeiteter Gesetze auf die richtige Fassung beziehen und diese alte Fassung auch ausfindig machen muss. Zudem ist eine Implementierung im Aktiengesetz vorzugswürdig, da etwaige Novellierungen auf europäischer Ebene nicht mehr unmittelbar berücksichtigt werden müssen.

Der Rechtsanwender erhält zudem alle notwendigen Informationen aus einem Blick in das Gesetz.[1238] Zuletzt spricht noch ein systematisches Argument für die Implementierung im Aktiengesetz. Nach der Richtlinie soll der nationale Gesetzgeber nur den Begriff der *„related party"* im Sinne von IAS 24 übernehmen. Das gilt aber ausweislich des Wortlauts nicht für den Begriff der Transaktion. Der Begriff der Transaktion wird von dem nationalen Gesetzgeber selbst festgelegt.[1239] Würde der Gesetzgeber im Rahmen des sachlichen Anwendungsbereichs nicht auf den Begriff des „Geschäftsvorfalls" im Sinne von IAS 24 abstellen, wäre der persönliche Anwendungsbereich über einen Verweis zu ermitteln, der sachliche Anwendungsbereich ergäbe sich per definitionem aus dem Aktienrecht selbst. Das wäre wenig systematisch und ist deshalb nicht vorzugswürdig. Ein Verweis, sei er statisch oder dynamisch, ist aus Gründen der Rechtsklarheit und -findung abzulehnen.

2) Sachlicher Anwendungsbereich

Der Schutzbereich greift nur dann ein, wenn ein Geschäft vorliegt. Systematisch sinnvoll erscheint es, diese Begriffsbestimmung im Anschluss an die Definition der *related party* zu kodifizieren. Die Definition des „Geschäfts" sollte identisch mit dem Begriff des Geschäftsvorfalls im Sinne von IAS 24 sein.[1240] Das ist stringent und führt zu unproblematischer Anwendung. Vor allem sollen unter diesen Begriff nur solche Geschäfte fallen, die einen Leistungsaustausch zum Gegenstand haben. Organisationsverträge werden nicht von dem Begriff erfasst. Damit im deutschen Recht nicht die Frage virulent wird, ob der Abschluss eines Organisationsvertrags eine Related Party Transaction darstellt, sollte der Gesetzgeber die Organisationsverträge von vorneherein aus dem Anwendungsbereich expressis verbis herausnehmen.[1241] Das schafft Rechtssicherheit, so dass sich die ohnehin überlasteten Gerichte erst gar nicht mit dieser Frage auseinandersetzen müssen.

V. Notwendigkeit geeigneter Ausnahmeregelungen

Der deutsche Gesetzgeber sollte von einigen in der Richtlinie vorgesehenen Ausnahmetatbeständen Gebrauch machen. Dabei muss genau abgewägt werden, ob und in welcher Art und Weise er von einer Ausnahme Gebrauch machen kann

1238 So schon: *Bungert/Wansleben*, DB 2017, 1190 (1194).

1239 Gleichwohl sei an dieser Stelle erwähnt, dass es nahe liegt, den Begriff des Geschäftsvorfalls aufzugreifen.

1240 Siehe dazu bereits schon oben, S. 107 mit Fn. 386.

1241 Siehe dazu § 149d Abs. 3 S. 2 AktG-E, S. 348.

oder darf. Im Folgenden sollen Ausnahmemöglichkeiten unter Berücksichtigung deutschen Rechts gewürdigt werden. Systematisch erscheint es, die Ausnahmen im Anschluss an die Pflichten und die Begriffsbestimmung zu verorten.[1242]

1) Hauptversammlungszustimmung trotz Aufsichtsratsvorbehalt?

Von der Möglichkeit, die Hauptversammlung im Anschluss an die Zustimmung durch den Ausschuss des Aufsichtsrats entscheiden zu lassen (Art. 9c Abs. 4 UAbs. 2 RL), sollte der deutsche Gesetzgeber keinen Gebrauch machen. Die Nachteile einer solchen Regelung überlagern den einzigen Vorteil, der darin zu sehen ist, dass das Holzmüller-Judiz in Gesetzesform gegossen werden könnte. Freilich hätte man damit, wenn überhaupt, nur die Rechtslage verschriftlicht. Die Probleme, die der Zustimmung durch die Hauptversammlung inhärent sind, wurden oben schon eindringlich erläutert.[1243] Erschwerend tritt hinzu, dass es gar zu einer doppelten bis hin zu einer vierfachen Überprüfung einer einzigen Transaktion kommen würde.[1244] Zudem muss gesehen werden, dass die erneute Bestätigung durch die Hauptversammlung nur im Rahmen eines „wesentlichen Geschäfts" möglich ist. Unter konsequenter Anwendung des Art. 9c Abs. 1 UAbs. 3 RL würde das für die Umsetzung des hier unterbreiteten Vorschlags bedeuten, dass alle die 5 % Hürde überschreitenden Geschäfte zusätzlich dem Hauptversammlungsvorbehalt unterliegen würden. Diese Implementierung einer Hauptversammlungszuständig trotz Aufsichtsratsvotums würde – wenn überhaupt – nur in einem einzigen Fall Sinn ergeben: wenn die Gefahr für die Gesellschaft oder Aktionäre derart groß ist, dass ein alleiniges Votum durch den Aufsichtsrat nicht angemessen erscheint. Für das deutsche Recht hat der BGH in diesem Fall das Holzmüller-Judiz entwickelt. Da die Werthürde des Art. 9c Abs. 4 UAbs. 2 RL aber ausweislich des Wortlauts nicht von Art. 9c Abs. 4 UAbs. 1 RL abweichen darf, ist von der Hauptversammlungszuständigkeit als Ergänzung zum Aufsichtsratsvotum abzusehen.

1242 Vor diesem Hintergrund wird vorgeschlagen, alle Ausnahmeregelungen zu dem gerade dargestellten System in einem neu einzuführenden § 149e AktG zusammenzutragen, vgl. S. 348.

1243 Siehe dazu bereits oben, S. 124 ff.

1244 Nach dem hier vorgeschlagenen Modell würde auf erster Ebene der Ausschuss des Aufsichtsrats über die Transaktion entscheiden, wobei bei Stimmengleichheit eine zweite Überprüfung durch den Abschlussprüfer hinzutritt. Auf nächster Ebene sollte sich die Hauptversammlung mit der Transaktion beschäftigen, obwohl der Aufsichtsrat schon entschieden hat. Als letztes wird die Transaktion im Rahmen der ex-post Rechnungslegungsvorschriften überprüft.

2) *Geschäfte, die im gewöhnlichen Geschäftsbetrieb und zu marktüblichen Bedingungen abgeschlossen wurden*

Es wird vorgeschlagen, Geschäfte, die im gewöhnlichen Geschäftsbetrieb und zu marktüblichen Bedingungen zustande gekommen sind, vom Anwendungsbereich der Normen herauszunehmen.[1245] In diesem Fall muss die Transaktion aufgrund des geringen Risikos für die Korporation und Anteilseigner weder publiziert noch aggregiert und dem Aufsichtsrat zur Zustimmung vorgelegt werden.[1246]

a) *Die Begriffe der Marktüblichkeit und des gewöhnlichen Geschäftsbetriebs*

Die Begriffe der Marktüblichkeit und des gewöhnlichen Geschäftsbetriebs sind unbestimmte Rechtsbegriffe, weshalb vorstellbar wäre, dass der Gesetzgeber aufgrund von Rechtssicherheitserwägungen klarstellend eingreift. Dennoch sollten die Termini nicht durch den Gesetzgeber definiert werden.[1247] Das hängt zum einen mit dem schon weiter oben genannten eingeschränkten Gestaltungsspielraum zusammen.[1248] Zum anderen hält deutsches Recht bereits ausreichende Konkretisierungen bereit, um die Begriffe auch außerhalb gesetzlicher Definition zu einer einheitlichen Anwendung gereichen zu lassen. Das gilt jedenfalls für die Beurteilung der Marktüblichkeit, die dann vorliegt, wenn die Transaktion einem Drittvergleich standhält. Dass eine dem Drittvergleich standhaltende Transaktion wirksam ist, ergibt sich für das deutsche Recht bereits aus der Treuepflicht und dem Deutschen Corporate Governance Kodex.[1249]

1245 Siehe dazu § 149e Abs. 2 AktG-E, S. 348; im Ergebnis ebenso: *Tarde*, Related Party Transactions, S. 223.

1246 Gerade bei der Zustimmung durch den Aufsichtsrat wird diese Ausnahme vermutlich selten eine Rolle spielen. Der konzipierte Schwellenwert von 5 % ist derart hoch, dass darunter wohl kaum Transaktionen zu fassen sind, die im Rahmen des ordentlichen Geschäftsbetriebs abgeschlossen werden. Andere Ansicht: *Klene*, Related Party Transactions, S. 213, der zu bedenken gibt, dass sich die Veröffentlichung auch auf Geschäfte erstrecken sollte, die marktüblich und im ordentlichen Geschäftsgang abgeschlossen wurden. Andernfalls sei die potentielle Umgehungsmöglichkeit und damit das Umgehungsrisiko zu hoch. Wenn allerdings, wie hier vertreten, jede Transaktion überprüft wird und nur im Falle einer Marktunüblichkeit veröffentlicht wird, ist eine Umgehung ebenfalls ausgeschlossen.

1247 Anders hingegen: *Bungert/de Raet*, Der Konzern 2015, 289 (297), die im Interesse der Rechtssicherheit eine Konkretisierung der Begriffe fordern.

1248 Siehe dazu bereits oben, S. 151.

1249 Siehe dazu bereits oben, S. 52.

Eine ähnliche Beurteilung kann auch für den Begriff des ordentlichen Geschäftsgangs getroffen werden. Fraglich ist, an welcher Vorschrift des deutschen Rechts sich im Rahmen der Umsetzung zu orientieren ist. Manche verweisen dafür auf das Nachgründungsrecht, genauer auf § 52 Abs. 9 AktG,[1250] denkbar ist aber freilich auch die Heranziehung des „gewöhnlichen Geschäfts" im Sinne von § 116 Abs. 1 HGB. Wenngleich die Begriffe sicherlich eine gewisse Ähnlichkeit aufweisen, so sind sie keineswegs deckungsgleich.[1251] Richtigerweise werden von § 52 Abs. 9 AktG nur solche Geschäfte erfasst, die im Rahmen des gewöhnlichen Tagesgeschäfts ständig wiederkehren und deshalb eine Umgehungsabsicht ausscheidet.[1252] Wird auf das Tagesgeschäft abgestellt, werden folglich nur kleinere Geschäfte, die wirtschaftlich kein großes Risiko darstellen, erfasst.[1253] Demgegenüber handelt es sich bei den „gewöhnlichen Geschäften" im Sinne von § 116 Abs. 1 HGB um solche, die in einem Handelsgewerbe normalerweise vorkommen können.[1254] Damit ist der Anwendungsbereich des § 116 Abs. 1 HGB deutlich größer als der Anwendungsbereich der Ausnahmeregelung des § 52 Abs. 9 AktG.

Nach der Intention des europäischen Gesetzgebers, das folgt nicht zuletzt aus Erwägungsgrund 42 der Richtlinie, ist der Wortlaut des „ordentlichen Geschäftsgangs" eng auszulegen. Es sollten damit nur Geschäfte ausgenommen werden, die im Rahmen der gewöhnlichen Geschäftstätigkeit entstanden sind.[1255] Vor diesem Hintergrund bietet sich das Heranziehen von § 52 Abs. 9 AktG an. Denn wenn auf den Begriff des gewöhnlichen Geschäftsbetriebs im Sinne von § 116 Abs. 1 HGB abgestellt werden soll, werden damit sämtliche Geschäfte, die bei Betrieb des Handelsgewerbes vorkommen können, unter den Begriff gefasst. Damit wäre die durch Art. 9c Abs. 5 UAbs. 1 RL intendierte Ausnahmevorschrift derart extensiv, dass das vorgeschlagene Schutzsystem nur sehr eingeschränkt zur Anwendung käme. Das kann nicht im Interesse des europäischen Gesetzgebers gewesen sein. Ferner bietet sich das Abstellen auf § 52 Abs. 9 AktG aus

---

1250 *Bungert/de Raet*, Der Konzern 2015, 289 (297); *Bungert/Wansleben*, DB 2017, 1190 (1197).

1251 So die ganz h.M.: *Arnold*, in: Köln Komm AktG, § 52 Rn. 11, 47; *Bayer*, in: Karsten Schmidt/Lutter, AktG, § 52 Rn. 46; *Pentz*, in: Müko AktG, § 52 Rn. 54; *Vedder*, in: Grigoleit, AktG, § 52 Rn. 11 jeweils m.w.N.

1252 *Arnold*, in: Köln Komm AktG, § 52 Rn. 47; *Pentz*, in: Müko AktG, § 52 Rn. 54; *Vedder*, in: Grigoleit, AktG, § 52 Rn. 11.

1253 *Heidinger*, in: Spindler/Stilz, AktG, § 52 Rn. 19.

1254 *Finckh*, in: Henssler/Strohn, GesR, § 116 HGB Rn. 10.

1255 *Jung*, WM 2014, 2351 (2355).

systematischen Erwägungen an. Zum einen ist die Vorschrift im Aktiengesetz selbst verortet und damit auf die Aktiengesellschaft in concreto zugeschnitten. Zum anderen findet die Vorschrift des Nachgründungsrechts, wie in Kapitel 2 ausführlich dargelegt, schon auf abträgliche Transaktionen zwischen dem Aktionär und der Korporation Anwendung, womit sie im System de lege lata eine wichtige Stellung im deutschen Schutzsystem einnimmt. Im Ergebnis ist übereinstimmend mit *Bungert, de Raet* und *Wansleben* auf den Begriff des laufenden Geschäfts im Sinne von § 52 Abs. 9 AktG abzustellen.

Erfasst werden damit von der Ausnahme jedenfalls laufende Leistungs- und Lieferbeziehungen.[1256] Darüber hinaus sollten damit auch Fälle des Cash-Pooling erfasst werden.[1257] Damit ist, ganz gleich ob man deutsches Vertragskonzernrecht oder faktisches Konzernrecht unter eine Ausnahmevorschrift der Richtlinie subsumiert, zumindest das für die Praxis so wichtige Liquiditätsausgleichsystem gerettet.

b) Verantwortlichkeit für die Beurteilung

Bisher unberücksichtigt geblieben ist die Frage, wer für die Bewertung der Transaktion, also ob sie marktüblich und im gewöhnlichen Geschäftsbetrieb zustande gekommen ist, in der Korporation zuständig sein soll. Konstatiert werden muss, dass die Beurteilung der Transaktion hinsichtlich der Marktüblichkeit und dem Abschluss im Rahmen des gewöhnlichen Geschäftsbetriebs stets eine Einzelfallentscheidung darstellt.[1258] *Jung* vertritt vor diesem Hintergrund die Ansicht, dass es einem Ausschuss des Aufsichtsrats, als Beispiel wird der Prüfungsausschuss angeführt, nicht zugemutet werden könne, jede Transaktion auf die beiden Parameter

---

1256 *Bungert/Wansleben*, DB 2017, 1190 (1197); *Tarde*, ZGR 2017, 360 (369).

1257 So bereits auch: *Tarde*, Related Party Transactions, S. 223; *ders.*, ZGR 2017, 360 (369). In der Praxis spielt das Cash-Pooling für die Konzernfinanzierung eine herausragende Rolle. Dadurch wird die Liquidität verschiedener Konzernunternehmen gebündelt. Unternehmen, die Liquiditätsengpässe verbuchen, erhalten konzerneigene Geldmittel zu günstigen Konditionen aus dem etablierten Geldpool. Unternehmen mit Liquiditätsbestand können ihre Geldmittel in den Geldpool anlegen. Welche Relevanz das Cash-Pooling für die Praxis haben muss, geht aus der Neuregelung des § 57 Abs. 1 S. 3 AktG im Zuge des MoMiG mit Wirkung zum 01.11.2008 hervor. Erklärtes Ziel des Gesetzgebers war es, dass betriebswirtschaftlich wünschenswerte Cash-Pooling zu priviligieren. Aufgrund dessen hat er sich dazu entschlossen, eine Ausnahmeregelung von der Kapitalerhaltungsvorschrift des § 57 Abs. 1 S. 1 AktG vorzusehen. Vor diesem Hintergrund scheint eine Ausnahme für das Cash-Pooling mehr als geboten. Vgl. zu alledem: *Altmeppen*, in: Müko AktG, § 311 Rn. 225 ff.

1258 A. A.: *Bungert/Wansleben*, DB 2017, 1190 (1197 f.); *Jung*, WM 2014, 2351 (2356).

hin zu überprüfen, weshalb sie von einer stichprobenartigen Evaluation durch eine Art Compliance-System ausgeht.[1259] Abstellend auf den Sinn und Zweck des Art. 9c Abs. 5 RL ist diese Auslegung abzulehnen. Denn die Ausnahmevorschrift ist nur dann sinnvoll, wenn schon im Rahmen der erstmaligen Auseinandersetzung, also bereits dann, wenn geprüft wird, ob eine Related Party Transaction vorliegt, festgestellt wird, ob eine Ausnahmevorschrift eingreift. Andernfalls besteht doch überhaupt kein Bedürfnis, die Transaktionen zu veröffentlichen, denn die Informationsqualität von marktüblichen, im Rahmen des ordentlichen Geschäftsbetriebs abgeschlossenen und publizierten Geschäften ist überschaubar. Zudem ist die Frage nach der Anwendbarkeit der Ausnahmevorschrift maßgeblich dafür, ob das hier vorgeschlagene Schutzregime zur Anwendung kommt und ob die Transaktion aggregiert wird. Das kann mit einer stichprobenartigen Überprüfung nicht festgestellt werden. Sicherlich ist der Ansicht *Jungs* zuzugestehen, dass das zu einer Mehrbelastung für die Korporation führen wird.[1260] Diese Bedenken können aber gemindert werden, wenn nicht der Aufsichtsratsausschuss zuständig sein soll, sondern die neu einzurichtende Geschäftsorganisation. Diese Aufgabenverteilung ist in dem vorgeschlagenen System beinahe obligatorisch. Wer, wenn nicht der Related Party Beauftragte oder die Related Party Abteilung, die nach einer kurzen Einarbeitung über die notwendige Expertise verfügen, ist besser zur Evaluation der Transaktion geeignet? Dass das Aufsichts- oder Verwaltungsorgan ein internes Verfahren zur Bewertung einrichten soll, spricht auch nicht gegen die Überprüfung der einzelnen Transaktion. Denn dieses Verfahren muss zwangsläufig implementiert werden, damit der Ausschuss bzw. die Abteilung die konkrete Transaktion stets an gleichen Maßstäben misst. Der Gesetzgeber muss bei Ausgestaltung des Verfahrens indes nicht tätig werden, sondern kann auf die Organisationsautonomie der Korporation vertrauen.[1261] Kritisiert werden muss an

1259 *Jung*, WM 2014, 2351 (2356); im Ergebnis wohl zustimmend: *Bungert/Wansleben*, DB 2017, 1190 (1197), jedoch wird die Ausformung des Verfahrens der Organisationsautonomie des Aufsichtsrats überlassen; *Tarde*, ZGR 2017, 360 (369).

1260 Wenn man wie *Jung* davon ausgeht, dass der Prüfungsausschuss oder ein ähnlicher Ausschuss für die Evaluation zuständig ist, ist das sicherlich ein sehr starkes Argument, um von einer nur stichprobenartigen Überprüfung auszugehen, vgl.: *Jung*, WM 2014, 2351 (2356) – „Bei der Vielzahl von Transaktionen der gewöhnlichen Geschäftstätigkeit ist diese Aufgabe nicht vom Prüfungsausschuss zu leisten".

1261 Bereits auf die Organisationsautonomie des Aufsichtsrats abstellend: *Bungert/Wansleben*, DB 2017, 1190 (1198); *Veil*, NZG 2017, 521 (528). Wenn aber, wie hier, der Related Party Beauftragte oder die Related Party Abteilung die Aufgabe übertragen bekommt, handelt es sich nicht um eine Frage der Organisationsautonomie des Aufsichtsrats, sondern um eine Frage der Organisationsautonomie des Vorstands. Diesem

diesem Vorschlag der sicherlich große administrative Aufwand. Der scheint aber unumgänglich, um die Transaktionen im Hinblick auf Art. 9c Abs. 5 und Abs. 8 RL einheitlich zu behandeln. Bedenkt man aber, dass das Konzernrecht vom Anwendungbereich der Richtlinie herauszunehmen ist, können diese Bedenken etwas relativiert werden.[1262]

3) Quo vadis Konzernrecht?

Betrachtet man die Entwicklung der Richtlinie, ist zu konstatieren, dass sie durch die informellen Trilogverhandlungen in vielen Streitfragen – zumindest was die hier zu besprechenden Related Party Transactions betrifft – deutlich an Brisanz verloren hat. Unglücklicherweise gilt das nicht für die Vereinbarkeit der Richtlinie im Lichte deutschen Konzernrechts. Schon während des Gesetzgebungsprozesses wurde der Einfluss der potentiellen Richtlinie auf deutsches Konzernrecht kontrovers diskutiert und kritisiert. In diesem Zuge wurden Forderungen nach einer ausdrücklichen Ausnahme zumindest für den Vertragskonzern laut,[1263] da dieser andernfalls keine Zukunft mehr haben würde.[1264] Diese Befürchtung begründet sich vor allem darauf, dass das Vertragskonzernrecht auf einem gänzlich anderen Schutzsystem basiert. Eine ad-hoc Publizität und die Zustimmung durch den Aufsichtsrat widersprechen geltendem Recht und sind im deutschen Konzernrecht de lege lata nicht veranlagt. Doch all die berechtigte Kritik blieb in den Trilogverhandlungen ungehört, die im Amtsblatt veröffentlichte Fassung sieht eine ausdrückliche Ausnahme für deutsches Konzernrecht nicht vor. Wie im Folgenden zu zeigen sein wird, gibt die Richtlinie dem deutschen Gesetzgeber aber genügend Handlungsspielraum, um deutsches Konzernrecht – auch das Vertragskonzernrecht – vom Anwendungsbereich herauszunehmen.[1265] Vorschlagen wird deshalb, dass der

---

steht es grundsätzlich frei, für eine geeignete Geschäftsorganisation zu sorgen. Für das deutsche Recht ergibt sich das aus § 91 Abs. 2 AktG. Damit stellt § 149a AktG eine Konkretisierung der allgemeinen Geschäftsorganisation des Vorstands dar.

1262 Siehe dazu sogleich.

1263 *Kumpan,* Related Party Transactions, S. 34; *Bayer/Selentin*, NZG 2015, 7 (12); *Seibt*, DB 2014, 1910 (1914); *Selzner*, ZIP 2015, 753 (760); *J. Vetter*, ZHR 179 (2015), 273 (316); *Wiersch*, NZG 2014, 1131 (1134); ähnlich: *Drygala*, AG 2013, 198 (207).

1264 *Bayer/Selentin*, NZG 2015, 7 (12); *Koch*, BB, Die erste Seite 2017, Nr. 15–16; *Selzner*, ZIP 2015, 753 (760); *J. Vetter*, ZHR 179 (2015), 273 (316); *Zetzsche*, NZG 2014, 1121 (1127 f.).

1265 Ebenfalls dieser Ansicht: *Bungert/Wansleben*, DB 2017, 1190 (1196 f.); Berliner Kreis, zusammengefasst bei: *Inci*, NZG 2017, 579 (580); *Veil*, NZG 2017, 521 (529); a.A.

deutsche Gesetzgeber eine ausdrückliche Ausnahmeregelung vorsieht, die alle Geschäfte innerhalb des Vertragskonzernrechts und des faktischen Konzernrechts vom Regelungskonzept des Related Party Regimes ausnimmt.[1266]

Wenngleich die von der Richtlinie in großer Anzahl verwendeten unbestimmten Rechtsbegriffe und die damit verbundenen Wahlmöglichkeiten nationaler Gesetzgeber bisher äußerst kritisch bewertet wurden, sorgen sie im Hinblick auf die Umsetzung deutschen Konzernrechts für die notwendige Flexibilität, um es vom Anwendungsbereich der Richtlinie herauszunehmen.[1267] Einfallstor für die Ausnahmen deutschen Konzernrechts stellt Art. 9c Abs. 6 RL dar. Da das Schutzsystem – wie in Kapitel 2 ausführlich gezeigt – zwischen Vertragskonzernrecht und faktischem Konzernrecht unterschiedlich ausgestaltet ist, bietet sich die Überprüfung an, ob und durch welche Ausnahmevorschrift der Richtlinie, faktisches und Vertragskonzernrecht ausgenommen werden können. Für den deutschen Gesetzgeber darf das Ziel nur sein, in den Grenzen rechtmäßiger Richtlinienauslegung sicherzustellen, dass deutsches Konzernrecht weiterhin in bekannter Form gewährleistet wird.[1268]

a) Vertragskonzernrecht

Im Rahmen des Vertragskonzernrechts muss zwischen dem Abschluss des Organisationsvertrags und dem Abschluss von Geschäften innerhalb des Konzerngefüges, also solchen Geschäften, die im Anschluss an den Organisationsvertrag geschlossen wurden, differenziert werden.

Zunächst könnte darauf abgestellt werden, dass der Abschluss eines Organisationsvertrages begrifflich schon gar nicht von dem „Geschäft" erfasst wird. Nach hier vertretener Ansicht ist ein enges Verständnis des Begriffs anzulegen.[1269] Diese Annahme gilt aber freilich nur für den Abschluss von Organisationsverträgen.[1270] Eine erweiternde Auslegung auf alle Geschäfte innerhalb des Vertragskonzerns

---

wohl: *Koch*, BB, Die erste Seite 2017, Nr. 15–16; *Tarde*, ZGR 2017, 360 (384); unentschlossen: *Suchan/Gerdes*, WPg 2017, 1034 (1040).

1266 Systematisch sinnvoll soll die Ausnahmeregelung in § 149e Abs. 1 AktG-E des Umsetzungsgesetzes eingefügt werden.

1267 Allein diese Aussage zeigt aber nochmals, dass der Harmonisierungsgedanke nur eine untergeordnete Rolle gespielt haben kann.

1268 So auch: Berliner Kreis, zusammengefasst bei: *Inci*, NZG 2017, 579 (580); *Mutter*, AG 2018, R 4; sehr kritisch: *Amstutz,* Unternehmensgruppen, S. 119 mit Fn. 173, 122; wohl auch: *Tröger,* Germany's Reluctance, S. 22; *Fleischer*, ZGR 2017, 1 (26).

1269 Siehe dazu § 149f Abs. 3 S. 2 AktG-E, S. 349.

1270 Siehe dazu bereits die Darstellung auf S. 108 f.

ist fernliegend, da der europäische Gesetzgeber vor genau dieser Art von Rechtsgeschäften schützen möchte. Entsprechend stellte eine solche Auslegung eine unzulässige Erweiterung dar. Festgehalten werden kann aber schon, dass zumindest der Abschluss von Organisationsverträgen nicht vom Related Party Regime erfasst wird. Die Richtlinie hat schon danach keinen Einfluss auf den Abschluss von Organisationsverträgen im deutschen Recht.

Manche möchten die Ausnahmevorschrift des Art. 9c Abs. 6 lit. b RL für Geschäfte im Vertragskonzern fruchtbar machen.[1271] Nach dessen eindeutigem Wortlaut können genau festgelegte Arten von Geschäften vom Schutzsystem ausgenommen werden, vorausgesetzt, die Hauptversammlung hat dem Geschäft zugestimmt. Im deutschen Recht treffe das für den Abschluss eines Unternehmensvertrags zu, da dieser gem. § 293 Abs. 1 AktG mit einer ¾ Mehrheit des auf der Hauptversammlung vertretenen Grundkapitals bestätigt werden muss. Daraus kann sicherlich geschlossen werden, dass der Abschluss eines Unternehmensvertrags vom Regime der Related Party Transactions ausgenommen werden kann. Diese Erkenntnis kann, wie gerade eben gesehen, bestenfalls klarstellenden Charakter haben. Fraglich ist, ob bzw. inwieweit der klare Wortlaut des Art. 9c Abs. 6 lit. b RL auf Geschäfte innerhalb des Vertragskonzerns erweitert werden kann. Dafür wird ein ganzer Strauß an Argumenten angeführt. So stelle deutsches Vertragskonzernrecht ein Unikum im europäischen Raum dar, weshalb eine großzügige Auslegung der Richtlinie geboten sei.[1272] Zudem sei aus Art. 9c Abs. 6 lit. b RL ein argumentum a maiore ad minus herzuleiten, denn wenn bereits der Abschluss eines Unternehmensvertrags von dem Related Party Regime ausgenommen werden kann, dann müsse das erst Recht für Transaktionen gelten, die unter bzw. auf Grundlage dieses Organisationsvertrags getätigt wurden.[1273] Vollkommen unschädlich sei zudem, dass nach dem Wortlaut der Richtlinie nur genau festgelegte Arten von Geschäften ausgenommen werden.[1274] Zwar seien die Geschäfte innerhalb des Vertragskonzerns keine genau

1271 Ausdrücklich: *Bungert/Wansleben*, DB 2017, 1190 (1196); *Veil*, NZG 2017, 521 (530); kritisch: Berliner Kreis, zusammengefasst bei: *Inci*, NZG 2017, 579 (580); *Koch*, BB, Die erste Seite 2017, Nr. 15–16; *Suchan/Gerdes*, WPg 2017, 1034 (1040); *J. Vetter*, ZHR 179 (2015), 273 (317 f.).

1272 *Bungert/Wansleben*, DB 2017, 1190 (1196); ähnlich äußert sich auch der Berliner Kreis, indem er festhält, dass „das Konzernrecht nach Möglichkeit bewahrt werden sollte und alle erdenklichen Mittel ausgeschöpft werden sollten, [um] auch den Vertragskonzern von Art. 9c auszunehmen“, vgl.: *Inci*, NZG 2017, 579 (580).

1273 *Bungert/Wansleben*, DB 2017, 1190 (1196); *Veil*, NZG 2017, 521 (530).

1274 *Bungert/Wansleben*, DB 2017, 1190 (1196).

festgelegten, allerdings begründe der Abschluss eines Unternehmensvertrags ein organisationsrechtliches Dauerschuldverhältnis, wodurch die einmal erteilte Zustimmung der Hauptversammlung für die weiteren Geschäfte als erteilt gelte.[1275]

Gerade das letzte Argument liest sich überaus konstruiert, fingiert es doch die einmal erteilte Zustimmung auf alle Geschäfte innerhalb der Konzernierung. Entgegenzuhalten ist dieser Ansicht der klare und wenig Raum für abweichende Auslegungen lassende Wortlaut des Abs. 6 lit. b RL. Einleuchtend ist, dass die Richtlinie im Hinblick auf die Einzigartigkeit deutschen Vertragskonzernrechts erweiternd ausgelegt werden muss. Eine erweiternde Auslegung ist aber nur dort geboten, wo ein entsprechender Spielraum gelassen wird. Um möglichst viele Sachverhalte unter die Richtlinie zu fassen, verwendet der europäische Gesetzgeber bewusst auslegungsbedürftige, unbestimmte Rechtsbegriffe. Auffällig ist, dass Art. 9c Abs. 6 lit. b Hs. 1 RL auf jene Begriffe weitestgehend verzichtet. Der Terminus „genau festgelegte Arten von Geschäften" muss zwar vom nationalen Gesetzgeber konkretisiert werden, allerdings wird damit zum Ausdruck gebracht, dass nur bestimmte schon vorher kommunizierte Geschäfte vom Anwendungsbereich der Norm ausgenommen werden sollen und weniger eine unbestimmte Anzahl von Geschäften innerhalb des Vertragskonzerns.[1276] Darüber hinaus wird durch den erst-recht Schluss faktisch unterstellt bzw. fingiert, dass die einmal erteilte Zustimmung zum Organisationsvertag für sämtliche Geschäfte fortgilt. Es besteht zwar keine eigene Zustimmungsmöglichkeit der Hauptversammlung für einzelne Geschäfte im Vertragskonzern, allerdings kann nicht davon ausgegangen werden, dass jeder Anteilseigner mit jeder Maßnahme einverstanden ist. Letztlich ist diese extensive Auslegung, die gegen den eindeutigen Wortlaut der Norm verstößt und ganz maßgeblich rechtsfolgenorientiert ausgerichtet ist, nicht angezeigt, wenn die Richtlinie eine andere Möglichkeit vorsieht, den Vertragskonzern vom Anwendungsbereich herauszunehmen.

Eine solche Möglichkeit kann in Art. 9c Abs. 6 lit. a Alt. 3 RL gesehen werden. Danach dürfen Geschäfte zwischen der Gesellschaft und ihren Tochtergesellschaften von den Anforderungen des Related Party Regimes ausgenommen werden. Voraussetzung dafür ist, dass deutsches Recht Vorschriften zum angemessenen Schutz der Gesellschaftsinteressen, der Interessen der Tochtergesellschaft und der Interessen der Aktionäre, einschließlich der Minderheitsaktionär vorsieht. Offen bleibt, wann der Schutz angemessen ist. Eine Definition des Begriffes wird vom europäischen Gesetzgeber nicht offeriert. Infolgedessen soll der

1275 So ist wohl das Argument bei *Veil*, NZG 2017, 521 (530) zu verstehen.

1276 So wohl auch der *Berliner Kreis*, zusammengefasst bei *Inci*, NZG 2017, 579 (580).

Maßstab der Angemessenheit mithilfe einer negativen Abgrenzung bzw. eines Ausschlussverfahrens in gewisser Weise konkretisiert werden. Legt man eine hierarchische Untergliederung zugrunde, kann der Schutz im nationalen Recht entweder gleichwertig, angemessen oder inadäquat sein. Vergleichsmaßstab kann nur die Richtlinie sein. Für ein gleichwertiges Schutzniveau ist erforderlich, dass nationales Recht grundsätzlich identische Schutzvorkehrungen vorsieht, sprich eine Kontrolle der einschlägigen Transaktion und eine ad-hoc Publizität. Als inadäquat sind Schutzvorkehrungen zu bewerten, bei denen Schutzdefizite aufseiten der Obergesellschaft, bei der Tochtergesellschaft oder den Aktionären, einschließlich der Minderheitsaktionäre, bestehen. Im Umkehrschluss sind Schutzvorkehrungen als angemessen einzuordnen, wenn nationales Recht diese Interessen schützt, aber ein – im Verhältnis zur Richtlinie – anderes Schutzsystem wählt. Für den Maßstab der Angemessenheit ist damit maßgeblich, dass sowohl die Ober- und Untergesellschaft als auch die Aktionäre der Untergesellschaft einen gewissen Schutz erfahren.

Zu untersuchen ist, ob nationales Vertragskonzernrecht Schutzvorkehrungen für die Gesellschaft, Tochtergesellschaft und die (Minderheits-)Aktionäre vorsieht.[1277] Wenn das der Fall ist, besteht zumindest ein angemessenes Schutzniveau, weshalb vor dem Hintergrund einer richtlinienharmonisierenderen Auslegung auf Art. 9c Abs. 6 lit. a Alt. 3 RL abzustellen wäre.[1278] Das Schutzsystem deutschen Vertragskonzernrechts basiert ganz maßgeblich auf der strukturändernden Maßnahme und nicht auf der Überprüfung einzelner Weisungen.[1279] Vor diesem Hintergrund kann deutsches Vertragskonzernrecht – zumindest unter Berücksichtigung oben genannter Definition – nicht gleichwertig sein.[1280]

Der Schutz der (Minderheits-) Aktionäre wird durch eine Eingangskontrolle (§ 293 Abs. 1 AktG) sichergestellt, das heißt, ohne die Zustimmung durch die Anteilseigner in der Hauptversammlung kann schon gar kein Unternehmensvertrag abgeschlossen werden. Das gilt aber nicht nur für die Untergesellschaft, sondern in gleichem Maße auch für die in der Rechtsform der Aktiengesellschaft organisierte Obergesellschaft (§ 293 Abs. 2 S. 1 AktG). Mit Abschluss des

1277 Siehe ausführlich zum Vertragskonzernrecht, dessen Schutzmechanismen und den zur Anwendung gelangenden Vorschriften, oben S. 69 ff.

1278 Eine über den Wortlaut des Art. 9c Abs. 6 lit. b RL hinausgehende Auslegung ist dann nicht mehr notwendig und sollte nicht weiterverfolgt werden.

1279 So auch: *Klene*, Related Party Transactions, S. 199; ausführlich dazu bereits oben, S. 70 ff.

1280 So schon: *Veil*, NZG 2017, 521 (529); im Ergebnis ebenso: *Tarde*, Related Party Transactions, S. 224 f.

Unternehmensvertrags verzichtet die abhängige Gesellschaft in weitem Umfang darauf, mit ihrem Vermögen in eigenem Sinne zu verfahren.[1281] Im Gegenzug trifft die Obergesellschaft eine Pflicht zum Verlustausgleich. Durch diese Verlustausgleichspflicht ist sie gehalten, finanzielle Nachteile der Untergesellschaft zu kompensieren. Damit ist die abhängige Gesellschaft vor Vermögenslosigkeit geschützt, zumindest solange wie die Obergesellschaft selbst über ausreichend Rücklagen verfügt und nicht in die Insolvenz rutscht. Die Aktionäre ihrerseits werden auf diese Art vor wirtschaftlicher Ausplünderung bewahrt. Zusätzlich greifen mit den §§ 304, 305 AktG besondere Schutzvorkehrungen für Außenstehende. Dadurch werden sie, selbst wenn sie nicht für den Abschluss eines Unternehmensvertrags stimmten, durch Abfindung oder Ausgleich zumindest monetär entschädigt. Zudem muss berücksichtigt werden, dass der Aufsichtsrat im Rahmen der Erstellung des Jahresabschlusses einbezogen wird, sodass ex-post die Geschäfte im Vertragskonzern überprüft werden. Der Schutz der Obergesellschaft ist etwas problematischer, denn auf den ersten Blick gewähren die §§ 293 ff. keine spezifischen Schutzpflichten für die Obergesellschaft. Bei Lichte betrachtet ist ein solch expliziter Schutz nicht notwendig. Das ergibt sich zum einen aus der Stellung der Obergesellschaft. Sie erhält die Möglichkeit, auch nachteilig auf das Vermögen einer Gesellschaft einzuwirken. Selbstverständlich kann die Obergesellschaft, wenn sie der Verlustausgleichspflicht nachkommt, finanzielle Nachteile erleiden. Diese Nachteile stehen indes nicht in direktem Zusammenhang mit der Konzernierung, sondern sind vielmehr Frage ordnungsgemäßer Geschäftsführung. Zudem muss gesehen werden, dass zur Eingangskontrolle auch die Zustimmung ihrer Anteilseigner eingeholt werden muss.

Insgesamt ist zu konstatieren, dass das Vertragskonzernrecht einen Schutz für die Gesellschaft, für die Tochter und für die Aktionäre vorsieht. Darüber hinaus werden sogar noch Gläubiger (§ 312 AktG) der Untergesellschaft geschützt. Wenngleich das deutsche Schutzsystem ein gänzlich anderes ist, wird doch der von der Richtlinie intendierte Schutz in ausreichendem Maße durch deutsches Vertragskonzernrecht gewährleistet. Das Schutzsystem ist folglich als angemessen im Sinne von Art. 9c Abs. 6 lit. a Alt. 3 RL zu bewerten.[1282] Auch wenn der

---

1281 Feststellend: *Veil*, NZG 2017, 521 (529).

1282 Ebenfalls dieser Ansicht: *Bungert/Wansleben*, DB 2017, 1190 (1196); *Jung*, WM 2014, 2351 (2356); *Klene*, GWR 2018, 210 (211); *Schmidt*, Der Konzern 2017, 1 (10), *dies.*, AG 2016, 713 (717); *Seidel*, AG 2018, 423 (426); *Spindler/Seidel*, AG 2017, 169 (170); *Veil*, NZG 2017, 521 (529); *Wettich*, AG 2017, 60 (69); eine Ausnahme nur für *downstream* Geschäfte annehmend: *Tarde*, Related Party Transactions, S. 228; *ders.*, ZGR

Maßstab der „Angemessenheit" vom Europäischen Gerichtshof vollumfänglich überprüft werden kann,[1283] wird dieser aufgrund des ausgefeilten deutschen Außenseiterschutzes zum selbigen Ergebnis gelangen. Damit der EuGH eine Angemessenheitsprüfung vornehmen kann, muss ihm die Sache vorgelegt werden. Dafür kommen zwei potentielle Möglichkeiten in Betracht: 1) Das Vertragsverletzungsverfahren gem. § 258 AEUV. Bei dieser wahrscheinlicheren Konstellation wendet sich die Kommission an das betreffende Land und fordert es auf, der Kommission weitere Informationen zugänglich zu machen. Kommt die Kommission nach Sichtung der Informationen zu der Einschätzung, dass europäisches Recht verletzt ist, bittet sie um eine Stellungnahme durch den nationalen Gesetzgeber. Sind sich die Kommission und der nationale Gesetzgeber auch nach den Stellungnahmen hinsichtlich der Vereinbarkeit von nationalem und supranationalem Recht uneinig, hat die Kommission die Möglichkeit den EuGH anzurufen (Art. 258 Abs. 2 AEUV). 2) Eine Überprüfung der Richtlinie und des auf dieser Grundlage erlassenen Rechts erfolgt im Wege eines Vorabentscheidungsverfahrens gem. Art. 267 AEUV. Dadurch wird den nationalen Gerichten die Möglichkeit gegeben, den EuGH zur Auslegung und Gültigkeit zu befragen. Nach Art. 267 Abs. 1 lit. b AEUV hat der Gerichtshof auch Handlungen der Organe, der Einrichtung oder der sonstigen Stellen der Union auszulegen. Auf dieser Grundlage wird einheitlich ausgelegt, ob das nationale Umsetzungsgesetz mit Unionsrecht, also auch mit der in Frage stehenden Richtlinie (Art. 288 AEUV), vereinbar ist. Allerdings muss berücksichtigt werden, dass ein Vorlagerecht (Art. 267 Abs. 2 AEUV) nur einem Gericht eines Mitgliedsstaates obliegt. Damit kommt ein Vorabentscheidungsverfahren nur in Betracht, wenn die rechtmäßige Umsetzung der Richtlinie im Verfahren vor dem nationalen Recht virulent wird. Dieses Vorlagerecht wird durch die Vorlagepflicht des Art. 267 Abs. 3 AEUV arrondiert, womit der EuGH die Vereinbarkeit mit der Richtlinie früher oder später überprüfen wird. Festzuhalten bleibt, dass der deutsche Gesetzgeber von einer Angemessenheit seiner Schutzmechanismen ausgehen und aus diesem Grund eine Ausnahme von dem Related Party Regime im Wege des Umsetzungsgesetzes vorsehen sollte. Da der Wortlaut aufgrund teleologischer

2017, 360 (384); darauf abstellend, dass eine Ausnahme für den Vertragskonzern fehlt: *Koch*, BB, Die erste Seite 2017, Nr. 15–16; wohl auch: *Bayer/Selentin*, NZG 2015, 7 (12); *Suchan/Gerdes*, WPg 2017, 1034 (1040).

1283 *Jung*, WM 2014, 2351 (2356), die darin eine "potentielle Sprengkraft" sieht.

Auslegung sowohl für *downstream* als auch für *upstream* Geschäfte gilt, kann der Vertragskonzern nach deutschem Vorbild vollends erhalten bleiben.[1284]

Wenngleich auch *Veil* zu dem Ergebnis gelangt, dass deutsches Vertragskonzernrecht angemessene Schutzmechanismen vorsieht, möchte er, anders als hier vorgeschlagen,[1285] die Ausnahme nicht gesetzlich fixieren. Vielmehr erwägt er, den Wortlaut der Richtlinie – inklusive des unbestimmten Rechtsbegriffs der Angemessenheit – unreflektiert in das deutsche Recht zu übertragen, um die Klärung der Angemessenheit der Rechtsprechung und Literatur zu überlassen.[1286] Diese Auslegung gebiete sich vor dem Hintergrund, dass eine gesetzliche Implementierung weder zweckmäßig noch erforderlich sei.[1287] Dieser Ansicht ist entschieden entgegenzutreten. Eine Begründung, warum eine gesetzgeberische Wertung im Kern nicht zweckmäßig und nicht erforderlich sein soll, unterbleibt. Von der Frage, ob deutsches Recht angemessen ist, hängt immerhin die Zukunft des deutschen Konzernrechts ab. Deshalb muss der deutsche Gesetzgeber schon alleine der Rechtssicherheit wegen eine klare Aussage im Rahmen seines Umsetzungsgesetzes treffen. Zwar besteht die Möglichkeit, dass der EuGH die Angemessenheit dieses Schutzes in Frage stellt. Allerdings ist dieses Maß an Rechtsunsicherheit bei weitem nicht mit dem vergleichbar, dem sich die Praxis ausgesetzt sieht, wenn lediglich der Wortlaut der Richtlinie in deutsches Recht übertragen würde. Folgte man *Veils* Ansicht, träte zudem hinzu, dass man das Problem nur auf eine andere Ebene verlagern, aber keineswegs lösen würde. Damit wäre freilich wenig gewonnen. Mit der Frage, ob deutsches Vertragskonzernrecht (oder faktisches Konzernrecht) angemessen ist, wird sich die Literatur ohnehin befassen.[1288] Da zu erwarten ist, dass der Gesetzgeber innerhalb der nächsten zwei Jahre der Umsetzungsphase auf ein noch breiteres Meinungsspektrum abstellen kann, ist eine Übertragung des Richtlinienwortlauts in deutsches Recht nicht angezeigt, eine verbindliche Entscheidung des deutschen Gesetzgebers wünschenswert.

1284 Zu Recht annehmend: *Bungert/Wansleben*, DB 2017, 1190 (1197); a. A.: *Suchan/Gerdes*, WPg 2017, 1034 (1040); *Tarde*, ZGR 2017, 360 (384).

1285 Für eine ausdrückliche Ausnahme im Umsetzungsgesetz auch: *Bungert/Wansleben*, DB 2017, 1190 (1197); wohl auch: *Klene*, Related Party Transactions, S. 245.

1286 Siehe zu alledem: *Veil*, NZG 2017, 521 (529); dem folgend: *Tarde*, Related Party Transactions, S. 226.

1287 *Veil*, NZG 2017, 521 (529).

1288 Das kann schon allein daran gesehen werden, dass die wissenschaftlichen Beiträge seit dem Kommissionsvorschlag zahlreich sind.

b) *Faktisches Konzernrecht*

Nachdem die Frage für den Vertragskonzern positiv beantwortet wurde, muss überprüft werden, ob eine faktische Konzernierung ebenfalls von der Richtlinie ausgenommen werden darf. Einzig in Betracht kommt das Abstellen auf Art. 9c Abs. 6 lit. a Alt. 3 RL.[1289] Maßgebliches Kriterium ist also, ob faktisches Konzernrecht angemessene Schutzmechanismen bereithält, um die Gesellschaft, Tochtergesellschaft und die (Minderheits)Aktionäre zu schützen.[1290] Vor diesem Hintergrund sollen erneut die eben erstellen Ebenen (gleichwertig, angemessen, inadäquat) herangezogen werden.

Der Schutz im System faktischen Konzernrechts müsste also für das herrschende und abhängige Unternehmen sowie für die Minderheitsaktionäre angemessen sein.[1291] Ähnlich dem Vertragskonzernrecht ist der Schutz für das herrschende Unternehmen nicht sehr stark ausgeprägt. Grund dafür ist in der geringen Gefahr für das herrschende Unternehmen begründet. Ein übermäßiges Schutzbedürfnis für das herrschende Unternehmen ist in der faktischen Konzernierung nicht angezeigt, da die Obergesellschaft durch den Nachteilsausgleich eine Privilegierung erfährt.[1292] Geschützt wird die Gesellschaft insbesondere dadurch, dass im Falle eines zugefügten Nachteils die abhängige Gesellschaft keinen Anspruch auf Ausgleich innerhalb des Geschäftsjahres gegen das herrschende Unternehmen hat. Dadurch wird insbesondere verhindert, dass beim herrschenden Unternehmen ein Zahlungsabfluss zur Unzeit stattfindet.[1293]

Stärker ist das Schutzniveau in der abhängigen Gesellschaft einzuschätzen, da das Schadensrisiko dort deutlich erhöht ist. Deutsches Recht sieht dafür eine

---

1289 Da der faktische Konzern qua Beherrschungsverhältnis ein Konzern darstellt und gerade kein Organisationsvertrag mit entsprechendem Hauptversammlungsmandat zugrunde liegt, scheidet ein Abstellen auf Art. 9c Abs. 6 lit. b RL von vorneherein aus.

1290 Die Ausnahme auch für das faktische Konzernrecht annehmend: *Bungert/Wansleben*, DB 2017, 1190 (1197); *Jung*, WM 2014, 2351 (2356); *Veil*, NZG 2017, 521 (529); *Selzner*, ZIP 2015, 753 (761); die Ausnahme nicht auf Fälle des faktischen Konzernrechts anwendend: *Klene*, GWR 2018, 210 (212); *Seidel*, AG 2018, 423 (426 f.); *Spindler/Seidel*, AG 2017, 169 (170); *Tarde*, ZGR 2017, 360 (383).

1291 Eingehend zum deutschen faktischen Konzernrecht siehe bereits oben, S. 79 ff.

1292 Siehe dazu bereits oben, S. 82 ff.

1293 Nach Ablauf des Geschäftsjahres ändert sich diese Situation. Sollte das herrschende Unternehmen noch nicht gezahlt haben, steht dem abhängigen Unternehmen gem. § 317 AktG ein Anspruch gegen die Korporation als auch deren gesetzliche Vertreter zu. Diese Situation ist für das herrschende Unternehmen auch zumutbar, da man ihm schließlich das Geschäftsjahr Zeit gelassen hat, den Nachteil auszugleichen.

Reihe von Schutzmechanismen vor. Auf erster Stufe verbleibt die Leitungsmacht im faktischen Konzernrecht beim Vorstand des abhängigen Unternehmens. Er muss eine Veranlassung, anders als die Weisung im Vertragskonzern, nicht zwingend ausführen. Entsteht ein Nachteil, können sich die Korporation und die Kapitalgeber sicher sein, dass dieser innerhalb des Geschäftsjahres ausgeglichen wird. Dieser Nachteilsausgleich bzw. der zum Nachteilsausgleich herangezogene Vermögensvorteil muss bewertbar sein. Kommt das herrschende Unternehmen seiner Ausgleichspflicht binnen Geschäftsjahresfrist nicht nach, verbessert sich die Stellung des abhängigen Unternehmens deutlich. Es erhält erstens durch § 317 Abs. 1 AktG einen Schadensersatzanspruch gegen die Gesellschaft, der zweitens durch § 317 Abs. 3 AktG auf eine persönliche Haftung der Veranlasser erweitert wird. Zudem kann der Ersatzanspruch drittens von jedem Aktionär des abhängigen Unternehmens geltend gemacht werden (§ 317 Abs. 4 AktG i.V.m. § 309 Abs. 4 AktG). Rechtstatsächlich tritt hinzu, dass ein Abhängigkeitsbericht erstellt werden soll, der von einem unabhängigen Dritten und dem Aufsichtsrat überprüft werden muss.

Die Außenseiter werden nicht wie im Vertragskonzernrecht durch spezielle gesetzliche Normen geschützt. Dadurch, dass auch die Minderheitsaktionäre den Anspruch aus § 317 AktG geltend machen können, werden sie angemessen geschützt. Sollte das herrschende Unternehmen seiner Pflicht zum Nachteilsausgleich nachkommen, besteht überhaupt kein weitergehendes Schutzbedürfnis für den Minderheitsaktionär. Folglich ist die gesetzliche Prozessstandschaft als Minderheitsschutz ausreichend. Zudem wird dieses minderheitsschützende Element vom Abhängigkeitsbericht arrondiert. Dieser wird – an dieser Stelle soll es nochmal erwähnt werden – zu Recht nicht veröffentlicht, jedoch erhalten die Aktionäre alle wichtigen Informationen durch die Veröffentlichung übers Eck.[1294] Zudem haben sie auch die Möglichkeit, eine Sonderprüfung zu beantragen.

Folgerichtig kommt man damit auch für das faktische Konzernrecht zu der Einschätzung, dass das Schutzsystem de lege lata bereits in angemessener Art und Weise die Interessen der abhängigen Gesellschaft, der herrschenden Gesellschaft und der Minderheitsaktionäre schützt. Entsprechend soll das faktische Konzernrecht durch Statuierung einer Ausnahme vom Anwendungsbereich ausgenommen werden.[1295]

1294 Siehe dazu oben, S. 95

1295 Siehe dazu § 149e Abs. 1 AktG-E, S. 348.

4) Anwendung auf die geschlossene Gesellschaft?

Wie gesehen findet die Richtlinie nur auf börsennotierte Gesellschaften Anwendung. Aufgrund eines deckungsgleichen Interessenkonfliktes, der unabhängig von der Marktzugehörigkeit auftritt, sollte der deutsche Gesetzgeber über die Mindestharmonisierung hinausgehen und auch geschlossene Aktiengesellschaften in den Schutzbereich einbeziehen.[1296] Dafür bieten sich mehrere Lösungswege an. 1) Der deutsche Gesetzgeber unterscheidet im Rahmen seines Umsetzungsgesetzes nicht zwischen einer geschlossenen und börsennotierten Gesellschaft, mit der Folge, dass die Regelungen unabhängig von der Marktzugehörigkeit Anwendung finden. 2) Der deutsche Gesetzgeber unterscheidet zwar nicht hinsichtlich der Marktzugehörigkeit, es wird den geschlossenen Gesellschaften aber die Möglichkeit eingeräumt, das Schutzregime in Gänze abzuwählen (*opting-out*). 3) Der deutsche Gesetzgeber eröffnet den Anwendungsbereich nur für börsennotierte Gesellschaften. Gleichwohl wird den geschlossenen Gesellschaften aber die Möglichkeit eingeräumt, die Vorschriften auch für ihre Korporation fruchtbar zu machen (*opting-in*).

Von der ersten Möglichkeit sollte der Gesetzgeber keinen Gebrauch machen. Richtig ist zwar, dass der potentielle Interessenkonflikt in keinem kausalen Verhältnis zur Marktzugehörigkeit steht. Dennoch muss berücksichtigt werden, dass der nationale Gesetzgeber zur Umsetzung auf geschlossene Gesellschaften nicht verpflichtet ist und bereits ein System zur Verfügung stellt, dass das potentielle Risiko in weiten Teilen abdeckt. Wie gesehen ist das Schutzsystem gerade hinsichtlich des Zustimmungsvorbehalts durch den Aufsichtsrat auf große Aktiengesellschaften zugeschnitten und damit für privatere Korporationen sehr streng. Entsprechend bietet es sich an, der Korporation selbst die Entscheidung zu überlassen, ob ein Schutzsystem gewählt wird, das zumindest einige Neuerung gerade in administrativer Hinsicht bereithält oder ob weiterhin dem altbekannten System vertraut wird.

1296 Siehe dazu bereits oben, S. 116 f.; ebenso: *Hommelhoff*, KSzW 2014, 63 (66); *Tröger*, AG 2015, 53 (61); wohl auch: *J. Vetter*, ZHR 179 (2015), 273 (324); gegen eine erweiternde Auslegung auf geschlossene Gesellschaften: *Tarde*, Related Party Transactions, S. 211; *ders.*, ZGR 2017, 360 (386); einschränkend: *Veil*, NZG 2017, 521 (524); erweiternd auf nicht börsennotierte Gesellschaften und die GmbH: *Klene*, Related Party Transactions, S. 185 f.; *ders.*, GWR 2018, 210 (213).

Aufgrund dessen wird vorgeschlagen, die Möglichkeit der Abbedingung durch eine *opting-out* Vorschrift sicherzustellen.[1297] Die Ausgangssituation ist im Vergleich zur gerade aufgezeigten ersten Möglichkeit identisch. Der Gesetzgeber sollte im Rahmen des Anwendungsbereichs keine Unterscheidung hinsichtlich der Marktzugehörigkeit treffen. Grundsätzlich findet das hier vorgeschlagene Schutzregime damit auf alle Aktiengesellschaften Anwendung. Allerdings wird den nicht börsennotierten Gesellschaften die Möglichkeit gewährt, die Anwendung des Schutzsystems auszuschließen. Das *opting-out* der Vorschriften ist – auch im Vergleich zum eben dargestellten *opting-in* System – der Königsweg. Vorteil der Regelung ist nämlich, dass jede nicht börsennotierte Gesellschaft sich zumindest einmal aktiv mit der Frage auseinandersetzen muss, ob die neuen Vorschriften zur Anwendung kommen oder abbedungen werden sollen. Zudem wird auf ein *opting-out* System gerne dann zurückgegriffen, wenn die Anwendung gewisser Regelungen sichergestellt werden soll.[1298]

Denkbar wäre darüber hinaus, dass der geschlossenen Gesellschaft die Möglichkeit gewährt wird, nicht nur das System als Ganzes, sondern auch einzelne Normen auszuschließen. Im Ergebnis ist diese Möglichkeit abzulehnen. Bei dem hier vorgeschlagenen Modell steht die Geschlossenheit des Schutzsystems im Fokus. Werden einzelne Normen ausgeschlossen, kann dieses System seine Schutzwirkung nicht mehr entfalten. Zudem würde die Möglichkeit in letzter Konsequenz dazu führen, dass der Schutz selbst auf nationaler Ebene nicht vereinheitlicht ist. Folglich darf es sich nur um eine „ganz-oder-gar-nicht-Entscheidung" der geschlossenen Korporation handeln.

VI. Aggregation unwesentlicher Geschäfte

Nach dem Willen des europäischen Gesetzgebers soll der potentiellen Umgehungsmöglichkeit durch die Vereinbarung mehrerer als unwesentlich zu klassifizierender Transaktionen zwischen denselben Parteien mit deren Aggregation begegnet werden. Damit die praktische Durchsetzung sichergestellt ist, ist die Etablierung eines Administrationssystems unabdingbar. Vorgeschlagen wird,

1297 Vgl. dazu § 149e Abs. 3 AktG-E, S. 348. Eine *opting-in* Vorschrift würde nur dann Sinn ergeben, wenn bereits der Anwendungsbereich des Umsetzungsvorschlags auf börsennotierte Gesellschaften beschränkt wäre. Da das aber bei unterbreitetem Vorschlag nicht der Fall ist, scheidet diese Möglichkeit aus.

1298 Als Beispiel dafür kann das UN-Kaufrecht angeführt werden. Dieses nicht auf das nationale Recht beschränkte Kaufrecht gewährt gem. Art. 6 CISG die Möglichkeit des *opting-outs*.

die bereits oben ins Spiel gebrachte Geschäftsorganisation mit der Aggregation der Transaktionen zu betrauen.[1299] Während der Bürokratieaufwand in der Vergangenheit mancherorts als unverhältnismäßig groß beurteilt wurde,[1300] wird sich der Aufwand nach dem hier vorgeschlagenen System, da konzernrechtliche Sachverhalte ausgenommen sind, vergleichsweise in Grenzen halten. Dennoch bestehen keine Zweifel daran, dass die Gesellschaft einen bürokratischen Mehraufwand leisten muss. Dieser Mehraufwand ist aber im Rahmen einer vom europäischen Gesetzgeber gewünschten Aggregation unumgänglich.

Inhaltlich sollen nur solche unwesentlichen Transaktionen aggregiert werden, die nicht von den eben dargestellten Ausnahmetatbeständen erfasst werden.[1301] Das Related Party Regime findet bei wesentlichen Transaktionen, die unter eine Ausnahmevorschrift fallen, keine Anwendung. Dann dürfen unwesentliche Transaktionen, die unter eine der Ausnahmen subsumiert werden können, erst recht nicht erfasst werden. Diese Erkenntnis führt aber zu der für die Praxis äußerst wichtigen Feststellung, dass jede Transaktion, ist sie auch noch so gering, von der Gesellschaft, sprich von der Organisationseinheit, eingehend überprüft werden muss. Neben der Überprüfung der einzelnen Transaktion muss, zumindest einmal alle zwölf Monate, überprüft werden, ob der persönliche Anwendungsbereich eröffnet ist, also die Vertragsparteien nahestehende Personen sind. Das führt dazu, dass jede Transaktion, die zwischen *related parties* getätigt wurde, unabhängig von ihrer Größe, eingehend untersucht werden muss. Denn nur auf diese Weise kann sichergestellt werden, dass die Aggregationsregel gewahrt wird.

Nur in dem Fall, in dem die Geschäftsorganisation das Geschäft bewertet hat und zu dem Schluss gelangt ist, dass eine aggregationsfähige Transaktion vorliegt, wird sie zusammen mit anderen Transaktionen zusammengefasst. Es soll im Ermessen der Gesellschaft stehen, ob sie für die Aggregation auf das Kalenderjahr oder das Geschäftsjahr abstellt.[1302] Der Wortlaut des Umsetzungsvorschlags ist dabei bewusst enger gewählt als der der Richtlinie.[1303] Sinn und Zweck dessen ist darin zu sehen, dass – im Unterschied zum durch die Richtlinie gewährten beliebigen Zeitraum – eine gewisse nationale Vereinheitlichung und Rechtssicherheit erreicht werden soll. Berücksichtigt wird aber doch, dass der Korporation ein gewisser Entscheidungsspielraum gewährt wird.

1299 Siehe dazu § 149f Abs. 1 AktG-E, S. 348.

1300 *Tarde*, ZGR 2017, 360 (376) – "Bürokratiemonster".

1301 Siehe dazu § 149f Abs. 4 AktG-E, S. 349.

1302 Siehe dazu § 149f Abs. 1 AktG-E, S. 348.

1303 Die Richtlinie stellt immerhin heraus, dass die Korporation einen beliebigen 12-Monats Zeitraum wählen darf.

Sollte die Aggregation dazu führen, dass die vorgeschlagene absolute oder relative Werthürde zur Publikation überschritten ist, dann ist die überschreitende Transaktion sowie alle anderen Transaktionen, die zum Überschreiten der Werthürde führten zu veröffentlichen.[1304] Damit ist aber auch klar: Nur die überschreitende Transaktion wird rechtzeitig, das heißt zum Zeitpunkt des Abschlusses, veröffentlicht. Dennoch ist es notwendig, auch die anderen Transaktionen in diesem Zusammenhang zu publizieren, um für eine möglichst große Transparenz zu sorgen. Andernfalls wären die Aktionäre nicht im Bilde, warum die vergleichsweise geringe Transaktion veröffentlicht wird.

Ergibt die Aggregation, dass die 5 % Werthürde überschritten ist, ist nicht die überschreitende, sondern die größte Transaktion vom Aufsichtsratsausschuss zu bestätigen.[1305] Das gebietet der Sinn und Zweck der Norm. Denn andernfalls bestünde die beträchtliche Umgehungsmöglichkeit, eine summenmäßig größere Transaktion in der Art und Weise vorzunehmen, dass sie knapp unterhalb der 5 % Werthürde liegt. Folge dessen wäre, dass einer Transaktion, die nur marginal in die Vermögensposition eingreift, die Zustimmung zu erteilen ist.[1306] Diese Ansicht wird sich aber mehreren Bedenken erwehren müssen. Es könnte angeführt werden, dass diese Überlegung mit dem hier unterbreiteten Umsetzungsvorschlag selbst unvereinbar ist. Denn aus § 149c Abs. 1 AktG-E ergibt sich, dass nur solche Transaktionen der Zustimmung obliegen, die den Schwellenwert von 5 % übersteigen. Das ist im Rahmen der Aggregation aber nur bei derjenigen Transaktion der Fall, die für das Überschreiten der Werthürde verantwortlich ist. Dagegen spricht, dass im Falle der Aggregation nicht isoliert die überschreitende Transaktion bewertet werden sollte. Vielmehr muss die Mehrheit der Transaktionen als Gesamtheit begriffen werden. Diese Auslegung, nur die summenmäßig größte Transaktion zu überprüfen, ist auch mit der Richtlinie vereinbar. Art. 9c Abs. 1 RL spricht gerade nicht davon, dass die Zustimmung bei Abschluss vorliegen muss. Zudem lässt auch der Begriff der Zustimmung – zumindest, wenn man ihn nach deutschem Recht auslegt – keinen Schluss auf den maßgeblichen Zeitpunkt zu.

1304 Siehe dazu § 149f Abs. 2 AktG-E, S. 348; ähnlich: *Jung*, WM 2014, 2351 (2355); *Tarde*, ZGR 2017, 360 (367).

1305 Siehe dazu § 149f Abs. 3 AktG-E, S. 349.

1306 Eine Umgehung kommt bspw. dann in Betracht, wenn eine Related Party Transaction 4,9 % des Vermögens betrifft und erst die nächste Transaktion zwischen diesen Parteien 0,3 % beträgt. In diesem Fall würde nicht die in besonderem Maße in die Vermögensposition der Gesellschaft eingreifende Transaktion überprüft, sondern nur die deutlich geringer einzuschätzende Transaktion, bei der – im vorliegenden Beispiel – noch nicht einmal eine Veröffentlichungspflicht bestünde.

Denn vom Begriff erfasst werden sowohl die vorherige (§ 183 dBGB) als auch die nachträgliche Zustimmung (§ 184 dBGB). *Tarde* gibt zwar zu bedenken, dass es sich dabei nur um ein gesetzgeberisches Versehen handele, und vertritt, unter Berücksichtigung des Kommissionsvorschlags, dass die die Werthürde überschreitende Transaktion der Zustimmung bedürfe.[1307] Bedenkt man aber, dass die Richtlinie lange Zeit in Trilogverhandlungen verbrachte, ist die Annahme eines Redaktionsversehens nicht zwingend. Einzig zu überzeugen weiß das Argument, dass eine zeitlich verzögerte Zustimmungspflicht zu Rechtsunsicherheit führt.[1308] Diese Rechtsunsicherheit scheint aber ausnahmsweise aus verschiedenen Gründen hinnehmbar: 1) Aggregiert werden nur solche Transaktionen, die nicht im gewöhnlichen Geschäftsbetrieb und nicht zu marktüblichen Bedingungen zustande gekommen sind. Gerade die Voraussetzung mangelnder Marktüblichkeit indiziert in gewissem Umfang die Verwerflichkeit der Transaktion. 2) Die Genehmigung der größten Transaktion stellt die einzige Möglichkeit dar, einer Umgehung nach dem gerade beschriebenen Beispiel zuvorzukommen. In einem solchen Fall sind die Parteien damit weniger schutzbedürftig, sodass ein Zuwarten auf die Genehmigung durchaus gerechtfertigt ist. 3) Die Rechtsunsicherheit erstreckt sich auf eine erträgliche Zeitspanne von maximal einem Jahr. Haben sich die Parteien redlich verhalten und haben sie ihre Position nicht zum Nachteil der Korporation oder Aktionäre ausgenutzt, drohen ihnen keine Konsequenzen. Damit besteht eine Rechtsunsicherheit nur auf dem Papier. Vor diesem Hintergrund scheint es gerechtfertigt, nicht die überschreitende, sondern vielmehr die am meisten in das Vermögen der Gesellschaft eingreifende Transaktion durch den Ausschuss des Aufsichtsrats überprüfen zu lassen.

VII. Rechtsfolgen bei Verstoß gegen das Schutzsystem

1) Keine Nichtigkeit im Außenverhältnis!

Sanktionen sollen wirksam, angemessen und abschreckend sein (Art. 14b UAbs. 2 RL).[1309] In der Literatur wurde bisweilen nur gelegentlich Stellung zur Sanktionsnorm des Art. 14b RL bezogen.[1310] Vorgeschlagen wird, die Rechtsfolgen bei Verstoß gegen eine der dargestellten Pflichten in einer eigenen Norm

---

1307 Siehe zur Kritik daran bereits oben, S. 150 mit Fn. 560.

1308 *Tarde*, ZGR 2017, 360 (376).

1309 Diesen weiten Ermessensspielraum „uneingeschränkt“ begrüßend: *J. Vetter*, ZHR 179 (2015), 273 (323).

1310 Jüngst: *Tarde*, Related Party Transactions, S. 231 f.; darüber hinaus haben sich soweit ersichtlich lediglich *Bungert/de Raet*, Der Konzern 2015, 289 (297); *Bungert/Wansleben*,

zu kodifizieren.[1311] Am effektivsten könnte man einem Verstoß gegen das Related Party Schutzregime sicherlich mit der Nichtigkeitsfolge begegnen. Dass die Rechtsfolge der Nichtigkeit im Außenverhältnis im Falle von Related Party Transactions im anglo-amerikanischen und ausländischen deutschsprachigen Rechtskreis eingeschränkt vertreten wird, wurde schon gezeigt.[1312] Ähnliches gilt auch für die Rechtslage in Deutschland, in der die Nichtigkeit solcher Transaktionen de lege lata nicht nur äußerst restriktiv gehandhabt, sondern darüber hinaus auch noch in höchstem Maße umstritten ist. So wird im Falle eines Verstoßes gegen § 112 AktG von einer noch immer stark vertretenen Ansicht eine Nichtigkeit des Geschäfts angenommen,[1313] im Falle eines Verstoßes gegen die Kapitalerhaltungsvorschrift des § 57 AktG wird sie überwiegend abgelehnt.[1314] Der deutsche Gesetzgeber sollte sich hüten, diese restriktive Anwendung der Nichtigkeitsfolge im Rahmen seines Umsetzungsgesetzes zu extensivieren. *Fleischer* betonte zwar bereits zu Zeiten des Kommissionsvorschlags, dass aus der Richtlinie nicht ausdrücklich folge, ob eine Nichtigkeit im Außenverhältnis gewünscht sei.[1315] Da die Sanktionierung aber vollends in den Aufgabenbereich der Mitgliedsstaaten fällt, müssen die vom nationalen Gesetzgeber gewählten Schutzmaßnahmen lediglich wirksam, verhältnismäßig und angemessen sein. Die Nichtigkeit im Außenverhältnis darf von der Kommission

---

DB 2017, 1190 (1200); *Fleischer*, BB 2014, 2691 (2700); *Seidel*, AG 2018, 423 (427 ff.); *J. Vetter*, ZHR 179 (2015), 273 (323) dazu geäußert.

1311 Siehe dazu § 149g AktG-E, S. 349.

1312 Allgemein feststellend bereits: *Fleischer*, BB 2014, 2691 (2700); dem folgend: *J. Vetter*, ZHR 179 (2015), 273 (324); bezugnehmend auf die *Listing Rules*: *Bungert/Wansleben*, DB 2017, 1190 (1200).

1313 OLG Stuttgart AG 1993, 85 (86); OLG Frankfurt a.M. ZIP 2006, 1904 (1906); KG NZG 2011, 865 (866); *Hopt/Roth*, in: Großkomm AktG, § 112 Rn. 109; *Mertens/Cahn*, in: Köln Komm AktG, § 112 Rn. 11; *Ekkenga*, AG 1985, 40 (41 f.); gleichwohl ist aber zu berücksichtigen, dass sich der Gegenansicht, die eine schwebende Unwirksamkeit nach dem Vorbild von §§ 177 ff. BGB und eine Genehmigungsmöglichkeit durch den Aufsichtsrat fordert, immer mehr Stimmen aus der Literatur anschließen: *Drygala*, in: Karsten Schmidt/Lutter, AktG, § 112 Rn. 18 f.; *Habersack*, in: Müko AktG, § 112 Rn. 32; *Hambloch-Gesinn/Gesinn*, in: Hölters, AktG, § 112 Rn. 21; *Koch*, in: Hüffer/Koch, AktG, § 112 Rn. 12; *Spindler*, in: Spindler/Stilz, AktG, § 112 Rn. 49; *E. Vetter*, in: FS Roth, S. 855 (867 f.) – jeweils m.w.N.

1314 BGHZ 196, 312 Rn. 14 ff.; *Drygala*, in: Köln Komm AktG, § 57 Rn. 133 ff.; *Koch*, in: Hüffer/Koch, AktG, § 57 Rn. 32; *J. Vetter*, ZHR 179 (2015), 273 (324) – jeweils m.w.N.

1315 *Fleischer*, BB 2014, 2691 (2700), die veröffentlichte Richtlinie weicht in diesem Punkt nicht von den Entwürfen ab, weshalb die Aussage *Fleischers* weiterhin gelten dürfte.

gar nicht als einzig maßgebliche Sanktionierung in Betracht gezogen werden, denn andernfalls wäre das mitgliedstaatliche Ermessen bei Auswahl geeigneter Sanktionen konterkariert und faktisch unbrauchbar.[1316] Zudem verstieße eine konkretisierte Sanktionierung durch den europäischen Gesetzgeber gegen die Ermächtigungsnormen der Artt. 50 Abs. 2 lit. g, 114 AEUV.[1317] Es liegt also in der Hand der Mitgliedsstaaten, ausreichend effektive Sanktionen zu statuieren. Jedenfalls sollte der deutsche Gesetzgeber keinesfalls die Nichtigkeit im Außenverhältnis über den (streitigen) Fall des § 112 AktG erweitern. Dafür spricht ganz maßgeblich der Schutz des Rechtsverkehrs. Eine Einschränkung dieses Schutzes wird zwar von der Ansicht, die als Rechtsfolge die Nichtigkeit des Geschäfts im Falle von § 112 AktG fordert, als hinnehmbar erachtet, darf aber nicht auf weniger einschneidende Fälle erweitert werden. Denn die Feststellung der Nichtigkeit hat grds. die Rückabwicklung des Geschäfts zur Folge.[1318] Dadurch werden nicht nur die Vertragsparteien beeinträchtigt, sondern auch gänzlich vom Geschäft unabhängige Dritte.

Wenn die Transaktionen im Außenverhältnis nicht nichtig, die Sanktion aber dennoch wirksam, verhältnismäßig und angemessen sein soll, bleibt bei Lichte betrachtet lediglich die Ahndung der Pflichtverletzung im Innenverhältnis. Zusätzlich ist darüber nachzudenken, die Gesellschaft, das pflichtwidrig handelnde Organ oder die fehlerhaft handelnde Person mit einer Geldbuße zu belegen.

2) Sanktionen bei Nichtetablierung einer ordnungsgemäßen Geschäftsorganisation

Unter Heranziehung der zur Compliance-Organisation ergangenen Überlegungen kommt für die Vorstandsmitglieder eine Haftung über § 93 Abs. 2 AktG in Betracht, sofern sie ihrer Pflicht zur Implementierung einer Organisationsstruktur nicht nachkommen.[1319] Übertragen auf den vorliegenden Themenkomplex ist die Pflichtverletzung darin zu sehen, dass der Vorstand es unterlässt, eine geeignete Geschäftsorganisation zu implementieren und damit von vorneherein eine Überprüfung, Aggregation und Veröffentlichung nicht ermöglicht. Indes müssen aber zwei Aspekte Berücksichtigung finden: Erstens kommt eine Haftung

1316 Ähnlich: *Bungert/Wansleben*, DB 2017, 1190 (1200).

1317 *J. Vetter*, ZHR 179 (2015), 273 (323).

1318 Gegen die Nichtigkeit im Außenverhältnis: *Bungert/de Raet*, Der Konzern 2015, 289 (297); *Bungert/Wansleben*, DB 2017, 1190 (1200); *Seidel*, AG 2018, 423 (428); *J. Vetter*, ZHR 179 (2015), 273 (289, 323).

1319 *Fleischer*, in: Spindler/Stilz, AktG, § 91 Rn. 76.

nur im Falle eines für die Gesellschaft eingetretenen Schadens in Betracht. Ob regelmäßig durch die mangelnde Veröffentlichung als Folge fehlender Geschäftsorganisation ein Schaden für die Gesellschaft entsteht, darf bezweifelt werden. Zweitens werden Klagen wegen Verstoßes gegen die Implementierungspflicht aufgrund von Beweisschwierigkeiten vermutlich wenig erfolgreich sein.[1320] Damit ist eine Haftung über § 93 Abs. 2 AktG zwar grundsätzlich möglich, in der Praxis wird die Haftungsnorm für die hier streitigen Fälle nur eine untergeordnete Rolle einnehmen.[1321]

3) *Sanktionen bei Verstoß gegen die Publikationspflicht*

Fraglich ist zudem, welche Sanktion im Falle eines Verstoßes gegen die Publikationspflicht angeordnet werden soll. Dazu bietet sich eine Unterscheidung zwischen zivilrechtlichen und strafrechtlichen Sanktionen an. Eine staatliche oder staatsnahe Kontrolle ist dem deutschen Gesellschaftsrecht fremd und daher abzulehnen.[1322]

a) Zivilrechtliche Sanktionen

Qua Arbeitsvertrag wird dem Related Party Beauftragten[1323] die Aufgabe übertragen, Related Party Transactions aufzudecken, zu überprüfen und, im Falle einer Werthürdenüberschreitung, zu veröffentlichen. Verstößt er gegen diese Pflichten ergeben sich Sanktionen aus allgemeinen zivilrechtlichen und arbeitsvertraglichen Regelungen. Folgt man der ständigen arbeitsrechtlichen Rechtsprechung, gilt der

---

1320 Allerdings muss berücksichtigt werden, dass Probleme bei der Beweisführung auch im Rahmen der Compliance-Pflichten vermutet wurden, die Rechtsprechung dem aber in der Praxis mit Beweiserleichterungen hilft, vgl.: LG München I BeckRS 2014, 01998, *Fleischer*, in: Spindler/Stilz, AktG, § 91 Rn. 77.

1321 Sollte der Vorstand keine geeignete Geschäftsorganisation einrichten, muss zusätzlich an die Bußgeldnormen der §§ 130, 30 OWiG gedacht werden. Siehe dazu unten, S. 334 ff.

1322 Im Ergebnis ebenso: *Klene,* Related Party Transactions, S. 235 ff., angelehnt an englische und australische Praxis gibt er zu bedenken das eine staatliche Kontrolle durch die BaFin bzw. eine neu einzurichtende Aufsichtsbehörde nach stiftungsrechtlichem Vorbild oder zumindest eine staatsnahe Kontrolle durch die Deutsche Prüfstelle für Rechnungslegung zielführend sein könnte. Im Ergebnis gelangt er aber richtigerweise zu dem Schluss, dass eine interne Kontrolle für das Gesellschaftsrecht stringenter und damit vorzugswürdig ist; a.A.: *Veil*, NZG 2017, 521 (526); dem folgend: *Tarde*, Related Party Transactions, S. 232.

1323 Gleiches gilt für die Person, die in der zu implementierenden Geschäftsorganisation (Related Party Abteilung) für die Veröffentlichung der Transaktion zuständig ist.

Grundsatz, dass einfachste Fahrlässigkeit für einen Anspruch auf Schadensersatz nicht ausreichen soll, da das „typische Abirren" als Folge menschlicher Unzulänglichkeit zu billigen ist.[1324] Etwas anderes gilt bei Vorliegen gewöhnlicher oder grober Fahrlässigkeit. Bei gewöhnlicher Fahrlässigkeit ist unter Abwägung aller Gesamtumstände über das „ob" einer Haftung zu entscheiden.[1325] Liegt ein grob fahrlässiges Verhalten vor, ist, anders als bei vorsätzlichem Verhalten, nicht unbedingt von einer Haftung des Arbeitnehmers auszugehen. Unter engen Voraussetzungen ist in diesem Fall eine Haftungsbeschränkung möglich.[1326] Jedenfalls darf festgehalten werden, dass derjenige, der seine Pflicht zur Publikation vorsätzlich oder grob fahrlässig verletzt, aus dem Arbeitsvertrag haftet.

b) *Strafrechtliche Sanktionen*

Strafrechtlich zur Verantwortung gezogen werden soll auch derjenige, der eine Veröffentlichung im Falle der Werthürdenüberschreitung unterlässt. Eine strafrechtliche Sanktionierung durch Annahme einer Garantenstellung im Sinne von § 13 StGB mag zwar für den Compliance-Officer sinnvoll sein,[1327] ist aber für den Fall einer unterbleibenden oder fehlerhaften Veröffentlichung von Related Party Transactions zu weitgehend. Strafrechtlich soll der Handelnde nur im Einzelfall bei vorsätzlicher oder grob fahrlässiger Schädigung belangt werden. Durch die Einrichtung einer Geschäftsorganisation soll sichergestellt werden, dass alle abträglichen Geschäfte kenntlich gemacht werden, was aber nicht zu einer ausufernden strafrechtlichen Verantwortung des zur Ausführung Berufenen führen darf.

Darüber hinaus stellt es sich als sinnvoll dar, die ausbleibende oder fehlerhafte Offenlegung mit einem Bußgeld zu sanktionieren. Die Verhängung einer Geldbuße verfolgt gleich mehrere Ziele. Primär soll ein vom Gesetz nicht gebilligtes Verhalten sanktioniert werden.[1328] Es handelt sich dabei um eine Sanktion

---

1324 BGH NJW 1958, 235 (237); NJW 1972, 440; NZA 1994, 1083.

1325 *Joussen*, in: BeckOK Arbeitsrecht, § 611a BGB Rn. 436 f.

1326 Siehe dazu nur: BAG NZA 2011, 345; siehe ferner zum gesamten Problemkreis der Haftungsfragen von Arbeitnehmern: *Joussen*, in: BeckOK Arbeitsrecht, § 611a BGB Rn. 435 ff. m.v.w.N.

1327 *Moosmayer*, Compliance, Rn. 132.

1328 *Mitsch*, in: KK OWiG, § 17 Rn. 4; *Achenbach*, BB 2000, 1116 (1119).

sui generis, die repressive[1329], aber auch präventive[1330] Funktionen auf sich vereint. Nachrangig wird in der Geldbuße aber auch eine Gewinnabschöpfungsfunktion gesehen, womit erreicht werden soll, dass kein Vermögensgewinn bei dem ordnungswidrig Handelnden verbleibt.[1331] Dementsprechend stellt die Implementierung einer Geldbuße grundsätzlich ein effektives Mittel dar, um die Publikation der Related Party Transactions sicherzustellen. Dabei greift sie aber, anders als eine Geldstrafe, nicht zu stark in das Persönlichkeitsrecht des pflichtwidrig Handelnden ein, da zwar das Vermögen durch staatlichen Eingriff gemindert, das Ansehen des Betroffenen indes nicht beeinträchtigt wird.[1332]

Dass eine Sanktionierung im Wege einer Geldbuße notwendiges Mittel darstellt, wird in der Literatur nicht einheitlich beurteilt. *Veil*, der eine kapitalmarktrechtliche Offenlegung fordert, schlägt vor, die Überprüfung der Bundesanstalt für Finanzdienstleistungsaufsicht (BaFin) aufzuerlegen und im Falle „vorsätzliche[r] oder leichtfertige[r] Regelverstöße" eine Sanktionierung mit einer Ordnungswidrigkeit vorzusehen.[1333] Während *Bungert/de Raet* eine Sanktionierung ebenfalls im Wege einer neu zu schaffenden Bußgeldvorschrift begrüßen,[1334] bewerten *Bungert/Wansleben* die Einrichtung einer Bußgeldnorm im Vergleich zu den in § 405 AktG geregelten Tatbeständen als überschießend.[1335] Richtig ist, dass eine ausbleibende oder fehlerhafte Veröffentlichung sanktioniert werden muss. Da die Veröffentlichung durch eine geeignete Stelle innerhalb der Geschäftsorganisation zu erfolgen hat, kommt eine Haftung dieser Personen auf Grundlage des § 93 Abs. 2 AktG nicht in Betracht.

1329 Der repressive Charakter folgt daraus, dass die Geldbuße darauf gerichtet ist, dass eine bestimmte Ordnung durchgesetzt wird, siehe dazu nur: BayObLG NZV 1991, 317 (318).

1330 Für den Täter selbst hat die Geldbuße auch präventiven Charakter. Ihm wird eine Pflichtenmahnung erteilt, weshalb er die pflichtwidrige Handlung nicht nochmals ausführen wird (Spezialprävention). Darüber hinaus mahnt eine Geldbuße aber auch alle anderen Personen davor, nicht ähnliche Zuwiderhandlungen auszuführen (Generalprävention). Siehe zur Unterscheidung: *Mitsch*, in: KK OWiG, § 17 Rn. 9.

1331 *Mitsch*, in: KK OWiG, § 17 Rn. 10; *Achenbach*, BB 2000, 1116 (1119); *Labusga*, VersR 2017, 394 (394).

1332 So das Bundesverfassungsgericht in ständiger Rechtsprechung: BVerfGE 9, 167 (171); 22, 49 (79); 27, 18 (33).

1333 *Veil*, NZG 2017, 521 (526).

1334 *Bungert/de Raet*, Der Konzern 2015, 289 (297).

1335 *Bungert/Wansleben*, DB 2017, 1190 (1200); dem folgend jüngst: *Seidel*, AG 2018, 423 (429).

Sinn und Zweck des Aktienstrafrechts besteht darin, Aktionäre, Gläubiger und sonstige an der Gesellschaft interessierte Personen zu schützen.[1336] Der Schutzzweck stimmt damit en gros mit dem Schutz bei Related Party Transactions überein. Damit bietet sich ein Rückgriff auf die Bußgeldnormen an, um sicherzustellen ist, dass das neu eingeführte Schutzsystem auch in der Praxis eingehalten wird. Warum eine Bußgeldnorm unter Rückgriff auf § 405 AktG überschießend ist, wird nicht erläutert. Bei Betrachtung des Wortlauts kann vielmehr das genaue Gegenteil geschlossen werden. In § 405 Abs. 2, 2a AktG wird statuiert, dass ordnungswidrig handelt, wer bestimmte veröffentlichungspflichtige Angaben bzw. Mitteilungen nicht oder nicht richtigmacht. Heruntergebrochen auf die hier vorgeschlagene Veröffentlichungspflicht geht es im Grunde um nichts anderes, nämlich um die Verhängung eines Bußgeldes im Falle einer unterlassenen oder unrichtigen veröffentlichungspflichtigen Angabe. Dass es sich bei dem Medium, auf dem veröffentlicht wird, nicht um ein spezielles Verzeichnis, sondern lediglich um die Internetseite der Gesellschaft handelt, darf für die rechtliche Beurteilung keine Rolle spielen.

Dennoch sollte die vorliegende Konstellation allein vor dem Hintergrund von Rechtsklarheits- und Rechtssicherheitserwägungen nicht unter bekannte Bußgeldvorschriften (z.B. § 405 Abs. 2, Abs. 2a AktG) subsumiert werden. Vielmehr sollte der Gesetzgeber eine neue Bußgeldvorschrift vorsehen. Denkbar wäre ein neuer § 405 Abs. 2b AktG, der die Ordnungswidrigkeit im Falle eines Verstoßes gegen die Publikationspflicht aus § 149b AktG-E statuiert.[1337] In Anlehnung an die Absätze 2 und 2a könnte der Wortlaut wie folgt aussehen:

„Ordnungswidrig handelt, wer als zuständige Stelle entgegen § 149b AktG eine Veröffentlichung nicht oder nicht richtig macht.“

Damit wird hinreichend deutlich, wer Täter der Ordnungswidrigkeit ist. Sekundär ist damit der disziplinierende Effekt verbunden, dass der zur Publikation Verantwortliche im Falle einer persönlichen bußgeldbewerten Haftung eine noch größere Sorgfalt bei der Veröffentlichung walten lässt. Die Verfolgung und Durchsetzung der Vorschrift unterliegt den Vorschriften des Ordnungswidrigkeitengesetzes.

Zusätzlich dazu sollte überlegt werden, eine Verbandsgeldbuße für eine fehlende oder fehlerhafte Publikation vorzusehen. Dadurch könnte die Durchsetzung der Publikationspflicht nochmals gesteigert werden. Denn wenn dem Verband

1336 *Schaal*, in: Müko AktG, Vorbemerkungen Straf- und Bußgeldvorschriften Rn. 18.
1337 Denkbar wäre auch, die neue Vorschrift in § 405 Abs. 3a Nr. 3 AktG zu integrieren.

als solchem eine Geldbuße auferlegt wird, hat der Vorstand im Rahmen seiner ihm obliegenden Pflichten besondere Aufmerksamkeit walten zu lassen.[1338] Im deutschen Strafrecht gilt zwar der „societas delinquere non potest"-Grundsatz,[1339] dieser wird jedoch durch §§ 9, 30, 130 OWiG in weitem Umfang aufgelockert. Die Verbandsgeldbuße findet in § 30 OWiG gesetzlichen Niederschlag. Die Vorschrift regelt, dass ein Verhalten einer der Leitungsebene zuzuordnenden Person (§ 30 Abs. 1 Nr. 1–5 OWiG) dem Verband zuzurechnen ist, mit der Folge, dass der Verband als solcher haftet.[1340] Problematisch könnte dabei aber sein, dass die handelnde Person eine herrschende Stellung innerhalb der Gesellschaft bekleiden muss. Übertragen auf die Publikationspflicht der Related Party Transactions bedeutet das: Sollte die Veröffentlichung dem Vorstand obliegen und verletzt der Vorstand durch fehlende oder fehlerhafte Publikation die ihm obliegende Pflicht, würde eine Verbandsgeldbuße zumindest nicht anhand der starken Position innerhalb des Unternehmens scheitern. Da hier vorgeschlagen wird, die Veröffentlichung der neu zu integrierenden Geschäftsorganisation zu überlassen, die sicherlich nicht eine mit den Nummern 1 – 5 vergleichbare Stellung einnimmt, kann § 30 OWiG, zumindest auf diesem Wege, nicht gangbar gemacht werden.

Dennoch ist es möglich, eine Verbandsgeldbuße vorzusehen. Rechtliche Grundlage dafür stellt § 130 OWiG dar. Dadurch werden Fälle erfasst, in denen ein Mitarbeiter unterhalb der Leitungsebene einen Straftat- oder Ordnungswidrigkeitentatbestand verwirklicht und die Zuwiderhandlung in Zusammenhang mit der geschäftlichen Tätigkeit steht. Diese Zuwiderhandlung soll dem Verband zugerechnet werden, wobei eine Verbandsgeldbuße durch § 30 OWiG verhängt werden soll.[1341] § 130 OWiG wird also dem Interesse gerecht, dass aus dem Unternehmen heraus rechtswidrig gehandelt wird, aber entweder nicht ermittelbar

---

1338 Das ergibt sich zum einen aus der Überlegung, dass es zum Pflichtenkreis des Vorstands gehört, Schäden von der Gesellschaft abzuwenden. Wenn der Gesellschaft aber ein Bußgeld auferlegt wird, muss er sich zumindest vor den Anteilseignern rechtfertigen, was auf der jährlich stattfindenden Hauptversammlung zu einer Verweigerung seiner Entlastung führen kann. Zudem muss auch berücksichtigt werden, dass Verbandsgeldbußen durch einen Innenregress vom Vorstand ersetzt werden müssen. Dieser Innenregress ist allerdings im Schrifttum als auch in der Rechtsprechung dogmatisch höchst umstritten. Es soll an dieser Stelle nicht Aufgabe vorliegender Arbeit sein, diesen Streitstand darzustellen und zu bewerten. Siehe dazu bereits: *Labusga*, VersR 2017, 394.

1339 „Eine Gesellschaft kann kein Unrecht/Straftat begehen", vgl. zu diesem Themenkomplex: *Achenbach*, NZWiSt 2012, 321; *Lohbeck*, JSE 2014, 5; *Rogall*, GA 2015, 260.

1340 BGHSt 46, 207 (211); *Lohbeck*, JSE 2014, 5 (8); *Rogall*, GA 2015, 260 (322).

1341 BGH NJW 1994,1801 (1803); *Grützner/Leisch*, DB 2012, 787 (788).

ist oder nicht bewiesen werden kann, wer gehandelt hat.[1342] Damit fungiert der § 130 OWiG als – einen Begriff aus der Literatur aufgreifend – „Transmissionsriemen".[1343] Da es auf die rechtswidrig handelnde Person nicht ankommt, verlagert § 130 OWiG das Problem und sanktioniert eine unterlassene oder fehlerhafte Organisation etwaiger Aufsichtsmaßnahmen. Hat der, folgt man dem Wortlaut des § 130 OWiG, Inhaber des Unternehmens keine geeigneten Kontroll- und Informationsprozesse etabliert und hätte die Zuwiderhandlung durch die Aufsichtsmaßnahme verhindert oder wesentlich erschwert werden können, dann handelt der Inhaber des Unternehmens ordnungswidrig. Der Wortlaut des § 130 OWiG muss aber aufgrund von § 9 Abs. 1 OWiG erweitert werden, wodurch die Handlungen der Organe bzw. der vertretungsberechtigten Organmitglieder dem Inhaber zugerechnet werden.[1344]

Zur Verwirklichung des objektiven Tatbestands des § 130 AktG ist eine Anknüpfungstat erforderlich, das heißt, eine andere Person als der Betriebsinhaber muss gegen betriebsbezogene Pflichten verstoßen und dadurch einen Straftat- oder Ordnungswidrigkeitentatbestand verwirklicht haben.[1345] Dabei kann sich die Betriebsbezogenheit nach heute entschiedenem Streit auch aus Allgemeindelikten ergeben, vorausgesetzt, sie stehen in der konkreten Situation im Zusammenhang mit der Betriebsführung.[1346] Als Ordnungswidrigkeit kann § 405 Abs. 2b AktG n.F. herangezogen werden. Jedenfalls wäre die Pflichtverletzung eine betriebsbezogene. Damit kommt ein Bußgeld gegen den Inhaber des Geschäfts in Betracht. Da es sich bei § 130 OWiG um eine Anknüpfungstat im Sinne von § 30 Abs. 1 OWiG handelt, kann eine Verbandsgeldbuße über § 30 OWiG verhängt werden.

Damit wird die Frage aufgeworfen, welche Aufsichtsmaßnahmen der Vorstand treffen muss, damit eine Haftung über § 130 OWiG ausscheidet. § 130 OWiG spielt vor allem in der strafrechtlichen Sanktionierung bei einem Verstoß gegen Compliance-Maßnahmen[1347] und bei Kartellordnungswidrigkeiten

---

1342 BGH NJW 1994,1801 (1803); *Achenbach*, NZWiSt 2012, 321 (323).

1343 *Grützner/Leisch*, DB 2012, 787 (788); *Többens*, NStZ 1999, 1 (8).

1344 *Beck*, in: BeckOK OWiG, § 130 Rn. 36; *Achenbach*, NZWiSt 2012, 321 (323 f.); *Grützner/Leisch*, DB 2012, 787 (788); *Labusga*, VersR 2017, 394 (395); *Többens*, NStZ 1999, 1 (8).

1345 *Grützner/Leisch*, DB 2012, 787 (788).

1346 *Beck*, in: BeckOK OWiG, § 130 Rn. 85; *Grützner/Leisch*, DB 2012, 787 (788) jeweils m.w.N.

1347 *Beck*, in: BeckOK OWiG, § 130 Rn. 125 ff.

eine prägende Rolle.[1348] Auf dieser Grundlage hat sich die Konkretisierung herausgebildet, dass sowohl die sorgfältige Auswahl der Aufsichtspersonen sowie Mitarbeiter als auch die Überwachung im Rahmen des Zumutbaren zu den Aufgaben gehören, die vom Vorstand zu treffen sind.[1349] Dieses Aufgabengebiet wird auf die Fälle der Related Party Transactions erweitert. Wenn der Vorstand keine geeignete Geschäftsorganisation implementiert, das heißt, mindestens eine qualifizierte Person mit den oben genannten Pflichten betraut, verletzt er seine Pflicht gem. § 130 OWiG. Allerdings muss berücksichtigt werden, dass diese Sanktion und die damit verbundene Verbandsgeldbuße meist nur Ultima Ratio sein wird.[1350] Wenn der Vorstand seiner Pflicht zur Implementierung einer Geschäftsorganisation und der stichprobenartigen Überwachung nachkommt, hat der Verband keine Sanktion im Sinne des § 130 OWiG zu befürchten.

4) Sanktionen bei Verstoß gegen den Zustimmungsvorbehalt

Zuletzt müsste deutsches Recht auch den Verstoß gegen das Zustimmungserfordernis sanktionieren. Dafür ist zwischen mehreren Verhalten zu unterscheiden, die zu einer Sanktionierung führen können: wenn die Ausschussbildung und die Delegation der Zustimmung unterlassen wird, wenn der Ausschuss fehlerhaft gebildet wird oder wenn die Mitglieder im Ausschuss fehlerhaft beschließen. Deutsches Recht sieht de lege lata schon effektive Sanktionen vor, sodass ein Tätigwerden des deutschen Gesetzgebers nicht angezeigt ist.

a) Anwendung allgemeiner Haftungsmaßstäbe, §§ 116 Abs. 1, 93 Abs. 2 AktG

Haftungsmaßstab für das Aufsichtsratsmitglied stellen die §§ 116 Abs. 1, 93 Abs. 2 AktG dar, die im Falle des Vorliegens eine griffige Schadensersatzhaftung auch für das Aufsichtsratsmitglied statuieren. Es handelt sich dabei zwar um eine allgemein gehaltene Haftungsvorschrift, die von speziellen Haftungsvorschriften ergänzt wird (z.B. § 117 AktG), ihr Anwendungsbereich ist aber dadurch, dass Aufsichtsratsmitglieder die Sorgfalt eines ordentlichen und gewissenhaften Aufsichtsratsmitglieds an den Tag zu legen haben, ungleich größer. Dieser weite Sorgfaltsmaßstab ist Generalklausel und sorgt dafür, dass den Aufsichtsrat ausdifferenzierte Sorgfaltspflichten treffen. Darunter fallen mit Sicherheit die qua

---

1348 *Achenbach*, NZWiSt 2012, 321 (324).

1349 *Achenbach*, NZWiSt 2012, 321 (324).

1350 Diese rechtspolitische Folgerung wird auch für die Criminal-Compliance angedacht, vgl.: *Beck*, in: BeckOK OWiG, § 130 Rn. 129.

Gesetz festgelegten Sorgfaltspflichten (z.B. die Überwachungs- und Beratungsaufgabe gem. § 111 Abs. 1 AktG).[1351]

Diese Sorgfaltspflichten werden aber in dem Fall, in dem vom Aufsichtsrat unter Berücksichtigung von Effizienzgesichtspunkten Ausschüsse gebildet werden, konkretisiert. Denn dann gilt der Grundsatz, dass nur die Mitglieder, die dem Ausschuss angehören, für die Entscheidung im Rahmen ihrer Ausschusstätigkeit haften. Das ergibt sich aus der Überlegung, dass durch die Aufgabenverteilung der Gesamtaufsichtsrat von der unmittelbaren Erfüllung der Aufgabe entlastet werden soll.[1352] Das bedeutet im Umkehrschluss aber nicht, dass die übrigen Aufsichtsratsmitglieder von sämtlichen Pflichten befreit sind. Insbesondere gehört zu deren Pflichten, darauf zu achten, dass der Aufsichtsrat als Gesamtorgan durch entsprechende Organisation seinen Aufgaben gerecht wird.[1353] Die Pflichten werden im Falle eines erledigenden Ausschusses dahingehend konkretisiert, dass jedes Aufsichtsratsmitglied auch die Tätigkeit der Ausschüsse im Auge behalten muss. Damit sind Fälle angesprochen, in denen ein Aufsichtsratsmitglied Kenntnis von mangelnder Ordnungsmäßigkeit erhält und in diesem Zuge verpflichtet ist, den Aufsichtsrat als Gesamtorgan einzuberufen.[1354] Festzuhalten ist, dass das im Ausschuss sitzende Aufsichtsratsmitglied eine gesteigerte Verantwortlichkeit trifft.

Nach dem hier unterbreiteten Vorschlag wird indes die Pflicht des Aufsichtsrats statuiert, einen Ausschuss in bestimmter Art und Weise zusammenzusetzen.[1355] Verletzt der Aufsichtsrat diese Pflicht, indem er entweder den Ausschuss gar nicht implementiert oder fehlerhaft besetzt, begehen die Aufsichtsratsmitglieder eine Pflichtverletzung. Damit kommt, vorausgesetzt, die übrigen Tatbestandsmerkmale der §§ 116 Abs. 1, 93 Abs. 2 AktG liegen vor, eine Haftung über ebendiese Vorschriften in Betracht. Darüber hinaus sieht deutsches Recht

---

1351 Zu beachten ist aber, dass die gesetzlichen Sorgfaltspflichten konkretisierungsbedürftig sind. So ergeben sich aus dem § 111 AktG keine konkreten Pflichten für den Aufsichtsrat. Diese wurden im Laufe der Zeit durch Rechtsprechung und Literatur konkretisiert. So gehört zur Überwachungsaufgabe grundsätzlich nicht die Überwachung des Tagesgeschäfts, wohl aber die Überwachung einer geeigneten Compliance-Organisation. Vgl. zu alledem: *Krause*, NStZ 2011, 57 (58).

1352 *Habersack*, in: Müko AktG, § 107 Rn. 168; *Hopt/Roth*, in: Großkomm AktG, § 107 Rn. 448; *Mertens/Cahn*, in: Köln Komm AktG, § 107 Rn. 179; *Krause*, NStZ 2011, 57 (65).

1353 *Habersack*, in: Müko AktG, § 107 Rn. 169; *Mertens/Cahn*, in: Köln Komm AktG, § 107 Rn. 179.

1354 *Lutter/Krieger/Verse*, Aufsichtsrat, Rn. 1004.

1355 Siehe dazu § 149c Abs. 2, 3 AktG-E, S. 346.

weitere Normen vor, die pflichtwidriges Aufsichtsratshandeln sanktionieren. Es verfolgt allerdings einen anderen Ansatzpunkt, nämlich das Infragestellen der Position des Aufsichtsratsmitglieds.

Für den Fall, in dem das Aufsichtsratsmitglied, egal ob als Mitglied des Ausschusses oder als Mitglied des gesamten Organs, gegen seine Pflicht verstößt, kommt als Folge des Fehlverhaltens die Verweigerung der Entlastung in Betracht (§ 120 AktG). Sollte sie – aus welchen Gründen auch immer – schon erteilt worden sein, kann bei einem „schwerwiegenden und eindeutigen Gesetzes- oder Satzungsverstoß"[1356] der Entlastungsbeschluss angefochten werden.[1357] Zudem besteht die Möglichkeit, dass Aufsichtsratsmitglieder durch die Hauptversammlung nach § 103 Abs. 1 AktG oder durch das Gericht unter Bezugnahme des § 103 Abs. 3 AktG abberufen werden.[1358] Jedenfalls führen diese beiden Normen alleine zu einer starken ex-post Sanktionierung. Denn es liegt genauso wenig im Interesse des Aufsichtsratsmitglieds, seine privilegierende Stellung zu verlieren, wie am Ende des Geschäftsjahres nicht entlastet zu werden. Denn ohne Entlastung wären die Folgen für das Aufsichtsratsmitglied aufgrund der unsicheren Rechtslage in der Folgezeit nachteilig.

b) Restriktive Anwendung der Aufsichtsratsuntreue, § 266 StGB

Unter engen Voraussetzungen kommt für die Aufsichtsratsmitglieder eine strafrechtliche Verantwortlichkeit bei Verwirklichung des Untreuetatbestands (§ 266 StGB) in Betracht.[1359] Bei der so genannten Aufsichtsratsuntreue handelt es sich um ein „sachbezogen kaufmännisches Überschreiten intern eingeräumter Organkompetenz, welches der Gesellschaft geschäftswidrig wirtschaftliche (Vermögens-)Potenz entzieht, die Gebote sorgfältiger Risikosteuerung vernachlässigt oder die dauerhafte Unternehmensrentabilität sonst wie (un-)organisiert-verantwortungslos beeinträchtigt."[1360] Zur Tatbestandsverwirklichung ist aber stets eine Nachteilszufügung erforderlich, wobei der Begriff des Nachteils mit dem des Vermögensschadens äquivalent ist. Sollte es der Aufsichtsrat versäumen, den Ausschuss zu implementieren, müsste zur Tatbestandsverwirklichung stets auch

1356 BGH NZG 2013, 339 (339).

1357 So die ständige Rechtsprechung des Bundesgerichtshofs: BGH NZG 2003, 280; NZG 2005, 77; DStR 2009, 2692; NZG 2012,1064; NZG 2013, 339.

1358 Dabei müssen allerdings im Falle einer Arbeitnehmermitbestimmung die zusätzlichen Vorschriften der Mitbestimmungsgesetze berücksichtigt werden, § 103 Abs. 4 AktG.

1359 Ähnlich: *Seidel*, AG 2018, 423 (429).

1360 *Brammsen*, ZIP 2009, 1504 (1505).

ein – in diesem Fall vermutlich nur schwer nachweisbarer – Vermögensschaden vorliegen. Anders ist die Situation freilich dann zu bewerten, wenn der Aufsichtsratsausschuss über eine Transaktion beschließt, dabei aber bewusst zum Nachteil der Gesellschaft entscheidet. Dann handelt es sich immer noch um eine Einzelfallentscheidung, eine strafrechtliche Verantwortlichkeit nach § 266 StGB ist dann aber freilich naheliegender.[1361]

c) Rechtsfolge fehlerhafter Aufsichtsratsausschussbeschlüsse

Fraglich ist zudem, wie der Beschluss des Aufsichtsratsausschusses bei einem etwaigen Fehler zu bewerten ist. Das Gesetz äußert sich zu Beschlussmängeln durch den Aufsichtsrat nicht, es ist, bezogen auf Aufsichtsratsbeschlüsse, lückenhaft. Dabei muss Berücksichtigung finden, dass der BGH schon im Jahre 1993 in seinem Grundsatzurteil festgestellt hat, dass die aus dem Beschlussmängelrecht bekannten §§ 241 ff. AktG aufgrund mangelnder vergleichbarer Interessenlage nicht analog auf Aufsichtsratsbeschlüsse anzuwenden sind.[1362] Insbesondere spreche gegen die analoge Anwendung, dass es bei Aufsichtsratsbeschlüssen, anders als im Rahmen von §§ 241 ff. AktG, nicht um den Schutz der Öffentlichkeit gehe.[1363] Mit anderen Worten seien Aufsichtsrats- und Hauptversammlungsbeschlüsse strukturell nicht zu vergleichen.[1364] Anders als ein Beschluss der Hauptversammlung wird bei Beschlüssen durch den Aufsichtsrat folglich nicht zwischen anfechtbaren und nichtigen Beschlüssen unterschieden.[1365] Der Beschluss ist nichtig, wenn er gegen Gesetz oder Satzung verstößt oder entgegen einer Verfahrensvorschrift zustande gekommen ist.[1366] Die Nichtigkeit des Beschlusses muss mit der Feststellungsklage geltend gemacht werden, vorausgesetzt, es besteht ein rechtliches Interesse an der Nichtigkeitsfeststellung, § 256

1361 Dass der Untreuetatbestand im Rahmen von fehlerhaftem Aufsichtsratshandeln nicht nur von theoretischem, sondern immer mehr auch von praktischem Interesse ist, zeigen die Anzahl der Veröffentlichungen und gerichtlichen Entscheidungen zu dem Thema: BGH NJW 2016, 2585 – Nürburgring; OLG Braunschweig NZWiSt 2013, 264; *Brammsen*, ZIP 2009, 1504; *Krause*, NStZ 2011, 57.

1362 BGHZ 122, 342 (346), seitdem ist das die Linie der Rechtsprechung: BGHZ 124, 111 (115); 135, 244 (247); 164, 249 (252); BayObLG NZG 2003, 691 (693); OLG Frankfurt a.M. ZIP 2007, 72; OLG Stuttgart AG 2007, 873.

1363 BGHZ 122, 342 (347).

1364 BGHZ 122, 342 (347 f.) siehe ferner zu alledem: *Fleischer*, DB 2013, 160 (161).

1365 Ausführlich zu alledem: *Hopt/Roth*, in: Großkomm AktG, § 108 Rn. 131–140.

1366 *Habersack*, in: Müko AktG, § 108 Rn. 73.

Abs. 1 ZPO.[1367] Rechtsfolge der Feststellung ist die ex-tunc Nichtigkeit des Beschlusses über § 139 BGB.[1368] Da in diesem Fall eine Rückabwicklung einmal genehmigter Transaktion im Raum steht und damit große Rechtsunsicherheit für die an der Transaktion beteiligten Parteien auf der Hand liegt, sollen Möglichkeiten betrachtet werden, durch die die Rechtsfolge der Nichtigkeit geheilt werden kann. Dass die Rechtsfolge der ex-tunc Nichtigkeit nicht absolut zu verstehen ist, sondern vielmehr an manchen Stellen restriktiv durch die Rechtsprechung eingeschränkt wird, zeigt schon das Bestehen des Rechtsinstituts der fehlerhaften Gesellschaft.[1369]

Hinsichtlich der Nichtigkeit eines Aufsichtsratsbeschlusses hat sich eine dreigliedrige Betrachtung etabliert. Während schwerwiegende Mängel zur uneingeschränkten Nichtigkeit führen sollen, können minderschwere Mängel geheilt werden. Verstöße gegen bloße Ordnungsvorschriften sollen die strenge Rechtsfolge der Nichtigkeit nicht herbeiführen können.[1370] Der BGH hat in der oben zitierten Grundsatzentscheidung bereits festgehalten, dass bei minderschweren Mängeln ein „angepaßter Einsatz des Rechtsinstituts der Verwirkung"[1371] in Betracht kommt. Damit ist gemeint, dass die Nichtigkeit innerhalb einer angemessenen Frist geltend gemacht werden soll. Erfolgt eine Geltendmachung nicht, dann habe der Mangel keine Auswirkungen auf den Bestand des Beschlusses.[1372] Berücksichtigt werden muss aber, dass dem Aufsichtsrat durch Hinweis an den Aufsichtsratsvorsitzenden die Möglichkeit gegeben werden soll, den Mangel zu beheben, bevor eine gerichtliche Feststellung der Nichtigkeit erfolgt.[1373] Nur in

---

1367 *Habersack*, in: Müko AktG, § 108 Rn. 85; *Hambloch-Gesinn/Gesinn*, in: Hölters, AktG, § 108 Rn. 76.

1368 *Spindler*, in: Spindler/Stilz, AktG, § 108 Rn. 84.

1369 Wurde die Gesellschaft auf fehlender Vertragsgrundlage gegründet und dieser Fehler wurde Jahre später durch bspw. die Anfechtung beseitigt, führte das bei konsequenter Anwendung der Anfechtungsregeln (§ 142 BGB) zu einer Rückabwicklung jeden Geschäfts. Aufgrund dessen ist anerkannt, dass die fehlerhafte Gesellschaft wie eine ordnungsgemäß gegründete Gesellschaft zu behandeln ist. Das hat aber freilich nicht zur Folge, dass der Gesellschaftsvertrag keine Mängel mehr hat. Vielmehr sind die durch die mangelbehafteten Regelungen entstandenen Regelungen durch ergänzende Vertragsauslegung zu schließen, vgl.: BGHZ 47, 293 (301).

1370 Siehe zu dieser Einteilung bspw.: *Drygala*, in: Karsten Schmidt/Lutter, AktG, § 108 Rn. 218; *Lutter/Krieger/Verse,* Aufsichtsrat, Rn. 739 ff.; *Fleischer*, DB 2013, 217 (218 f.).

1371 BGHZ 122, 342 (351).

1372 *Lutter/Krieger/Verse,* Aufsichtsrat, Rn. 742.

1373 BGHZ 122, 342 (352); *Lutter/Krieger/Verse,* Aufsichtsrat, Rn. 742.

dem Fall, in dem ein schwerwiegender Mangel[1374] vorliegt, ist die Rechtsfolge der Nichtigkeit nicht zu beheben. Damit bleibt dem Ausschuss nur die Möglichkeit, einen neuen Beschluss zu fassen. Freilich könnte man überlegen, die Maßstäbe, die im Rahmen eines unzuständigen Aufsichtsratsauschusshandelns aufgestellt wurden, auf diese Fälle zu erweitern.[1375] Das hätte zur Folge, dass dem Gesamtaufsichtsrat die Genehmigung des an sich nichtigen Beschlusses obliegen würde. Damit würde man dem Gesamtaufsichtsrat allerdings bei Lichte betrachtet die Entscheidung über die Zustimmung überlassen. Da der herrschende Aktionär in diesem Falle seine starke Stellung ausnutzen könnte, was ja gerade durch die Ausschussbildung vermieden werden sollte, ist diese Überlegung abzulehnen. Überspitzt betrachtet könnten einzelne Ausschussmitglieder die Nichtigkeit der Beschlussergebnisse herausfordern, um damit eine Entscheidung des Plenums herbeizuführen. Qua Gesetz stehen dem natürlich einige Hürden im Weg – zu nennen ist an dieser Stelle sicherlich die Haftung des Mitglieds aus §§ 116, 93 Abs. 2 AktG und dass die Geltendmachung eines nichtigen Beschlusses ausnahmsweise wegen Rechtsmissbrauchs im Sinne von § 242 BGB unbeachtlich sein könnte –, allerdings sollte der Nachweis einer Rechtsmissbräuchlichkeit oder einer Pflichtverletzung in der Praxis alles andere als leichtfallen. In diesem Fall bleibt dem Ausschuss also nur die Möglichkeit, den Beschluss erneut zu fassen. Rechtlich gesehen würde das dazu führen, – vorausgesetzt, dieser Beschluss ist fehlerfrei zustande gekommen – dass der vorherige Beschluss gem. § 141 BGB geheilt wird.[1376]

VIII. Vereinbarkeit mit deutschem Recht de lege lata?

Letztlich bleibt die Frage zu klären, wie bestehende Schutzvorschriften deutschen Rechts mit dem hier vorgeschlagenen System vereinbar sind.[1377] Vorgeschlagen wird, dass die bisherigen und die neu zu implementierenden Normen grundsätzlich nebeneinanderstehen.[1378] Allerdings sind dadurch, dass deutsches Recht kein in sich geschlossenes System aufweist, sondern durch Einzelvorschriften

1374 Ein schwerwiegender Mangel liegt beispielsweise vor, wenn der Ausschuss nicht beschlussfähig war (BayObLG NZG 2003, 691 (693)) oder eine nicht zu vertretene Ermessensentscheidung getroffen wurde (BGHZ 135, 244 (251 ff.)).

1375 *Rellermeyer*, Aufsichtsratsausschüsse, S. 41 ff.; *Hopt/Roth*, in: Großkomm AktG, § 108 Rn. 169.

1376 So ausdrücklich: OLG Hamm AG 1991, 399 (400).

1377 Dazu siehe bereits oben, S. 29 ff.

1378 Vor diesem Hintergrund wird ein neuer § 149h AktG angeregt, der das Konkurrenzverhältnis zu bestehenden Schutzvorschriften anordnet, siehe dazu unten, S. 349.

den Schutz bei Geschäften mit nahestehenden Personen gewährleistet, Wertungswidersprüche zunächst unvermeidbar. Diese Widersprüche müssen bei Umsetzung der Richtlinie identifiziert und beseitigt werden.

Recht unproblematisch gestaltet sich das Zusammenspiel von deutschem Konzernrecht mit dem vorgeschlagenen Schutzsystem. Da faktisches und Vertragskonzernrecht von der Bereichsausnahme[1379] erfasst werden, kann deutsches Konzernrecht de lege lata ohne Einschränkungen beibehalten werden. Eine ähnliche Bewertung ist ebenfalls für die ex-post Veröffentlichung auf Grundlage deutscher Rechnungslegungsvorschriften und der International Accounting Standards vorzunehmen. Bei Lichte betrachtet kommt es zwar durch die vorgesehene ad-hoc Publizität zu einer doppelten Veröffentlichung der Transaktion. Diese Konsequenz erscheint allerdings für die Gesellschaft aus zweierlei Gründen zumutbar. 1. Die ad-hoc Veröffentlichung erfordert keinen derart großen Arbeitsaufwand, wodurch die zweifache Veröffentlichung unverhältnismäßig erscheinen würde. 2. Ferner ist das Medium, auf dem veröffentlicht wird, ein anderes, denn die ad-hoc Veröffentlichung soll vornehmlich auf der unternehmenseigenen Webseite erfolgen, womit vermutlich auch ein größerer Personenkreis Kenntnis von den die Transaktion beinhaltenden Informationen erlangt.

Schwieriger gestaltet sich das Nebeneinanderstehen alter und neuer Regelungen bei Geschäften mit Organmitgliedern (§§ 89, 112, 114, 115 AktG) und bei Geschäften mit Aktionären (insb. § 57 AktG). Denn deutsches Recht statuiert bei diesen Geschäften bereits Rechtsfolgen, die entweder strenger sind, als das vom europäischen Gesetzgeber gefordert ist, oder strukturell große Unterschiede zum hier unterbreiteten Umsetzungsvorschlag aufweisen. So sieht § 112 AktG ein schärferes Schwert bei Verträgen mit Vorstandsmitgliedern vor, indem der Aufsichtsrat, ungeachtet der Wertigkeit der Transaktion, die Gesellschaft vertritt. § 112 AktG soll und darf nicht durch das vorgeschlagene Schutzmodell eingeschränkt, sondern muss als lex specialis begriffen werden, der das Zustimmungserfordernis des Aufsichtsrats verdrängt. Abgesehen von dem Zustimmungserfordernis bleiben alle restlichen Normen des Schutzsystems anwendbar. Insbesondere die Publikationspflicht[1380] und die Aggregationsregelung[1381] müssen – sofern die Voraussetzung vorliegen – weiterhin berücksichtigt werden. Auf den Related Party Beauftragten oder die Related Party Abteilung wird Arbeit zukommen! Ein Konflikt mit § 112 AktG kommt immer dann in

1379 Siehe dazu § 149e Abs. 1 AktG-E, S. 348.

1380 Siehe dazu § 149b AktG-E, S. 346.

1381 Siehe dazu § 149f AktG-E, S. 348 f.

Betracht, wenn eine Transaktion zwischen der Gesellschaft und dem Vorstandsmitglied vorliegt. Vom Anwendungsbereich des § 112 AktG erfasst werden zwar auch nahestehende Personen des Vorstandsmitglieds, allerdings nur, sofern sich die herzuleitenden Ansprüche aus dem Vorstandsverhältnis selbst ergeben.[1382] Der persönliche Anwendungsbereich des Umsetzungsentwurfs spannt somit ein deutliches weiteres Netz um das Vorstandsmitglied. Denn durch das extensive Verständnis[1383] wird der Anwendungsbereich auf entfernte Verwandte erweitert. Werden Verträge nicht mit Vorstandsmitgliedern, sondern mit entfernten Verwandten geschlossen, findet § 112 AktG gerade keine Anwendung. Die die Korporation treffenden Pflichten bemessen sich dann nach dem neuen Schutzsystem. Durch das Bestehen von § 112 AktG werden die neu zu integrierenden Vorschriften keinesfalls obsolet, sondern erweitern den Schutz vor abträglichen Transaktionen im Falle des Vertragsschlusses zwischen Gesellschaft und Vorstandsmitglied. Um das Zusammenspiel zwischen § 112 AktG und dem hier vorgeschlagenen Schutzsystem harmonischer auszugestalten, sollte die Korporation im Einzelfall überlegen, ob sie die Befugnisse, die sich aus § 112 AktG ergeben (Beschlussfassung und Ausführung) auf den Related Party Ausschuss überträgt. Diese Übertragung ist im Rahmen von § 107 Abs. 3 AktG durchaus statthaft[1384] und würde vor dem Hintergrund, dass fachlich besonders gut geschulte Aufsichtsratsmitglieder über den Vertrag entscheiden, durchaus Sinn ergeben. Der auf jeden Fall existente Schutz bei Verträgen mit Vorstandsmitgliedern, geht deutlich über die Erwartungshaltung des europäischen Gesetzgebers hinaus.

Zu überlegen ist, ob § 112 AktG bei Geschäften zwischen der Gesellschaft und einer anderen Gesellschaft, an der das Vorstandsmitglied beteiligt ist, konkretisiert werden soll. Wie in Kapitel 2 ausführlich dargelegt, besteht Uneinigkeit darüber, inwieweit diese Fälle von § 112 AktG erfasst werden.[1385] Die herrschende Lehre verweist dazu auf die Unbestimmtheit des Begriffs der maßgeblichen Beteiligung. Es sei nicht ersichtlich, wann eine die Anwendung des § 112 AktG rechtfertigende maßgebliche Beteiligung vorliegt. *Theusinger/Guntermann* geben vor dem Hintergrund des Verweises auf IAS 24.9 i.V.m. IFRS 10.5 ff. zu bedenken, dass dieses Argument nun gegenstandslos sein könnte.[1386] Maßgeblich sei danach der Begriff der „Beherrschung", die dann vorliegt „wenn

1382 Siehe dazu bereits oben, S. 33 f. mit Fn. 42.

1383 Siehe dazu bereits § 149d Abs. 2 lit. a, Abs. 3 AktG-E, S. 348.

1384 BGHZ 65, 190 (191); *Habersack*, in: Müko AktG, § 112 Rn. 22; *Spindler*, in: Spindler/Stilz, AktG, § 112 Rn. 33 jeweils m.w.N.

1385 Siehe dazu bereits oben, S. 36 ff.

1386 *Theusinger/Guntermann*, AG 2017, 798 (804).

das Vorstandsmitglied die Verfügungsgewalt über das Unternehmen besitzt, einer Risikobelastung ausgesetzt ist und seine Verfügungsgewalt in Richtung einer Renditeveränderung nutzen kann."[1387] Wenn man, wie hier angenommen, die Fälle maßgeblicher Beteiligung unter den Anwendungsbereich des § 112 AktG subsumiert, bietet es sich an, ab einer Beteiligungsquote von 51 % von einer abstrakten Gefahr auszugehen. Insofern stellt § 112 AktG auch in diesem Kontext eine lex specialis Regelung dar. Sollte der Anwendungsbereich des § 112 AktG – wie von der herrschenden Lehre angenommen – nicht auf diese Fälle extensiviert werden, dann greift das hier vorgeschlagene Umsetzungsmodell vollumfänglich ein. Die Transaktion ist dann jedenfalls nicht nach § 112 AktG zu bewerten.

Zu einem Widerspruch führt auch das Verhältnis zwischen §§ 89, 114, 115 AktG und dem Umsetzungsvorschlag. Denn die aufgeführten Normen sehen eine Zustimmung unabhängig von einer gewissen Werthürdenüberschreitung vor.[1388] Im Falle von § 114 AktG ist der Dienstvertrag oder Werkvertrag höherer Art unabhängig von der Beteiligungsgröße nur bei Vorliegen der Aufsichtsratszustimmung wirksam, im Falle von §§ 89, 115 AktG soll der Aufsichtsrat dem Abschluss eines Darlehensvertrags mit Vorstandsmitgliedern (§ 89 AktG) oder Aufsichtsratsmitgliedern (§ 115 AktG) zustimmen. Der Gesetzgeber spricht nur davon, dass der Aufsichtsrat zustimmen soll. Ähnlich wie bei § 112 AktG kann daraus nicht der Schluss gezogen werden, dass der Gesamtaufsichtsrat zwingend entscheiden soll. Vielmehr ist auch hier eine Delegation an einen Ausschuss möglich[1389] und in diesem Fall sogar angezeigt. Liegt ein Geschäft vor, das unter §§ 89, 114 oder 115 AktG fällt, dann soll der Related Party Ausschuss dieses Geschäft unabhängig von der Werthürde untersuchen. Für eine Delegation auf den Ausschuss spricht erneut, dass der konzipierte Ausschuss effektiver arbeitet, schneller und einfacher zusammenkommt als das Plenum und in größerem Umfang unabhängiger ist.[1390] Ähnlich wie bei § 112 AktG sollen die restlichen Regelungen des Schutzsystems weiterhin zur Anwendung kommen.

1387 *Theusinger/Guntermann*, AG 2017, 798 (804).

1388 § 115 Abs. 1 AktG setzt, anders als §§ 89 und 114 AktG, zusätzlich einschränkend voraus, dass der Aufsichtsrat in den Vertragsschluss eingewilligt, also seine vorherige Zustimmung im Sinne von § 183 S. 1 BGB erteilt hat.

1389 Ein Delegationsverbot ist für keine der dargestellten Regelungen einschlägig, für § 114 AktG: BGHZ 194, 14 Rn. 21; *Habersack*, in: Müko AktG, § 114 Rn. 30 m.w.N.; für § 115 AktG: *Habersack*, in: Müko AktG, § 115 AktG Rn. 17 m.w.N.

1390 Gleichwohl soll die Entscheidung über die Delegation auf den Aufsichtsratsausschuss der Organisationsautonomie des Aufsichtsrats überlassen werden. Das führt auch nicht zu einem Widerspruch zur Richtlinie: Der Ausschuss wurde insbesondere vor

Letztlich bleibt zu klären, wie die Kapitalerhaltungsvorschrift des § 57 AktG mit dem neuen System in Einklang gebracht werden kann.[1391] § 57 AktG ist durch sein extensives Verständnis die zentrale Norm der Kapitalerhaltung im deutschen Recht, allerdings werden von der Norm nicht mehr strikt alle Fälle erfasst. Insbesondere werden Darlehen und Sicherheitsleistungen an Aktionäre nicht mehr von § 57 AktG erfasst, vorausgesetzt sie werden in der Bilanz nicht aufgeführt, das heißt als bilanziell neutrale Geschäfte angesehen.[1392] § 57 AktG darf aufgrund seiner wichtigen Stellung im Aktiengesetz nicht eingeschränkt werden. Die Rechtsfolge der Rückgewähr ist angemessen. Es werden Umgehungssachverhalte erfasst. Die Ausgangssituation ist demnach beinahe identisch mit der des § 112 AktG. Das neue Related Party Schutzsystem webt aufgrund seines Anwendungsbereichs ein weiteres Netz. Aufgrund dessen muss das Schutzsystem immer dann zum Tragen kommen, wenn eine Ausnahme von § 57 AktG greift oder wenn ein Dritter eingeschaltet wird, der nicht schon durch ebendiese Vorschrift erfasst wird. In diesem Fall ist das neue Schutzsystem durchaus angemessen.

Auf den ersten Blick scheinen die Konkurrenzen den Anwendungsbereich des unterbreiteten Vorschlags zu schmälern. Doch dieser Anschein trügt. Die de lege lata existenten Normen werden durch den Umsetzungsentwurf vielmehr erweitert und vervollständigt. Das gilt im Besonderen für die zusätzliche Publikationspflicht, die Verwaltung durch den Related Party Beauftragten (oder die Related Party Abteilung) und die Aggregation der Transaktion. Durch den weiten Anwendungsbereich wird der Minderheitenschutz verbessert. Dort, wo es zu einem Widerspruch mit bestehenden Normen kommt, hat der Umsetzungsentwurf zurückzutreten. Vor dem Hintergrund, dass deutsches Recht bei einem Widerspruch strengere Regelungen vorsieht als die Richtlinie des europäischen Gesetzgebers, ist dieses Zurücktreten durchaus gerechtfertigt. Lediglich bei Verträgen zwischen dem Organ und der Korporation, die eine Zustimmung des Aufsichtsrats zur Folge hat, sollte die Korporation erwägen, den Zustimmungsvorbehalt dem Related Party Ausschuss zu übertragen. Damit wäre sämtliches *Know-How* auf vier Personen innerhalb des Aufsichtsrats gebündelt.

---

dem Hintergrund implementiert, dass der herrschende Aktionär seine herrschende Stellung im Aufsichtsrat nicht uneingeschränkt ausnutzen kann. Dieses Risiko ist aber besonders bei Geschäften mit dem Aktionär virulent. Wenn, wie hier, ein Geschäft mit einem Organmitglied in Rede steht, genügt die analoge Anwendung des § 34 BGB.

1391 Siehe zur Kapitalerhaltungsvorschrift des § 57 AktG bereits oben, S. 55 ff.

1392 *Bayer/Selentin*, NZG 2015, 7 (11).

C) Vorschlag für eine gesetzliche Regelung

„Fünfter Teil. Geschäfte mit nahestehenden Unternehmen und Personen"

§ 149a Ordnungsgemäße Geschäftsorganisation

(1) Die Gesellschaft muss über eine ordnungsgemäße Geschäftsorganisation verfügen, um zu gewährleisten, dass Related Party Transactions aufgedeckt und die Normen dieses Teils eingehalten werden.

(2) Alle administrativen Aufgaben sollen gebündelt von einer von der Aktiengesellschaft zu benennenden Stelle übernommen werden.

§ 149b Ad-hoc Publizität

(1) Transaktionen mit nahestehenden Personen und Unternehmen, die 0,5 % der Bilanzsumme oder 200.000 € übersteigen, sind zum Zeitpunkt des Abschlusses durch die nach § 149a AktG einzurichtende Stelle zu veröffentlichen.

(2) Die Bekanntmachung muss mindestens Informationen zur Art des Verhältnisses zu den nahestehenden Unternehmen oder Personen, die Namen der nahestehenden Unternehmen und Personen, das Datum und den Wert des Geschäfts und alle weiteren Informationen enthalten, die erforderlich sind, um zu bewerten, ob das Geschäft aus Sicht der Gesellschaft und der Aktionäre, die weder ein nahestehendes Unternehmen noch eine nahestehende Person sind, einschließlich der Minderheitsaktionäre, angemessen und vernünftig ist.

(3) [1]Die Veröffentlichung hat auf der unternehmenseigenen Internetseite oder durch die Gesellschaftsblätter zu erfolgen. [2]Die Veröffentlichung soll von einem Rundschreiben an die Aktionäre arrondiert werden.

§ 149c Zustimmungserfordernis

(1) Transaktionen mit nahestehenden Personen und Unternehmen, die mehr als 5 % der Bilanzsumme betreffen, müssen vom Aufsichtsrat bestätigt werden.

(2) [1]Gesellschaften, deren Aufsichtsrat der Mitbestimmung unterliegt, haben zu diesem Zwecke einen Vierer-Ausschuss mit der Zustimmung zu betrauen (Related Party Ausschuss). [2]Dieser Ausschuss besteht aus zwei Vertretern der Anteilseigner, einem Vertreter der Minderheitsaktionäre und einem Arbeitnehmervertreter. [3]Im Falle einer Stimmengleichheit entscheidet der Abschlussprüfer über die Transaktion.

(3) [1]Hält die Minderheit weniger als den fünften Teil des Grundkapitals, kann die Gesellschaft statt des Minderheitsvertreters ein anderes unabhängiges Mitglied benennen. [2]Unterliegt die Gesellschaft nicht der Arbeitnehmermitbestimmung, ist auch der Arbeitnehmervertreter durch ein anderes unabhängiges Mitglied zu ersetzen.

(4) Bei Geschäften zwischen der Korporation und einem Vorstandsmitglied kann auf das Erfordernis der Zustimmung verzichtet werden.

§ 149d Begriffsbestimmung

(1) Nahestehende Unternehmen und Personen sind Personen oder Unternehmen, die dem abschlusserstellenden Unternehmen („berichtendes Unternehmen“) nahestehen.

- *a. Eine Person oder ein naher Familienangehöriger dieser Person steht einem berichtenden Unternehmen nahe, wenn sie/er*
  - *i. das berichtende Unternehmen beherrscht oder an dessen gemeinschaftlicher Führung beteiligt ist*
  - *ii. maßgeblichen Einfluss auf das berichtende Unternehmen hat oder*
  - *iii. im Management des berichtenden Unternehmens oder eines Mutterunternehmens des berichtenden Unternehmens eine Schlüsselposition bekleidet*
- *b. Ein Unternehmen steht einem berichtenden Unternehmen nahe, wenn eine der folgenden Bedingungen erfüllt ist:*
  - *i. Das Unternehmen und das berichtende Unternehmen gehören derselben Unternehmensgruppe an (was bedeutet, dass alle Mutterunternehmen, Tochterunternehmen und Schwestergesellschaften einander nahestehen)*
  - *ii. Eines der beiden Unternehmen ist ein assoziiertes Unternehmen oder ein Gemeinschaftsunternehmen des anderen (oder ein assoziiertes Unternehmen oder Gemeinschaftsunternehmen eines Unternehmens einer Gruppe, der auch das andere Unternehmen angehört)*
  - *iii. Beide Unternehmen sind Gemeinschaftsunternehmen desselben Dritten*
  - *iv. Eines der beiden Unternehmen ist ein Gemeinschaftsunternehmen eines dritten Unternehmens und das andere ist assoziiertes Unternehmen dieses dritten Unternehmens*
  - *v. Das Unternehmen ist ein Plan für Leistungen nach Beendigung des Arbeitsverhältnisses zugunsten der Arbeitnehmer entweder des berichtenden Unternehmens oder eines dem berichtenden Unternehmen nahestehenden Unternehmens. Handelt es sich bei dem berichtenden Unternehmen selbst um einen solchen Plan, sind auch die in diesen Plan einzahlenden Arbeitgeber als dem berichtenden Unternehmen nahestehend zu betrachten*
  - *vi. Das Unternehmen wird von einer unter Buchstabe a genannten Person beherrscht oder steht unter gemeinschaftlicher Führung, an der eine unter Buchstabe a genannte Person beteiligt ist*

vii. *Eine unter Buchstabe a Ziffer i genannte Person hat maßgeblichen Einfluss auf das Unternehmen oder bekleidet im Management des Unternehmens (oder eines Mutterunternehmes des Unternehmens) eine Schlüsselposition*

(2) *Nahe Familienangehörige einer Person sind Familienmitglieder, von denen angenommen werden kann, dass sie bei ihren Transaktionen mit dem Unternehmen auf die Person Einfluss nehmen oder von ihr beeinflusst werden können. Dazu gehören*
   a. *Kinder und Ehegatte oder Lebenspartner dieser Person*
   b. *Kinder des Ehegatten oder Lebenspartners dieser Person und*
   c. *abhängige Angehörige dieser Person oder des Ehegatten oder Lebenspartners dieser Person*

(3) [1]*Bei einem Geschäft handelt es sich um eine Übertragung von Ressourcen, Dienstleistungen oder Verpflichtungen zwischen einem berichtenden Unternehmen und einem nahestehenden Unternehmen/ einer nahestehenden Person, unabhängig davon, ob dafür ein Entgelt in Rechnung gestellt wird.* [2]*Vom Begriff nicht umfasst ist der Abschluss von Organisationsverträgen.*

§ 149e Ausnahmen

(1) *Geschäfte, die zwischen verbundenen Unternehmen abgeschlossen werden, fallen nicht unter diese Regelungen.*

(2) [1]*Geschäfte, die im gewöhnlichen Geschäftsbetrieb und zu marktüblichen Bedingungen zustande gekommen sind, fallen nicht unter diese Regelungen.* [2]*Zu diesem Zweck hat die nach § 149a Abs. 1 AktG einzurichtende Stelle ein Verfahren zu implementieren, wodurch bewertet werden kann, dass das Geschäft zu marktüblichen Bedingungen und im Rahmen des gewöhnlichen Geschäftsbetriebs abgeschlossen wurde.*

(3) *Nicht börsennotierte Unternehmen können in der Satzung vorsehen, dass die Regelungen dieses Teils für ihre Gesellschaft keine Anwendung finden sollen.*

§ 149f Aggregation mehrerer Geschäfte

(1) *Die nach § 149a Abs. 1 AktG einzurichtende Geschäftsorganisation hat sicherzustellen, dass Geschäfte zwischen denselben nahestehenden Unternehmen und Personen, die nicht unter die Verpflichtung der § 149b AktG und § 149c AktG fallen, für die Zwecke dieser Paragraphen innerhalb des Geschäftsjahres oder Kalenderjahres aggregiert werden.*

(2) *Übersteigt die Aggregation die in § 149b Abs. 1 AktG genannte Werthürde, ist diese Transaktion sowie alle weiteren Transaktionen, die für die Aggregation verantwortlich sind, zu veröffentlichen.*

(3) Übersteigt die Aggregation die in § 149c Abs. 1 AktG genannten Werthürde, unterliegt die summenmäßig größte Transaktion der Zustimmung des Aufsichtsratsausschusses.
(4) Aggregiert werden nur solche Transaktionen, die nicht unter die Ausnahmevorschriften von § 149e AktG fallen.

§ 149g Rechtsfolgen

(1) Wird gegen die Publikationspflicht verstoßen, ist ein Bußgeld nach § 405 Abs. 2b AktG *n.F. zu entrichten.*
(2) Verstößt der Vorstand, Aufsichtsrat oder die nach § 149a AktG einzurichtende Stelle gegen Pflichten dieses Teils kommt eine Schadensersatzpflicht nach allgemeinen Grundsätzen in Betracht.

§ 149h Konkurrenzen

Die Vorschriften der §§ 57, *89, 112, 114, 115 AktG sowie die Vorschriften über die ex-post Publizität im Rahmen der Rechnungslegungsvorschriften nach HGB und IAS/IFRS bleiben unberührt.*

Kapitel 6: Schlussbetrachtung in Thesen

1. Wenngleich der Terminus Related Party Transactions im deutschen Recht noch keinen Niederschlag gefunden hat, sind die Anteilseigner, die Korporation und sonstige Dritte, insbesondere die Gläubiger, nicht schutzlos gestellt. Das Schutzsystem im deutschen Recht beruht ganz maßgeblich auf einer Vielzahl von Einzelnormen, die die potentielle Gefahrensituation erfassen und zum Teil strengere Anforderungen vorsehen.
2. Rechtsvergleichende Überlegungen haben gezeigt, dass es hinsichtlich des Schutzsystems bei Related Party Transactions nicht darauf ankommt, ob die Gesellschaft monistisch oder dualistisch aufgebaut ist. Gleichwohl beruht der Schutz im anglo-amerikanischen Rechtkreis auf einem in sich geschlossenen System, während der Schutz im deutschsprachigen Rechtskreis durch das Abstellen auf Einzelnormen gewährleistet wird. Für börsennotierte Gesellschaften wird der Schutz im anglo-amerikanischen Rechtskreis durch die Börsenzulassungsregeln erheblich verschärft.
3. Der Vorschlag der Europäischen Kommission zur Änderung der Aktionärsrechterichtlinie ist im Hinblick auf Art. 9c zu Recht massiv kritisiert worden. Durch die Einflussnahme von Parlament und Rat hat die Richtlinie nach Abschluss der Trilogverhandlungen deutlich an Sprengkraft verloren.
4. Trotzdem ist Art. 9c der neugefassten Aktionärsrechterichtlinie alles andere als ein Erfolg. Während das Anliegen aus Brüssel, den Minderheitsschutz zu verbessern, durchaus nachvollziehbar ist, wirft Art. 9c zumindest für den deutschen Gesetzgeber mehr Fragen auf als er Antworten bietet. Durch die eingeräumten großen Ermessensspielräume wird dem Bedürfnis Rechnung getragen, dass möglichst viele nationale Rechtsordnungen die europäischen Einflüsse ohne Schwächung des bekannten und bewährten nationalen Rechts implementieren sollen. Allerdings wird durch diesen extensiven Spielraum der Gedanke einer unionsweiten Harmonisierung ad absurdum geführt. Das gilt in besonderem Maße für den Ermessensspielraum bei Festlegung der Wesentlichkeitsschwellen. Dadurch kann schon ein Mindestmaß an Harmonisierung nicht gewährleistet werden, weshalb aus dem Blickpunkt deutschen Rechts die Frage erlaubt sein muss, worin der Mehrwert des vorgeschlagenen Systems liegt.
5. Aufgrund dessen ist eine restriktive Umsetzung der Richtlinie geboten. Damit soll einerseits verhindert werden, dass deutsches Aktienrecht von systemfremden Überlegungen durchstoßen wird, andererseits muss darauf

geachtet werden, dass der deutsche Gesetzgeber seiner Umsetzungspflicht gerecht wird.

6. Die Umsetzung eines Related Party Schutzsystems hat en-bloc in einem neuen fünften Teil des ersten Buches (§§ 149a – 149g AktG) zu erfolgen. Dessen amtliche Überschrift lautet: „Geschäfte mit nahestehenden Unternehmen und Personen". Auf diese Weise kann deutsches Recht der internationalen Kritik entgehen, es habe kein konsequentes und in sich geschlossenes System. Von einer Umsetzung, angehängt an einzelne Normen des Aktiengesetzes, ist abzusehen.
7. Die Vorschriften des in §§ 149a ff. AktG neu zu implementierenden Schutzsystems stehen grundsätzlich neben de lege lata existenten Normen. Dort, wo deutsches Recht strengere Anforderung vorsieht, ist dieses Recht lex specialis. Da deutsches Recht die Extensivierung des Anwendungsbereichs auf nahestehende Personen im Vergleich zur Richtlinie restriktiv behandelt, erweitert das Schutzsystem den Minderheitenschutz und wird auch in praxi eine gewisse Relevanz aufweisen.
8. Die Aktiengesellschaft hat zur Überprüfung der Related Party Transactions zwingend eine geeignete Geschäftsorganisation zu implementieren. Der Gesetzgeber soll der Korporation weiten Spielraum bei Einsetzung der Geschäftsorganisation lassen. Gleichwohl scheint ein Related Party Beauftragter oder eine Related Party Abteilung sinnvoll. Ihr werden weitläufige Aufgaben übertragen: Sie hat über den Anwendungsbereich des Schutzsystems zu entscheiden (persönlicher und sachlicher Anwendungsbereich; Vorliegen einer Ausnahme), hat Kleinsttransaktionen zwischen denselben Parteien zu aggregieren und hat die Transaktion bei Überschreitung der Werthürde zu veröffentlichen. Mit einer ordnungsgemäßen Geschäftsorganisation steht und fällt die Anwendbarkeit des Schutzsystems.
9. Maßgebliche Werthürden für die Publikation ergeben sich aus einem Zusammenspiel von relativen und absoluten Schwellenwerten. Überschreitet eine Related Party Transaction die relative Werthürde von 0,5 % der Bilanzsumme oder die absolute Werthürde von 200.000 €, ist die Transaktion bei Abschluss zu veröffentlichen. Zum Zwecke der Publikation soll sich der Gesetzgeber an § 161 Abs. 2 AktG orientieren und zumindest wahlweise eine Publikation über die eigene Internetseite gestatten. Diese aktienrechtliche ad-hoc Publizität arrondiert die bereits bekannten ex-post Rechnungslegungsvorschriften.
10. Neben der eigentlichen Veröffentlichung sind weitere Informationen anzufügen, die eine Bewertung der *Fairness* der Transaktion zulassen. Da die Erstellung einer *Fairness Opinion* die Gesellschaft nur Ressourcen kostet und

der Mehrwert dessen als nicht maßgeblich einzustufen ist, ist eine *Fairness Opinion* nicht zu erstellen.

11. Als fakultatives anlegerschützendes Element wird vorgeschlagen, dass die Korporation nach englischem Vorbild ein Rundschreiben (sog. *circular*) zur Transaktion an alle Anleger übermitteln soll. Damit wird der Korporation im Wege der Eigenverpflichtung eine Möglichkeit aufgezeigt, den eigenen Anlegerschutz zu verbessern.
12. Damit deutsches Recht den Richtlinienvorgaben gerecht wird, wird die gesetzliche Implementierung eines Related Party Ausschusses im Aufsichtsrat vorgeschlagen. Der Ausschuss soll mit vier Personen besetzt werden und trägt der Intention des europäischen Gesetzgebers Rechnung, dass der herrschende Aktionär die Transaktion nicht alleine zur Wirksamkeit gereichen lassen kann. Der Ausschuss besteht im Falle einer mitbestimmten Gesellschaft aus einem Vertreter des Minderheitsaktionärs, einem Arbeitnehmervertreter und zwei Vertretern des herrschenden Aktionärs. Hält die Minderheit weniger als 5 % der Anteile an der Gesellschaft, muss kein Vertreter der Minderheit in den Aufsichtsrat gewählt werden. In diesem Fall ist anstelle des Minderheitsvertreters ein anderes unabhängiges Mitglied in den Ausschuss zu entsenden. Handelt es sich um einen mitbestimmungsfreien Aufsichtsrat, ist anstelle eines Arbeitnehmervertreters ein anderes unabhängiges Mitglied in den Ausschuss zu entsenden.
13. Überschreitet die Transaktion die relative Werthürde von 5 % der Bilanzsumme, ist die Transaktion vom Related Party Ausschuss des Aufsichtsrats im Wege der Zustimmung zu bestätigen. Kommt es in dem Vierer-Ausschuss zu einer Pattsituation, hat der Abschlussprüfer als unabhängige, höchsten ethischen Normen entsprechende Stelle über die Wirksamkeit der Transaktion zu entscheiden.
14. Als Bewertungsmaßstab für die relativen Werthürden ist es systemkonform zum deutschen Bilanzrecht die Bilanzsumme heranzuziehen. Mehrere Bezugsgrößen nach anglo-amerikanischem Vorbild sind abzulehnen.
15. Durch das Bestehen von § 112 AktG kann bei Geschäften zwischen der Korporation und dem Vorstandsmitglied, bzw. einer nach § 112 AktG nahestehenden Person, auf das Erfordernis der Zustimmung verzichtet werden. § 112 AktG ist extensiv auf Geschäfte zu erweitern, an denen das Vorstandsmitglied maßgeblich beteiligt ist. Eine maßgebliche Beteiligung ist bei einer Quote von mindestens 51 % anzunehmen. Empfohlen wird, die Vertretung der Gesellschaft dem Related Party Ausschuss zu übertragen. Die Entscheidung darüber obliegt aber der Organisationsautonomie des Aufsichtsrats (§ 107 Abs. 3 AktG).

16. Unter Berücksichtigung von Harmonisierungsgesichtspunkten innerhalb des nationalen deutschen Rechts sollen die Termini „nahestehend“ und „Geschäft“ gleichbedeuten zu den Begriffen der internationalen Rechnungslegung (IAS 24) definiert werden. Dabei ist der Begriff des „Geschäfts“ übereinstimmend mit dem Terminus des „Geschäftsvorfalls“. Die Begriffe sind durch das Aktiengesetz selbst gesetzlich zu bestimmen. Auf einen Verweis in das Rechnungslegungsrecht ist zu verzichten.
17. Deutsches faktisches Konzernrecht und deutsches Vertragskonzernrecht sind aufgrund eines angemessenen Schutzniveaus vom Anwendungsbereich der Regelungen herauszunehmen. Das gilt für *upstream* und *downstream* Geschäfte gleichermaßen.
18. Wurde das Geschäft zu marktüblichen Bedingungen und im Rahmen des gewöhnlichen Geschäftsbetriebs abgeschlossen, ist es vom Schutzregime auszunehmen. Die Entscheidung darüber obliegt der von der Korporation zu bildenden Stelle.
19. Da der Interessenkonflikt im Rahmen von Related Party Transactions nicht in Zusammenhang zur Marktzugehörigkeit steht, sollen auch geschlossene Gesellschaften von den Regelungen profitieren. Geschlossenen Aktiengesellschaften ist aber die Möglichkeit zu gewähren, dass Related Party Schutzsystem auszuschließen. Dafür ist eine ausdrückliche Entscheidung für den Ausschluss notwendig (*opting-out*).
20. Geschäfte zwischen denselben nahestehenden Personen, die nicht zu marktüblichen Bedingungen zustande gekommen sind oder außerhalb des gewöhnlichen Geschäftsbetriebs abgeschlossen wurden, werden aggregiert. Die Entscheidung, ob für die Aggregation auf das Geschäftsjahr oder das Kalenderjahr abzustellen ist, wird der Gesellschaft überlassen. Der administrative Aufwand rund um die Aggregation obliegt der zuständigen Stelle innerhalb der Korporation. Wird durch die Aggregation die kleinere Werthürde überschritten, ist diese, sowie alle zur Werthürdenüberschreitung verantwortlichen Transaktionen zu veröffentlichen. Wird die höhere Werthürde überschritten, ist die größte Transaktion durch den Aufsichtsrat zu genehmigen.
21. Ein Verstoß gegen das Related Party Schutzsystem führt nicht zur Nichtigkeit im Außenverhältnis. Im Falle fehlender Offenlegung kommen zivilrechtliche Sanktionen im Innenverhältnis in Betracht. Daneben tritt eine neu zu gestaltende Bußgeldnorm. Im Falle fehlender bzw. fehlerhafter Zustimmung ist neben der zivilrechtlichen Sanktionierung im Innenverhältnis ausnahmsweise eine strafrechtliche Sanktionierung über § 266 StGB denkbar.

Literaturverzeichnis

Achenbach, Hans: Die steuerliche Absetzbarkeit mehrerlösbezogener Kartellgeldbußen, BB 2000, 1116 ff.

Achenbach, Hans: Verbandsgeldbuße und Aufsichtspflichtverletzung (§§ 30 und 130 OWiG) – Grundlagen und aktuelle Probleme, NZWiSt 2012, 321 ff.

Alparslan, Adem: Strukturalistische Prinzipal-Agent-Theorie, Eine Reformulierung der Hidden-Action-Modelle aus der Perspektive des Strukturalismus, Wiesbaden 2006 [zitiert: *Alparslan,* Strukturalistische Prinzipal-Agent-Theorie].

Altmeppen, Holger: Interessenkonflikte im Konzern, ZHR 171 (2007), 320 ff.

Amstutz, Marc: Globale Unternehmensgruppen, Geschichte und Zukunft des europäischen Konzernrechts, Tübingen 2017 [zitiert: *Amstutz,* Unternehmensgruppen].

Armour, John/ Hansmann, Henry/ Kraakman, Reinier: The Essential Elements of Corporate Law, What is Corporate Law?, Discussion Paper No. 643, Harvard 2009, http://www.law.harvard.edu/programs/olin_center/papers/pdf/Kraakman_643.pdf (Stand: 15.07.2018) [zitiert: *Armour/Hansmann/Kraakman,* Corporate Law].

Arnold, Arnd: Die Steuerung des Vorstandshandelns, Eine rechtsökonomische Untersuchung der Principal-Agent-Problematik in Publikumsgesellschaften, München 2007 [zitiert: *Arnold,* Die Steuerung des Vorstandshandelns].

Artmann, Evelin/ Rüffler, Friedrich: Grundriss des österreichischen Gesellschaftsrechts, Wien 2017 [zitiert: *Artmann/Rüffler,* Gesellschaftsrecht].

Backer, Larry Cata: The Sarbanes-Oxley Act: Federalizing Norms for Officer, Lawyer, and Accountant Behavior, St. John's Law Review 76 (2002), 897 ff.

Baetzgen, Oliver: Insichgeschäfte im Gesellschaftsrecht, RNotZ 2005, 193 ff.

Bainbridge, Stephen M.: Corporate law, 3. ed., St. Paul 2015 [zitiert: *Bainbridge,* Corporate Law].

Basler Kommentar zum Obligationenrecht: hrsg. von *Honsell, Heinrich/ Vogt, Nedim Peter/ Watter, Rolf,* Obligationenrecht II, Art. 530- 964 OR inkl. Schlussbestimmung, 5. Aufl., Basel 2016 [zitiert: *Bearbeiter,* in: BSK OR II].

Baums, Theodor: Unabhängige Aufsichtsratsmitglieder, ZHR 180 (2016), 697 ff.

Bayer, Walter: Grundsatzfragen der Regulierung aktienrechtlicher Corporate Governance, NZG 2013, 1 ff.

Bayer, Walter: Die Erosion der deutschen Mitbestimmung, NJW 2016, 1930 ff.

Bayer, Walter/ Hoffmann, Thomas: Aktienrecht in Zahlen, Steuerliche Organschaft und Konzernsteuerung durch Unternehmensverträge nach §§ 291, 292, AG 2006, R 488 ff.

Bayer, Walter/ Hoffmann, Thomas: Drittelbeteiligung der Arbeitnehmer im Aufsichtsrat, AG 2010, R 151 ff.

Bayer, Walter/ Hoffmann, Thomas/ Sawada, Tobias: Beschlussmängelklagen, Freigabeverfahren und Berufskläger, Ergebnisse einer im Auftrag des BMJ erstellten empirischen Studie und Überlegungen de lege ferenda, ZIP 2012, 897 ff.

Bayer, Walter/ Hoffmann, Thomas: Börsennotierte Aktiengesellschaften in Deutschland und ihre Aktionärsstruktur, AG 2015, R 91 ff.

Bayer, Walter/ Schmidt, Jessica: BB – Gesetzgebungs- und Rechtsprechungsreport Europäisches Unternehmensrecht 2013/14, BB 2014, 1219 ff.

Bayer, Walter/ Selentin, Philipp: Related Party Transactions: Der neueste EU-Vorschlag im Kontext des deutschen Aktien- und Konzernrechts, NZG 2015, 7 ff.

Beck'scher Bilanz-Kommentar: hrsg. von *Grottel, Bernd/ Schmidt, Stefan/ Schubert, Wolfgang J./ Winkeljohann, Norbert*, Handels- und Steuerbilanz: §§ 238 bis 339, 342 bis 342e HGB, 11. Aufl., München 2018 [zitiert: *Bearbeiter*, in: Beck Bil-Komm.].

Beck'scher Online-Kommentar zum Arbeitsrecht: hrsg. von *Rolfs, Christian/ Kreikebohm, Ralf/ Giesen, Richard/ Udsching, Peter*, 48. Edition, München 2018 [zitiert: *Bearbeiter*, in: BeckOK Arbeitsrecht].

Beck'scher Online-Kommentar zum Ordnungswidrigkeitengesetz: hrsg. von *Graf, Jürgen-Peter*, 17. Edition, München 2018 [zitiert: *Bearbeiter*, in: BeckOK OWiG].

Behr, Volker/ Kindl, Johann: Zur Vertretung der Aktiengesellschaft gegenüber ehemaligen Vorstandsmitgliedern, DStR 1999, 119 ff.

Bender, Karl: Fortbildung des Aktienrechts: Verbesserung der Funktionsfähigkeit der Gesellschaftsorgane notwendig, DB 1994, 1965 ff.

Beyer, Petra Dorothee: Minderheitsvertreter im Aufsichtsrat, Eine Studie zum US-amerikanischen und deutschen Recht, Baden-Baden 2001 [zitiert: *Beyer*, Minderheitsvertreter im Aufsichtsrat].

Bicker, Eike Thomas: Offene Fragen der Existenzvernichtungshaftung im Konzern, DZWiR 2007, 284 ff.

Böckli, Peter: Corporate Governance und „Swiss Code of Best Practice", in: Festschrift für Peter Forstmoser zum 60. Geburtstag, Zürich 2003, S. 257 ff. [zitiert: *Böckli*, in: FS Forstmoser].

Böckli, Peter: Insichgeschäfte und Interessenkonflikte im Verwaltungsrat: Heutige Rechtslage und Blick auf den kommenden Art. 717a E-OR, GesKR 2012, 354 ff.

Bormann, Michael: Die Stellvertretung im Gesellschaftsrecht – Ein aktueller Überblick, OLG Report 2003, K 21 ff.

Boyle, A. J./ Birds, John, et al.: Boyle & Birds' Company Law, 9. ed., Bristol 2014 [zitiert: *Boyle/Birds*, Company Law].

Brammsen, Jörg: Aufsichtsratsuntreue, ZIP 2009, 1504 ff.

Bremer, Jan: Neuere Entwicklungen in Brüssel, Reform der Aktionärsrechte-Richtlinie ante portas, NZG 2014, 415 f.

Brüggemeier, Gert: Die Einflussnahme auf die Verwaltung einer Aktiengesellschaft, Zur Struktur und zum Verhältnis der §§ 117 und 317 AktG, AG 1988, 93 ff.

Bühler, Christoph: Corporate Governance und ihre Regulierung in der Schweiz, Empfehlungen des „Swiss Code of Best Practice for Corporate Governance" zur Nutzung der Gestaltungsfreiheit des Aktienrechts, ZGR 2012, 228 ff.

Bühler, Christoph: Zwingendes Aktienrecht: Rechtfertigungsgründe und Alternativen, Grundsätzliche Überlegungen zur Zukunft der Gestaltungsfreiheit im Schweizer Aktienrecht nach der Annahme der Volksinitiative „gegen die Abzockerei", GesKR 2013, 541 ff.

Bullock, Jeffrey W.: Delaware Division of Corporations 2015, Annual Report, https://corp.delaware.gov/Corporations_2015%20Annual%20Report.pdf (Stand: 15.07.2018) [zitiert: *Bullock*, Annual Report].

Bundesministerium der Justiz: Bericht über die Verhandlungen der Unternehmensrechtskommission, Köln 1980 [zitiert: *BMJ*, Bericht].

Bundesministerium der Justiz: Expertenkommission zur Umsetzung der Aktionärsrechterichtlinie einberufen, https://www.bmjv.de/SharedDocs/Artikel/DE/2017/092717_Aktionaersrechterichtlinie.html (Stand: 15.07.2018).

Bundesverband der Deutschen Industrie e.V.: Erforderliche Harmonisierung oder unnötiger Systembruch, Der Vorschlag der EU-Kommission zu Related Party Transactions, https://bdi.eu/media/presse/publikationen/2015_Related_Party_Transactions.pdf (Stand: 15.07.2018) [zitiert: *BDI*, Erforderliche Harmonisierung oder unnötiger Systembruch].

Bungert, Hartwin/ Raet, Tobias de: Brüssel will sich ins Konzernrecht einmischen, Börsen-Zeitung vom 10.01.2015, 9.

Bungert, Hartwin/ Raet, Tobias de: Die Aktionärsrechterichtlinie im EU-Parlament: Die Auswirkungen der geplanten Regelung zu Related Party Transactions auf das deutsche Konzernrecht, Der Konzern 2015, 289 ff.

Bungert, Hartwin/ Wansleben, Till: Umsetzung der überarbeiteten Aktionärsrechterichtlinie in das deutsche Recht: Say on Pay und Related Party Transactions, DB 2017, 1190 ff.

Büren, Roland von: Schweizerisches Privatrecht, Der Konzern, 2. Aufl., Basel, Genf 2005 [zitiert: *von Büren*, Der Konzern].

Bürgers, Tobias/ Körber, Torsten (Hrsg.): Heidelberger Kommentar zum Aktiengesetz, 4. Aufl., Heidelberg u.a. 2017 [zitiert: *Bearbeiter*, in: Bürgers/Körber, AktG].

Canaris, Claus-Wilhelm: Die Rückgewähr von Gesellschaftereinlagen durch Zuwendung an Dritte, in: Festschrift für Robert Fischer, Berlin, New York 1979, S. 31 ff. [zitiert: *Canaris*, in: FS Fischer].

Cernicky, Majka: Die Vertretung der Aktiengesellschaft gegenüber Vorstandsmitgliedern, Zur Auslegung des § 97 Abs 1 AktG, GesRZ 2002, 179 ff.

Chalian, Shant/ Bandura, Kristen: The Business Judgment Rule and the Entire *gewöhnlich* Doctrine, http://www.rc.com/documents/Primer%20on%20Business%20Judgment%20Rule.pdf (Stand: 15.07.2018) [zitiert: *Chalian/Bandura*].

Cox, James D./ Hazen, Thomas Lee: Treatise on the Law of Corporations, 3. ed., St. Paul 2010 [zitiert: *Cox/Hazen*, Corporations].

Crone, Hans Caspar von der/ Mauchle, Yves: Rückerstattung von Leistungen nach Art. 678 OR, SZW/RSDA 2015, 199 ff.

Crone, Hans Caspar von der: Interessenkonflikte im Aktienrecht, SZW/RSDA 1994, 1 ff.

Crone, Hans Caspar von der: Verantwortlichkeit, Anreize und Reputation in der Corporate Governance der Publikumsgesellschaft, ZSR 119 (2000), 239 ff.

Dauner, Matthias/ Sohn, Klaus-Dieter: Gesetzgebung im Trilog, Das Ende der transparenten repräsentativen Demokratie?, http://www.cep.eu/Studien/cepInput_Trilog/cepInput_Gesetzgebung_im_Trilog.pdf (Stand: 15.07.2018) [zitiert: *Dauner/Sohn*, Gesetzgebung im Trilog].

Davies, Paul L.: Gower and Davies' principles of modern company law, 8. ed., London 2010 [zitiert: *Davies*, Gower/Davies].

Decher, Christian: Das Konzernrecht des Aktiengesetzes: Bestand und Bewährung, ZHR 171 (2007), 126 ff.

Deutsche Presse Agentur: E.on bekommt keine Entschädigung für Atomausstieg, Zeit Online, http://www.zeit.de/wirtschaft/2016-07/atomausstieg-e-on-atomkraft-schadenersatz-klage (Stand: 15.07.2018).

Deutscher Anwaltverein: Stellungnahme des Deutschen Anwaltvereins zum Grünbuch der EU-Kommission vom 05. April 2011: Europäischer Corporate Governance-Rahmen (KOM (2011) 164/3), Stellungnahme Nr. 42/2011, https://anwaltverein.de/de/newsroom/id-2011-42?file=files/anwaltverein.de/downloads/newsroom/stellungnahmen/2011/DAV-Stellungnahme-Corporate-GovernanceNr-42-2011.pdf (Stand: 15.07.2018) [zitiert: Stellungnahme DAV].

Deutscher Gewerkschaftsbund: Stellungnahme des Deutschen Gewerkschaftsbundes zum Grünbuch der Europäischen Kommission vom 5. April 2011: Europäische Corporate Governance-Rahmen (KOM (2011) 164 endg.), http://www.dgb.de/themen/++co++72ceb73e-6477-11e1-7745-00188b4dc422 (Stand: 15.07.2018) [zitiert: Stellungnahme Gewerkschaftsbund].

Deutsches Aktieninstitut: Vorschlag mit Nebenwirkungen: EU Kommission fördert (unintendiert) Geschäftsmodell von Hedge Funds, Position zum Vorschlag der EU Kommission für eine Richtlinie des Europäischen Parlaments und des Rates zur Änderung der Richtlinie 2007/36/EG im Hinblick auf die Förderung der langfristigen Einbeziehung der Aktionäre sowie der Richtlinie 2013/34/EU in Bezug auf bestimmte Element der Erklärung zur Unternehmensführung COM(2014) 213, https://www.dai.de/files/dai_usercontent/dokumente/positionspapiere/2014-11-06%20Stellungnahme%20DAI%20Aktionaersrechterichlinie%20FINAL.pdf (Stand: 15.07.2018) [zitiert: Stellungnahme DAI].

Diekmann, Hans/ Bidmon, Katja: Das „unabhängige" Aufsichtsratsmitglied nach dem BilMoG – insbesondere als Vertreter des Hauptaktionärs, NZG 2009, 1087 ff.

Döllerer, Georg: Der Abhängigkeitsbericht und seine Prüfung bei einem Vorstandswechsel, in: Festschrift für Johannes Semler zum 70. Geburtstag am 28. April 1993, Unternehmen und Unternehmensführung im Recht, Berlin, New York 1993, S. 441 ff. [zitiert: *Döllerer*, in: FS Semler].

Doralt, Walter: Transparenz und Kontrolle bei related party transactions: Verträge der Gesellschaft mit ihrem Aufsichtsratsmitglied, JBL 2008, 759 ff.

Dose, Stefan: Zivilrechtliche Haftung und Aufgabendelegation auf Ausschüsse im Aufsichtsrat der AG, ZGR 1973, 300 ff.

Druey, Jean Nicolas: Die Zukunft des Konzernrechts, in: Festschrift für Peter Hommelhoff zum 70. Geburtstag, Köln 2012, S. 135 ff. [zitiert: *Druey*, in: FS Hommelhoff].

Drygala, Tim: Europäisches Konzernrecht: Gruppeninteresse und Related Party Transactions, AG 2013, 198 ff.

Ehricke, Ulrich/ Blask, Holger: Dynamischer Verweis auf Gruppenfreistellungsverordnungen im neuen GWB?, JZ 2003, 722 ff.

Eisenberg, Melvin Aaron: An Overview of the Principles of Corporate Governance, Bus. Law 1993, 1271 ff.

Eisenberg, Melvin Aaron: The Divergence of Standards of Conduct and Standards of Review in Corporate Law, 62 Fordham L. Rev. 1993, 437 ff.

Ekkenga, Jens: Insichgeschäfte geschäftsführender Organe im Aktien- und GmbH-Recht unter besonderer Berücksichtigung der Einmann-Gesellschaft, AG 1985, 40 ff.

Ekkenga, Jens: Neue Pläne der Europäischen Kommission für ein Europäisches Konzernrecht: Erste Eindrücke, AG 2013, 181 ff.

Emmerich, Volker/ Habersack, Mathias/ Schürnbrand, Jan (Hrsg.): Aktien- und GmbH-Konzernrecht, Kommentar, 8. Aufl., München 2016 [zitiert: *Bearbeiter*, in: Emmerich/Habersack, Konzernrecht].

Fabisch, Artur/ Oplustil, Krzystof: Gruppenwahl der Aufsichtsratsmitglieder: ein besonderes Recht der Minderheitsaktionäre im polnischen Recht, RIW 2010, 823 ff.

Falkenhausen, Joachim Frhr. von: Weisungen an den Aufsichtsrat der abhängigen Gesellschaft?, ZIP 2014, 1205 ff.

Farrar, John H./ Watson, Susan: Self-dealing, fair-dealing and related party transaction – History, Policy and Reform, Journal of Corporate Law Studies 2011, 495 ff.

Fiebelkorn, Timo: Die Reform der aktienrechtlichen Beschlussmängelklagen, Jena 2012 [zitiert: *Fiebelkorn*, Die Reform der aktienrechtlichen Beschlussmängelklagen].

Fisch, Jill: The Peculiar Role of the Delaware Courts in the Competition for Corporate Charters, U. Cin. L. Rev. 2000, 1061 ff.

Fischer, Curt Edward: Minderheiten-Vertreter im Aufsichtsrat, NJW 1958, 1265 ff.

Fischer, Klaus: Zusammenwirken von § 112 AktG und § 181 BGB im deutschen Aktienrecht, in: Gedächtnisschrift für Michael Gruson, Berlin 2009, 151 ff. [zitiert: *Fischer*, in: GS Gruson].

Fleischer, Holger: Zur Leitungsaufgabe des Vorstands im Aktienrecht, ZIP 2003, 1 ff.

Fleischer, Holger: Zur organschaftlichen Treuepflicht der Geschäftsleiter im Aktien- und GmbH-Recht, WM 2003, 1045 ff.

Fleischer, Holger: Aktienrechtliche Zweifelsfragen der Kreditgewährung an Vorstandsmitglieder, WM 2004, 1057 ff.

Fleischer, Holger: Zweifelsfragen der verdeckten Gewinnausschüttung im Aktienrecht, WM 2007, 909 ff.

Fleischer, Holger: Fehlerhafte Aufsichtsratsbeschlüsse: Rechtsdogmatik – Rechtsvergleichung – Rechtspolitik (Teil 1), DB 2013, 160 ff.

Fleischer, Holger: Fehlerhafte Aufsichtsratsbeschlüsse: Rechtsdogmatik – Rechtsvergleichung – Rechtspolitik (Teil 2), DB 2013, 217 ff.

Fleischer, Holger: „Geheime Kommandosache": Ist die Vertraulichkeit des Abhängigkeitsberichts (§ 312 AktG) noch zeitgemäß, BB 2014, 835 ff.

Fleischer, Holger: Related Party Transactions bei börsennotierten Gesellschaften: Deutsches Aktien(konzern)recht und Europäische Reformvorschläge, BB 2014, 2691 ff.

Fleischer, Holger: Europäisches Konzernrecht: Eine akteurzentrierte Annäherung, ZGR 2017, 1 ff.

Florstedt, Tim: Die Unabhängigkeit des Aufsichtsratsmitglieds vom kontrollierenden Aktionär, ZIP 2013, 337 ff.

Flume, Werner: Die abhängige Aktiengesellschaft und die Aktienrechtsreform, DB 1959, 190 ff.

Forstmoser, Peter: Gestaltungsfreiheit im schweizerischen Gesellschaftsrecht, in: *Lutter, Marcus/ Wiedemann, Herbert (Hrsg.)*, Gestaltungsfreiheit im Gesellschaftsrecht, Deutschland, Europa und USA, 11. ZGR-Symposion „25 Jahre ZGR", ZGR Sonderheft 13, Berlin, New York 1998, S. 254 ff. [zitiert: *Forstmoser*, in: ZGR Sonderheft 13].

Forstmoser, Peter: Interessenkonflikte von Verwaltungsratsmitgliedern, in: Liber Amicorum für Hermann Schulin, Der Allgemeine Teil und das Ganze, Basel 2002, S. 9 ff. [zitiert: *Forstmoser*, in: FS Schulin].

Forstmoser, Peter: Unternehmensverfassung in der Schweiz, ZGR 2003, 688 ff.

Forstmoser, Peter: Die Umsetzung der Schweizer Volksinitiative „gegen die Abzockerei", Erwartetes und Überraschendes, Board 2014, 192 ff.

Forstmoser, Peter/ Küchler, Marcel: Schweizer Aktienrecht, Zum Stand der schweizerischen Aktienrechtsreform, Expert Focus 2016, 86 ff.

Gesellschaftsrecht des Auslands: hrsg. von *Wegen, Gerhard/ Spahlinger, Andreas/ Barth, Marcel*, in Einzeldarstellung, München 2013,

Darstellung zum Gesellschaftsrecht der USA – Allgemeiner Teil, Stand 01.01.2012 [zitiert: *Lange*, in: Wegen/Spahlinger/Barth GesRdA USA],

Darstellung zum Schweizer Gesellschaftsrecht, Stand 01.01.2012 [zitiert: *Schärer/Grünblatt/Eisenhut*, in: Wegen/Spahlinger/Barth GesRdA Schweiz],

Darstellung zum Vereinigten Königreich, Stand 01.01.2012 [zitiert: *Rothenburg/ Walter/ Platts* in: Wegen/Spahlinger/Barth GesRdA Vereinigtes Königreich].

Grigoleit, Hans Christoph (Hrsg.): Kommentar zum Aktiengesetz, München 2013 [zitiert: *Bearbeiter*, in: Grigoleit, AktG].

Großkommentar zum Aktiengesetz: [zitiert: *Bearbeiter*, in: Großkomm AktG]

Band 2, hrsg. von *Hopt, Klaus J./ Wiedemann, Herbert,* §§ 53a – 75, 4. Aufl., Berlin 2008,

Band 4, hrsg. von *Hopt, Klaus J./ Wiedemann, Herbert*, §§ 95–117, 4. Aufl., Berlin 2005,

Band 4/2, hrsg. von *Hirte, Heribert/Mülbert, Peter O./Roth, Markus*, §§ 92–94, 5. Aufl., Berlin u.a. 2015,

Band 8, hrsg. von *Hirte, Heribert/Mülbert, Peter O./Roth, Markus,* §§ 278–310, 4. Aufl., Berlin u.a. 2013.

Grützner, Thomas/ Leisch, Franz Clemens: §§ 130, 30 OWiG – Probleme für Unternehmen, Geschäftsleitung und Compliance-Organisation, Sechs Probleme aus der geänderten Praxis der Ermittlungsbehörden, DB 2012, 787 ff.

Habersack, Mathias: Alte und neue Ungereimtheiten im Rahmen der §§ 311 ff. AktG, in: Festschrift für Martin Peltzer zum 70. Geburtstag, Köln 2001, S. 139 ff. [zitiert: *Habersack*, in: FS Peltzer].

Habersack, Mathias: Staatliche und halb-staatliche Eingriffe in die Unternehmensführung, Gutachten E zum 69. DJT, Verhandlungen des 69. Deutschen Juristentages, Band I, München 2012 [zitiert: *Habersack*, Gutachten E zum 69. DJT].

Habersack, Mathias/ Schürnbrand, Jan: Cash Management und Sicherheitenbestellung bei AG und GmbH im Lichte des richterrechtlichen Verbots der Kreditvergabe an Gesellschafter, NZG 2004, 689 ff.

Handelsrechtsausschuss des Deutschen Anwaltsverein (DAV): DAV-Handelsrechtsausschuss: Stellungnahme zum Vorschlag der Europäischen Kommission einer Richtlinie zur Änderung der RL 2007/36/EG („Aktionärsrechte-Richtlinie") – COM (2014) 213, NZG 2015, 54 ff.

Handschin, Lukas: Treuepflicht des Verwaltungsrates bei der gesellschaftsinternen Entscheidfindung, in: Festschrift für Peter Forstmoser zum 60. Geburtstag, Zürich 2003, S. 169 ff. [zitiert: *Handschin*, in: FS Forstmoser].

Hannigan, Brenda: Company law, 4. ed., Oxford 2016 [zitiert: *Hannigan*, Company law].

Hans-Böckler-Stiftung: Stellungnahme der Hans-Böckler-Stiftung zum Grünbuch der Europäischen Kommission vom 5. April 2011: „Europäischer Corporate Governance-Rahmen„ (KOM(2011) 164 endg.), https://www.boeckler.de/pdf/mbf_corporate_governance_2011_07_14.pdf (Stand: 15.07.2018) [zitiert: Stellungnahme Hans-Böckler-Stiftung].

Haseborg, Wiebke ter: Das Wettbewerbsverbot der Vorstandsmitglieder in der AG & Co. KG, Frankfurt am Main 2010 [zitiert: *Haseborg*, Wettbewerbsverbot].

Häusermann, Daniel: Minderheitenschutz in der Aktionärsdemokratie, Vorschlag für eine dispositive „Mehrheit-der-Minderheit“-Regel in börsenkotierten Aktiengesellschaften, GesKR 2014, 210 ff.

Häusermann, Daniel: Wider das Paritätsprinzip!, Lektionen aus Grossbritannien, SZW/RSDA 2014, 255 ff.

Heberer, Nadja: Einführung in das englische Rechtssystem, ZfRV 2002, 57 ff.

Heidel, Thomas (Hrsg.): Aktienrecht und Kapitalmarktrecht, 4. Aufl., Baden-Baden 2014 [zitiert: *Bearbeiter*, in: Heidel, AktG].

Heidrick & Struggles International: European Corporate Governance Report 2011, Challenging board performance, https://www.essere-associes.com/media/2011-HeidrickStruggles-Challenging-board-performance.pdf (Stand: 15.07.2018) [zitiert: *Heidrick & Struggles*, European Corporate Governance Report 2011].

Hein, Jan von: Die Rezeption US-amerikanischen Gesellschaftsrechts in Deutschland, Tübingen 2008 [zitiert: *von Hein*, Rezeption].

Hennrichs, Joachim: Treuepflichten im Aktienrecht, zugleich Überlegungen zur Konkretisierung der Generalklausel des § 242 BGB sowie zur Eigenhaftung des Stimmrechtsvertreters, AcP 195 (1995), 221 ff.

Henssler, Martin/ Strohn, Lutz (Hrsg.): Beck’scher Kurz Kommentar zum Gesellschaftsrecht, BGB, HGB, PartGG, GmbHG, AktG, GenG, UmwG, InsO, AnfG, IntGesR, 3. Aufl., München 2016 [zitiert: *Bearbeiter*, in: Henssler/ Strohn, GesR].

Hicks, Dorian Thomas: Choosing the Appropriate Standard of Review with Mergers between a Controlling Stockholder and its Subsidiary, The Business Judgment Rule v. Entire *Fairness* Standard, Texas Journal of Business Law 2014, 115 ff.

Hill, Claire/ McDonnell, Brett: Sanitizing Interested Transactions, 36 Del. J. Corp. L. 2011, 903 ff.

Hobson, Michael D.: The Law of Shadow Directorships, Bond Law Review 10 (1998), 184 ff.

Hoffmann, Thomas: 40 Jahre Mitbestimmungsgesetz 1976: Schleichende Mitbestimmungserosion in Deutschland, AG 2016, R 167 ff.

Hoffmann-Becking, Michael: Gibt es das Konzerninteresse?, in: Festschrift für Peter Hommelhoff zum 70. Geburtstag, Köln 2012, S. 433 ff. [zitiert: *Hoffmann-Becking*, in: FS Hommelhoff].

Hoffmann-Becking, Michael: Unabhängigkeit im Aufsichtsrat, NZG 2014, 801 ff.

Hofmann, Christian: Gesellschaftsrecht und Art. 14 GG, in: Festschrift für Klaus J. Hopt zum 70. Geburtstag, Berlin 2010, S. 833 ff. [zitiert: *Hofmann*, in: FS Hopt].

Hölters, Wolfgang (Hrsg.): Kommentar zum Aktiengesetz, 3. Aufl., München 2017 [zitiert: *Bearbeiter*, in: Hölters, AktG].

Hommelhoff, Peter: Empfiehlt es sich, das Recht faktischer Unternehmensverbindungen neu zu regeln?, Gutachten G zum 59. Deutschen Juristentag, Verhandlungen des 59. Deutschen Juristentages, Band I, München 1992 [zitiert: *Hommelhoff*, Gutachten G zum 59. DJT].

Hommelhoff, Peter: Die vereinfachte Einmann-Gesellschaft (SMC): Eine Alternative zur SPE?, AG 2013, 211 ff.

Hommelhoff, Peter: Aufsichtsrats-Unabhängigkeit in der faktisch konzernierten Börsengesellschaft, ZIP 2013, 1645 ff.

Hommelhoff, Peter: Ein Neustart im europäischen Konzernrecht, KSzW 2014, 63 ff.

Hommelhoff, Peter: Deutsche Mitbestimmung im Kontext einer Europäisierung der Corporate Governance, in: *Habersack, Mathias/ Behme, Caspar/ Eidenmüller, Horst/ Klöhn, Lars (Hrsg.)*, Deutsche Mitbestimmung unter europäischem Reformzwang, Frankfurt am Main 2016, S. 6 ff. [zitiert: *Hommelhoff*, in: Deutsche Mitbestimmung unter europäischem Reformzwang].

Hopt, Klaus: Self-Dealing and Use of Corporate Opportunity and Information: Regulating Directors' Conflicts of Interest, in: *Hopt, Klaus/ Teubner, Gunther (Hrsg.)*, Corporate Governance and Directors' Liabilities, Legal, Economic and Sociological Analyses on Corporate Social Responsibility, Berlin, New York 1984, S. 285 ff. [zitiert: *Hopt*, in: Corporate Governance].

Hopt, Klaus: Interessenwahrung und Interessenkonflikte im Aktien-, Bank- und Berufsrecht, Zur Dogmatik des modernen Geschäftsbesorgungsrechts, ZGR 2004, 1 ff.

Hopt, Klaus: Aktienrecht unter amerikanischem Einfluss, in: Festschrift für Claus-Wilhelm Canaris zum 70. Geburtstag, Band II, München 2007, S. 105 ff. [zitiert: *Hopt*, in: FS Canaris].

Hopt, Klaus: Vergleichende Corporate Governance, Forschung und internationale Regulierung, ZHR 175 (2011), 444 ff.

Hüffer, Uwe: Zur gesellschaftsrechtlichen Treupflicht als richterrechtlicher Generalklausel, in: Festschrift für Ernst Steindorff zum 70. Geburtstag am 13. März 1990, Berlin, New York 1990, S. 59 ff. [zitiert: *Hüffer*, in: FS Steindorff].

Hüffer, Uwe: Die Unabhängigkeit von Aufsichtsratsmitgliedern nach Ziffer 5.4.2 DCGK, ZIP 2006, 637 ff.

Hüffer, Uwe (Begr.)/ Koch, Jens (Bearbeiter): Beck'scher Kurz Kommentar zum Aktiengesetz, 13. Aufl., München 2018 [zitiert: *Bearbeiter*, in: Hüffer/Koch].

Huguenin, Claire: Insichgeschäfte im Aktienrecht, in: Festschrift für Peter Böckli zum 70. Geburtstag, Zürich 2006, S. 521 ff. [zitiert: *Huguenin*, in: FS Böckli].

Immenga, Ulrich: Bestandsschutz der beherrschten Gesellschaft im Vertragskonzern, ZHR 140 (1976), 301 ff.

Inci, Serdar: Diskussionsbericht zum Berliner Kreis für Gesellschaftsrecht: Die reformierte Aktionärsrechte-Richtlinie und ihre Umsetzbarkeit ins deutsche Recht, NZG 2017, 579 f.

Jung, Stefanie: Transaktionen mit nahestehenden Unternehmen und Personen (Related Party Transactions), WM 2014, 2351 ff.

Just, Clemens: Englisches Gesellschaftsrecht, München 2008 [zitiert: *Just*, Englisches Gesellschaftsrecht].

Kalss, Susanne: Alternativen zum deutschen Aktiengesetz, ZHR 171 (2007), 146 ff.

Kalss, Susanne: Konzernrecht in Österreich, ZVglRWiss 113 (2014), 291 ff.

Kalss, Susanne/ Nowotny, Christian/ Schauer, Martin: Österreichisches Gesellschaftsrecht, Systematische Darstellung sämtlicher Rechtsformen, 2. Aufl., Wien 2017 [zitiert: *Kalss/Nowotny/Schauer*].

Kalss, Susanne/ Schauer, Martin: Die Reform des österreichischen Kapitalgesellschaftsrechts, Gutachten, Band I/II, Wien 2006 [zitiert: *Kalss/Schauer*, Gutachten zur Reform des öster. Kapitalgesellschaftsrechts].

Karlsruher Kommentar zum Gesetz über Ordnungswidrigkeiten: hrsg. von *Mitsch, Wolfgang*, 5. Aufl., München 2018 [zitiert: *Bearbeiter*, in: KK OWiG].

Kaser, Max/ Knütel, Rolf: Römisches Privatrecht, 19. Aufl., München 2008 [zitiert: *Kaser/Knütel*, Römisches Privatrecht].

Klene, Victor: Zweck der Regulierung von Related Party Transactions – Regelungsbedarf in Deutschland?, Eine rechtsvergleichende Betrachtung, Frankfurt am Main 2017 [zitiert: *Klene*, Related Party Transactions].

Klene, Victor: Rechtsprechung zu nahestehenden Personen im Insolvenzrecht als Wegweiser für Umsetzung des europäischen Reformvorhabens der Aktionärsrechterichtlinie, Zugleich Anmerkung zu BGH, NZI 2017, 358, NZI 2017, 340 ff.

Klene, Victor: Related Party Transactions – Handlungsbedarf in Deutschland, GWR 2018, 210 ff.

Koch, Jens: Begriff und Rechtsfolgen von Interessenkonflikten und Unabhängigkeit im Aktienrecht, ZGR 2014, 697 ff.

Koch, Jens: Die Neufassung der Aktionärsrechte-Richtlinie – alles halb so schlimm?, BB, Die erste Seite 2017, Nr. 15–16.

Kölner Kommentar zum Aktiengesetz: hrsg. von *Zöllner, Wolfgang/ Noack, Ulrich* [zitiert: *Bearbeiter*, in: Köln Komm AktG],

Band 1, §§ 1–75, 3. Aufl., Köln 2011,

Band 2/1, §§ 76–94, 3. Aufl., Köln 2010,

Band 2/2, §§ 95–117, 3. Aufl., Köln 2013,

Band 6, §§ 15–22, 291–328, 3. Aufl., Köln 2004,

Band 9, SpruchG, 3. Aufl., Köln 2013.

Kommentar zum Deutschen Corporate Governance Kodex: hrsg. von *Kremer, Thomas/ Bachmann, Gregor/ Lutter, Marcus/ Werder, Axel von*, 7. Aufl., München 2018 [zitiert: *Bearbeiter*, in: Kommentar DCGK].

Koppensteiner, Hans-Georg: Abhängige Aktiengesellschaft aus rechtspolitischer Sicht, in: Festschrift für Ernst Steindorff zum 70. Geburtstag am 13. März 1990, Berlin, New York 1990, S. 79 ff. [zitiert: *Koppensteiner*, in: FS Steindorff].

Kornblum, Udo: Bundesweite Rechtstatsachen zum Unternehmens- und Gesellschaftsrecht (Stand 1.1.2017), GmbHR 2017, 739 ff.

Kozyris, John: Corporate wars and choice of law, Duke Law Journal 1985, 1 ff.

Kraakman, Reinier/ Davies, Paul, et al.: The anatomy of corporate law, A comparative and functional approach, 3. ed., Oxford, New York 2017 [zitiert: *Kraakman/Davis*, Anatomy].

Krause, Daniel: Strafrechtliche Haftung des Aufsichtsrates, NStZ 2011, 57 ff.

Kropff, Bruno: Außenseiterschutz in der faktisch abhängigen „kleinen Aktiengesellschaft“, ZGR 1988, 558 ff.

Kropff, Bruno: Begründung zum Regierungsentwurf eines Aktiengesetzes, Düsseldorf 1965 [zitiert: *Kropff*, RegE. Begr.].

Kühlewein, Robert: Die Verantwortlichkeit der Arbeitnehmer-Vertreter im Aufsichtsrat, NJW 1954, 621 ff.

Kummer, Andreas: Organisationsreglement in der Aktiengesellschaft, Entscheidendes Instrument für die Best Practice, ST 2006, 916 ff.

Kumpan, Christoph: EU Vorgaben für related party transactions, Eine kritische Analyse der vorgeschlagenen Regelung nach der Abänderung durch das Europäische Parlament, Bonn 2015 [zitiert: *Kumpan*, Related Party Transactions].

Kunz, Peter: Klarstellungen zur Konzernhaftung, Bundesgerichtsentscheid 4A_306/2009 vom 8. Februar 2010, recht 2011, 41 ff.

Kunz, Peter: Konzernhaftung in der Schweiz, Der Gesellschafter 2012, 282 ff.

Kunz, Peter: Unternehmensgruppen: Konzernbegriff sowie Konzernqualifikation, ZBJV 148 (2012), 354 ff.

Labusga, Katja: Die Ersatzfähigkeit von Unternehmensgeldbußen im Innenregress gegen verantwortliche Vorstandsmitglieder, VersR 2017, 394 ff.

Lanfermann, Georg/ Maul, Silja: Maßnahmenpaket der Europäischen Kommission zum Gesellschaftsrecht und Corporate Governance, BB 2014, 1283 ff.

Langenbucher, Katja: (No) market for corporate governance? Related party transactions and shareholder approval rights, in: Festschrift für Peter-Christian Müller-Graff zum 70. Geburtstag am 29. September 2015, Privatinitiative und Gemeinwohlhorizonte in der europäischen Integration, Baden-Baden 2015, S. 312 ff. [zitiert: *Langenbucher*, in: FS Müller-Graf].

Lazarus, Lewis/ McCartney, Brett: Standards of review in conflict Transactions on Motions to Dismiss: Lessons learned in the past Decade, 36 Del. J. Corp. L. 2011, 967 ff.

Leo, Hans-Christoph: Die Einmann-AG und das neue Konzernrecht, AG 1965, 352 ff.

Lohbeck, Andreas: Societas delinquere non potest – Ein Federstrich des Gesetzgebers und das Unternehmen ist strafbar?, JSE 2014, 5 ff.

Lorenz, Dirk/ Pospiech, Lutz: Beratungsverträge mit Aufsichtsratsmitgliedern in Zeiten moderner Corporate Governance, NZG 2011, 81 ff.

Ludvigsson, Olle: Stellungnahme des Ausschusses für Wirtschaft und Währung (ECON) zu dem Vorschlag für eine Richtlinie des Europäischen Parlaments und des Rates zur Änderung der Richtlinie 2007/36/EG im Hinblick auf die Förderung der langfristigen Einbeziehung der Aktionäre sowie der Richtlinie 2013/34/EU in Bezug auf bestimmte Elemente der Erklärung zur Unternehmensführung, http://www.europarl.europa.eu/sides/getDoc.do?pubRef=-//EP//TEXT+REPORT+A8-2015-0158+0+DOC+XML+V0//DE#title2 (Stand: 15.07.2018) [zitiert: Stellungnahme ECON].

Lutter, Marcus: Theorie der Mitgliedschaft, Prolegomena zu einem Allgemeinen Teil des Korporationsrechts, AcP 180 (1980), 84 ff.

Lutter, Marcus: Deutscher Corporate Governance Kodex, in: Handbuch Corporate Governance, 2. Aufl., Stuttgart, Köln 2009, S. 123 ff. [zitiert: *Lutter*, in: Handbuch Corporate Governance].

Lutter, Marcus: Nochmal: Die geplante europäische Gesetzgebung zur „related party transactions", Ergänzung zu Schneider, EuZW 2014, 687 f.

Lutter, Marcus/ Krieger, Gerd/ Verse, Dirk: Rechte und Pflichten des Aufsichtsrats, 6. Aufl., Köln 2014 [zitiert: *Lutter/Krieger/Verse*, Aufsichtsrat].

Meier-Hayoz, Arthur/ Forstmoser, Peter: Schweizerisches Gesellschaftsrecht, 11. Aufl., Bern 2012 [zitiert: *Meier-Hayoz/Forstmoser*].

Meier-Hayoz, Arthur/ Zweifel, Martin: Der Grundsatz der schonenden Rechtsausübung im Gesellschaftsrecht, in: Festschrift für Harry Westermann zum

65. Geburtstag, Karlsruhe 1974, S. 383 ff. [zitiert: *Meier-Hayoz/Zweifel*, in: FS Westermann].

Merkt, Hanno: US-amerikanisches Gesellschaftsrecht, 3. Aufl., Frankfurt am Main 2013 [zitiert: *Merkt*, US-amerikanisches Gesellschaftsrecht].

Möllers, Thomas: Treuepflichten und Interessenkonflikte bei Vorstands- und Aufsichtsratsmitgliedern, in: Handbuch Corporate Governance, 2. Aufl., Stuttgart, Köln 2009, S. 423 ff. [zitiert: *Möllers*, in: Handbuch Corporate Governance].

Moosmayer, Klaus: Compliance, Praxisleitfaden für Unternehmen, 3. Aufl., München 2015 [zitiert: *Moosmayer*, Compliance].

Mülbert, Peter O.: Auf dem Weg zu einem europäischen Konzernrecht?, ZHR 179 (2015), 645 ff.

Müller, Klaus: Die Haftung der Muttergesellschaft für Verbindlichkeiten der Tochtergesellschaft im Aktienrecht, ZGR 1977, 1 ff.

Müller, Roland/ Lipp, Lorenz/ Plüss, Adrian: Minderheitenschutz im schweizerischen Aktienrecht, AJP/PJA 2011, 587 ff.

Münchener Handbuch des Gesellschaftsrechts: hrsg. von *Hoffmann-Becking, Michael*, Band 4, Aktiengesellschaft, 4. Aufl., München 2015 [zitiert: *Bearbeiter*, in: MHdB AG].

Münchener Kommentar zum Aktiengesetz: hrsg. von *Goette, Wulf/ Habersack, Mathias/ Kalss, Susanne*: [zitiert: *Bearbeiter*, in: Müko AktG]

Band 1, §§ 1–75, 4. Aufl., München 2016,

Band 2, §§ 76–117, MitbestG, DrittelbG, 4. Aufl., München 2014,

Band 3, §§ 118–178, 4. Aufl., München 2018,

Band 4, §§ 179–277, 4. Aufl., München 2016,

Band 5, §§ 278–328, SpruchG, ÖGesAusG, Österreichisches Konzernrecht, 4. Aufl., München 2015,

Band 6, §§ 329–410, WpÜG, Österreichisches Übernahmerecht, 4. Aufl., München 2017.

Münchener Kommentar zum Bürgerlichen Gesetzbuch: hrsg. von *Säcker, Franz Jürgen/ Rixecker, Roland/ Oetker, Hartmut/ Limperg, Bettina* [zitiert: *Bearbeiter*, in: Müko BGB]

Band 1, §§ 1–240. ProstG, AGG, 7. Aufl., München 2015,

Band 4, Schuldrecht – Besonderer Teil II, §§ 535–630. HeizkostenV, BetriebskostenV, EFZG, TzBfG, KSchG, 7. Aufl., München 2016.

Musielak, Hans-Joachim/ Voit, Wolfgang (Hrsg.): Kommentar zur Zivilprozessordnung, 15. Aufl., München 2018 [zitiert: *Bearbeiter*, in: Musielak/Voit, ZPO].

Mutter, Stefan: 2018: Aktienrecht im Aufbruch? (M)ein Prolog zur Umsetzung der Reform der Aktionärsrechterichtlinie und dem Juristentag in Leipzig, AG 2018, R 4.

Neuhaus, Jürgen: Die Grenzen der Konzernleitungsgewalt im faktischen Konzern und der Nachteilsbegriff des § 311 AktG 65, DB 1970, 1913 ff.

Ohne Verfasser: Neue Vorwürfe gegen Volkswagen, Handelsblatt Online, http://www.handelsblatt.com/unternehmen/industrie/abgasskandal-neue-vorwuerfe-gegen-volkswagen/14499354.html (Stand: 15.07.2018).

Palandt, Otto (Begr.): Beck'scher Kurzkommentar zum Bürgerlichen Gesetzbuch, 77. Aufl., München 2018 [zitiert: *Bearbeiter*, in: Palandt, BGB].

Pfeiffer, Gero/ Timmerbeil, Sven: US-American Company Law – An Overview, ZJS 2008, 597 ff.

Pittella, Gianni/ Vidal-Quadras, Alejo/ Papastamkos, Georgios: Activity Report on Codecision and Conciliation, 14. July 2009–30. June 2014, http://www.europarl.europa.eu/code/information/activity_reports/activity_report_2009_2014_en.pdf (Stand: 15.07.2018) [zitiert: *Pittella/Vidal-Quadras/Papastamkos*, Activity Report, S.].

Plückelmann, Katja: Keine Existenzvernichtungshaftung im Aktienrecht, GWR 2009, 92 f.

Regierungskommission Deutscher Corporate Governance Kodex: Stellungnahme zum Grünbuch „Europäischer Corporate Governance Rahmen", http://www.dcgk.de/de/presse.html?file=files/dcgk/usercontent/de/download/2011/Stellungnahme_Gruenbuch.pdf (Stand: 15.07.2018) [zitiert: Stellungnahme Regierungskommission DCGK zum Grünbuch].

Regierungskommission Deutscher Corporate Governance Kodex: Stellungnahme zum Vorschlag für eine Richtlinie des Europäischen Parlaments und des Rates zur Änderung der Richtlinie 2007/36/EG im Hinblick auf die Förderung der langfristigen Einbeziehung der Aktionäre sowie der Richtlinie 2013/34/EU in Bezug auf bestimmte Elemente der Erklärung zur Unternehmensführung – unter Berücksichtigung des Kompromissvorschlags der italienischen Ratspräsidentschaft vom 5. Dezember 2014 30.01.2015, http://www.dcgk.de/de/kommission/die-kommission-im-dialog/deteilansicht/kodex-kommission-kritisiert-ueberbordende-buerokratie-bei-eu-corporate-governance-empfehlungen-und-richtlinien-ohne-angemessenen.html?file=files/dcgk/usercontent/de/download/Stellungnahmen/2015-01-30%20Stellungnahme%20Regierungskommission%20zur%20Aktionaersrechterichtlinie.pdf (Stand: 15.07.2018) [zitiert: Stellungnahme Regierungskommission DCGK zum Richtlinienvorschlag].

Reich-Rohrwig, Johannes: Wann vertritt der Aufsichtsrat die Aktiengesellschaft gegenüber Vorstandsmitgliedern?, WBL 1987, 299 ff.

Reiner, Günter: Unternehmerisches Gesellschaftsinteresse und Fremdsteuerung, Eine rechtsvergleichende Studie zum Schutz der Kapitalgesellschaft vor dem Missbrauch organschaftlicher Leitungsmacht, München 1995 [zitiert: *Reiner*, Gesellschaftsinteresse und Fremdsteuerung].

Rellermeyer, Klaus: Aufsichtsratsausschüsse, Köln, Berlin 1986 [zitiert: *Rellermeyer*, Aufsichtsratsausschüsse].

Renner, Moritz: Hauptversammlungszuständigkeit und Organadäquanz, AG 2015, 513 ff.

Ribstein, Larry: Why Corporations?, Berkeley Business Law Journal 2004, 185 ff.

Riehl, Jörg: Related-Party Transactions im deutschen und US-amerikanischen Recht der Aktiengesellschaft, Berlin 2015 [zitiert: *Riehl*, Related-Party Transactions].

Robles y Zepf, Carlos: Praxisrelevante Probleme der Mehrvertretung bei der GmbH und der Aktiengesellschaft gem. § 181 2. Alt. BGB, BB 2012, 1876 ff.

Roe, Mark J.: Delaware's Competition, Harvard Law Review 2003, 591 ff.

Rogall, Klaus: Kriminalstrafe gegen juristische Personen?, GA 2015, 260 ff.

Roth, Markus: Unabhängige Aufsichtsratsmitglieder, ZHR 175 (2011), 605 ff.

Roth, Markus: Deutscher Corporate Governance Kodex 2012, WM 2012, 1985 ff.

Rupietta, Dirk: Die Vertretung der Aktiengesellschaft gegenüber dem Vorstand, NZG 2007, 801 ff.

Schall, Alexander: Companies Act, Kommentar, München 2014 [zitiert: *Bearbeiter*, in: Companies Act].

Schima, Georg/ Toscani, Valerie: Die Vertretung der AG bei Rechtsgeschäften mit dem Vorstand (§ 97 Abs. 1 AktG), 1. Teil, JBL 2012, 482 ff.

Schmidt, Jessica: Europäisches Konzernrecht, Retroperspektive und Perspektiven 2017, Der Konzern, 1 ff.

Schmidt, Karsten: Abhängigkeit und faktischer Konzern als Aufgaben der Rechtspolitik, Zu den Juristentagsgutachten von Druey und Hommelhoff, JZ 1992, 856 ff.

Schmidt, Karsten/ Lutter, Marcus (Hrsg.): Aktiengesetz, Kommentar, [zitiert: *Bearbeiter*, in: Karsten Schmidt/Lutter, AktG]

Band 1, §§ 1–149, 3. Aufl., Köln 2015,

Band 2, §§ 150–410, SpruchG, 3. Aufl., Köln 2015.

Schneider, Uwe H.: Europarechtlicher Schutz vor nachteiligen Transaktionen mit nahe stehenden Unternehmen und Personen?, EuZW 2014, 641 f.

Scholderer, Frank: Unabhängigkeit und Interessenkonflikte der Aufsichtsratsmitglieder, Systematik, Kodexänderung, Konsequenzen, NZG 2012, 168 ff.

Schubert, Werner/ Hommelhoff, Peter: Die Aktienrechtsreform am Ende der Weimarer Republik, Die Protokolle der Verhandlungen im Aktienrechtsausschuß des Vorläufigen Rechtswirtschaftsrats unter dem Vorsitz von Max Hachenburg, Berlin, New York 1987 [zitiert: *Schubert/Hommelhoff*, Die Aktienrechtsreform am Ende der Weimarer Republik].

Schürnbrand, Jan: Diskussionsbericht zu den Referaten Decher, Kalss und Hopt, ZHR 171 (2007), 241 ff.

Schwarze, Till/ Zacharakis, Zacharias: Die Zweifelhafte Rolle von Politikern in Aufsichtsräten, Zeit Online, http://www.zeit.de/wirtschaft/2013-01/aufsichtsrat-politiker-interessenkonflikt (Stand: 15.07.2018).

Seeling, Rolf Otto/ Zwickel, Martin: Das Entsenderecht in den Aufsichtsrat einer Aktiengesellschaft als „Ewigkeitsrecht", BB 2008, 622 ff.

Seibt, Christoph: Richtlinienvorschlag zur Weiterentwicklung des europäischen Corporate Governance-Rahmens, DB 2014, 1910 ff.

Seidel, Andreas: Konzerninterne Related Party Transactions nach der Aktionärsrechte-Richtlinie II, Umsetzungsbedarf für das neue Regelungskonzept im Lichte des deutschen Konzernrechts und die Rechtsfolgen bei Missbrauch, AG 2018, 423 ff.

Selter, Wolfgang: Die Beratung des Aufsichtsrats und seiner Mitglieder, Baden-Baden 2014 [zitiert: *Selter*, Beratung des Aufsichtsrats].

Selzner, Harald: Related Party Transactions – Fortschritt oder Bedrohung?, ZIP 2015,753 ff.

Siebert, Wolfgang: Das rechtsgeschäftliche Treuhandverhältnis, Ein dogmatischer und rechtsvergleichender Beitrag zum allgemeinen Treuhandproblem, Marburg 1933 [zitiert: *Siebert*, Treuhandverhältnis].

Simantke, Elisa: EU-Trilog, Wie Brüssel im Hinterzimmer die Demokratie aushöhlt, Der Tagesspiegel, http://www.tagesspiegel.de/themen/agenda/eu-trilog-wie-bruessel-im-hinterzimmer-die-demokratie-aushoehlt/11793136.html (Stand: 15.07.2018).

Simon, Stefan: „Related Party Transactions" – Eine sinnlose Regulierung des deutschen Gesellschaftsrechts durch die EU, DB 2015, Heft 04, M5.

Sina, Peter: Grenzen des Konzern-Weisungsrechts nach § 308 AktG, AG 1991, 1 ff.

Spindler, Gerald/ Seidel, Andreas: Die Zustimmungspflicht bei Related Party Transactions in der konzernrechtlichen Diskussion, Ein Plädoyer für die Zuständigkeit des Aufsichtsrats, AG 2017, 169 ff.

Spindler, Gerald/ Stilz, Eberhard (Hrsg.): Kommentar zum Aktiengesetz, [zitiert: *Bearbeiter*, in: Spindler/Stilz]

Band 1, §§ 1–149, 3. Aufl., München 2015,

Band 2, §§ 150–410, IntGesR, SpruchG, SE-VO, 3. Aufl., München 2015.

Staake, Marco: Arbeitnehmervertreter als unabhängige Aufsichtsratsmitglieder, NZG 2016, 853 ff.

Stoffel, Walter/ Heinzmann Michel: Interessendurchgriff? Eine problematische Beurteilung von Eigeninteressenkonflikte der Organe in der Aktiengesellschaft, in: Festschrift für Peter Forstmoser zum 60. Geburtstag, Zürich 2003, S. 199 ff. [zitiert: *Stoffel/Heinzmann*, in: FS Forstmoser].

Straessle, Ralph/ Crone, Hans Caspar von der: Die Doppelvertretung im Aktienrecht, SZW/RSDA 2013, 338 ff.

Stumpf, Christoph: Grundrechtsschutz im Aktienrecht, NJW 2003, 9 ff.

Stutz, Bettina/ Crone, Hans Caspar von der: Kontrolle von Interessenkonflikten im Aktienrecht, SZW/RSDA 2003, 102 ff.

Suchan, Stefan/ Gerdes, Ralf: Änderung der Aktionärsrechterichtlinie, Vergütung der Unternehmensleitung und Related-Party Transactions, WPg 2017, 1034 ff.

Suttmann, Christoph: Insichgeschäfte im Gesellschaftsrecht, MittBayNot 2011, 1 ff.

SWX Swiss Exchange: Kommentar zur Corporate Governance-Richtlinie, https://www.segetis.ch/files/SWX_Guideline_20070820-1_comm_de.pdf [zitiert: Kommentar zur CG-Richtlinie] (Stand: 15.07.2018).

Tarde, Andreas: Related Party Transactions, Empfehlungen zur Umsetzung der reformierten Aktionärsrechterichtlinie vor dem Hintergrund eines englisch-deutschen Rechtsvergleichs, Köln, 2018 [zitiert: *Tarde,* Related Party Transactions].

Tarde, Andreas: Die verschleierte Konzernrichtlinie, Zu den neuen EU-Vorgaben für related party transactions und ihren Auswirkungen auf das deutsche Recht, ZGR 2017, 360 ff.

Temming, Felipe: Geschäfte zwischen einer AG und ihr nahestehenden Parteien – Wer soll diese genehmigen?, RdA 2015, 280 ff.

The American Law Institute: Principles of the Law, Corporate Governance: Analysis and recommendations, St. Paul 2008 [zitiert: *The American Law Institute*, Principles of Corp. Governance].

Theisen, Manuel René: Der Konzern, Betriebswirtschaftliche und rechtliche Grundlagen der Konzernunternehmung, Stuttgart 1991 [zitiert: *Theisen*, Der Konzern].

Theusinger, Ingo/ Guntermann, Lisa Marleen: Wann vertritt der Aufsichtsrat die AG? – Neues vom BGH zu § 112 AktG, AG 2017, 798 ff.

Theusinger, Ingo/ Wolf, Ulrich: Mittelbare Geschäfte zwischen Vorstandsmitglied und Aktiengesellschaft, NZG 2012, 901 ff.

Timm, Wolfram: Grundfragen des „qualifizierten“ faktischen Konzerns im Aktienrecht, Bemerkungen zur „Banning“-Entscheidung des OLG Hamm vom 03.11.1986, NJW 1987, 977 ff.

Többens, Hans W.: Die Bekämpfung der Wirtschaftskriminalität durch die Troika der §§ 9, 130 und 30 des Gesetzes über Ordnungswidrigkeiten, NStZ 1999, 1 ff.

Tröger, Tobias: Anreizorientierte Vorstandsvergütung im faktischen Konzern, ZGR 2009, 447 ff.

Tröger, Tobias: Related Party Transactions mit Blockaktionären im europäischen Gesellschaftsrecht, AG 2015, 53 ff.

Tröger, Tobias: Germany's Reluctance to Regulate Related Party Transactions, An industrial organization perspective, SAFE Working Paper No. 202, Frankfurt 2018, https://ssrn.com/abstract=3129300 (Stand: 15.07.2018) [zitiert: *Tröger*, Germany's Reluctance].

Tschäni, Rudolf/ Diem, Hans-Jakob: Interessenkonflikte in M&A-Transaktionen, in: *Tschäni, Rudolf (Hrsg.)*, Mergers & Acquisitions XVIII, Zürich 2016, 53 ff. [zitiert: *Tschäni/Diem*, in: M&A XVIII].

Veil, Rüdiger: Transaktionen mit Related Parties im deutschen Aktien- und Konzernrecht, Grundsatzfragen der Umsetzung der Aktionärsrechte-Richtlinie, NZG 2017, 521 ff.

Vetter, Eberhard: Interessenkonflikte im Konzern, vergleichende Betrachtung zum faktischen Konzern und zum Vertragskonzern, ZHR 171 (2007), 342 ff.

Vetter, Eberhard: Die Vertretung der AG gegenüber den Mitgliedern des Vorstands im rechtsgeschäftlichen Verkehr – Anmerkungen zur Anwendung von § 112 AktG -, in: Festschrift für Günter H. Roth zum 70. Geburtstag, München 2011, S. 855 ff. [zitiert: *E. Vetter*, in: FS Roth].

Vetter, Jochen: Regelungsbedarf für Related Party Transactions?, ZHR 179 (2015), 273 ff.

Vetter, Jochen: 50 Jahre Aktienkonzernrecht, in: *Fleischer, Holger/ Koch, Jens/ Kropff, Bruno/ Lutter, Marcus (Hrsg.)*, 50 Jahre Aktiengesetz, ZGR Sonderheft 19, Berlin, Boston 2016, S. 231 ff. [zitiert: *J. Vetter*, in: ZGR Sonderheft 19].

Wachter, Thomas (Hrsg.): Kommentar zum Aktiengesetz, 2. Aufl., Köln 2014 [zitiert: *Bearbeiter*, in: Wachter, AktG].

Wachter, Wilhelm: Transaktionen mit nahestehenden Unternehmen und Personen (Related Party Transactions) bei börsennotierten Gesellschaften: Die Vorschläge im Entwurf der Kommission zur Änderung der Aktionärsrechterichtlinie aus österreichischer Sicht, ZFR 2015, 309 ff.

Watter, Rolf: Die Verpflichtung der AG aus rechtsgeschäftlichem Handeln ihrer Stellvertreter, Prokuristen und Organe speziell bei sogenanntem Missbrauch der Vertretungsmacht, Zürich 1985 [zitiert: *Watter*, Verpflichtung der AG].

Watter, Rolf: Minderheitenschutz im neuen Aktienrecht, AJP/PJA 1993, 117 ff.

Weckes, Marion: Mitbestimmungsförderung, 30 % Quote im Aufsichtsrat: Eine Eröffnungsbilanz, abrufbar unter: https://www.boeckler.de/pdf/p_mbf_report_2015_12.pdf (Stand: 15.07.2018) [zitiert: *Weckes*, Eröffnungsbilanz].

Werder, Axel von/ Turkali, Julia: Corporate Governance Report 2015: Kodexakzeptanz und Kodexanwendung, DB 2015, 1357 ff.

Werner, Rüdiger: Aktuelle Probleme der Vertretung der Aktiengesellschaft durch den Aufsichtsrat nach § 112 BGB, Der Konzern 2008, 639 ff.

Werner, Winfried: Vertretung der Aktiengesellschaft gegenüber Vorstandsmitgliedern, Ein Beitrag zur Auslegung des § 112 AktG, ZGR 1989, 369 ff.

Wettich, Carsten: Aktuelle Entwicklungen und Trends in der Hauptversammlungssaison 2016 und Ausblick auf 2017, AG 2017, 60 ff.

Wiedemann, Herbert: Zu den Treuepflichten im Gesellschaftsrecht, in: Festschrift für Theodor Heinsius zum 65. Geburtstag, Berlin, New York 1991, S. 949 ff. [zitiert: *Wiedemann*, in: FS Heinsius].

Wiersch, Rachid René: Der Richtlinienentwurf zu Transaktionen mit nahestehenden Unternehmen und Personen, Sinnvolle Verstärkung des Minderheitenschutzes?, NZG 2014, 1131 ff.

Wiethölter, Rudolf: Interessen und Organisation der Aktiengesellschaft im amerikanischen und deutschen Recht, Karlsruhe 1961 [zitiert: *Wiethölter*, Interessen und Organisation].

Wilhelm, Jan: Selbstwahl eines Aufsichtsratsmitglieds in den Vorstand, NJW 1983, 912 ff.

Wind, Martina/ Klie, Marcus: Beziehungen zum Mehrheitsaktionär als unabhängigkeitsgefährdender Interessenkonflikt von Aufsichtsratsmitgliedern?, NZG 2010, 1413 ff.

Witt, Carl-Heinz: Rechtsfolgen eines Verstoßes gegen § 57 AktG, Zugleich zur Reichweite des § 112 AktG – Besprechung von BGH, Urt. v. 12.03.2013 – II ZR 179/12, NJW 2013, 1742, ZGR 2013, 668 ff.

Zetzsche, Dirk: Langfristigkeit im Aktienrecht? – Der Vorschlag der Europäischen Kommission zur Reform der Aktionärsrechterichtlinie, NZG 2014, 1121 ff.

Zollner, Johannes: Related Party Transactions – Überlegungen zur geplanten Reform der Aktionärsrechterichtlinie, in: Festschrift für Christian Nowotny zum 65. Geburtstag, Wien 2015, S. 499 ff. [zitiert: *Zollner*, in: FS Nowotny].

Zollner, Johannes/ Dollenz, Florian: Related Party Transactions – alte und neue Anforderungen an den Aufsichtsrat (Teil I), Aufsichtsrat aktuell 1/2016, 10 ff.

Zollner, Johannes/ Dollenz, Florian: Related Party Transactions – alte und neue Anforderungen an den Aufsichtsrat (Teil II), Aufsichtsrat aktuell 2/2016, 6 ff.

Materialien

Bundesversammlung der Schweizerischen Eidgenossenschaft: Entwurf zur Änderung des Obligationenrechts nach Einsicht in die Botschaft des Bundesrates vom 21.12.2007, https://www.admin.ch/opc/de/federal-gazette/2008/1751.pdf (Stand: 15.07.2018).

Deutscher Bundestag: Gesetzesentwurf eines Gesetzes zur Kontrolle und Transparenz im Unternehmensbereich (KonTraG), Drucksache 13/9712 vom 08.01.1998, http://dipbt.bundestag.de/doc/btd/13/097/1309712.pdf (Stand: 15.07.2018).

Deutscher Bundestag: Unterrichtung durch die Bundesregierung, Bericht der Regierungskommission „Corporate Governance", Unternehmensführung – Unternehmenskontrolle – Modernisierung des Aktienrechts, Drucksache 14/7515 vom 14.08.20014, http://dip21.bundestag.de/dip21/btd/14/075/1407515.pdf (Stand: 15.07.2018).

Europäische Kommission: Empfehlung der Kommission vom 15. Februar 2005 zu den Aufgaben von nicht geschäftsführenden Direktoren/Aufsichtsratsmitgliedern/börsennotierter Gesellschaften sowie zu den Ausschüssen des Verwaltungs-/Aufsichtsrats, http://eur-lex.europa.eu/legal-content/DE/TXT/PDF/?uri=CELEX:32005H0162&from=DE (Stand: 15.07.2018).

Europäische Kommission: Grünbuch, Europäischer Corporate Governance-Rahmen vom 05.04.2011, http://ec.europa.eu/internal_market/company/docs/modern/com2011-164_de.pdf (Stand: 15.07.2018).

Europäische Kommission: Aktionsplan, Europäisches Gesellschaftsrecht und Corporate Governance – ein moderner Rechtsrahmen für engagierte Aktionäre und besser überlebensfähige Unternehmen vom 12.12.2012, http://ec.europa.eu/internal_market/company/docs/modern/121212_company-law-corporate-governance-action-plan_de.pdf (Stand: 15.07.2018).

Europäische Kommission: Vorschlag für eine Richtlinie des Europäischen Parlaments und des Rates zur Änderung der Richtlinie 2007/36/EG im Hinblick auf die Förderung der langfristigen Einbeziehung der Aktionäre sowie der Richtlinie 2013/34/EU in Bezug auf bestimmte Elemente der Erklärung zur Unternehmensführung, http://eur-lex.europa.eu/resource.html?uri=cellar:59fccf6c-c094-11e3-86f9-01aa75ed71a1.0002.01/DOC_1&format=PDF (Stand: 15.07.2018).

Europäisches Parlament: Langfristige Einbeziehung der Aktionäre und Erklärung zur Unternehmensführung, Abänderung des Europäischen Parlaments vom 8. Juli 2015 zu dem Vorschlag für eine Richtlinie des Europäischen Parlaments und des Rates zur Änderung der Richtlinie 2007/36/EG im Hinblick auf die Förderung der langfristigen Einbeziehung der Aktionäre sowie der Richtlinie 2013/34/EU in Bezug auf bestimmte Elemente der Erklärung zur Unternehmensführung, http://www.europarl.europa.eu/sides/getDoc.do?pubRef=-//EP//NONSGML+TA+P8-TA-2015-0257+0+DOC+PDF+V0//DE (Stand: 15.07.2018).

European Corporate Governance Forum: Statement of the European Corporate Governance Forum on Related Party Transactions for Listed Entities vom 10.03.2011, http://ec.europa.eu/internal_market/company/docs/ecgforum/ecgf_related_party_transactions_en.pdf (Stand: 15.07.2018).

JURI-Berichterstatter: DRAFT REPORT on the proposal for a directive of the European Parliament and of the Council 19.12.2014, http://www.europarl.europa.eu/sides/getDoc.do?pubRef=-%2F%2FEP%2F%2FNONSGML%2BCOMPARL%2BPE-544.471%2B01%2BDOC%2BPDF%2BV0%2F%2FEN (Stand: 15.07.2018).

Rat der Europäischen Union: Kompromissvorschlag der italienischen Ratspräsidentschaft vom 05.12.2014, http://data.consilium.europa.eu/doc/document/ST-15647-2014-INIT/en/pdf (Stand: 15.07.2018).

Rat der Europäischen Union: Kompromissvorschlag der lettischen Ratspräsidentschaft vom 14.01.2015, http://data.consilium.europa.eu/doc/document/ST-5215-2015-INIT/en/pdf (Stand: 15.07.2018).

Rat der Europäischen Union: Informelle Ratsposition vom 20.03.2015, http://data.consilium.europa.eu/doc/document/ST-7315-2015-INIT/en/pdf (Stand: 15.07.2018).

Rat der Europäischen Union: Aktionärsrechte in EU-Unternehmen: Vorsitz einigt sich mit dem Parlament, Pressemitteilung 738/16 vom 16.12.2016, http://www.consilium.europa.eu/de/press/press-releases/2016/12/16-shareholders-rights-eu-companies/ (Stand: 15.07.2018).

Rat der Europäischen Union: Shareholders'rights in EU companies: Council formal adoption, Pressemitteilung 173/17 vom 03.04.2017, http://www.consilium.europa.eu/en/press/press-releases/2017/04/03/shareholder-rights-eu-companies/ (Stand: 15.07.2018).

Schweizerischer Bundesrat: Botschaft zur Änderung des Obligationenrechts (Aktienrecht) vom 23.11.2016, https://www.admin.ch/opc/de/federal-gazette/2017/399.pdf (Stand: 15.07.2018).

Schriften zum Gesellschaftsrecht und Unternehmensinsolvenzrecht

Herausgegeben von Hans-Friedrich Müller und Peter Reiff

Band 1 Björn Müller: Haftungsprivilegierung der Geschäftsleitung durch fachkundige Beratung. Entwicklung eines gesellschaftsrechtlichen Vertrauensgrundsatzes unter Berücksichtigung anglo-amerikanischen Rechts. 2016.

Band 2 Sonja Keller: Die Einziehung unbelasteter sowie sicherungsabgetretener Außenstände im Insolvenzverfahren. 2016.

Band 3 Teresa Trutnau: Der insolvenzrechtliche Rangrücktritt durch Nichtgesellschafter. Notwendigkeit, Grenzen und Auswirkungen der Erweiterung der gesetzlichen Rechtsfolgen mittels ergänzender Vereinbarung. 2016.

Band 4 Sven Marco Hartwig: Die Thesaurierungspflicht der Unternehmergesellschaft (haftungsbeschränkt). 2017.

Band 5 Matthias Wetzig: Rechtsberatungsverträge mit Aufsichtsratsmitgliedern. Eine Untersuchung der Vereinbarkeit von rechtsanwaltlicher Tätigkeit und Aufsichtsratsmandat unter Berücksichtigung der Problemstellungen im Gesellschaftsrecht und im anwaltlichen Berufsrecht. 2017.

Band 6 Tobias Roth: Related Party Transactions auf dem Prüfstand. Eine kritische Auseinandersetzung mit Art. 9c der Aktionärsrechterichtlinie 2017 und dessen Umsetzung in deutsches Recht. 2018.

www.ingramcontent.com/pod-product-compliance
Ingram Content Group UK Ltd.
Pitfield, Milton Keynes, MK11 3LW, UK
UKHW022105051026
15623UKWH00003B/687

9 783631 769751